Entscheidungen

des

Reichsgerichts.

Herausgegeben

von

den Mitgliedern des Gerichtshofes und
der Reichsanwaltschaft.

Entscheidungen in Civilsachen.

Siebenundzwanzigster Band.

Leipzig,
Verlag von Veit & Comp.
1891.

Entscheidungen

des

Reichsgerichts

in

Civilsachen.

Siebenundzwanzigster Band.

Leipzig,
Verlag von Veit & Comp.
1891.

Druck von Metzger & Wittig in Leipzig.

Inhalt.

I. Reichsrecht.

II. Gemeines Recht.

III. Preußisches Recht.

IV. Rheinisches Recht.

V. Prozeßrecht.

I. Reichsrecht.

1. Findet die in dem Art. 215a Abs. 4 H.G.B. in der Fassung des Reichsgesetzes vom 18. Juli 1884, betreffend die Kommanditgesellschaften auf Aktien und die Aktiengesellschaften, enthaltene Bestimmung: „Eine Zusicherung von Rechten auf den Bezug neu auszugebender Aktien, welche vor dem Beschlusse auf Erhöhung des Grundkapitales erfolgt, ist den Gesellschaftsgläubigern gegenüber unwirksam" auf die vor dem Inkrafttreten des erwähnten Reichsgesetzes vom 18. Juli 1884 erteilten Zusicherungen Anwendung?

II. Civilsenat. Urt. v. 8. Juli 1890 i. S. K. & Co. u. Gen. (Bekl.) w. Deutsche Unionbank M. (Kl.) Rep. II. 120/90.

I. Landgericht Mannheim.
II. Oberlandesgericht Karlsruhe.

Aus den Gründen:

„Die Revision wurde für begründet erachtet.

Es handelt sich im vorliegenden Falle darum, ob die in §. 4 des Gesellschaftsstatutes vom 4. April 1873 der im Jahre 1873 gegründeten Aktiengesellschaft „Deutsche Unionbank M." getroffene Bestimmung, daß bei jeder Erhöhung des Grundkapitales die ersten Zeichner bezw. deren Rechtsnachfolger berechtigt sein sollen, nach Verhältnis ihrer Zeichnungen die Hälfte der neu zu emittierenden Aktien al pari zu übernehmen, mit dem Inkrafttreten des Reichsgesetzes vom 18. Juli 1884, betreffend die Kommanditgesellschaften auf Aktien und die Aktiengesellschaften (R.G.Bl. S. 123 flg.), ihre Wirksamkeit verloren habe. Die Entscheidung hierüber hängt davon ab, ob die in dem Art 215a Abs. 4 H.G.B. in der Fassung des Reichsgesetzes vom 18. Juli 1884 enthaltene Bestimmung: „Eine Zusicherung von Rechten auf den Bezug neu auszugebender Aktien, welche vor dem Beschlusse auf Erhöhung des Grundkapitales erfolgt, ist der Gesellschaft gegenüber unwirksam" auch auf die vor dem Inkrafttreten des erwähnten Reichsgesetzes vom 18. Juli 1884 erteilten Zusicherungen Anwendung finde.

Das Reichsgericht gelangte — abweichend von dem Oberlandesgerichte — mit dem Landgerichte zur Verneinung dieser Frage, nahm daher an, daß jene vor dem Inkrafttreten des Reichsgesetzes vom 18. Juli 1884 den ersten Zeichnern bezw. deren Rechtsnachfolgern zugesicherten Rechte des Bezuges al pari auch für den Fall einer erst unter der Herrschaft des Reichsgesetzes vom 18. Juli 1884 eintretenden Erhöhung des Grundkapitales fortdauern.

Zunächst kann dafür, daß jene vor dem Inkrafttreten des Reichsgesetzes vom 18. Juli 1884 erfolgten Zusicherungen ihre Wirksamkeit verloren haben, aus §. 3 des bezeichneten Reichsgesetzes, welcher besagt:

> „Auf eine Erhöhung des Gesamtkapitales der Kommanditisten oder des Grundkapitales bestehender Gesellschaften kommen die Bestimmungen dieses Gesetzes nicht zur Anwendung, sofern der auf die neu auszugebenden Aktien eingeforderte Betrag vor dem Inkrafttreten dieses Gesetzes geleistet ist",

etwas Entscheidendes nicht abgeleitet werden. Zwar berechtigt §. 3 nach seinem Wortlaute nicht zu der Annahme, es beziehe sich, soweit eine Erhöhung des Grundkapitales der Aktiengesellschaften in Frage steht, §. 3 nur auf die drei ersten Absätze des Art. 215a, nicht auch auf Art. 215a Abs. 4 des Handelsgesetzbuchs (in der Fassung des Reichsgesetzes vom 18. Juli 1884). Allein §. 3 regelt nicht in bestimmter Weise die Frage, wie es sich bezüglich der Fortdauer der Wirksamkeit der vor der Herrschaft des Gesetzes vom 18. Juli 1884 erteilten Zusicherungen von Bezugsrechten auf Aktien unter der Herrschaft des Gesetzes vom 18. Juli 1884 verhalte. Zur Auslegung des Gesetzes in dieser Hinsicht ist man daher zunächst auf den Wortlaut des Art. 215a Abs. 4 angewiesen. Diese letztere Bestimmung aber enthält nach ihrem Wortlaute nur eine Verfügung für die Zukunft, nämlich dahin, daß künftige Zusicherungen von Rechten auf den Bezug neu auszugebender Aktien, welche vor dem Beschlusse auf Erhöhung des Grundkapitales erfolgen, der Gesellschaft gegenüber unwirksam sein sollen, nicht auch eine Norm dahin, daß auch bereits erfolgte Zusicherungen von Rechten auf den Bezug neu auszugebender Aktien ihre Wirksamkeit verlieren, sofern der Beschluß auf Erhöhung des Grundkapitales erst unter der Herrschaft des Gesetzes vom 18. Juli 1884 erfolgt.

Wenn nun nach dem Gesagten weder §. 3 des Gesetzes vom 18. Juli 1884 noch Art. 215a Abs. 4 H.G.B. (in der Fassung des Gesetzes vom 18. Juli 1884) nach ihrem Wortlaute eine solche Rückwirkung des Gesetzes aussprechen, so ist weiter zu erwägen, ob sonstige Gründe für eine solche Rückwirkung sprechen. Dies ist zu verneinen.

Die Ansprüche aus den in Rede stehenden Zusicherungen von Rechten auf den Bezug von Aktien stellen sich, wenngleich ihre Verwirklichung von der zur Zeit der Zusicherung noch nicht feststehenden Thatsache, ob überhaupt künftig eine Erhöhung des Grundkapitales erfolgen werde, abhängt, als wohlerworbene Rechte dar. Obgleich nun der Gesetzgeber auch in wohlerworbene Rechte eingreifen kann, so ist doch im Zweifel zu unterstellen, daß das Gesetz sie nicht habe beeinträchtigen wollen. Sowohl aus den einzelnen Bestimmungen des Gesetzes vom 18. Juli 1884 selbst, wie aus der Begründung zu dem Entwurfe desselben geht nun aber hervor, daß das bezeichnete Gesetz, wenn es andererseits auch das öffentliche Interesse berücksichtigte, wohlerworbene Rechte schonen wollte. Dem erwähnten Gesetze selbst oder dessen Begründung sind weiter keine genügende Anhaltspunkte dafür zu entnehmen, daß das Reichsgesetz vom 18. Juli 1884 bezüglich der Bestimmung des Art. 215a Abs. 4 eine Rückwirkung auf wohlerworbene Rechte ausüben wollte.

Diese Erwägungen werden ferner in ganz gewichtiger Weise unterstützt durch die Bemerkung im Berichte der Reichstagskommission zu zu Art. 215a,

Stenogr. Ber. über die Verhandlungen des Reichstages, 5. Legislaturperiode, IV. Session 1884 Bd. 4 S. 1016:

„Die erhebliche Änderung des bisherigen Rechtes, wonach eine Zusicherung auf den Bezug neu auszugebender Aktien, welche vor dem Beschlusse auf Erhöhung des Grundkapitales erfolgt, der Gesellschaft gegenüber unwirksam sein soll, ist ohne Widerspruch angenommen, nachdem allseitig konstatiert worden, daß diese Bestimmung auf Zusicherungen, welche vor dem Inkrafttreten des neuen Gesetzes erteilt sind, keine Anwendung finde."

Bei der so bestimmten Fassung dieser Bemerkung und der Wichtigkeit des in ihr enthaltenen Ausspruches ist anzunehmen, daß er in wohlerwogener Weise die Ansicht sowohl der Regierungsvertreter wie der Kommission selbst wiedergiebt, und da andererseits bei der Beratung im Reichstage, welchem dieser Bericht vorlag, eine abweichende Meinung von keiner Seite geltend gemacht wurde, ist weiter anzunehmen, daß auch der Reichstag der hier ausgesprochenen Ansicht huldigte. Bei der nicht unterscheidenden Ausdrucksweise in der angeführten Bemerkung des Kommissionsberichtes ist auch davon auszugehen, daß sie auch solche vor dem Inkrafttreten des neuen Gesetzes erteilte Zusicherungen auf den Bezug neu auszugebender Aktien für fortwirksam erklären wollte, welche ein Recht auf den Bezug al pari enthalten."

---

2. 1. Kann der Ehemann während der Dauer der Ehe die im Heiratsvertrage abgegebene Erklärung widerrufen, durch welche er die Ehefrau ermächtigt hat, Handelsfrau zu sein und ein zu ihrem Sondergute gehöriges Handelsgeschäft zu betreiben?

H.G.B. Art. 7.

Bürgerl. Gesetzbuch Artt. 1388. 1395.

2. Welche rechtlichen Folgen hat der Widerruf einer solchen Genehmigung? Erlischt das Geschäft und die Firma, oder geht die Verwaltung auf den Ehemann über?

H.G.B. Art. 7.

Bürgerl. Gesetzbuch Art. 1428.

II. Civilsenat. Urt. v. 8. Juli 1890 i. S. der Ehefrau M. (Bekl.) w. ihren Ehemann (Kl.) Rep. II. 112/90.

I. Landgericht Elberfeld.
II. Oberlandesgericht Köln.

Die Parteien schlossen vor Eingehung ihrer Ehe im Jahre 1876 einen Heiratsvertrag, welcher besagt: Die Gütergemeinschaft solle auf die Errungenschaft beschränkt sein, die künftige Ehefrau habe bis jetzt unter der Firma C. Th. K. ein Branntweinbrennereigeschäft betrieben, vom Tage der Eheschließung ab solle gegen den Ehemann angenommen werden, daß die Überlieferung des Vermögens der Frau stattgefunden habe, und dieser solle berechtigt sein, die Firma zu zeichnen. Im Oktober 1879 erhob M. wider seine Ehefrau Klage und beantragte u. a. zu erkennen, daß Kläger allein berechtigt sei, die Firma C. Th. K. zu zeichnen und zu vertreten, und daß dieses Recht der Beklagten nicht zustehe. Beide Instanzen erkannten nach dem Klagantrage. Das Reichsgericht hob auf Revision der Ehefrau das Berufungsurteil insoweit auf, als dem Kläger das Recht zugesprochen worden, die Firma (allein) zu zeichnen und zu vertreten, und wies den dahin gerichteten Klagantrag ab. Im übrigen wurde die Revision zurückgewiesen.

Aus den Gründen:

„1. Kläger hat bereits vor Erhebung der Klage seiner Ehefrau eine Erklärung zustellen lassen, deren Inhalt das Berufungsgericht in unanfechtbarer Weise und ohne Rechtsirrtum dahin feststellt, daß die der Ehefrau erteilte Einwilligung, Handelsfrau zu sein, zurückgezogen wird. Zur Zurückziehung seiner Einwilligung ist der Ehemann jederzeit berechtigt, ohne daß es der Angabe von Gründen für diese Entschließung bedürfte; denn nach Art. 7 H.G.B. kann die Ehefrau ohne Einwilligung des Mannes nicht Handelsfrau sein, die Einwilligung bildet daher die notwendige Voraussetzung nicht nur für die Annahme, sondern auch für die Fortsetzung der Stellung als Handelsfrau. Das Recht des Widerrufes würde auch dann nicht ausgeschlossen sein, wenn der Ehemann die Einwilligung im Heiratsvertrage erteilt hätte, obwohl dieser Vertrag nach Art. 1395 des bürgerl. Gesetzbuches nach geschlossener Ehe nicht abgeändert werden darf, es würde sogar in dem Falle bestehen, wenn der Ehemann im Heiratsvertrage auf das Recht des Widerrufes ausdrücklich verzichtet hätte. Dieser Verzicht wäre nach Art. 7 H.G.B. und Art. 1388 des bürgerl. Gesetzbuches für unwirksam zu erachten, weil die Widerruflichkeit eine wesentliche Eigenschaft der Einwilligung darstellt, und der Heiratsvertrag nichts an denjenigen Rechten abändern kann, welche die dem Ehemanne über die Person der Frau zustehende Gewalt zur Folge hat, oder die demselben als Familienhaupt zukommen.

Die Revision kann daher insoweit keinen Erfolg haben, als in dem angefochtenen Urteile erkannt ist, daß der beklagten Ehefrau das Recht nicht zustehe, die Firma C. Th. K. zu zeichnen und zu vertreten.

2. Dagegen konnte das angefochtene Urteil insoweit nicht aufrecht erhalten werden, als es dieses Recht zur Zeichnung und Vertretung der Firma dem klagenden Ehemanne allein beilegt.

Der Widerruf der Einwilligung hat das Aufhören der Eigenschaft der Beklagten als Handelsfrau zur Folge. Geschäft und Firma gehören nach dem Heiratsvertrage zum Sondergute der Ehefrau. Die Gütergemeinschaft ist auf die Errungenschaft beschränkt. Nach der Auslegung des Vertrages hat die Ehefrau die Verwaltung und Leitung des Geschäftes auf den Ehemann nicht übertragen, also für sich selbst vorbehalten. Ein Handelsgeschäft kann aber nur bestehen, wenn ein Träger dafür vorhanden ist, also gemäß Art. 4 H.G.B., wenn es sich in der Hand eines Kaufmannes befindet, welcher gewerbsmäßig Handelsgeschäfte betreibt. Die Firma ist nach Art. 15 H.G.B. nichts Anderes als der Name, unter welchem ein Kaufmann seine Geschäfte betreibt und seine Unterschrift abgiebt, sie hat also keine selbständige Existenz und hört auf, wenn es an einem Träger für dieselbe fehlt. Hieraus ergiebt sich, daß Handelsgeschäft und Firma in dem Augenblicke aufhören, in welchem deren Inhaber die Eigenschaft eines Kaufmannes verliert, sofern nicht die Übertragung auf einen anderen stattfindet.

Der Berufungsrichter gelangt zu der Annahme, daß ein Übergang auf den klagenden Ehemann stattgefunden habe, weil das Geschäft und die Firma nun einmal vorhanden seien und infolge der Zurückziehung der Genehmigung nicht verschwinden, also nunmehr nach Art. 1428 des bürgerl. Gesetzbuches die Verwaltungsbefugnis des Klägers eintrete. Diese Ausführung kann nicht für zutreffend erachtet werden; denn die Ehefrau ist Eigentümerin von Geschäft und Firma, eine Übertragung kann also nur stattfinden, wenn sie durch die Inhaberin unter Ermächtigung des Ehemannes erfolgt. Der Ehemann könnte etwa gemäß Art. 22 H.G.B. Geschäft und Firma erwerben, aber er kann nicht wider den ausgesprochenen Willen der bisherigen Inhaberin das Geschäft betreiben. Es handelt sich nicht um eine bloße Verwaltung im Sinne von Art. 1428 des bürgerl.

Gesetzbuches. Würde dem Ehemanne das Recht zur Betreibung des Geschäftes unter der Firma beigelegt, so stände es in dessen Belieben, dem Ehevertrage zuwider auf Gefahr und Kosten der Ehefrau Handelsgeschäfte zu betreiben und deren Sondervermögen zu belasten. Durch seinen Widerruf kann er nur bewirken, daß das Geschäft aufhört, er kann sich aber nicht an die Stelle der Frau setzen.

Allerdings ist dem Ehemanne im Heiratsvertrage das Recht eingeräumt, vom Tage der Eheschließung an die Firma zu zeichnen. Wenn aber die Ehefrau sich das Geschäft vorbehielt, konnte er nicht kraft *eigenen* Rechtes die Befugnis zur Zeichnung der Firma ausüben, er hatte nur ein abgeleitetes Recht, eine bloße Prokura (Art. 41 H.G.B.), zufolge welcher er im Namen und für Rechnung der Eigentümerin das Handelsgeschäft zu betreiben und die Firma zu zeichnen ermächtigt war. Dieses bloße Recht der Stellvertretung hört in dem Augenblicke auf, in welchem infolge Zurückziehung der Einwilligung das bisherige Handelsgeschäft sein Ende erreicht und die Firma erlischt.

Hiernach erscheint es nicht als zutreffend, daß dem Kläger das Recht zur Zeichnung und Vertretung der Firma überhaupt zugesprochen wurde; wegen der prozessualen Lage der Sache muß sich aber die Entscheidung darauf beschränken, das Berufungsurteil insoweit aufzuheben, als dasselbe dem Kläger *allein* das Recht zuerkennt, die Firma zu zeichnen und zu vertreten, und diesen Anspruch abzuweisen."

---

3. Ist eine unzulässige Zurückzahlung der Einlage an die Aktionäre auch in dem Falle anzunehmen, wenn vereinbart worden ist, daß die Aktionäre für die Beträge, welche sie ursprünglich eingezahlt, nachher aber der Gesellschaft als Schenkung überlassen hatten, als Schuldner der Gesellschaft belastet bleiben sollen?

H.G.B. Artt. 163. 197. 203. 204. 216. 217. 226. 248.

II. *Civilsenat.* Urt. v. 26. September 1890 i. S. M. (Kl.) w. die Aktiengesellschaft A. (Bekl.) Rep. II. 134/90.

I. Landgericht Straßburg.
II. Oberlandesgericht Kolmar.

Die beklagte Gesellschaft ist im Jahre 1881 mit einem Kapitale von einer Million Mark, zerlegt in 1000 Aktien zu 1000 ℳ, gegründet und es sind bei der Gründung 20 Prozent des Aktienbetrages einbezahlt worden. Im Jahre 1884 wurden die Aktionäre veranlaßt, weitere 20 Prozent schenkungsweise (à fonds perdus) einzubezahlen. Im Jahre 1888 erlitt die Gesellschaft wiederum große Verluste, und der Verwaltungsrat forderte auf Grund eines Beschlusses vom 13. September 1888 weitere 20 Prozent, zahlbar am 15. November 1888, ein. Nachher suchten die Direktoren und der Aufsichtsrat die Aktionäre zur schenkungsweisen Überlassung auch dieser 20 Prozent zu bestimmen. Diejenigen Aktionäre, welche dieselben noch nicht eingezahlt hatten, sollten dies mit der Erklärung thun, daß sie die Zahlung à fonds perdus leisten, und diejenigen, welche bereits gezahlt hatten, sollten durch nachträgliche Erklärung ihren Zahlungen diese Eigenschaft beilegen. In einer am 27. Dezember 1888 abgehaltenen Generalversammlung wurde der Fortbetrieb der Geschäfte der Gesellschaft beschlossen. Damals hatten die Aktionäre mit zusammen 65 Aktien der schenkungsweisen Überlassung der eingeforderten 20 Prozent noch nicht zugestimmt. Von denselben stimmten aber im Jahre 1889 zwei zu. Der Kläger dagegen, welcher anfangs Dezember 1888 fünf Aktien von einem Aktionär gegen Bezahlung der eingeforderten 20 Prozent erworben hatte, verweigerte seine Einwilligung. In einer am 23. Mai 1889 abgehaltenen Generalversammlung wurden die auf den 31. Dezember 1888 abgeschlossene Gewinn- und Verlustrechnung und die Bilanz vorgelegt. Unter den Aktiven der ersteren Rechnung ist ein Posten „abandon par les actionnaires“ mit 199 000 ℳ und ein weiterer Posten „solde débiteur à reporter“ mit 5901,99 ℳ aufgeführt. Der Kläger erhob gegen diese Aufstellung, insbesondere die der 199 000 ℳ, als statuten- und gesetzwidrig Protest, den er zu Protokoll gab. Nachdem die Generalversammlung die Rechnung und die Bilanz genehmigt hatte, erhob er in gesetzlicher Frist Klage mit dem Antrage in der Hauptsache:

Die auf den 31. Dezember 1888 aufgestellte Bilanz nebst Gewinn- und Verlustrechnung für gesetz- und statutenwidrig zu erklären, den die Bilanz und diese Rechnung gutheißenden Beschluß der Generalversammlung aufzuheben und festzustellen, daß infolge der bethätigten Einzahlung von 40 Prozent auf das Grundkapital im Aktivum der

Bilanz der Posten 1 Aktionäre mit 60 000 ℳ und der Posten 10 Verlust auf neue Rechnung mit 204 901,99 ℳ einzustellen sei, sowie daß im Aktivum des Gewinn- und Verlustkontos der Posten 6 abandon par les actionnaires zu streichen und der Posten 7 Verlustsaldo in Höhe von 204 901,99 ℳ einzustellen sei, die Beklagte zu verurteilen, die Bilanz nach dieser Feststellung zu berichtigen.

Die Klage ist im wesentlichen gegen die Aufnahme des Postens abandon par les actionnaires mit 199 000 ℳ gerichtet und wurde gegen dieselbe im wesentlichen vorgebracht:

1. Die Aufforderung zur Einzahlung von 20 Prozent im September 1888 sei ohne jede Andeutung erfolgt, daß damit eine Schenkung gemacht werden solle. Dieselbe könne nicht rückgängig gemacht werden.

2. Die zahlenden Aktionäre hätten ohne Kenntnis einer Absicht des Verwaltungsrates, die Zahlung in Schenkung umzuwandeln, jedenfalls ohne den Willen zu schenken gehandelt, sondern nur in der Absicht, ihrer Pflicht zu genügen. Damit seien die eingezahlten Beträge in das Vermögen der Gesellschaft gebunden gewesen und hätten daher nicht nachträglich von den betreffenden Aktionären geschenkt werden können. Die nachträglich von der Gesellschaft mit ihren Aktionären getroffenen Vereinbarungen (abandons) setzten eine vorgängige Zurückgabe der eingezahlten Beträge an die einzahlenden Aktionäre voraus und verstießen wegen Nichtbeobachtung der für eine teilweise Zurückbezahlung des Grundkapitales an die Aktionäre gegebenen Formvorschriften gegen Artt. 248. 216 H.G.B. Dieselben seien daher für keinen der Aktionäre bindend, vielmehr könne jeder derselben die Liberierung seiner Aktien mit 40 Prozent geltend machen.

Das Landgericht hat die Klage abgewiesen, und die Berufung ist zurückgewiesen worden. Das Reichsgericht hat das Berufungsurteil aufgehoben aus folgenden

Gründen:

„Die Generalversammlung der Aktionäre vom 23. Mai 1889, deren Beschluß angefochten wird, hat durch Genehmigung der ihr vorgelegten Gewinn- und Verlustrechnung nebst Bilanz zugleich auch die Vereinbarungen bestätigt, welche Vorstand und Aufsichtsrat mit den Aktionären getroffen hatten. Ohne diese Gutheißung hätten weder in das Aktivum der ersten Aufstellung der „abandon par les actionnaires“ mit 199 000 ℳ und bloß ein Verlust von 5901,99 ℳ, noch in das Aktivum der Bilanz eine Forderung von 80 Prozent nicht eingezahlten Aktienkapitales und der erwähnte Verlustsaldo eingesetzt werden können. Es hätte vielmehr unter Streichung jener 199 000 ℳ der Verlust in beiden Rechnungen in Höhe von 204 901,99 ℳ und das Aktienkapital als nur noch zu 60 Prozent rückständig aufgenommen werden müssen. Die Anfechtungsklage ist daher begründet, wenn die genehmigten Operationen des Aufsichtsrates gesetzwidrig waren, und folgeweise auch Gewinn- und Verlustrechnung nebst Bilanz auf gesetzwidriger Grundlage beruhen.

Im Berufungsurteile wird nun zunächst Gewicht darauf gelegt, daß die eine als möglich anzuerkennende Wirkung der in Frage stehenden Vereinbarungen noch nicht eingetreten sei, die nämlich, daß sich infolge der Übertragung eines Verlustes von nur 5901,99 ℳ anstatt eines solchen von 204 901,99 ℳ in neue Rechnung ein Gewinn herausstellen könne, dessen Verteilung in Form von Dividenden einer teilweisen Rückzahlung der eingezahlten und nachher geschenkten Einlagen gleichkommen würde. Wenn es aber bei den von der Generalversammlung genehmigten Abschlüssen verbleibt, so steht für jede folgende Generalversammlung thatsächlich und bindend fest, daß die künftigen Rechnungsaufstellungen nur im Anschlusse an den für 1888 auf 5901,99 ℳ berechneten Verlustsaldo zu geschehen haben, und diese Thatsache erlangte durch das angefochtene Urteil zugleich richterliche Feststellung. Die Grundlagen der Rechnungen und deren rechtliche Tragweite sind aber wesentlich verschieden, je nachdem die 199 000 ℳ als Einzahlung oder, wie geschehen, als Schenkung behandelt werden, wie sich aus Folgendem ergiebt:

Zu Art. 217 Abs. 1 H.G.B. hatte das Bundesgesetz vom 11. Juni 1870 den Zusatz gemacht: „Die Aktionäre können bis zur Wiederergänzung des durch Verlust geminderten Gesamtbetrages der Einlagen Dividende nicht beziehen.“ Das neue Reichsgesetz vom 18. Juli 1884 hat zwar diesen Zusatz wieder beseitigt, jedoch dessen Inhalt dadurch aufrechterhalten, daß nach Art. 185a Ziff. 5 bezw. Art. 239b bei der Bilanz der Betrag des ganzen Aktienkapitales unter die Passiven aufzunehmen ist. Im Falle einer teilweisen Einzahlung steht diesem Passivposten als Aktivposten der noch einforderbare Betrag gegenüber. Die Differenz aber — also der eingezahlte Betrag

— bildet ein Passivum der Bilanz, welches nebst den sonstigen Passiven durch die vorhandenen Aktiven gedeckt und überschritten sein muß, damit von verteilbarem Gewinne die Rede sein kann (Art. 185a Ziff. 6 H.G.B.). Bleibt nun im vorliegenden Falle die angefochtene Bilanz bestehen, so geht auch in spätere Bilanzen als reiner Passivposten des eingezahlten Aktienkapitales nicht ein Betrag von 400000 *M*, sondern ein solcher von 200000 *M* über, sodaß eine Verteilung von Dividenden schon dann möglich wird, wenn nur dieser letztere Betrag reserviert bleibt.

Es ist demnach auf eine Prüfung der Gesetzmäßigkeit der vom Aufsichtsrate herbeigeführten Vereinbarungen einzugehen. Die thatsächliche Grundlage dieser Prüfung muß die Annahme bilden, daß die Schenkung (der abandon) erst stattgefunden habe, nachdem die Aktionäre auf Grund des Einforderungsbeschlusses vom 13. September 1888 die Einzahlung von 20 Prozent geleistet hatten. Wenn auch eine Anzahl Aktionäre erst nachher als Schenkung zahlten, so hat doch eine bestimmte Trennung in dieser Richtung nicht stattgefunden, und auch das Berufungsurteil knüpft an die Voraussetzung an, daß ein Teil der Aktionäre vorher einbezahlt und erst nachher die Abandonerklärung abgegeben hat.

Die vom Aktionär nach Maßgabe der Einforderung bezahlte Aktienrate ist aber als eingezahlte Einlage in das Vermögen der Gesellschaft übergegangen. Daraus folgt, daß sie den Aktionären nicht zurückbezahlt werden durfte. Wie Art. 165 H.G.B. bezüglich der Einlage der Kommanditisten, bestimmt Art. 197 bezüglich der Kommanditgesellschaft auf Aktien, daß die Einlagen der Kommanditisten, solange die Gesellschaft besteht, nicht zurückbezahlt werden dürfen, und der Art. 204 erklärt die Mitglieder des Aufsichtsrates solidarisch zum Ersatze verpflichtet, wenn mit ihrem Wissen und ohne ihr Einschreiten entgegen den gesetzlichen Bestimmungen Einlagen an persönlich haftende Gesellschafter oder an Kommanditisten zurückbezahlt werden. Ganz die gleichen Grundsätze gelten zufolge der Artt. 216. 226 für Aktiengesellschaften. Auch beruhen darauf die besonderen Bestimmungen in den Artt. 203. 248, nach welchen nur unter Beobachtung gewisser Vorschriften eine teilweise Zurückzahlung des Grundkapitales an die Aktionäre erfolgen kann. Hiernach wäre ein Abkommen mit den Aktionären, welches einfach dahin gegangen wäre, daß denselben die eingezahlten 20 Prozent zurückerstattet werden, und die darauf erfolgte Zurückzahlung zweifellos ungültig gewesen.

Das gleiche muß aber auch dann gelten, wenn die Rückzahlung der Einlage nur mit der Modifikation geschieht, daß die Forderung wieder aufleben und eine spätere Einforderung der 20 Prozent vorbehalten bleiben soll. Allerdings sind die erwähnten Vorschriften des Handelsgesetzbuches, wie aus ihrer Entstehungsgeschichte zu schließen ist, zunächst wohl nur gegen unbedingte Zurückzahlungen von Einlagen gerichtet, welche als solche eine Verminderung des Gesellschaftsvermögens herbeiführen, während bei der in Frage stehenden Klausel eine solche anscheinend nicht eintritt. Allein einerseits ist es doch keineswegs gleichgültig, ob der eingezahlte Betrag bar bezw. in sicheren Wertobjekten in der Gesellschaftskasse bleibt oder sich in eine vielleicht sehr unsichere Forderung an die Aktionäre verwandelt. Andererseits kann nicht zugegeben werden, daß durch eine Abmachung solcher Art die frühere, durch die Zahlung definitiv getilgte Forderung wieder auflebe; vielmehr wird dadurch eine neue, auf einem anderen Titel beruhende Forderung begründet. Hiernach müssen auch Rückzahlungen mit einer solchen Klausel als dem gesetzlichen Verbote zuwiderlaufend erachtet werden.

Der Anwendbarkeit der gesetzlichen Verbote steht auch weiterhin nicht entgegen, daß die hier in Frage kommenden Abmachungen nicht nur dahin gingen, daß die Aktien wieder mit vollen 80 Prozent belastet bleiben sollen, sondern daß auch der eingezahlte Betrag von 199 000 ℳ unter dem Titel der Schenkung im Vermögen der Gesellschaft geblieben ist und die Herabsetzung des Verlustsaldos auf 5901,99 ℳ bewirkt hat. Hält man nämlich daran fest, daß die eingeforderten 20 Prozent als Einlage eingezahlt waren, so stellt sich die nachträgliche Überlassung als Schenkung immerhin als eine nachträgliche Verfügung über die Einlage dar, und die Zulassung einer solchen Verfügung seitens des Aufsichtsrates und der Generalversammlung muß rechtlich der Rückzahlung gleichgestellt werden. Dies umsomehr, als, wie oben ausgeführt und auch im Berufungsurteile anerkannt ist, diese nachträgliche schenkungsweise Überlassung eine derartige Umgestaltung der Schlußrechnungen herbeigeführt hat, daß eine künftige Rückzahlung des nominell Geschenkten in Form von Dividenden ermöglicht wird, welche bei gesetzmäßigem

Verfahren erst in unabsehbarer Zeit zu erwarten gewesen wären. Eine gesetzmäßige Abhilfe gegen die ungünstige Vermögenslage der Gesellschaft wäre nur dann bewirkt worden, wenn entweder von vornherein der Betrag von 199 000 *M* geschenkt oder unter Belassung des Eingezahlten nochmals als Schenkung bezahlt worden wäre."

---

4. Erfordert der Begriff der stillen Gesellschaft (Art. 250 H.G.B.), daß der stille Gesellschafter nicht bloß an dem Gewinne, sondern auch an dem Verluste beteiligt ist?
Anwendbarkeit des Art. 259 H.G.B. auf teilweise Rückzahlung der Einlage und auf Bestellung von besonderen, im Gesellschaftsvertrage nicht bedungenen Sicherheiten.

II. Civilsenat. Urt. v. 10. Oktober 1890 i. S. B. B. (Kl.) w. F. A. Konkursmasse (Bekl.). Rep. II. 155/90.

I. Landgericht Mainz.
II. Oberlandesgericht Darmstadt.

Am 1. August 1886 kam zwischen dem Ingenieur E. B. und F. A. in B. ein Vertrag zustande, inhaltlich dessen E. B. sich an dem von F. A. unter der Firma Rheingauer Farben- und Schwärzenfabrik in O. betriebenen Handelsgeschäfte als stiller Teilhaber mit einer Einlage von 50 000 *M* auf die Dauer von vier Jahren beteiligte. Nach §. 6 des Vertrages übernahm F. A. die Verpflichtung, die Einlage des E. B. sowohl gegen etwaige Geschäftsverluste als gegen Ansprüche von Gläubigern der Fabrik schadlos zu halten, worüber ein besonderes Übereinkommen das Nähere bestimme. Die zugesagte Sicherung der Einlage geschah durch Übergabe zweier Kuxscheine Nr. 19 und 20 à 50 Kuxen einer Dachschiefergewerkschaft seitens des F. A. an E. B., und zwar gleichfalls am 1. August 1886. Schon am 1. August 1887 trat E. B. aus dem Geschäfte aus und erhob Klage auf Rückzahlung seiner Einlage. Durch Vertrag vom 2. November 1887 wurde jedoch das Verhältnis dahin geordnet, daß E. B. die Forderung an seinen Bruder, Teilhaber der Firma B. B., cedierte und F. A. bekannte, daß seine Firma den Betrag von 50 000 ℳ nunmehr an den Cessionar schulde, auch sich verpflichtete, die Schuld in der Weise abzutragen, daß er der Firma B. B. fünf Accepte über je 10 000 ℳ, das letzte zahlbar im Mai 1889, behändige und an den bestimmten Terminen einlöse. Zur Sicherheit dieser Verpflichtungen versprach F. A. alsbald der Firma B. B. sechs Kuxscheine der erwähnten Art zu verpfänden und in Besitz zu geben, übersandte auch unterm 4. November 1887 vier Kuxscheine Nr. 9. 10. 11. 12, um solche nach Übereinkunft ins Depot zu nehmen. Am 28. November 1887 wurde über das Vermögen des F. A. der Konkurs eröffnet. Der Konkursverwalter erkannte die Forderung der Firma B. B. mit 51 150 ℳ an, nicht aber das Recht auf abgesonderte Befriedigung aus den Faustpfändern. B. B. erhob daher Klage auf Anerkennung dieses Rechtes, der Konkursverwalter beantragte deren Abweisung und mittels Widerklage Verurteilung des Gegners zur Herausgabe der Kuxscheine Nr. 9. 19 und 20. Unter anderem berief sich der Beklagte auf den Art. 259 H.G.B., dessen Anwendbarkeit klägerischerseits vornehmlich aus dem Grunde bestritten wurde, weil eine stille Gesellschaft im Sinne des Handelsgesetzbuches zwischen E. B. und F. A. wegen der vereinbarten Befreiung des E. B. von jeder Teilnahme am Verluste nicht bestanden habe. Das Landgericht hat die Klage abgewiesen und nach dem Antrage der Widerklage erkannt, das Oberlandesgericht hat durch Teilurteil die Berufung des Klägers, soweit das landgerichtliche Urteil den Kuxschein Nr. 9 betrifft, verworfen, und die gegen letzteres Urteil vom Kläger ergriffene Revision ist vom Reichsgerichte gleichfalls zurückgewiesen worden aus folgenden

Gründen:

„Die Rüge des Revisionsklägers, daß das Berufungsgericht auf das durch den Vertrag vom 1. August 1886 zwischen F. A. und E. B. begründete Rechtsverhältnis den Art. 259 H.G.B. deshalb mit Unrecht angewendet habe, weil bei der Beteiligung des E. B. an dem von F. A. unter der Firma Rheingauer Farben- und Schwärzenfabrik in O. betriebenen Handelsgeschäfte jede Teilnahme des mit einer Einlage von 50 000 ℳ als stiller Teilhaber eingetretenen E. B. am Verluste des Geschäftes ausgeschlossen worden sei, konnte nicht für gerechtfertigt erachtet werden.

Das Berufungsgericht hat festgestellt, daß es in der Absicht der genannten Kontrahenten gelegen habe, ein Gesellschaftsverhältnis im Sinne des Art. 250 H.G.B. zu begründen, und daß dessen Voraussetzungen in dem darüber errichteten Vertrage vom 1. August 1886 vollständig und unzweideutig Ausdruck gefunden haben. In dieser Beziehung wurde darauf hingewiesen, daß §. 1 des Vertrages dahin laute, daß E. B. sich an dem genannten Handelsgeschäfte als „stiller Teilhaber" beteilige, daß nach §. 7 der stille Teilhaber berechtigt sein sollte, während der auf vier Jahre bestimmten Vertragsdauer zu jeder Zeit als offener Gesellschafter in das Geschäft einzutreten, ihm auch für den Fall des Verkaufs des Geschäftes in §. 8 ein Vorkaufsrecht eingeräumt, dazu in §. 9 dem Geschäftsinhaber untersagt wurde, außer seinem Sohne Adolf andere Personen als offene Gesellschafter oder als Kommanditisten oder als stille Teilhaber ohne Zustimmung des E. B. in das Geschäft aufzunehmen, daß letzterem in §. 12 die gesamte Leitung der Fabrik in W., in §. 13 die Direktion der dem F. A. gehörigen Schieferbrüche K.-W. bei C. auf die Dauer von vier Jahren übertragen wurde, daß in §. 5 dem E. B. gleicher Anteil am Gewinne des Geschäftes mit F. A. eingeräumt, nach §. 6 die Teilnahme B.'s am Verluste nicht direkt ausgeschlossen worden sei, jedoch indirekt insofern, als F. A. sich verpflichtet habe, die Einlage B. sowohl gegen etwaige Geschäftsverluste als gegen Ansprüche von Gläubigern der Fabrik schadlos zu halten, worüber ein besonderes Übereinkommen das Nähere bestimmen sollte.

Der III. Civilsenat des Reichsgerichtes hat in einem Erkenntnisse vom 30. November 1880 i. S. L. w. D. V.,

vgl. Entsch. des R.G.'s in Civils. Bd. 3 S. 9,

die Teilnahme an dem Verluste zu den Voraussetzungen für das Vorhandensein einer stillen Gesellschaft gehörend erklärt und dabei ausgeführt:

Eine Vereinbarung, derzufolge der Sozius mit seiner Vermögenseinlage nur teilnehme am Gewinne, nicht an dem Verluste des Betriebes, sei zwar weder gesetzlich unzulässig, noch erscheine sie an sich unvereinbar mit dem Wesen einer stillen Gesellschaft. Aber die Begriffsbestimmung des Art. 250 H.G.B. diene offenbar dem Zwecke, festzustellen, unter welchen Voraussetzungen die für die stille Gesellschaft geltenden Vorschriften des Handelsgesetzbuches unmittelbar anwendbar sein sollen. Und wenn damit auch der Privatwillkür Abweichungen von dieser Begriffsbestimmung nach der einen oder anderen Richtung hin selbstfolglich nicht verschlossen seien, so sei es doch immerhin nur auf den Willen der Kontrahenten zurückzuführen, sofern mit den dadurch gebotenen Beschränkungen im übrigen die Vorschriften des Handelsgesetzbuches auch auf ein bloßes Sozietätsverhältnis anwendbar bleiben, und es werde also stets nach dem Inhalte des Vertrages sich zu richten haben, ob und inwieweit eine Unterwerfung unter die Vorschriften des Handelsgesetzbuches als vereinbart angesehen werden dürfe.

Obwohl nun der jetzt erkennende Senat geneigt wäre, hiervon abweichend die Frage, ob nach Art. 250 H.G.B. die Teilnahme am Verluste neben einer solchen am Gewinne zu den Voraussetzungen für das Vorhandensein einer stillen Gesellschaft im Sinne des Handelsgesetzbuches gehöre, verneinend zu beantworten und in der Bestimmung des Art. 250 („gegen Anteil an Gewinn und Verlust") lediglich eine Hinweisung auf den regelmäßigen Fall zu erblicken, als gesetzliches Erfordernis nur eine Abhängigkeit des Teilhabers vom Ergebnisse des Handelsgewerbes, somit eine Beteiligung am Gewinne für genügend zu erachten und daher auf das durch den Vertrag vom 1. August 1886 begründete Sozietätsverhältnis die Vorschriften des ersten Titels des III. Buches des Handelsgesetzbuches ohne weiteres anzuwenden, so liegt doch keine Notwendigkeit vor, gemäß §. 137 G.-V.G. eine Entscheidung der vereinigten Civilsenate einzuholen, weil das Berufungsgericht im Anschlusse an das angeführte Erkenntnis des dritten Civilsenats die Vereinbarung einer stillen Gesellschaft im Sinne des Handelsgesetzbuches auf Grund des unzweideutig erklärten Parteiwillens ohne ersichtlichen Rechtsirrtum festgestellt hat. Der Sinn jener Entscheidung kann nicht dahin gedeutet werden, daß auch absolute Vorschriften, wie diejenige des Art. 259 H.G.B., welche an sich eine Beteiligung des stillen Gesellschafters am Verluste nicht voraussetzen, zur Anwendung nur gelangen können, wenn die Parteien ihrer Unterwerfung auch unter diese Bestimmungen Ausdruck gegeben haben, vielmehr würden solche Vorschriften ohne weiteres in Kraft treten, wenn die Absicht der Vertragschließenden feststeht, eine stille Gesellschaft im Sinne des Handelsgesetzbuches zu gründen, ohne dabei dem stillen Teilhaber die Übernahme eines Anteiles am Verluste auf seine Einlage zuzumuten.

Vgl. auch Bolze, Praxis des Reichsgerichts Bd. 1 Nr. 1159 und Entsch. des R.G.'s in Civils. Bd. 20 S. 165.

Wenn in §. 6 des Gesellschaftsvertrages ein Übereinkommen über Schadloshaltung des stillen Teilhabers gegen etwaige Geschäftsverluste und Ansprüche von Gläubigern der Fabrik vorbehalten wurde, so stellt das Berufungsgericht fest, daß diese Übereinkunft nicht zustande kam, wenn solche nicht etwa in der am gleichen Tage erfolgten Überlassung der Kuxscheine Nr. 19 und 20 zu finden sei. Die für die vorliegende Entscheidung allein in Betracht kommende Sicherstellung der Einlagerückforderung durch Überlassung des Kuxscheines Nr. 9 ist erst nach der am 1. August 1887 durch Vereinbarung erfolgten Auflösung der stillen Gesellschaft und, nachdem E. B. eine Klage auf Rückzahlung seiner Einlage gegen F. A. erhoben hatte, mit Vertrag vom 2. November 1887 erfolgt, worauf der Kuxschein Nr. 9 von F. A. mit Schreiben vom 4. November 1887 an den nach der Übereinkunft forderungsberechtigten Cessionar übersendet wurde. Das Versprechen, der Firma B. B., welcher E. B. die Forderung von 50000 ℳ nebst Zinsen übertragen hatte, sechs Kuxscheine der erwähnten Gewerkschaft zu verfaustpfänden und in Besitz zu geben, ist nach dem Thatbestande des Berufungsurteiles .... von F. A. persönlich gegeben worden. Hat letzterer auch die Schuld von 50000 ℳ namens der Firma F. A. & Sohn anerkannt, so hat er die Sicherstellung doch in eigenem Namen zugesagt und vollzogen. Es erscheint daher die Rüge der Revision, daß auf gedachte Sicherstellung Art. 259 H.G.B. deshalb keine Anwendung finden könne, weil der Vertrag vom 2. November 1887 nicht mit F. A., sondern mit einer dritten Person, der Firma F. A. & Sohn, abgeschlossen worden sei, als unzutreffend.

Auch darin ist dem Berufungsgerichte beizutreten, daß Art. 259 H.G.B. nicht bloß auf vollständige, sondern auch auf teilweise Rückzahlung der Einlage anzuwenden sei. Der Ausdruck „die ihm zurückbezahlte Einlage" bedeutet so viel als „das, was ihm an der Einlage zurückbezahlt wurde". Wenn es auch richtig ist, daß eine Ausnahmebestimmung vorliegt, mithin eine ausdehnende Anwendung zu vermeiden wäre, so bezieht sich eben die Ausnahmevorschrift nicht allein auf die vollständige, sondern auf jede Rückzahlung.

Dasselbe gilt von der Rechtsansicht, daß der Zahlung eine Erstattung des Wertes, namentlich auch die Gewährung einer besonderen Sicherheit, wodurch dem stillen Gesellschafter oder seinem Rechtsnehmer die Stellung eines absonderungsberechtigten Gläubigers verschafft ist, gleichstehe.

Vgl. Entsch. des R.O.H.G.'s Bd. 14 S. 93 und Entsch. des R.G.'s bei Rassow und Küntzel, Bd. 29 S. 997.

Die Bemerkung des Revisionsklägers, der Auffassung des Berufungsgerichtes stehe entgegen, daß Art. 259 H.G.B. nur nachträgliche Befriedigungsarten berühre, nicht von vornherein bedungene Sicherstellungen, trifft auf die Verpfändung des Kuxscheines Nr. 9 nicht zu. Das Berufungsgericht unterscheidet gerade zwischen der Sicherstellung zur Zeit der Eingehung der Gesellschaft durch Verpfändung der Kuxscheine Nr. 19 und 20 und derjenigen vom 2./4. November 1887, welche den Kuxschein Nr. 9 zum Gegenstande hatte, und welcher am 28. November 1887 die Konkurseröffnung gegen F. A. nachgefolgt ist. Auch aus dem Beweiserbieten des Klägers . . . ist von dem Berufungsrichter ohne Rechtsirrtum die Folgerung abgelehnt, daß die Verpfändung des Kuxscheines Nr. 9 vom 2./4. November 1887 auf einem bei Abschluß des Gesellschaftsvertrages getroffenen Übereinkommen beruhe. Dieses Beweiserbieten ging im wesentlichen dahin, daß bei der Verhandlung über den Vertrag vom 1. August 1886 A. den Vertrag mit dem früheren stillen Teilhaber Dr. B. vorgelegt, daß aber dem E. B. die darin enthaltene einfache Zusicherung einer Schadloshaltung auch in den Fällen der Artt. 255 Abs. 2. 258. 259 H.G.B. nicht genügt, er vielmehr eine wirkliche Sicherheit verlangt, und daß sich darauf F. A. nach langem Sträuben bereit erklärt habe, dem E. B. die Kuxscheine Nr. 19 und 20 als Sicherheit für seine Einlage in Pfand zu geben, um ihn gegenüber den Artt. 255 Abs. 2. 258. 259 H.G.B. zu schützen. Für den Kuxschein Nr. 9 hat dieses Vorbringen keine Bedeutung, da dieser erst nach Auflösung des Gesellschaftsvertrages zur Sicherung der gestundeten Einlagerückforderung nach Übereinkommen vom 2. November 1887 verpfändet worden ist. Das allgemeine, unter Vorbehalt besonderer Übereinkunft gegebene Versprechen, den stillen Gesellschafter gegen etwaige Geschäftsverluste oder Ansprüche von Gläubigern schadlos zu halten, steht aber der Berufung auf Art. 259 H.G.B. seitens des Beklagten nicht entgegen, und wenn darin eine vertragsmäßige Ausschließung des Art. 259 H.G.B. zu finden wäre, so hat das Berufungsgericht ohne Rechtsirrtum eine solche mit Rücksicht auf den öffentlich-rechtlichen Charakter der im Interesse der Gläubiger gegebenen Vorschrift für unwirksam erklärt.

Die Anwendung dieser absoluten Vorschrift auf die durch die vereinbarte Gesellschaftsauflösung veranlaßte teilweise Rückzahlung der Einlage mittels Verpfändung und Übergabe des Kuxscheines Nr. 9 enthält daher keine Gesetzesverletzung. Hieraus ergab sich die Abweisung der auf abgesonderte Befriedigung aus dem Erlöse des Kuxscheines Nr. 9 gerichteten Klage sowie die Verurteilung nach dem Begehren der Widerklage zur Auslieferung des bezeichneten Kuxscheines an die Konkursmasse."

---

5. Können bei dem Kaufe nach Probe außer der Probemäßigkeit noch weitere Eigenschaften der Ware bedungen werden?

II. Civilsenat. Urt. v. 17. Oktober 1890 i. S. B. (Bekl.) w. M. (Kl.) Rep. II. 160/90.

I. Landgericht Mülhausen.
II. Oberlandesgericht Kolmar.

Der Kläger hat vom Beklagten eine größere Quantität „Brotmehl" nach Muster gekauft und das Mehl erhalten und bezahlt, dasselbe aber rechtzeitig zur Verfügung des Beklagten gestellt. In der Klage hat er beantragt, daß der Beklagte zur Rückzahlung des Kaufpreises und zu Schadensersatz verurteilt werde. Der Beklagte hat Abweisung der Klage beantragt, weil das gelieferte Mehl, dessen schlechte Beschaffenheit nicht bestritten wurde, der Probe entspreche. Das Landgericht hat die Klage abgewiesen, das Oberlandesgericht dagegen den Beklagten nach dem Klagantrage verurteilt. Die Revision des Beklagten wurde zurückgewiesen.

Aus den Gründen:

„Das Berufungsgericht hat festgestellt, daß der Beklagte dem Kläger „Brotmehl" verkauft habe und darunter nach dem allgemeinen

Sprachgebrauche wie nach der aus den vorliegenden Umständen, insbesondere aus dem bedungenen Kaufpreise, klar hervorgehenden Absicht der Parteien, nur solches Mehl verstanden werden könne, das sich zu einem geeigneten Nahrungsmittel für Menschen (Brot) verarbeiten lasse. Das von dem Beklagten gelieferte Mehl entspreche aber, wie die sofort vorgenommene Backprobe ergeben habe, diesen Anforderungen nicht, sei vielmehr höchstens als Futtermehl zu verwenden. Der Beklagte müsse sonach, da der geltend gemachte Mangel keineswegs aus der Probe zu erkennen gewesen sei, und der Umstand, daß das gelieferte Mehl dem Muster entspreche, nicht genüge, um den Vertrag als richtig erfüllt erscheinen zu lassen, den von dem Kläger auf Grund des Vertrages und vor erlangter Kenntnis von der Unbrauchbarkeit des Mehles bezahlten Kaufpreis gegen Rückgabe des Mehles zurückerstatten und dem Kläger den erlittenen Schaden ersetzen. In diesen Ausführungen ist ein Rechtsirrtum nicht enthalten; insbesondere erscheint der Angriff als verfehlt, das Oberlandesgericht habe mit Unrecht angenommen, daß außer der Probemäßigkeit noch andere Eigenschaften der Ware in Betracht kämen. Auch bei dem Kaufe nach Probe können außer der Probemäßigkeit noch weitere Eigenschaften der Ware bedungen werden. Wenn dies geschehen ist, genügt aber, wie bereits das Reichsoberhandelsgericht in mehreren Urteilen,

vgl. Entsch. des R.O.H.G.'s Bd. 8 S. 249. 250, Bd. 14 S. 287 flg.,

ausgeführt hat und auch in der Rechtslehre anerkannt wird,[1] der Nachweis, daß die Ware dem Muster entspricht, nicht, um den Kaufvertrag als richtig erfüllt erscheinen zu lassen. Vielmehr ist dies nur dann der Fall, wenn allen Bedingungen des Kaufvertrages genügt worden ist. Durch die thatsächlichen Feststellungen des Oberlandesgerichtes wird die Anwendung der Artt. 1643—1645 des bürgerl. Gesetzbuches in ihrem vollen Umfange, insbesondere auch soweit es sich um den Schadensersatz handelt, gerechtfertigt."

---

[1] Vgl. v. Hahn, Handelsgesetzbuch Bd. 1 S. 257 Art. 340 §. 6; Puchelt, Handelsgesetzbuch Bd. 2 S. 222 Nr. 4; Hanausek, Die Haftung des Verkäufers Bd. 1 S. 272 flg. D. E.

6. 1. Kann bei der Anfechtung aus §. 3 Nr. 1 des Gesetzes vom 21. Juli 1879 der Gläubiger von dem Empfänger, welcher die erworbene Sache weiterveräußert hat, nicht bloß Wertsersatz, sondern auch Herausgabe eines bei der Weiterveräußerung erzielten Gewinnes beanspruchen?

2. Läßt sich die Klage gegen den Empfänger auf Wertsersatz mit der Klage gegen den Rechtsnachfolger auf Rückgewähr in Natur (§. 11 Abs. 2 des Gesetzes vom 21. Juli 1879) verbinden?

VI. Civilsenat. Urt. v. 27. Oktober 1890 i. S. E. u. G. (Bekl.) w. Handelsgesellschaft A. W. & S. (Kl.) Rep. VI. 143/90.

I. Landgericht Öls.
II. Oberlandesgericht Breslau.

Aus den Gründen:

„B. Kr. verkaufte durch Vertrag vom 27. September 1888 sein Hausgrundstück Öls Nr. 260 für 21 000 *M* an den Agenten E., den Beklagten zu 1, welcher auch demnächst die Auflassung erhielt. Von E. wurde sodann das gedachte Grundstück dem Schwiegervater des Kr., dem Kräutereibesitzer G., dem Beklagten zu 2, mittels Vertrages vom 1. November 1888 für 22 650 *M* weiter verkauft und aufgelassen.

Diese Kaufgeschäfte ficht jetzt die Klägerin wegen einer von ihr gegen Kr. rechtskräftig erstrittenen Forderung von 1931,50 *M* nebst Zinsen beiden Beklagten gegenüber auf Grund des §. 3 Nr. 1 und des §. 11 Abs. 2 Nr. 2 des Gesetzes vom 21. Juli 1879 an.

Ihrem Antrage entsprechend, verurteilte das Landgericht,

unter 1: beide Beklagte, anzuerkennen, daß die vorbezeichneten Kaufverträge der Klägerin gegenüber unwirksam sind, und darin zu willigen, daß die Klägerin wegen und in Höhe ihrer Forderung von 1931,50 *M* nebst Zinsen aus dem Grundstücke Öls Nr. 260 ihre Befriedigung suche und dasselbe zum Gegenstande der Zwangsvollstreckung mache, unter 2: den Beklagten E., zur Befriedigung der Klägerin wegen der Forderung von 1931,50 *M* nebst Zinsen den Betrag von 1650 *M* an Klägerin zu zahlen.

Die hiergegen von den Beklagten eingelegte Berufung hat das Oberlandesgericht mit der Maßgabe zurückgewiesen, daß die Entscheidung unter 1 auch auf die beiden Auflassungen zu erstrecken sei.

Der Revisionskläger E. greift nun das Berufungsurteil nur insoweit, als er zur Zahlung von 1650 ℳ verurteilt ist, sowie bezüglich des Kostenpunktes an. Sein Angriff muß für begründet erachtet werden.

Das Berufungsgericht geht bei Beurteilung der Anfechtung von der Annahme aus, daß Kr. den Verkauf seines Grundstückes an E. in der dem letzteren bekannten Absicht, seine Gläubiger zu benachteiligen, vorgenommen, und daß andererseits G. den ihm als Schwiegervater des Schuldners obliegenden Beweis der Unkenntnis von den die Anfechtung begründenden Umständen nicht geführt habe. Auf Grund dieser Annahme, welche nicht angefochten ist und zu rechtlichen Bedenken keinen Anlaß giebt, und da unstreitig die allgemeinen Voraussetzungen der Anfechtung nach §§. 1. 2 des erwähnten Gesetzes vorliegen, hält der Vorderrichter die erstinstanzliche Entscheidung nicht bloß zu 1, sondern auch zu 2 für gerechtfertigt, indem er in letzterer Beziehung folgendes erwägt: Aus dem fraudulosen Erwerbe auf seiten des E. folge auch dessen weitere Verpflichtung, den bei der Weiterveräußerung an G. erzielten und erhobenen Gewinn zur Befriedigung der Klägerin herzugeben; denn auf diesen Gewinn habe er als einen unrechtmäßigen ebensowenig einen Anspruch als auf das Grundstück, durch dessen Verkauf er sich denselben verschafft hat; der Klägerin gegenüber komme es auch nicht in Betracht, ob E. das Grundstück während seines unrechtmäßigen Besitzes verbessert und infolge dieses Besitzes selbst Einbußen in einem höheren Umfange, als jener Gewinn betragen, erlitten hat, vielmehr stehe ihm wegen derartiger Leistungen nur ein Rückgriffsrecht an den Schuldner K. zu.

Diesen Erwägungen liegt, wie die Revision mit Recht geltend macht, eine rechtsirrtümliche Auffassung des Anfechtungsanspruches zu Grunde.

Nach §. 7 des Anfechtungsgesetzes kann der anfechtende Gläubiger, soweit es zu seiner Befriedigung erforderlich ist, beanspruchen, daß dasjenige, was durch die anfechtbare Handlung aus dem Vermögen des Schuldners veräußert, weggegeben oder aufgegeben ist, als noch zu demselben gehörig von dem Empfänger zurückgewährt werde. Damit sind der Zweck und der Umfang des Anfechtungsanspruches deutlich gekennzeichnet. Was der Schuldner dem Befriedigungsrechte des Gläubigers entzogen hat, soll vermittelst der Anfechtung in den Kreis der Vermögensgegenstände, aus welchen der Gläubiger seine Befriedigung suchen kann, zurückgeführt und so in dem Vermögen des Schuldners zu Gunsten des Anfechtenden derjenige Zustand wiederhergestellt werden, welcher vor der Vornahme der anfechtbaren Handlung bestanden hatte. Mehr aber als die Wiederherstellung dieses Zustandes, als die völlige Beseitigung der vom Schuldner geschaffenen Hindernisse der Zwangsvollstreckung hat der Gläubiger nach den Grundsätzen des Anfechtungsrechtes nicht zu fordern.

Freilich ist der §. 7 a. a. O. nicht so zu verstehen, als sei die Rückgewähr von dem Empfänger stets in Natur und nur dann zu leisten, wenn er sich noch im Besitze des Empfangenen befindet. Vielmehr weisen die Worte und der Zweck des Gesetzes darauf hin, daß der Empfänger sich durch eine Veräußerung der in anfechtbarer Weise erworbenen Sache von der Verpflichtung zur Rückgewähr nicht befreien kann, sondern dem Gläubiger nach der Veräußerung den Wert der Sache ersetzen muß (vgl. auch Motive zur K.O. S. 147). Demzufolge steht, wie anzuerkennen ist, bei dem Vorhandensein der Voraussetzungen des §. 11 Abs. 2 des Anfechtungsgesetzes dem Gläubiger unter Umständen ein doppeltes Klagerecht zu, nämlich einerseits gegen den Rechtsnachfolger desjenigen, welchem gegenüber die anfechtbare Rechtshandlung vorgenommen ist, auf Rückgewähr des Weggegebenen in Natur, und andererseits gegen den ursprünglichen Empfänger auf Wertsersatz.

Indessen auch von diesem Gesichtspunkte aus muß der angefochtene Teil der Vorentscheidung für ungerechtfertigt erachtet werden, und zwar zunächst schon deshalb, weil es sich bei dem auf Zahlung von 1650 ℳ gerichteten Antrage um einen Wertsersatzanspruch überhaupt nicht handelt. Wie die Klägerin in den Vorinstanzen ausweislich des Thatbestandes nirgends ausdrücklich behauptet hat, daß das Grundstück Öls Nr. 260 zur Zeit der Veräußerung an E. oder später einen Wert von 22 650 ℳ oder doch von mehr als 21 000 ℳ gehabt habe, so stützt auch das Berufungsgericht seine Entscheidung nicht etwa auf die Verpflichtung des E., der Klägerin den Wert des von ihm veräußerten Grundstückes zu ersetzen, sondern lediglich darauf, daß E. bei der Weiterveräußerung des fraudulos erworbenen Grundstückes einen unrechtmäßigen Gewinn von 1650 ℳ erzielt habe. Allein ein Grund, welcher die Klägerin berechtigen könnte, die Herausgabe dieses Gewinnes an sie zu fordern, ist in dem Berufungsurteile nicht angegeben und auch sonst nicht zu erkennen. Denn nach dem oben Gesagten erstreckt sich der Rückgewähranspruch des anfechtenden Gläubigers nur auf dasjenige, was aus dem Vermögen des Schuldners herausgekommen ist, nicht aber daneben auf eine Bereicherung, welche der Empfänger infolge der anfechtbaren Zuwendung für sich erlangt hat. Ebensowenig kann die Klägerin aus dem unerlaubten Handeln des E. ein Recht auf den von ihm erzielten Gewinn herleiten, da sie auch mit der Deliktsklage nicht mehr als den vollen Ersatz des ihr durch die rechtswidrige Handlung erwachsenen Schadens zu beanspruchen haben würde, und die Existenz eines solchen Schadens weder von ihr behauptet noch aus den vorliegenden Umständen zu ersehen ist.

Dürfte man aber auch in dem Antrage der Klägerin zu 2 einen Anspruch auf Wertsersatz finden und zugleich annehmen, daß der von E. bezogene Kaufpreis den Wert des Grundstückes repräsentiere, so würde doch einer Verurteilung des Revisionsklägers zur Zahlung der beanspruchten 1650 ℳ, ganz abgesehen von seinen sonstigen Einwendungen, jedenfalls der Umstand entgegenstehen, daß die Klägerin schon mit ihrem Antrage zu 1 dasjenige, was sie ihrem Vorbringen zufolge nach dem Anfechtungsgesetze oder auch nach den Vorschriften des Tit. 6 Tl. I. des Allgem. Landrechtes verlangen durfte, beiden Beklagten gegenüber in vollem Umfange geltend gemacht und erreicht hat. Zwar ist die Möglichkeit, daß der anfechtende Gläubiger mittels einer und derselben Klage den ursprünglichen Empfänger auf Grund des §. 3 Nr. 1 oder 2 und den Rechtsnachfolger auf Grund des §. 11 Abs. 2 des Anfechtungsgesetzes in Anspruch nehmen kann, nicht für alle Fälle schlechthin zu verneinen. Wo und insoweit die vom Rechtsnachfolger in Natur zu leistende Rückgewähr zu einer völligen Wiederherstellung des früheren Rechtszustandes nicht führen kann, sei es weil das Weggegebene nicht mehr in vollem Umfange vorhanden, oder weil sein Wert inzwischen verringert ist, wird dem Gläubiger das Recht nicht verschränkt werden können, mit dem Anspruche auf Rückgewähr in Natur den Anspruch gegen den ursprünglichen Empfänger auf Wertsersatz zu verbinden. Immer aber erfordert die Verbindung beider Ansprüche eine Darlegung besonderer Umstände, aus welchen zu entnehmen ist, daß die vom Gläubiger geforderte Rückgewähr in Natur für sich allein zur Erreichung des im §. 7 des Anfechtungsgesetzes bezeichneten Zieles der Anfechtung nicht ausreicht. Solche Umstände sind weder vom Berufungsgerichte festgestellt noch auch von der Klägerin behauptet, sodaß für die Annahme, es könnte die Klägerin ihre Befriedigung aus dem Grundstücke Öls Nr. 260 jetzt in geringerem Umfange finden, als ihr dies vor der anfechtbaren Veräußerung möglich war, nicht der geringste Anhalt vorliegt.. Vielmehr erachtet es der Vorderrichter bei seinen Erwägungen für nicht ausgeschlossen, daß der Beklagte E. das fragliche Grundstück während seines unrechtmäßigen Besitzes verbessert hat, womit dann ohne weiteres sogar eine günstigere Gestaltung der Lage der Klägerin bezüglich des Erfolges der Zwangsvollstreckung verknüpft sein würde.

Daß die Klägerin nicht mehr zu beanspruchen hat als die Befriedigung wegen ihrer vollstreckbaren Forderung aus dem durch die anfechtbare Handlung Weggegebenen, erkennt auch das Oberlandesgericht an. Wenn aber hieraus der Schluß gezogen wird, „daß, soweit sich die klägerische Forderung durch Zahlung der Summe, zu deren Entrichtung der Beklagte E. verurteilt worden, vermindert, auch eine entsprechende Beschränkung des Exekutionsrechtes der Klägerin bezüglich des Grundstückes eintritt", so läßt sich dies nur aus der rechtsirrtümlichen Anschauung des Vorderrichters erklären, als stehe der Klägerin gegenüber dem E. ein Deliktsanspruch auf Herausgabe des unrechtmäßigen Gewinnes zu.

Vgl. auch das Urt. des V. Civilsenates vom 9. Dezember 1882, in Gruchot, Beiträge Bd. 27 S. 1140.

Dabei ist noch besonders hervorzuheben, daß die Klägerin selbst ihren auf die Zwangsvollstreckung aus dem Grundstücke bezüglichen Antrag keineswegs als einen subsidiären oder eventuellen bezeichnet, ihn vielmehr unter 1 vorangestellt und darauf erst den die Zahlung von 1650 *M* bezweckenden Antrag unter 2 hat folgen lassen.

Demgemäß war das angefochtene Urteil, soweit es die Verurteilung des Revisionsklägers zur Zahlung von 1650 *M* betrifft, und in Ansehung des Kostenpunktes aufzuheben, in der Sache selbst aber, da ein gesetzlicher Grund für solche Verurteilung nicht vorliegt, auf Abweisung des bezüglichen Teiles des Klagantrages zu erkennen."

7. Findet Art. 306 Abs. 1 H.G.B. auch dann Anwendung, wenn die beweglichen Sachen nur durch constitutum possessorium in den Besitz des redlichen Erwerbers übergegangen sind?

VI. Civilsenat. Urt. v. 30. Oktober 1890 i. S. S. (Bekl.) w. M. Wwe. u. Gen. (Kl.) Rep. VI. 116/90.

I. Landgericht Hamburg.
II. Oberlandesgericht daselbst.

Das Reichsgericht hob das Berufungsurteil, insoweit es die Verurteilung des Beklagten zur Auslieferung gewisser Mobilien nur noch von der Ableistung der den Klägern zur Beseitigung gewisser Einreden auferlegten Eide abhängig gemacht hatte, auf die Revision des Beklagten auf und wies insoweit die Vindikation als von vornherein nicht begründet, die publizianische Klage als durch die auf das Eigentum des Beklagten zu stützende Einrede überwunden ab. Zu bemerken ist, daß dem Beklagten als Vermieter der fraglichen Sachen dieselben von dem Mieter Mz., welcher sie inzwischen an die Kläger bezw. an deren Rechtsvorgänger veräußert hatte, wieder ausgeliefert waren. Im übrigen ergiebt sich der erhebliche Sachverhalt aus den folgenden

Gründen:

... „Die zu beurteilenden Thatsachen sind die folgenden. Der Beklagte hatte die streitigen Sachen, welche in seinem Eigentume standen, dem Mz. vermietet und hingegeben. Mz. hat sodann den Mitklägern M. und J. die Sachen verkauft und in der Weise übergeben, wie in der Urkunde [2] bezeugt ist. Danach war der Hergang dieser Übergabe der, daß, nachdem der Kontrakt, in dessen §. 4 bedungen ist, daß die Käufer die Sachen einstweilen in der Detention des Verkäufers Mz. belassen, verlesen, genehmigt und unterschrieben war, der Verkäufer die einzelnen Gegenstände den Käufern „zum Eigentume angewiesen", und die letzteren „zum Zeichen der Besitzergreifung" Hand auf mehrere der Gegenstände gelegt hatten, „im Hinblicke und unter Beziehung auf die übrigen, nicht berührten Gegenstände" und unter gegenseitiger Erklärung, damit Eigentum übertragen bezw. erwerben zu wollen. ...

Daß durch den in der Urkunde [2] bezeugten Vorgang M. und J. das Eigentum an den fraglichen Gegenständen erworben haben würden, wenn sie dabei in gutem Glauben gewesen und das Geschäft nicht simuliert sein sollte, scheint auch vom Beklagten nicht bezweifelt worden zu sein. Daraus erklärt es sich wohl, daß das Berufungsgericht sich in dieser Beziehung in seinen Entscheidungsgründen darauf beschränkt hat, die Thatsachen kurz zusammenzustellen und daran die für maßgebend gehaltene Rechtsnorm in folgender Fassung zu schließen:

„Nach dem hierorts geltenden Rechtssatze „Hand muß Hand wahren" erwirbt derjenige, welcher bewegliche Sachen mit gutem Titel redlicherweise an sich gebracht hat, das Eigentum an denselben, unter der begleitenden Wirkung, daß ein früher begründetes Eigentum eines Dritten erlischt."

Hieraus wird dann ohne weitere Erörterung gefolgert, daß, falls jene Voraussetzungen zutreffen sollten, M. und J. Eigentümer geworden seien, und daß der Beklagte gleichzeitig sein Eigentumsrecht eingebüßt habe. Das Reichsgericht hält diese Begründung für rechtsirrig, weil es in der von seiten des Mz. erfolgten Übergabe der Sachen an M. und J. nicht eine wirkliche körperliche Übergabe, sondern nur ein constitutum possessorium erblickt, und weil es ferner den maßgebenden Rechtssatz dahin auffaßt, daß die von einem Nichteigentümer vorgenommene Übergabe beweglicher Sachen, welche dem gutgläubigen Erwerber das Eigentum verschaffen soll, nicht in einem bloßen constitutum possessorium bestehen darf, sondern eine körperliche Besitzübertragung sein muß.

In welchem von diesen beiden Punkten das Oberlandesgericht von der vom Reichsgerichte für richtig gehaltenen Ansicht abweiche, war aus den Entscheidungsgründen des angefochtenen Urteiles nicht zu erkennen. Sollte die Meinung dahin gegangen sein, daß in dem feststehenden Hergange eine körperliche Besitzübertragung an M. und J., kein bloßes constitutum possessorium liege, so wären damit diese gemeinrechtlichen Begriffe verkannt, also einerseits gegen l. 1 §. 21. l. 51 Dig. de adq. poss. 41, 2; andererseits gegen l. 18 pr. l. c. und l. 77 Dig. R. V. 6, 1 verstoßen."

(Dies wird näher dargelegt.)

„Was sodann die Frage wegen der Voraussetzungen des Erwerbes des Eigentums an beweglichen Sachen durch den gutgläubigen Besitzerwerber anlangt, so war zunächst die Revisibilität derselben hier unbedenklich anzunehmen. Abgesehen davon, daß durch eine ganz allgemeine Bezugnahme des Berufungsgerichtes auf einen „hierorts geltenden Rechtssatz" die Nachprüfung des Revisionsgerichtes formell niemals ausgeschlossen sein möchte, sowie davon, daß eine den Artt. 306. 308 H.G.B., welche nach dem durch §. 11 der Kaiserl. Verordnung vom 28. September 1879 für revisibel erklärten §. 30 des hamburgischen Einführungsgesetzes zum deutschen Handelsgesetzbuche in Hamburg ohne Beschränkung auf Kaufleute und Handelsgeschäfte gelten, widersprechende Entscheidung jedenfalls aufgehoben werden müßte, weil durch die Bestimmungen des Handelsgesetzbuches, auch in ihrer durch den §. 30 des hamburgischen Einführungsgesetzes vorgenommenen Ausdehnung, die etwa abweichenden partikularrechtlichen Normen beseitigt sein würden, sprach auch alles dafür, daß das Oberlandesgericht bei jenem Hinweise auf den in Hamburg geltenden Rechtssatz „Hand muß Hand wahren" gerade den Art. 306 Abs. 1 H.G.B. in Verbindung mit §. 30 des hamburgischen Einführungsgesetzes im Auge gehabt habe, also diese Normen habe anwenden wollen."

(Die Gründe hierfür werden näher gegeben.)

„Von diesem Standpunkte aus erschien nun, falls auch das Berufungsgericht in den in der Urkunde [2] bezeugten Vorgängen zwischen Mz. einerseits und M. und J. andererseits keine körperliche Besitzübertragung, sondern nur ein constitutum possessorium gefunden haben sollte, der Art. 306 Abs. 1 H.G.B. bezw. §. 30 des hamburgischen Einführungsgesetzes zu dem letzteren als durch Anwendung auf den vorliegenden Fall verletzt. Daß bei dem Worte „übergeben" im Art. 306 H.G.B. an jede Art der Übergabe, auch an ein bloßes constitutum possessorium, zu denken sei, wird allerdings von einzelnen Schriftstellern gelehrt.

Vgl. Thöl, Handelsrecht Bd. 1 (6. Aufl.) §. 234 Anm. 5 S. 727; Dernburg, Preußisches Privatrecht Bd. 1 (4. Aufl.) §. 188 Anm. 14 S. 462.

Für richtig kann aber nur die entgegengesetzte Ansicht gehalten werden, wonach in Art. 306 a. a. O. eine wirkliche körperliche Übergabe vorausgesetzt ist, also ein bloßes constitutum possessorium nicht genügt. Dabei kann die besondere Frage, welche Wirkung der

Übergabe eines über die betreffenden Güter ausgestellten Orderkonnossements an den durch dasselbe Legitimierten in der fraglichen Beziehung zukomme, hier unentschieden bleiben. Mit Recht ist von Goldschmidt (in der Zeitschrift für Handelsrecht Bd. 9 S. 15 flg.; vgl. auch dessen Handelsrecht Bd. 1 §. 65 S. 611 flg., und §. 80 S. 824 flg.) auf zwei Gründe hingewiesen worden, welche ein bloßes constitutum possessorium als eine „Übergabe" im Sinne des Art. 306 anzusehen verbieten. Der eine Grund ist der geschichtliche, daß der Satz „Hand muß Hand wahren" als dessen Fortbildung oder moderne Formulierung sich die Bestimmung des Art. 306 darstellt, im älteren deutschen Rechte immer nur als den dritten wirklichen körperlichen Besitzer der Sache schützend aufgefaßt worden ist, wie sich a. a. O. S. 16 Anm. 13 näher nachgewiesen findet. Dazu kommt der andere Grund, daß der praktische, wirtschaftliche Sinn des in Art. 306 enthaltenen Rechtssatzes mit der Anwendung des letzteren auf den Fall eines bloßen constitutum possessorium unvereinbar sein würde. Es ist dabei zweifellos abgesehen auf die Sicherheit des Verkehres. Wenn der Eigentümer einer beweglichen Sache freiwillig einen Anderen in die Lage gesetzt hat, Dritten gegenüber über die Sache thatsächlich wie ein Eigentümer verfügen zu können, so soll er sich eben auch gefallen lassen müssen, daß im Falle einer Veräußerungshandlung des Inhabers das Eigentum auf den gutgläubigen Dritten übergehe. Wenn nun aber der dritte Erwerber von vornherein den Veräußerer ruhig in der Detention läßt, sodaß der bisherige Eigentümer äußerlich von der Veräußerung gar nichts wahrnehmen kann und daher auch keine Veranlassung hat, sich wegen der gegen den Veräußerer zu erhebenden Entschädigungsansprüche möglichst zu sichern, so verbieten offenbar dieselben Grundsätze der Billigkeit, welche dem Satze „Hand muß Hand wahren" das Wort reden, den dritten Erwerber vor dem bisherigen Eigentümer zu bevorzugen. Es liegt hier die ganz entsprechende Frage vor wie in betreff der Voraussetzungen des Faustpfandrechtes nach denjenigen Rechten, welche nur ein solches Pfandrecht an beweglichen Sachen anerkennen oder dieses wenigstens wesentlich bevorzugen. Wohl nach allen diesen Rechten wie neuestens nach §. 14 Abs. 1 des Einführungsgesetzes zur Konkursordnung ist die Entstehung eines Faustpfandrechtes durch bloßes constitutum possessorium ausgeschlossen. Derselben Ansicht über die Bedeutung des Art. 306

H.G.B. wie Goldschmidt ist auch die große Mehrzahl der Schriftsteller.

Vgl. Hauser im Archiv für deutsches Wechselrecht Bd. 16 S. 274; v. Hahn, Kommentar Bd. 2 (2. Aufl.) zu Art. 306 §. 4 S. 143 flg.; Anschütz und v. Völderndorff, Kommentar Bd. 3 zu Art. 306 unter III. 4 S. 157 flg.; Makower, Handelsgesetzbuch (10. Aufl.) zu Art. 306 Anm. 40 S. 338; Fitting in der Zeitschrift für Handelsrecht Bd. 18 S. 334 flg.; Endemann in seinem Handbuche des deutschen Handelsrechts Bd. 2 §. 174 S. 55 flg.; Stobbe, Deutsches Privatrecht Bd. 2 (2. Aufl.) §. 148 Anm. 5 S. 636; Förster-Eccius, Preußisches Privatrecht, Bd. 3 (5. Aufl.) §. 160 Anm. 71 S. 50.

Auch hat sich dieser Ansicht bereits der III. Civilsenat des Reichsgerichtes, allerdings in einer mehr beiläufigen Äußerung,

vgl. Entsch. des R.G.'s in Civils. Bd. 19 S. 242,

und sodann der V. Civilsenat in der Sache Rep. V. 235/89 angeschlossen.

Bei dieser Sachlage konnte höchstens noch in Frage kommen, ob die hier in Rede stehende Entscheidung des Berufungsgerichtes etwa nach Maßgabe des §. 526 C.P.O. auf Grund des Art. 308 H.G.B. in Verbindung mit §. 30 des hamburgischen Einführungsgesetzes zu dem letzteren deshalb aufrechtzuhalten sei, weil das hamburgische Partikularrecht für den dritten Besitzerwerber günstigere Bestimmungen enthalte, welche zu dem vom Oberlandesgerichte auf Grund des Art. 306 angenommenen Ergebnisse führen. Unter dem Worte „Besitzer" ist nämlich in Art. 308 nach dem ganzen Zusammenhange des Gesetzes offenbar nicht bloß der augenblickliche Besitzer zu verstehen, sondern der Besitzerwerber als solcher, auch wenn er inzwischen den Besitz wieder verloren hat. Es lag jedoch keinerlei Grund für die Annahme vor, daß die in Betracht kommenden älteren hamburgischen Bestimmungen auch einem solchen dritten Erwerber zu gute kämen, welcher den Besitz nur durch ein constitutum possessorium erlangt hätte."...

8. Kann ein Unfall, welchen ein Mitglied einer von der Eisenbahnverwaltung aus Arbeitern ihrer Werkstätten gebildeten Feuerwehr beim Löschen eines Brandes erlitten, als „im Betriebe" der Eisenbahn erlitten angesehen werden?

Unfallversicherungsgesetz vom 6. Juli 1884 §. 1 Abss. 1. 6, § 9 Abs. 3.
Ausdehnungsgesetz vom 28. Mai 1885 §. 12.

VI. Civilsenat. Urt. v. 10. November 1890 i. S. Witwe F. (Kl.) w. Preuß. Eisenbahnfiskus (Bekl.). Rep. VI. 175/90.

I. Landgericht Frankfurt a./M.
II. Oberlandesgericht daselbst.

Der verstorbene Ehemann der Klägerin, Johann Adam F., war seit 1883 als Bohrer in der Eisenbahnhauptwerkstätte zu F. beschäftigt. — Er war zugleich Mitglied der von der Hauptwerkstätte gebildeten Bahnhoffeuerwehr.

Am 29. Oktober 1888 wurde diese Bahnhoffeuerwehr wegen eines im benachbarten H. ausgebrochenen Brandes mittels Extrazuges nach H. befördert und an den Löscharbeiten beteiligt, wobei Johann Adam F. durch einen Sprung von einem in Brand geratenen Dache verunglückte, sodaß er infolge der erlittenen Verletzungen am 8. November 1888 starb.

Seine kinderlose Witwe, die jetzige Klägerin, wies die ihr durch Bescheid der Eisenbahndirektion zu F. vom 24. Februar 1889 zugebilligte Unfallentschädigung von jährlich 123,60 ℳ zurück und verlangt wegen behaupteten Verschuldens der vorgesetzten Beamten, welche a) den Verunglückten unberechtigterweise zu Löscharbeiten an nicht fiskalischen Gebäuden angehalten hätten, sodaß ein Unfall im Betriebe der Eisenbahn gar nicht vorliege, und welche b) versäumt hätten, für das Mitnehmen unbedingt erforderlicher Rettungsgerätschaften, wie Leitern, Sprungtücher ꝛc, Sorge zu tragen, für ihre Lebensdauer eine jährliche Rente von 350 ℳ seit dem Todestage ihres Mannes nebst Prozeßzinsen sowie Kranken- und Beerdigungskosten.

Das Gericht erster Instanz wies die Klage wegen Unzulässigkeit des Rechtsweges ab. Das Berufungsgericht erachtete zwar den Rechtsweg für zulässig, verwarf aber gleichwohl die Berufung, weil es einen Unfall im Betriebe des beklagten Fiskus annahm und deshalb den

Anspruch der Klägerin als durch §. 95 des Unfallversicherungsgesetzes ausgeschlossen ansah. — Die Revision der Klägerin wurde zurückgewiesen.

Aus den Gründen:

„Die entscheidende Frage ist, ob der Unfall, welchen der Ehemann der Klägerin als Mitglied der Bahnhoffeuerwehr zu F. bei der Löscharbeit an einem nicht fiskalischen Gebäude in H. erlitt, als „im Betriebe" der Eisenbahn erlitten angesehen werden kann.

Es ist zweifellos, daß die Gesetzgebung über Unfallversicherung die Vereinigung verschiedener Betriebe zu einem Gesamtbetriebe anerkennt, und daß hierbei der Hauptbetrieb die Nebenbetriebe nach sich zieht und als zu ihm gehörig mit umfaßt (§. 1 Abs. 6. §. 9 Abs. 3 des Unfallversicherungsgesetzes, §. 12 des Ausdehnungsgesetzes). Insbesondere bei den Eisenbahnen läßt schon die Fassung des §. 1 Nr. 1 des Ausdehnungsgesetzes, nach welchem das Unfallversicherungsgesetz auf den „gesamten Betrieb der ... Eisenbahnverwaltungen" Anwendung zu finden hat, zur Genüge erkennen, daß es sich hier nicht nur um den eigentlichen Bahnbetrieb im engeren Sinne, sondern um alle Betriebe und technischen Verrichtungen handelt, welche mit dem Eisenbahndienste zusammenhängen und zu diesem Betriebe als solchem gehören.

Auch die Motive zum Entwurfe des Ausdehnungsgesetzes heben besonders hervor, der Entwurf wolle „allen Personen, welche im Eisenbahndienste im weitesten Sinne, d. h. bei allen denjenigen technischen Verrichtungen verunglücken, welche zu dem Eisenbahnbetriebsdienste als solchem (im Gegensatze zu der gefahrlosen Beschäftigung in den Bureaus, beim Reinigen der Zimmer ꝛc) gehören, den gleichen Anspruch auf Entschädigung gewähren". Deshalb werden auch die verschiedenen, zum Betriebe der Eisenbahn gehörigen Anstalten, wie Eisenbahnreparaturwerkstätten, Dampfpumpstationen, Gasanstalten der Eisenbahnen ꝛc, welche schon nach dem Unfallversicherungsgesetze versicherungspflichtig waren, nach dem Ausdehnungsgesetze behandelt und gehören, soweit sie Pertinenzien von Privatunternehmungen sind, den betreffenden Eisenbahnberufsgenossenschaften an, während ihre Verhältnisse in Reichs- und Staatsbetrieben sich nach §. 2 des Ausdehnungsgesetzes vom 28. Mai 1885 regeln, sodaß sie also stets zu dem betreffenden Eisenbahnbetriebe gehören.

Vgl. Landmann, Kommentar zum Unfallversicherungsgesetze S. 270; Woedtke, Kommentar S. 347. 348 Anm. 1 u. 5.

Im Sinne des §. 1 Abs. 1 des Unfallversicherungsgesetzes umfaßt aber der Betrieb nicht nur die Summe aller derjenigen Thätigkeiten, welche den Zwecken des Betriebes unmittelbar dienen, sondern auch jene, welche die Zwecke des Betriebes mittelbar fördern.

Vgl. Schmitz, Sammlung der Bescheide 2c des Reichsversicherungsamtes S. 69 Nr. 117. 118. 120.

Von diesem Gesichtspunkte aus wird man nicht umhin können, die Thätigkeit einer aus Arbeitern der Eisenbahnwerkstätten gebildeten Feuerwehr, welche die Eisenbahnverwaltung zu einer dauernden, organischen Einrichtung gemacht hat, und deren Aufgabe es ist, die Gebäude, die Werkstätten wie das gesamte Betriebsmaterial der Eisenbahn vor Brandschaden zu schützen und die Sicherheit des fiskalischen Eigentumes wie des Fahrbetriebes und der Produktion zu erhöhen, als eine solche anzuerkennen, welche die Zwecke des Betriebes mittelbar fördert, und welche somit der Betriebsthätigkeit zugerechnet werden kann.

Zweifelhaft könnte es sein, ob die Thätigkeit einer solchen Feuerwehr auch dann als Betriebsthätigkeit angesehen werden kann, wenn sie — wie hier mit Rücksicht auf die unter Beweis gestellten klägerischen Behauptungen und beim Mangel einer gegenteiligen Feststellung unterstellt werden muß — nicht auf Erhaltung von der Betriebsverwaltung zugehörigen und dem Betriebe dienenden Objekten gerichtet war, sondern bei fremden, insbesondere Privatgebäuden entfaltet wurde.

Allein man wird auch hier die Auffassung des Berufungsrichters, daß es bei der Natur der Feuersgefahr, der Leichtigkeit ihrer Fortpflanzung und der Unberechenbarkeit ihrer Ausdehnung — wodurch dieselbe gleichzeitig zu einer allgemeinen und öffentlichen Gefahr wird — im wohlverstandenen gegenseitigen Interesse aller benachbarten Feuerwehren, wie der Institute oder Gemeinwesen, denen sie dienen, liege, sich in Brandfällen gegenseitige Hilfe zu leisten und hierdurch die Sicherheit, nicht etwa nur des fremden, sondern vermöge des dadurch gewonnenen Anspruches auf Gegenseitigkeit auch die des eigenen Besitzes und des eigenen Betriebes zu erhöhen, nicht als rechtsirrig ansehen können. Wenn daher der Berufungsrichter gegebenen Falles davon ausging, daß §. 12 der „Feuerlöschordnung für die Stationen,

Haltestellen und Eisenbahnwerkstätten" des Eisenbahndirektionsbezirkes F., welcher die Verwendung der Feuerlöschgerätschaften und bezw. das Eingreifen der Bahnhofsfeuerwehr auch zur Hilfeleistung „in bedrängten Ortschaften" außerhalb der Station gestattet, durch den hiermit erworbenen Anspruch auf Gegenseitigkeit seitens benachbarter Feuerwehren bei eigenem Brandunglücke die Sicherheit der eigenen Gebäude und Betriebseinrichtungen erhöhe und damit die Zwecke des Betriebes mittelbar fördere, so durfte folgerichtig auch die durch den §. 12 normierte Thätigkeit ohne Rechtsirrtum als „im Betriebe" der Eisenbahnverwaltung vorgenommen und ein dabei vorgekommener Unfall als Betriebsunfall angesehen werden, ohne daß es darauf anzukommen hätte, ob der betreffende Brand auch eisenbahnfiskalische Gebäude direkt oder indirekt bedroht hatte.

Ist dies aber der Fall, so erwirbt einerseits jeder bei solcher Hilfeleistung thätige Arbeiter, wenn er einen Unfall erleidet, auch ohne in Mitte liegendes Verschulden des Betriebsunternehmers oder seiner Repräsentanten das Recht auf Entschädigung nach Maßgabe des Unfallversicherungsgesetzes und des Ausdehnungsgesetzes, während andererseits er oder seine Hinterbliebenen weitergehende Ansprüche auf Schadensersatz gegen die Betriebsunternehmer ꝛc nur unter den hier nicht vorliegenden Voraussetzungen des §. 95 des Unfallversicherungsgesetzes geltend machen können.

Ob die Feuerlöschordnung, welche die Verwendung der von der Eisenbahnverwaltung errichteten Feuerwehr „auch bei Feuersgefahren außerhalb der Station" gestattet, dem Verunglückten bekannt gegeben war oder nicht, ist gleichfalls ohne rechtliche Bedeutung; denn die hier allein streitige und für die Anwendbarkeit des Unfallversicherungsgesetzes maßgebende Frage, ob ein Betriebsunfall vorliegt, ist objektiv und nach dem Verhältnisse der den Unfall herbeiführenden Thätigkeit zum Gesamtbetriebe der Eisenbahn zu beurteilen. Ist die Thätigkeit vom Rahmen dieses Betriebes umfaßt, so ist sie als „im Betriebe" vorgenommen zu erachten, mögen sich die einzelnen dabei mitwirkenden Arbeiter dieses Charakters ihrer Thätigkeit bewußt gewesen sein oder nicht."...

---

9. Kann ein Vertragsrecht wirksam dahin begründet werden, daß der Promittent eine bestimmte Person zu seinem Prokuristen bestelle?

I. Civilsenat. Urt. v. 19. November 1890 i. S. P. (Kl.) w. H. & V. (Bekl.) Rep. I. 279/90.

I. Landgericht I Berlin, Kammer für Handelssachen.
II. Oberlandesgericht daselbst.

Die Beklagte, eine Aktiengesellschaft, hatte mit dem Kläger einen Vertrag geschlossen, nach welchem dieser das Berliner Inseratengeschäft der Gesellschaft für zehn Jahre in Pacht nehmen und behufs Führung dieses Pachtgeschäftes nach den Weisungen des Klägers, aber auf den Namen der Beklagten, der Bruder des Klägers von der Beklagten zu ihrem Prokuristen bestellt werden sollte. Dieser Prokurist sollte Wechsel nicht acceptieren und Funktionen außerhalb des in die Pachtung fallenden Geschäftskreises nicht ausüben dürfen. Der Gewinn aus dem Pachtbetriebe sollte zu bestimmtem Anteile der Beklagten zufallen. Mit der Ausführung des Vertrages wurde begonnen, von der Beklagten aber die Bestellung des Bruders des Klägers zum Prokuristen verweigert. Kläger erhob deshalb gegen die Aktiengesellschaft Klage auf Erteilung der Prokura. Das Gericht erster Instanz trat der Auffassung der Beklagten bei, daß sie solche Verpflichtung nicht habe rechtswirksam eingehen können, und wies die Klage ab. Das Berufungsurteil, welches in Abänderung des erstinstanzlichen Urteiles nach dem Klagantrage erging, wurde vom Reichsgerichte aufgehoben und das erste Urteil wiederhergestellt.

Aus den Gründen:

... „Das Berufungsgericht nimmt mit Recht an, daß nach dem Vertrage der Parteien für die Vertragsdauer Kläger — mit gewissen Beschränkungen — Herr des Berliner Geschäftes der Beklagten sein sollte. Das geschäftliche Handeln des Klägers sollte aber nach außen lediglich als Handeln der Beklagten erscheinen und diese verpflichten. Das Mittel hierzu sollte darin bestehen, daß Beklagte einer Person, welche der Kläger wählte, und die seinen Weisungen zu folgen hatte, für die er also der Geschäftsherr sein sollte, Prokura erteilte und ihr solche für die Vertragsdauer belassen mußte. Die Beklagte erachtet dieses Mittel für ein rechtlich nicht erzwingbares, weil eine solche

Verpflichtung im Widerspruche mit der unverzichtbaren freien Selbstbestimmung in Bezug auf Gewährung wie Zurückziehung einer Prokura sei und daher rechtswirksam nicht habe eingegangen werden können.

Das Berufungsgericht verwirft diese Auffassung der Beklagten. Es führt aus, daß ein Bevollmächtigter keinen Anspruch auf Fortbestehen einer Vollmacht habe, ferner, daß eine erteilte Vollmacht jederzeit widerrufen werden könne, sowie daß ein Übereinkommen auf eine zu erteilende Vollmacht keinen Anspruch auf Bevollmächtigung für den in Aussicht genommenen Vertreter gebe. Aber nach der Ansicht des Berufungsgerichtes soll es auf alles dies nicht ankommen, weil die Prokuraerteilung hier den Bestandteil eines mit dem Kläger geschlossenen, auf Übertragung des Berliner Geschäftes an denselben gerichteten Vertrages bilde und Beklagte dem Kläger Vertragserfüllung schulde. Das Berufungsgericht stellt also einander gegenüber eine Prokuraerteilung, bei welcher das zu Grunde liegende Geschäft der Auftrag zum Betriebe des Handelsgeschäftes des Prokuraerteilers ist, und eine Prokuraerteilung, die als Einräumung der Vertretungsmacht ihre Grundlage nicht in einem solchen Auftrage hat, sondern in einem auf Übereignung von Vermögensrechten gerichteten Rechtsgeschäfte, dessen vertragliche Wirkungen durch solche Machteinräumung sichergestellt oder vermittelt werden sollen. Im ersteren Falle wird die unverzichtbare Befugnis zur Willensänderung anerkannt, weil der für einen Anderen als Geschäftsherrn in dessen Interesse zur Geschäftsführung Beauftragte kein Recht auf die Geschäftsführung, vielmehr ein solches nur auf die derselben entsprechende Vergütung haben kann. Im zweiten Falle aber soll entsprechend der rechtlichen Gebundenheit, welche für das auf die Übertragung von Vermögensrechten zu eigenem Rechte des Erwerbers gerichtete Grundgeschäft besteht, auch die Gebundenheit zur Erteilung und Aufrechthaltung der Prokura als integrierendem Teile jenes Geschäftes bestehen.

Die Erkennbarkeit dieser Unterscheidung wird in den Gründen des Berufungsurteiles nur dadurch einigermaßen beeinträchtigt, daß anscheinend Wert darauf gelegt wird, ob die Begründung des Rechtes für die Person desjenigen, der selbst die Prokura führen soll, oder für einen Dritten erfolgt. Dies ist aber unerheblich. Kann die Einräumung der Prokura als Machtvollkommenheit überhaupt integrierender Teil eines anderen Geschäftes als eines bloßen Auftrages sein und alsdann derselben Gebundenheit wie dieses Geschäft unterliegen, so muß sie auch dem aus dem Geschäfte Berechtigten zur Ausübung in eigener Person übertragen werden können, so daß derselbe seine eigene Bestellung als Prokurist und Erhaltung in dieser Stellung als Vertragserfüllung muß fordern können. Offenbar kann die prinzipielle Entscheidung nicht, je nachdem der Kläger die Prokura für sich selbst oder, wie hier, für einen Anderen, den er aber gewählt hat, und der sein Geschäftsführer sein soll, forderte, eine verschiedene sein.

Die gekennzeichnete materielle Scheidung wird mehrfach in Kritiken des Entwurfes eines bürgerlichen Gesetzbuches für das Deutsche Reich gegenüber der bei der einfachen Vollmacht des bürgerlichen Rechtes im §. 119 ausgesprochenen Unverzichtbarkeit des Widerrufes vertreten, indem gegen diese und ihre Begründung in den Motiven Bd. 1 S. 233 geltend gemacht wird, daß dabei nicht berücksichtigt sei, daß die Vollmacht an sich nur ein besonders geartetes Zugangsmittel zu einem Vermögen sei und daher als Ausführungsmittel nicht bloß für einen Auftrag, sondern für ganz anders geartete Grundgeschäfte, insbesondere für Vermögenszuwendungen aller Art, erteilt werden könne.

Vgl. Zitelmann, Die Rechtsgeschäfte im Entwurfe eines bürgerl. Gesetzbuches Tl. 2 S. 88, in Bekker und Fischer, Beiträge Heft 9. 10; Bähr in Krit. Vierteljahrschrift N. F. Bd. 11 S. 340. 341; auch Hölder, Zum Allgem. Teile des Entwurfes, in Archiv für civil. Praxis Bd. 73 S. 117.

Dabei ist aber offenbar an Fälle gedacht, in welchen der Umfang der durch die Vollmacht bewirkten Machteinräumung sich innerhalb bestimmter, dem Grundgeschäfte entsprechender Grenzen hält, sei es, daß die Macht sich überhaupt nicht über den Gegenstand, auf dessen Veräußerung das Grundgeschäft gerichtet ist, hinaus oder, wenn über diesen selbst hinaus, doch nur auf einen durch den Zweck des Grundgeschäftes umschriebenen Kreis von Handlungen erstreckt. Wenn der Pfandschuldner dem Gläubiger die Vollmacht zum Verkaufe des Pfandes behufs seiner Befriedigung erteilt, der Inhaber einer Forderung die Zuwendung des Vermögenswertes derselben an einen Anderen mittels der Erteilung der Vollmacht zur Einziehung derselben verwirklichen will, so mögen jene Gesichtspunkte zutreffend sein. Sie treffen aber für eine Prokuraerteilung nicht zu. Durch die Prokura stellt der Erteiler derselben vermöge der dadurch gewährten Machtvollkommenheit für alle Rechtshandlungen, welche der Betrieb irgend eines Handelsgewerbes mit sich bringt, abgesehen von der Veräußerung und Belastung von Grundstücken, sein ganzes gegenwärtiges und zukünftiges Vermögen und damit seine ganze wirtschaftliche Persönlichkeit in den Machtbereich des Prokuristen. Soll dies zum eigenen erzwingbaren Vertragsrechte des Prokuraträgers oder eines Anderen, in dessen Auftrage der Prokuraträger handeln soll, geschehen, so ist dies eine Preisgebung und Unterwerfung der ganzen Persönlichkeit unter fremde Gewalt, wie sie durch Privatwillkür nicht wirksam begründet werden kann, weil die Rechte natürlicher Freiheit, welche die Persönlichkeit im Rechtssinne ausmachen, keinen Gegenstand einer rechtsgeschäftlichen Verfügung bilden können. Wollte man für solche Machteinräumung ein ihrem Umfange in den bereits bezeichneten Richtungen entsprechendes Grundgeschäft konstruieren, so könnte es nur die Zuwendung alles gegenwärtigen und zukünftigen Vermögens an den Dritten zu einer als dessen Eigenberechtigung begründeten Verwaltung nach eigenem freien Ermessen sein, welches Geschäft bei dem völligen Mangel bestimmter Grenzen ebenfalls der rechtlichen Wirksamkeit entbehren würde. Daß vermöge des Grundgeschäftes demjenigen, welchem die schrankenlose Macht zur eigenen oder durch einen Dritten zu bewirkenden Thätigkeit eingeräumt ist, die Verpflichtung auferlegt sein kann, dieselbe nur innerhalb gewisser Grenzen zu gebrauchen — wie dies im vorliegenden Vertrage geschehen ist — vermag an diesen Gesichtspunkten nichts zu ändern. Denn dieselben beruhen darin, daß eine so weit gehende Beherrschung des Rechtskreises einer Person, die völlige Setzung eines alter ego für dieselbe als Kaufmann nicht zum Gegenstande einer Verleihung zur Eigenberechtigung an einen Dritten gemacht werden kann. Dabei ist gar kein Gewicht auf die Dauer der Verleihung, noch darauf, ob selbst beim Nachweise besonderer Gründe der Erteiler sich ihrer nicht zu entledigen vermöchte, gelegt. Es kann deshalb auch nicht von Belang sein, daß die übernommene Verpflichtung, die Machtvollkommenheit nur in gewissen Schranken anzuwenden, im Falle ihrer erheblichen Verletzung der Beklagten das Mittel gewähren könnte, die Auflösung des Vertrages herbeizuführen und sich damit auch der auferlegten Vertretung zu entledigen.

Die hier vertretene Auffassung findet aber in den Vorschriften des Handelsgesetzbuches in betreff der Prokura ihre ausdrückliche Bestätigung. Wenn es im Art. 41 daselbst heißt: „Wer von dem Eigentümer einer Handelsniederlassung (Prinzipal) beauftragt ist, in dessen Namen und für dessen Rechnung das Handelsgeschäft zu betreiben und per procura die Firma zu zeichnen, ist Prokurist", so ist damit zum Ausdrucke gebracht, daß für die mittels der Prokura erfolgende Machteinräumung als das Grundgeschäft lediglich der Auftrag des Prokuraerteilers, für seine Rechnung sein Handelsgeschäft zu betreiben, erachtet wird, daß die Prokuraerteilung also die Prinzipalschaft des Erteilers, das ist seine Eigenschaft als Geschäftsherr für den Geschäftsbetrieb des Prokuristen, voraussetzt. Die Prokura fällt allerdings, soweit sie Machteinräumung ist, unter den Rechtsbegriff der Vollmacht, aber sie ist ein besonders qualifiziertes, auf der Anerkennung besonderer Bedürfnisse und auf besonderen, untereinander eng zusammenhängenden gesetzlichen Bestimmungen beruhendes Rechtsinstitut, und man kann sie nicht in ihrer Eigenschaft als Ermächtigung von dem Auftrage, dem sie nach dem Gesetze dienen soll, trennen und in den Dienst sowie unter die Bedingungen eines beliebigen anderen Grundgeschäftes stellen. Das Bedürfnis zu einer so weiten Machtvollkommenheit, wie sie die Artt. 42. 43 H.G.B., ohne daß eine Einschränkung rechtlich möglich ist, bestimmen, liegt gerade allein im Falle einer Geschäftsführung im Auftrage des Machtgebers vor, wie andererseits die Natur des Grundgeschäftes als eines Auftrages, den der Machtgeber deshalb nur so lange aufrechtzuerhalten braucht, als er es in seinem Interesse findet, offenbar die weite Machtvollkommenheit hat minder bedenklich erscheinen lassen. Damit hängt es auch zusammen, daß in Art. 54 die jederzeitige Widerruflichkeit der Prokura ausdrücklich ausgesprochen ist. Auch das Berufungsgericht bezweifelt anscheinend nicht, daß diese Bestimmung, die sich im wesentlichen in gleicher Fassung insbesondere für die Bestellung des Vorstandes einer Aktiengesellschaft im Art. 227 Abs. 3 H.G.B. findet, absolutes Recht enthält. Anscheinend soll gerade im Hinblicke hierauf Gewicht darauf gelegt werden, daß, während diese Bestimmung sich nur auf das Verhältnis zum Prokuristen selbst beziehe, hier nicht dieser für sich, sondern ein Dritter die Bestellung einer anderen Person zum Prokuristen als ihm selbst vertragsmäßig zugesagt begehre.

Allein es ist bereits ausgeführt, daß, wenn die Erteilung und Aufrechthaltung einer Prokura überhaupt den Gegenstand einer wirksamen Zusage als Teil eines beliebigen Grundgeschäftes bilden könnte, gar nicht abzusehen wäre, weshalb der Berechtigte aus dem Grundgeschäfte sich die Zusage nicht zur Ausübung der Prokura auch in eigener Person sollte erteilen lassen dürfen. Hat der Gesetzgeber keinen Anlaß gefunden, zu Gunsten solcher Eventualität von dem Gebote des Art. 54 eine Ausnahme zu machen, so kann der in den entscheidenden Zügen völlig gleichartige Fall, daß der Berechtigte aus dem Grundgeschäfte sich die Einräumung der Prokura an eine von ihm bestimmte und in der Geschäftsführung von ihm abhängige Person zusagen läßt, nicht anders behandelt werden. Um daher der Vorschrift des Art. 54 entgehen zu können, müßte man annehmen, daß sich dieselbe nur auf die für sich stehende, einem Auftrage entsprechende Prokura, nicht auf eine den Bestandteil eines anderen Geschäftes bildende und von diesem beherrschte Prokura bezöge. Einer solchen Auseinanderhaltung widerstreitet aber, wie ausgeführt, das Wesen der Prokura. Daß damit Kombinationen, für welche im einzelnen Falle eine gewisse Zweckmäßigkeit sprechen mag, die rechtliche Anerkennung versagt wird, kann an der Ziehung der durch das Recht gebotenen Konsequenzen nicht hindern. Erwägt man übrigens, daß das gewählte Mittel in der Einräumung einer schrankenlosen Macht bei einer nur in beschränkten Grenzen gewollten Rechtsübertragung besteht, so kann das unter gewissen Gesichtspunkten als zweckmäßig Erscheinende bei gleichmäßiger Berücksichtigung anderer Gesichtspunkte sich wohl als überwiegend unzweckmäßig herausstellen. Bei der hier gegebenen Begründung der Entscheidung bedurfte es der Prüfung nicht, ob nicht eventuell der Wirksamkeit der gegebenen Zusage auch Grundsätze des Aktienrechtes, wie sie insbesondere aus Artt. 227 Abs. 3. 235 H.G.B. zu entnehmen wären, entgegenstehen würden.

Die hier entwickelten Grundsätze stehen in keiner Weise in Widerspruch mit den Ausführungen in dem in Entsch. des R.G.'s in Civils. Bd. 2 S. 30 flg. abgedruckten Urteile S. 33—35. Natürlich müssen für das Verhältnis von Gesellschaftern bei einer offenen Gesellschaft, bei welcher alle Gesellschafter Miteigentümer des Geschäftes wie Mitinhaber der Firma sind, und ohnehin die dem einzelnen Gesellschafter für alle übrigen zustehende Vertretungsmacht für die Dauer der Gesellschaft unwiderruflich ist, auch in Bezug auf die Wirksamkeit von Vereinbarungen untereinander über die Bestellung und den Widerruf von Prokuristen, andere Gesichtspunkte als die hier hervorgehobenen maßgebend sein, und der Grundsatz des Art. 54 Abs. 1 ist hier dadurch beseitigt, daß der Art. 104 Abs. 2 gemäß Art. 90 Abs. 2 nur subsidiarisches Recht ist, wie es sich denn dabei darum handelt, Kollisionen zwischen den gleichen Berechtigungen der mehreren Gesellschafter auszugleichen. Von einer Anwendung dieser Grundsätze auf den vorliegenden Fall kann aber nicht die Rede sein, auch wenn man wegen des der Beklagten im Vertrage an den Ergebnissen der klägerischen Geschäftsführung eingeräumten Gewinnanteiles von einem gesellschaftlichen Verhältnisse im weitesten Sinne dieses Begriffes sprechen will. Es könnte sich immer nur um ein nach innen bestehendes gesellschaftliches Verhältnis handeln, während der eine der Beteiligten die Geschäfte selbständig, aber auf den Namen des Anderen betreiben sollte. Darauf lassen sich jene Grundsätze nicht anwenden."

---

10. 1. Kann der Aussteller eines domizilierten Wechsels gegen den Acceptanten Wechselklage erheben, wenn der Wechsel zwar rechtzeitig auf Anstehen des Ausstellers protestiert wurde, der letztere aber zur Zeit der Protesterhebung hierzu nicht (nach Art. 36 W.O.) legitimiert war?

2. Kann der in §. 655 Abs. 2 C.P.O. vorgesehene Antrag auch in der Revisionsinstanz gestellt werden, und was hat daraufhin zu geschehen?

II. Civilsenat. Urt. v. 28. November 1890 i. S. W. (Bekl.) w. Sch., Sch. & Co. (Kl.) Rep. II. 198/90.

I. Landgericht Straßburg.
II. Oberlandesgericht Kolmar.

Die Klägerin hat auf Grund einer ihr zustehenden Warenforderung einen Wechsel auf den Beklagten gezogen, der denselben auch acceptierte. Der bei einem Straßburger Bankhause domizilierte und von der Klägerin weiterbegebene Wechsel gelangte schließlich in die Hände der Reichsbankhauptstelle in Straßburg. Diese ließ denselben zwar dem Domiziliaten präsentieren, aber nicht protestieren, sondern gab ihn der gleichfalls in Straßburg wohnenden Ausstellerin mit einer auf dem Wechsel stehenden Empfangsbescheinigung über den Wechselbetrag zurück. Die Ausstellerin hat dann, ehe die auf dem Wechsel stehenden, später von ihr ausgestrichenen Indossamente durchstrichen waren, Klage gegen den Acceptanten angestellt, der nun den Einwand erhob, daß ein gültiger Protest nicht vorliege. Das Landgericht verurteilte den Beklagten, und das Oberlandesgericht verwarf dessen Berufung. Auf die Revision des Beklagten wurde das Urteil des Berufungsgerichtes aufgehoben und die erhobene Wechselklage abgewiesen. Wegen des Antrages auf Rückerstattung des von dem Beklagten auf Grund des vorläufig vollstreckbaren Urteiles erster Instanz bezahlten Betrages erfolgte Zurückverweisung in die Berufungsinstanz.

Aus den Gründen:

„Da es sich um einen Domizilwechsel handelt, mußte im vorliegenden Falle nach den Artt. 43. 44 W.O., wenn der wechselmäßige Anspruch gegen den Acceptanten erhalten werden sollte, der Wechsel dem Domiziliaten rechtzeitig präsentiert und im Falle der Nichtzahlung Protest erhoben werden. Wurde diese Protesterhebung nicht rechtzeitig bewirkt, so hatte dies auch für den Aussteller den Verlust seines wechselmäßigen Anspruches zur Folge. Den erwähnten Vorschriften liegt, wie schon in den Motiven zum preußischen Entwurfe einer Wechselordnung (S. 70) und bei den Verhandlungen der Leipziger Conferenz (Protokoll zur 16. Sitzung S. 83—86) hervorgehoben wurde, auch in Rechtslehre und Rechtsprechung allseitig anerkannt wird, die Auffassung zu Grunde, daß der Acceptant, wenn der Wechsel bei einer bestimmten Person domiziliert worden ist, nur dafür haftet, daß der Domiziliat am Verfalltage Zahlung leiste, daß er sonach zum Domiziliaten dieselbe Stellung einnimmt wie bei dem gewöhnlichen Wechsel der Aussteller gegenüber dem Bezogenen. Daraus ergiebt sich, daß die Klage des Ausstellers gegen den Acceptanten bei einem Domizilwechsel der erwähnten Art als eine Regreßklage anzusehen ist oder doch so behandelt wird und nicht, wie das Oberlandesgericht angenommen hat, lediglich auf Art. 23 W.O. gestützt werden kann. Zur Begründung einer solchen Klage wird hiernach vorausgesetzt, daß durch einen den gesetzlichen Vorschriften entsprechenden Protest festgestellt worden ist, der Domiziliat habe, obgleich ihm der Wechsel in gehöriger Form vorgelegt wurde, die Zahlung verweigert.[1] Damit der Protest den gesetzlichen Anforderungen genügt, muß aber vor allem feststehen, daß derjenige, welcher den Wechsel zur Zahlung präsentieren und protestieren ließ, hierzu nach den Vorschriften der Wechselordnung (Art. 36) legitimiert war; denn einer nicht legitimierten Person gegenüber darf der Domiziliat die Zahlung verweigern.

Vgl. Urteil des Reichsgerichtes (I. Senates) vom 5. Januar 1880, in Entsch. des R.G.'s in Civils. Bd. 1 S. 32 flg.

Im vorliegenden Falle steht nun in thatsächlicher Beziehung fest, daß die Klägerin, als sie den Wechsel präsentieren und protestieren ließ, nicht nach Art. 36 hierzu legitimiert war, da damals sich noch Indossamente auf dem Wechsel befanden, nach welchen eine andere Person legitimiert war, und diese Indossamente erst nach der Protesterhebung ausgestrichen worden sind. Damit fehlt es aber der Klage an der erforderlichen Grundlage, nämlich an dem Vorhandensein eines gültigen Protestes. Allerdings würde der Beklagte voraussichtlich, auch wenn ihm der Wechsel auf Anstehen einer legitimierten Person präsentiert worden wäre, die Zahlung verweigert haben, und es wäre hiernach für die Reichsbank, von welcher die Klägerin den Wechsel gegen Zahlung der Wechselsumme erhielt, wie für die letztere selbst leicht gewesen, eine gültige Protesturkunde zu beschaffen. Wäre der Protest auf Anstehen der Reichsbank erfolgt, so würde die Klägerin nach der feststehenden Rechtsprechung des Reichsoberhandelsgerichtes durch den Besitz des Wechsels und der den gesetzlichen Anforderungen entsprechenden Protesturkunde zur Anstellung der Wechselklage legitimiert sein. Hätte die Reichsbank, statt eine einfache Quittung auszustellen, den Wechsel auf die Klägerin indossiert oder die letztere vor der Präsentation des Wechsels die vorhandenen Indossamente ausgestrichen, so würde, wenn der Beklagte trotzdem nicht gezahlt hätte, der aufgenommene Protest den gesetzlichen Anforderungen entsprechen. Bei der gegebenen Sachlage fehlt es aber an den formalen Voraus-

---

[1] Vgl. Entsch. des R.O.H.G.'s Bd. 5 S. 308, Bd. 11 S. 188, Bd. 12 S. 114, Bd. 14 S. 327; Hartmann, Wechselrecht S. 230 flg.; Thöl, §. 162; Renaud, S. 148; Hoffmann, S. 29. 388 flg., bes. 392; Rehbein, Wechselordnung S. 59. 60; Archiv für Wechselrecht Bd. 4 S. 361, Bd. 5 S. 150, Bd. 9 S. 105. D. E.

setzungen der gegen den Aussteller zu erhebenden Wechselklage, und diese hätte deshalb nicht zugesprochen werden dürfen.

Hiernach mußte das angefochtene Urteil aufgehoben und, da die Voraussetzungen des §. 528 Abs. 3 Ziff. 1 C.P.O. vorliegen, die Klage abgewiesen werden.

Was den auf Grund des §. 655 Abs. 2 C.P.O. vom Beklagten gestellten Antrag auf Rückerstattung des von ihm gezahlten Betrages anbelangt, so konnte dieser Antrag zwar auch in der Revisionsinstanz gestellt werden. Da jedoch der Prozeßbevollmächtigte der Klägerin die Thatsache, daß die Zahlung erfolgt, bezw. die Quittung von einer hierzu berechtigten Person ausgestellt worden ist, nicht zugegeben hat, und das Revisionsgericht nicht in der Lage ist, die erforderlichen thatsächlichen Feststellungen zu bewirken, so mußte die Sache bezüglich dieses Punktes an das Berufungsgericht zurückverwiesen werden."[1]

---

11. Haftet, wenn sich bei der Ausfuhr einer unter Begleitschein I aus der Fabrik ausgegangenen und sodann unter Vergütung der Materialsteuer über die Zollgrenze ausgeführten Zuckersendung eine Fehlmenge ergeben hat, für die von der letzteren nach §. 4 Abs. 2 des Zuckerbesteuerungsgesetzes vom 9. Juli 1887 zu entrichtende Verbrauchsabgabe derjenige, welcher jene Zuckersendung zur Ausfuhr gebracht hat?

VI. Civilsenat. Urt. v. 18. Dezember 1890 i. S. C. & A. (Kl.) w. die Hamburgische Generalzolldirektion (Bekl.). Rep. VI. 208/90.

I. Landgericht Hamburg.
II. Oberlandesgericht daselbst.

Mittels der Klage hatten die Kläger gewisse Beträge, welche sie auf Verlangen der verklagten Behörde an die letztere als Verbrauchsabgabe für inländischen Zucker unter Rechtsverwahrung gezahlt hatten, nebst Verzugszinsen vom jedesmaligen Zahlungstage an zurückgefordert. Die Klage war, unter Verwerfung der vorgeschützten Einrede der Unzulässigkeit des Rechtsweges, in erster Instanz abgewiesen, und die

---

[1] Vgl. hierzu Seuffert, Kommentar zur C.P.O. §. 655 Nr. 2 S. 778; Struckmann und Koch, S. 715; v. Wilmowski u. Levy, S. 849. D. E.

hiergegen erhobene Berufung zurückgewiesen worden; auf Revision der Kläger hob aber das Reichsgericht das Berufungsurteil auf und verurteilte die Beklagte nach dem Klagantrage.

Aus den Gründen:

... „Die Behörde hatte die Zahlungen verlangt für gewisse Fehlmengen von Zucker, welche sich bei einer größeren Anzahl von unter Begleitscheinen I an die Kläger als Spediteure gelangten und von ihnen unter Erlangung der Steuervergütung über die Zollgrenze ausgeführten Zuckersendungen durch Vergleichung des in den Begleitscheinen angegebenen Gewichtes mit dem bei der Ausfuhr ermittelten ergeben hatten. Es konnte auch keinem Zweifel unterliegen, daß von diesen Fehlmengen überhaupt die entsprechende Verbrauchsabgabe geschuldet worden sei. Geht man von der Annahme aus, daß die in den Begleitscheinen enthaltenen Gewichtsangaben der Wirklichkeit entsprochen haben, so mußten offenbar die Fehlmengen inzwischen auf widerrechtliche Weise thatsächlich aus der Steuerkontrolle in den freien Verkehr getreten sein, und es würde dann unmittelbar die Bestimmung des §. 4 Abs. 2 des Zuckerbesteuerungsgesetzes vom 9. Juli 1887 Anwendung finden, wonach die Verbrauchsabgabe zu entrichten ist, sobald der Zucker aus der Steuerkontrolle in den freien Verkehr tritt; es würden hierfür jedenfalls die betreffenden Defraudanten zu haften haben. Außerdem aber würden unter jeder Voraussetzung, auch wenn man annehmen wollte, daß die Gewichtsmengen in den Begleitscheinen von vornherein um die betreffenden Quantitäten zu hoch angegeben gewesen wären, die Extrahenten der einzelnen Begleitscheine für die fragliche Verbrauchsabgabe aufkommen müssen. Denn jeder Begleitscheinextrahent übernimmt diese Verpflichtung durch ausdrückliche schriftliche Erklärung in dem Begleitscheine selbst, da der Bundesrat, auf Grund der ihm in §. 37 Abs. 4 des Zuckerbesteuerungsgesetzes von 1887 erteilten Ermächtigung handelnd, in den Absätzen 1 und 3 des §. 101 der am 28. Juni 1888 vom Reichskanzler veröffentlichten Ausführungsbestimmungen zu dem Gesetze nur unter dieser Bedingung gestattet hat, daß Zucker die Fabrik verlasse, ohne sofort gegen Entrichtung der Verbrauchsabgabe in den freien Verkehr überzugehen. Insofern der Bundesrat im Abs. 1 des §. 101 weiter bestimmt hat, daß bei der Abfertigung auf Begleitschein die in dieser Beziehung im Vereinszollgesetze und im Begleitscheinregulative getroffenen Bestimmungen zur Anwendung kommen, kann man auch sagen, daß der Begleitscheinextrahent unmittelbar gesetzlich eventuell für die Verbrauchsabgabe von der ganzen, im Begleitscheine angegebenen Gewichtsmenge aufzukommen habe, weil in §. 44 Abs. 1 des Vereinszollgesetzes vom 1. Juli 1869 die entsprechende Haftbarkeit des Begleitscheinextrahenten für den auf den Waren lastenden Eingangszoll festgestellt ist. Es fragte sich nun aber, ob denn mit Recht daneben die Kläger, als diejenigen, welche auf Grund der Begleitscheine in der oben bezeichneten Weise über die Zuckersendungen verfügt haben, als für die auf die Fehlmengen entfallende Verbrauchsabgabe haftbar behandelt worden seien.

Das Berufungsgericht hat dies aus dem Grunde bejaht, weil die Kläger diejenigen seien, welche beim Eintritte des Zuckers in den freien Verkehr denselben zur freien Verfügung erhalten haben, und weil nach §. 4 Abs. 2 des Zuckerbesteuerungsgesetzes derjenige, welcher in dem bezeichneten Zeitpunkte den Zucker zur freien Verfügung erhält, der Steuerpflichtige ist. Soll es nun hierbei auf diejenigen individuellen Zuckermengen ankommen, welche an den in den Begleitscheinen angegebenen Quantitäten fehlten, und für welche daher die Verbrauchsabgabe den Klägern abgenommen worden ist, so steht vielmehr von vornherein fest, daß die Kläger *diesen* Zucker nicht erhalten haben. Ohne Zweifel will daher das Oberlandesgericht davon reden, daß die Kläger die fraglichen *Zuckersendungen*, jede *als ein Ganzes* gedacht, bei deren Eintritte in den freien Verkehr zur freien Verfügung erhalten hätten. Unklar würde dabei zunächst bleiben, aus welchem gesetzlichen Grunde es hier auf jede Zuckersendung *als Ganzes* ankommen soll. Indessen kann dieser Punkt auf sich beruhen, da in Wirklichkeit die Zuckersendungen als Ganze überhaupt nicht in den freien Verkehr getreten, sondern vielmehr über die Zollgrenze ausgeführt worden sind. Die Worte „in den freien Verkehr" bedeuten nämlich im Gesetze zweifellos nur „in den freien Verkehr des *Zollgebietes*". Im zweiten Absatze des §. 37 des Zuckerbesteuerungsgesetzes wird auch das „über die Zollgrenze ausgeführt werden" unter Nr. 4 gerade als einer der Fälle aufgeführt, wo der Zucker *nicht* in den freien Verkehr tritt; allerdings zunächst: *beim Verlassen der Fabrik* nicht in den freien Verkehr tritt; in Abs. 4 daselbst werden dann aber die Abfertigung *in den freien*

Verkehr und die Fälle Ziffer 1 bis 4 schlechtweg einander gegenüber gestellt. Das Oberlandesgericht hat sich zur weiteren Begründung in dieser Hinsicht nur darauf bezogen, daß es an einer früheren Stelle seiner Entscheidungsgründe bereits dargelegt habe, daß der Zucker bei einem Transporte auf Begleitschein I erst mit Erledigung des letzteren in den freien Verkehr trete. Das ist insoweit richtig, als an jener Stelle die, allerdings jedem Zweifel entzogene Wahrheit dargelegt ist, daß der Zucker nicht schon mit der Ausfertigung des Begleitscheines I, sondern nicht vor der Erledigung desselben in den freien Verkehr tritt; aber daß er allemal mit dieser Erledigung in den freien Verkehr trete, sollte dort gar nicht dargelegt werden und konnte auch nicht dargelegt werden, weil diese Art von Erledigung nur eine unter mehreren möglichen bildet, wie aus §. 37 des Zuckerbesteuerungsgesetzes in Verbindung mit den §§. 30—40 des vom Bundesrate beschlossenen, vom Reichskanzler am 18. Juli 1888 verkündeten und nach §. 101 Abs. 1 der Ausführungsbestimmungen zu dem ersteren auch hier in Betracht kommenden Begleitscheinregulatives hervorgeht. Aus §. 4 Abs. 2 des Zuckerbesteuerungsgesetzes hat demnach das Oberlandesgericht jedenfalls mit Unrecht die Steuerpflicht der Kläger ableiten wollen.

Auch ein anderer Grund für diese Steuerpflicht war nicht ersichtlich. Das Landgericht hat die Annahme derselben freilich auf eine „analoge" Anwendung des §. 47 V.Z.G. und des §. 37 des Begleitscheinregulatives begründen zu können gemeint. Nach diesen Vorschriften soll das beim Eingange zollpflichtiger Waren ins Zollgebiet ermittelte und im Begleitscheine I angegebene Gewicht in der Regel der Verzollung oder weiteren Abfertigung zu Grunde gelegt werden; in der Regel, d. h. ausgenommen, wenn ein unverletzter amtlicher Verschluß vorliegt, oder amtliche Begleitung stattgefunden hat, und außerdem nicht der Verdacht einer heimlichen Entfernung gegeben ist. Daraus ist in Abs. 3 des angeführten §. 37 des Regulatives mit Recht der Schluß gezogen, daß im Falle der Weiterabfertigung mit Begleitschein I oder zur Niederlage in der Regel zwar nur das neu ermittelte Gewicht als zollpflichtig überwiesen, beziehungsweise im Niederlageregister angeschrieben, jedoch zuvor von dem Mindergewichte der Eingangszoll erhoben wird. Man könnte nun vielleicht meinen, analog müsse im Falle der Weiterabfertigung des Zuckers zur Ausfuhr zwar die Steuervergütung vom neu ermittelten Gewichte gewährt, jedoch zuvor die Verbrauchsabgabe vom Mindergewichte entrichtet, beziehungsweise von der Steuervergütung gleich abgezogen werden. Daraus würde dann jedoch keineswegs folgen, daß, wenn die Steuervergütungsscheine nun einmal ohne Abzug ausgefertigt und den Klägern eingehändigt waren, deshalb diese nachträglich zur Entrichtung jener Verbrauchsabgabe angehalten werden könnten. Eingangszoll und Verbrauchsabgabe liegen in dieser Beziehung ganz verschieden. Das Vereinszollgesetz erklärt in §. 13 schlechtweg denjenigen, welcher zur Zeit, wo der Zoll zu entrichten ist, Inhaber oder natürlicher Besitzer des zollpflichtigen Gegenstandes ist, für den dem Staate gegenüber zur Zahlung des Zolles Verpflichteten, das Zuckerbesteuerungsgesetz in §. 4 Abs. 2 dagegen nur denjenigen, welcher bei Eintritt des Zuckers in den freien Verkehr denselben zur freien Verfügung erhält. Der Zoll wird an sich schon für den Eingang der Ware ins Zollgebiet geschuldet, und die Ware geht mit ihm belastet unter Begleitschein I weiter; bei der Zuckersteuer dagegen ist die Ware, solange sie unter Begleitschein I geht, noch durchaus nicht mit der Verbrauchsabgabe belastet, sondern wird dies erst dadurch, daß sie in den freien Verkehr tritt. Dieser wesentliche Unterschied zwischen den beiden Steuerarten darf nicht außer acht gelassen werden. Übrigens erscheint es außerdem auch als sehr zweifelhaft, ob, selbst unter Berücksichtigung der Bezugnahme in §. 101 Abs. 1 der bundesrätlichen Ausführungsbestimmungen zum Zuckerbesteuerungsgesetze, eine so weit gehende analoge Anwendung des Begleitscheinregulatives beziehungsweise des Vereinszollgesetzes sich überhaupt rechtfertigen würde; doch braucht nach Lage der Sache hier auf diese Frage nicht weiter eingegangen zu werden." . . .

---

12. Zur Anwendung der Tarifposition Nr. 4 A 2 des Gesetzes vom 29. Mai 1885, betreffend die Erhebung von Reichsstempelabgaben auf Konvertierungsgeschäfte.

III. Civilsenat. Urt. v. 30. Dezember 1890 i. S. der Mecklenburg. Hypotheken- und Wechselbank zu Schwerin (Kl.) w. das Mecklenburg. Finanzministerium (Bekl.). Rep. III. 206/90.

I. Landgericht Schwerin.
II. Oberlandesgericht Rostock.

Aus den Gründen:

„Die Klägerin hat den Umtausch fünfprozentiger Prioritätsobligationen der Kaschau-Oderberger Eisenbahngesellschaft gegen vierprozentige Prioritätsobligationen derselben Gesellschaft im Verhältnisse von 100 : 110,50, ferner den Umtausch vierprozentiger Prioritätsobligationen verstaatlichter Eisenbahnen gegen dreieinhalbprozentige preußische Konsols vermittelt und fordert den für diese Geschäfte von der Steuerbehörde aus Nr. 4 A. 2 des Tarifes zum Stempelgesetze vom 29. Mai 1885 erhobenen Stempelbetrag von dem mecklenburgischen Finanzministerium zurück. Die Vorinstanzen haben die Klage abgewiesen. Die Revision der Klägerin hat nicht für begründet erachtet werden können.

Umfaßt der Begriff des Anschaffungsgeschäftes im Sinne des Stempelgesetzes nach der feststehenden Rechtsprechung des Reichsgerichtes jedes auf den Erwerb von Eigentum an beweglichen Sachen gerichtete entgeltliche Vertragsgeschäft, so fehlt es an einem zureichenden Grunde, ein solches Geschäft dann nicht anzunehmen, wenn durch Geschäft zwischen Schuldner und Gläubiger zum Zwecke der Herabsetzung des Zinsfußes Wertpapiere der unter Nr. 1. 2. 3 des Tarifes bezeichneten Art gegen solche ebenfalls unter die gedachten Nummern fallende Wertpapiere umgetauscht werden, durch welche der Schuldner sich in anderer Weise verpflichtet, als es in den von den Gläubigern zurückzugebenden Wertpapieren geschehen ist. Ob der Begriff des Anschaffungsgeschäftes in dem Falle versagt, wenn die neuen Wertpapiere sich nur im Zinsfuße von den zurückzugebenden unterscheiden, oder ob bei der rechtlichen Natur der Inhaberpapiere selbst in einem solchen Falle die Kriterien des Anschaffungsgeschäftes vorliegen, kann hier unentschieden bleiben, weil bei den zur Frage stehenden Konvertierungen den Gläubigern ein nicht nur im Zinsfuße sondern auch noch in anderen wesentlichen Beziehungen so abweichendes Wertpapier angeboten worden ist, daß eine vollständige Umwandlung des Schuldverhältnisses angenommen werden muß. Bei den Kaschau-Oderberger Obligationen vergrößert sich neben der Zinsermäßigung die Schuld, und diese vergrößerte Schuld unterliegt einem neuen Tilgungsplane;

bei der Operation des preußischen Finanzministeriums treten an die Stelle von Prioritätsobligationen zwar im Nennbetrage gleiche, aber der Auslosung nicht unterliegende Schuldverschreibungen mit herabgesetztem Zinsfuße. In beiden Fällen handelt es sich im Verhältnisse zu den bisherigen Wertpapieren um neue und vom wirtschaftlichen Standpunkte aus wesentlich andere Wertpapiere. Der von der Revision bei dem Umtausche von Prioritätsobligationen gegen dreieinhalbprozentige Konsols geltend gemachte Gesichtspunkt, daß in Wahrheit, weil der Finanzminister zugleich gekündigt habe, nur eine Tilgung des Schuldverhältnisses durch datio in solutum vorliege, kann zu einer anderen Beurteilung nicht führen; wäre in der That gekündigt worden, worüber der Thatbestand nichts enthält, und hätte der Schuldner unter Einwilligung des Gläubigers die Schuld statt durch das Schuldobjekt durch Wertpapiere erfüllt, so würde diese Leistung und Annahme an Zahlungsstatt jedenfalls ein Anschaffungsgeschäft darstellen."

---

13. Antrag auf Erlaß einer einstweiligen Verfügung zum Zwecke der Einstellung des Ausschlußverfahrens gegen Eigentümer von Interimsscheinen (Artt. 219. 184a H.G.B.). Rechtliche Wirkung des Kaduzierungsbeschlusses.

III. Civilsenat. Urt. v. 16. Januar 1891 i. S. Schweizerische Wechsel- u. Effektenbank (Kl.) w. Wiesbadener Bade-Etablissements-Aktiengesellschaft (Bekl.). Rep. III. 295/90.

I. Landgericht Wiesbaden.
II. Oberlandesgericht Frankfurt a./M.

Der Vorstand der Beklagten hat in den statutenmäßig dazu bestimmten Zeitungen die Eigentümer verschiedener Interimsscheine, u. a. der Nrn. 1225—1800, unterm 27. Juli 1890 aufgefordert, die zweite Einzahlung von 25 Prozent des Nominalbetrages der Aktien spätestens bis zum 31. Oktober 1890 an die Gesellschaftskasse einzuzahlen. Für den Nichtzahlungsfall ist der Ausschluß mit dem Anteilsrechte (Artt. 219. 184a H.G.B.) angedroht. Die Interimsscheine Nr. 1225—1800 stehen im Eigentume des B., des M. und des Pf. in W. und sind auf ihren Namen im Aktienbuche eingetragen. Die bezeichneten Interimsscheine sind der Klägerin, wie sie behauptet, für verschiedene Vorschüsse, welche sie dem aus den vorgenannten drei Personen bestehenden Gründerkonsortium geleistet hat, in Faustpfand gegeben.

In einem bei dem Landgerichte zu Wiesbaden angestellten Hauptprozesse gegen die Beklagte hat die Klägerin beantragt, festzustellen:

daß Beklagte nicht berechtigt sei, bezüglich der Interimsscheine Nr. 1225—1800 das Kaduzierungsverfahren vorzunehmen.

Gleichzeitig hat sie bei dem Prozeßgerichte — und um diesen Antrag handelt es sich im vorliegenden Prozesse — den Erlaß einer einstweiligen Verfügung dahin beantragt, daß dem Vorstande der Beklagten einstweilen untersagt werde, die im Ausschreiben vom 27. Juli 1890 angedrohte Publikation des Ausschlusses der bezeichneten Interimsscheine in den Gesellschaftsblättern zu erlassen, und daß gleichzeitig auch diesen Blättern einstweilen untersagt werde, eine solche Anzeige aufzunehmen.

Nach angeordneter und stattgehabter mündlicher Verhandlung hat das Landgericht Wiesbaden durch Urteil vom 21. Oktober 1890 den Antrag abgewiesen. Die dagegen erhobene Berufung der Klägerin ist vom Oberlandesgerichte zu Frankfurt a. M. durch Urteil vom 30. Oktober 1890 zurückgewiesen. Die Klägerin hat gegen das letztgedachte Urteil die Revision eingelegt.

Das angefochtene Urteil ist aufgehoben worden aus folgenden

Gründen:

... „Die Entscheidung des Berufungsgerichtes beruht auf der Annahme, daß, auch wenn die Klägerin das Recht habe, eine drohende Ausschlußerklärung zu verhindern und die erfolgte Ausschlußerklärung anzufechten, ein genügender Anlaß zu der beantragten einstweiligen Verfügung nicht vorliege, nach §. 814 C.P.O. nicht, weil durch die erfolgte Ausschlußerklärung der thatsächliche Zustand — der Pfandbesitz an den Interimsscheinen — nicht verändert werde, die etwa eintretende zeitweilige Wertsverminderung aber nicht in Betracht komme, weil einesteils nicht dargelegt sei, daß ein baldiger Verkauf der Interimsscheine im Interesse der Klägerin liege, anderenteils aber nicht abzusehen sei, daß der Wertsunterschied zwischen Interimsscheinen, deren baldige Kaduzierung bevorstehe, und solchen, die bereits kaduziert seien, ein namhafter sei. Zu der für die Entscheidung maßgebenden Ansicht, daß durch die Kaduzierungserklärung das Recht der Klägerin weder vereitelt noch wesentlich erschwert werde, gelangt das Berufungsgericht durch folgende rechtliche Erwägung:

> Die Ausschlußerklärung ist kein Formalakt, der ohne Rücksicht auf die materiellen Voraussetzungen seiner Zulässigkeit unanfechtbares Recht schafft und nur etwa einen Anspruch auf Schadensersatz übrig ließe. Vielmehr ist sie rechtswirksam nur insoweit, als der ausgeschlossene Gesellschafter wirklich säumig und mit der Einzahlung der geschuldeten Rate rückständig war.

Hieraus wird dann die Folgerung gezogen, daß durch eine erfolgreiche Anfechtung die Ungültigkeit des Kaduzierungsbeschlusses und damit zugleich festgestellt werde, daß derselbe keine Rechtswirkung gehabt habe, und daß die Interimsscheine nie verfallen waren. Die Klägerin erreiche daher durch den Obsieg in der Hauptsache das gleiche, was sie durch die einstweilige Verfügung zu erlangen suche. Es könne daher auch nicht davon die Rede sein, daß ohne diese Verfügung der Klägerin eine Vereitelung oder Erschwerung ihres Rechtes drohe. Übereinstimmend damit wird an einer anderen Stelle bei Erörterung der Frage, ob etwa der §. 819 C.P.O. anwendbar sei, ausgeführt, daß, wenn die Klägerin ein Hinderungsrecht habe, der einstweilen gestörte Zustand nach richterlicher Anerkennung dieses Rechtes „sich ohne weiteres rückwärts wiederherstelle".

Diese Ausführungen sind teilweise rechtsirrtümlich. Es mag richtig sein, daß die Ausschlußerklärung kein Formalakt in dem Sinne ist, daß *jede* Anfechtung desselben grundsätzlich ausgeschlossen wäre. Denn, obwohl das Handelsgesetzbuch eines solchen Anfechtungsrechtes nicht ausdrücklich erwähnt, wird man dem Eigentümer eines Interimsscheines das Recht nicht versagen können, sowohl gegen die Androhung der Ausschlußerklärung als gegen die letztere selbst den richterlichen Schutz anzurufen, wenn er der Meinung ist, daß die gesetzlichen Voraussetzungen für die Androhung oder für die erfolgte Ausschlußerklärung nicht vorliegen, mithin das eine wie das andere einen widerrechtlichen Eingriff in sein Eigentum darstellen würde. Allein das Berufungsgericht übersieht dabei, daß der Erfolg einer Anfechtungsklage unter Umständen scheitern kann an den inzwischen begründeten Rechten gutgläubiger Dritter.

Nach Art. 219 H.G.B. (in der Fassung des Gesetzes vom 18. Juli 1884) finden rücksichtlich der Einzahlung der auf die Aktien zu leistenden Beträge die Bestimmungen der Artt. 184—184c Anwendung. Danach hängt es zunächst von den zuständigen Gesellschaftsorganen ab, ob im Falle verzögerter Einzahlung das Ausschlußverfahren gegen die säumigen Gesellschafter einzuleiten ist. Ist das Verfahren beschlossen und eingeleitet, so muß sich das weitere Verfahren nach den Vorschriften des Gesetzes (Artt. 184a. 184b) richten. Ein Gesellschafter, der den eingeforderten Betrag trotz der Aufforderung nicht einzahlt, ist seiner Anrechte aus der Zeichnung der Aktie und der geleisteten Teilzahlung zu Gunsten der Gesellschaft verlustig zu erklären, und es ist an Stelle der bisherigen Urkunde eine neue auszugeben. Diese neue Urkunde wird den Rechtsvorgängern des bisher Berechtigten zum Zwecke der Einlösung angeboten und eventuell zum Börsenpreise oder durch öffentliche Versteigerung verkauft. Unterstellt man nun, es hätte in einem gegebenen Falle eine Ausschlußerklärung nicht erfolgen dürfen, weil die formellen oder materiellen Voraussetzungen für eine solche nicht vorlagen, so fragt es sich, wie gestalten sich die Rechtsverhältnisse, wenn nach der thatsächlich erfolgten Ausschlußerklärung eine Veräußerung des in der neuen Urkunde verkörperten Anteilsrechtes an einen Rechtsvorgänger des bisher Berechtigten oder einen Dritten stattgefunden hat, und hinterher durch richterliches Urteil festgestellt wird, daß die gesetzlichen Voraussetzungen für eine Ausschlußerklärung nicht vorgelegen haben.

Ausgeschlossen muß zunächst die Annahme erscheinen, zu welcher die Konsequenz der vom Berufungsgerichte ausgesprochenen Grundsätze führen würde, daß infolge der Ungültigkeit der Ausschlußerklärung nun die in den Händen dritter gutgläubiger Erwerber befindliche neue Urkunde auch ungültig sei. Dies Ergebnis würde im Widerspruche mit den Grundsätzen stehen, welche heutzutage über den Schutz des gutgläubigen Erwerbers einer Sache, insbesondere auch im Gebiete des Handelsrechtes (vgl. Artt. 306 flg.), Geltung haben. Der gutgläubige Dritte, der im Vertrauen auf eine äußerlich dem Gesetze entsprechende Ausschlußerklärung den neuen Interimsschein erwirbt, muß unter allen Umständen gesichert sein. Die gegenteilige Annahme würde auch den Kredit der Aktiengesellschaften, wie keiner weiteren Ausführung bedarf, auf das Schwerste schädigen.

Ausgeschlossen bleibt ferner auch die Annahme, daß beide, der neu ausgegebene und der zu Unrecht für ungültig erklärte Interimsschein, als gültig angesehen werden. Es würde dadurch eine Erhöhung des Grundkapitales eintreten, welche gleich sehr dem Gesetze wie dem Gesellschaftsstatute widerstreiten, auch die Rechte der übrigen Gesellschafter verletzen würde.

Bei dieser Sachlage bleibt nur die letzte Möglichkeit übrig, nämlich den zu Unrecht ausgeschlossenen Gesellschafter auf den Weg der Schadensersatzklage zu verweisen, wenn eine Wiederherstellung des früheren Zustandes infolge der Veräußerung des an die Stelle des alten getretenen neuen Interimsscheines nicht mehr möglich ist.

Vgl. auch Ring, Aktiengesetz vom 18. Juli 1884 S. 240.

Es ist dies Ergebnis auch insofern nicht unbillig, als man von dem Inhaber von Interimsscheinen verlangen darf, daß er von dem Inhalte der in den Gesellschaftsblättern veröffentlichten Bekanntmachungen Kenntnis nimmt und dann diejenigen Schritte vornimmt, welche geeignet sind, die ihm drohende Gefahr abzuwenden.

Nach den vorstehenden Ausführungen müssen die Gründe, aus welchen das Berufungsgericht den Erlaß einer einstweiligen Verfügung abgelehnt hat, für rechtsirrtümlich erachtet werden. Denn läuft die Klägerin, wie oben dargelegt ist, im Falle der Emittierung eines neuen Interimsscheines Gefahr, durch die Ausschlußerklärung ihr Recht zu verlieren, so ist damit auch die Voraussetzung des §. 814 C.P.O. gegeben. Die Klägerin erhält zwar, wenn die Ausschlußerklärung zu Unrecht erfolgt ist, einen Anspruch auf Schadensersatz. Es ist dies aber nur ein Surrogat, auf welches sich die Klägerin nicht verweisen zu lassen braucht, solange ihr Mittel zu Gebote stehen, ihr Recht selbst zur Geltung zu bringen. Zur Sicherung dieses Rechtes dient aber die einstweilige Verfügung. Ob der Klägerin dieses Recht zusteht, und ob die Voraussetzungen desselben glaubhaft gemacht sind, darüber wird zunächst das Berufungsgericht zu entscheiden haben."...

14. 1. Von welchem Zeitpunkte ab beginnt bei der eingetragenen Genossenschaft der Lauf der Verjährung für den Anspruch des ausgeschiedenen Genossen gegen die nicht ausgeschiedenen auf Befreiung von der Schuld des gemeinschaftlichen Gläubigers?

2. Setzt sich der für den Anspruch auf Befreiung begonnene Lauf der Verjährung für den Regreßanspruch auf Erstattung des Gezahlten fort, wenn der Regreßberechtigte, nachdem die Verjährung in Lauf gesetzt ist, dem Gläubiger zahlt, oder ist in dieser Beziehung der Regreßanspruch auf Erstattung ein anderer als der Regreßanspruch auf Befreiung, sodaß für jenen eine neue Verjährung läuft?

I. Civilsenat. Urt. v. 28. Januar 1891 i. S. W. u. Gen. (Bekl.) w. Dr. G. (Kl.) Rep. I. 266/90.

I. Landgericht Hagen.
II. Oberlandesgericht Hamm.

In Hagen bestand eine Volksbank, eingetragene Genossenschaft, über welche von dem dortigen Amtsgerichte am 4. September 1880 der Konkurs eröffnet wurde. Nach dessen Beendigung nahm der Schutzverein Aktiengesellschaft zu Hagen als Cessionar einer Gläubigerin den Dr. G. als angebliches Mitglied der Volksbank wegen einer ausgefallenen Forderung in Anspruch. Das Landgericht verurteilte den Beklagten, an die Klägerin 2405,43 ℳ samt Zinsen zu zahlen, welche Forderung der Cedentin per 31. Dezember 1873 zustand. Mit der Mehrforderung wurde die Klägerin abgewiesen, wenn Beklagter einen Eid dahin leiste, daß er vor dem 1. September 1873 seine Mitgliedschaft bei der Volksbank schriftlich gekündigt habe. Dem Gerichte war das Ausscheiden des Beklagten nicht angezeigt, folgeweise war zu Gunsten des Beklagten auch nicht der Anspruch gegen ihn nach §. 63 des Genossenschaftsgesetzes vom 4. Juli 1868 verjährt. Der Beklagte hat gegen das Urteil des Landgerichtes Berufung nicht eingelegt; dagegen legte die Klägerin Berufung ein, soweit sie bedingt abgewiesen war. Das Oberlandesgericht hat den dem Beklagten auferlegten Eid anders formuliert, im übrigen das landgerichtliche Urteil bestätigt. Der Beklagte hat den ihm auferlegten Eid demnächst abgeleistet. Vollstreckbare Ausfertigung des Urteiles ist dem Anwalte der Klägerin bereits am 11. März 1887 erteilt. Der Dr. G. hat darauf mit Klage, datiert vom 27. März 1889, bei dem Landgerichte Hagen am 2. April 1889 zur Einrückung des Verhandlungstermines präsentiert, von drei Personen, welche sämtlich Mitglieder der Genossenschaft bis zu deren Auflösung durch den Konknrs waren, Erstattung derjenigen Summe, welche im Jahre 1888 von ihm seitens des Schutzvereines zu Hagen eingezogen sei, samt den ihm erwachsenen Kosten gefordert. Damit wurde er von dem Reichsgerichte auf Grund der von den Beklagten vorgeschützten Einrede der Verjährung abgewiesen.

Gründe:

... „Das Berufungsgericht nimmt als erwiesen an, daß der Kläger mit dem 1. Januar 1874 aus der Volksbank ausgetreten war; es nimmt weiter als feststehend an, daß sein Geschäftsanteil durch den Vorstand der Gesellschaft für den Zeitpunkt seines Austrittes festgestellt sei. Das Berufungsgericht hält diese letztere Feststellung für erforderlich, um den Ausspruch zu begründen, daß Kläger nach dieser Feststellung seines Guthabens in jedem Falle insofern Gläubiger der Genossenschaft geworden sei, als er dadurch einen Anspruch an die Genossenschaft, eventuell die Genossenschafter erwarb, und zwar an jeden solidarisch, ihn von Ansprüchen anderer Genossenschaftsgläubiger zu befreien und ihm den durch Geltendmachung solcher Ansprüche erwachsenden Schaden zu ersetzen.

Ob diese letztere Thatsache mit den Revisionsklägern als feststehend angenommen werden durfte, kann ebenso dahingestellt bleiben wie die weitere Frage, ob es dieser Thatsache bedarf, um den Regreß des Klägers zu begründen, oder ob dieser Regreßanspruch nicht auch schon dann als begründet anzunehmen ist, wenn der Kläger zur Zeit seines Ausscheidens einen Anspruch darauf hatte, daß die Auseinandersetzung zwischen ihm und der Genossenschaft auf der Basis erfolgte, daß er, ohne nachzuzahlen, frei aus der Genossenschaft herausging, während die Genossenschaft die Zahlung der vorhandenen Passiven übernahm; und ob es in diesem Falle nicht gleichgültig war, ob die Auseinandersetzung thatsächlich erfolgte, vielmehr der Beklagte jederzeit nachher von der Genossenschaft und ihren Mitgliedern fordern darf, daß die Auseinandersetzung auf jener Grundlage geschieht und aus diesem Grunde die Beklagten sich dem Kläger als für die Passiven der Volksbank allein haftbar anzusehen haben. Denn daß die Volksbank schon zur Zeit des Austrittes des Klägers überschuldet gewesen wäre, sodaß der Kläger einen durch eine etwa unterbliebene Auseinandersetzung nicht festgestellten Betrag zur Genossenschaftskasse einzuzahlen haben würde und deshalb einen Regreß nur etwa geltend machen könnte, wenn er dieser Verbindlichkeit nachgekommen wäre, oder wenn dasjenige, was er an die Genossenschaftsgläubigerin gezahlt hat, sich auf mehr beliefe als jener Betrag, und auch dann nur in Höhe der Differenz: alles dieses ist von den Beklagten nicht geltend gemacht.

Indessen bedarf es, wie schon angedeutet, dieser Erörterung nicht, aus folgendem Grunde: Die Beklagten haben die Einrede der Verjährung vorgeschützt, sie haben geltend gemacht, daß die Verjährungsfrist, wenn nicht schon mit der Zustellung der Klage im Vorprozesse, doch jedenfalls mit dem den Kläger verurteilenden Erkenntnisse des Landgerichtes vom 2. März 1886, welches Kläger nicht angegriffen hat, begonnen habe und deshalb zur Zeit der erst am 8. April 1889 erfolgten Zustellung der gegenwärtigen Klage bereits abgelaufen gewesen sei.

Das Berufungsgericht hat diesen Einwand mit der Begründung zurückgewiesen, der Ersatzanspruch sei nicht identisch mit dem Befreiungsanspruche; der Gegenstand des letzteren sei ein Handeln, der Gegenstand des ersteren ein Geldanspruch. Dieser entstehe erst infolge der Nichterfüllung des Befreiungsanspruches; der Anspruch des Klägers auf Befreiung von der Schuld des Schutzvereines sei allerdings zur Zeit der Erhebung der Klage in diesem Prozesse bereits abgelaufen gewesen; da aber die den Regreßanspruch des Klägers begründende Zahlung der Summe, welche er jetzt erstattet verlangt, erst im Jahre 1888 erfolgt sei, so sei der Einwand der Verjährung mit Recht verworfen.

Diese Schlußfolgerung beruht auf einem rechtsirrtümlichen Ausgangspunkte. Nimmt man mit dem Berufungsgerichte und zu Gunsten des Klägers an, daß er am 1. Januar 1874 der Genossenschaft gegenüber und gegenüber deren derzeitigen und späteren Mitgliedern aufgehört hatte, Genosse zu sein, während er den Gläubigern für die bis dahin begründeten Schulden der Genossenschaft haftbar blieb, so war er nach der Annahme des Berufungsgerichtes Gläubiger der Genossenschaft und der solidarisch haftenden Genossenschafter geworden. Das Verhältnis ist dasselbe wie bei der offenen Handelsgesellschaft. Auch der aus der fortbestehenden Gesellschaft ausgeschiedene Gesellschafter hat den Anspruch darauf, daß die Gesellschaft nach Maßgabe der Auseinandersetzung, wie sie erfolgt ist oder von dem Ausgeschiedenen gefordert werden kann, die Gesellschaftsschulden so bezahlt, daß der Ausgeschiedene nicht dafür haftbar gemacht werden kann. Zwar berechtigt den Ausgeschiedenen noch nicht die Erwägung, daß er möglicherweise für bestehende und fällig gewordene Gesellschaftsschulden in Anspruch genommen werden kann, zur Erhebung der Regreßklage. Wohl aber ist der Regreß begründet, wenn der Ausgeschiedene von einem Gläubiger angefaßt und diesem zur Zahlung verurteilt wird.

Schon für den Regreß des Bürgen gegen den Hauptschuldner stellte das gemeine Recht den Fall der Verurteilung dem der Zahlung gleich (l. 38 §. 1 Dig. mandati 17, 1; l. 10 Cod. eod. 4, 35; cap. 5 X de fidejussoribus 3, 22).

Es ist aber eine unzutreffende Auffassung des Berufungsrichters, daß dieser Anspruch auf Befreiung von der durch rechtskräftige Verurteilung festgestellten Schuld ein anderer sei als der auf Ersatz desjenigen, was der Bürge oder ausgeschiedene Gesellschafter oder Genosse seinerseits an den Gläubiger gezahlt hat.

Daß er das nicht ist, geht schlagend daraus hervor, daß, wenn der Regreßberechtigte auf Befreiung geklagt hat und im Laufe des Prozesses den Gläubiger freiwillig oder gezwungen befriedigt, er nicht eine neue Klage auf Ersatz statt Befreiung zu erheben braucht, sondern er setzt denselben Prozeß fort und beantragt nur, der geänderten Sachlage entsprechend, Verurteilung zur Erstattung. Ebenso ist das rechtskräftige Urteil, welches die Klage auf Befreiung abweist, weil der Bürge persönlich hafte, ohne gegen den Hauptschuldner einen Anspruch erheben zu dürfen, entscheidend für den Regreß aus einer demnächst von dem Bürgen geleisteten Zahlung und die Verurteilung auf Befreiung maßgebend für den Anspruch auf Erstattung dessen, was der Bürge demnächst gezahlt hat.

Der Anspruch ist derselbe seinem Grunde nach und im wesentlichen derselbe seinem Gegenstande nach. Denn der ausgeschiedene und verurteilte Genosse, wie in gleichem Falle der ausgeschiedene Gesellschafter oder der Bürge, dürfen vom Regreßpflichtigen fordern, daß dieser dem Gläubiger, welcher Zahlung fordert, die Zahlung leiste, welche jener von dem Verurteilten beansprucht, und dadurch den Regreßnehmer befreie, während dieser nach seiner Zahlung fordert, daß ihm der Regreßpflichtige dieselbe Zahlung leiste.

Nach §. 63 des Genossenschaftsgesetzes vom 4. Juli 1868 verjähren die Klagen gegen einen Genossenschafter aus Ansprüchen gegen die Genossenschaft in zwei Jahren nach Auflösung der Genossenschaft oder nach seinem Ausscheiden. Die Verjährung beginnt mit dem Tage, an welchem die Auflösung der Genossenschaft in das Genossenschaftsregister eingetragen ist. Wird die Forderung erst nach diesem Zeitpunkte fällig, so beginnt die Verjährung mit dem Zeitpunkte der Fälligkeit. Die Forderung des Klägers gegen die Beklagten wurde fällig mit dem Augenblicke, in welchem der Kläger einen gegründeten Anlaß, sie zu erheben, hatte, und in welchem sie erhoben werden konnte. Das war aber der Fall, als gegen den Kläger im Vorprozesse das ihn zur Zahlung von 2405,43 ℳ samt Zinsen verurteilende Erkenntnis rechtskräftig wurde. Damals stand es fest, daß der Kläger diesen Betrag zahlen mußte. Er hatte also allen Anlaß, von der Beklagten seine Befreiung von dieser Schuld dadurch herbeizuführen, daß sie die Schuld berichtigte, und der Erhebung der Klage standen damals keine Hindernisse mehr im Wege. Wollte man dem Berufungsurteile folgen, so würde der Zweck der im §. 63 des Genossenschaftsgesetzes vom 4. Juli 1868 vorgeschriebenen kurzen Verjährung vereitelt. Es würde von der zusammenwirkenden Unthätigkeit des Genossenschaftsgläubigers und des ausgeschiedenen Genossen abhängen, die Zeit, während welcher die Haftung der übrigen Genossen in der Schwebe bleibt, beliebig zu verlängern. Der Gläubiger soll den Lauf der Verjährung seines Anspruches gegen die von ihm nicht verklagten Genossen nicht einmal dadurch aufhalten können, daß er einen anderen Genossen belangt (§. 64 des Gesetzes), und der regreßberechtigte Genosse hat es, nachdem seine Zahlungspflicht feststeht, in der Hand, seinen Regreß auf Erstattung damit zu begründen, daß er zahlt. Man ist also nach allgemeinen Grundsätzen zu der Schlußfolgerung berechtigt, daß der ausgeschiedene Genosse sich nicht darauf berufen darf, daß er lediglich durch Hinhaltung seiner Zahlung den Lauf der Verjährung verhindert hat, und daß dem Gläubiger nicht die Macht gegeben wird, auf einem Umwege die Haftung der übrigen Genossen für dasjenige, wegen dessen er nur den Ausgeschiedenen belangt hat, dadurch in das Ungemessene zu perpetuieren, daß er die Einziehung des Judikates unterläßt. Von selbst versteht es sich aber, daß die Fortdauer der Haftung derjenigen Genossen, zu deren Gunsten bereits die Verjährung zum Nachteile des Gläubigers selbst eingetreten ist, nicht davon abhängen darf, daß der dem Gläubiger jetzt verurteilte Ausgeschiedene zur Zeit keine Mittel zur Befriedigung des Gläubigers hat. Die Ansicht des Berufungsrichters würde dahin führen, daß dieser Ausgeschiedene noch in zehn oder zwanzig Jahren seinen Regreß nehmen könnte, wenn er dann Mittel zur Befriedigung des Gläubigers erlangt hat und nun von demselben exequiert würde. Solche Konsequenzen sind mit dem Zwecke der kurzen Verjährung nicht zu vereinigen, und deshalb ist die Grundlage, aus welcher sie erwachsen, eine falsche. Da hiernach feststeht, daß die zwei Jahre des §. 63 a. a. O. seit Fälligkeit des geklagten Anspruches längst abgelaufen waren, bevor die Klage erhoben wurde, so wurde dem Revisionsantrage stattgegeben." ...

---

15. Bilden die auswechselbaren Notenblätter, welche auf mechanischem Wege für ein mechanisches Musikwerk, hier das Clariophon, vervielfältigt werden, ohne daß der Urheber des auf dem Notenblatte dargestellten Musikwerkes seine Genehmigung erklärt hat, einen unerlaubten Nachdruck

1. nach dem Reichsgesetze vom 11. Juni 1870?

2. auch gegenüber dem Schlußprotokolle zur Berner Konvention vom 9. September 1886?

Vgl. Bd. 22 Nr. 35.

I. Civilsenat. Urt. v. 31. Januar 1891 i. S. W. (Kl.) w. Sp. (Bekl.) Rep. I. 301/90.

I. Landgericht Gera.
II. Oberlandesgericht Jena.

Der Beklagte hat musikalische Instrumente gebaut, welche er unter dem Namen Clariophon in den Handel bringt. Für diese Instrumente verfertigt er auch auswechselbare Blätter von Blech, in welche

Vertiefungen eingedrückt sind. Werden dieselben auf die Walze aufgelegt und wird dann die Walze des Clariophon in Bewegung gesetzt, so erklingen Töne. Die Vertiefungen sind so angebracht, daß ein Musikstück ertönt, wie beim Ariston, Herophon und anderen derartigen Drehorgeln mit auswechselbaren Notenblättern. Durch die Auswechselbarkeit des um die Walze gelegten Blechmantels wird es erreicht, daß mit einem und demselben Instrumente so viele verschiedene Musikstücke gespielt werden können, als verschieden bearbeitete Blechmäntel um die Walze gelegt werden. Der Beklagte hat auch derartige Notenblätter mit Kompositionen des Klägers: „So wie Du" und „Fischerin Du Kleine" ohne dessen Genehmigung hergestellt und in den Handel gebracht. Der Kläger hat deshalb beantragt, den Beklagten zu verurteilen, anzuerkennen, daß er nicht berechtigt sei, Notenblätter für Clariophon anzufertigen, auf welchen sich Kompositionen des Klägers befinden. In den Vorinstanzen ist die Klage abgewiesen. Es war ein Gutachten des musikalischen Sachverständigenvereines zu Weimar eingeholt über zwei Fragen:

a) ob ein Musikverständiger ohne große Mühe imstande sei, von den Metallmänteln der Clariophonwalzen die Melodien abzulesen,
b) ob die von dem Beklagten bewirkte Herstellung von Clariophonen, auf welchen die Kompositionen des Klägers „Fischerin Du Kleine" und „So wie Du" zu spielen sind, als Nachdruck im Sinne des Gesetzes vom 11. Juni 1870 anzusehen ist.

Das Gutachteu hat beide Fragen verneint.

Zu der hier an erster Stelle wiedergegebenen Frage bemerkt das Gutachten:

„Nach vorgenommener Prüfung der vorliegenden Exemplare von Metallmänteln ist man zu der Ansicht gelangt, daß ein Ablesen (im herkömmlichen und allgemein gebräuchlichen Sinne dieses Wortes) auch von seiten des Musikverständigen nicht stattfinden kann, daß vielmehr nur nach genauem Studium der auf den Metallmänteln in verschiedenen Distanzen angebrachten, sehr mannigfaltigen längeren oder kürzeren Erhöhungen und ihrer Stellungen zu einander eine Entzifferung möglich ist, und daß, um das Musikstück zu erkennen, eine Umdeutung jener Erhöhungen in längere oder kürzere Noten und das Hinzudenken eines Netzes von rechtwinkelig sich schneidenden parallelen Linien, durch welches Tonhöhe und Takteinteilung bestimmt werden können, sich erforderlich macht."

Es wird dann bemerkt, daß der Sachverständigenverein einen Mantel geprüft habe, in welchem die Melodie „Die Wacht am Rhein" eingedrückt war. Bald zu erkennen sei hier nur die altbekannte Melodie, während die Begleitungsstimmen mit Mühe entziffert werden müßten.

Das Gutachten fährt dann fort:

„Unbekannte Melodien dürften auch dem Musikverständigen schwer oder gar nicht lesbar sein, besonders, da die Metallmäntel genaue Präzision in den Entfernungen und in der Gestaltung der Erhöhungen oft vermissen lassen.

Zusätzlich mag noch bemerkt werden, daß die Wiedergabe der Melodien, musikalisch betrachtet, in Bezug auf Harmonie und Stimmführung nicht tadellos und auf eine Reihe von nur 24 Tönen beschränkt ist. Kein Musiker oder einigermaßen musikalisch Gebildeter wird sich die Mühe geben, die Metallmäntel als einen Ersatz für die gedruckten oder geschriebenen Noten benutzen zu wollen und mit Entzifferung derselben viel Zeit zu verlieren; die der Walzendrehung entsprechenden, auf ihnen angebrachten Erhöhungen von verschiedener Form und Größe können nicht im entferntesten mit derselben absoluten Sicherheit und Leichtigkeit überblickt werden wie unsere gegenwärtige, in jeder Beziehung so vollendete, die Höhe und Dauer der Töne sowie die Takteinteilung mit der größten Genauigkeit und Klarheit wiedergebende Notenschrift."

Die Verneinung der anderen Frage motiviert der Sachverständigenverein damit, daß sich das Nachdrucksverbot nur auf gedruckte oder geschriebene Musikalien in allgemein lesbarer Notenschrift beziehe und nicht auf solche, lediglich in einem Walzenwerke verwendbare Metallstreifen; dieser Metallmantel sei ein notwendiger, integrierender Teil des Instrumentes. Wie dies letztere ohne ihn nicht zum Erklingen komme, so sei er ohne jenes nur ein wertloser Metallstreifen, da er zu irgend welcher anderweiter Benutzung, etwa als Ersatz eines Notenblattes zur Wiedergabe des Musikstückes auf einem anderen Instrumente, seiner ganzen Beschaffenheit nach unbrauchbar sein würde....

Der Revisionskläger brachte unter anderem Teile des Aufsatzes von Henri Rosmini zum Vortrage, welcher in der Berner Zeitschrift „Le droit d'auteur" vom 15. September 1890 veröffentlicht ist, auch die in diesem Aufsatze wiedergegebene Erklärung von Numa Droz, welcher seiner Zeit den Berner Konferenzen präsidiert hat. In dieser Erklärung tritt ihr Urheber der Auslegung ausdrücklich bei, welche das Reichsgericht in dem in der Überschrift angezogenen Urteile dem Schlußprotokolle vom 9. September 1886 Ziff. 3 gegeben hat. Der Revisionsbeklagte trat diesen Ausführungen entgegen, wies insbesondere darauf hin, daß zur Zeit der Berner Vereinbarung eine ganze Reihe musikalischer Instrumente mit auswechselbaren Spielblättern bekannt gewesen sei, und legte mehrere deutsche und amerikanische Patentschriften früherer Zeit vor.

Auf die Revision hat das Reichsgericht das Berufungsurteil aufgehoben und unter Abänderung des ersten Urteiles nach dem Klagantrage erkannt aus folgenden

Gründen:

„Das Berufungsgericht sieht in dem Gedankengange des reichsgerichtlichen Urteiles (Rep. I. 287/88) vom 19. Dezember 1888, welches über einen dem vorliegenden ähnlichen Fall erging, mehr eine Fortbildung des Urheberrechtes auf theoretischer Grundlage als eine Auslegung des durch das Reichsgesetz geschaffenen Rechtes. Gleichwohl erkennt das Berufungsgericht selbst an, das Gesetz vom 11. Juni 1870 habe nicht gesagt, was unter mechanischer Vervielfältigung verstanden werden solle; nach den Motiven habe die Fixierung des Begriffes der Wissenschaft überlassen werden sollen. Wenn nun aber das Berufungsurteil seinerseits unternimmt, diesen Begriff zu entwickeln, so gelangt es zu einer eingeschränkteren Begriffsbestimmung nur mittels eines logischen Sprunges. Man kann dem Berufungsurteile zugeben, daß man von einer Vervielfältigung nur da sprechen kann, wo eine Anzahl von Gegenständen in der Erscheinungsform hergestellt wird, in welcher die Mitteilung des Gedankens an Andere erfolgen kann. Daraus ergiebt sich aber nicht die Beschränkung, daß die Herstellung in derselben Form erfolgen müßte, in welcher das Original in die Erscheinung getreten ist, daß die Vervielfältigung in der Form eines Schriftwerkes zu erfolgen habe, welches dem Berechtigten in Bezug auf seine bereits hergestellten oder beabsichtigten Vervielfältigungen Konkurrenz mache. Als Nachdruck ist auch anzusehen der ohne Genehmigung des Urhebers erfolgte Abdruck von

Vorträgen, welche zum Zwecke der Erbauung, der Belehrung oder der Unterhaltung gehalten sind (§. 5b des Gesetzes). Daß der Vortrag des Urhebers von demselben zuvor zu Papier gebracht sei, ist so wenig erforderlich, wie daß derselbe beabsichtigt habe, den Vortrag auf mechanischem Wege vervielfältigen zu lassen. Aber auch wo diese Absicht bestanden hat, und wo das geistige Produkt bereits in mechanischer Vervielfältigung vorliegt, welche durch den Buchhandel verbreitet ist, kann der Nachdruck in einer Form hergestellt werden, welche das geistige Produkt lediglich solchen Kreisen erschließt, denen die Form, in welcher das Original erschien, nicht zugänglich war. Es giebt teure Ausgaben von in vornehmer Form ausgestatteten Drucken, welche sich nur bemittelte Leute anschaffen können. Wenn der Urheber sein Geistesprodukt nur in dieser Form erscheinen lassen will, so mag die ganze Auflage bei dem Publikum, für welches sie berechnet ist, abgesetzt sein, sodaß also von einer Konkurrenz, welche dem Druckwerke durch eine unberechtigte Ausgabe veranstaltet würde, nicht mehr die Rede sein kann. Gleichwohl begeht derjenige, welcher jetzt ohne die Genehmigung des Urhebers eine billige Volksausgabe auf schlechtem Papiere mit unansehnlichem Drucke veranstaltet, einen Nachdruck, obschon er dadurch das Werk anderen Kreisen zugänglich macht als denen, für welche die teure Ausgabe berechnet war. Weiter aber: wer für Blinde, welche gedruckte Bücher nicht lesen können, durch mechanische Vervielfältigung einer erhabenen Schrift, welche durch den Tastsinn verständlich wird, das geistige Produkt zugänglich macht, hat gewiß nicht eine Form geschaffen, welche dem Originale Konkurrenz macht, er hat aber das ausschließliche Recht des Urhebers auf eine mechanische Vervielfältigung irgend einer Form, durch welche das geistige Produkt Menschen verständlich gemacht wird, beeinträchtigt und ebendarum einen Nachdruck ausgeführt. Ob die erhabene Schrift in denselben Zeichen dargestellt wird wie die zu lesende Schrift, oder ob die Blinden Punkte und Striche statt der Buchstaben haben, würde die Sachlage nicht ändern. Für den vorliegenden Fall näher gebracht wird der erweiterte Begriff der mechanischen Vervielfältigung durch dieses Beispiel insoweit, als dadurch nachgewiesen wird, daß sich die mechanische Vervielfältigung auch auf solche erhabenen Formen erstreckt, welche das Produkt durch die Vermittelung eines anderen menschlichen Sinnes als des Auges einem Teile des Publikums zugänglich macht, für welchen die gedruckte Schrift nicht berechnet ist. Die Wissenschaft, auch die wissenschaftliche Jurisprudenz, hält sich nicht an die Äußerlichkeiten, sondern sie sucht das Wesen der Dinge zu ergründen. Hat das Gesetz die Feststellung des Begriffes der mechanischen Vervielfältigung, wie sie dem Nachdrucke zu Grunde liegt, der Wissenschaft überlassen, so wird eine verständige Handhabung des Gesetzes derartige Formen der mechanischen Vervielfältigung, welche dem Zwecke, dem Wesen und der Natur der Sache nach der Vervielfältigung durch Drucklegung gleichstehen, auch in bezug auf die Frage des Nachdruckes den Druckwerken gleich behandeln. Es ist richtig, daß Noten, welche in dem herkömmlichen Notensysteme gedruckt sind, wie Druckschriften gelesen werden können. Ein Musikverständiger kann die Komposition bloß mit dem Notenlesen fassen, und er hat damit vielleicht einen annähernd gleichen oder den gleichen Genuß, wie wenn ihm das Lied vorgesungen wird, oder wenn er das gespielte Musikstück hört. Aber daß Noten gelesen werden können, ist nicht der bestimmende Grund, musikalische Werke unter den Schutz gegen Nachdruck durch mechanische Vervielfältigung zu stellen. Dem großen Publikum, auf welches wenigstens mittelbar der Absatz dieser mechanischen Vervielfältigungen berechnet ist, müssen die Noten in die Tonsprache umgesetzt werden. Zwar ein Einzelner kann noch für den eigenen Genuß diesen Umsatz selbst bewirken, wenn die Komposition für eine Stimme oder für ein Musikinstrument gesetzt ist, und dieser Einzelne die Noten lesen und singen oder das Instrument spielen kann. Aber die für mehrere zusammenwirkende Instrumente oder für einen Sängerchor gesetzten Kompositionen kann auch der Sänger und der ein musikalisches Instrument Spielende nur genießen, wenn er zugleich Andere singen und spielen hört. Und der größte Teil der Menschen genießt auf diese Weise überhaupt nur die Musik. Wenn es nun auch der Gesetzgeber nicht für ausführbar und nicht für zulässig erachtet hat, den Schutz des geistigen Eigentumes so weit auszudehnen, daß er auch nichtöffentliche Aufführungen von Musikwerken an die Erlaubnis des Komponisten oder seines Rechtsnachfolgers gebunden hätte: so folgt doch daraus nicht, daß der Gesetzgeber nicht den Genuß an der Darstellung des Musikwerkes im Auge gehabt hat, als er das Urheberrecht an Musikwerken unter Schutz gegen Nachdruck stellte. Es ist das Mittel, welches die Komposition in vielen auf mechanischem Wege leicht herstellbaren und leicht vertreibbaren Exemplaren sinnlich dauernd darstellt und so die jeweilige Wiedergabe der Komposition ermöglicht und erleichtert, an welches sich das Verbot des Nachdruckes anheftet. Durch die Erfindung und Ausbildung dieser mechanischen Vervielfältigung ist es erst möglich geworden, das geistige Eigentum zu sichern und verwertbar zu machen. Ist es diese Funktion des Mittels, wodurch das geistige Eigentum gangbar und umsetzbar gemacht wird, so stehen darin die Notenblätter der mechanischen Musikwerke den gedruckten Noten gleich, und deshalb sind sie ihnen auch für den Schutz des geistigen Eigentumes und das Verbot des Nachdruckes gleichzustellen. Die Rechtsprechung ist zu dieser Gleichstellung befugt, auch wenn dem Gesetzgeber diese neue Form der Fixierung eines Musikwerkes und die neue Art ihrer mechanischen Vervielfältigung nicht bekannt war: selbst dann, wenn infolgedessen der Ausdruck des Gesetzes so eng gewählt worden wäre, daß die Herstellung des Notenblattes für mechanische Musikwerke nicht darunter passen sollte. Es ist die Analogie, mittels welcher die Rechtsprechung die bestehenden Gesetze den neu entstehenden Erscheinungen des Lebens anpaßt. Nur wenn den neuen Formen ein besonderer Grund anhaften sollte, welcher die Anwendung des sonst gleichen gesetzlichen Gedankens ausschlösse, würde die Analogie ausgeschlossen sein. Das ist aber hier nicht der Fall.

Die Noten der mechanischen Musikwerke werden anders benutzt, um die Komposition des Urhebers zu Gehör zu bringen, als die gedruckten Noten. Allein die Art der musikalischen Benutzung der gedruckten Musikwerke ist es nicht, welche das Gesetz verbietet. Abgesehen von der öffentlichen Aufführung musikalischer Werke ist die bloße Wiedergabe des Musikwerkes auch unter Benutzung eines Nachdruckes nicht verboten. Die Möglichkeit der Benutzung der Komposition auf anderem als von dem Urheber genehmigten Wege soll erschwert werden dadurch, daß die ohne diese Genehmigung ins Leben gerufene mechanische Vervielfältigung des in dauernden Zeichen fixierten Tonwerkes und der Vertrieb der so hergestellten Exemplare verboten ist. Deshalb ist es für den dem Gesetze zu Grunde liegenden Gedanken gleichgültig, in welcher Art die Note hörbar gemacht wird und gemacht werden kann.

Ob die Noten der mechanischen Musikwerke leicht oder schwer gelesen werden können, ob sie überhaupt gelesen werden können, ist ganz gleichgültig. Denn sie werden, ohne gelesen zu sein, in Musik umgesetzt. Deshalb ist es auch gleichgültig, ob die Umsetzung in Musik nicht ohne geistige Arbeit oder ob sie durch eine ganz mechanische Arbeit erfolgt.

Es entscheidet auch nicht, daß die mechanischen Musikwerke schlechtere Musik liefern als das Pianoforte oder andere von Menschen gespielte musikalische Instrumente. Millionen Menschen, welche keine bessere Musik haben oder nicht so leicht haben können, werden durch die mechanischen Musikwerke erfreut, und ihrem musikalischen Verständnisse wird die Komposition des Urhebers auf diesem Wege nahe gebracht.

Es würde gar nichts entscheiden, wenn anzunehmen wäre, daß im großen und ganzen das Publikum, welchem musikalische Kompositionen durch mechanische Musikwerke vermittelt werden, ein anderes wäre als dasjenige Publikum, welchem die Musik durch Benutzung gedruckter Noten vorgeführt wird. Denn es ist schon oben nachgewiesen, daß neue Arten der mechanischen Vervielfältigung nicht darum vom Verbote des Nachdruckes frei sind, weil sie das geistige Produkt einem weiteren Kreise von Menschen zuführen..

Es ist endlich auch nicht entscheidend, daß die von dem Beklagten auf mechanische Weise vervielfältigten Blechmäntel mit eingedruckten Noten nur auf dem Clariophon spielbar sind. Ohne ein musikalisches Instrument und ohne die menschliche Stimme sind auch gedruckte Noten nicht hörbar zu machen. Ob aber ein Notenwerk, so wie es vorliegt, nur auf einem oder ob es auf mehreren musikalischen Instrumenten spielbar ist, ist für die Frage des Nachdruckes gleichgültig. Wenn es keine Clariophone mehr gäbe, so würde der für dasselbe fabrizierte Mantel ein musikalisch nicht in Betracht kommendes Stück Blech sein. Weil es aber tausend derartiger musikalischer Instrumente giebt und immer neue fabriziert und verkauft werden, so sind die mit Melodieen des Klägers hergestellten Blechmäntel eben nicht bloße Stücke Blech, sondern durch irgend eines der Tausende von Clariophonen zur Darstellung der Melodieen des Klägers zu benutzen und deshalb auch als unerlaubter Nachdruck zu verfolgen.

In dem mehrfach gedachten Urteile (Rep. I. 287/88) vom 19. Dezember 1888 hat das Reichsgericht sowohl angenommen, daß die auswechselbaren Notenblätter der mechanischen Musikwerke, welche durch mechanische Vervielfältigung hergestellt werden, dem Verbote des Nachdruckes nach dem Gesetze vom 11. Juni 1870 unterliegen, als daß aus der Berner Konvention und dem dazu gehörigen Schlußprotokolle kein Grund zu entnehmen ist, jenes Verbot auf die auswechselbaren Notenblätter der mechanischen Musikwerke nicht anzuwenden. Es bestand bei dem Abschlusse der Konvention Einverständnis darüber, daß die Fabrikation und der Verkauf von Instrumenten, welche zur mechanischen Wiedergabe von Musikstücken dienen, die aus geschützten Werken entnommen sind, nicht als den Thatbestand der musikalischen Nachbildung darstellend angesehen werden sollen. Es ist dem Revisionskläger darin durchaus beizutreten, daß, selbst wenn anzunehmen, daß den Urhebern jener Erklärung musikalische Instrumente mit auswechselbaren Notenblättern bereits bekannt waren, die auswechselbaren Notenblätter in dieser Erklärung nicht mit verstanden sind, daß vielmehr gemeint waren die damals allgemein bekannten Spieluhren, Leierkasten und ähnliche mechanische Musikwerke je mit einer beschränkten Anzahl von Melodieen. Auswechselbare Notenblätter oder umlegbare Blechmäntel mit eingedruckten Noten sind keine musikalischen Instrumente. Und die für diese Notenblätter oder Mäntel bestimmten Instrumente sind in Verbindung mit diesen Notenblättern und Mänteln nach ihrer wirtschaftlichen Bedeutung Instrumente ganz anderer Art als jene musikalischen Instrumente mit festliegenden Walzen. Durch die Erfindung praktisch eingerichteter Notenblätter, welche sich leicht auswechseln lassen, ist es möglich geworden, ungezählte Notenblätter mit verschiedenen Melodieen für ein und dasselbe Instrument herzustellen und jedes Notenblatt bei einem Instrumente gleicher Art und Dimension zu verwenden. Damit haben die Notenblätter selbst wie die Instrumente eine Verbreitung gefunden, an die früher gar nicht zu denken war. Es handelt sich nicht mehr um eine bloß anders eingerichtete Mechanik, sondern um ein Instrument von anderer Bedeutung. Früher war die Walze der Teil eines individuellen Instrumentes, jetzt ist das Notenblatt vertretbar. Deshalb können die für sich verkäuflichen, auf jedem Clariophon verwendbaren Blechmäntel nicht als Teil eines einzelnen mechanischen Musikwerkes und mit diesem als durch die Berner Konvention freigegeben angesehen werden.

Das Reichsgericht hält die Begründung seiner früheren Entscheidung (Rep. I. 287/88) vom 19. Dezember 1888 durchweg aufrecht und findet weder in dem Gutachten des musikalischen Sachverständigenvereines zu Weimar, noch in den Entscheidungsgründen der beiden vorinstanzlichen Urteile, noch in den Ausführungen des Revisionsbeklagten einen Grund, von jener früheren Entscheidung inhaltlich abzuweichen." . . .

---

16. Erfordert die im Statute einer Aktiengesellschaft getroffene Bestimmung, daß die Beschlüsse der Generalversammlung mit absoluter Stimmenmehrheit gefaßt werden, zu ihrer Gültigkeit eine Spezialisierung der Gegenstände der Beschlußfassung?

H.G.B. Art. 215 (Fassung des Gesetzes vom 18. Juli 1884).

III. Civilsenat. Urt. v. 3. Februar 1891 i. S. M. (Kl.) w. Hannov. Mass. u. Eisenwerke in W. (Bekl.) Rep. III. 258/90.

I. Landgericht Hannover.
II. Oberlandesgericht Celle.

Die beklagte Aktiengesellschaft hat im §. 24 Abs. 4 ihres Statutes bestimmt:

„Die Beschlüsse der Generalversammlung werden, vorbehaltlich der Bestimmungen des §. 26, durch absolute Stimmenmehrheit der erschienenen resp. vertretenen stimmberechtigten Aktionäre gefaßt."

Die im §. 26 genannten Ausnahmen betreffen Auflösung und Liquidation, Erhöhung des Grundkapitales, Abänderung und Ausdehnung des Gegenstandes des Unternehmens, Fusion.

Die Generalversammlung hat nun in Abänderung des §. 17 des Statutes mit absoluter Stimmenmehrheit eine Erhöhung der Zahl der Aufsichtsratsmitglieder beschlossen, und dieser Beschluß ist vom Kläger als ungültig angegriffen, weil §. 24 a. a. O. wegen seiner allgemeinen, die einzelnen Gegenstände der Beschlüsse nicht bezeichnenden Fassung gegenüber der Vorschrift des Art. 215 Abs. 2 des Gesetzes, betreffend die Kommanditgesellschaften auf Aktien und die Aktiengesellschaften, vom 18. Juli 1884 unverbindlich sei, der Beschluß daher die gesetzlich vorgeschriebene Dreiviertelmajorität erfordert habe.

Die Revision des Klägers gegen das Berufungsurteil, durch welches die gegen das klagabweisende erste Urteil gerichtete Berufung zurückgewiesen ist, hat keinen Erfolg gehabt.

Aus den Gründen:

„Der Art. 215 Abs. 2 des Gesetzes vom 18. Juli 1884 bestimmt:

„Sofern der Gesellschaftsvertrag für eine Abänderung derjenigen Bestimmung, welche den Gegenstand der Beschlußfassung bildet, nicht andere Erfordernisse aufstellt, erfolgt die Beschlußfassung durch eine Mehrheit von drei Vierteilen des in der Generalversammlung vertretenen Grundkapitales."

Abgesehen zunächst von den Motiven, kann der Inhalt dieses Absatzes kaum einen Zweifel erregen, insbesondere nicht zu der Ansicht führen, es habe eine besondere Form für eine solche Anordnung des Gesellschaftsvertrages vorgeschrieben werden sollen. Das Gesetz verlangt offenbar ein doppeltes, einmal daß die Anordnung im Gesellschaftsvertrage getroffen, nicht etwa späteren Beschlüssen der Generalversammlung oder dem Aufsichtsrate überlassen wird — dies mißbilligen gerade die Motive gegenüber häufigen Bestimmungen in den Statuten —, und sodann, daß sie deutlich erkennbar diejenige Bestimmung umfaßt, welche den Gegenstand der Beschlußfassung bildet. Letzteres ist nicht nur der Fall, wenn entweder die einzelne Bestimmung im Gesellschaftsvertrage speziell genannt ist, sondern auch wenn sie zu einem genau begrenzten größeren Kreise von Bestimmungen gehört, oder wenn die Anordnung für alle Bestimmungen, für welche sie überhaupt zulässig ist, getroffen wurde. Die Worte des Gesetzes: „die Bestimmung, welche den Gegenstand der Beschlußfassung bildet", stehen dieser Auffassung nicht entgegen; das Gesetz mußte sich so ausdrücken, weil es die verschiedenen Möglichkeiten zu berücksichtigen hatte, daß für einzelne, für einen abgegrenzten Kreis, für alle Bestimmungen eine solche Anordnung getroffen, auch die Beschlußfassung für einzelne Bestimmungen erschwert, für andere erleichtert würde, und weil nur der gewählte Ausdruck für alle diese Fälle paßt. Zu einem anderen Resultate könnte man nur dann gelangen, wenn das Gesetz davon ausginge, daß nicht für alle im Gesetze nicht ausgenommenen, sondern nur für einige Bestimmungen das Statut andere Vorschriften treffen dürfe; diese Auslegung ist aber schon deshalb unmöglich, weil es an jedem Anhalte im Gesetze fehlt, für welche einzelne Bestimmungen die Abänderung zulässig sein solle, man also mit Notwendigkeit dazu gedrängt wird, daß das Gesetz die Möglichkeit derselben bei allen, im Gesetze nicht speziell ausgenommenen zuläßt. Dies wird auch von den Kommentatoren, welche die spezielle Benennung der einzelnen Bestimmungen im Statute zur Gültigkeit erfordern, entweder nicht bestritten,

vgl. Petersen und v. Pechmann, Kommentar S. 111. 112; Kayser, Kommentar S. 95; Hergenhahn, Beruf der Generalversammlung S. 28,

oder ausdrücklich zugegeben,

vgl. v. Völderndorff, Kommentar S. 479.

Dagegen wird von ihnen, wie auch vom Oberlandesgerichte Dresden in seinem, vom sächsischen Justizministerium bestätigten Beschlusse vom 9. Juli 1886,

vgl. Wengler, Archiv N. F. Bd. 8 S. 85. 86,

wesentliches Gewicht auf die Motive gelegt, welche zu jenem Art. 215 Abs. 2 sagen:

... „Allerdings darf die Auffassung, daß die wichtigsten Grundlagen des Gesellschaftsvertrages nicht der einfachen Mehrheit der zufällig in der Generalversammlung erschienenen Aktionäre preisgegeben werden dürfen, nicht zu einer Verkürzung der in dem Gesellschaftsvertrage selbst geregelten Autonomie der Gesellschaft führen. Dieser muß zu allernächst überlassen werden, selbst ihr Funktionieren zu bestimmen; auch wird der Prüfung des Aktionärs vor seiner Beteiligung anheimzugeben sein, ob er auf Grund der statutarischen Bestimmungen Aktienrechte erwerben will oder nicht. Der Entwurf behält daher der Regel nach dem Gesellschaftsvertrage die Möglichkeit vor, für die Abänderung statutarischer Festsetzungen gewisse Erfordernisse vorzuschreiben, insbesondere die Änderung auch von der Zustimmung einer einfachen Mehrheit abhängig zu machen...; aber er verlangt, daß diese Vorschriften im Gesellschaftsvertrage für bestimmte Satzungen desselben getroffen werden, und geht, soweit dies nicht geschehen, von der Norm aus, daß dann zur Abänderung ein qualifizierter Beschluß erforderlich sei.“ ...

In den Worten „für bestimmte Satzungen desselben“ will man ausgesprochen finden, daß eine allgemeine Fassung nicht genüge, vielmehr die einzelnen Satzungen bestimmt zu bezeichnen seien, ja sogar die Vorschrift unmittelbar bei jeder einzelnen Satzung stehen müsse. Daß im Interesse der Aktionäre eine so ungewöhnliche Maßregel getroffen werden sollte, ist umsoweniger anzunehmen, als die Motive in den zuerst hervorgehobenen Sätzen ausdrücklich die Autonomie der Gesellschaft betonen und von den Aktionären verlangen, daß sie den Vertrag genau prüfen. Wären die Motive wirklich so zu verstehen, so würde die Ansicht ihres Verfassers im Gesetze keinen Ausdruck gefunden haben, daher dessen klarem Wortlaute gegenüber nicht zu beachten sein.

Vgl. Entsch. des R.G.'s in Civils. Bd. 21 S. 437.

Nichts zwingt jedoch zu solcher Auffassung der Motive. Die Worte „für bestimmte Satzungen desselben" sind nicht besonders hervorgehoben, es liegt vielmehr näher, die Worte „im Gesellschaftsvertrage" zu betonen, da die Motive in demselben Abschnitte gegen die maßlose Ausdehnung der Befugnisse des Aufsichtsrates in vielen Statuten sich wenden. Aus dem Gesellschaftsvertrage soll bestimmt erkannt werden, für welche Satzungen die abändernde Vorschrift getroffen ist. Daß mit jenen Ausdrücken nur der Wortlaut des Gesetzes umschrieben werden soll, zeigt der unmittelbar folgende Satz der Motive, welcher, mit den Worten „Hiernach stellt der Entwurf die Regel auf" beginnend, die Fassung des Art. 215 Abs. 2 wiederholt.

Demnach ist in Übereinstimmung mit Laué, Gutachten über die Einwirkung rc S. 8. 9, Esser II, Kommentar S. 115, Ring, Komm. S. 192 zu der gleichlautenden Bestimmung des Art. 180 g, die Anordnung des §. 24 Abs. 2 des Gesellschaftsvertrages als gültig anzusehen. Wie weit sie reicht, ist Auslegungsfrage; jedenfalls ist es unbedenklich, wenn das Berufungsgericht sie auf eine Abänderung des §. 17 des Statutes anwendet."

---

17. Umfang der Steuerbefreiung, die nach der „Anmerkung" zu Ziff. 4 des Tarifes zu dem Gesetze, betreffend Abänderung des Gesetzes wegen Erhebung von Reichsstempelabgaben, vom 29. Mai 1885 stattfinden soll, wenn der Gegenstand des Anschaffungsgeschäftes von einem der Kontrahenten hergestellt ist.

IV. Civilsenat. Urt. v. 19. Januar 1891 i. S. der Handelsgesellschaft H. & Sohn (Kl.) w. Fiskus (Bekl.). Rep. IV. 266/90.

I. Landgericht I Berlin.
II. Kammergericht daselbst.

Aus den Gründen:

„Die Klägerin hat im Jahre 1889 mit der Munitionsfabrik in Spandau zwei Verträge, den einen über Lieferung von 1 900 000 kg, den anderen über Lieferung von 950 000 kg Hartbleies, eines aus der Verschmelzung von $94^1/_2$ Teilen Weichbleies und $5^1/_2$ Teilen Antimons gewonnenen Mengeartikels, abgeschlossen. Sie hat die von der Stempelbehörde geforderte Stempelabgabe von 2366,50 ℳ und 1089,50 ℳ, zusammen 3456 ℳ, die preußische Landesstempelabgabe für Lieferungsverträge, mit Vorbehalt bezahlt und fordert diese Summe nebst 5 Prozent Zinsen seit dem Zahlungstage zurück. Das Landgericht hat den Beklagten zur Rückzahlung verurteilt. Das Kammergericht hat die Klage abgewiesen. Die von der Klägerin gegen das Berufungsurteil eingelegte Revision war für begründet zu erachten.

Die Klägerin nimmt die Steuerfreiheit der beiden Lieferungsgeschäfte auf Grund der „Anmerkung" zu Ziff. 4 des Tarifes zum Reichs-Stempelabgabengesetze vom 29. Mai 1885 in Anspruch. Danach sind Kauf- und sonstige Anschaffungsgeschäfte über im Inlande von einem der Kontrahenten erzeugte oder hergestellte Mengen von Sachen oder Waren stempelfrei. Die „Anmerkung" scheint sich zwar redaktionell auf die in den Tarifpositionen 4 A und B speziell erwähnten Anschaffungsgeschäfte zu beziehen und sich sonach als eine für gewisse Kategorieen dieser Anschaffungsgeschäfte ausnahmsweise bewilligte Steuerbefreiung darzustellen. Indessen in diesem beschränkten Sinne ist sie nicht zu verstehen. Sie enthält vielmehr, wie in dem Urteile des Reichsgerichtes vom 18. März 1889,

vgl. Entsch. des R.G.'s in Civils. Bd. 23 S. 63 flg.,

aus der Entstehungsgeschichte des Gesetzes nachgewiesen ist, eine selbständige allgemeine Befreiung der darin bezeichneten Geschäfte von jeder Reichs- und Landessteuer. Die Vorderrichter haben daher mit Recht die Entscheidung des Rechtsstreites von der Prüfung der allein streitigen Frage abhängig gemacht, ob das Hartblei, welches den Gegenstand des Lieferungsgeschäftes zwischen der Klägerin und der Munitionsfabrik zu Spandau bildet, von der Klägerin hergestellt ist.

Zur Führung des ihr obliegenden Beweises hat die Klägerin behauptet, sie habe, wie seit Jahren, auch im Jahre 1889 die ganze Weichbleiproduktion des Hüttenamtes Friedrichshütte O./S. im voraus angekauft, das daselbst hergestellte Weichblei aber zunächst dort lagern lassen, um postenweise darüber zu verfügen; sie habe sodann Antimon angekauft und dem Hüttenamte Friedrichshütte mit dem Auftrage übersandt, das Antimon mit den zur Gewinnung von Hartblei erforderlichen Mengen des dort lagernden, ihr, der Klägerin, gehörigen Weichbleies zu verschmelzen; sie habe dem Hüttenamte als Entgelt 17 *M* pro 1000 kg der Mischung gezahlt und ihm außerdem gewisse beim Einschmelzen entstandene Rückstände überlassen; sie sei daher, da das Hartblei von dem Hüttenamte Friedrichshütte aus den von ihr gelieferten Urstoffen auf ihre Rechnung und Gefahr produziert sei, die Herstellerin desselben.

Demgegenüber hat der Beklagte behauptet, die Klägerin habe das aus dem Auslande bezogene Antimon dem Hüttenamte Friedrichshütte mit dem Auftrage, es gegen ein gewisses Entgelt mit dem von dem Hüttenamte zu beschaffenden Weichblei zu Hartblei zu verschmelzen, unentgeltlich geliefert, und dementsprechend habe das Hüttenamt der Klägerin das ganze verfrachtete Hartbleiprodukt als Weichblei und außerdem den Schmelzpreis in Rechnung gestellt.

Das Berufungsgericht hat angenommen, nicht die Klägerin, sondern die Friedrichshütte sei die Herstellerin des Hartbleies. Denn sie habe zunächst das Weichblei aus ihr gehörigen Erzen hergestellt. Zwar habe die Klägerin die ganze Produktion der Friedrichshütte an Weichblei sich gesichert; indessen einmal seien dabei bestimmte Ausnahmen gemacht worden, ... sodann aber fehle es an jeder Thätigkeit der Klägerin als Selbstherstellerin. Vielmehr habe die Hütte zunächst das Weichblei hergestellt; dieses Weichblei sei daher Eigentum der Hütte geblieben, bis es durch einen äußeren Akt in das Eigentum der Klägerin, welche bis dahin nur einen obligatorischen Anspruch gegen die Hütte gehabt habe, übergegangen sei. Durch das Verschmelzen des Weichbleies mit dem Antimon habe die Hütte zwar eine vertragsmäßige Obliegenheit erfüllt, nicht aber das Weichblei in das Eigentum der Klägerin übertragen; hierzu fehle es an dem zum Besitzübergange nach §. 71 A.L.R. I. 7 bestehenden Erfordernisse. Hieraus folge, daß die Hütte auch Eigentümerin des durch Beimischung des von der

Klägerin gelieferten Antimons hergestellten Hartbleies geworden sei; denn auch hier fehle bis zur Übersendung des fertigen Hartbleies die erst in dieser Übersendung liegende, die Besitzübergabe vermittelnde Willensäußerung. Dem entspreche es, daß — worüber die Parteien einig sind — in den der Klägerin vom Hüttenamte ausgestellten Rechnungen immer nur das von der Hütte hergestellte Produkt (Hartblei) aufgeführt sei.

In dieser Begründung ist ohne Rechtsirrtum angenommen, nicht die Klägerin, sondern die Friedrichshütte habe das Weichblei hergestellt, dasselbe sei daher im Eigentume der Friedrichshütte geblieben, bis es durch einen äußeren Akt in das Eigentum der Klägerin übergegangen sei; nur ein obligatorischer Anspruch habe bis dahin der Klägerin gegen die Hütte zugestanden. Zwar war die Friedrichshütte aus dem mit der Klägerin geschlossenen Kaufvertrage zur Übergabe des Weichbleies an die Klägerin nach den Bestimmungen dieses Vertrages verpflichtet; indessen diese Verpflichtung änderte nichts an der Thatsache, daß das Weichblei nicht von der Klägerin hergestellt ist. Wären also die beiden Verträge zwischen der Klägerin und der Munitionsfabrik zu Spandau über Weichblei geschlossen, so könnte die Klägerin die Steuerfreiheit aus der „Anmerkung" nicht in Anspruch nehmen. Allein die Frage ist, ob die Klägerin das Hartblei hergestellt hat. Denn jene Verträge betreffen Hartblei, also eine andere Sache.

Das Berufungsgericht hält die Klägerin aus dem Grunde nicht für die Herstellerin des Hartbleies, weil trotz der Beimischung des von ihr gelieferten Antimons mit dem noch nicht übergebenen und also noch im Eigentume der Friedrichshütte verbliebenen Weichbleie das hergestellte neue Produkt, das Hartblei, erst mit der Übersendung und der in dieser liegenden Besitzübergabe in das Eigentum der Klägerin übergegangen sei. Das Gericht findet hiernach darin, daß nicht die Klägerin, sondern die Friedrichshütte das Weichblei hergestellt hat, und ferner darin, daß die Klägerin das Hartblei nicht selbst hergestellt hat, sondern es durch die Friedrichshütte hat herstellen lassen, kein Bedenken, die Klägerin als Herstellerin des Hartbleies anzusehen. Dem ist beizutreten. Gegenstand der Rückforderungsklage ist der gezahlte Stempel für Anschaffungsgeschäfte über Hartblei, nicht Weichblei. Erzeugt oder hergestellt aber hat eine Sache oder Ware im Sinne der „Anmerkung" zu Ziff. 4 des Tarifes zum Reichs-

Stempelabgabengesetze auch derjenige, welcher diese Handlung nicht selbst vorgenommen hat, sondern sie für seine Rechnung und auf seine Gefahr durch einen anderen hat vornehmen lassen. Eine Herstellung durch einen Stellvertreter oder Gehilfen gilt juristisch und also auch im Sinne der „Anmerkung" als Herstellung durch den Prinzipal. Die „Anmerkung" verlangt also nicht, daß der eine Kontrahent die Sache oder Ware selbst hergestellt hat. Dies ergiebt auch die Entstehungsgeschichte der Anmerkung. Entsprechend dem Zwecke des Reichs-Stempelabgabengesetzes, die eigentlichen Spekulationsgeschäfte zu besteuern, dagegen die Warenumsätze der Landwirtschaft, der Industrie und des Handwerkes nicht zu treffen, enthielten bereits die von dem Abgeordneten v. Wedell-Malchow und von den Abgeordneten Dr. Arnsperger und Genossen vorgelegten Gesetzentwürfe,

vgl. Drucks. des Reichstages, 6. Legislaturperiode I. Session 1884/85 Nr. 25. 122,

unter der Überschrift „Befreiungen" Ausnahmen von der Stempelabgabe der Ziff. 4 des Gesetzes und darunter (Ziff. 3) diejenige Bestimmung, aus welcher die jetzige „Anmerkung" hervorgegangen ist. In beiden Anträgen lautete die „Befreiung"

„für Geschäfte über solche zur Weiterveräußerung bestimmte Sachen oder Waren, welche von einem der Kontrahenten selbst erzeugt oder handwerks- oder fabrikmäßig hergestellt sind."

Dagegen lautete die Anmerkung:

„Kauf- und sonstige Anschaffungsgeschäfte über im Inlande von einem der Kontrahenten erzeugte oder hergestellte Mengen von Sachen oder Waren sind steuerfrei."

Es ist also in dem Gesetze das Wort „selbst" der Anträge gestrichen und damit jeder Thatbestand für ausreichend erklärt, nach welchem rechtlich der eine Kontrahent als Erzeuger oder Hersteller der Sachen oder Waren anzusehen ist, auch wenn er nicht selbst sie erzeugt oder hergestellt hat. In den „Beschlüssen" der Reichstagskommission, welcher die Anträge v. Wedell-Malchow und Dr. Arnsperger und Genossen zur Vorberatung überwiesen waren,

vgl. Drucks. a. a. O. Nr. 286 Anlage 1,

fehlen zwar die „Befreiungen" gänzlich, weil man schon durch die der Tarifnummer 4 B gegebene Fassung die Steuerfreiheit der Produzenten für ausreichend gesichert hielt. Als jedoch bei der zweiten

Beratung der Vorlage im Reichstage der Wunsch, die Befreiung des Produzenten für seine Produkte im Gesetze klar auszusprechen und dadurch den Bedürfnissen, Interessen und Wünschen der produktiven Stände, der Landwirtschaft und der Industrie, vollständig Rechnung zu tragen, allseitig sich geltend machte und als berechtigt anerkannt wurde, ist diesem Wunsche durch Hinzufügung der „Anmerkung" entsprochen worden, um außer Zweifel zu stellen, daß die Veräußerungsgeschäfte der Produzenten steuerfrei sein sollen.

Vgl. Stenogr. Berichte über die Verhandlungen des Reichstages VI. Legislaturperiode I. Session 1884/85 Bd. 4 S. 2521 flg.

Hiernach ist ... davon auszugehen, daß der Klägerin die „Anmerkung" zur Seite steht, wenngleich nicht sie, sondern die Friedrichshütte das Weichblei hergestellt hat, und wenngleich die Klägerin das Hartblei nicht selbst hergestellt hat, sondern es durch die Friedrichshütte hat herstellen lassen. Die Annahme des Berufungsgerichtes aber, das von der Friedrichshütte im Auftrage und für Rechnung der Klägerin hergestellte Hartblei sei nach der Herstellung Eigentum der Friedrichshütte „verblieben", weil das Weichblei bis dahin der Klägerin noch nicht übergeben und also im Eigentume der Friedrichshütte verblieben sei, ist rechtsirrtümlich. Vielmehr hat sich mit der, wie feststeht, von der Friedrichshütte im Auftrage und für Rechnung der Klägerin vorgenommenen Vermischung des seitens der Klägerin von der Hütte gekauften, wenngleich noch nicht übergebenen Weichbleies mit dem von der Klägerin der Hütte gesandten Antimon in sich schon der Eigentumserwerb des Hartbleies für die Klägerin, für deren Rechnung nach dem geschlossenen Vertrage das Hartblei herzustellen war, vollzogen. Denn bei vereinbarter Mischung der Sachen verschiedener Eigentümer und durch die Mischung vermittelter Herstellung einer neuen Sache bestimmt der Inhalt der Vereinbarung den Eigentumserwerb an der neu hergestellten Sache.

Vgl. v. Wächter, Pandekten Bd. 2 S. 121. 122; Dernburg, Pandekten Bd. 1 S. 479.

Die Klägerin ist also die erste Eigentümerin der durch die Vermischung neu hergestellten Sache.

Ist hiernach der Entscheidungsgrund, aus welchem das Berufungsgericht die Anwendbarkeit der „Anmerkung" zu Ziff. 4 B des Reichs-Stempelabgabengesetzes verneint hat, hinfällig, so ist das

Berufungsurteil aufzuheben und die landgerichtliche, den Beklagten zur Rückzahlung der Stempelsteuer verurteilende Entscheidung wiederherzustellen.“ ...

---

18. 1. Bildet die den Erben des Schuldners gemäß preußischem Rechte zustehende Überlegungsfrist ein Hindernis für den Beginn der Wechselverjährung?

2. Ist das Hindernis beim Beginne der Verjährungsfrist vorhanden, wenn der Tod des Schuldners im Laufe des ersten Tages der Frist eingetreten ist?

I. Civilsenat. Urt. v. 24. Januar 1891 i. S. J. L. & Co. (Kl.) w. L.'sche Erben (Bekl.). Rep. I. 291/90.

I. Landgericht Glogau.
II. Oberlandesgericht Breslau.

Der Aussteller des gezogenen Wechsels, aus dem geklagt ist, lebte am 12. April 1889, dem Tage der Protesterhebung, noch. Aber er starb am 13. April 1889 morgens gegen 6 Uhr. Die gegen seine Erben erhobene Wechselklage wurde diesen Erben erst nach Ablauf von drei Monaten von der Protesterhebung ab zugestellt. Sie erhoben deshalb den Einwand der Wechselverjährung. Dieser Einwand wurde in beiden Instanzen für durchgreifend erachtet. Das Reichsgericht hat den Einwand verworfen und die Beklagten als Erben zur Zahlung der Wechselsumme verurteilt.

Aus den Gründen:

„Das Revisionsgericht hat keinen Anlaß gefunden, von der seitens der obersten deutschen Gerichtshöfe konstant bethätigten Auffassung abzugehen, nach welcher die Wechselverjährung entsprechend ihrer Bezeichnung grundsätzlich eine wahre Verjährung durch Nichtgebrauch ist und daher die landesrechtlichen Verjährungsnormen zur Anwendung zu bringen sind, sofern nicht das wechselrechtliche Verhältnis nach besonderen Vorschriften oder auch ohne solche nach seiner Natur und seinen Bedürfnissen Ausnahmen erheischt.

Vgl. Striethorst, Archiv Bd. 31 S. 348, Bd. 32 S. 243, Bd. 38 S. 77, Bd. 41 S. 197; Entsch. des R.O.H.G.'s Bd. 12 S. 241.

242, Bd. 22 S. 307; vgl. auch die Anmerkung zu Entsch. des preuß. Obertrib. Bd. 3 S. 316 und die preußische Revision des Wechselrechtes von 1836 §. 165, sowie die Motive dazu S. 227. Danach ergiebt sich, daß die nach den landrechtlichen Verjährungsnormen anerkannten Hindernisse für den Beginn der Verjährung bei der Wechselverjährung nur insoweit gelten können, als es objektive, deren Überwindung nicht möglich ist oder doch nicht zugemutet werden kann, sind, und daß lediglich in den individuellen Verhältnissen des Gläubigers liegende nicht in Betracht kommen. Denn der landrechtliche allgemeine Grundsatz der nur relativen Bestimmtheit des Verjährungsbeginnes entsprechend dem Unterrichtetsein oder der Nichthinderung auf seiten des Gläubigers widerspricht dem Grundsatze der zeitlich festen Knüpfung des Beginnes an bestimmte Ereignisse, von dem die deutsche Wechselordnung bei der Wechselverjährung in den Artt. 77—79 ausgeht. Andererseits können auch die überhaupt berechtigten Hindernisse für die Wechselverjährung keine weitere Geltungskraft beanspruchen, als ihnen nach den landrechtlichen Vorschriften zukommt. Es können daher wegen der §§. 528—530 A.L.R. I. 9 auch bei der Wechselverjährung, abgesehen von der Versagung des rechtlichen Gehöres, nur solche Hindernisse beachtet werden, welche bei Beginn der Verjährungszeit vorhanden waren. Freilich gleicht das Landrecht die verschiedene Behandlung der Hindernisse, je nachdem sie im Beginne oder erst im Laufe der Verjährungsfrist eintreten, in den §§. 531. 532 A.L.R. I. 9 durch die Gewährung der vierjährigen Restitutionsfrist bei letzteren Hindernissen aus, und von dieser kann bei der Wechselverjährung keine Rede sein. Aber die landrechtliche Praxis hat kein Bedenken gefunden, bei den kürzeren Verjährungsfristen, die sich im Landrechte finden, wie bei denen des Gesetzes vom 31. März 1838, unter Versagung der Restitution die prinzipielle Unterscheidung zwischen den Hindernissen beim Beginne der Verjährungsfrist und den erst im Laufe derselben eintretenden zur Geltung zu bringen.

Vgl. Entsch. des preuß. Obertrib. Bd. 50 S. 100 und Bd. 75 S. 288; Striethorst, Archiv Bd. 92 S. 41.

Ob nun der eingetretene Erbfall mit der den Erben gewährten Überlegungsfrist im Sinne des §. 528 A.L.R. I. 9 für die Dauer der Überlegungsfrist als Versagung des rechtlichen Gehöres zu erachten wäre, braucht im vorliegenden Falle nicht entschieden zu werden. Denn auch wenn er nicht eine solche Versagung, vielmehr nur ein in der Beschaffenheit des Rechtes selbst liegendes oder von außen her entstehendes Hindernis ist (§. 517 I. 9), so ist dies unerheblich, weil die Auffassung der Instanzgerichte rechtlich unzutreffend ist, daß dies Hindernis nicht bereits bei Beginn der Verjährungsfrist vorhanden gewesen, sondern erst im Laufe derselben eingetreten wäre.

Darüber kann zunächst kein Zweifel sein — auch die Instanzgerichte gehen davon aus —, daß, wenn es auch im Art. 78 W.O. wörtlich heißt: „die Verjährung beginnt gegen den Inhaber mit dem Tage des erhobenen Protestes", dies nur bedeuten soll, daß die Verjährung mit dem Ablaufe dieses Tages beginne.

Vgl. Artt. 77. 79. 32 W.O., Art. 328 H.G.B.; Striethorst, Archiv Bd. 6 S. 210, Bd. 42 S. 87; Entsch. des Obertrib. Bd. 59 S. 300, Bd. 61 S. 178; Entsch. des R.O.H.G.'s Bd. 3 S. 124. 415. 418; Entsch. des R.G.'s in Civils. Bd. 11 S. 44 flg., insbes. S. 48.

Die Instanzgerichte gelangen zu der Annahme, daß das Hindernis bei Beginn der Verjährungsfrist noch nicht bestand, sondern erst in deren Laufe eintrat, dadurch, daß sie innerhalb des 13. Aprils 1889 kleinere Zeitteile unterscheiden, und für die Frage, ob das Hindernis beim Beginne der Frist vorhanden war, den Zustand im ersten Augenblicke, nachdem die Mitternacht vom 12. zum 13. April vorüber, für entscheidend halten. Dies ist unrichtig. Die gesamte Frist ist ein Komplex von Tagen. Der einzelne Tag aber ist der geringste Zeitteil, der rechtlich und zwar als unteilbare Einheit in Betracht kommt, sofern es sich nicht etwa um die Feststellung der zeitlichen Aufeinanderfolge mehrerer zu einander in Beziehung stehender, rechtlich erheblicher Ereignisse an einem und demselben Tage handelt. Dies folgt aus den Grundsätzen der Civilkomputation, die im §. 45 A.L.R. I. 3 im allgemeinen ihre Anerkennung gefunden haben, und deren Wesen es widersprechen würde, wenn für die Frage des Beginnes einer Frist zu untersuchen wäre, ob ein Ereignis im ersten Augenblicke eines beginnenden Tages oder erst im nächstfolgenden Augenblicke eingetreten sei. Der Anfangspunkt für die Verjährungsfrist ist daher nicht ein Augenblick, sondern ein Tag. Das Hindernis war deshalb bei Beginn der Verjährungsfrist vorhanden, wenn es für den ersten Tag, welcher bei der Frist gezählt wird, bestand. Dabei sind in bezug auf das

Bestehen des Hindernisses für einen Tag zwei Auffassungen möglich, die eine, wonach das Hindernis für diesen Tag schon dann vorhanden ist, wenn es die Geschäftszeit des Tages — denn diese muß für den Tag als eine zur Vornahme von Rechtsgeschäften bestimmte Zeit das erhebliche sein — auch nur soweit umfaßt, daß dem Gläubiger zum rechtsgeschäftlichen Handeln nicht die volle Geschäftszeit, die ein Tag zu bieten pflegt, bleibt, die andere, wonach das Hindernis den Tag soweit umfassen muß, daß dem Gläubiger überhaupt für die vorzunehmende Handlung keine ausreichende Geschäftszeit bleibt.

Vgl. v. Savigny, System Bd. 4 S. 423 Anm. c.

Zwischen diesen beiden Auffassungen braucht hier keine Entscheidung getroffen zu werden. Denn auch unter der Annahme der zweiten, dem Gläubiger ungünstigeren Ansicht ergiebt sich im vorliegenden Falle die Beachtlichkeit des Hindernisses, da von Mitternacht bis 6 Uhr morgens die Vorlegung einer Klage zur Termineinrückung und ihre Zustellung nach den geschäftlichen Einrichtungen unausführbar war, folglich das Hindernis den ganzen 13. April als Geschäftszeit umfaßte.

Demnach kam es nun noch darauf an, ob der durch die gesetzlichen Wirkungen der Überlegungsfrist nach dem preußischen Landrechte für deren Dauer hervorgerufene Rechtszustand als ein gegenüber der Wechselverjährung berechtigtes Hindernis entsprechend den oben für solche Beachtlichkeit aufgestellten Anforderungen zu erachten ist. Dies ist diesseits in Übereinstimmung mit Entsch. des R.O.H.G.'s Bd. 15 S. 248 angenommen worden. Ungeachtet des nach §. 367 A.L.R. I. 9 mit dem Tode des Erblassers ipso jure stattfindenden Erbanfalles an den durch Willenserklärung oder Gesetz berufenen Erben entscheidet sich doch, sofern nicht besondere Handlungen der Erbschaftsantretung oder Einmischung stattfinden, erst mit Ablauf der Überlegungsfrist, ob der Berufene wirklich Erbe wird, sodaß, wenn derselbe innerhalb dieser Frist die Erbschaft ausschlägt, es so angesehen werden muß, als ob er nie Erbe geworden sei. Zugleich bestimmt der §. 386 a. a. O., daß während der Überlegungsfrist der zum Erben Berufene auf Forderungen der Erbschaftsgläubiger sich einzulassen und gegen den Erblasser angestellte Prozesse fortzusetzen nicht schuldig ist. Es fragt sich also, ob dem Wechselgläubiger zugemutet werden kann, gegen jemand, von dem es noch ungewiß ist, ob er sein Schuldner ist, behufs Unterbrechung der Verjährung für den Fall, daß die noch schwebende Bedingung sich im Sinne eintretender Gewißheit der Schuldnerschaft erledigt, schon während des Schwebens der Bedingung — diese als conditio juris aufgefaßt — zu klagen, während er ein Recht auf Feststellung der bedingten Schuldnerschaft während des Schwebens der Bedingung nicht hat, vielmehr mit solcher Klage abzuweisen wäre, bei Entscheidung über die auf Zahlung erhobene Klage, wenn sie noch innerhalb der Überlegungsfrist erfolgen soll, auf Verlangen des Beklagten zur Zeit abgewiesen werden müßte und, wenn sich vor oder mit Ablauf der Frist ergiebt, daß der Beklagte nicht sein Schuldner geworden, gänzlich abgewiesen werden muß, um nun von neuem unter gleichen Gefahren gegen einen neuen bedingten Schuldner vorzugehen. Denn diese Konsequenzen der Klagerhebung sind unvermeidlich. Die für die Revisionsbeklagten geltend gemachte Ansicht, daß die Klagezustellung an den noch überlegenden, zunächst zur Erbschaft Berufenen die Verjährung zugleich gegen alle infolge seiner Entsagung an seine Stelle Berufenen unterbreche, ist nicht richtig und würde, auch wenn sie richtig wäre, dem Kläger wenig nützen. Die Ansicht könnte nur richtig sein, wenn die Klage als gegen den Nachlaß, vertreten durch den derzeitig präsumtiven oder später ermittelten Erben, gerichtet angesehen werden könnte. Alsdann müßte die notwendige Konsequenz sein, daß der einmal eingeleitete Prozeß alle successiven Erbanfälle, bis die Reihe an einen Berufenen, der wirklich Erbe wird, kommt, überdauere, sodaß jeder neu in Betracht Kommende im Wege gegen ihn zu erzwingender Aufnahme des Rechtsstreites in denselben einzutreten hätte. Davon kann aber sowohl nach dem landrechtlichen Erbrechte wie nach der Civilprozeßordnung nicht die Rede sein. Muß aber die gegen die bestimmten Personen als Erben gerichtete Klage gänzlich abgewiesen werden, sobald feststeht, daß diese nicht Erben geworden sind, so würde, selbst wenn die angestellt gewesene Klage die Verjährung zugleich gegen diejenigen, welchen die Erbschaft nunmehr anfällt, unterbräche, doch mit der Abweisung der Klage eine neue Verjährung, und zwar bei Wechseln die kurze Wechselverjährung, wieder beginnen, sodaß die Lage des Gläubigers, wieder von neuem klagen zu müssen, auf die Gefahr hin, wieder abgewiesen zu werden, nicht beseitigt würde.

Auch kann, was die drohende Abweisung zur Zeit, wenn die Entscheidung während der noch stattfindenden Überlegung getroffen wird, anlangt, der Gesichtspunkt, daß der Gläubiger diese nicht scheuen dürfe, da sie immerhin ihm das Ergebnis der Unterbrechung der Verjährung gegen den Beklagten bringe,

vgl. §. 556 A.L.R. I. 9; Entsch. des R.G.'s in Civils. Bd. 5 S. 122,

gerade vom Standpunkte des Landrechtes in betreff der Bedeutung der Überlegungsfrist nicht für zutreffend erachtet werden. Der berufene Erbe soll, während er überlegt, in keiner Weise beunruhigt werden. Er wird aber bereits beunruhigt, wenn er auf eine Klage reagieren und einen Prozeßvertreter wählen muß, um die Abweisung der Klage zur Zeit zu beantragen. Im Sinne des Landrechtes läge es daher keinesfalls, den Gläubiger für die Unterbrechung der Verjährung auf solche Beunruhigung verweisen zu wollen. Die materiellen Wirkungen des Laufes der Überlegungsfrist sind aber durch die Civilprozeßordnung, wenn man von §§. 693. 694 derselben absieht, nicht verändert worden. Mag auch infolge des Systemes der Civilprozeßordnung die Klagezustellung an den Erben während der Überlegungsfrist stets zu erreichen sein, so wird doch die materielle Wirkung des §. 386 A.L.R. I. 9 im Sinne der Abweisung der Klage als verfrüht, wenn dies die Erben beantragen,

vgl. Entsch. des preuß. Obertrib. Bd. 74 S. 11; Striethorst, Archiv Bd. 61 S. 255,

durch keine Vorschrift der Civilprozeßordnung beseitigt.

Die dem Gläubiger hiernach gemachten Zumutungen, insbesondere die von wiederholten Klaganstellungen auf die Gefahr wiederholter gänzlicher Abweisungen gegen den betreffenden Beklagten, erscheinen so weitgehend, daß der durch die Überlegungsfrist für die Dauer derselben begründete Rechtszustand auch bei Berücksichtigung der Bedürfnisse des Wechselverkehres nach rascher Erledigung der Ansprüche als ein beachtliches Hindernis des Verjährungsbeginnes erscheinen muß. Es soll nur noch hervorgehoben werden, daß das Landrecht beim Vorhandensein bekannter Erben, denen die Überlegungsfrist noch läuft, ein Recht der Erbschaftsgläubiger auf Bestellung eines Nachlaßpflegers, bloß weil für die Befriedigung der Gläubiger nicht gesorgt wird, nicht kennt (vgl. §§. 387. 460 flg. 471 I. 9), und daß daher auch nicht etwa in solchem Falle behufs der Prozeßführung mit Wirkungen gegen den Nachlaß letzterem auf Grund des §. 55 C.P.O. ein Vertreter bestellt werden kann.

Der Einwand der Verjährung erweist sich daher als unbegründet." ...

---

19. 1. Hat die Aushändigung des Frachtbriefes (Art. 402 H.G.B.) die Wirkung, daß der Frachtführer von da ab die Ware für den Empfänger besitzt, bezw. den Gewahrsam im Sinne des §. 36 K.O. für ihn ausübt?

2. Findet diese Vorschrift nur dann Anwendung, wenn die Ware im Auftrage des Verkäufers an den Gemeinschuldner abgesendet worden ist, oder auch dann, wenn dieser von dem Verkäufer angewiesen wurde, die Ware von einem Dritten zu beziehen, und er daraufhin angeordnet hat, dieselbe solle ihm zugeschickt werden?

II. Civilsenat. Urt. v. 13. Februar 1891 i. S. H. als Verwalters im Konkurse E. (Kl.) w. K. als Verwalter im Konkurse P. (Bekl.) Rep. II. 276/90.

I. Landgericht Mannheim.
II. Oberlandesgericht Karlsruhe.

Der Kaufmann P. in Mannheim kaufte im Juni 1889 von dem Kaufmanne E. in Würzburg drei Waggons Braunschweiger Zuckerraffinade, lieferbar ab Braunschweig in den Monaten Juli, August und September. Die beiden ersten Waggons wurden geliefert und bezahlt. Bezüglich der dritten im September fälligen Sendung schrieb E. im Laufe dieses Monates an P., daß er ihm den Waggon zusende, bezw. bei der Zuckerraffinerie Braunschweig zu seiner Verfügung halte. Diesem Briefe legte er zwei Wechsel bei mit der Bitte, dieselben zu acceptieren. P. entsprach diesem Ersuchen und forderte dann unter Übersendung eines von E. erhaltenen, auf seine Order lautenden Bezugsscheines die Braunschweiger Raffinerie auf, den Zucker unter seiner Adresse nach Mannheim zu senden, was auch geschah. In dem Begleitschreiben der Raffinerie an P. war gesagt, daß sie ihm den ihm von E. überwiesenen Zucker sende. Ehe der in Mannheim angelangte Zucker an P. ausgeliefert war, jedoch nach der Übergabe des Frachtbriefes, erwirkte E., weil P. seine Zahlungen eingestellt hatte, eine einstweilige Verfügung, durch welche dem letzteren aufgegeben wurde, sich weder selbst noch durch einen Anderen in den Gewahrsam des Zuckers zu setzen. Bald darauf wurde über das Vermögen des P. und sodann über dasjenige des E. das Konkursverfahren eröffnet. Der Konkursverwalter in dem letzteren Verfahren erhob nun auf Grund des §. 36 K.O. Klage auf Aussonderung des Zuckers. Das Landgericht Mannheim wies die Klage zurück, weil kein Distanzgeschäft in Frage stehe, die Voraussetzungen des §. 36 K.O. sonach nicht gegeben seien. Die Berufung des Klägers wurde zurückgewiesen. Das Berufungsgericht billigte aber die Entscheidungsgründe des ersten Richters nicht, sondern bestätigte die Entscheidung aus anderen Gründen. Die Revision des Klägers wurde zurückgewiesen aus folgenden

Gründen:

„Die Revision konnte nicht für begründet erachtet werden, da zwar die Entscheidungsgründe des angefochtenen Urteiles eine Gesetzesverletzung enthalten, die Entscheidung selbst sich aber aus anderen Gründen als richtig darstellt, sonach §. 526 C.P.O. zur Anwendung kommt.

1. Das Berufungsgericht stützt seine Entscheidung im wesentlichen darauf, daß der Frachtführer, weil er nach Art. 402 H.G.B., sobald er nach Ankunft des Gutes am Ablieferungsorte dem Empfänger den Frachtbrief übergeben habe, den Anweisungen des letzteren Folge leisten müsse, von diesem Augenblicke an auch die Ware für den Empfänger, als dessen Vertreter, besitze. Daraus wird gefolgert, das im §. 36 K.O. vorgesehene Verfolgungsrecht habe von dem Kläger nicht mehr ausgeübt werden können, weil die von diesem zurückgeforderte Ware zur Zeit der Konkurseröffnung bereits in den Gewahrsam des Gemeinschuldners bezw. einer für ihn besitzenden Person gelangt sei. Diesen Ausführungen liegt aber eine rechtsirrtümliche Auffassung zu Grunde. Durch die Artt. 402. 405 H.G.B. sind lediglich die vertragsmäßigen Befugnisse geregelt worden, welche dem Absender und dem Empfänger in Ansehung des durch den Frachtvertrag begründeten Rechtsverhältnisses gegenüber dem Frachtführer zustehen. Dies ist in der Weise geschehen, daß das Verfügungsrecht über die Ware bis zu einem gewissen Zeitpunkte lediglich dem Absender, von da ab aber dem Empfänger zusteht. Demgemäß ist auch in Art. 402 vorgeschrieben worden, daß der Frachtführer nach Ankunft der Ware und Übergabe

des Frachtbriefes an den Empfänger lediglich die Anweisungen des letzteren zu beachten habe. Hierbei handelt es sich aber überall nur um die sich aus dem Frachtverhältnisse ergebenden obligatorischen Beziehungen und Verpflichtungen, insbesondere um das Verhältnis, in welchem der Frachtführer als solcher einerseits zum Absender, andererseits zum Empfänger der von ihm beförderten Ware steht. An den Besitzverhältnissen und an dem Verhältnisse des Absenders zu dem Frachtgute selbst sowie an den Rechten, die ihm dem Empfänger gegenüber in Ansehung dieses Frachtgutes zustehen, wurde durch die Vorschriften der Artt. 402. 405 nichts geändert. Insbesondere darf daraus, daß der Empfänger — sei es wegen der Übergabe des Frachtbriefes, sei es zufolge einer gemäß Art. 405 erhobenen Klage — von dem Frachtführer ohne Rücksicht auf die von dem Absender erteilten Anweisungen die Auslieferung des Frachtgutes verlangen kann, nicht gefolgert werden, daß der Frachtführer den Gewahrsam der Ware für den Empfänger ausübe. Für die Frage, wem die thatsächliche Verfügungsgewalt über eine bestimmte Sache zusteht und in wessen Namen sie ausgeübt wird, ist keineswegs der Umstand entscheidend, daß eine bestimmte Person die rechtliche Befugnis hat, die Aushändigung dieser Sache zu fordern, sonst würde auch der Verkäufer immer für den Käufer besitzen, der nach dem Kaufvertrage die Auslieferung der gekauften Gegenstände verlangen kann. Durch Art. 402 wurde hiernach das Verfolgungsrecht des Verkäufers, welches sich auf die noch auf dem Transporte befindlichen, d. h. noch nicht an den Empfänger oder einen Vertreter desselben ausgelieferten Waren bezieht, nicht in der Weise beschränkt, daß die Übergabe des Frachtbriefes der Auslieferung der Ware gleichsteht. Vielmehr kann der Frachtführer, der zwar den Frachtbrief selbst, aber nicht die Ware dem Empfänger übergeben hat, nur auf Grund besonderer thatsächlicher Verhältnisse, wie sie im vorliegenden Falle nicht festgestellt sind, als Vertreter des Empfängers gelten. Insbesondere ist dies dann der Fall, wenn der Frachtführer die Ware infolge einer besonderen Vereinbarung für den Empfänger in Verwahrung genommen hat, dieselbe sonach ebenso behandelt wird, wie wenn sie zwar dem Empfänger ausgeliefert, aber von diesem in Verwahrung gegeben wäre. In einem solchen Falle hat denn auch das Reichsgericht in einem Urteile vom 9. November 1883,

vgl. Busch' Zeitschrift Bd. 8 S. 482 flg., bes. 490,

ausgesprochen, daß der Frachtführer die Ware für den Gemeinschuldner im Gewahrsam gehabt habe. Daß durch Art. 402 H.G.B. an dem Verfolgungsrechte nichts geändert werde, ist übrigens bei den Beratungen über dieses Gesetzbuch mehrfach hervorgehoben worden.

Vgl. Protokolle der Nürnberger Konferenz S. 4027. 4076—4078. 4755. 5047. 5048.

Auch wird dies in der Rechtslehre allgemein,[1] auch von Goldschmidt, auf dessen Ausführungen sich das Oberlandesgericht beruft, anerkannt,

vgl. Handbuch Bd. 1 Tl. 2 S. 748 Anm. 36 und S. 866,

und ist auch vom Reichsoberhandelsgerichte stets angenommen worden.[2] Wenn nicht die Auffassung des Landgerichtes als zutreffend anzusehen wäre, müßte hiernach das angefochtene Urteil aufgehoben werden.

2. Das Landgericht Mannheim hat die Klage abgewiesen, weil ein Distanzgeschäft im Sinne des Art. 344 H.G.B., wie es auch in §. 36 K.O. vorausgesetzt werde, nicht vorliege, das Geschäft zwischen dem Verkäufer und Käufer sich vielmehr in Braunschweig selbst abgewickelt habe, und die Versendung der Ware lediglich vom Käufer angeordnet worden sei. Diese Auffassung ist im wesentlichen als zutreffend anzusehen. In §. 36 K.O. ist zwar nicht ausdrücklich gesagt, die Waren müßten von dem Verkäufer bezw. Einkaufskommissionär oder von einem Vertreter derselben abgesendet worden sein. Aber aus dem Grunde des Gesetzes und aus der Natur des Verfolgungsrechtes, das lediglich den Verkäufer gegen die mit der Absendung der Ware vor Empfang des Kaufpreises verbundenen Gefahren schützen soll, ergiebt sich mit voller Bestimmtheit, daß §. 36 nur dann Anwendung finden kann, wenn die Versendung der Ware von dem Verkäufer selbst oder doch in dessen Auftrage vorgenommen wurde, nicht auch dann, wenn der Käufer oder ein Vertreter desselben, statt die Ware am

---

[1] Vgl. insbes. v. Hahn, Bd. 2 S. 636 flg., bes. S. 637—639; Puchelt, Bd. 2 S. 489 mit S. 148. 149; Anschütz und v. Völderndorff, Bd. 3 S. 445. 446; Makower, S. 466; Eger, Frachtrecht S. 82 flg. 92. 98. 294 flg. 326; ferner: Neues Archiv für Handelsrecht Bd. 3 S. 249 flg. bes. S. 269 und Bd. 4 S. 379; Goldschmidt, Zeitschrift Bd. 16 S. 297 flg.; Gareis und Fuchsberger, S. 834. D. E.

[2] Vgl. Entsch. des R.O.H.G.'s Bd. 6 S. 298 flg., Bd. 10 S. 70 flg., Bd. 11 S. 324 und Bd. 24 S. 345 flg., bes. S. 352. D. E.

Ablieferungsorte in Empfang zu nehmen, deren Absendung anordnete.[1] Letzteres ist auch in den Motiven zu §. 36 (S. 165. 166) ausdrücklich hervorgehoben worden. Daß die Versendung vom Verkäufer oder einem Vertreter desselben vorgenommen worden sein muß, wurde im Gesetze selbst offenbar nur deshalb nicht ausdrücklich gesagt, weil auch die Fälle getroffen werden sollen, in welchen ein Rechtsvorgänger des Verkäufers, z. B. dessen Verkäufer, die Ware absandte. Im vorliegenden Falle war es allerdings nach dem Kaufvertrage Sache des Verkäufers, die Zusendung der Ware anzuordnen, und es hätte der Käufer diese verlangen können. Dieses Verhältnis wurde aber dadurch geändert, daß der Verkäufer, statt den Zucker selbst zu beziehen und dem Käufer zuzuschicken oder die Zuckerraffinerie Braunschweig mit der Versendung zu beauftragen, dem Käufer seinen Anspruch gegen diese Zuckerfabrik übertrug, und dieser die Überweisung des Zuckers annahm. Damit hat der Verkäufer die Ware selbst aus der Hand gegeben und den Käufer in die Lage gesetzt, den Zucker in Braunschweig persönlich oder durch einen Vertreter zu erheben und ihn entweder dort zu verkaufen oder selbst einem Frachtführer zu übergeben. Hätte der Käufer von der letzteren Befugnis Gebrauch gemacht, so könnte von Anwendung des §. 36 K.O. keine Rede sein. Die Sache liegt aber rechtlich nicht anders, weil der Käufer es vorzog, die Zuckerfabrik mit Zusendung des Zuckers zu beauftragen. Die lediglich vom Willen des Käufers abhängige und auf seinem Auftrage beruhende Versendung der Ware konnte dem Käufer, der diese vollständig aus der Hand gegeben und damit auf das Verfolgungsrecht verzichtet hatte, letzteres nicht wieder verschaffen." . . .

---

20. 1. Unter welchen Voraussetzungen kann der Gläubiger, der auf seinen Schuldner einen von diesem acceptierten Domizilwechsel gezogen hat, auf seine ursprüngliche (Kaufpreis-) Forderung zurückgreifen?

2. Kann ihm, wenn der Wechsel dem Domiziliaten vorgezeigt und daraufhin die Zahlung verweigert worden ist, mit Erfolg der

[1] Vgl. Oetker, Verfolgungsrecht S. 12; Petersen und Kleinfeller, K.O. §. 36 Nr. II 2 S. 181; v. Sarwey, §. 36 Nr. 2. 5 S. 250; v. Wilmowski, ebendas. S. 182 Nr. 3. D. E.

Einwand entgegengesetzt werden, daß der Wechsel nicht protestiert worden und er nicht berechtigt gewesen sei, seinen Nachmännern die Verpflichtung zur Protesterhebung zu erlassen?

II. Civilsenat. Urt. v. 20. Februar 1891 i. S. W. (Bekl.) w. Sch., Sch. & Co. (Kl.) Rep. II. 303/90.

I. Landgericht Straßburg.
II. Oberlandesgericht Kolmar.

Der Beklagte schuldete der klägerischen Firma auf Grund von Warenlieferungen den Betrag von 3484 *M*. Auf Grund dieser Forderung zog die Klägerin auf den Beklagten einen Wechsel, der von dem Beklagten acceptiert und bei einem Straßburger Bankhause domiziliert wurde. Der Wechsel wurde, da die Klägerin bei der Begebung desselben ihren Nachmännern die Protesterhebung erlassen hatte, zwar dem Domiziliaten zur Zahlung vorgelegt, aber, nachdem die Zahlung verweigert worden war, nicht protestiert. Nachdem eine im Wechselprozesse gegen den Beklagten als Acceptanten erhobene Klage abgewiesen worden war, erhob Klägerin im ordentlichen Verfahren Klage mit dem Antrage, den Beklagten zur Zahlung des von ihm geschuldeten Kaufpreises zu verurteilen. Der Beklagte beantragte Abweisung der Klage, weil die Klägerin nicht auf ihre Kaufpreisforderung zurückgreifen könne, sondern auf die Bereicherungsklage beschränkt sei. Das Landgericht sprach die Klage zu, und das Oberlandesgericht wies die Berufung des Beklagten zurück. Auch dessen Revision wurde zurückgewiesen.

Aus den Gründen:

„Der Revisionskläger hat in erster Linie diejenigen Ausführungen des Berufungsgerichtes angegriffen, in welchen der Klägerin die Befugnis zugesprochen wurde, nachdem sie mittels des vom Beklagten acceptierten Wechsels Zahlung vom Domiziliaten nicht erlangen konnte, auf ihre ursprüngliche Kaufpreisforderung zurückzugreifen. Dieser Angriff konnte aber Erfolg nicht haben. Nach feststehenden Rechtsgrundsätzen ist zwar der Gläubiger, dem sein Schuldner einen auf einen Dritten gezogenen oder einen von ihm selbst acceptierten, jedoch bei einem Dritten domizilierten Wechsel zahlungshalber übergeben hat, zunächst verpflichtet, mittels dieses Wechsels Zahlung zu suchen, und kann hiernach nur dann auf die ursprüngliche Forderung zurückgreifen, wenn er ohne sein Verschulden von dem Dritten bezw. dem Domiziliaten Zahlung nicht erhalten konnte.[1] Im vorliegenden Falle ist jedoch dieser Voraussetzung Genüge geschehen, denn das Oberlandesgericht hat festgestellt, daß der Wechsel dem Domiziliaten rechtzeitig präsentiert, von diesem aber die Zahlung verweigert worden ist. Allerdings hatte die Klägerin den Wechsel weiterbegeben und mit Rücksicht darauf die Wechselsumme erhalten. Aber sie mußte diesen Betrag wieder herausgeben, weil von ihrem Nachmanne gegen sie Regreß genommen wurde, hat also eine endgültige Zahlung, durch welche die Kaufpreisschuld getilgt worden ist, nicht erhalten. Die Behauptung des Revisionsklägers, durch die Einlösung des nicht protestierten Wechsels habe die Klägerin die von ihr übernommene Verpflichtung verletzt, ist als unzutreffend anzusehen, weil bei Ausstellung des Wechsels die Verpflichtung zur Protesterhebung erlassen worden war. Hiernach war der Auffassung des Oberlandesgerichtes beizutreten, daß der Wechsel von der Klägerin nicht freiwillig eingelöst worden sei, sie sich vielmehr der auf dem Regreßwege verlangten Einlösung nicht habe entziehen können, und es ist nur noch zu prüfen, ob der Rückgriff auf die Kaufpreisforderung deshalb ausgeschlossen ist, weil die Klägerin die Verpflichtung zur Protesterhebung erlassen und sich dadurch in die Lage versetzt hat, den nicht protestierten Wechsel einlösen zu müssen. In dieser Beziehung scheitert die Revision schon an der Feststellung des Oberlandesgerichtes, daß der Beklagte bei Acceptation des Wechsels von dem Protesterlasse Kenntnis gehabt habe und damit einverstanden gewesen sei; denn bei dieser Sachlage kann der Beklagte nicht geltend machen, die Klägerin sei nicht befugt gewesen, ihren Nachmännern die Protesterhebung zu erlassen. Aber auch abgesehen davon ist die Auffassung des Oberlandesgerichtes, daß die Unterlassung der Protesterhebung zwar dem Wechselregresse gegen den Acceptanten, aber nicht dem Zurückgreifen auf die Kaufpreisforderung entgegenstehe, nicht als rechtsirrtümlich anzusehen. Wenn der Schuldner seinem Gläubiger einen domizilierten Wechsel zahlungshalber übergiebt, so liegt die Sache

[1] Vgl. Entsch. des R.O.H.G.'s Bd. 7 S. 43, Bd. 10 S. 42, Bd. 17 S. 269, Bd. 20 S. 83 flg., bes. S. 85, sowie die dort angeführten Schriftsteller; ferner: Rehbein, W.O. Art. 83 Nr. 4; Lehmann, Lehrbuch §. 112 bes. S. 435 flg.
D. E.

zwar insofern anders, als bei dem gewöhnlichen Wechsel, als der Gläubiger angewiesen wird, die Zahlung bei einem Dritten zu suchen, und der Acceptant nur für den Fall, daß dies erfolglos bleibt, Zahlung verspricht und sich einem Regreßanspruche aussetzt. Deshalb kann der Gläubiger, der einen domizilierten Wechsel zahlungshalber angenommen hat, nicht, wie bei einem gewöhnlichen, von dem Schuldner acceptierten Wechsel, ohne weiteres auf die ursprüngliche Schuld zurückgreifen, sondern muß zunächst versuchen, ob er von dem Domiziliaten Zahlung erlangen kann.

Vgl. Urt. des Reichsoberhandelsgerichtes vom 14. November 1876, Entsch. desselben Bd. 21 S. 250 flg.

Aber daraus darf nicht geschlossen werden, daß die Unterlassung der Protesterhebung für den Gläubiger unter allen Umständen also auch dann die Folge habe, daß er nicht mehr auf die ursprüngliche Forderung zurückgreifen dürfe, wenn dem Schuldner aus dieser Unterlassung keinerlei Nachteil erwachsen ist. Dieses Zurückgreifen muß ihm vielmehr dann gestattet sein, wenn er Zahlung weder erhielt noch erhalten konnte, und der Schuldner durch die Unterlassung des Protestes in keiner Weise geschädigt worden ist. So liegt die Sache aber im gegebenen Falle. Zur Zahlung war unter allen Umständen dem Gläubiger gegenüber nur der Schuldner selbst verpflichtet. Dieser hätte, wenn der Wechsel protestiert worden wäre, mit der Wechselklage in Anspruch genommen werden können, hat aber kein Interesse daran, daß er mit dieser statt mit der Klage aus dem Kaufvertrage in Anspruch genommen werde, und kann deshalb daraus keinen Einwand entnehmen, daß infolge der Versäumung des Protestes eine Wechselklage nicht gegen ihn erhoben werden darf."

---

21. Steht der Anfechtungsklage des Konkursverwalters die Einrede entgegen, daß der Saldo des Kontokorrentes, in welchem dem Gemeinschuldner die angefochtene Leistung gutgeschrieben war, nach Anerkennung im Prüfungstermine in die Konkurstabelle eingetragen sei?

K.O. §. 133.

II. Civilsenat. Urt. v. 13. März 1891 i. S. Konkurs B.-L. (Kl.) w. C. (Bekl.) Rep. II. 6/91.

I. Landgericht Köln.
II. Oberlandesgericht daselbst.

Der Konkursverwalter behauptet, der Gemeinschuldner habe nach seiner dem beklagten Bankhause bekannten Zahlungseinstellung demselben mehrere Kundenwechsel auf laufende Rechnung eingehändigt, er fordert daher mittels der auf §. 23 K.O. gestützten Anfechtungsklage Rückgewähr des Erlöses. Das Bankhaus wendet ein, die Wechsel seien dem Gemeinschuldner im Kontokorrente gutgeschrieben, der Konkursverwalter habe im Prüfungstermine den Saldo des eingereichten Rechnungsauszuges anerkannt, und dieser Saldo sei als Konkursforderung in die Tabelle eingetragen worden; diese in §. 133 K.O. dem rechtskräftigen Urteile gleichgestellte Eintragung stehe der Anfechtung entgegen. Die Vorinstanzen erkannten auf Klagabweisung; auf Revision des Konkursverwalters wurde das Berufungsurteil aufgehoben.

Aus den Gründen:

„Mit Recht geht der Berufungsrichter davon aus, daß die Geltung der Eintragung in die Tabelle als eines rechtskräftigen Urteiles, welche derselben in §. 133 K.O. den Konkursgläubigern gegenüber beigelegt wird, auch dem Konkursverwalter entgegensteht. Diese Eintragung setzt mit Notwendigkeit voraus, daß der Verwalter die angemeldete Forderung im Prüfungstermine nicht bestritten habe. Mag man daher die rechtliche Stellung des Verwalters dahin auffassen, daß derselbe im Prüfungstermine die Konkursgläubiger vertrete, oder mag man annehmen, daß er lediglich in seiner Eigenschaft als Vertreter des Gemeinschuldners auch das Interesse der Gläubiger den Anmeldungen gegenüber zu wahren berufen sei, in jedem Falle kann ihm die Befugnis nicht zuerkannt werden, eine Forderung nachträglich zu einer streitigen zu machen, welche infolge seines Nichtbestreitens als eine unbestrittene Aufnahme in die Tabelle gefunden hat.

Aus der Rechtskraftwirkung der Eintragung ergiebt sich jedoch nicht die von dem Berufungsrichter hergeleitete Folgerung, daß dem Konkursverwalter das Anfechtungsrecht bezüglich derjenigen Rechtshandlungen des Schuldners entzogen sei, deren Ergebnis als Rechnungsposten zu Gunsten desselben in die der Anmeldung zu Grunde liegende Rechnung aufgenommen worden ist und zur Feststellung des anerkannten Saldos geführt hat.

Die Gleichstellung der Eintragung mit dem rechtskräftigen Urteile hat zur notwendigen Folge, daß der Umfang der materiellen Rechtskraft gemäß §. 293 C.P.O. zu bestimmen ist. In der Form der gerichtlichen Entscheidung würde der verfügende Teil dahin lauten: die Konkursforderung des Bankhauses wird in Höhe von ... festgestellt, und die Begründung würde besagen, da weder das Guthaben noch die Belastung des Gemeinschuldners in dem eingereichten Kontokorrente bestritten werde, erscheine die Saldoforderung als gerechtfertigt. Ob nach der gemeinrechtlichen Theorie mit dieser Entscheidung auch die einzelnen Kreditrechnungsposten als notwendige Elemente derselben Rechtskraft erlangen würden, kann unerörtert bleiben, denn die Civilprozeßordnung hat, wie Wortlaut des §. 293, Motive und Verhandlungen ergeben, mit dieser Theorie gebrochen. Rechtskraft besteht nur, soweit über den durch Klage oder Widerklage erhobenen Anspruch erkannt ist, also nur bezüglich des als Konkursforderung festgestellten Saldos, nicht aber auch bezüglich der einzelnen als Kreditposten in der Rechnung vorkommenden Rechtsgeschäfte. Da diese Feststellung der Konkursforderung auch jetzt nicht bestritten, vielmehr ausdrücklich anerkannt wird, so steht die Gleichstellung der Eintragung mit dem Urteile der Anfechtungsklage nicht entgegen.

Allerdings legt das Gesetz der Eintragung die Wirkung bei, daß dieselbe rücksichtlich der festgestellten Forderungen sowohl ihrem Betrage als ihrem Vorrechte nach Rechtskraft erlangt. Was aber der Konkursverwalter mit der Klage begehrt, läßt Betrag und Vorrecht der Konkursforderung unberührt. Im Falle der Zusprechung der Klage wäre das Bankhaus gehalten, die ihm durch die Annahme der Wechsel zugeflossene Leistung zurückzugewähren, und diese Rückgewähr würde nach §. 32 K.O. das Wiederaufleben der ursprünglichen Forderung zur Folge haben. Wenn auch anzuerkennen ist, daß die Eintragung sowohl gegen als für den Liquidanten gilt (Motive S. 364), so stände dieser Grundsatz doch dem beklagten Bankhause nicht entgegen, falls dasselbe nach Leistung der Rückgewähr die ursprüngliche weitere Forderung wieder zur Anmeldung brächte, da dieselbe bei der ersten Anmeldung nicht bestand und erst infolge des Urteilsvollzuges wieder in Kraft trat. Das etwaige Ergebnis der Anfechtungsklage steht daher, wenn es auch die Lage der Gläubigerin verschlechtert, nicht in Widerspruch mit der rechtskräftigen Feststellung der Konkursforderung, diese wird in ihrem Betrage dadurch nicht verändert.

Zur Unterstützung der Auffassung, daß die rechtskräftige Feststellung der Forderung die Anfechtungsklage im vorliegenden Falle ausschließe, führt das Berufungsurteil aus, es handle sich hier um einen aus einem Kontokorrente herrührenden Saldo, welcher die einzelnen Posten, deren rechtliche Existenz aufhöre, in sich aufnehme; durch die Anerkennung des Saldos sei daher ein Angriff auf einzelne Posten des Kontokorrentes unmöglich geworden. Auch dieser Grund erscheint nicht als geeignet, die Entscheidung zu rechtfertigen, da ein Verzicht auf die Anfechtungsklage weder ausdrücklich von dem Konkursverwalter erklärt worden ist, noch aus der Anerkennung des Saldos mit Notwendigkeit gefolgert werden muß. Hätte sogar der Konkursverwalter bereits bei den Verhandlungen im Prüfungstermine die Erhebung der Anfechtungsklage beabsichtigt, so würde er doch nicht in der Lage gewesen sein, die Forderung des Bankhauses in dem angemeldeten Betrage zu bestreiten. Zur Mitteilung seiner Absicht, einzelne Kreditposten zum Gegenstande einer Anfechtungsklage zu machen, war er durch kein Gesetz verpflichtet. Eine solche Mitteilung würde auch bedeutungslos gewesen sein, weil sie die Feststellung der angemeldeten Forderung und deren Aufnahme in die Tabelle nicht hätte verhindern können. Da weder ein ausdrücklicher noch ein stillschweigender Verzicht vorliegt, und Verzichte überhaupt nicht vermutet werden, steht die Anerkennung des Saldos der Klage nicht entgegen.

Das Urteil war daher wegen Verletzung des §. 293 C.P.O. und der §§. 32. 133 K.O. aufzuheben und die Sache unter Vorbehalt der Kostenentscheidung zur weiteren Verhandlung und Entscheidung an das Berufungsgericht zurückzuverweisen."

---

22. 1. Begriff des „Verlustes" einer offenen Handelsgesellschaft.

2. Findet die Formvorschrift des bad. L.R.S. 784 über die Entsagung auf Erbschaften auch auf den von seiten eines Pflichtteilsberechtigten mittels Anerkennung des Testamentes zum Vollzuge erfolgenden Verzicht auf das Recht, die Minderung zu verlangen, Anwendung?

3. Anwendung des §. 5 des Anfechtungsgesetzes auf die Geltendmachung der Anfechtung im Wege der Replik.

II. Civilsenat. Urt. v. 9. Januar 1891 i. S. K. u. Gen. (Kl.) w. W. u. Gen. (Bekl.) Rep. II. 236/90.

I. Landgericht Karlsruhe.
II. Oberlandesgericht daselbst.

Aus den Gründen:

„Das angefochtene Urteil des Oberlandesgerichtes konnte nicht aufrechterhalten werden.

I. Zunächst beruht die Entscheidung des Oberlandesgerichtes hinsichtlich der unmittelbaren Forderung gegen die Ehefrau des A. F. W. auf Grund der von ihr in der Urkunde vom 8. März 1881 übernommenen Samtverbindlichkeit auf Gesetzesverletzung.

Das Oberlandesgericht legt diese Urkunde, inhaltlich welcher die Ehefrau des A. F. W. unter Ermächtigung ihres Ehemannes, des (damaligen) Teilhabers der offenen Handelsgesellschaft „K. & W." in Pf., „dem Teilhaber J. K. gegenüber" die Samtverbindlichkeit übernommen hat „für jeden Verlust der gedachten Firma, soweit solcher von ihrem Manne A. W. als Gesellschaftsteilhaber zu tragen ist," dahin aus, daß die Ehefrau W. damit die Samtverbindlichkeit für Verluste im Sinne des Art. 107 H.G.B. übernommen habe, gelangt aber gleichwohl zur Verneinung der Haftbarkeit der Ehefrau W. dafür, „daß W. nach der Auflösung der Gesellschaft (d. h. nach dem am 23. Juli 1881 erfolgten Tode des Teilhabers J. K.) dem Gesellschaftsvermögen Waren und Geld unmittelbar oder durch Einzug von Wechseln und Erhebung bei dem Bankvereine Pf. auf Kreditkonto der Firma K. & W. entnommen habe," weil es hinsichtlich der bezeichneten Vorgänge den gesetzlichen Begriff eines Verlustes der Gesellschaft für ausgeschlossen erachtet. Diese letztere Anschauung ist rechtsirrig.

In dieser Hinsicht handelt es sich

1. zuvörderst darum, ob schon der Umstand, daß die Handlungen, aus welchen ein Verlust entstanden sein soll, zeitlich in die Periode nach dem Tode des J. K. fallen, den gesetzlichen Begriff eines „Verlustes der Gesellschaft" mit Notwendigkeit ausschließt. Dies ist aber zu verneinen. Die offene Handelsgesellschaft verliert — wie das Reichsgericht schon wiederholt ausgesprochen hat — durch den Tod eines Gesellschafters trotz der Bestimmung des Art. 123 H.G.B. nicht sofort ihre Existenz in jeder Hinsicht; es hat daher der Tod eines

Gesellschafters auch nicht notwendig die Wirkung, daß Vorgänge, welche, wenn sie vor dem Tode des Gesellschafters eingetreten wären, den gesetzlichen Begriff eines „Verlustes der Gesellschaft" hätten begründen können, nun, weil nach dem Tode des Gesellschafters eingetreten, überhaupt hierzu nicht mehr geeignet wären.

2. Aber auch nach der Art der Vorgänge, welche den Verlust herbeigeführt haben sollen, ergiebt sich nicht notwendig die Verneinung des gesetzlichen Begriffes eines „Verlustes der Gesellschaft". Es darf zwar mit dem Oberlandesgerichte davon ausgegangen werden, daß nicht schon an sich die Schulden der Gesellschafter an die Gesellschaft unter den gesetzlichen Begriff eines „Verlustes der Gesellschaft" fallen, allein andererseits kann bei Hinzutritt weiterer Umstände dieser gesetzliche Begriff entstehen.

Wenn nun W.

a) nach dem Tode des J. K. aus dem Gesellschaftsvermögen Waren für sich entnommen haben soll, so kann — ebenso wie das Oberlandesgericht selbst bei einer Forderung für Entnahme von Waren vor dem Tode des J. K. durch den Gesellschafter W. die Möglichkeit eines „Verlustes der Gesellschaft" als nicht ausgeschlossen erachtet hat — ein hierdurch für die Gesellschaft begründetes Forderungsrecht im Falle der Unbeibringlichkeit desselben wegen Zahlungsunfähigkeit des Schuldners einen „Verlust der Gesellschaft" darstellen; eine solche Unbeibringlichkeit ist aber gerade behauptet.

b) Ebenso verhält es sich unter der bezeichneten Voraussetzung auch mit dem Forderungsrechte wegen Entnahme von Geld aus dem Gesellschaftsvermögen, welche durch W. nach dem Tode des J. K. unmittelbar oder durch Einzug von Wechseln und Erhebung bei dem Bankvereine Pf. auf Kreditkonto der Firma K. & W. erfolgt sein soll. Auch hier kann zunächst trotz des Todes des J. K. ein Forderungsrecht für die Firma „K. & W." entstehen; weiter aber kann, wenn dieses Forderungsrecht der Firma an W. wegen Zahlungsunfähigkeit desselben nicht verwirklicht werden konnte, hieraus gerade so gut, wie wenn es sich um Nichtbefriedigung eines Forderungsrechtes der Firma an einen sonstigen Schuldner derselben handelte, ein „Verlust der Gesellschaft" erwachsen (Artt. 107. 144 H.G.B.).

II. Auch die Entscheidung des Oberlandesgerichtes bezüglich des weiteren mit der Klage verfolgten Anspruches ist nicht frei von

Gesetzesverletzung. In dieser Hinsicht ist von folgenden Anschauungen auszugehen.

Die Klägerinnen haben in Anwendung des L.R.S. 1166 als Gläubigerinnen der Ehefrau W. in Ausübung des Rechtes ihrer (genannten) Schuldnerin die dem Pflichtteilsberechtigten zustehende Minderungsklage erhoben. Ihr tritt als aus dem klägerischen Vorbringen im zweiten Rechtszuge selbst sich ergebende Einrede entgegen, es liege in der von seiten der Ehefrau W. inhaltlich der Teilungsverhandlungen auf Ableben ihrer Mutter erfolgten Anerkennung des Testamentes der letzteren zum Vollzuge ein Verzicht auf das Recht, die Minderung zu verlangen. Es kann nun zwar dem Vertreter der Revisionsklägerinnen darin nicht beigetreten werden, es sei dieser Verzicht schon an sich zufolge L.R.S. 784 unwirksam. Mag man nämlich, was dahingestellt bleiben kann, L.R.S. 784 nicht etwa bloß bezüglich des Verhältnisses des Erben zu den Erbschaftsgläubigern, sondern auch auf das Verhältnis der Erben untereinander für anwendbar halten, so handelt es sich bei dem sich aus der erwähnten Anerkennung des Testamentes zum Vollzuge ergebenden Verzichte auf das Recht, die Minderung zu verlangen, überhaupt nicht um einen Verzicht auf die Eigenschaft eines Erben. Durch jenen Akt der Anerkennung des Testamentes zum Vollzuge hat die Ehefrau W. der ihr durch das Gesetz gegebenen Stellung eines Pflichtteilserben, zufolge welcher Stellung die durch das Testament Berufenen gemäß L.R.S. 1004 verpflichtet waren, von ihr die Ausfolgung des ihnen letztwillig zugedachten Vermögens zu verlangen, nicht entsagt, sondern sie hat damit, unter Beibehaltung des rechtlichen Charakters als Pflichtteilserben, eine Einrede dahin geschaffen, daß sie, insoweit sie durch Anerkennung des Testamentes zum Vollzuge dem Verlangen auf Ausfolgung der Verlassenschaft in weiterem Umfange stattgab, als sie nach dem Gesetze verpflichtet war, gehindert ist, im Widerspruche damit gemäß L.R.S. 920 die Minderung zu verlangen. Auf diese Einrede aber, wobei es sich nach dem Gesagten nicht um einen Verzicht auf die Eigenschaft eines Erben selbst handelt, findet die Formvorschrift des L.R.S. 784 keine Anwendung. Hiernach ist der in der Anerkennung des Testamentes zum Vollzuge liegende Verzicht der Ehefrau W. auf das Recht, die Minderung zu verlangen. an sich wirksam, und es bedarf sonach der Beseitigung der Wirksamkeit desselben.

Die Beseitigung der Wirksamkeit des bezeichneten Verzichtes der Ehefrau W. im Wege der Anfechtung von seiten der Gläubigerinnen der Ehefrau W. kann nun allerdings nur nach den Vorschriften des Anfechtungsgesetzes vom 21. Juli 1879 erfolgen. Dagegen hat das Oberlandesgericht das Gesetz dadurch verletzt, daß es die Anfechtung auf Grund des Anfechtungsgesetzes vom 21. Juli 1879 nur unter dem Gesichtspunkte der Klage auf Anfechtung und deshalb nur unter der Erörterung, ob der nach §. 2 des Anfechtungsgesetzes für die Klage auf Anfechtung erforderliche vollstreckbare Schuldtitel bereits vorliege, geprüft hat. In dem Vorbringen der Klägerinnen ist nämlich auch der Wille derselben ausgeprägt zu finden, die Anfechtung auf Grund des Anfechtungsgesetzes im Wege der Replik geltend zu machen. Bei einer Anfechtung im Wege der Replik käme aber, da die Geltendmachung der Anfechtung im Wege der Replik sich als eine Einrede gegen die Einrede darstellen würde, §. 5 des Anfechtungsgesetzes und daher die dort hinsichtlich der Beibringung des vollstreckbaren Schuldtitels getroffene Vorschrift, sonach nicht die im Falle des §. 2 desselben erforderliche Notwendigkeit eines bereits vorhandenen vollstreckbaren Schuldtitels, zur Anwendung. Das Oberlandesgericht war daher veranlaßt, näher zu erörtern und festzustellen, in welcher thatsächlichen und rechtlichen Richtung, insbesondere auf Grund welcher der einzelnen Bestimmungen des §. 3 des Anfechtungsgesetzes, im Wege der Replik der Verzicht der Ehefrau W. auf das Recht, die Minderung zu verlangen, gemäß des Anfechtungsgesetzes angefochten werden soll, und es war, wenn nach dem Ergebnisse der vorzunehmenden Prüfung die thatsächlichen und rechtlichen Voraussetzungen einer Anfechtung im übrigen vorlagen, hinsichtlich der Beibringung eines vollstreckbaren Schuldtitels §. 5 des Anfechtungsgesetzes zur Anwendung zu bringen."

---

23. Sind die Gläubiger schon dann durch einen nach der Zahlungseinstellung von dem Gemeinschuldner vorgenommenen Verkauf von Sachen benachteiligt, wenn der dafür gezahlte Kaufpreis nicht an die Konkursmasse gelangt?

K.O. §. 23 Nr. 1.

VI. Civilsenat. Urt. v. 5. Februar 1891 i. S. N.'sche Konkursmasse (Kl.) w. T. u. Gen. (Bekl.) Rep. VI. 260/90.

I. Landgericht Magdeburg.
II. Oberlandesgericht Naumburg.

Aus den Gründen:

„Die Beklagten haben durch Vertrag vom 4. August 1888 eine Roggenernte auf dem Halme von dem im Oktober dess. Js. in Konkurs geratenen N. gekauft, dann den Kaufpreis bezahlt und den Roggen für sich eingeerntet. N. hatte bereits seit Mai 1888 seine Zahlungen eingestellt.

Gegenwärtig ficht die N.'sche Konkursmasse unter Bezugnahme auf §. 23 Nr. 1 K.O. diese Veräußerung an. Es wird behauptet, daß den Beklagten zur Zeit des Abschlusses des Vertrages die Zahlungseinstellung des N. bekannt gewesen, und daß die Konkursgläubiger durch den Vertrag benachteiligt worden seien, indem das Geld, welches N. für den Roggen erhalten, zur Zeit der Konkurseröffnung nicht mehr vorhanden gewesen, im übrigen auch die Ernte unter dem Werte verkauft worden sei, und die Veräußerung derselben als unwirtschaftlich für N. angesehen werden müsse.

Das Berufungsgericht hat in Übereinstimmung mit der ersten Instanz die Anfechtung für nicht gerechtfertigt erklärt. Es stellt fest, daß die Behauptung, die Beklagten hätten den Roggen unter dem Werte gekauft, widerlegt, und daß auch die andere Behauptung, der Verkauf der Roggenernte sei für den Gemeinschuldner wirtschaftlich nicht gerechtfertigt gewesen, unbegründet sei. Außerdem wird ausgeführt, daß der §. 23 Nr. 1 K.O. eine Benachteiligung der Gläubiger durch das Rechtsgeschäft voraussetze, und daß es daher zur Anwendung desselben nicht genüge, wenn die Gegenleistung für die von dem Gemeinschuldner veräußerte Roggenernte zur Zeit der Konkurseröffnung in der Masse nicht mehr vorhanden gewesen sei.

Die Revision greift diese Ausführung an; sie meint, daß selbige auf einer unrichtigen Auffassung des §. 23 Nr. 1 K.O. beruhe. Der Angriff ist nicht begründet.

Der §. 23 Nr. 1 a. a. O. setzt nach seinem Wortlaute voraus, daß die Konkursgläubiger „durch die Eingehung“ der anzufechtenden Rechtsgeschäfte benachteiligt worden sind. Es genügt daher nicht, wenn die Benachteiligung der Konkursgläubiger erst nach Eingehung des Geschäftes durch die späteren Schicksale der Gegenleistung, insbesondere durch die Verfügungen des Gemeinschuldners über selbige erfolgt ist. Die Richtigkeit dieser aus dem Wortlaute sich ergebenden Auslegung des §. 23 Nr. 1 a. a. O. wird durch die Entstehungsgeschichte bestätigt. Die Motive zu dem dem Reichstage vorgelegten Entwurfe führten aus, daß man bei Abfassung der entsprechenden Bestimmung des Entwurfes von dem soeben angegebenen Gedanken über die Bedeutung der Vorschrift ausgegangen sei, und in der Reichsjustizkommission ist gerade, um dieses unzweideutig zum Ausdrucke zu bringen, dem §. 23 Nr. 1 die gegenwärtige Fassung gegeben worden.

Vgl. Hahn, Materialien S. 121. 534.

Diese Ansicht ist auch überwiegend in der Litteratur vertreten.

Vgl. v. Völderndorff, Konkursordnung Bd. 1 S. 322; Sarwey, Konkursordnung S. 155; Stieglitz, Konkursordnung S. 133; Petersen und Kleinfeller, Konkursordnung S. 114. 115; v. Wilmowski, Konkursordnung Anm. 3 zu §. 23.

Danach kann der Umstand allein, daß die Gegenleistung für eine von dem Gemeinschuldner nach der Zahlungseinstellung veräußerte Sache nicht an die Konkursmasse gelangt ist, nicht genügen, um eine Benachteiligung der Konkursgläubiger im Sinne des §. 23 Nr. 1 K.O. darzuthun, und im übrigen ist die Feststellung des Berufungsgerichtes, daß die Konkursgläubiger durch den fraglichen Vertrag nicht benachteiligt seien, von der Revision nicht angefochten und, soweit ersichtlich, nicht rechtsirrtümlich.

Die Revision beruft sich auf die in Bd. 18 S. 122 flg. der Sammlung abgedruckte Entscheidung des III. Civilsenates des Reichsgerichtes. Diese Entscheidung betrifft aber die Anwendung des §. 24 Nr. 2 K.O. Es braucht daher hier nicht erörtert zu werden, ob die Ausführungen in dieser Entscheidung in allen Punkten mit den obigen in Übereinstimmung stehen." . . .

---

24. Form der Eheschließung von Reichsangehörigen und deutschen Schutzgenossen in der Türkei. Anwendbarkeit des Satzes: „locus regit actum." Geltung und Inhalt der in der Türkei für die Eheschließung christlicher Nichtunterthanen der Pforte bestehenden gewohnheitsrechtlichen Normen.

IV. Civilsenat. Urt. v. 26. Februar 1891 i. S. K. (Kl.) w. K. (Bekl.) Rep. IV. 279/89.

I. Konsulargericht Alexandrien.

Die Parteien gehören zu denjenigen deutschen Schutzgenossen, welche als „de facto-Unterthanen" bezeichnet werden. Sie waren früher im Besitze der preußischen Staatsangehörigkeit, haben dieselbe und damit die deutsche Reichsangehörigkeit durch längeren als zehnjährigen Aufenthalt im Auslande verloren und hiernächst mit Genehmigung der Kaiserl. Botschaft zu Konstantinopel ihre Eintragung als deutsche Schutzgenossen in die Konsulatsmatrikel des Kaiserl. Konsulates in Alexandrien erlangt, wo der Kläger als Beamter der ägyptischen Douane fungiert. Noch während beide Parteien preußische Staatsangehörige waren, sind sie nach dem vorliegenden Atteste des Konsuls der Vereinigten Staaten von Nordamerika in Jerusalem am 13. August 1884 daselbst vor dem Konsul und in dessen Gegenwart von dem Geistlichen (clergyman) Hermann Friedländer — „who is authorized (wie es im Atteste heißt) by the laws of England to perform such a ceremony" — getraut worden (were united in marriage). Das Attest ist von dem Konsul, dem Geistlichen Friedländer und zwei Zeugen unterschrieben. Beide Parteien wohnten schon damals inhalts des Attestes in Alexandrien. Sie gehören dem protestantischen Bekenntnisse an.

Der Kläger gründete seinen Antrag auf Nichtigkeitserklärung der Ehe darauf, daß die Ehe im Standesamtsbezirke des Kaiserl. Konsuls in Jerusalem nur vor diesem, nicht aber durch kirchliche Trauung, gültig habe geschlossen werden können. Die Beklagte widersprach dem Antrage, und das Konsulargericht wies die Klage ab, weil die Parteien dadurch, daß dem Kaiserl. Konsul in Jerusalem auf Grund des Gesetzes vom 4. Mai 1870 standesamtliche Befugnisse verliehen worden, nicht gehindert gewesen seien, die Ehe in den am Orte der Eheschließung gesetzlich anerkannten Formen einzugehen, und es als gerichtsnotorisch zu gelten habe, daß eine von einem Kirchendiener christlichen Bekenntnisses vorgenommene kirchliche Trauung eines christlichen Paares von den türkischen Landesbehörden als eine rechtsgültige Eheschließung anerkannt werde.

Die Berufung des Klägers ist vom Reichsgerichte nach Einholung einer Auskunft des auswärtigen Amtes und einer weiteren Auskunft des Kaiserl. Konsuls in Jerusalem zurückgewiesen worden.

Aus den Gründen:

„Der Kläger ficht die Gültigkeit der von ihm mit der Beklagten eingegangenen Ehe deshalb an, weil die Ehe in der Türkei rechtsgültig nicht anders als standesamtlich vor einem mit der Ermächtigung zur Vornahme bürgerlich gültiger Eheschließungen versehenen diplomatischen Vertreter oder Konsul des Deutschen Reiches habe geschlossen werden können. Es handelt sich daher im vorliegenden Rechtsstreite in erster Linie um die Frage, ob die von deutschen Reichsangehörigen oder Schutzgenossen in der Türkei geschlossenen Ehen jener Form der Eingehung zur Anerkennung ihrer Rechtsgültigkeit bedürfen.

Vorweg ist zu bemerken, daß der Kläger die Begründung seiner Ansicht, nach welcher die Civilehe für die Deutschen in der Türkei nicht minder, wie für die Deutschen im Inlande, nach §. 41 des Reichsgesetzes vom 6. Februar 1875 (R.G.Bl. S. 23) die notwendige Form der Eheschließung sein soll, nicht in der durch die Kapitulationen geschaffenen rechtlichen Sonderstellung der Deutschen in der Türkei sucht, und daß der Versuch einer solchen Begründung auch erfolglos bleiben müßte. Zwar wird die Sonderstellung, welche die Angehörigen anderer Staaten in der Türkei auf Grund der Kapitulationen einnehmen, vielfach als „Exterritorialität" bezeichnet, und letztere ist in der älteren Doktrin auf die Fiktion zurückgeführt worden, daß die Exterritorialen so anzusehen seien, als hätten sie ihr heimisches Land nicht verlassen, woraus folgen würde, daß sie lediglich nach ihrem heimischen Rechte zu beurteilen wären. Allein jene Fiktion ist von der neueren Doktrin aufgegeben worden.

Vgl. Störk, Staatsunterthanen und Fremde, in v. Holtzendorff's, Handbuch des Völkerrechtes Bd. 2 S. 656; Heffter, Das europäische Völkerrecht 8. Ausg. S. 102 und Anm. 1 auf S. 104; Fiore, Le droit international privé Bd. 1 S. 260 flg.; ferner: Salem im Journal du droit international privé 1889 S. 30 flg.

Die Exterritorialität wird außerdem selbst von denen, welche an der gedachten Fiktion festhalten, nicht dahin verstanden, daß es den Exterritorialen nicht gestattet sei, ihre Rechtsgeschäfte in den Formen der Gesetze des Staates, in dem sie sich aufhalten, zu schließen.

Vgl. Martens, Das Konsularwesen, Ausgabe von Skerst S. 41. Danach fragt es sich, ob positive reichsgesetzliche Bestimmungen vorhanden sind, welche die Anwendung der für das Inland obligatorisch geltenden Form der Civilehe mit der gleichen Wirkung auf die in der Türkei lebenden Deutschen vorschreiben. Dies behauptet der Kläger, jedoch mit Unrecht.

In Betracht kommen hierbei das durch die Reichsverfassung zum Reichsgesetze erhobene Gesetz vom 4. Mai 1870 (B.G.Bl. S. 599), ferner das Personenstandsgesetz vom 6. Februar 1875 (R.G.Bl. S. 23) und das Reichsgesetz über die Konsulargerichtsbarkeit vom 10. Juli 1879 (R.G.Bl. S. 197). Nach §. 1 des erstgedachten Gesetzes kann einem diplomatischen Vertreter des Reiches sowie einem Reichskonsul — letzterem für dessen Amtsbezirk — vom Reichskanzler die Ermächtigung zur Vornahme bürgerlich gültiger Eheschließungen von Reichsangehörigen (und Schutzgenossen, vgl. §. 85 Abs. 2 des Gesetzes vom 6. Februar 1875) erteilt werden. Nach §. 8 das. erlangt die Ehe mit dem Abschlusse vor dem Beamten bürgerliche Gültigkeit. Zweifellos enthalten diese Bestimmungen eine Abweichung von dem im internationalen Privatrechte anerkannten Satze, daß die Form der Verträge, insbesondere auch der Eheschließung,

vgl. Erkenntnis des vormaligen preußischen Obertribunales vom 15. Januar 1855, Entsch. desselben Bd. 29 S. 380,

sich nach den Gesetzen des Ortes, wo der Vertrag oder die Ehe geschlossen wird, bestimme („locus regit actum"). Allein diese Abweichung besteht nur darin, daß die Deutschen in denjenigen ausländischen Staaten und Konsulatsbezirken, für welche dem diplomatischen Vertreter oder dem Konsul die gedachte Ermächtigung erteilt ist, sich neben den durch die Gesetze des Ortes bestimmten Formen auch der im Gesetze vom 4. Mai 1870 angegebenen Form mit der Wirkung bedienen können, daß ihre Ehe vor deutschen Gerichten als gültig anerkannt wird. Zu der weitergehenden Annahme, daß die in den betreffenden Staaten und Konsulatsbezirken geschlossenen Ehen deutscher Reichsangehöriger und Schutzgenossen nur dann als gültig anzusehen seien, wenn sie vor dem zu Eheschließungen ermächtigten Beamten geschlossen sind, nötigt weder der §. 1, noch der §. 8 des Gesetzes, welch letzterer von dem Zeitpunkte handelt, in dem die Gültigkeit der vor dem Beamten geschlossenen Ehe eintritt.

Vgl. v. König, Handbuch des deutschen Konsularwesens 4. Ausg. S. 124.

Die Bestimmungen des Gesetzes vom 4. Mai 1870, welche sonach die Anwendung der am Orte der Handlung geltenden Formen für die Eingehung der Ehen von Deutschen im Auslande nicht ausschließen, sind durch das Gesetz vom 6. Februar 1875 und speziell durch den §. 41 desselben: „Innerhalb des Gebietes des Deutschen Reiches kann eine Ehe rechtsgültig nur vor dem Standesbeamten geschlossen werden," nicht berührt worden, wie im §. 85 Abs. 1 das. ausdrücklich verordnet ist. Beide Gesetze galten danach fortan nebeneinander in sich gegenseitig ausschließendem Geltungsbereiche, das eine im Inlande, das andere im Auslande. Wenn nun demnächst das Gesetz über die Konsulargerichtsbarkeit vom 10. Juli 1879 im §. 3 Abs. 1 bestimmte:

> „In betreff des bürgerlichen Rechtes ist anzunehmen, daß in den Konsulargerichtsbezirken die Reichsgesetze, das preußische Allgem. Landrecht und die das bürgerliche Recht betreffenden allgemeinen Gesetze derjenigen preußischen Landesteile, in welchen das Allgem. Landrecht Gesetzeskraft hat, gelten" —

so erscheint von vornherein die Annahme ausgeschlossen, daß mit dem Hinweise auf die Reichsgesetze beide vorgedachte Gesetze vom 4. Mai 1870 und 6. Februar 1875 gleicherweise in den Konsulargerichtsbezirken für anwendbar haben erklärt werden sollen. Es kann sich nur fragen, ob der durch das erstere Gesetz für das Ausland in Ansehung der Eheschließungen Deutscher bereits geregelte Rechtszustand insoweit eine Änderung erfahren hat, daß in den Konsulargerichtsbezirken die nach jenem Gesetze nur fakultative Civilehe zur notwendigen Form der Eheschließung geworden ist. Die Frage ist jedoch zu verneinen. Zu einer Änderung des Gesetzes vom 4. Mai 1870 in der angedeuteten Beziehung war das die Ausübung der Konsulargerichtsbarkeit ordnende Gesetz nicht der Ort, und wäre eine solche Änderung beabsichtigt worden, so würde sie einen anderen Ausdruck gefunden haben als den eines allgemein gehaltenen Hinweises auf die Reichsgesetze, welcher ja auch das Gesetz vom 4. Mai 1870 seinem ganzen unveränderten Inhalte nach umfaßt. Daß die Absicht auf Einführung der obligatorischen Civilehe in die Konsulargerichtsbezirke gegangen sei, kann umsoweniger angenommen werden, als dieser Absicht zu ihrer Verwirklichung die Durchführung standesamtlicher

Einrichtungen in den Konsulargerichtsbezirken voraussetzen würde, für welche keine gesetzliche Vorsorge getroffen ist. Denn die Befugnis der diplomatischen Vertreter und der Konsuln zu Eheschließungen hängt noch gegenwärtig von der Ermächtigung dazu durch den Reichskanzler ab, und es findet sich keine gesetzliche Vorschrift, nach welcher den Konsuln in den Konsulargerichtsbezirken diese Ermächtigung erteilt werden muß. Danach kann die allgemeine Bezugnahme auf die Reichsgesetze im §. 3 des Gesetzes vom 10. Juli 1879, was die Form der Eheschließung angeht, nur dahin verstanden werden, daß sie eine Bestätigung des reichsgesetzlich bereits durch das Gesetz vom 4. Mai 1870 für das Ausland, also auch für die Bezirke der Konsulargerichte, geregelten Zustandes enthält. Das Gesetz vom 6. Februar 1875 findet hingegen in den Konsulargerichtsbezirken wie überhaupt auf die im Auslande geschlossenen Ehen von Deutschen nur insoweit Anwendung, als es in den §§. 28—40 die nach §. 3 des Gesetzes vom 4. Mai 1870 dem zu Eheschließungen ermächtigten Beamten nachzuweisenden Erfordernisse zur Eingehung der Ehe enthält.

Vgl. v. König, a. a. O. S. 119 flg.

Erweist sich damit der rechtliche Standpunkt des Klägers als unhaltbar, und kann der Ehe der Parteien die bürgerliche Wirksamkeit nicht entzogen werden, falls dieselbe nur nach dem in Jerusalem zur Zeit der Eingehung der Ehe geltenden Eheschließungsrechte eingegangen ist, so war die Entscheidung von dem Ergebnisse der in Beziehung auf das Bestehen und den Inhalt dieses Rechtes stattgehabten Ermittelungen abhängig zu machen. Die vom auswärtigen Amte erteilte Auskunft ergiebt, daß die türkische Gesetzgebung Bestimmungen über die Eheschließung der deutschen Reichsangehörigen und Schutzgenossen nicht getroffen hat, und daß die türkischen Behörden sich der Entscheidung über die Gültigkeit solcher Ehen enthalten, dieselben vielmehr ohne weiteres als gültig anerkennen, wenn der zuständige Konsul deren Gültigkeit bescheinigt. Es ist anzunehmen, daß das gleiche hinsichtlich aller Ehen nicht muselmännischer Nichtunterthanen der Pforte, welche auf Grund der Kapitulationen die oben gekennzeichnete Sonderstellung in der Türkei haben, der Fall ist. Danach ist zwar die Form der Eingehung solcher Ehen in der Türkei gesetzlich nicht geregelt; es steht aber das türkische Recht der Bildung eines auf die Form der Eheschließung bezüglichen Gewohnheitsrechtes nicht entgegen, welchem die gleiche Kraft, wie einem Gesetze, beizumessen wäre, das also, wenn es die Anerkennung der maßgebenden deutschen Behörden erlangte, zur Folge hätte, daß die mit seiner Beobachtung geschlossenen und darum von den deutschen Behörden für rechtsgültig erachteten Ehen auch von den türkischen Behörden als solche anerkannt werden würden. Auf das Bestehen eines solchen Gewohnheitsrechtes weisen die Entscheidungsgründe des ersten Richters hin, in denen als gerichtsnotorisch bezeugt wird, daß eine von einem Kirchendiener christlichen Bekenntnisses vorgenommene kirchliche Trauung eines christlichen Paares von den türkischen Landesbehörden als eine rechtsgültige Eheschließung anerkannt wird. Es liegen ferner eine Reihe unverdächtiger Zeugnisse in der französischen und italienischen Litteratur und Rechtsprechung vor, welche mit völliger Bestimmtheit das Bestehen eines solchen Gewohnheitsrechtes konstatieren. Hervorzuheben sind folgende:

1. Salem (Advokat in Saloniki) sagt in seiner Abhandlung: Du mariage des étrangers en Turquie, bei Clunet, Journal du droit international privé Jahrg. 1889 S. 28: Les sujets étrangers ont de tout temps célébré leur mariage devant le curé de leur paroisse. 2. Ein Urteil des Kassationshofes zu Turin vom 29. Juli 1870 (Annali della giurisprudenza italiana Bd. 14 Jahrg. 1870 S. 225) spricht sich dahin aus: La legislazione ottomana non impone ai matrimoni del seguaci di Christo i ritti di Maometto, ma li riconosce validi, purchè celebrati dinanzi al ministro e secondo i riti del loro colto. 3. In dem Urteile des französischen Konsulargerichtes in Konstantinopel vom 3. August 1861 (Sirey, Recueil général des lois et des arrêts 1865 Tl. 1 S. 317) heißt es: Les mariages, soit entre Français, soit entre Français et étrangers, sont reconnus valables, lorsqu'ils ont été célébrés dans la forme usitée chez les chrétiens du Levant, c'est-a-dire par le curé de la paroise. 4. Endlich wird in einem, sich allerdings auf das örtliche Recht in Konstantinopel beschränkenden Urteile des Appellhofes zu Aix vom 20. März 1862 (Dalloz, Recueil périodique Jahrg. 1863 Abt. 2 S. 48) gesagt: D'après la loi et l'usage de Constantinople le curé des époux est compétent pour procéder à leur mariage suivant les règles ecclésiastiques.

Gefördert worden ist offenbar die Bildung und Anerkennung eines solchen Gewohnheitsrechtes durch das praktische Bedürfnis, das mangels einer für die Fremden in der Türkei maßgebenden landesgesetzlichen Regelung zur Schaffung gewohnheitsrechtlicher Formen der Eheschließung unter den zahlreich in den türkischen Ländern lebenden fremden Christen führen mußte. Die Gesetzgebung einer Reihe europäischer Staaten hat allmählich, aber nicht allgemein, dem Bedürfnisse abzuhelfen gesucht, indem sie den in der Türkei wohnenden Staatsangehörigen auf Grund der Kapitulationen die Eingehung der Ehe in den Formen der Civilehe im Laufe der Zeit ermöglichte. Was Deutschland betrifft, so hatten bis zum Gesetze vom 4. Mai 1870 nur die in der Türkei wohnenden evangelischen Preußen nach dem Gesetze vom 3. April 1854 sowie die hamburgischen Staatsangehörigen,

vgl. v. König, Handbuch des deutschen Konsularwesens 4. Ausg. S. 118. 119,

eine, übrigens beschränkte, Möglichkeit, eine Civilehe einzugehen. War aber und ist noch jetzt für die in der Türkei lebenden Christen eine andere Form der Eheschließung nicht entbehrlich und für die Ausbildung einer solchen dem Gewohnheitsrechte Raum gegeben, so lag es nahe, daß das hergebrachte kirchliche Eheschließungsrecht zum Inhalte des Gewohnheitsrechtes gemacht wurde. Die kirchliche Eheschließung stellt sich bei den in der Türkei lebenden katholischen und evangelischen Christen als die Übung der von ihnen aus der Heimat mitgebrachten Sitte und Rechtsanschauung dar. Auch ist dieselbe nicht auf die fremden Christen in der Türkei beschränkt, sondern ebenso die gebräuchliche — und vom Gesetze anerkannte — Form der Eheschließung für die christlichen Unterthanen der Pforte.

Vgl. Salem, a. a. O.: „Les prêtres sont en vertu des usages généralement suivis et confirmés par la loi précitée — vom Jahre 1881 — autorisés à célébrer les mariages des personnes appartenant à leur rite.

Es zeigt sich hierin die Gemeinsamkeit christlicher Anschauung, vermöge deren der bei den fremden Christen zur Geltung eines Gewohnheitsrechtes gelangte Brauch bei ihren einheimischen Glaubensgenossen Gesetzeskraft erhielt.

Nach der Bescheinigung des nordamerikanischen Konsuls vom 13. August 1884 sind die Parteien, wie auch vom Kläger nicht in Abrede gestellt ist, von dem als Geistlichen bezeichneten Hermann Friedländer getraut worden. Friedländer war, wie die amtliche Auskunft des Kaiserl. Konsuls zu Jerusalem ergeben hat, als Priester ordiniert und zur fraglichen Zeit Seelsorger bei der englischen Proselytengemeinde der Christuskirche zu Jerusalem. Der Charakter einer kirchlichen Trauung wohnte danach dem von ihm vorgenommenen Akte zweifellos bei. Allerdings ist nicht festgestellt, daß die Parteien zu der Gemeinde gehörten, bei welcher Friedländer als Seelsorger angestellt war. Indessen ist hieraus ein wesentliches Bedenken gegen die Gültigkeit der Ehe nicht herzuleiten. Wenn in den oben wiedergegebenen Aussprüchen Salem's und der französischen Gerichtshöfe von dem Pfarrer der Parochie als dem zuständigen Geistlichen gesprochen wird, so folgt daraus für den Streitfall nicht, daß die Gültigkeit der Ehe von der Zuständigkeit des Geistlichen abhängig zu machen ist. Möchte auch nach den Grundsätzen des katholischen Eheschließungsrechtes, wie es durch das Tridentinische Konzil gestaltet ist, eine Ungültigkeit der vor dem unzuständigen Geistlichen geschlossenen Ehe anzunehmen sein, so wird doch nach protestantischem Eherechte die Zuständigkeit des Geistlichen nicht als ein wesentliches Erfordernis der Eheschließung angesehen.

Vgl. Richter-Dove, Lehrbuch des katholischen und evangelischen Kirchenrechtes 7. Aufl. S. 974; Walter, Lehrbuch des Kirchenrechtes 14. Aufl. S. 661; Schulte, Lehrbuch des katholischen und evangelischen Kirchenrechtes 4. (beziehentl. 1.) Aufl. S. 369; Friedberg, Lehrbuch des katholischen und evangelischen Kirchenrechtes 3. Aufl. S. 399. 400; Vering, Lehrbuch des katholischen und protestantischen Kirchenrechtes S. 718; vgl. ferner §. 169 A.L.R. II. 1.

Da nun, wie oben dargelegt ist, die gewohnheitsrechtliche Übung der kirchlichen Trauung bei den Ehen der Christen in der Türkei nicht außer Zusammenhang mit den heimischen Anschauungen zu denken ist, vielmehr in diesen ihre Wurzel und ihr Vorbild hat, so erscheint die Folgerung gerechtfertigt, daß auch in der angegebenen Beziehung ein Unterschied, zufolge dessen die zwischen Protestanten in der Türkei vor einem unzuständigen Geistlichen geschlossene Ehe als ungültig zu betrachten wäre, nicht besteht. Es ist in Betracht zu ziehen, daß für die Gültigkeit solcher Ehen ein innerer Grund vorhanden ist, der bei den Ehen der Katholiken fehlt, und der sich bei den Ehen der Protestanten in der Türkei ebenso wirksam erweisen muß, wie er für die protestantische Anschauung offenbar bestimmend gewesen ist. Dieser innere Grund liegt darin, daß nach protestantischer Auffassung der Geistliche den Akt der Trauung vornimmt, während nach dem katholischen Kirchenrechte nur seine Gegenwart bei Erklärung des Konsenses der Eheschließenden erforderlich ist. Letzterer Akt läßt sich, wenn der Geistliche unzuständig war, vor dem zuständigen Geistlichen wiederholen; dagegen mußte es bedenklich erscheinen, den von einem angestellten Geistlichen vorgenommenen Trauungsakt trotz des ihm innewohnenden kirchlichen Charakters für ungültig zu erklären und die Wiederholung vor einem anderen — dem zuständigen — Geistlichen zu verlangen."

---

25. Begriff des aus Grundbesitz, bezw. aus dem Betriebe eines Gewerbes herrührenden Einkommens im Sinne des §. 3 des Reichsgesetzes vom 13. Mai 1870 wegen Beseitigung der Doppelbesteuerung.

VI. Civilsenat. Urt. v. 2. März 1891 i. S. R. Erben (Kl.) w. die hamburgische Steuerdeputation (Bekl.). Rep. VI. 297/90.

I. Landgericht Hamburg.
II. Oberlandesgericht daselbst.

In diesem Prozesse handelte es sich um die Frage, ob die Kläger in Hamburg einkommensteuerpflichtig seien in Ansehung des Gewinnes, den sie durch Verkäufe von gewissem dort belegenen Grundeigentume erzielen, welches ihr Erblasser vor vielen Jahren angekauft hatte. Die verklagte Behörde hatte den Klägern die Ausfertigung eines Beschlusses zugehen lassen, worin sie grundsätzlich aussprach, daß diejenigen Beträge des von den Klägern erzielten Erlöses aus verkauftem Grundeigentume, welche abzüglich der Verkaufskosten den Wert, den es im Jahre 1866 gehabt habe, übersteigen, der Einkommensteuer unterliegen. Das Jahr 1866 war dabei deshalb zum Ausgangspunkte für den Wert des fraglichen Grundeigentumes genommen, weil damals zuerst eine Einkommensteuer im wesentlichen von der Beschaffenheit der noch jetzt in Hamburg zur Erhebung gelangenden dort eingeführt worden ist. Die Kläger erhoben dem gegenüber eine Klage auf die entsprechende negative Feststellung, also dahin, daß die bezeichneten Beträge der Einkommensteuer nicht unterliegen. Diese Klage wurde in beiden Instanzen als unbegründet abgewiesen, wobei als thatsächlich feststehend angenommen wurde, daß der Erblasser der Kläger das fragliche Grundeigentum von vornherein zu Spekulationszwecken erworben habe. Das Oberlandesgericht drückte sich sogar dahin aus, daß in den von den Klägern vorgenommenen Verkäufen ein Handel mit Grundstücken im Sinne des jetzt geltenden hamburgischen Einkommensteuergesetzes zu finden sei. Das Reichsgericht wies die von den Klägern eingelegte Revision in Ansehung des Mitklägers R. jun. zurück; im übrigen hob es das angefochtene Urteil auf und verwies die Sache in die Berufungsinstanz zurück.

In den Gründen ist zunächst ausgeführt, daß die erhobene Feststellungsklage, ungeachtet der Entsch. des R.G.'s in Civils. Bd. 6 S. 385 flg., wegen abweichender Sachlage mit Rücksicht auf gewisse vom Berufungsgerichte in nach §. 525 C.P.O. maßgebender Weise auf partikuläre hamburgische Rechtsnormen gestützte Annahmen hier nach §. 231 C.P.O. als zulässig erscheine. Sodann wird dargelegt, daß im allgemeinen durch die Entscheidung des Berufungsgerichtes gegen revisible Rechtsnormen nicht verstoßen sei. Endlich heißt es weiter:

... „Dagegen haben die Kläger mit Recht gerügt, daß die angefochtene Entscheidung gegen das Reichsgesetz vom 13. Mai 1870 wegen Beseitigung der Doppelbesteuerung verstoße. Es versteht sich von selbst, daß es sich nach dem Sinne des gestellten Klagantrages wie der ergangenen Urteile nicht darum handelte, ob die fraglichen Beträge überhaupt irgend einer Einkommensteuer, sondern nur darum, ob sie gerade der hamburgischen Einkommensteuer unterliegen. Nun hatten die Kläger in der Berufungsverhandlung sich eventuell darauf berufen, daß einige von ihnen außerhalb Hamburgs in anderen Bundesstaaten des Deutschen Reiches wohnen und deshalb nach jenem Reichsgesetze von der hamburgischen Einkommensteuer frei seien; die Beklagte hatte jene Thatsache nicht, wohl aber die rechtliche Folgerung bestritten. Das Oberlandesgericht hat diesen Punkt aus dem Grunde zu Gunsten der Beklagten entschieden, weil nach §. 3 des genannten Reichsgesetzes das aus dem Grundbesitze herrührende Einkommen nur von demjenigen Bundesstaate besteuert werden dürfe, in welchem der Grundbesitz liege, es sich aber hier um ein aus hamburgischem Grundbesitze gezogenes Einkommen handle. Mit dieser letzteren Annahme ist jedoch der Begriff des aus dem Grundbesitze herrührenden Einkommens im Sinne des angeführten §. 3 verkannt. Denn hierunter ist nach allgemeinem Sprachgebrauche nur der laufende Reinertrag des fortdauernden Grundbesitzes, nicht aber der Gewinn aus über Grundstücke abgeschlossenen Anschaffungs- und Veräußerungsgeschäften zu verstehen; letzterer fällt vielmehr im allgemeinen unter die in §. 1 des Gesetzes enthaltene Regel, wonach ein Deutscher zu den direkten Staatssteuern nur in demjenigen Bundesstaate herangezogen werden darf, in welchem er seinen Wohnsitz hat. Nun könnte freilich auf einen solchen Gewinn unter besonderen Umständen diejenige Ausnahmebestimmung des §. 3 Anwendung finden, wonach das aus dem Betriebe eines Gewerbes herrührende Einkommen nur von demjenigen Bundesstaate besteuert werden darf, in welchem das Gewerbe betrieben wird, nämlich insofern für Rechnung eines Deutschen das Gewerbe des Handels mit Grundstücken in einem anderen Bundesstaate als demjenigen seines Wohnsitzes von ihm selbst oder einem Anderen betrieben würde; wobei das Wort „Handel" natürlich insofern in einem dem des Handelsgesetzbuches gegenüber erweiterten Sinne gebraucht ist, als dieses nach Art. 275 den Begriff auf den bewegliche Sachen betreffenden entsprechenden Betrieb beschränkt. Keineswegs könnte indessen im vorliegenden Falle die angefochtene Entscheidung aus diesem Grunde aufrechterhalten werden. Denn einmal liegt dafür, daß für Rechnung der auswärts wohnenden unter den Klägern oder mit für ihre Rechnung überhaupt, geschweige denn in Hamburg, ein solches Gewerbe betrieben worden wäre oder betrieben würde, zu dessen Erträgnissen auch die hier fraglichen Gewinne gerechnet werden könnten, nicht das mindeste vor. Hieran kann auch die Annahme des Oberlandesgerichtes, daß die seit 1866 von den Klägern vorgenommenen Verkäufe von hamburgischen Grundstücken einen Handel mit Grundstücken im Sinne des hamburgischen Einkommensteuergesetzes von 1881 darstellen, selbst wenn sie — was nicht ganz klar ist — von einem gewerbmäßigen Handelsbetriebe zu verstehen sein sollte, nichts ändern. Denn jetzt würde es auf einen Gewerbebetrieb im Sinne des Reichsgesetzes von 1870 wegen Beseitigung der Doppelbesteuerung ankommen. Dazu wäre erforderlich, daß für Rechnung der Kläger eine gewerbliche Niederlassung bestünde, von welcher aus gewerbmäßig Grundstücke gekauft und verkauft würden, und daß sie gerade in Hamburg bestünde, was damit noch nicht schlechthin gegeben sein würde, daß gewisse Grundstücke, welche Gegenstände des betreffenden Gewerbebetriebes bildeten, in Hamburg belegen wären. In allen diesen Beziehungen liegen keine thatsächlichen Feststellungen, ja nicht einmal Behauptungen der Beklagten vor. Sodann würden übrigens auch als das aus solchem Gewerbebetriebe gezogene Einkommen nicht ohne weiteres die Überschüsse anzusehen sein, welche bei einzelnen bestimmten Verkäufen die Verkaufspreise abzüglich der Verkaufskosten über irgend welche Anfangswerte ergeben hätten; sondern ganz abgesehen davon, daß doch jedenfalls zu Gunsten der Steuerpflichtigen auch der Zinsverlust und die etwaigen weiteren Aufwendungen, soweit dieselben nicht durch die laufenden Erträge gedeckt worden wären, würden in Rechnung gebracht werden müssen, würde überhaupt das Einkommen aus einem solchen Gewerbebetriebe auf ganz andere Weise zu ermitteln sein, nämlich einerseits für den Gewerbebetrieb als ganzes, andererseits aber für jedes Steuerjahr besonders, nach der jedesmaligen Jahresbilanz. Mithin war die Entscheidung des Berufungsgerichtes vom Standpunkte des Doppelbesteuerungsgesetzes aus nicht aufrechtzuhalten. Daß dieses Gesetz nicht bloß eine staatsrechtliche Verpflichtung der einzelnen Bundesstaaten in Ansehung der von ihrer Steuergesetzgebung einzuhaltenden Grenzen begründet habe, sondern unmittelbar den etwa widerstreitenden Landesgesetzen nach Art. 2 der Reichsverfassung vorgehende Normen enthalte, hat das Reichsgericht schon früher ausgesprochen.

Vgl. Entsch. des R.G.'s in Civils. Bd. 15 S. 28 flg.

Dem Mitkläger J. H. R. jun. konnte dieser Aufhebungsgrund freilich nicht mit zu gute kommen, da feststand, daß er seinen Wohnsitz in Hamburg gehabt habe und noch jetzt habe. In Ansehung aller übrigen Kläger ... lagen über den Wohnsitz jedes einzelnen, ob in Hamburg, oder wo sonst, noch keine Angaben vor: deshalb mußte die Aufhebung des vorigen Urteiles zu Gunsten aller dieser erfolgen. Insoweit war ferner die Zurückverweisung der Sache in die vorige Instanz gleichfalls schon deshalb erforderlich, weil die thatsächlichen Feststellungen über die einzelnen Wohnorte noch fehlten. Übrigens würde natürlich das Reichsgesetz wegen Beseitigung der Doppelbesteuerung keinen Grund abgeben, die betreffenden Kläger von der hamburgischen Steuerpflicht auch für irgend welche vor dem Jahre 1871 (vgl. §. 6 des genannten Gesetzes) erzielten Einnahmen für frei zu erklären." ...

26. Ist der bisherige Konkursverwalter legitimiert, Prozesse, die wegen bestrittener Masseforderungen anhängig sind, auch nachdem infolge des abgeschlossenen Zwangsvergleiches die Aufhebung des Konkursverfahrens ausgesprochen und in Wirksamkeit getreten ist, fortzuführen?

K.O. §§. 175. 177.

C.P.O. §§. 218. 219.

II. Civilsenat. Urt. v. 6. März 1891 i. S. D. (Kl.) w. St. (Bekl.) Rep. II. 299/90.

I. Landgericht Koblenz.
II. Oberlandesgericht Köln.

Das Reichsgericht hat die vorstehende Frage verneint.

Aus den Gründen:

„Durch das erstinstanzliche Erkenntnis vom 24. Dezember 1889 ist der Beklagte in seiner Eigenschaft als Verwalter des W.'schen Konkurses verurteilt, den von ihm in dieser Eigenschaft mit dem Kläger über ein zur Konkursmasse gehöriges Wohnhaus abgeschlossenen Kaufvertrag durch Erklärung vor Notar zu beurkunden. Die Berufung gegen dieses Urteil ist von dem Beklagten in seiner angegebenen Eigenschaft erst durch Schriftsatz vom 18./19. Februar 1890 erfolgt, nachdem bereits infolge des zustande gekommenen Zwangsvergleiches das Konkursverfahren durch Beschluß vom 21. Januar 1890 aufgehoben war und die Bekanntmachung des letzteren, wie das Oberlandesgericht feststellt, noch im Laufe des zuletzt genannten Monates vorschriftsmäßig stattgefunden hatte. Mit der Wirksamkeit des Aufhebungsbeschlusses war aber nach Vorschrift des §. 177 K.O. das zur Konkursmasse gehörige Vermögen wieder in die freie Verwaltung und Verfügung des früheren Gemeinschuldners zurückgelangt, die Vertretungsbefugnis des Beklagten erloschen, und es trat Ersterer in Gemäßheit der §§. 218. 219 C.P.O. als prozeßfähig gewordene Partei, ohne daß es einer Aufnahme oder Anzeige bedurfte, in die für resp. gegen die Konkursmasse anhängigen Prozesse kraft Gesetzes wieder ein. Daraus folgt aber, daß der Beklagte von dem angegebenen Zeitpunkte ab bezüglich des fraglichen Hauses eine Willenserklärung mit bindender Wirkung für den ehemaligen Gemeinschuldner nicht mehr abgeben konnte und es ihm ebenso an der Legitimation, den bezüglich des Hauses schwebenden Prozeß als Vertreter des letzteren fortzusetzen, fehlte. Daß hieran auch der Umstand nichts ändert, daß es sich im vorliegenden Falle um den Anspruch eines Massegläubigers (§§. 52. 176 K.O.) handelt, hat das Oberlandesgericht, wenn dessen Erwägungen auch im einzelnen nicht überall beizustimmen ist, ohne Rechtsirrtum angenommen. Aus dem Zusammenhange der §§. 175—177 K.O. ergiebt sich, daß die Aufhebung des Konkursverfahrens nicht, wie man aus der Fassung der erstgenannten Gesetzesvorschrift schließen könnte, unmittelbar nach dem rechtskräftig bestätigten Zwangsvergleiche erlassen werden soll, vielmehr, wie das in den Motiven S. 421 hervorgehoben ist, erst nach Erledigung der an die Beendigung des Verfahrens sich knüpfenden Geschäfte zu erfolgen hat. Zu letzteren gehört aber auch die Erfüllung der Vorschrift des §. 176 K.O., d. h. die Befriedigung bezw. Sicherstellung der Ansprüche der Massegläubiger, welche somit vom Verwalter vor Aufhebung des Konkurses zu bewirken ist.

Vgl. Petersen und Kleinfeller, S. 530 Abs. 1; v. Wilmowski, zu §. 175 N. 1; Fitting, Reichskonkursrecht S. 368. 369 §. 48 N. III, 2; Hullmann zu §. 175 N. 2.

Ist aber letztere in Kraft getreten, so kann nach Vorstehendem von einer Fortsetzuug der Funktion des Verwalters grundsätzlich nicht mehr die Rede sein, und es muß das namentlich auch von der Prozeßvertretung gelten. In der That ist auch kein zwingender Grund dafür ersichtlich, daß der durch die Aufhebung des Konkurses wieder prozeßfähig gewordene frühere Gemeinschuldner in die Rechtsstreite, welche Ansprüche von Massegläubigern zum Gegenstande haben, nicht ebenso wie in die sonst für und gegen die Konkursmasse anhängigen Prozesse als Partei eintreten soll.

Allerdings nehmen mehrere Schriftsteller, z. B. Hullmann (zu §. 176 Anm. 4), Fitting (§. 48 Anm. 22 und Text a. E.), v. Völderndorff (S. 607), v. Wilmowski (zu §. 176 N. 1) und die dort Aufgeführten, an, daß der Verwalter des Konkurses kraft dieser seiner Funktion auch nach Aufhebung des letzteren die wegen bestrittener Masseforderungen schwebenden Prozesse mit den Gläubigern durchzuführen und deren Befriedigung aus den zurückbehaltenen Mitteln zu leisten habe. Eine näher eingehende Motivierung dieses Satzes findet sich bei Hullmann a. a. O.: „Dies ergiebt sich daraus, daß die Gläubiger aus der Konkursmasse Befriedigung zu beanspruchen haben. Es handelt sich um ein Geschäft der Masseverwaltung, dessen Ausführung der gewesene Verwalter, wie in dem Falle des §. 153, als Teil und Fortsetzung seiner früheren Funktionen zu übernehmen hat.“ Dem kann aber nicht beigepflichtet werden. Das erste Argument, welches den Anspruch auf Befriedigung aus der Konkursmasse betont, erscheint nach dem Vorausgeführten unerheblich; sodann entbehrt die Annahme, daß die Vertretungsbefugnis des Verwalters auch über die Aufhebung des Konkurses hinaus fortdauere, der Begründung, und läßt sich dieselbe namentlich auf den angerufenen §. 153 a. a. O. nicht stützen. Die genannte Gesetzesvorschrift, welche von der nachträglichen Verteilung zurückbehaltener oder in die Masse zurückgeflossener Beträge handelt und bestimmt, daß die Vornahme derselben dem früheren Verwalter — als Teil und Fortsetzung seiner Funktionen, Motive S. 386 — obliegt, kann auf den vorliegenden, in seinen thatsächlichen und rechtlichen Voraussetzungen wesentlich verschiedenen Fall keine Anwendung finden.

Ist nun auch nach alle diesem das Oberlandesgericht von einer richtigen Auffassung des §. 176 K.O. ausgegangen, so stellt sich doch die weitere Ausführung, mit welcher dasselbe zu dem Resultate gelangt, daß die erhobene Klage von Anfang an gegen den Gemeinschuldner zu richten gewesen sei, als verfehlt dar.

Zunächst beruht die Annahme, daß ein bestrittener Masseanspruch vor bestätigtem Zwangsvergleiche auf Erfüllung, nachher aber nur auf Sicherstellung gehe, auf einer irrigen Anschauung, und ist dabei übersehen, daß die Rechte der Massegläubiger, welche als solche außerhalb des Konkursverfahrens stehen, durch den Zwangsvergleich nicht berührt werden. In dem vorliegenden Falle handelt es sich nun um den notariellen Abschluß des fraglichen Vertrages, welchen der Beklagte als Verwalter der W.'schen Konkursmasse nach der Behauptung des Klägers mit ihm über ein zu derselben gehöriges Wohnhaus mündlich abgeschlossen hat. Es konnte daher auch die Klage auf Vollziehung nur gegen den Beklagten als gesetzlichen Vertreter der Konkursmasse, nicht aber gegen den Gemeinschuldner, der, soweit es das Vermögen der Konkursmasse angeht, prozeßunfähig war, erhoben werden.

Die bisherige Erörterung führt nun, wie der Kläger in zweiter Linie mit Recht geltend gemacht hat, zu dem Ergebnisse, daß die Berufung des Beklagten, welche dieser in seiner Eigenschaft als Verwalter des genannten Konkurses, erst nachdem letzterer aufgehoben und die angegebene Eigenschaft des Beklagten erloschen war, eingelegt hat, als unzulässig verworfen werden muß. Demgegenüber kann auch der Erwägung des Oberlandesgerichtes am Schlusse seines Urteiles keinerlei Gewicht beigelegt werden. Die erhobene Klage, welche auf das Eigentum des fraglichen Hauses abzielte, war, wie es nach vorstehendem auch geschehen mußte, gegen den Beklagten als Verwalter des W.'schen Konkurses gerichtet, und letzterer hat auch in dieser Eigenschaft gegen das erstinstanzliche Erkenntnis, welches ihn zur notariellen Vollziehung des streitigen Kaufvertrages verurteilte, die Berufung eingelegt. Eine an den genannten Vertrag sich knüpfende persönliche Verpflichtung des Beklagten, die wohl auch nur einen Entschädigungsanspruch des Klägers hätte begründen können, ist, soviel ersichtlich, weder in erster noch in zweiter Instanz geltend gemacht. Wenn nun das Oberlandesgericht erwägt, daß der Kläger den Beklagten auf Grund einer vermeintlich persönlichen, den Konkurs überdauernden Verpflichtung in Anspruch genommen habe, so steht das mit dem, was die Urteile der Vorinstanzen feststellen, im Widerspruche, und eine etwaige Erklärung des Klägers, daß er sich nicht an den früheren Gemeinschuldner verweisen lassen wolle, würde rechtlich ohne alle Bedeutung sein. Hiernach erweist sich die Annahme des Oberlandesgerichtes, daß der vorliegende Prozeß nach Aufhebung des Konkurses auf letzteren nicht habe übergehen können, als unhaltbar." ...

---

27. Wird durch die allseitige Anerkennung einer Konkursforderung im Prüfungstermine und die Eintragung dieser Anerkennung in die Konkurstabelle der vom Gemeinschuldner eingelegten Berufung gegen ein ihn zur Zahlung der Forderung verurteilendes Erkenntnis die rechtliche Wirkung entzogen?

II. Civilsenat. Beschl. v. 3. April 1891 i. S. C. (Kl.) w. G. (Bekl.) Beschw.-Rep. II. 43/91.

I. Oberlandesgericht Köln.

Der Kläger hat in der Klage Verurteilung des Beklagten zur Zahlung einer größeren Summe beantragt und in erster Instanz ein verurteilendes Erkenntnis erlangt, gegen das vom Beklagten Berufung eingelegt wurde. Bald darauf wurde über das Vermögen des letzteren das Konkursverfahren eröffnet, in welchem Kläger seine Forderung anmeldete. Im Prüfungstermine wurde diese Forderung allseitig (auch vom Gemeinschuldner) anerkannt und als anerkannt in die Konkurstabelle eingetragen. Auf Grund dieser Eintragung beantragte Kläger bei dem Gerichtsschreiber des Oberlandesgerichtes eine Bescheinigung der Rechtskraft bezüglich des Urteiles erster Instanz, indem er ausführte, die Eintragung in die Tabelle stehe einer Zurücknahme der Berufung gleich. Als der Gerichtsschreiber diesen Antrag ablehnte, suchte er gemäß §. 539 C.P.O. die Entscheidung des Oberlandesgerichtes Köln nach und legte, als dieses seinen Antrag zurückwies, gegen dessen Beschluß Beschwerde bei dem Reichsgerichte ein. Diese Beschwerde wurde verworfen aus folgenden

Gründen:

„Durch das über das Vermögen des Beklagten eröffnete Konkursverfahren wurde in dem von dem Kläger gegen jenen eingeleiteten Prozesse das Verfahren unterbrochen, und diese Unterbrechung dauert fort, bis das Verfahren nach den für den Konkurs geltenden Bestimmungen aufgenommen oder das Konkursverfahren aufgehoben wird (§. 217 C.P.O.). Der von dem Beklagten gegen das Urteil des Landgerichtes eingelegten Berufung wurde aber dadurch ihre Wirkung nicht entzogen. Ebensowenig ist das Urteil erster Instanz dadurch in Rechtskraft erwachsen, daß die von dem Kläger im Konkursverfahren angemeldete Forderung im Prüfungstermine anerkannt und in die Tabelle eingetragen worden ist. Die Feststellung im Konkursverfahren konnte für sich allein die von dem Kläger behauptete Wirkung in keinem Falle haben, sondern würde diesem, wenn der Gemeinschuldner die Forderung im Prüfungstermine bestritten hätte, nur das Recht verschafft haben, den in der Berufungsinstanz anhängigen Prozeß gegen diesen wieder aufzunehmen (§. 132 Abs. 2 K.O.). Aber auch der Umstand, daß der Gemeinschuldner die Forderung im Prüfungstermine nicht bestritten hat, ist nicht geeignet, der von ihm eingelegten Berufung ohne weiteres ihre Wirkung zu entziehen. Der Kläger erlangte dadurch zwar das Recht, nach Aufhebung des Konkursverfahrens, unter Verzicht auf die Aufnahme des anhängigen Prozesses, gegen seinen Schuldner aus der Eintragung in die Tabelle die Zwangsvollstreckung zu betreiben (§. 152 Abs. 2 K.O.). Aber die in dem Konkursverfahren erfolgte Anerkennung der Forderung des Klägers durch den Gemeinschuldner hat deshalb keineswegs dieselbe Wirkung wie eine förmliche Zurücknahme der eingelegten Berufung. Sie setzt den Kläger vielmehr nur in die Lage, auf Grund des Anerkenntnisses nach Wiederaufnahme des Prozesses die Zurückweisung der Berufung zu beantragen. Die Sache liegt nicht anders, als wenn der Beklagte außergerichtlich oder in einem anderen Prozesse die Forderung des Kläger anerkannt oder außergerichtlich auf die von ihm eingelegte Berufung verzichtet hätte. Die in §. 476 C.P.O. für die Zurücknahme der Berufung vorgeschriebene Form muß ungeachtet der im Konkursverfahren erfolgten Anerkennung eingehalten werden, wenn das Urteil erster Instanz in Rechtskraft erwachsen soll. Das Reichsgericht hat in einem am 29. Oktober 1890 erlassenen Urteile,

vgl. Jurist. Wochenschrift 1890 S. 411 Nr. 8, besondere Beilage zum Reichsanzeiger 1891 S. 10 flg.,

ausgesprochen, daß dem Gläubiger, obgleich er befugt sei, gemäß §. 152 Abs. 2 die Zwangsvollstreckung zu betreiben, doch das Recht zustehe, statt dessen eine Klage zu erheben. Wenn ihm diese Befugnis nicht zustünde, könnte er sich nach den obigen Ausführungen aber auch nicht einfach auf das Urteil erster Instanz stützen und ungeachtet der von dem Beklagten eingelegten Berufung geltend machen, daß dieses Urteil in Rechtskraft erwachsen sei."

---

28. Voraussetzung der Haftung aus der Auskunftserteilung oder Empfehlung. Welchen Einfluß hat hierauf das Bestehen einer Geschäftsverbindung zwischen dem Erteiler und dem Empfänger der Empfehlung? Kann der Kommissionär aus einer ihm erteilten Empfehlung einen Anspruch nur soweit geltend machen, als er durch die Empfehlung in seinem eigenen Vermögen beschädigt ist?

I. Civilsenat. Urt. v. 31. Januar 1891 i. S. G. (Kl.) w. D. G. (Bekl.) Rep. I. 254/90.

I. Landgericht I Berlin.
II. Kammergericht daselbst.

Der Kläger stand mit der Beklagten in Geschäftsverbindung. Die Beklagte kaufte und verkaufte für den Kläger bezw. von ihm und an ihn bedeutende Beträge von Wertpapieren. Am 8. September 1883 schrieb die Beklagte dem Kläger einen Brief, der über das „freundliche Gesicht", welches die Börse zur Zeit zeige, und dessen Ursache berichtet, in dem es dann weiter heißt:

„Ein sehr lebhaftes Geschäft zu steigenden Kursen entwickelt sich in Dortmunder Union=Stamm=Prioritäten. Wenn auch die verbreiteten guten Dividendengerüchte vorerst noch thatsächlicher Begründung entbehren, so bricht doch die Überzeugung durch, daß der Kurs im Verhältnis zur Lage der Verhältnisse zurückgeblieben ist, und dürfte eine weitere Steigerung bevorstehen."

Der Kläger will durch diese Mitteilung, die er als Empfehlung bezw. Rat auffaßt, dazu bewogen worden sein, „am 10. September 1883 durch die Beklagte für sich den Betrag von 180 000 ℳ Dortmunder Union=Stamm=Prioritäten und außerdem durch die Deutsche Bank in Berlin den Betrag von 60 000 ℳ desselben Effektes zum Kurse von 100¼ ankaufen zu lassen". Der Kurs dieses Papieres sei aber andauernd gefallen, und, um wenigstens einen größeren Teil des in demselben angelegten Kapitales zu retten, habe der Kläger am 3. Januar, 28. und 29. März, 20. Mai 1884 in verschiedenen Partieen die gekauften Prioritäten zu Kursen von 82, 81, 74, 59 Prozent wieder verkauft. Den dadurch erlittenen Schaden klagte der Kläger gegen die Beklagte ein.

Er begründete seinen Anspruch damit, daß die Beklagte mit den Verhältnissen der Dortmunder Union genau bekannt gewesen sei, zwei ihrer Direktoren hätten sich im Verwaltungsrate der Union befunden, die Angaben der Beklagten hätten daher die größte Glaubwürdigkeit zu beanspruchen gehabt. Die Verhältnisse der Union seien sehr ungünstige gewesen, und es enthalte ein „bedenkliches Verkennen" derselben, wenn die Beklagte, deren Direktion „in Börsensachen als maßgebende Sachverständige zu betrachten sei", „auf Grund eigener Überzeugung dem Kläger ein Steigen des Kurses der fraglichen Stammprioritäten in Aussicht gestellt" habe. Aus diesem „groben Versehen" hafte die Beklagte.

Die Beklagte bestritt, daß der Brief vom 8. September 1883 eine Empfehlung enthalte, stellte den ungünstigen Stand der Verhältnisse der Union in Abrede, brachte die Einrede der Verjährung aus §. 54 A.L.R. I. 6 vor und bestritt die Aktivlegitimation des Klägers, weil derselbe die fraglichen Papiere nicht für eigene, sondern für fremde Rechnung gekauft, als Kommissionär Provision verdient und keinen Schaden erlitten habe.

In erster Instanz wurde nach erhobenem Beweise die Klage abgewiesen, weil ein grobes Versehen der Beklagten nicht erwiesen sei.

In zweiter Instanz wurde, nachdem beschlossen worden war, „die Verhandlung zunächst auf den Einwand bezüglich des kommissionsweisen Geschäftes und den Einwand der Verjährung zu beschränken", ein Teilurteil erlassen. Der Berufungsrichter sah als erwiesen an, daß der Kläger zwei der fraglichen Einkäufe als Kommissionär gemacht habe. Den aus der Kursdifferenz beim Einkaufe und späteren Verkaufe entstaudenen Schaden hätten die Kommittenten erlitten, nur diese hätten daher den Schaden geltend machen können. Soweit sei keinesfalls der Kläger zur Einklagung des Schadens befugt. Demgemäß wurde die Berufung des Klägers durch Teilurteil insoweit zurückgewiesen.

Auf die Revision des Klägers ist dies Urteil aufgehoben und die Sache an das Berufungsgericht zurückverwiesen aus folgenden

Gründen:

. . . „1. Der Berufungsrichter hat darin gefehlt, daß er es unterlassen hat, die rechtliche Natur des geltend gemachten Anspruches zu erörtern, insbesondere zu untersuchen, ob es sich nicht um eine vertragsmäßig übernommene Verpflichtung handelte; denn nur auf Grund einer solcher Untersuchung kann die Frage entschieden werden, ob derjenige, welcher eine Auskunft erteilt, für einen dadurch herbeigeführten Schaden demjenigen, welchem er die Auskunft erteilt hat, auch dann haftet, wenn das schadenbringende Geschäft von diesem nicht für eigene Rechnung geschlossen war, materiell der Schade also nicht seine Person betroffen hat.

Betrachtet man die einzelne Auskunftserteilung oder Empfehlung lediglich für sich, so fehlt es an einem rechtlichen Grunde (causa) dafür, denjenigen, von welchem die Auskunft ausgeht, für die aus derselben entstehenden Folgen verantwortlich zu machen. Nur wenn die Erteilung der Auskunft auf einer Böswilligkeit beruht, kann aus dieser Böswilligkeit eine Verhaftung für den entstandenen Schaden hergeleitet werden. Anders aber gestaltet sich das Verhältnis, wenn zwischen demjenigen, welcher die Auskunft erteilt, und demjenigen, welchem sie erteilt wird, eine Geschäftsverbindung besteht.

Wenngleich nämlich eine Geschäftsverbindung zweier Personen an sich zunächst nichts Anderes ist als das zufällige Nebeneinanderbestehen von Geschäften, welche diese Personen miteinander abgeschlossen haben und einander gegenüber erfüllen, so bildet sich doch durch die häufige geschäftliche Berührung und die Erkenntnis, daß es für beide Teile nur vorteilhaft sein kann, einander entgegenzukommen, ein Vertrauensverhältnis aus, in welchem die Wahrung von Treue und Glauben in erhöhtem Maße und in weiterem Umfange, als im Verkehre zwischen einander fremd gegenüberstehenden Personen zur notwendigen Übung wird. Nicht nur der Abschluß und die Erfüllung der einzelnen Geschäfte, sondern die ganze Geschäftsverbindung wird von Treue und Glauben beherrscht, und dadurch kommt es, daß Handlungen, welche, abgesehen von dieser Verbindung der Handelnden, als rechtlich indifferente Thatsachen erscheinen, einen rechtlichen Inhalt gewinnen können.

Im Handelsgesetzbuche findet sich dieser Gedanke nur nach einer bestimmten Richtung hin ausdrücklich formuliert, indem einem Kaufmanne, welcher von einer mit ihm in Geschäftsverbindung stehenden Person einen Auftrag erhält, die rechtliche Verpflichtung auferlegt wird, sich darüber zu erklären und in Bezug auf mit dem Auftrage übersandte Ware eine gewisse Sorgfalt anzuwenden (Art. 323). Allein aus dieser Beschränkung der Anerkennung auf einen einzelnen Fall ist ein Schluß darauf, daß die Geschäftsverbindung in anderen Fällen keine rechtliche Bedeutung habe, umsoweniger zu ziehen, als derartige Verhältnisse überhaupt sich nur schwer genau formulieren lassen und sich darum einer Regulierung durch Gesetz entziehen. Der Doktrin und der Judikatur bleibt es überlassen, die Anwendung jenes Rechtsgedankens auf das einzelne Rechtsverhältnis nach Voraussetzung und Wirkung zu untersuchen und festzusetzen.

Gerade bei einer derartigen Geschäftsverbindung wie der vorliegenden gewinnt der erwähnte Rechtsgedanke besondere Wichtigkeit. Thatsächliche Vorgänge werden nicht nur, insoweit sie Abschluß und

Erfüllung von Geschäften betreffen, zu rechtlich wirksamen, sondern es erstreckt sich dies auch auf gewisse zur Vorbereitung von Rechtsgeschäften vorgenommene Handlungen, insbesondere auf Empfehlungen und Auskunftserteilungen. Der Bereich, innerhalb dessen die Kontrahenten des einzelnen Geschäftes sich unter rechtlich realisierbarem Präjudize Vertrauen schenken dürfen, wird erweitert. Vorgänge, welche unter Fremden an sich indifferent sein würden, werden wie Rechtsgeschäfte bezw. als solche behandelt. Der Geschäftsfreund empfängt die Mitteilung des Geschäftsfreundes in der Überzeugung, daß diesen bei Erteilung derselben kein Verschulden trifft, bezw. daß er für ein begangenes Versehen haftbar ist, und der andere Geschäftsfreund weiß, daß der erstere seine Mitteilung in diesem Sinne auffaßt, und daß er sie in Treue und Glauben so auffassen darf. Der Geschäftsfreund wird dadurch nicht verpflichtet, eine Auskunft zu geben; giebt er sie aber, so unterwirft er sich damit der bestehenden Auffassung. Gleiche Bedeutung und Wirkung, welche die §§. 220. 221 A.L.R. I. 13 der gewährten Bezahlung oder Belohnung zuschreiben, kommt der zwischen den betreffenden Personen bestehenden Geschäftsverbindung zu.

Die gleiche prinzipielle Auffassung liegt den über die betreffende Frage ergangenen Entscheidungen des Reichsgerichtes zu Grunde. In dem Urteile des I. Civilsenates vom 18. April 1885 i. S. B. & G. w. H. & R. Rep. I. 33/85 lagen die Verhältnisse ähnlich wie im vorliegenden Falle. Auf Anfrage des Klägers, ob das fernere Behalten von Anteilscheinen der Berliner Handelsgesellschaft, eines mit den Beklagten in engster Verbindung stehenden Geschäftes, ratsam sei, hatten die Beklagten geantwortet, „der gegenwärtige Kurs der betreffenden Papiere sei in Rücksicht auf den Umfang der Geschäfte und die Stellung, welche die Berliner Handelsgesellschaft unter den Berliner Banken einnehme, ein durchaus mäßiger zu nennen." Der Kurs der Anteilscheine ging herunter, und zwar, wie die Kläger behaupteten und der Berufungsrichter für erwiesen annahm, infolge zur Zeit jener Antwort schon vorhandener Verluste der Handelsgesellschaft. Die Kläger klagten ihre durch das Sinken des Kurses erlittenen Verluste auf Grund der von den Beklagten erstatteten Auskunft ein, und der VI. Civilsenat des Kammergerichtes erkannte mit Urteil vom 20. September 1884 diesen Anspruch als begründet an in besonderer Berücksichtigung der unter den Parteien bestehenden Geschäftsverbindung. In dem die Revision gegen dieses Urteil zurückweisenden Reichsgerichtsurteile wird ausgeführt:

„Würde die Beklagte bei Ausführung eines ihr erteilten speziellen Auftrages einen Rat erteilt bezw. eine relevante Thatsache verschwiegen haben, so würde sie nach Art. 361 H.G.B. verhaftet gewesen sein, wenn sie dabei die Sorgfalt eines ordentlichen Kaufmannes nicht angewendet hätte. Im vorliegenden Falle handelt es sich allerdings nicht um die Ausführung eimes bestimmten Kommissionsgeschäftes. Der Rat wurde verlangt, um daraufhin einen Entschluß über die Vornahme eines neuen Geschäftes, über die Erteilung einer neuen Kommission zu fassen. Es war nicht der Kommittent, welcher beim Kommissionär anfragte. Allein unbestritten standen die Parteien seit langer Zeit miteinander in einem Kommissionsverkehre. Die Beklagte kaufte und verkaufte im Auftrage und für Rechnung der Klägerin Papiere und unterstützte dabei die Klägerin mit ihrem Rate. . . . Bei dieser Sachlage würde es irrig sein, wenn man die Ratserteilungen isoliert betrachten und so behandeln wollte, wie wenn ein geschäftlicher Verkehr der fraglichen Art zwischen den Parteien nicht bestanden hätte, wie wenn also der Rat von einem beliebigen Dritten erteilt worden wäre."

Dieselben Grundsätze sind anerkannt in Entsch. des R.G.'s in Civils. Bd. 19 Nr. 19 S. 97, Bd. 20 Nr. 42 S. 190, Bd. 23 Nr. 25 S. 136 flg. Vgl. ferner die Urteile des R.G.'s vom 26. März 1887 i. S. W. w. C. Rep. I. 47/87 (bei Bolze Bd. 4 Nr. 646), vom 22. Jauuar 1890 i. S. T. w. H. Rep. I. 315/89, vom 14. März 1888 i. S. St. w. H. Rep. I. 11/88 (bei Bolze Bd. 5 Nr. 673 c).

Was nun den Brief der Beklagten vom 8. September 1883 betrifft, so findet sich in den Worten desselben zwar weder eine ausdrückliche Empfehlung der Dortmunder Unionspapiere, noch eine Darlegung der eigenen Ansicht der Beklagten vom Werte und der Tendenz derselben zum Steigen. Es wird vielmehr, nachdem berichtet worden, es habe sich an der Börse ein lebhaftes Geschäft zu steigenden Kursen entwickelt, von Gerüchten darüber, daß gute Dividenden zu erwarten seien, gesprochen, zugleich aber bemerkt, die Gerüchte entbehrten noch thatsächlicher Begründung. Auch die folgenden Worte würden an sich nur als ein Bericht darüber verstanden zu werden brauchen, an der Börse gewinne die Ansicht Boden, die Lage der Verhältnisse rechtfertige einen höheren Kurs der fraglichen Papiere, es sei darum ein Steigen derselben zu erwarten. Hiernach würde man die Beklagte nicht für etwas Weiteres haftbar erklären können, als daß in dieser Weise an der Börse argumentiert und gehandelt worden sei, ja es würde sogar diese Haftung nur für den Fall des dolosen Verhaltens der Beklagten begründet erscheinen. Allein in Berücksichtigung einerseits der bestehenden Geschäftsverbindung und andererseits der zwischen der Dortmunder Union und der Beklagten bestehenden engen Beziehung stellt sich die briefliche Mitteilung in einem anderen Lichte dar.

Die Erstattung von Berichten über Börsenverhältnisse hatte offenbar den Zweck, dem Kläger für seine Spekulation an der Berliner Börse die notwendige Grundlage zu gewähren. Es erhellt nicht, wie weit die Beklagte zur Berichterstattung verpflichtet war. Sprach sie sich aber über ein bestimmtes Papier aus, ohne in deutlicher Weise ihren Bericht auf bestimmte Thatsachen, z. B. auf den notierten Kurs, auf die Börsenstimmung, zu beschränken, so war der Kläger zur Annahme berechtigt, daß sie ihm alle einschlagenden, ihr bekannten Momente, welche für ihn bestimmend sein konnten, mitteile. Im vorliegenden Falle durfte also der Kläger, wenn die Beklagte wirklich in der behaupteten engen Beziehung zur Union stand, annehmen, daß dieselbe keinen Grund habe, an der Richtigkeit der mitgeteilten Ansicht der Börse über „die Lage der Verhältnisse" der Union und die demgemäß zu erwartende Eventualität des Steigens ihrer Papiere zu zweifeln. Kann man ja doch sogar im Briefe selbst, so vorsichtig er gefaßt ist, eine Hindeutung darauf finden, daß die Beklagte sich nicht in Meinungsverschiedenheit mit der Börse befinde; denn sie spricht nicht von der Bildung der Ansicht, daß der Kurs zurückgeblieben sei, sondern vom „Durchbrechen der Überzeugung", daß der Kurs zurückgeblieben ist.

War nun aber durch die über die Papiere der Union gemachte Mitteilung zwischen den Parteien ein vertragsmäßiges Verhältnis konstituiert, so ergiebt sich schon hieraus die Hinfälligkeit der auf §. 54 A.L.R. I. 6 gestützten Einrede der Verjährung, da es sich nicht um einen „außerhalb eines Kontraktes erlittenen Schaden" handelt.

Ferner liegt kein Grund vor, die Haftung der Beklagten auf den Schaden zu beschränken, welcher durch den Ankauf von Papieren von der Beklagten oder durch deren Vermittelung entstanden ist. Eine Verpflichtung, nur von der Beklagten oder durch deren Vermittelung Papiere zu kaufen, bestand nicht. Für die Haftung aus ihrer Empfehlung, sofern sie bei derselben schuldhaft verfahren war, war es also gleichgültig, bei wem bezw. durch wen der Kläger die Papiere kaufte, ob bei der Beklagten selbst oder bei einem Dritten.

Ob die Beklagte bei der Erteilung der Auskunft schuldhaft gehandelt habe, kommt im jetzigen Stadium des Prozesses noch nicht zur Frage, desgleichen nicht, wie der Schade zu berechnen ist. Dagegen bleibt noch zu untersuchen, ob die Ersatzpflicht der Beklagten, wie das der Berufungsrichter annimmt, auf denjenigen Schaden beschränkt sei, welchen der Kläger durch die für seine eigene Rechnung abgeschlossenen Geschäfte erlitten hatte.

2. Subjekte eines Vertragsverhältnisses sind nur diejenigen, in deren Namen der Vertrag abgeschlossen ist. Ob ein Kontrahent mit einem Dritten in einem Rechtsverhältnisse steht, welches sich auf den Vertrag bezieht, ist, diese Beziehung mag sein wie sie will, für den anderen Kontrahenten gleichgültig. Das Handelsgesetzbuch hat diese Sätze insbesondere für das Kommissionsverhältnis ausdrücklich und mit voller Schärfe anerkannt. Der Kommittent und der Kontrahent des Kommissionärs sind füreinander völlig Dritte. Keiner kann gegen den anderen einen Anspruch aus dem vom Kommissionär abgeschlossenen Vertrage geltend machen, weder auf Erfüllung noch auf Schadensersatz. Legitimiert hierzu sind nur die beiden Kontrahenten. Folgeweise kann keiner der beiden Kontrahenten dem Anspruche des anderen einen Einwand aus der Person des Kommittenten entgegenstellen, und wenn es bei der Prüfung der Frage nach der Rechtsbeständigkeit des Vertrages auf das Wissen oder Nichtwissen, auf Gutgläubigkeit oder Bösgläubigkeit oder auf ein ähnliches Moment ankommt, so kann dasselbe nur, soweit es in der Person des Kommissionärs oder diesem gegenüber begründet ist, in Betracht kommen. Daher kann auch dem Anspruche des Kommissionärs an seinen Kontrahenten von diesem nicht der Einwand des mangelnden Interesses mit der Begründung entgegengestellt werden, daß der Kommissionär als solcher verpflichtet sei, die gekaufte Ware, den erlösten Preis dem

Kommittenten herauszugeben, und daß sein eigenes Interesse nur im Verdienen der Provision liege. Dieser Einwand würde ebenso hinfällig sein, wie wenn der Beschädiger einer Sache der Schadensersatzklage den Einwand, die Sache sei gegen diese Beschädigung versichert gewesen, entgegenstellen wollte, und es bedarf ihr gegenüber nicht einmal der Replik, der Kläger sei als Kommissionär dem Kommittenten gegenüber zur Herausgabe der gekauften Sache oder des erlösten Kaufpreises bezw. dem Versicherer zur Herausgabe des erhaltenen Schadensersatzes oder zur Cession der Schadensersatzklage verpflichtet.

Das Interesse ist durch den Vertrag bestimmt, und zwar nicht nur, soweit es sich um Erfüllung handelt, sondern auch, wenn eine Schadensklage darauf gestützt wird.

Im vorliegenden Falle geht die Klage auf den Ersatz des Schadens, welcher dadurch entstanden ist, daß die auf Empfehlung der Beklagten vom Kläger gekauften Papiere an Kurswert verloren haben. Ob das Sinken eine dauernde Schädigung des Vermögens des Klägers verursacht hat, oder ob dieselbe ihm von anderer Seite bereits schenkweise ersetzt oder auf Grund eines anderweiten Rechtsverhältnisses, z. B. einer Versicherung, gedeckt worden ist, oder ob er von Anfang an dadurch gesichert war, daß er für fremde Rechnung kontrahiert hatte, daß er also, wie er das durch den Vertrag Erworbene herauszugeben verpflichtet war, so andererseits den Anspruch auf Ersatz des aus dem Vertrage entstandenen Verlustes hatte — alles das bleibt dem Beklagten gegenüber völlig gleichgültig. Weil in *letzter* Reihe die Vorteile und die Nachteile aus dem vom Kommissionär abgeschlossenen Geschäfte den Kommittenten treffen, kann derselbe als der *materiell* Interessierte bezeichnet werden. Für die rechtliche Stellung der drei beteiligten Personen hat dieser Umstand keinerlei Bedeutung. Der Kommittent kann dieses sein materielles Interesse gegen den Kontrahenten des Kommissionärs nicht (direkt) geltend machen und kann von diesem nicht angegriffen werden. Aber auch das Interesse, auf welches der Kommissionär den Anspruch gegen seinen Kontrahenten stützt, ist in der That sein *eigenes* Interesse und bleibt es eben darum, weil es durch die schließliche materielle Gestaltung des Verhältnisses nicht berührt wird.

In Übereinstimmung mit dem Entwickelten steht auch das in den

Entsch. des R.O.H.G.'s Bd. 22 Nr. 55 S. 248 flg. abgedruckte Urteil. Zu einem Mißverständnisse kann die auf einem Druckfehler beruhende Wortstellung auf S. 251 Z. 6 v. o.: „nur er" führen. In der Ausfertigung des Urteiles steht: „er nur" (s. auch a. a. O. S. 455). Es handelte sich dort um die Klage des Kommissionärs auf Aufhebung des von ihm geschlossenen Kaufes wegen Irrtumes. Es stand aber fest, daß dieser Irrtum nicht in der Person des Kommissionärs vorhanden war, und darum wurde die Klage abgewiesen. Daß die Klage vom Kommittenten als ihm vom Kommissionär cedierte angestellt worden war, ist bedeutungslos.

Vgl. auch Entsch. des R.O.H.G.'s Bd. 11 Nr. 86 S. 259, Bd. 14 Nr. 123 S. 400, Bd. 17 Nr. 21 S. 78; Urteil des R.G.'s Rep. VI. 103/90; Zimmermann im Neuen Archiv für Handelsrecht Bd. 1 S. 48 flg.

Das angeführte, im 22. Bande der Entscheidungen abgedruckte Urteil des Reichsoberhandelsgerichtes spricht noch von der Möglichkeit der Begründung einer eigenen Klage des Kommittenten für den Fall, daß der Drittkontrahent nicht sowohl in der Person seines Kontrahenten, des Kommissionärs, sondern in der des Kommittenten betrüglicherweise einen Irrtum erregte, welcher denselben zur Erteilung der Kommission veranlaßte. Auf diese Ausführung nimmt der Berufungsrichter bei seiner Deduktion, daß der Kläger als Kommissionär zu der angestellten Klage nicht legitimiert sei, Bezug. Allein es bedarf eines näheren Eingehens auf diese Erörterung nicht, weil der im Urteile des Reichsoberhandelsgerichtes supponierte Thatbestand hier nicht vorliegt. Die Beklagte bestreitet den Kausalnexus zwischen der dem Kläger im Briefe vom 8. September 1883 gemachten Erklärung und den vom Kläger als Kommissionär gemachten Ankäufen nicht und behauptet nicht etwa, daß die Erteilung der Aufträge zu diesen Ankäufen durch ein von jener Auskunftserteilung und Empfehlung verschiedenes Moment veranlaßt worden sei.

Aus vorstehenden Ausführungen ergiebt sich, daß der Berufungsrichter darin rechtsgrundsätzlich gefehlt hat, daß er die rechtliche Natur der im Briefe der Beklagten vom 8. September 1883 enthaltenen Empfehlung verkannt und daß er die Haftung aus einer solchen Empfehlung auf den Schaden aus denjenigen Geschäften beschränkt hat, welche von dem, die Empfehlung Erteilenden für eigene Rechnung abgeschlossen sind. Das Berufungsurteil war deswegen aufzuheben. In der Sache selbst konnte nicht erkannt werden, weil bei Befolgung der richtigen Grundsätze der Grund zum Erlasse eines Teilurteiles wegfällt, und weil ferner eine Untersuchung weder darüber, ob der Beklagten bei Erteilung der Empfehlung ein Verschulden zur Last fällt, noch ob der geltend gemachte Schade genügend begründet ist, vom Berufungsrichter bereits angestellt ist. Die Sache war also, um nach diesen beiden Richtungen hin geprüft zu werden, in die Berufungsinstanz zurückzuverweisen."

---

29. Ist ein Vollindossatar berechtigt, auf Grund des Vollindossamentes den Wechsel gegen den Acceptanten mit der Erklärung, das Vollindossament eines Vormannes sei in Wirklichkeit nur ein Prokuraindossament, als Bevollmächtigter dieses Vormannes einzuklagen?

I. Civilsenat. Urt. v. 4. März 1891 i. S. J. B. & Co. (Kl.) w. E. S. (Bekl.). Rep. I. 344/90.

I. Landgericht I Berlin.
II. Kammergericht daselbst.

Ein über 20000 ℳ gezogener und acceptierter, durch eine zusammenhängende Reihe von Vollindossamenten an die Klägerin gelangter Wechsel wurde von dieser gegen den Acceptanten eingeklagt. Der Beklagte wendete ein, die Klägerin habe nach Erwerb des Wechsels eine näher angegebene Generalquittung ausgestellt. Nach dem Thatbestande des erstinstanzlichen Urteiles „bestritt die Klägerin die thatsächlichen Behauptungen des Beklagten nicht, führte aber an, daß sie nur Inkassomandatarin der Handlung Gebr. B. (einer Vorindossantin) sei, was Beklagter bestritt und für Klagänderung erklärte. Einen Beweis für das Inkassomandat hat Klägerin der gestellten Anfrage ungeachtet nicht angetreten." Darüber, ob bei Ausstellung der Generalquittung über den Klagewechsel gesprochen worden sei, wurde weiter verhandelt, und es kam in erster und zweiter Instanz zu Eideszuschiebungen.

In erster Instanz wurde die Klage auf Grund der Generalquittung abgewiesen. Die gegen dieses Urteil von der Klägerin eingelegte Berufung wurde zurückgewiesen, weil „die Behauptung der Klägerin, das als Vollindossament geltend gemachte Giro sei nur zum Inkasso ausgestellt, zwar keine Änderung des Klagegrundes, wohl aber eine Abänderung des Klagevortrages in Bezug auf die nach §. 230 Ziff. 1 C.P.O. wesentliche Angabe der Prozeßparteien enthalte."

Das Berufungsurteil wurde auf Revision der Klägerin aufgehoben und die Sache an das Berufungsgericht zurückverwiesen aus folgenden

Gründen:

„Der Inhaber eines indossierten Wechsels wird durch eine zusammenhängende, bis auf ihn heruntergehende Reihe von Indossamenten als Eigentümer des Wechsels legitimiert" (Art. 36 W.O.). Klagt der so legitimierte Inhaber den Wechsel ein, so tritt er als Eigentümer desselben auf und kann nur als solcher auftreten. Ist dem letzten oder einem früheren Indossamente „die Bemerkung zur „Einkassierung", „in Prokura" oder eine andere die Bevollmächtigung ausdrückende Formel beigefügt worden, so überträgt das Indossament das Eigentnm an dem Wechsel nicht, ermächtigt aber den Indossatar zur Einziehung der Wechselforderung, Protesterhebung u. dgl. (Art. 17 W.O.). Der durch die bis auf ihn fortlaufende Reihe von Indossamenten, unter welchen sich ein Prokuraindossament befindet, legitimierte Wechselinhaber ist daher nicht Eigentümer des Wechsels, sondern Eigentümer bleibt derjenige, welcher das (erste) Prokuraindossament auf den Wechsel gesetzt hat. Der Wechselinhaber ist dessen (unmittelbarer oder mittelbarer) Bevollmächtigter; derselbe kann also nur im Namen des Eigentümers auftreten. Welches sonstige Rechtsverhältnis zwischen dem Inhaber und seinen Vormännern besteht, ist für die Legitimationsfrage gleichgültig. Auch wenn der Vormann dem Nachmanne den Wechsel zu Eigentum übertragen wollte, ist dieser, wenn das Indossament als Prokuraindossament gegeben ist, immer nur als Bevollmächtigter legitimiert, und umgekehrt ist der Vollindossatar Eigentümer, auch wenn er nach einer Vereinbarung mit dem Indossanten nur dessen Bevollmächtigter sein sollte. Im letzteren Falle kann also der Vollindossatar bei Geltendmachung des

Wechsels nicht als Vertreter des Vormannes auftreten, denn die Übertragung des Eigentumes schließt nicht die Bevollmächtigung zur Ausübung einzelner aus dem Eigentume fließender Rechte in sich, und der Vormann hat mit der Übertragung des vollindossierten Wechsels alle seine Rechte aus dem Wechsel übertragen.

Der vom Inhaber des voll indossierten Wechsels beklagte Wechselschuldner kann sich also (abgesehen von den „aus dem Wechselrechte selbst hervorgehenden") „der ihm gegen den Kläger selbst zustehenden Einreden bedienen" (Art. 82 W.O.), während dem klagenden Prokuraindossatar gegenüber die gegen den Prokuraindossanten zustehenden Einreden vorgebracht werden können.

Vgl. Entsch. des R.O.H.G.'s Bd. 6 Nr. 10 S. 55, Bd. 22 Nr. 40 S. 173.

Der vorliegende Wechsel enthält nur Vollindossamente. Aus ihm konnte also der Inhaber nur klagen und hat nur geklagt als Eigentümer des Wechsels. Ob er mit einem Vormanne übereingekommen war, daß er den Wechsel, trotzdem daß derselbe voll indossiert sei, für dessen Rechnung einkassieren und einklagen solle, ist für die Klage bedeutungslos. Durch diese Übereinkunft wird weder der Vormann als Eigentümer des Wechsels legitimiert, noch giebt dadurch der Kläger seinen Anspruch als durch Vollindossament legitimierter Wechselinhaber auf. Es liegt also weder eine Klagänderung noch eine Parteiänderung vor. Es handelt sich vielmehr nur um die vom Beklagten vorgebrachten Einreden. Daß dieselben gegenüber der Klägerin zulässig sind, ist nach dem Ausgeführten zweifellos. Die Frage, ob sie begründet bezw. durch die Replik nicht elidiert sind, ist zur Entscheidung noch nicht reif."

---

30. 1. Kann die Erfüllung einer bestehenden Verpflichtung aus §. 3 Nr. 2 des Anfechtungsgesetzes vom 21. Juli 1879 angefochten werden? 2. Wie verteilt sich in solchem Falle die Beweislast?

III. Civilsenat. Urt. v. 15. Mai 1891 i. S. F. (Kl.) w. L. (Bekl.) Rep. III. 44/91.

I. Landgericht Hildesheim.
II. Oberlandesgericht Celle.

Der Gutspächter W. in M. schloß am 22. Oktober 1889 mit dem Beklagten, seinem Schwager, einen notariellen Vertrag, in welchem er erklärt, letzterem, welcher gleichzeitig die Tilgung der von W., nach dessen Versicherung erschöpfend, angegebenen Schulden desselben übernahm, im ganzen 154 575 ℳ schuldig zu sein, und zur Tilgung dieser Schuld bis zur Höhe von 120 069 ℳ das auf dem Pachtgute befindliche Inventar in Zahlung giebt mit dem Hinzufügen, daß die Übergabe der Sachen in jenen Tagen, spätestens am 2. November 1887, erfolgen solle gegen Zahlung der vom Beklagten zu jener Schuldentilgung noch zu verwendenden Summen, worauf dann Beklagter als Gutspächter eintreten solle. Die Übergabe des Inventars ist unstreitig erst nach dem 25. Oktober 1887 erfolgt.

Zwei Schuldposten, unter diesen die Forderung des Klägers, waren in jenem Vertrage weder übernommen, noch angegeben. Kläger hat daher gegen den Beklagten die am 25. Oktober 1888 zugestellte Klage erhoben auf Grund des §. 3 Nr. 2, eventuell Nr. 1 des Anfechtungsgesetzes vom 21. Juli 1879. In beiden Vorinstanzen ist die Anfechtung des Vertrages vom 22. Oktober 1887 aus §. 3 Nr. 1 zugelassen und nach einer für den Beklagten günstig beurteilten Beweisaufnahme für diesen auf einen richterlichen Eid erkannt, dagegen die Nr. 2 als unanwendbar bezeichnet, obwohl die thatsächliche Übergabe erst nach dem 25. Oktober 1887 erfolgt sei, daher in das kritische Jahr falle. Das Berufungsgericht führt insbesondere aus, nach der Meinung des Reichsgerichtes,

vgl. Entsch. des R.G.'s in Civils. Bd. 9 S. 66 flg.,

entstehe der Anfechtungsanspruch in dem Augenblicke, in welchem durch die Verfügung des Schuldners über sein Vermögen dieses dem Zugriffe des Gläubigers entzogen und so dieser benachteiligt werde. Im vorliegenden Falle sei dies offenbar der Vertragsabschluß vom 22. Oktober 1887, nicht erst die Übergabe des Inventares; denn schon mit jenem sei nach der Ansicht des Reichsgerichtes,

vgl. Entsch. des R.G.'s in Civils. Bd. 5 S. 285,

dem Beklagten ein gegenwärtiges Recht am W.'schen Inventar erworben, durch welches der direkte Zugriff des Klägers auf dasselbe ausgeschlossen werde.

Kläger hat Revision eingelegt und insbesondere bemängelt, daß die Nr. 2 des §. 3 des Anfechtungsgesetzes für unanwendbar erklärt sei.

Aus den Gründen:

... „Es ist zunächst zu prüfen, welche Rechtshandlung anzufechten, und welcher rechtlichen Natur dieselbe ist. Könnte man mit der Revision den Vertrag vom 22. Oktober 1887 und die einige Zeit später erfolgte Tradition als eine einzige Rechtshandlung ansehen, die mit dem ersteren Akte begonnen, mit dem letzteren vollendet wurde, so würde man allerdings letzteren als den Abschluß des ganzen Geschäftes ansehen und, da er in das kritische Jahr fällt, den ganzen einheitlichen Vertrag unter §. 3 Nr. 2 des Anfechtungsgesetzes subsumieren können. Allein diese Auffassung ist trotz des Wortlautes des Vertrages vom 22. Oktober 1887 unhaltbar. Da die Kontrahenten ausdrücklich vereinbarten, daß die Tradition der an Zahlungsstatt zu gebenden Sachen erst zu einem späteren Zeitpunkte erfolgen sollte, kann es, wovon auch das Berufungsgericht ausgeht, nicht zweifelhaft sein, daß zunächst nur eine beiderseitige Verpflichtung zur Übergabe bezw. Schuldentilgung begründet werden sollte, und damit dieses Rechtsgeschäft seinen Abschluß fand. Man würde sonst zu dem von den Kontrahenten in solchen Fällen gewiß nicht beabsichtigten Resultate gelangen, daß sie, da der Vertrag noch nicht zum Abschlusse gekommen, einstweilen gar nicht gebunden waren, und dieselben Grundsätze auch auf Kaufverträge anwenden können, bei denen die Übergabe des Kaufobjektes nicht sofort erfolgt. Es liegen vielmehr zwei allerdings in Beziehung zu einander stehende, aber selbständige Rechtsgeschäfte vor, deren zweites, die Übergabe, die Erfüllung der durch das erstere eingegangenen Verpflichtung ist. Der Fall des in Bd. 9 S. 66 flg. der Entsch. des R.G.'s in Civils. abgedruckten Urteiles lag anders; dort war nur ein Rechtsgeschäft vorhanden, eine Cession, welche Dritten gegenüber erst durch die hinzutretende Form der Eintragung wirksam wurde.

Insoweit ist daher der Angriff unbegründet; dagegen irrt das Berufungsgericht, wenn es den Vertrag vom 22. Oktober 1887 als die anzufechtende Rechtshandlung ansieht und, da er nicht mehr in das kritische Jahr fällt, nur die Anfechtung aus §. 3 Nr. 1 zuläßt. Der Kreis der nach dem Anfechtungsgesetze anfechtbaren Rechtshandlungen ist, auch soweit in dessen §. 3 die Bestimmungen der §§. 24. 25 K.O. wörtlich übertragen sind, notwendig ein wesentlich engerer als dort. Der Anfechtung jenes Vertrages im Konkursverfahren würde kein Bedenken entgegenstehen, da die Konkursgläubiger schon durch Vermehrung der Passivmasse, durch Begründung von Verbindlichkeiten, von Konkursforderungen, benachteiligt werden; außerhalb des Konkursverfahrens ist sie unzulässig, da der Einzelgläubiger, hier der Kläger, nicht durch Eingehung von Verpflichtungen, sondern nur durch Minderung des Aktivvermögens des Schuldners geschädigt wird. Nicht der Vertrag vom 22. Oktober 1887 hinderte ihn an der Zwangsvollstreckung, sondern erst das spätere Rechtsgeschäft, die Tradition, welche, wie sie erst die anfechtbare Rechtshandlung bildete, auch durch Anfechtung und Rescission jenes vorhergehenden Vertrages nicht ohne weiteres beseitigt wurde. Das vom Berufungsgerichte für seine Ansicht angezogene Urteil dieses Senates,

vgl. Entsch. des R.G's in Civils. Bd. 9 S. 69. 70,

stützt dieselbe in keiner Weise, spricht vielmehr bestimmt aus, daß, solange der Gläubiger nicht von der Zwangsvollstreckung in die cedierte Hypothek ausgeschlossen sei, eine ihn benachteiligende Verfügung noch nicht vorliege; übersehen ist bei der Heranziehung, daß durch die rechtswirksam erklärte Cession das Forderungsrecht ohne weiteres dem Vermögen des Schuldners und damit dem Zugriffe des Gläubigers entzogen wird, während im vorliegenden Falle zur Erreichung dieser Rechtswirkung noch ein zweites Rechtsgeschäft, die Tradition der körperlichen Sachen, hinzutreten mußte. Das Urteil des II. Hilfssenates,

vgl. Entsch. des R.G.'s in Civils. Bd. 5 S. 285,

scheint allerdings von einer anderen Ansicht auszugehen, steht aber auf dem Boden des preußischen Rechtes, insbesondere auch des preußischen Anfechtungsgesetzes von 1855, hindert daher eine andere Auffassung dieses Senates nicht.

Anzufechten ist hiernach nicht der Vertrag vom 22. Oktober 1887, sondern das spätere Erfüllungsgeschäft, die Tradition des Inventares. Daß auch reine Erfüllungsgeschäfte, mögen sie in Geldzahlungen, Lieferung geschuldeter Sachen oder anderer Leistungen bestehen, unter die nach dem Anfechtungsgesetze vom 21. Juli 1879, namentlich also dessen §. 3 Nr. 1, anfechtbaren Rechtshandlungen fallen können, ist zwar vielfach bestritten, aber, da sie jedenfalls Rechtshandlungen sind, nicht zu bezweifeln; es genügt, insoweit auf das in Entsch. des R.G.'s in Civils. Bd. 20 S. 180 abgedruckte Urteil dieses Senates zu verweisen, welchem sich ausdrücklich auch der II. Civilsenat, vgl. Entsch. des R.G.'s in Civils. Bd. 23 S. 9,

angeschlossen hat. Ist dies aber richtig, so fallen sie auch unter die Nr. 2 des §. 3, wenn sie entgeltliche Verträge im Sinne dieser Bestimmung sind.

Mag auch im gewöhnlichen Leben bei dem Ausdrucke „Vertrag" meistens an obligatorische Verträge gedacht werden, nach völlig feststehendem juristischen Sprachgebrauche ist Vertrag jedes zweiseitige Rechtsgeschäft, wie auch stets von dinglichen Verträgen, Erbverträgen rc gesprochen wird. Auch die Erfüllung von Verpflichtungen ist, wenn nicht ausnahmsweise einseitiger Akt, ein zweiseitiges Rechtsgeschäft, ein — bald obligatorischer, bald dinglicher oder anderer — Vertrag, so auch die hier in Frage stehende Tradition. Daß aber das Gesetz den Ausdruck „Vertrag" in der allgemein üblichen juristischen Bedeutung gebraucht habe, darf nicht bezweifelt werden, zumal eine Einschränkung auf obligatorische Verträge nicht angedeutet ist.

Auch als entgeltlicher Vertrag ist das Erfüllungsgeschäft anzusehen. Nach der Entstehungsgeschichte der betreffenden, in das Anfechtungsgesetz lediglich übertragenen Bestimmungen der Konkursordnung will der Gesetzgeber als entgeltliche alle diejenigen Verträge ansehen, welche nicht unentgeltliche sind. Der entsprechende Ausdruck der preußischen Anfechtungsgesetze „Veräußerungen unter einem lästigen Titel" hatte zu einer sehr einschränkenden, von der Wissenschaft lebhaft bekämpften Auslegung des Obertribunales geführt. Dieser wollte der Gesetzgeber entgegentreten; in den Motiven zur Konkursordnung (S. 133) wird hierauf hingewiesen und gesagt, es sei zu solcher Einschränkung kein Grund vorhanden, der Entwurf wähle, um einen umfassenden Schutz zu gewähren, den Ausdruck „entgeltliche Verträge", welche den unentgeltlichen Verfügungen gegenüberständen. Will man auch hierauf entscheidenden Wert nicht legen, so zeigt sich doch die Entgeltlichkeit der Erfüllungsgeschäfte darin, daß die durch sie bewirkte Leistung keine Bereicherung des Gläubigers herbeiführt, daß vielmehr dessen bisheriges Forderungsrecht erlischt; die Befreiung von seiner bisherigen Schuld ist der Entgelt, welcher dem Schuldner für seine Erfüllung zukommt. Die weitere Bedeutung der Entgeltlichkeit ist auch von diesem Senate bereits anerkannt,

vgl. Entsch. des R.G.'s in Civils. Bd. 6 S. 85; vgl. auch Bd. 2 S. 258.

Ist hiernach das Erfüllungsgeschäft ein entgeltlicher Vertrag, so muß auch §. 3 Nr. 2 und damit die dort aufgestellte Präsumtion Anwendung finden; es kann daher nicht zweifelhaft sein, daß Beklagter zu beweisen hat, es sei ihm zur Zeit des Abschlusses eine Absicht des Schuldners, seine Gläubiger zu benachteiligen, nicht bekannt gewesen. In Übereinstimmung jedoch mit anderen Urteilen des Reichsgerichtes,

vgl. Entsch. des R.G.'s in Civils. Bd. 20 S. 180, ferner das Urteil Bd. 26 S. 1,

in welchem auch vom I. Civilsenate die Nr. 2 des §. 3 des Anfechtungsgesetzes auf ein Erfüllungsgeschäft angewendet wird, ist davon auszugehen, daß, wenn auch regelmäßig aus dem Bewußtsein des Schuldners, die von ihm vorgenommene Rechtshandlung benachteilige seine Gläubiger, auf dessen Fraudationsabsicht zu schließen sein wird, dies doch dann nicht zutrifft, wenn er mit dieser Handlung lediglich eine ihm obliegende Verbindlichkeit erfüllte. Bei reinen Erfüllungsgeschäften ist jene Schlußfolgerung unzulässig, da bei ihnen die nächstliegende Absicht des Schuldners die ist, seine Verpflichtung zu erfüllen, was ihm obliegt, auch wenn er sich nicht verhehlen kann, daß dadurch andere Gläubiger benachteiligt werden. Es müssen daher in solchen Fällen, um einen Schluß auf die Fraudationsabsicht zuzulassen, besondere, eine solche begründende Momente hinzutreten. Wird also gegenüber einer Anfechtung aus §. 3 Nr. 2 vom Anfechtungsbeklagten bewiesen, oder steht, wie im vorliegenden Falle, unbestritten fest, daß die angefochtene Rechtshandlung reine Erfüllung einer außerhalb des kritischen Jahres begründeten Verpflichtung ist, so ist damit auch die Präsumtion an sich widerlegt, und es ist Sache des Anfechtenden, Umstände darzulegen, welche zeigen, daß der Schuldner bei Vornahme der Rechtshandlung nicht so sehr durch die Absicht geleitet wurde, seiner Verpflichtung nachzukommen, als vielmehr durch die, seine Gläubiger zu schädigen. Nur wenn, wie bereits in dem in Bd. 26 S. 3 der Entsch. des R.G.'s in Civils. abgedruckten Urteile ausgeführt ist, auch die erfüllte *Verpflichtung* innerhalb des kritischen Jahres eingegangen wäre, würde die Eigenschaft als Erfüllungshandlung zur Widerlegung der Präsumtion nicht genügen.

Solche besondere Umstände sind vom Kläger nur insofern beigebracht, als er behauptet, daß schon der Verpflichtungsvertrag vom 22. Oktober 1887 in Fraudationsabsicht und in Kenntnis derselben eingegangen sei. Ist dies, was als außerhalb des kritischen Jahres fallend jedenfalls vom Kläger zu beweisen ist, richtig, so würde zwar, obwohl dieser Vertrag einer selbständigen Anfechtung wegen fehlender Benachteiligung des Klägers nicht fähig ist, damit auch die allein hierauf fußende Erfüllungshandlung als eine fraudulose dargethan sein; aber zu einer anderen Entscheidung führt dies nicht. Denn das Berufungsgericht hat bereits dieselbe Behauptung, wenngleich aus dem Gesichtspunkte des §. 3 Nr. 1, geprüft und die dem Beklagten einen richterlichen Eid auflegende Entscheidung des Landgerichtes gebilligt. Eine Prüfung aus §. 3 Nr. 2 kann, da dieselbe Thatsache und dieselbe Beweislast in Frage stehen, zu keinem anderen Ergebnisse führen; das Urteil beruht also nicht auf einem Rechtsirrtume, und daraus folgt die Zurückweisung dieser Beschwerde."

---

31. Ist als Betriebs- oder Arbeiteraufseher im Sinne des §. 96 des Unfallversicherungsgesetzes vom 6. Juli 1884 nur ein solcher Betriebsbeamter anzusehen, welcher vom Betriebsunternehmer angestellt ist?

VI. Civilsenat. Urt. v. 4. Juni 1891 i. S. W. H. (Bekl.) w. Nordöstliche Baugewerks-Berufsgenossenschaft zu B. (Kl.) Rep. VI. 73/91.

I. Landgericht I Berlin.
II. Kammergericht daselbst.

Aus den Gründen:

„Der Beklagte und Revisionskläger, Regierungsbaumeister W. H. zu B., ist von der Klägerin auf Ersatz der von ihr infolge eines Unfalles vom 22./23. August 1887 gemachten Aufwendungen nach §. 96, eventuell §. 98 des Unfallversicherungsgesetzes vom 6. Juli 1884 in Anspruch genommen. Während der erste Richter annahm, daß der Unternehmer des gesamten Baues die Stadt B. gewesen sei, daher H. als der von dieser aufgestellte Bauleiter gemäß §. 96 a. a. O. zu haften habe, stellt der zweite Richter auf Grund des Beweismateriales, insbesondere der vorgelegten Submissionsbedingungen und Instruktionen ohne ersichtlichen Rechtsirrtum fest, daß der Mitbeklagte,

Maurermeister S., bezüglich der hier fraglichen Mauerarbeiten als Betriebsunternehmer anzusehen sei, während er den Beklagten H., welchem von der Stadt B. die Aufsicht über die Ausführung dieser Arbeiten anvertraut war, als „Betriebsaufseher" im Sinne des §. 96 und darum nach Maßgabe dieser Gesetzesbestimmung als haftbar erachtet. Die Richtigkeit dieser Entscheidung hängt von Beantwortung der Frage ab, ob, wie Revisionskläger schon in den Vorinstanzen geltend gemacht hatte, unter dem „Betriebs- und Arbeiteraufseher" des §. 96 nur ein solcher Betriebsbeamter zu verstehen ist, welcher vom Betriebsunternehmer angestellt ist und bestimmte Pflichten in dessen Betriebe zu erfüllen hat, oder ob auch ein von dritter Seite, insbesondere von dem Bauherrn mit Zustimmung des Unternehmers aufgestellter Aufsichtsbeamter (der selbstverständlich nicht unter die Kategorien des §. 9 des Gesetzes fallen darf) als Betriebsbeamter im Sinne des §. 96 angesehen werden kann.

Zuzugeben ist dem zweiten Richter, daß der Wortlaut des Gesetzes:

„diejenigen Betriebsunternehmer, Bevollmächtigten und Repräsentanten, Betriebs- und Arbeiteraufseher, gegen welche durch strafgerichtliches Urteil festgestellt worden ist, daß sie den Unfall vorsätzlich oder durch Fahrlässigkeit mit Außerachtlassung derjenigen Aufmerksamkeit, zu der sie vermöge ihres Amtes, Berufes oder Gewerbes besonders verpflichtet sind, herbeigeführt haben",

in seiner allgemeinen Fassung nicht sofort erkennen läßt, daß der betreffende Beamte gerade ein Beamter des Betriebsunternehmers sein müsse, obwohl bei der Kategorie der Bevollmächtigten und Repräsentanten die Rückbeziehung auf ihn eine selbstverständliche und darum bei der Gleichheit der Fassung diese Rückbeziehung auch bei den im unmittelbaren Anschlusse genannten Betriebs- und Arbeitsaufsehern eine sehr naheliegende ist. Jedenfalls spricht aber die vom zweiten Richter in Bezug genommene Entstehungsgeschichte des Gesetzes entschieden gegen die Ausdehnung auf andere als die vom Unternehmer angestellten Aufsichtsbeamten. Die Motive zu §§. 92—95 des Entwurfes (jetzt §§. 95—98) heben auf S. 81 hervor: „neben der Sicherung der Arbeiter gegen die wirtschaftlichen Folgen der Unfälle verfolgt der Entwurf das Ziel, alle Streitigkeiten zwischen Arbeitgebern und Arbeitern über Entschädigungsansprüche, welche den letzteren aus Unfällen erwachsen, zu beseitigen und zu dem Ende alle Entschädigungsansprüche, welche in Veranlassung eines Unfalles gegen den Arbeitgeber nach bisherigem Rechte (gemeines Recht, Haftpflichtgesetz vom 7. Juni 1871, Code civil 2c) erhoben werden konnten, aufzuheben", und bemerken hieran anschließend (S. 82): „Außer den Betriebsunternehmern kommen aber in gleicher Weise die Bevollmächtigten und Repräsentanten derselben, die Betriebs- und Arbeiteraufseher, in Betracht," ... diese dürften einerseits nicht schlechter gestellt werden, als die Betriebsunternehmer, und andererseits könne der Unternehmer keine persönliche, wenn auch nur moralische Verantwortung weiter für dieselben übernehmen, als daß er mit seinen Berufsgenossen seine Arbeiter 2c gegen alle Unfälle versichere, der Entwurf behandle daher die Unternehmer und deren Bevollmächtigte 2c, zu denen namentlich auch die Betriebsbeamten in staatlichen und anderen Werken gehören, völlig auf gleichem Fuße, er lasse ferner alle diese Personen nur für ihre eigenen Handlungen haften, indem jede Haftpflicht des Betriebsunternehmers für seine Bevollmächtigten beseitigt werde. Diese Fassung läßt nicht zweifelhaft, daß die Motive bei den sämtlichen hier aufgeführten Kategorien das gleiche Verhältnis zum Betriebsunternehmer voraussetzen und jedenfalls nur von dessen Bevollmächtigten und Repräsentanten, wie von dessen Betriebsbeamten (Betriebs- und Arbeitsaufsehern) sprechen. Die engere Auffassung liegt um so näher, als nach den angeführten Eingangsworten ein Ersatz für das bisherige Recht, insbesondere das Haftpflichtgesetz, geschaffen werden sollte, die §§. 95. 96 des Unfallversicherungsgesetzes gerade eine modifizierte Haftung im Sinne des Haftpflichtgesetzes aufrechterhalten,

vgl. Engelmann, Kommentar zum Unfallversicherungsgesetze S. 112,

in §. 2 des Haftpflichtgesetzes aber nur von den seitens des Arbeitgebers „zur Leitung oder Beaufsichtigung des Betriebes oder der Arbeit angenommenen Personen" und deren „Verschulden in Ausführung der Dienstverrichtung" die Rede war, sodaß ein Anderer, als ein vom Unternehmer „angenommener" Betriebsbeamter auf Grund des Haftpflichtgesetzes gar nicht in Frage kam. Nun waren zwar die Betriebsbeamten des Unternehmers auch vor dem Inkrafttreten des Unfallversicherungsgesetzes rechtlich nicht von der Verantwortung für schuldbare Herbeiführung eines Unfalles frei, sondern sie konnten je nach Umständen dem Verletzten oder dem haftpflichtigen Unternehmer regreßpflichtig sein, und es war nach Maßgabe des gemeinen oder des Landesrechtes im einzelnen Falle vom Prozeßrichter zu entscheiden, ob und inwieweit dies der Fall war. Aber thatsächlich waren sie durch die im Haftpflichtgesetze normierte Haftbarkeit des Unternehmers, der im Rahmen des Spezialgesetzes auch für ihr Verschulden einzutreten hatte, in den meisten Fällen gedeckt und wurden nur ausnahmsweise in Anspruch genommen.

Vom Standpunkte des Haftpflichtgesetzes — und abgesehen von ihrer Verantwortlichkeit nach gemeinem oder Landesrecht — waren also die Bevollmächtigten oder Repräsentanten und die Betriebsbeamten des Unternehmers, aber auch nur diese, besonders günstig gestellt, und es lag nahe, daß, wenn nunmehr nach dem neuen, das Haftpflichtgesetz modifizierenden Unfallversicherungsgesetze sie selbst sofort neben dem Unternehmer aus dem Spezialgesetze haften sollten, man ihnen wenigstens keine weitergehende Haftung auferlegen wollte als dem Unternehmer selbst, und daß man also auch ihnen die aus den §§. 95. 96 des Unfallversicherungsgesetzes sich ergebende Stellung einräumte, welche den allgemeinen gesetzlichen Vorschriften gegenüber insofern eine günstigere ist, als nach den angeführten Paragraphen die Betriebsunternehmer 2c den Verletzten für fahrlässig herbeigeführte Unfälle niemals mehr haften, während sie den Berufsgenossenschaften und Krankenkassen gegenüber zwar bei vorsätzlich oder mit Außerachtlassung der Amts-, Berufs- oder Gewerbspflicht fahrlässig herbeigeführten Unfällen für die durch solche herbeigeführten gesetzlichen Aufwendungen haften, aber nur dann, wenn die Verursachung durch ihre Schuld schon vorher durch strafgerichtliches Urteil festgestellt ist. Zu einer derartigen Einschränkung der nach dem gemeinen oder dem Landesrechte sich ergebenden Haftbarkeit bestand aber dritten, nicht vom Unternehmer angenommenen, sondern von anderer Seite an- oder aufgestellten Betriebsbeamten gegenüber keinerlei Anlaß. Ihre etwaige Verantwortlichkeit für ein schuldhaftes Eingreifen in einen fremden Betrieb war vom Haftpflichtgesetze nicht berührt und stand mit der Haftbarkeit des Unternehmers nach jenem Gesetze außer jedem Zusammenhange. Für solche von ihm nicht „angenommenen" Betriebsbeamten hatte der Unternehmer auch nach dem Haftpflichtgesetze niemals einzustehen, ihre selbständige Verantwortlichkeit wurde also durch die im Unfallversicherungsgesetze beliebte Modifikation der Haftbarkeit des

Betriebsunternehmers nicht berührt, und es lag deshalb auch kein Grund vor, ihre rechtliche Stellung beschädigten Arbeitern gegenüber irgendwie zu modifizieren und ihre Verantwortlichkeit materiell rechtlich einzuschränken. Diese Auffassung wird auch von den Kommentatoren des Unfallversicherungsgesetzes, insoweit sie sich überhaupt über die Frage äußern, geteilt, indem durchweg nur von Regelung des Verhältnisses des Unternehmers und seiner Beamten zu dem Verletzten oder zu den Berufsgenossenschaften und Krankenkassen gesprochen, nirgends aber die Möglichkeit einer Ausdehnung dieser Anordnungen auf andere als die vom Unternehmer angestellten Beamten auch nur angedeutet wird.

Vgl. v. Woedtke, §. 96 Note 1; Landmann, §. 96 Anm. 1; ebenso anscheinend Engelmann, §. 95 S. 112; vgl. auch Urteil des Reichsgerichtes vom 7. März 1884 in Entsch. des R.G.'s in Civils. Bd. 21 S. 51 flg.

Solche nicht vom Betriebsunternehmer angenommenen Betriebsbeamten entfallen daher lediglich unter die Kategorie der „Dritten" im Sinne des §. 98 des Unfallversicherungsgesetzes, und es erübrigt sich hiermit ein näheres Eingehen auf die Frage, ob ein vom Bauherrn aufgestellter, dem Unternehmer und seinen Bediensteten gegenüber mit der Oberaufsicht betrauter bauleitender Beamter überhaupt unter den Begriff des „Bauaufsehers" im Sinne des §. 96 a. a. O. zu subsumieren wäre.

Hiernach erscheint die Klage, soweit sie auf §. 96 des Unfallversicherungsgesetzes gestützt ist, als unhaltbar."

---

32. Unter welchen Voraussetzungen ist eine in einem Kontokorrentverhältnisse zu einem Handelshause stehende Bank, der das Handelshaus von ihm auf Dritte gezogene und acceptierte Wechsel übergeben hat, befugt, diese Wechsel, nachdem das Handelshaus in Konkurs geraten ist, zu behalten, obgleich nach Protestierung der Wechsel deren Gutschrift wieder beseitigt worden ist?

II. Civilsenat. Urt. v. 26. Mai 1891 i. S. A. (Kl.) w. C. (Bekl.) Rep. II. 82/91.

I. Landgericht Köln
II. Oberlandesgericht daselbst.

Die Handelsgesellschaft B. stand mit dem beklagten Bankhause in einem Kontokorrentverhältnisse. Auf Grund desselben übergab sie diesem mehrere Accepte, die ihr gutgeschrieben wurden. Nachdem die erwähnte Gesellschaft ihre Zahlungen eingestellt hatte, wurde ihr von der beklagten Firma das Kontokorrentverhältnis gekündigt. Später wurde ihr von dieser mitgeteilt, daß ihr die in Frage stehenden, inzwischen protestierten Wechsel wieder im Debet zur Last geschrieben seien. Nachdem dies geschehen war, wurde über das Vermögen der Gesellschaft B. das Konkursverfahren eröffnet, in welchem die Beklagte ihre Saldoforderung anmeldete, während sie die streitigen Wechsel behielt und im Konkursverfahren über das Vermögen der Acceptanten die Wechselforderungen (gemäß §. 61 K.O.) anmeldete. Der Konkursverwalter (A.) beantragte nun in der Klage Verurteilung der Beklagten zur Herausgabe der Wechsel und der daraus bereits erlösten Beträge. Das Landgericht hat die Klage abgewiesen und das Oberlandesgericht die Berufung zurückgewiesen. Auf Revision des Konkursverwalters hat aber das Reichsgericht das angefochtene Urteil aufgehoben und die Sache an das Berufungsgericht zurückverwiesen aus folgenden

Gründen:

„Der Prozeß unter den Parteien dreht sich im wesentlichen um die Frage, welche Bedeutung der Belastung der Firma B. mit den Beträgen der protestierten Wechsel zukommt, insbesondere darum, ob die Beklagte dadurch, daß sie jene Firma mit den ihr früher im Kontokorrente gutgeschriebenen Wechselsummen nach erfolgter Protestierung wieder belastete, das Recht verloren hat, diese Wechsel zu behalten und auf Grund derselben ihre Ansprüche gegen die Acceptanten geltend zu machen. Hätte die Beklagte der Firma B. gegenüber ihre Wechselregreßforderung geltend gemacht und sie demgemäß mit der Wechselregreßsumme belastet, so würde sie bei der gegebenen Sachlage dadurch nicht verpflichtet worden sein, die Wechsel herauszugeben, da eine Novation mit Rücksicht auf die vorausgegangene Kündigung des Kontokorrentverhältnisses nicht anzunehmen wäre und bezüglich der Geltendmachung der Wechselforderung in den verschiedenen Konkursverfahren §. 61 K.O. zur Anwendung käme. Das Oberlandesgericht hat aber nicht angenommen, daß die Belastung der Beklagten als Geltendmachung der Wechselregreßforderung anzusehen sei, sondern dieselbe in Übereinstimmung mit dem Kläger als Wiederaufhebung der Gutschrift angesehen. Nur eventuell wurde ausgeführt, auch wenn man annehmen wollte, es liege eine Belastung mit der Wechselregreßsumme vor, würde die Klage als unbegründet erscheinen. Bei dieser Sachlage mußte zunächst die Frage geprüft werden, welche Bedeutung der als Wiederaufhebung der Gutschrift anzusehenden Belastung beizumessen sei. Diese Bedeutung kann aber eine verschiedene sein und richtet sich im wesentlichen nach dem Inhalte der zwischen der Beklagten und der Firma B. getroffenen Vereinbarung. Die Absicht dieser Firmen kann dahin gegangen sein, daß die Begebung der Wechsel nur gegen Gutschrift der Wechselsummen erfolge, und daß im Falle der Wiederaufhebung dieser Gutschrift das ganze Geschäft rückgängig gemacht werde, demgemäß aber auch die Wechsel der Firma B. zurückzugeben seien. Die Sache kann aber auch so liegen, daß die Begebung der Wechsel unabhängig von der Regelung der Valuta erfolgte und deren Gutschrift lediglich unter der Bedingung bewirkt wurde, daß die Wechselsumme am Verfalltage bezahlt werde, sodaß demnach, wenn die Wechsel nicht eingingen, die Gutschrift wieder aufzuheben sei, die Beklagte aber im Besitze der zu ihrer Deckung bestimmten Wechsel verbleiben solle. Während der Kläger geltend gemacht hat, die Wechsel seien nur unter der Bedingung der sofortigen Gutschrift der Valuta hingegeben worden, der Rechtsgrund, aus welchem die Beklagte dieselben erhalten habe, sei sonach mit der Wiederbelastung der Wechsel fortgefallen, hat die Beklagte ausgeführt, der Wechselbegebungsvertrag sei unabhängig von der Gutschrift der Valuta erfolgt und werde deshalb durch deren Aufhebung nicht berührt. Das Oberlandesgericht hat sich nun nicht auf den Standpunkt der Beklagten gestellt, wenigstens dies nicht in klarer Weise ausgesprochen, sondern ausgeführt, der Rechtsgrund, aus welchem die Beklagte die Wechsel erhalten habe, sei allerdings infolge der Aufhebung der Gutschrift weggefallen, der Wegfall der causa habe aber nicht die Hinfälligkeit des Wechselbegebungsvertrages zur Folge, weil dieser Wegfall infolge einer Thatsache erfolgt sei, für welche die Firma B. eintreten müsse, auch letztere zur Gewährleistung verpflichtet sei. Diese Ausführungen sind aber nicht als zutreffend anzusehen. Wäre die Hingabe der Wechsel nur unter der Bedingung erfolgt, daß die sofortige Gutschrift der Wechsel erfolge und in Kraft bleibe, so würde auch die vom Kläger gezogene Schlußfolgerung gerechtfertigt sein, daß infolge der Aufhebung der Gutschrift der Wechselbegebungsvertrag hinfällig geworden sei. Der Wegfall des an das Fortbestehen der Gutschrift geknüpften Begebungsgeschäftes würde dann die Klage auf Rückgabe der Wechsel begründen."[1]

[1] Vgl. hierzu: Creizenach, Der kaufmännische Kontokorrent S. 43—48; ferner das eine andere Frage entscheidende Urteil des Reichsoberhandelsgerichtes vom 5. November 1878, Entsch. desselben Bd. 24 S. 140 flg., bes. S. 141. D. E.

II. Gemeines Recht.

33. Welchen Einfluß hat auf das mit einem Gute verbundene Patronatrecht die Veräußerung von einzelnen Teilen des Gutes, bezw. dessen Dismembration?

III. Civilsenat. Urt. v. 21. Oktober 1890 i. S. Th. u. Gen. (Bekl.) w. den Kirchenvorstand zu B. (Kl.) Rep. III. 117/90.

I. Landgericht Verden.
II. Oberlandesgericht Celle.

Mit dem Stammgute B. war der Patronat über die Kirche und Pfarre zu B. verbunden. Das Gut wurde im Jahre 1877 an v. K. verkauft, welcher dasselbe parzellierte. Die zum Gute gehörenden Gebäude und den größeren Teil der zu demselben gehörigen Grundstücke kaufte T., und es hat v. K. nach der Behauptung der Beklagten mit T. die Vereinbarung getroffen, daß das Patronatrecht mit sämtlichen Rechten und Pflichten auf ihn übergehen solle. Die Beklagten haben die übrigen Grundstücke erworben. Der klagende Kirchenvorstand behauptet, daß die Besitzer des Gutes B. und Patrone der Kirche zu B. verpflichtet gewesen seien, die baulichen Bedürfnisse der Kirche zu bestreiten. Er ist der Ansicht, daß diese Verpflichtung als eine dingliche Last auf den im Besitze des Beklagten befindlichen Grundstücken als Teilen des parzellierten Gutes B. ruhe, und hat, da die Beklagten ihre Verpflichtung zur Tragung der Baulast bestritten haben, Klage auf Anerkennung dieser Verpflichtung erhoben.

Das Landgericht hat nach dem Klagantrage erkannt, und es ist die von den Beklagten erhobene Berufung verworfen.

Auf Revision des Beklagten ist die Klage abgewiesen aus folgenden

Gründen:

„Das die Berufung der Beklagten verwerfende Urteil des Berufungsgerichtes beruht im wesentlichen auf folgenden Erwägungen: Nachdem die Annahme des Landgerichtes, es sei erwiesen, daß die Baulast der Kirche zu B. in dem vom Kläger beanspruchten Umfange seit unvordenklicher Zeit als dingliche Last auf dem Gute B. ruhe, gebilligt worden, wird ausgeführt, daß die von den Beklagten gegen den erhobenen Anspruch geltend gemachten Einwendungen unbegründet seien. Denn dieselben stützen sich auf die Verknüpfung der Baulast mit dem Patronate. Wenn nun auch anzuerkennen sei, daß das Patronatrecht der Besitzer von B. den Anlaß zu der Entstehung der gedachten Last als einer Reallast gegeben habe, so sei damit doch keineswegs eine dergestalt notwendige Verbindung jenes Rechtes und dieser Last herbeigeführt, daß die rechtlichen Schicksale derselben sich nicht im Laufe der Zeiten verschieden haben gestalten können. Es gehe dieses daraus hervor, daß nach dem gemeinen Rechte der Patron regelmäßig zur Teilnahme an der Baulast nicht verbunden sei. So gut wie die Patronatrechte ohne Baulast bestehen könnten, müsse es auch mit letzterer der Fall sein ohne Patronat. Es wäre demnach rechtlich nicht unmöglich gewesen, daß der Patronat sich in der Familie des Stifters weiter vererbte, die Baulast aber an dem Gute, auf welches sie übernommen worden, haften geblieben wäre. Auf diese Möglichkeit brauche jedoch umsoweniger eingegangen zu werden, als nach dem Beweisergebnisse die Eigenschaft des Patronates als eines an den Besitz des Gutes geknüpften feststehe. Weiter macht dann das Berufungsgericht geltend: Wenn man auch den Satz, daß beim Abverkaufe von Parzellen das Paronatrecht dem nicht verkauften Hauptteile des Gutes verbleibe, anerkennen wollte, so würde daraus nicht folgen, daß die Lasten nicht gleichwohl auf die Käufer der Parzellen übergehen. Denn der Satz, daß man von einer Verpflichtung sich nicht einseitig, ohne Zustimmung des Berechtigten, frei machen könne, sei so ausschlaggebend, daß, wenn die angenommene Unzerreißbarkeit des Zusammenhanges von Recht und Pflicht bestände, man sich dafür entscheiden müßte, das Recht um der Pflicht willen an den abverkauften Parzellen für fortbestehend zu erklären. Da hiernach die auf den von dem Stammgute B. abgelösten Trennstücken der Beklagten beruhen gebliebene Reallast außer Zusammenhang mit dem Patronatrechte gekommen sei, so würde es sich auch nicht gerechtfertigt haben, im Tenor der Entscheidung die Last als eine Patronatpflicht zu bezeichnen. Ihr Umfang sei gerade dem Klagantrage entsprechend erwiesen. Ausgeschlossen sei deswegen nicht, daß der durch die Beweisaufnahme aufgeklärte Umstand, daß das Patronatverhältnis den Anlaß zur Entstehung der streitigen Last gegeben habe, auch in Zukunft zu geeigneter Berücksichtigung gelange.

Diese Erwägungen und die auf ihnen beruhende Entscheidung erscheinen rechtsirrtümlich.

Daß die Kläger nicht eine auf dem Gute B. ruhende selbständige Reallast, wonach die Besitzer des Gutes verpflichtet sind, die Baulasten der Kirche zu B. zu tragen, und welche nur in Anlaß des den Besitzern jenes Gutes zustehenden Patronates über die Kirche zu B. entstanden sei, sondern eine Patronatlast haben geltend machen wollen, welche dadurch entstanden sein soll, daß die an sich nach dem gemeinen evangelischen Kirchenrechte zur Tragung der Baulast nicht verpflichteten Patrone dieselbe seit unvordenklicher Zeit in der Meinung, dazu verpflichtet zu sein, getragen haben, bezw. daß deren Erfüllung von der Gemeinde von ihnen seit unvordenklicher Zeit gefordert worden, geht mit Bestimmtheit aus den Verhandlungen hervor."

(Wird weiter ausgeführt.)

„Das Berufungsgericht hat aber bei seiner Beurteilung diesen Standpunkt der Verbindung der fraglichen Last mit dem Patronate, die Auffassung derselben als einer Patronatlast, verlassen, geht vielmehr davon aus, daß die fragliche auf dem Gute B. ruhende dingliche Last außer Zusammenhang mit dem Patronatrechte gekommen sei. Für diese Annahme fehlt es aber in dem angefochtenen Urteile an jeder Begründung, indem nichts dafür angeführt ist, wodurch die ursprüngliche Verbindung der fraglichen Last mit dem Patronatrechte aufgehoben sein soll. Falls das Berufungsgericht entscheidendes Gewicht auf die nach dem Beweisergebnisse feststehende Eigenschaft des Patronates als eines mit dem Besitze des Gutes B. verknüpften hat legen wollen, so würde die daraus gezogene Folgerung, daß die seit unvordenklicher Zeit von dem jedesmaligen Besitzer des Gutes getragene Baulast rechtlich als eine auf dem Gute und allen Bestandteilen desselben ruhende Reallast aufzufassen sei, als eine rechtsirrtümliche bezeichnet werden müssen. Denn wenn auch beim Realpatronate es immer der jedesmalige Besitzer des Gutes ist, welcher die mit dem Patronate verbundenen Lasten zu tragen hat, so kann eben, weil der Besitzer der Kirchenpatron ist, die Thatsache, daß von ihm seit unvordenklicher Zeit jene Lasten getragen sind, nicht zu der Annahme berechtigen, daß dadurch allein schon eine von dem Patronate unabhängige, auf dem Gute ruhende Reallast zur Entstehung gekommen sei. War aber die fragliche Last eine mit dem Patronate verbundene, eine Patronatlast, so konnte sie von dem Patronatrechte nicht losgetrennt werden, sondern bildete einen integrierenden Bestandteil desselben.

Ergiebt sich schon hieraus, daß das angefochtene Urteil aufzuheben ist, so ist es auch ferner rechtsirrtümlich, wenn das Berufungsgericht ausführt, daß, falls man auch den Satz anerkenne, daß beim Abverkaufe von Parzellen das Patronatrecht dem nicht verkauften Hauptteile des Gutes verbleibe, dennoch die Lasten auf die Käufer der Parzellen übergehen. Die mit dem Patronate verbundenen Rechte und Pflichten sind als integrierende Bestandteile des Patronates untrennbar, und durch ihre Unteilbarkeit ist es ausgeschlossen, daß die Patronatrechte dem Gute verbleiben, die Patronatlasten aber, sei es ganz, sei es teilweise, auf die vom Gute losgelösten Teile desselben übergehen. Ein Übergang der Patronatlasten auf die Parzellenerwerber ist nur dann möglich, wenn man von der Ansicht ausgeht, daß im Falle der Veräußerung von Teilen des patronatberechtigten Gutes das Patronatrecht als Konpatronatrecht auf die sämtlichen Erwerber dieser Teile des berechtigten Gutes übergeht.

Die Entscheidung in der Sache selbst hängt von der Beantwortung der streitigen Frage ab, welchen Einfluß auf das mit einem Gute verbundene Patronatrecht die Veräußerung von Teilen des Gutes, bezw. dessen Zerstückelung (Dismembration) hat.[1] Es sind folgende Sätze für maßgebend zu erachten: Da das Patronatrecht dem Gute als solchem zusteht, nicht auf den einzelnen, den Gutskomplex bildenden Grundstücken ruht und ein unteilbares Recht ist, da ferner ein Gut nicht ein bis auf die kleinsten Teile herab unveränderliches Ganzes bildet, so bleibt, trotz der Veräußerung und Abtrennung einzelner Bestandteile des Gutes, das Patronatrecht bei dem Gute, bezw. seinem Besitzer, solange das Gut in seinem wesentlichen Bestande, als Gut,

[1] Vgl. Hinschius in der Zeitschrift für Kirchenrecht Bd. 7 S. 1 flg. D. E.

fortbesteht. Wird dagegen das patronatberechtigte Gut durch Dismembration aufgelöst, so erlischt das Patronatrecht, weil das Gut, das Träger des Patronates ist, zu existieren aufgehört hat. Die Ansicht, daß in dem letzteren Falle der Patronat mit Rechten und Pflichten fortdauere und auf die einzelnen Trennstücke übergehe, findet in den geltenden Rechtsgrundsätzen keine Stütze, und die für sie leitend gewordene Rücksichtnahme auf die Interessen der Kirchengemeinde mag immerhin der Gesetzgebung Veranlassnng geben, der aus der Zerstückelungsfähigkeit der Güter für die Kirchengemeinden entspringenden Gefährdung ihrer Interessen durch entsprechende positive Bestimmungen zu begegnen, darf aber den Richter nicht dahin führen, einer rechtlich unhaltbaren Ansicht zu folgen.

Geht man hiervon aus, so ist die Berufung der Beklagten für begründet zu erachten und die Klage abzuweisen, ohne daß es noch einer näheren Feststellung bedarf, ob durch den Verkauf des Gutes B. dieses völlig dismembriert ist, oder ob der in den Besitz des T. gelangte Teil des früheren Gutskomplexes noch den wesentlichen Bestand des Gutes darstellt, es sich also bei den Veräußerungen der im Besitze der Beklagten befindlichen Grundstücke nur um den Abverkauf einzelner Parzellen des Gutes handelt. Denn in keinem dieser Fälle würde der Klaganspruch gegen die Beklagten begründet sein; im ersten Falle würde der Patronat des Gutes B. untergegangen, die hier geltend geltend gemachte patronatische Baupflicht erloschen sein, in dem zweiten Falle dagegen der Patronat mit Rechten und Pflichten auf den Besitzer des Gutes B., T., übergegangen sein.

Es war demnach das angefochtene Urteil aufzuheben in der Sache selbst die Berufung der Beklagten für begründet zu erachten und, unter soweitiger Abänderung des Urteiles des Landgerichtes zu Verden, die erhobene Klage vollständig abzuweisen."

---

34. In welchem Zeitpunkte tritt nach gemeinem Rechte der Erwerb des in einem wechselseitigen Testamente von Eheleuten gemeinschaftlich ausgesetzten Vermächtnisses ein?

III. Civilsenat. Urt. v. 28. November 1890 i. S. D. (Bekl.) w. L. (Kl.) Rep. III. 158/90.

I. Landgericht Kiel.
II. Oberlandesgericht daselbst.

Die Hofbesitzer L.'schen Eheleute hatten in ihrem gemeinschaftlich errichteten Testamente sich wechselseitig zu Erben eingesetzt und bestimmt, daß nach dem Tode des Längstlebenden der gesamte Nachlaß an ihre Pflegetochter D. als Universalerbin fallen solle, von welchem sie bestimmte Vermächtnisse an einzelne Verwandte zu zahlen habe. Der Ehemann L. trat die Erbschaft aus dem Testamente nach dem Tode der Ehefrau an, und der Nachlaß fiel nach seinem Tode an die D. Gegen sie haben die Erben eines nach dem Erbschaftsantritte des Ehemannes L. verstorbenen Legatars auf Auszahlung des diesem zugedachten Vermächtnisses geklagt. Das Oberlandesgericht erkannte die Klage für begründet, weil der Legatar das Vermächtnis schon mit dem Tode der Ehefrau L. und dem Erbantritte des Ehemannes erworben und auf seine Erben transmittiert habe. Die dawider von der Beklagten eingelegte Revision wurde für begründet erachtet aus folgenden

Gründen:

... „Erheblich erscheint die ... Beschwerde der Beklagten, welche dieselbe dagegen gerichtet hat, daß nach der Entscheidung der Vorinstanz der Erblasser der Kläger D. L. das ihm zugewandte Legat mit dem Tode der Ehefrau L. und dem Erbschaftsantritte des Ehemannes bereits erworben habe. Das Berufungsgericht gründet diese Annahme allein auf den Inhalt des Urteiles des Reichsgerichtes in Entsch. des R.G.'s in Civils., Bd. 11 S. 260, und die Revision macht dagegen geltend, daß jene Entscheidung, welche sich auf das Allgemeine Landrecht beziehe, für diesen vom gemeinen Rechte beherrschten Rechtsfall nicht maßgebend sein könne, sondern die Vorschriften in l. 79 §. 1 Dig. de conditionibus 35,1 und l. 4 pr. Dig. quando dies legatorum cedat 36,2 entscheiden müßten. Der Revision ist zunächst darin beizustimmen, daß die angezogene Entscheidung des Reichsgerichtes, welche lediglich auf der Grundlage des Allgem. Landrechtes beruht, in dieser nach gemeinem Rechte zu beurteilenden Rechtssache nicht maßgebend ist. Die weiter angezogenen Digestenstellen enthalten nicht zwingendes Recht, sondern nur Auslegungsregeln, aus welchen zu entnehmen ist, daß nach römischem Rechte ein auf die Todeszeit des

Erblassers gestelltes Legat im Zweifel als bedingtes beurteilt wurde. Hätte der Wille der Erblasser im Testamente einen zweifelhaften und der Auslegung bedürftigen Ausdruck gefunden, so würde zwecks dessen Feststellung die Sache an die Vorinstanz zurückzuverweisen sein. Die getroffene Disposition ist jedoch an sich klar und giebt zu thatsächlichen Zweifeln keinen Anlaß. Beide Eheleute haben sich gegenseitig zu Universalerben eingesetzt und zugleich für den Fall des Ablebens des Zuletztverstorbenen gemeinsam zur Succession in den Gesamtnachlaß einen Nacherben berufen, dem bestimmte Legate an bestimmt benannte einzelne Personen auferlegt sind. Es handelt sich nur um die rechtliche Beurteilung dieser Dispositionen.

Die Frage, in welchem Zeitpunkte in solchem Falle der Anfall der Vermächtnisse an den Bedachten als geschehen anzunehmen ist, wird in der Theorie und Praxis des gemeinen Rechtes verschieden beantwortet. Die Annahme, daß in einem gemeinschaftlichen, korrespektiven Testamente hinterlassene Legate nicht teils als bedingte, teils als betagte, sondern nur als einheitliche angesehen werden dürfen, und deshalb mit dem Eintritte der Unwiderruflichkeit der letztwilligen Verfügung das Legat dem Bedachten im ganzen Umfange erworben sei, welche in der vom Berufungsgerichte angezogenen Entscheidung für das Gebiet des Allgem. Landrechtes gebilligt ist, kann für das hier fragliche gemeine Recht nicht gebilligt werden. Dieselbe würde nach diesem Rechte auf einen Erbschaftserwerb bezüglich des Letztlebenden der Testatoren bei seinen Lebzeiten oder auf ein Verfügungsrecht jedes Ehegatten über den ganzen Inhalt des Gesamtnachlasses hinauslaufen, welches sich nach gemeinem Rechte nicht begründen läßt.

Es ist vielmehr für Fälle der vorliegenden Art nach gemeinem Rechte davon auszugehen, daß die über den Gesamtnachlaß ihrem Wortlaute nach von beiden Ehegatten getroffene Disposition in Wahrheit so zu beurteilen ist, daß jeder Ehegatte für den Fall disponiert hat, daß er *selbst* der Längstlebende sein werde, gleichwie die Verfügung der gegenseitigen Einsetzung zum Erben von jedem Testator nur für den Fall getroffen ist, daß der Verfügende zuerst sterben werde. Folgeweise ist mit dem Tode des Erstverstorbenen und dem Erbschaftsantritte seitens des Überlebenden die Verfügung des ersteren erledigt, abgesehen von dem aus der Korrespektivität des Testamentes folgenden rechtlichen Gebundensein des Überlebenden, während nunmehr die Verfügung des Längstlebenden über den Gesamtnachlaß in Kraft tritt. Er ist allein Erbe des Erstverstorbenen geworden, und der gemeinsam berufene Nacherbe wird allein sein direkter Erbe bezüglich des gesamten Nachlasses, nicht zum Teil Universalfideikommissar. Der dies cedens legati konnte daher für den Legatar erst mit dem Tode des längstlebenden Ehemannes L. eintreten, und es war, da er diesen Zeitpunkt nicht erlebt hat, eine weitere Vererbung des ihm ausgesetzten Legates nicht möglich."

---

35. Zur Frage der Haftung des Versicherungsnehmers bei Unrichtigkeit der durch den Agenten der Versicherungsgesellschaft erfolgten Beantwortung gestellter Fragen im Versicherungsantrage.

III. Civilsenat. Urt. v. 2. Dezember 1890 i. S. S. (Kl.) w. Lübecker Feuerversicherungsgesellschaft (Bekl.). Rep. III. 167/90.

I. Landgericht Braunschweig.
II. Oberlandesgericht daselbst.

Aus den Gründen:

..."In dem vom Kläger unterzeichneten Versicherungsantrage ist auf die Frage: „Liegen die Ziegeln auf Strohdocken?" geantwortet worden: „Auf Gips". In der Berufungsinstanz hat Kläger eingeräumt, daß die Ziegeln auf Strohdocken gelegen haben, und das Berufungsgericht hat schon auf Grund der aus der unrichtigen Beantwortung jener Frage entnommenen Einrede die Klage abgewiesen. Es hält den Kläger nach §. 5 der Versicherungsbedingungen zur sorgfältigen Beantwortung aller in dem Antragsformulare enthaltenen Fragen zur Vermeidung der Rechtsfolge des §. 14 für verpflichtet, sieht in der Antwort: „Auf Gips" eine, wenn auch nicht auf bewußter falscher Angabe, so doch auf ungenügender vorgängiger Untersuchung beruhende unrichtige Beantwortung und findet keine Thatsachen vorliegend, welche das Verschulden des Klägers beseitigt hätten. Insbesondere wird der Behauptung des Klägers, daß er die Beantwortung der Fragen dem die Versicherung vermittelnden Agenten S. überlassen habe, keine Bedeutung beigemessen. Es wird ausgeführt, daß Unteragenten nicht Vertreter der Gesellschaft seien, daß daher die von ihnen auf Ersuchen des Versicherungsnehmers erfolgte Ausfüllung des Formulares auf Gefahr des Versicherungsnehmers erfolge; die Gesellschaft wolle die Antwort des Nehmers als des direkt Beteiligten, und es liege letzterem daher in solchen Fällen ob, die thatsächliche Richtigkeit der von dem Agenten aufgesetzten Antworten ebenso genau zu prüfen, als wenn die Beantwortung von ihm selbst ausgegangen wäre; durch die Unterzeichnung des Antrages mache er die Beantwortung zu der seinigen, übernehme daher die Gefahr etwaiger Unrichtigkeit.

Diese Erwägungen sind zutreffend, wenn der Versicherungsnehmer die Ausfüllung des Formulares einem Dritten überläßt; sie sind in ihrer Allgemeinheit aber nicht richtig, auch nicht in Übereinstimmung mit den reichsgerichtlichen Entscheidungen in Bd. 22 S. 208 und Bolze, Bd. 1 Nr. 1117, wenn sich der Versicherungsnehmer bei der Ausfüllung des Formulares der Hilfe des Agenten bedient. Der Agent vermittelt die Versicherung, von ihm empfängt der Nehmer die erforderliche Belehrung, und an ihn ist der Nehmer wegen Zahlung der Prämien, wegen seines Verhaltens nach dem Brande, wegen Anzeigen mannigfacher Art gewiesen. Ist der Agent nicht der Vertreter der Gesellschaft, so ist er doch deren Angestellter und Vertrauensmann. Wenn der Nehmer diesem Verhältnisse Rechnung trägt, auch seinerseits dem Agenten Vertrauen entgegenbringt und die von diesem für die Stellung des Antrages angebotene Hilfe nicht zurückweist oder die Hilfe des Agenten zu diesem Zwecke erbittet, so macht er hierdurch allein den Agenten noch nicht zu seinem Beauftragten, will vielmehr nur dem Agenten vertrauen, welcher die Verhandlungen führt, nach seiner Erfahrung Bedeutung und Tragweite der gestellten Fragen besser kennt und über den gestellten Antrag berichten wird. Dieses Verhältnis muß Berücksichtigung finden, wenn in Rede steht, ob durch unrichtige Beantwortung einer Frage das Recht des Nehmers verwirkt ist. Hat der Nehmer die Beantwortung der Fragen dem Agenten überlassen, und handelt es sich um die unrichtige Beantwortung von Fragen über solche Verhältnisse, welche nach Besichtigung der Örtlichkeit vom Agenten wie von jedem Dritten beantwortet werden können, so erscheint das Eintreten des Agenten geeignet, den an sich aus der unrichtigen Beantwortung folgenden Vorwurf des Verschuldens zu entkräften, und es kann auch darin kein Verschulden des Nehmers gefunden werden, wenn er unterläßt, die Antworten des Agenten noch einer besonderen Nachprüfung zu unterziehen. Der Nehmer darf nach der ganzen Stellung des Agenten zu letzterem das Vertrauen haben, daß er schon im Interesse der Gesellschaft Fragen der bezeichneten Art nicht ohne Augenscheinseinnahme beantworten wird. Handelt es sich dagegen um die Beantwortung anderer Fragen, insbesondere solcher, welche nur aus Mitteilungen des Nehmers richtig zu beantworten sind, so kann das Eintreten des Agenten bei der Ausfüllung des Formulares den Nehmer nicht entlasten; die unrichtige Beantwortung begründet an sich den Vorwurf des Verschuldens, sofern der Nehmer nicht andere Thatsachen darzulegen vermag, welche nach Lage des Falles das Versehen zu entschuldigen geeignet sind.

Von diesen Erwägungen aus kommt in vorliegender Sache zunächst zur Frage, ob der Kläger die Ausfüllung des Formulares dem Agenten überlassen hat. Der Kläger hat dies behauptet; die Beklagte hat dagegen nach dem Thatbestande des Berufungsurteiles nur eingeräumt, daß der Versicherungsantrag bis auf die vom Kläger herrührende Unterschrift vom Agenten niedergeschrieben sei, und ihrerseits behauptet, daß der Agent genau den Angaben des Klägers bei Beantwortung der Fragen gefolgt sei, was wieder vom Kläger geleugnet worden ist. Hat der Agent dem Kläger nur als Schreiber gedient, so kann selbstverständlich der Kläger aus dieser Thätigkeit des Agenten eine Entschuldigung für die unrichtige Beantwortung nicht entnehmen. Eine andere Beurteilung ist dagegen geboten, wenn der Agent, sei es auf, sei es ohne Ersuchen des Klägers, die Beantwortung der Frage übernommen hat. Eine Feststellung über die Art der Thätigkeit des Agenten ist bisher nicht erfolgt. Auch lassen Thatbestand und Entscheidungsgründe nicht erkennen, ob die Ziegeln so in Strohdocken gelagert gewesen sind, daß diese Lagerung vom Agenten wie von jedem Dritten durch Augenschein unmittelbar wahrgenommen werden konnte. Hiernach ist die Sache zur Endentscheidung nicht reif. Es war daher das angefochtene Urteil aufzuheben und die Sache zur anderweiten Verhandlung und Entscheidung an das Berufungsgericht zurückzuverweisen."

36. Welche Wirkung äußert die Cession von Miteigentumsansprüchen?

III. Civilsenat. Urt. v. 9. Dezember 1890 i. S. S. (Kl.) w. G. (Bekl.) Rep. III. 201/90.

I. Landgericht Hanau.
II. Oberlandesgericht Kassel.

Aus den Gründen:

„Das Reichsgericht hat schon in einem früheren Falle,

vgl. Seuffert, Archiv Bd. 36 Nr. 25,

sich dahin ausgesprochen, daß die Cession dinglicher Ansprüche statthaft sei. Die regelmäßige Folge einer derartigen Cession ist, daß nicht das dingliche Recht als solches, sondern nur dessen Ausübung übertragen wird, daß ersteres bei dem bisher Berechtigten zurückbleibt, der Cessionar dasselbe durch die Cession an sich noch nicht erwirbt, aber beim Obsiegen der cedierten Klage in die Lage versetzt wird, es zu erwerben, endlich, daß der Cessionar die Leistung, die er erstritten hat, namens des eigentlichen Berechtigten, des Cedenten, in Empfang nimmt. Es folgt hieraus, daß der Eigentumsanspruch losgelöst vom Eigentume selbst, also ohne gleichzeitige Übertragung dieses dinglichen Rechtes, den Gegenstand der Cession bildet. Dies muß aber in gleicher Weise wie für den Eigentums-, so auch für den Miteigentumsanspruch Geltung haben. Die Cession des letzteren erhält nur dadurch eine Besonderheit, daß der Anspruch zu seiner Verwirklichung die vorgängige Entscheidung, daß und wie geteilt werden müsse, voraussetzt. Deshalb kann aber die Abtretbarkeit eines Miteigentumsanspruches nicht beanstandet werden, da sowohl das Recht, auf Teilung zu dringen, als dasjenige, die Herausgabe der abgeteilten Sache zu verlangen, ein Ausfluß des ideellen Eigentumsrechtes ist, und die Ausübung jener Rechte, sofern sie nicht in untrennbarer Beziehung zu der Person des Berechtigten stehen, auch durch einen Dritten möglich erscheint, somit den allgemeinen Grundsätzen über die Cessibilität nicht zuwiderläuft.

Demunerachtet hält der Berufungsrichter die Übertragung eines Miteigentumsanspruches dergestalt, daß das Miteigentum beim Veräußerer zurückbleibe, für undenkbar wegen der doppelseitigen Natur der durch Teilung zu lösenden Beziehungen zur Sache, welche es erfordern, daß auch dem Kläger Leistungen auferlegt werden; es können aber diese Leistungen dem am Teilungsstreite nicht beteiligten Cedenten nicht auferlegt werden, und andererseits fehle es an einem Rechtsgrunde, sie dem Cessionar aufzulegen; in letzterer Beziehung könne nicht in der Annahme einer Cession der Teilungsklage eine Übernahme der aus ihr entspringenden Verpflichtungen seitens des Cessionars gefunden werden; denn das wäre vollständiger Eintritt in das Miteigentumsverhältnis, ein solcher stehe aber der Übertragung und dem Erwerbe eines dinglichen Rechtes gleich, für welche Besitzübertragung und nicht Cession die vom Rechte gewollte Form darstelle.

Diese Erwägungen sind durchweg verfehlt. Zunächst läßt sich der Umstand, daß auch dem Cessionar bei gerichtlicher Geltendmachung eines Miteigentumsanspruches möglicherweise Gegenleistungen auferlegt werden müssen, keineswegs als etwas derartigen Ansprüchen Eigentümliches auffassen. Nicht bloß bei den cedierten Ansprüchen aus zweiseitigen Verträgen kann dieser Fall eintreten, er wird auch beim einfachen Eigentumsanspruche praktisch, wenn dem mit der Vindikationsklage auftretenden Cessionar Gegenforderungen wegen Aufwendungen auf die streitige Sache opponiert werden. Die Cessibilität wird in allen diesen Fällen wegen der Möglichkeit von Gegenforderungen weder gehindert noch ausgeschlossen; ihre Statthaftigkeit läßt sich aber auch nicht in dem Falle beanstanden, wenn es sich um die Cession von Miteigentumsansprüchen handelt. Denn der Cessionar übt das Klagerecht des Cedenten für eigene Rechnung und eigene Zwecke aus, folglich muß er auch die Verpflichtungen erfüllen, die mit der Ausübung des Rechtes notwendig verbunden sind; dazu gehören nicht bloß die Kosten der gerichtlichen Geltendmachung, sondern auch diejenigen Leistungen, ohne welche der Schuldner nicht zu erfüllen braucht. Wie der Cessionar als Quasivertreter des cedierenden Eigentümers die Leistung des verurteilten Beklagten in Empfang nimmt, in gleicher Eigenschaft muß er auch den Verbindlichkeiten gerecht werden, welche bei Ausübung des cedierten Anspruches ihm auferlegt werden. Die Tragung dieser Verbindlichkeit ist eine selbstverständliche Folge der Cession und der auf ihr fußenden Realisierung des cedierten Anspruches; es muß daher als eine augenscheinliche Verkennung des Begriffes der Cession dinglicher Ansprüche bezeichnet werden, wenn der Berufungsrichter am Schlusse seiner obigen Ausführungen die Übernahme jener Verpflichtungen im vorliegenden Falle für ausgeschlossen erklärt, weil solche nur beim vollständigen Eintritte in das Miteigentumsverhältnis, aber nicht bei der Cession des Miteigentumsanspruches denkbar wäre.

Erscheint die Abweisung der Klage durch die im bisherigen erörterten Gründe des Berufungsrichters nicht gerechtfertigt, so läßt sich der Klaganspruch auch nicht im Hinblicke auf den Inhalt der Cessionsurkunde beanstanden. Derselbe ist gerichtet auf Teilung des gemeinschaftlichen Vermögens, Errichtung eines Inventares seitens des im Besitze desselben befindlichen Beklagten und Herausgabe der auf die Cedentin entfallenen Vermögenshälfte. Alle diese Befugnisse wurzeln in dem bestehenden Gemeinschaftsverhältnisse und können als Rechte des Miterben an der gemeinschaftlichen Masse cediert werden. In der That sind sie auch auf den Beklagten übertragen worden, da laut der vorgelegten Cessionsurkunde die gesamten Rechte cediert wurden, welche der S. durch den Tod ihrer Mutter erwachsen sind. Wenn trotz dieser klaren Worte der Berufungsrichter in der Urkunde nicht die Cession des dinglichen Anteilrechtes, sondern nur die Abtretung eines persönlichen Anspruches auf Teilung erblicken will, so muß diese Auslegung als eine solche bezeichnet werden, die nur auf dem Wege des Rechtsirrtumes gewonnen werden konnte."

---

37. Bildet nach katholischem Eherechte jede unnatürliche Befriedigung des Geschlechtstriebes oder jedes Fleischesverbrechen eines Ehegatten und die Verurteilung des Ehegatten zu einer langwierigen entehrenden Freiheitsstrafe einen Ehescheidungsgrund?

III. Civilsenat. Urt. v. 13. Januar 1891 i. S. B. H. (Kl.) w. ihren Ehemann (Bekl.). Rep. III. 222/90.

I. Landgericht Osnabrück.
II. Oberlandesgericht Celle.

Aus den Gründen:

„Nach katholischem Eherechte gilt als zureichender Grund zur immerwährenden Scheidung der Ehegatten von Tisch und Bett nur die wirklich vollzogene ehebrecherische fleischliche Vermischung, mag sie nun in naturgemäßer Ordnung (copula naturalis) oder naturwidrig (copula sodomitica vel bestialis) stattgefunden haben. Zwar fehlt es nicht an älteren und neueren Schriftstellern, welche auf Grund einiger Stellen des kanonischen Rechtes, insbesondere can. 3 C. 32 qu. 2, can. 11 C. 32 qu. 4, can. 7. 11—15. C. 32 qu. 7, allgemein den Satz aufstellen, daß „unnatürliche Befriedigung des Geschlechtstriebes" oder auch „Fleischessünden" und „Fleischesverbrechen" überhaupt die dauernde Separation der Ehegatten nach kanonischem Rechte zu begründen geeignet seien.

Vgl. Michl, Kirchenrecht der Katholiken und Protestanten §. 84 S. 374; Eichhorn, Kirchenrecht Bd. 2 S. 471 Note 28; Glück, Pandekten Bd. 26 S. 389.

Allein jene Gesetzesstellen reden nur davon, daß die dort bezeichneten unzüchtigen Handlungen höchst unmoralisch seien und noch härtere Strafen verdienten als der eigentliche Ehebruch, lassen sich aber nicht für die Ansicht verwerten, daß unzüchtige Handlungen, auch wenn sie nicht in einer fleischlichen Vermischung bestehen, dem Ehebruche gleichgestellt werden müßten. Auf keinen Fall hat jene mildere Auffassung in der Praxis der katholischen Ehegerichte Eingang gefunden, vielmehr hat diese, wenigstens seit der Mitte des 17. Jahrhunderts, in Anschluß an can. 2 C. 32 qu. 1 stets daran festgehalten, daß der Grund der immerwährenden Scheidung von Tisch und Bett in der Verletzung der unio carnis zu suchen sei, deren sich der schuldige Ehegatte dadurch schuldig mache, daß er eine divisio carnis in alium vel aliam cum copula perfecta vollziehe.

Vgl. Sanchez, Tract. de matrim. sacram. (1669) tom. 3 lib. 10 disp. 4; Eberl, Ehescheidung S. 20; Kutschker, Eherecht der katholischen Kirche (1857) Bd. 5 S. 656 flg.; Scheurl, Das gemeine deutsche Eherecht S. 289. 319; vgl. auch Entsch. des R.G.'s in Civils. Bd. 9 Nr. 47 S. 189.

Da nun im vorliegenden Falle keine fleischliche Vermischung, sondern nur gewisse andere unzüchtige Handlungen in Frage stehen, welche der Beklagte in der Absicht, seine Geschlechtslust zu erregen, an seiner Stief- und Pflegetochter vorgenommen hat, so ist der Antrag der Klägerin auf ständige Separation bezw. Ehescheidung mit Recht von den vorderen Instanzen zurückgewiesen worden.

Ohne Grund behauptet der Vertreter der Revisionsklägerin, daß sich für die Provinz Hannover eine von jenen Grundsätzen abweichende ehegerichtliche Praxis gebildet habe. Selbst wenn dies in Ansehung des protestantischen Eherechtes der Fall gewesen sein sollte,

vgl. dagegen Bartels, Ehe und Verlöbnis S. 309,

so würde diese Rechtsprechung doch nicht auf das katholische Eherecht bezogen werden können.

Für das letztere ist endlich der für das Eherecht der Protestanten und Israeliten geltende Scheidungsgrund wegen langwieriger entehrender Freiheitsstrafen nicht anzuerkennen.

Vgl. Entsch. des R.G.'s in Civils. Bd. 1 Nr. 120 S. 324, Bd. 9 Nr. 27 S. 189, Bd. 15 Nr. 46 S. 196; Richter-Dove, Kirchenrecht 8. Aufl. S. 1172,

mithin auch der in dieser Richtung erhobene Revisionsangriff nicht begründet."

---

38. Klage auf Ungültigkeitserklärung einer Ehe wegen Irrtumes über die geistige Gesundheit des beklagten Ehegatten. Kann diese Klage nach gemeinem protestantischen Eherechte durch den Nachweis begründet werden, daß Beklagter mit der Anlage zur Geistesstörung erblich belastet und vor sowie während der Ehe vorübergehend in Geisteskrankheit verfallen sei?

III. Civilsenat. Urt. v. 13. Januar 1891 i. S. Kr. (Kl.) w. seine Ehefrau (Bekl.). Rep. III. 236/90.

I. Landgericht Darmstadt.
II. Oberlandesgericht daselbst.

Kläger hat sich im Jahre 1886 mit der Beklagten verheiratet. Im Juli 1887 ist den Ehegatten ein gesundes Kind geboren worden. Während des Laufes des Jahres 1887 verließ Kläger seine Ehefrau und erhob im Mai 1889 eine Klage auf Ungültigkeitserklärung der Ehe, die er darauf stützte, daß die Beklagte erblich mit der Anlage zur Geisteskrankheit belastet und schon vor ihrer Verehelichung geisteskrank gewesen, auch nach ihrer Verheiratung in unheilbaren Wahnsinn verfallen sei, sodaß sie unfähig erscheine, eine Hausfrau zu sein und zu werden, während er, Kläger, sich bei Eingehung des Verlöbnisses und der Ehe im Irrtume über den geistigen Zustand seiner Ehefrau befunden habe. Die Beklagte gab nur zu, daß sie infolge ihres Wochenbettes vorübergehend geistig gestört gewesen sei, und behauptete, daß Kläger von Jugend auf ihren geistigen Zustand gekannt habe.

Unbestritten ist, daß der Bruder der Beklagten im Jahre 1882 mehrere Monate in der Landesirrenanstalt zubrachte und ungeheilt entlassen wurde.

Die Klage ist in drei Instanzen zurückgewiesen worden.

Aus den Gründen:

„Der Berufungsrichter stellt auf Grund der Beweiserhebung und des auf eigener Untersuchung und Beobachtung der Beklagten beruhenden Gutachtens des Direktors der Landesirrenanstalt zu H. thatsächlich fest, daß die Beklagte zur Zeit des Eheabschlusses sich nicht im Zustande dauernder Geisteskrankheit oder selbst nur in einer vorübergehenden geistigen Störung befunden habe, daß dieselbe jedoch mit der Anlage zur Geistesstörung erblich belastet und infolge hiervon der Gefahr geistiger Erkrankung ausgesetzt sei, auch schon zweimal in ihrem Leben — das eine Mal mehrere Jahre vor ihrer Verheiratung bei dem Tode ihrer Schwester, das andere Mal nachher, und zwar ungefähr sechs Wochen nach ihrer Niederkunft — Anfälle akuter Geistesstörungen in Form passiver Melancholie gehabt habe. Er weist deshalb die erhobene Klage in der Erwägung zurück, daß, selbst wenn Kläger sich bei Eingehung der Ehe in entschuldbarer Unkenntnis über den geistigen Zustand der Beklagten befunden haben sollte, die Ungültigkeitserklärung der Ehe nicht erfolgen könne, da diese eine schon beim Eheabschlusse vorhandene bleibende Geisteskrankheit eines Ehegatten voraussetze.

Hiergegen wendet sich Revisionskläger mit der Ausführung, daß nach gemeinem protestantischen Eherechte der Irrtum eines Ehegatten über die geistige Gesundheit des anderen als ein wesentlicher angesehen werden müsse. Nicht unter allen Umständen werde unheilbarer Wahnsinn eines Ehegatten zur Zeit des Eheabschlusses zur Ungültigkeitserklärung der Ehe erfordert, es genüge vielmehr, wenn, wie im vorliegenden Falle, objektiv ein Krankheitszustand — die erbliche Disposition zu Geistesstörungen — vorhanden sei, und dieser Zustand vor und nach der Verheiratung zu geistigen Erkrankungen geführt habe, sodaß nach billigem richterlichen Ermessen dem anderen Ehegatten die Fortsetzung der Ehe nicht zugemutet werden könne.

Dieser Angriff ist nicht begründet. Nach der Entwickelung, welche das protestantische Eherecht im Laufe der Zeit genommen hat, gibt ein Irrtum über solche persönliche Eigenschaften eines Ehegatten, die gewöhnlich bei Schließung einer Ehe vorausgesetzt zu werden pflegen, dem anderen Teile regelmäßig die Befugnis zur Anfechtung der Ehe.

Vgl. Entsch. des R.G.'s in Civils. Bd. 17 Nr. 58 S. 248 und Bd. 25 Nr. 40 S. 192.

Auch mag es sein, daß sich in der Doktrin und Praxis überwiegend der Rechtssatz ausgebildet hat, daß die Geisteskrankheit eines Ehegatten, die vor dem Eheabschlusse vorübergehend sich zeigte, als Ehenichtigkeitsgrund dann angesehen werden kann, wenn solche während der Ehe in Stumpfsinn, Blödsinn oder auch in unheilbaren Wahnsinn ausartet. Niemals ist man aber so weit gegangen, daß man eine vor Eingehung der Ehe vorhanden gewesene, dem anderen Teile unbekannt gebliebene, vorübergehende Geistes- oder Gemütsstörung eines Ehegatten für sich allein oder in Verbindung mit späteren ähnlichen Störungen als ausreichend zur Ehetrennung erachtet oder gar eine Ehe für ungültig erklärt hätte, bei welcher ein Ehegatte mit der Anlage zur Geisteskrankheit erblich belastet war und infolge besonderer Veranlassungen vor und nach Eingehung der Ehe zeitweise geistig erkrankte.

Vgl. hierzu Richter-Dove, Kirchenrecht 8. Aufl. S. 1060; Bartels, Ehe und Verlöbnis S. 115; Dedekind, Protestantisches Eherecht §. 35; Seuffert, Archiv Bd. 32 Nr. 51, Bd. 43 Nr. 195.

Daß eine derartige Anlage und solche Störungen das Wesen der Ehe nicht unmittelbar gefährden, nicht immer das eheliche Zusammenleben und die Möglichkeit gegenseitiger Unterstützung der Ehegatten zu beeinträchtigen vermögen, zeigt gerade der vorliegende Fall. Nach dem Sachverhalte ist die Beklagte zwar von mittelmäßiger Begabung, und es war bei ihr von jeher ein eigenartiges scheues Verhalten zu beobachten; gleichwohl hat sie vollständige Einsicht über ihre Verhältnisse, ihren Zustand und ihre Lage als Gattin und Mutter; sie ist von den beiden Anfällen akuter Geistesstörung jedesmal nach einigen Wochen völlig genesen und war weder zur Zeit der Eheschließung, noch der ärztlichen Untersuchung geisteskrank. Unter solchen Umständen kann dem Berufungsrichter nicht der Vorwurf des Rechtsirrtumes gemacht werden, wenn er es abgelehnt hat, auf Grund der angeblichen Unkenntnis des Klägers mit der geistigen Beschaffenheit der Beklagten beim Eheabschlusse die Ungültigkeit der zwischen den streitenden Teilen bestehenden Ehe auszusprechen.

Es ist aber auch nicht anzuerkennen, daß es der Beklagten obgelegen habe, vor Eingehung der Ehe aus eigenem Antriebe dem Kläger von ihrer geistigen Erkrankung aus Anlaß des Todes ihrer Schwester Mitteilung zu machen, zumal Kläger keinerlei Thatsachen behauptet hat, welche die Annahme eines dolosen Verschweigens begründen könnten."

---

39. Hat die nach Beseitigung des Ungültigkeitsgrundes erfolgte Bestätigung nichtiger Rechtsgeschäfte rückwirkende Kraft?

III. Civilsenat. Urt. v. 12. Mai 1891 i. S. E. u. R. (Kl.) w. v. B. auf T. (Bekl.) Rep. III. 91/91.

I. Landgericht Rostock.
II. Oberlandesgericht daselbst.

Aus den Gründen:

„Nachdem der Beklagte im Anfange des Jahres 1874 als Verschwender unter Kuratel gestellt worden war, haben die Kuratoren im Februar 1874 mit dem T. L. zu D., welcher von dem Beklagten Wechsel im Gesamtbetrage von 74 000 Thlr. in Händen hatte, einen Vergleich dahin abgeschlossen, daß L. diese Wechsel gegen Zahlung von 50 000 Thlr. herausgeben solle. Nach Behauptung der Kläger hat sich L. zu diesem Vergleiche nur gegen das ihm vom Beklagten erteilte Versprechen der Schadloshaltung verstanden und sich demzufolge vom Beklagten den der Klage abschriftlich anliegenden Schuldschein d. d. Görlitz den 18. April 1874 ausstellen lassen, in welchem der Beklagte bekennt, von L. gegen Wechsel zur Zeit der über ihn angeordneten Kuratel eine bare Anleihe von 30000 Thlr. erhalten zu haben, diese Schuld als Ehrenschuld hinstellt und sich zugleich auf Ehrenwort verpflichtet, sie zu bezahlen, sobald seine Vermögensverhältnisse es gestatten, und sie inzwischen mit 6 Prozent zu verzinsen. Nach der im

September 1886 erfolgten Aufhebung der Entmündigung des Beklagten hat sich, wie Kläger weiter behaupten, L. an den Beklagten mit der Bitte gewandt, nunmehr seine Schuld zu regulieren. Hierauf soll der Beklagte dem L. erklärt haben, „daß er die Schuld anerkenne und zahlen wolle, wenn er in den Besitz seines Vermögens gelange und so viel erhalte, als ihm rechtmäßig zukomme; die Zinsen werde er nicht alle bezahlen, darüber würden sie sich schon einigen".

L. hat unbestritten von der im Reverse vom 18. April 1874 beurkundeten Forderung von 30 000 Thlr. dem Mitkläger E. unter dem 23. März 1882 den Betrag von 17 200 M und dem Mitkläger R. unter dem 29. Juni 1882 den Betrag von 2300 M ohne Vorbehalt und mit Gewährleistung cediert. Die Cessionare haben dem Beklagten, nachdem er durch den Tod seines Vaters in den Besitz des Gutes gelangt war, Mitteilung von den Cessionen gemacht und die Forderungen — E. jedoch nur in Höhe von 17 000 M — im Johannistermine 1888 zur Auszahlung im Antonitermine 1889 gekündigt. Nach Zahlungsweigerung haben sie Teilbeträge von je 800 M mit Zinsen zu 6 Prozent vom 18. April 1874 eingeklagt.

Das Landgericht hat den Ausgang des Rechtsstreites von dem Eide des Beklagten über die angebliche Anerkennung abhängig gemacht. Das Oberlandesgericht hat auf die Berufung des Beklagten die Klage aus dem Grunde abgewiesen, weil schon durch die Cession selbst die Forderung ohne Rücksicht auf Wissen und Nichtwissen des Schuldners dem Verfügungsrechte des Cedenten vollständig entzogen werde, demgemäß aber der Cedent nicht mehr gültig eine Anerkennung der Forderung, so weit er sie abgetreten, entgegennehmen könne, von den Klägern auch nicht behauptet worden sei, daß L. bei der angeblichen Anerkennung als ihr Stellvertreter, sei es im Auftrage oder in freiwilliger Geschäftsführung, gehandelt habe.

Die Erwägungen des Berufungsgerichtes über die Bedeutung der Cession nach heutigem Rechte sind für die Entscheidung nicht maßgebend, wenn mit dem Landgerichte der angeblichen Bestätigung des zweifellos an sich nichtigen Zahlungsversprechens rückwirkende Kraft beizulegen ist, wenn ferner die Bestätigung selbst auf die ganze Schuldsumme gerichtet war. In letzterer Beziehung kann nach dem Inhalte der von den Klägern behaupteten Anerkennung, welche nur in Ansehung der Zinsen eine weitere Vereinbarung in Aussicht stellt und ein unter

Ehrenwort geleistetes Zahlungsversprechen zum Gegenstande hat, ein Zweifel nicht wohl aufkommen. In betreff der rückwirkenden Kraft der Bestätigung eines nichtigen Rechtsgeschäftes besteht das Bedenken, daß an sich ein nicht vorhandenes auch nicht durch Bestätigung gültig werden kann, Rechtswirkungen also nur von dem neuen Geschäfte — der Genehmigung oder Bestätigung — ausgehen können. Diese Erwägung, welche selbst von solchen Rechtslehrern für durchschlagend erachtet wird, welche Schenkungen unter Ehegatten für nichtig halten, sie aber rückwärts gültig werden lassen, wenn der Schenker, ohne widerrufen zu haben, vor dem Geschenknehmer in der Ehe verstirbt, ist auch an sich als richtig anzuerkennen. Nach der Logik ist die rückwirkende Kraft der Bestätigung eines nichtigen Geschäftes zu verneinen, und es würde im einzelnen Falle nur zu prüfen sein, ob nicht der Genehmigende sich mit der Genehmigung obligatorisch verpflichtet hat, sich so behandeln zu lassen, als sei die Wirkung der Genehmigung schon früher eingetreten, und welche Bedeutung eine solche Verpflichtung eventuell für etwaige Rechtsnachfolger desjenigen hat, welchem gegenüber die Genehmigung ausgesprochen worden ist. Der erkennende Senat nimmt aber mit Windscheid (Lehrbuch des Pandektenrechtes §. 83) und Dernburg (Pandekten Bd. 1 §. 122) an, daß das positive Recht durch die in l. 25 Cod. d. i. vir. e. ux. 5, 16 getroffenen Bestimmungen die Rechtskonsequenz durchbrochen und mit den Ausnahmen, welche sich teils aus l. 25 cit., teils aus allgemeinen Rechtsgrundsätzen ergeben, die rückwirkende Kraft der Genehmigung nichtiger Rechtsgeschäfte anerkannt hat. Der Senat hält die dieser Gesetzesstelle von Windscheid gegebene Auslegung für richtig, trotz der von Wächter und anderen erhobenen Bedenken und trotz der Notwendigkeit der Zulassung von Ausnahmen, und nimmt auf Grund dieser Stelle rückwirkende Kraft an, nachdem er in einer anderen Sache bereits ausgesprochen hat, daß nach unzweideutigen Quellenstellen das römische Recht Schenkungen unter Ehegatten für nichtig erachtet und gleichwohl Konvalescenz derselben annimmt, wenn der Schenker ohne Widerruf vor dem Beschenkten in der Ehe verstirbt. Von dieser Auffassung aus ist das Zahlungsversprechen des Beklagten durch die nach Wiedererlangung der Handlungsfähigkeit angeblich ausgesprochene Anerkennung von Anfang an gültig geworden. Durch die Anerkennung haben aber auch die vorher erteilten Cessionen Gültigkeit erlangt, gleichwie durch die nachträgliche Bestätigung einer nichtigen Veräußerung die vor der Bestätigung erfolgten Weiterveräußerungen gültig werden. Ist das Zahlungsversprechen des Beklagten infolge der Bestätigung als von Anfang an gültig anzusehen, so hat die Schuld des Beklagten bestanden, als L. Teile der Forderung cedierte. Für die Entgegennahme der Bestätigung nach Cession oder Weiterveräußerung muß der Mitkontrahent sowohl wegen seiner Beziehung zum Genehmigenden wie auch wegen seiner Regreßpflicht als berechtigt angesehen werden. Hiernach war das angefochtene Urteil aufzuheben." ...

---

40. Einfluß der Errichtung eines einheitlichen Gebäudes auf mehreren Grundstücken, deren einem eine Grunddienstbarkeit an einem dritten Grundstücke zusteht, auf den Fortbestand dieser Dienstbarkeit und auf das Recht, dieselbe auszuüben.

VI. Civilsenat. Urt. v. 25. Mai 1891 i. S. Frhr. v. O. (Kl.) w. F. Nachlaß (Bekl.). Rep. VI. 60/91.

I. Landgericht Hamburg.
II. Oberlandesgericht daselbst.

Aus den Gründen:

„Unstreitig stand dem in Hamburg ... belegenen Hausgrundstücke Cath. B. 122 und desgleichen den daselbst belegenen Hausgrundstücken Cath. B. 310 und 121 je eine sogenannte Fleetgangsgerechtigkeit an dem an derselben Straße gegenüber belegenen, jetzt dem Beklagten gehörigen Grundstücke Cath. O. 231 zu. Die herrschenden Grundstücke sind in das Eigentum des Klägers übergegangen, mit anderen ihm gehörenden Grundstücken zu einem einzigen verbunden und mit einem einheitlichen großen, „Dovenhof" benannten Gebäude bebaut worden. Es besteht seitdem Streit zwischen den Parteien darüber, ob die erwähnten Servitutrechte dem Kläger noch zustehen, bezw. ob er sie für den Dovenhof oder für gewisse Teile desselben ausüben dürfe. Der Kläger hat den Klagantrag gestellt, festzustellen ..., daß ihm diejenigen Gerechtsame auch jetzt zustehen und er zur Ausübung derselben berechtigt sei, welche dem Grundstücke Cath. B. 122 laut

Anlage 3 zur Klageschrift und welche den Grundstücken B. 310 und B. 121 laut Hypothekenbuches dem Grundstücke des Beklagten O. 231 gegenüber früher zugestanden haben.... Für die Revisionsinstanz steht nach §. 525 C.P.O. fest, daß die streitigen Dienstbarkeiten nicht etwa dadurch untergegangen sind, daß die herrschenden Grundstücke durch Tilgung im Stadterbebuche als selbständige Grundstücke zu bestehen aufgehört haben und mit dem Erbe Cath. B. 152 und anderen im Buche zu einem Grundstücke vereinigt worden sind. Denn diese Entscheidung des Oberlandesgerichtes beruht nicht auf der Anwendung revisibeln Rechtes, da die ganze Frage nur auf dem Boden des Grundbuchrechtes entstehen kann, für welches es keine gemeinrechtlichen Normen giebt, und welches in Hamburg lediglich von irrevisibelm hamburgischen Partikularrechte beherrscht wird.

Dagegen hat das Berufungsgericht den Untergang der streitigen Servituten vom Standpunkte des gemeinen Rechtes aus daraus gefolgert, daß die Einzelexistenz der herrschenden Grundstücke durch deren und anderer Grundstücke gemeinsame Bebauung mit einem einheitlichen Gebäude von der Art des Dovenhofes beseitigt sei. Dieser Grund erschien nun aber als rechtsirrig. Nach gemeinem Rechte wird die Individualität eines Grundstückes als herrschenden keineswegs durch irgend eine Art der Bebauung desselben vernichtet. Es kann am herrschenden Grundstücke allerdings so gut auf diesem Wege, wie auf manchem anderen, z. B. schon durch die Verwandelung des bebauten Grundstückes in ein unbebautes, möglicherweise thatsächlich eine solche Veränderung bewirkt werden, daß die Servitut nach Maßgabe ihres besonderen Inhaltes nun einstweilen nicht ausgeübt werden kann; aber darum besteht doch das herrschende Grundstück als ein besonderes fort, und ebendeshalb bleibt auch die Servitut bis auf weiteres bei Bestand. Freilich beruft sich das Oberlandesgericht auf l. 6 §. 1 Dig. comm. praed. 8, 4, insofern hier gesagt ist, daß zu Gunsten eines Teiles eines bebauten Grundstückes eine Dienstbarkeit nur dann bestellt werden könne, wenn aus dem entsprechenden Teile des Gebäudes auch thatsächlich ein abgesondertes Haus gemacht werde. Allein abgesehen davon, daß kein Grund gegeben ist, diese Bestimmung auf andere Dienstbarkeiten als Gebäudeservituten zu beziehen, und daß man vielleicht bezweifeln könnte, ob man es hier mit eigentlichen Gebäudeservituten zu thun habe — was indessen dahingestellt bleiben kann —, würde jedenfalls aus der Unmöglichkeit, eine solche Servitut wie die hier fragliche für einen Teil eines einheitlich bebauten Grundstückes neu zu bestellen, noch nicht folgen, daß eine schon bestehende Servitut dieser Art durch die einheitliche Bebauung des herrschenden Grundstückes ihr Ende finden müßte. Denn keineswegs geht allemal eine Servitut durch den Wegfall einer derjenigen Voraussetzungen unter, ohne welche sie nicht hätte entstehen können, wie auch vom Reichsgerichte schon ausgesprochen worden ist;

vgl. Entsch. des R.G.'s in Civils. Bd. 26 S. 168 flg.;

wenn dabei von einem „Wiederaufleben" der Dienstbarkeit mit dem Wegfallen des Hindernisses die Rede ist, so ist das nicht in dem Sinne zu verstehen, als ob die Servitut inzwischen rechtlich zeitweilig untergegangen gewesen wäre, sondern nur mit Rücksicht auf die zeitweilig dazwischen getretene thatsächliche Unmöglichkeit ihrer Ausübung.

Vgl. l. 20 §. 2 Dig. de S. P. U. 8, 2; l. 7 §. 1 Dig. comm. praed. 8, 4; l. 6 pr. Dig. si servit. vind. 8, 5; l.l. 13. 14 pr. Dig. quemadm. serv. 8, 6.

Nun ist freilich die Ansicht aufgestellt worden, daß Gebäudeservituten — dergleichen hier ja mindestens hypothetisch in Frage stehen — überhaupt im Zweifel schon mit dem Untergange desjenigen Gebäudes, zu dessen Gunsten sie begründet sind, erlöschen.

Vgl. v. Ihering, Geist des römischen Rechtes Tl. 2 (4. Aufl.) Anm. 357 S. 229 flg.

Dieser Ansicht, welche widerlegt ist von Elvers (Römische Servitutenlehre S. 785 flg. Anm. a) und Schirmer (in der Zeitschrift für Rechtsgeschichte Bd. 12 S. 161 flg., vgl. auch Brinz, Pandekten Bd. 1 [2. Aufl.] §. 198 S. 794), kann indessen nicht beigetreten werden. Zweifellos gehen alle Dienstbarkeiten mit dem Untergange des berechtigten Subjektes, sei dieses nun eine Person oder ein Grundstück, auch ihrerseits unter; aber auch Gebäudeservituten stehen im Rechtssinne nicht dem auf dem herrschenden Grundstücke errichteten Gebäude, welches rechtlich ja nur als Accession des Grundstückes gilt, sondern nur diesem letzteren in seiner Totalität zu. Auf Quellenstellen hat man sich für die entgegenstehende Ansicht mit Unrecht berufen. L. 20 §. 2 Dig. de S. P. U. 8, 2 beweist gerade die Fortdauer der Dienstbarkeit im Falle der Zerstörung des Gebäudes, und l. 13 pr. Dig. de S. P. R. 8, 3 führt in entsprechender Anwendung zu demselben Ergebnisse. Was aber die l. 3 Dig. de servit. 8, 1 anlangt, so ist aus ihr jedenfalls unmittelbar nichts über diese Frage zu entnehmen, und es ist sogar fraglich, ob sie überhaupt den Gegensatz zwischen servitutes praediorum rusticorum und urbanorum betrifft.

Vgl. Cujacii Recitationes soll. in tit. Dig. de servit. (ed. Neap. tom. 7 col. 384) und in lib. XXI Pauli ad Edictum (ed. Neap. tom. 5 col. 306 sq.), sowie Merillii Variant. ex Cujacio lib. I cap. 12 (ed. Neap. tom. 3 col. 823 sq.).

Gegen die hier mißbilligte Ansicht spricht insbesondere noch, daß nach l. 23 §. 1 Dig. de S. P. U. 8, 2 auch für zukünftige Gebäude im voraus Gebäudeservituten bestellt werden können.

Somit mußte das angefochtene Urteil insoweit aufgehoben werden, als es die Feststellung, daß dem Kläger die fraglichen Gerechtsame auch jetzt zustehen, abgelehnt hat. Auch war nach §. 528 Abs. 3 Nr. 1 C.P.O. insoweit sogleich in der Sache selbst zu Gunsten des Klägers zu erkennen. . . .

Dagegen konnten die Angriffe des Klägers gegen die Versagung der Feststellung, daß er auch jetzt zur Ausübung der fraglichen Gerechtsame berechtigt sei, keinen Erfolg haben. Denn dieser Klagantrag war offenbar in dem Sinne gestellt, daß der Kläger das Recht in Anspruch nehme, bei dem gegenwärtigen Zustande der herrschenden Grundstücke die Gerechtsame in der Weise auszuüben, wie es nach Maßgabe dieses Zustandes einzig möglich ist; nun hat aber das Berufungsgericht ohne Verletzung revisibler Rechtsnormen dargelegt, daß die einzige gegenwärtig mögliche Art der Ausübung dem Inhalte der streitigen Dienstbarkeiten nicht entsprechen würde. Zweifellos darf eine Grundgerechtigkeit nicht zum Vorteile anderer Grundstücksteile oder anderer Grundstücke ausgenutzt werden, als zu deren Gunsten sie erworben ist (l. 24 Dig. de S. P. R. 8, 3); nun kann aber die Möglichkeit, eine solche Einschränkung in der Ausübung durchzuführen, dann ganz wegfallen, wenn das herrschende Grundstück in Verbindung mit anderen Grundstücken mit einem einheitlichen Gebäude besetzt ist. In dieser Beziehung verhalten sich eben bebaute Grundstücke rechtlich anders als unbebaute: während die letzteren immer je nach dem Willen der Berechtigten in beliebiger Weise körperlich geteilt gedacht werden können, ist dies bei jenen nicht der Fall, bei welchen vielmehr die Einteilung durch die Abgrenzung der einzelnen Gebäude gegeben ist

(l. 6 §. 1 Dig. comm. praed. 8, 4). Wie eine Dienstbarkeit zwar für ein beliebiges Stück eines unbebauten, nicht aber eines einheitlich bebauten Grundstückes ueu erworben werden kann, so kann auch die Ausübung einer bestehenden Dienstbarkeit für einen einzelnen körperlichen Teil eines einheitlich bebauten Grundstückes nach Maßgabe der besonderen Lage des Falles sich als unmöglich darstellen. Ob aber die konkreten Umstände, insbesondere die Art der Bebauung des herrschenden Grundstückes, so beschaffen sind, daß diese Unmöglichkeit vorliegt, das ist Sache der thatsächlichen Beurteilung. Da bei dieser im gegebenen Falle das Berufungsgericht auch nicht etwa prozessualisch verstoßen hat, so hatte es bei der Abweisung der Klage in Ansehung des gegenwärtigen Rechtes zur Ausübung der fraglichen Gerechtsame sein Bewenden zu behalten." . . .

III. Preußisches Recht.

41. Konvaleszierr eine Hypothek, wenn die Forderung des Gläubigers (oder seines Cessionars), zu deren Sicherung sie dienen soll, erst nach dem Zuschlagsurteile, also zu einer Zeit, wo der Pfandbesteller nicht mehr Eigentümer des Pfandgrundstückes ist, begründet wird?

V. Civilsenat. Urt. v. 24. September 1890 i. S. der Handlung R. & T. (Bekl.) w. Sch. (Kl.) Rep. V. 102/90.

I. Landgericht I Berlin.
II. Kammergericht daselbst.

Das Reichsgericht hat die Frage verneint aus folgenden

Gründen:

„Es liegt folgender Sachverhalt vor:

Der Kaufmann W. hat auf dem ihm früher gehörigen, in Berlin Frankfurterstraße 130 belegenen Grundstücke am 11. Juni 1886 zur Sicherung eines angeblich von der preußischen Rentenversicherungsanstalt am 8. Juni 1886 erhaltenen Darlehns von 100 000 ℳ eine Hypothek von gleicher Höhe eintragen lassen. Von der gedachten Gläubigerin ist dem W. jedoch nur ein Darlehn zum Betrage von 77 000 ℳ gewährt worden. Wegen des Restes von 23 000 ℳ erklärte sich die Rentenversicherungsanstalt bereit, nach Wahl des W. löschungsfähige Quittung oder Cession auszustellen. Letzterer bezeichnete in einer Urkunde vom 12. Oktober 1886 den Kaufmann G. als diejenige Person, welcher er das Recht, die Cession von der Rentenversicherungsanstalt zu fordern, abgetreten habe. Demgemäß cedierte die Rentenversicherungsanstalt am 3. Mai 1888 die ihr aus der Eintragung von 23 000 ℳ, für welche keine Valuta gezahlt ist, zustehenden Rechte ohne Gewährleistung und unter Wahrung des Vorzuges für ihre Hypothek von 77 000 ℳ an G. Hierauf cedierte G. am 12. Mai 1888 seine Rechte an der Hypothek von 23 000 ℳ dem Kläger und bekannte, die Cessionsvaluta der Abrede gemäß erhalten zu haben. Das bei der Cession vom 3. Mai 1888 in betreff der Hypothek von 23 000 ℳ gebildete Zweigdokument ist dem G. und von diesem bei der Cession vom 12. Mai 1888 dem Kläger ausgehändigt.

Inzwischen war auf Antrag der Rentenversicherungsanstalt am 2. Januar 1888 das verpfändete Grundstück zur Zwangsverwaltung und Zwangsversteigerung gebracht und in dem am 4. Mai 1888 verkündeten Zuschlagsurteile der Beklagten, der Handlung R. und T., zugesprochen worden. Bei der Kaufgelderbelegung am 15. Juni 1888 ergab sich, daß nach Befriedigung der Rentenversicherungsanstalt ein Kaufgelderrest von 28 000,66 ℳ verblieb. Der Kläger beanspruchte die Auszahlung desselben, soweit er zur Deckung der ihm cedierten Forderung von 23 000 ℳ und Zinsen erforderlich ist. Diesem Antrage widersprach die Beklagte als Gläubigerin einer nach den 23 000 ℳ eingetragenen Grundschuld von 150 000 ℳ. Auf Bestimmung des Subhastationsrichters wurden hierauf 24 667,18 ℳ als Streitmasse beider jetziger Prozeßparteien hinterlegt. Der Kläger bittet, die Beklagte zur Einwilligung in die Auszahlung der hinterlegten Summe nebst Depositalzinsen an ihn zu verurteilen. Er stützt seinen Anspruch auf die Cession vom 12. Mai 1888.

Die Beklagte hat die Abweisung der Klage beantragt. Sie führt aus, daß eine rechtsgültige Hypothek in Höhe von 23 000 ℳ nicht entstanden sei, weil W. die Valuta für dieselbe weder von der Rentenversicherungsanstalt, noch von deren Cessionaren erhalten habe, und die Zahlung derselben jedenfalls erst erfolgt sei, nachdem W. durch Einleitung der Zwangsversteigerung und Erlaß des Zuschlagsurteiles die Disposition über das Pfandgrundstück verloren hatte.

Vom ersten Richter ist die Klage abgewiesen. In der Berufungsinstanz hat der Kläger behauptet, daß G. für die Cession der Hypothek von 23 000 ℳ dem W. 8000 ℳ, und er — Kläger — dem W. 16 000 ℳ und dem G. 6300 ℳ als Cessionsvaluta gezahlt habe.... Er bestreitet, daß der Beklagten aus der Beschlagnahme des

Grundstückes Rechte erwachsen seien, weil weder sie noch ihre Rechtsvorgänger (worüber kein Streit besteht) der Beschlagnahme beigetreten seien.

Der zweite Richter hat nach Aufnahme von Beweisen die Beklagte verurteilt, in die Auszahlung von 23 092,31 *M* an den Kläger zu willigen, die weitere Zinsforderung des Klägers dagegen abgewiesen. Die Begründung des Urteiles geht dahin, daß W. bei Ausstellung der Schuldurkunde vom 8. Juni 1886 die ernstliche, niemals aufgegebene Absicht hatte, eine Darlehnsschuld von 100 000 *M* zu begründen und für dieselbe sein Grundstück zu verpfänden. Der Berufungsrichter erachtet für bewiesen, daß der Kläger nach der Cession vom 12. Mai 1888 an G. 6300 *M* und an W. 15 700 *M* als Cessionsvaluta gezahlt habe. Er nimmt an, daß durch diese Thatsachen die Klage begründet sei. Er stellt zwar fest, daß dem Kläger bei den gedachten Zahlungen bekannt war, daß das Grundstück durch Zuschlagsurteil in das Eigentum der Beklagten übergegangen und bereits Termin zur Kaufgelderbelegung anberaumt sei. Er befindet jedoch, daß durch die Zahlungen die bis dahin nicht rechtsgültige Hypothek konvaleszieren konnte, weil die Disposition über das Pfandgrundstück in der am 11. Juni 1886 erfolgten Eintragung der 23 000 *M*, nicht in der Zahlung und Annahme der Cessionsvaluta liege.

Die Beschwerde der Beklagten, der Berufungsrichter verstoße gegen Rechtsgrundsätze, insofern er annehme, die fragliche Hypothek sei durch Zahlung der Cessionsvaluta nach dem Zuschlagsurteile rechtsgültig geworden, muß für begründet erachtet werden.

Das Allgemeine Landrecht bestimmt (§§. 12. 13 I. 20):

„Ist der Anspruch an sich ungültig, so ist auch die dafür bestellte Sicherheit ohne Wirkung.

Wird jedoch eine von Anfang ungültige Forderung in der Folge zu Recht beständig, so erlangt auch die dafür bestellte Sicherheit, von Zeit der Bestellung an, ihre volle Kraft."

Damit ist der Rechtsgrundsatz zum Ausdrucke gebracht, daß die Hypothek zwar von dem Bestande einer gültigen Forderung abhängt, daß jedoch die Begründung der Forderung der Eintragung der Hypothek nachfolgen kann. Dem entsprechen die Vorschriften der preußischen Allgemeinen Hypothekenordnung vom 20. Dezember 1783

Tl. II. §§. 169 flg., wonach dem Gläubiger zu seiner Sicherheit empfohlen wurde, das durch die Hypothek zu sichernde Darlehn erst nach der Vorlegung des Hypothekenscheines auszuzahlen; ferner die Vorschriften der §§. 738. 739 A.L.R. I. 11 und §§. 425. 426 I. 20 über die Einrede der nicht erhaltenen Valuta. Wenn auch diese letztgedachten Gesetze nach dem Inkrafttreten des Eigentumserwerbsgesetzes und der Grundbuchordnung vom 5. Mai 1872 keine Geltung mehr besitzen, so ist doch der in den §§. 12. 13 A.L.R. I. 20 ausgesprochene Rechtsgrundsatz unverändert geblieben.

Vgl. Turnau, Grundbuchordnung Bd. 1 §. 91 N. 8, 5. Aufl. Bd. 1 S. 501 flg.

Zweifelhafter liegt jedoch die Frage, ob der in der Eintragung genannte Gläubiger, wenn er die nachträgliche Begründung der Forderung verweigert, durch Abtretung seiner Rechte einen Dritten in die Lage versetzen kann, das Darlehn dem Verpfänder mit der Wirkung zu zahlen, daß dadurch die Hypothek für ihn, den Dritten, rechtsgültig wird. Das Reichsgericht hat sich in mehreren Urteilen für die Bejahung der Frage entschieden.

Vgl. die Urteile des V. Civilsenates in Gruchot, Beiträge Bd. 29 S. 962 und Bd. 32 S. 693, sowie das darin angezogene Urteil des III. Civilsenates i. S. B. w. R. vom 24. April 1885 Rep. III. 15/85.

In denselben wird ausgeführt, die zur Zeit der Eintragung noch fehlende Schuldverbindlichkeit hindere die Entstehung einer gültigen Hypothek nicht schlechthin, wenn nur jene Verbindlichkeit während noch unverminderter Dispositionsbefugnis des Schuldners begründet werde. Ob die Verbindlichkeit in der Person des bei der Eintragung bezeichneten Gläubigers oder dessen Rechtsnachfolgers entstehe, mache keinen Unterschied. Der Cessionar des ersteren trete in alle Rechte desselben gegenüber dem Pfandschuldner ein; sowenig dieser dem Cedenten die Ungültigkeit der Hypothek wegen der späteren Darlehnszahlung entgegenhalten könne, ebensowenig dem Cessionar desselben. Weitergehende Rechte auf Anfechtung voreingetragener Hypotheken, als dem Schuldner zustehen, besitze auch nicht ein späterer Hypothekengläubiger. Diese Ansicht steht im Einklange sowohl mit verschiedenen Erkenntnissen des früheren preußischen Obertribunales, vgl. Striethorst, Archiv Bd. 37 S. 196; Entsch. des Obertrib. Bd. 40 S. 138; Gruchot, Beiträge Bd. 23 S. 756 u. s. w.,

als mit den Ausführungen hervorragender Rechtslehrer.

Vgl. Dernburg, Preuß. Privatrecht Bd. 1 §. 332 Anm. 4. §. 355 Anm. 5; Eccius, Preuß. Privatrecht §. 192, 5. Aufl. Bd. 3 S. 441; Turnau, Grundbuchordnung §. 38 des Eigentumserwerbsgesetzes Anm. 74, 4. Aufl. Bd. 1 S. 770; Achilles, Grundbuchrecht §. 38 Bd. 2, 3. Aufl. S. 243.

Das Reichsgericht hat, trotz der in der Litteratur gegen diese Ansicht erhobenen Bedenken,

vgl. Gruchot, Beiträge Bd. 31 S. 53 flg.,

an derselben festzuhalten beschlossen.

Der Berufungsrichter geht aber noch einen Schritt weiter. Er nimmt an, eine Hypothek könne auch dann konvaleszieren, wenn die Forderung des Gläubigers an den Pfandbesteller erst zu einer Zeit begründet wird, in welcher letzterer nicht mehr Eigentümer der Pfandsache ist. Dieser Entscheidung läßt sich nicht beitreten. Das Allgem. Landrecht erfordert zur Entstehung einer Hypothek: 1) daß sie für einen rechtsbegründeten Anspruch bestellt wird (§. 11 I. 20), 2) daß der Verpfänder über die Pfandsache zu verfügen fähig und berechtigt ist (§. 15 das.), und 3) daß die gesetzmäßige Erwerbungsart (bei Grundstücken Eintragung) hinzukommt (§. 6 das.). Liegen diese Erfordernisse nicht sämtlich vor, so entsteht zwischen dem Schuldner und dem Gläubiger kein Pfandrecht an der Pfandsache. Damit steht die oben gedachte Bestimmung des §. 13 das. nicht in Widerspruch. Sie besagt vielmehr nur, daß die Forderung nicht gleichzeitig mit dem Bestellungsakte vorhanden zu sein braucht, aber sie ändert nicht die allgemeinen Rechtssätze, von welchen das Allgem. Landrecht die Begründung des Pfandrechtes abhängig gemacht hat. Die Ansicht des Berufungsrichters, daß bereits die Eintragung eine Disposition über das Grundstück (nämlich eine Verpfändung) enthalte, findet in dem §. 12 I. 20 keine Stütze. Die Eintragung hat zwar die Wirkung, daß derjenige, welcher eine eingetragene Hypothek in gutem Glauben erwirbt, gegen Einreden wegen Ungültigkeit derselben gemäß §. 38 des Eigentumserwerbsgesetzes geschützt ist, aber sie erzeugt zwischen dem Pfandschuldner und dem eingetragenen Gläubiger ohne Hinzutritt der weiteren für die Begründung des Pfandrechtes vorgeschriebenen Requisite kein materiell gültiges Pfandrecht. Zutreffend sagt das frühere preußische Obertribunal bei der Entscheidung eines ähnlichen Falles, daß ein eingetragenes Darlehn, weil das Darlehn ein Realkontrakt ist, solange die Valuta nicht gezahlt wird, das Grundstück nicht belastet.

Vgl. Entsch. des Obertrib. Bd. 61 S. 388.

Eine Ausdehnung der Grundsätze von der Konvaleszenz des Pfandrechtes auf den Fall, daß der Verpfänder zur Zeit der Begründung der Forderung nicht mehr berechtigt ist, über die Pfandsache zu verfügen (§. 15 I. 20), hat das Allgem. Landrecht nicht sanktioniert. Der Ansicht des Berufungsrichters steht auch nicht die Analogie der Kautionshypotheken, d. h. der Hypotheken für einen zur Zeit der Eintragung noch unbestimmten Anspruch (§. 14 A.L.R. I. 20, §. 24 des Eigentumserwerbsgesetzes), zur Seite. Wenn man auch, was hier dahingestellt bleiben kann, annehmen wollte, daß bei den Kautionshypotheken die Begründung der Forderung, nachdem der Pfandbesteller das Eigentum an der Pfandsache verloren, bei der Zwangsversteigerung also bis zur Kaufgelderbelegung, geschehen dürfe, so würde dadurch die Entscheidung des Berufungsrichters nicht gerechtfertigt werden. Denn die Kautionshypothek enthält eine vom Gesetze mit beschränkten Wirkungen (§. 67 des Eigentumserwerbsgesetzes) gestattete Eintragung der Hypothek für bedingte Forderungen. Die analoge Anwendung der in betreff dieser Hypothek geltenden Rechtsgrundsätze auf Hypotheken, welche zur Sicherung von nichtbedingten Forderungen bestellt werden, erscheint ausgeschlossen.

Vgl. hierüber Eccius, Preuß. Privatrecht §. 192 Anm. 14, 5. Aufl. Bd. 3 S. 442; Turnau, Grundbuchordnung §. 77, 4. Aufl. Bd. 1 S. 391 flg.

Das Reichsgericht hat aus diesen Gründen angenommen, daß, nachdem W. das Eigentum an dem fraglichen Grundstücke durch das Zuschlagsurteil vom 4. Mai 1888 verloren hatte, die am 12. Mai 1888 erfolgte Zahlung der Valuta durch den Kläger an W. und dessen Cessionar G. die Hypothek von 23 000 ℳ nicht rechtsgültig machen konnte.

Diese Entscheidung steht mit der Rechtsprechung der höchsten Gerichtshöfe für preußisches Recht in Einklang. Das frühere Obertribunal ist zwar in einem älteren Erkenntnisse von abweichenden Grundsätzen ausgegangen.

Vgl. Striethorst, Archiv Bd. 37 S. 196.

Es hat jedoch seine Ansicht später geändert und bei Anwendung des Subhastationsgesetzes vom 4. März 1834 sowie der Konkursordnung vom 8. Mai 1855 ausgesprochen, daß der Subhastat nach der Publikation des Zuschlagsbescheides keine Hypothek bestellen kann, weil er nicht mehr Eigentümer der Pfandsache sei, und daß die dennoch eingetragenen Hypotheken nicht konvaleszieren.

Vgl. Entsch. des Obertrib. Bd. 54 S. 169 und Striethorst, Archiv Bd. 58 S. 307.

Von denselben Rechtsgrundsätzen geht ein auf Grund der Subhastationsordnung vom 15. März 1869 erlassenes Urteil des II. Hilfssenates des Reichsgerichtes aus (Jur. Wochenschrift 1882 S. 160). Auch der V. Civilsenat hat i. S. C. w. W.,

vgl. Gruchot, Beiträge Bd. 29 S. 962,

die Konvaleszenz von Hypotheken dahin beschränkt, daß die spätere Begründung der Forderung während noch unverminderter Dispositionsbefugnis des Schuldners erfolgt. Endlich stimmt auch die Litteratur mit der vom Reichsgerichte gebilligten Ansicht überein.

Vgl. Koch, Kommentar zum Allgem. Landrecht §. 13 I. 20 Anm. 41 a. E., 8. Aufl. Bd. 2 S. 743; Eccius, Preuß. Privatrecht Bd. 3 §. 192 Anm. 17, 5. Aufl. Bd. 3 S. 442; Turnau, Grundbuchordnung §. 38 des Eigentumserwerbsgesetzes Anm. 14, 4. Aufl. Bd. 1 S. 769—770; Krech und Fischer, Kommentar zum Gesetze vom 13. Juli 1883 S. 272.

Daß sich die getroffene Entscheidung nur auf Hypotheken, nicht auch auf Grundschulden bezieht, braucht nicht weiter erwähnt zu werden.

Das zweite Urteil, welches die Klage, abgesehen von den zu viel verlangten Zinsen, für begründet erachtet, läßt sich hiernach nicht aufrechterhalten. Eine definitive Entscheidung konnte jedoch nur über einen Teilbetrag der klägerischen Forderung getroffen werden. Der Kläger hat behauptet, daß G. bei der Cession der Hypothek von 23000 ℳ an ihn am 3. Mai 1888 dem W. 8000 ℳ gezahlt habe. Wird diese streitige Behauptung bewiesen, so muß angenommen werden, daß durch die Zahlung der 8000 ℳ die bis dahin ungültige Hypothek in Höhe dieses Betrages konvaleszierte, weil W. am 3. Mai 1888 noch das Eigentum der Pfandsache besaß. An diesem Resultate ändert auch nichts die schon früher behufs Zwangsversteigerung erfolgte Beschlagnahme des W.'schen Grundstückes, da, wie unstreitig ist, weder die Beklagte noch der Kläger zu den betreibenden Gläubigern gehörten, und mithin die Dispositionsbefugnis des W. der Beklagten gegenüber nach §. 16 des Gesetzes vom 13. Juli 1883 durch die Beschlagnahme keine Beschränkung erlitten hatte. Ebensowenig steht der Umstand, daß das Darlehn nur teilweise gegeben ist, der teilweisen Konvaleszenz der Hypothek entgegen.

Vgl. Rehbein, Entsch. des Obertrib. Bd. 3 S. 421—422 Anm. 1."

---

42. Kann der Anspruch auf Erstattung gewährter Armenunterstützung ohne vorgängige Feststellung der Hilfsbedürftigkeit des Unterstützten gegen einen Armenverband im Rechtswege verfolgt werden?

Reichsgesetz vom 6. Juni 1870 §. 61.
Preuß. Ausführungsgesetz vom 8. März 1871 §. 63 (G.S. S. 130).

IV. Civilsenat. Urt. v. 25. September 1890 i. S. Ortsarmenverband N. (Bekl.) w. Kreis T. (Kl.). Rep. IV. 98/90.

I. Landgericht Beuthen.
II. Oberlandesgericht Breslau.

Aus den Gründen:

„Der mit der vorliegenden Klage geltend gemachte Erstattungsanspruch gründet sich auf die Behauptung, daß am 1. April 1887 der Knecht M., welcher damals seinen Unterstützungswohnsitz in N. gehabt und der öffentlichen Unterstützung bedurft habe, von seiner Stiefmutter in das Krankenhaus des Kreises T. zu T. gebracht, in dasselbe, da er ohne Gefahr für sein Leben nicht habe zurückgewiesen werden können, aufgenommen sei und daselbst bis zum 1. Juni 1888 — also während 425 Tage — Kur und Verpflegung genossen habe. Zum Ersatze der hierdurch erwachsenen tarifmäßigen Pflegegelder mit zusammen 340 ℳ erachtet der Kläger den beklagten Ortsarmenverband für verpflichtet, weil die Verwaltung des Kreiskrankenhauses nicht aus eigener Wohlthätigkeit, sondern in Erfüllung einer Obliegenheit des unterstützungspflichtigen Beklagten gehandelt habe, die Organe des letzteren auch alsbald von der Aufnahme des Genannten in das Krankenhaus in Kenntnis gesetzt und von der Wittwe L. wiederholt um Erteilung einer Anweisung zur Aufnahme ihres Stiefsohnes in das Krankenhaus angegangen seien. Der Beklagte hat sich auf die Erhebung des Präjudizialeinwandes der Unzulässigkeit des Rechtsweges beschränkt. Der Einwand ist indes von beiden Vorderrichtern, wiewohl aus verschiedenen Gründen, verworfen worden. Der erste Richter hat zwar im Einklange mit der Rechtsprechung des vormaligen preußischen Obertribunales und des Reichsgerichtes angenommen, daß in der Regel der Rechtsweg für derartige Erstattungsansprüche so lange verschlossen sei, als nicht von der Verwaltungsbehörde entschieden sei, daß und in welchem Umfange eine Unterstützung im Wege der öffentlichen Armenpflege erforderlich gewesen; er macht aber von dieser Regel für den vorliegenden Fall um deswillen eine Ausnahme, weil nach §. 41 Ziff. 2 des preuß. Zuständigkeitsgesetzes vom 1. August 1883 der klagende Kreisausschuß selbst über den Anspruch des Knechtes M. auf Armenunterstützung gegen den Ortsarmenverband zu befinden gehabt hatte, und angenommen werden müsse, daß sich der Kreisausschuß schon vor Erhebung der gegenwärtigen Klage darüber schlüssig gemacht habe, daß ein Fall der Hilfsbedürftigkeit in dem behaupteten Umfange vorgelegen habe. Der Berufungsrichter hingegen hat im Anschlusse an das Urteil des preußischen Gerichtshofes zur Entscheidung der Kompetenzkonflikte vom 14. Dezember 1889 (preuß. J.M.Bl. von 1890 S. 84 flg.) den Rechtsweg grundsätzlich für zulässig erachtet, weil es in den Fällen, wo es sich — wie hier — um Erstattung aufgewendeter Unterstützungskosten handle, in Ermangelung jedes konkurrierenden öffentlichen Interesses an einer für die gedachte Vorentscheidung zuständigen Verwaltungsbehörde fehle.

Die hiergegen vom Beklagten eingelegte Revision ist für begründet zu erachten, da keine Veranlassung vorliegt, von der bisherigen Praxis des Reichsgerichtes, welche sich nicht nur in dem Urteile des IV. Civilsenates vom 10. Januar 1881,

vgl. Entsch. des R.G.'s in Civils. Bd. 3 S. 270 flg.,

sondern auch in den Urteilen des III. Civilsenates vom 20. Juni 1884

(Rep. III. 117/84) und 20. März 1885 (Rep. III. 335/84) bethätigt hat, abzugehen. Diese Praxis beruht nicht auf der Annahme, daß der in Frage stehende Erstattungsanspruch dem öffentlichen Rechte entspringe — ein Umstand, welcher weder an sich zur Ausschließung des Rechtsweges genügen,

vgl. Entsch. des R.G.'s in Civilf. Bd. 19 S. 70, Bd. 21 S. 102, Bd. 22 S. 288,

noch auch thatsächlich zutreffen würde, weil der Anspruch aus der nützlichen Verwendung oder auftraglosen Geschäftsführung, also einem privatrechtlichen Titel, hergeleitet wird. Dieselbe beruht vielmehr darauf, daß über die für den Anspruch maßgebende Pflicht des belangten Armenverbandes zur Fürsorge für den Unterstützten sowohl ihrem Bestande als auch ihrem Umfange nach nicht im Rechtswege, sondern nur im Verwaltungswege entschieden werden kann.

Vgl. Entsch. des preuß. Obertrib. Bd. 74 S. 259, Bd. 82 S. 55 bis 57; Entsch. des R.G.'s in Civilf. Bd. 3 S. 273. 274.

Dies ist zwar in dem preußischen Gesetze vom 8. März 1871 (G.S. S. 130) §. 63 nur bezüglich des Verhältnisses zwischen dem Armen selbst und dem ihm gegenüberstehenden Armenverbande ausgesprochen. Allein es muß notwendig auch für den aus der Unterstützung des Armen gegen den Armenverband hergeleiteten Anspruch eines Dritten gelten, weil dieser Ersatzanspruch das Bestehen einer gesetzlichen Verpflichtung des Armenverbandes zur Gewährung der von dem Dritten geleisteten Unterstützung voraussetzt (§§. 268. 269 A.L.R. I. 13). Sonst würde die Vorschrift des §. 63 des Gesetzes vom 8. März 1871 in jedem Falle durch das Zwischenschieben einer dritten Person illusorisch gemacht werden können, wie dies bereits vom preußischen Obertribunale hinsichtlich des mit dem ersten Absatze des §. 63 gleichlautenden §. 33 des Gesetzes vom 31. Dezember 1842 näher dargelegt ist.

Vgl. Entsch. des preuß. Obertrib. Bd. 24 S. 255.

Die — keineswegs unbedingte, sondern nur durch die Notwendigkeit einer vorgängigen Entscheidung der Verwaltungsbehörde bewirkte, mithin bedingte — Unzulässigkeit des Rechtsweges ergiebt sich hiernach aus der besonderen Natur des verfolgten Anspruches, insofern ein wesentlicher Bestandteil des Entstehungsgrundes desselben durch Gesetz der Entscheidung der ordentlichen Gerichte entzogen und der Entscheidung der Verwaltungsbehörden überwiesen ist. Gegen dieses Ergebnis kann daher nicht die Erwägung durchschlagen, daß die ordentlichen Gerichte zweifellos befugt sind, bei Aburteilung über Ansprüche, welche durchweg ihrer Zuständigkeit unterliegen, auch über einschlägige oder präjudizielle Fragen oder Verhältnisse des öffentlichen Rechtes zu befinden. Denn es handelt sich vorliegend nicht um solche für ein anderes Rechtsverhältnis erhebliche Fragen oder Verhältnisse des öffentlichen Rechtes (wie z. B. in dem Falle Bd. 15 S. 237 flg. der Entsch. des R.G.'s in Civils.), sondern um eine den streitigen Anspruch selbst betreffende Feststellung, welche der Zuständigkeit der Gerichte entzogen ist. Es verhält sich hiermit ähnlich wie in den Fällen des §. 6 des preußischen Gesetzes vom 11. Mai 1842, in welchen gleichfalls die Zulässigkeit des Rechtsweges durch eine vorgängige Entscheidung der Verwaltungsbehörde bedingt ist.

Vgl. Entsch. des R.G.'s in Civils. Bd. 18 S. 123 flg., Bd. 20 S. 295 flg.

So wie dort haben auch hier Gründe der Zweckmäßigkeit und des öffentlichen Interesses dahin geführt, eine Verschließung oder doch Beschränkung des ordentlichen Rechtsweges eintreten zu lassen. Ebensowenig stichhaltig ist der für die unbedingte Zulässigkeit des Rechtsweges in dem gedachten Urteile des Kompetenzgerichtshofes geltend gemachte und vom Berufungsrichter gebilligte Grund, daß es an einer zu der fraglichen Feststellung berufenen Verwaltungsinstanz fehle. Dieser Mangel hat sich früher nicht bemerklich gemacht und soll erst infolge der durch die neueste Gesetzgebung bewirkten Änderung der Verwaltungsorganisation eingetreten sein (preuß. J.M.Bl. von 1890 S. 87). Es kann dahingestellt bleiben, ob, wenn dies der Fall wäre, durch diesen Vorgang allein ohne entsprechende Änderung des Gesetzes vom 8. März 1871 die Zuständigkeit der ordentlichen Gerichte zu einer ihnen bis dahin entzogenen Entscheidung begründet zu werden vermöchte, oder nicht vielmehr die Ergänzung des Organisationsgesetzes erforderlich sein würde. Denn es kann nicht anerkannt werden, daß dieser Fall vorliegt. Nach §. 41 des preuß. Zuständigkeitsgesetzes vom 1. August 1883 unterliegen „Beschwerden von Armen gegen Verfügungen von Ortsarmenverbänden darüber, ob, in welcher Höhe und in welcher Weise Armenunterstützungen zu gewähren sind (§. 63 des Gesetzes vom 8. März 1871)," der endgültigen Beschlußfassung des Bezirksausschusses bezw. Kreisausschusses. Diese Bestimmung entspricht der Vorschrift des §. 63 Abs. 2 a. a. O.:

„Beschwerden gegen Verfügungen der Vorstände der Ortsarmenverbände darüber, ob, in welcher Höhe und in welcher Weise Armenunterstützungen zu gewähren sind, folgen dem durch die bestehenden Gesetze angeordneten Instanzenzuge . . .,"

welche lediglich eine Konsequenz bezw. weitere Ausführung des im Absatze 2 daselbst aufgestellten Grundsatzes enthält, daß der Arme einen Anspruch auf Unterstützung gegen einen Armenverband niemals im Rechtswege, sondern nur bei der Verwaltungsbehörde geltend machen kann, in deren Pflicht es liegt, keine Ansprüche zuzulassen, welche über das Notdürftige hinausgehen. Wenn es (wie anzunehmen ist, da praktische Unzuträglichkeiten infolge der bezüglichen Rechtsprechung des Obertribunales während der Geltung jener Vorschrift nicht hervorgetreten sind) für angängig erachtet ist, daß sich die im §. 63 Abs. 2 erwähnten Verwaltungsinstanzen der ihnen übertragenen Entscheidung auch in den Fällen unterziehen, wo von Dritten die Erstattung der im Interesse des Armenverbandes gewährten Unterstützung begehrt wird, so ist nicht abzusehen, weshalb nicht der §. 41 Abs. 1 des Gesetzes vom 1. August 1883 in gleichem Sinne aufzufassen, sondern, wie der Berufungsrichter im Anschluß an die Ausführung des Kompetenzgerichtshofes (J.M.Bl. a. a. O. S. 88) annimmt, nur auf Beschwerden über die Nichtgewährung laufender Unterstützungen zu beziehen sein sollte. Die Erwägung, „daß mit der Befriedigung des Bedürfnisses des Armen, wenngleich von anderer Seite, auch der Grund für ein Einschreiten des Armenverbandes wegfalle", trifft doch nur dann zu, wenn nicht aus dieser Befriedigung ein Ersatzanspruch gegen den Armenverband hergeleitet wird, und die Feststellung des wirklichen Bedürfnisses des Unterstützten liegt gegenüber solchen Ersatzansprüchen nicht weniger in dem öffentlichen Interesse des Schutzes der Armenverbände gegen grundlose oder übermäßige Ansprüche, wie dies nach der klar ausgedrückten Tendenz des Gesetzes gegenüber den Ansprüchen des Armen selbst auf laufende Unterstützungen der Fall ist. Auch nötigt die Fassung des §. 41 a. a. O. nicht zu der Annahme, daß die dem Armen selbst gegen ablehnende Bescheide des Ortsarmenverbandes gegebene Beschwerde dem Dritten versagt sein solle, der — ohne selbst ein Armenverband zu sein — doch lediglich zur Erfüllung der öffentlich-rechtlichen Fürsorgepflicht dem angeblich Hilfsbedürftigen einstweilen die notwendige Unterstützung gewährt haben will, wobei es gleicherweise der Beurteilung der Verwaltungsinstanz unterliegt, ob hierzu genügende Veranlassung vorlag, und das Maß des Notwendigen eingehalten ist. Gerade das unabweisliche praktische Bedürfnis rechtfertigt diese Auslegung des Gesetzes.

Bieten hiernach die vorgebrachten Gegengründe keinen ausreichenden Anlaß, um die bisherige Praxis zu verlassen, so kann sich nur noch fragen, ob etwa die besonderen Umstände des gegenwärtigen Falles eine abweichende Beurteilung zu rechtfertigen vermögen. Auch dies ist zu verneinen. Zunächst gewähren die in dem Thatbestande des ersten Urteiles wiedergegebenen Behauptungen des Klägers nicht die erforderliche Grundlage für die Annahme, daß die Unterbringung des Knechtes M. in dem Krankenhause zu T. im Auftrage des Beklagten erfolgt oder von den Organen des letzteren dergestalt genehmigt sei, daß ein privatrechtlicher Vertrag zwischen demselben und der Vertretung des Krankenhauses zustande gekommen wäre, wie denn auch ein solcher vom Kläger selbst nicht behauptet, geschweige zum Fundamente seiner Klage gemacht ist. Ebensowenig kann nach Lage der Sache davon die Rede sein, daß die zuständige Verwaltungsbehörde den vorliegenden Streit auf den Rechtsweg verwiesen habe, wodurch allein übrigens die Zuständigkeit der ordentlichen Gerichte zu dessen Entscheidung nicht begründet zu werden vermöchte.

Vgl. Entsch. des R.G.'s in Civils. Bd. 21 S. 192.

Diesen Erfolg könnte auch der Umstand, daß im gegenwärtigen Falle die Unterstützung zur Beseitigung dringender Not gewährt worden, für sich nicht herbeiführen. Denn wenn hierdurch auch das Unterbleiben eines vorgängigen Angehens des jetzt beklagten Armenverbandes gerechtfertigt würde, so macht jener Umstand doch keineswegs die Notwendigkeit der Entscheidung der Verwaltungsinstanz über das Vorliegen eines Armenpflegefalles und das Maß des Bedürfnisses entbehrlich, für welche, namentlich in letzterer Beziehung, der Umstand allerdings von Erheblichkeit sein mag. In gleichem — und nicht, wie der Kompetenzgerichtshof anzunehmen scheint, in abweichendem — Sinne hat sich auch das preußische Obertribunal,

vgl. Entsch. des preuß. Obertrib. Bd. 24 S. 256. 257. 259. 260,

ausgesprochen, und diese Auffassung ist auch später nicht verlassen, wenngleich beiläufige Äußerungen den Fall dringender Not als „Ausnahmefall" zu bezeichnen scheinen,

vgl. Entsch. des preuß. Obertrib. Bd. 73 S. 244; Entsch. des R.G.'s in Civils. Bd. 3 S. 273 oben,

wobei indes immer nur auf die Gründe des erstgedachten Plenarbeschlusses hingewiesen und eine wirkliche Entscheidung nach dieser Richtung hin nicht getroffen ist, weil die damaligen Fälle einen Anlaß dazu nicht boten. Hiernach kann nur noch der vom ersten Richter für durchschlagend erachtete Gesichtspunkt in Frage kommen, daß bereits eine den Rechtsweg ermöglichende Entscheidung der für dieselbe berufenen Verwaltungsinstanz vorliege. Derselbe ist jedoch als zutreffend nicht anzuerkennen. Allerdings hat der III. Civilsenat des Reichsgerichtes in dem Urteile vom 20. Juni 1884 (Rep. III. 117/84) zur Begründung einer Erstattungsforderung des preußischen Fiskus gegen den Ortsarmenverband in Sigmaringen die nachträgliche Entscheidung der zuständigen Verwaltungsbehörde nicht für erforderlich erachtet, weil das zur Entscheidung über diese Vorfrage gesetzlich berufene Oberamt Sigmaringen bereits vor der Klagerhebung die Notwendigkeit der öffentlichen Unterstützung sowie das Maß der Hilfsbedürftigkeit anerkannt und die mit der Klage vorgelegten Rechnungen geprüft und als tarifmäßig befunden habe. Der vorliegende Thatbestand ergiebt jedoch nichts davon, daß eine derartige, auf eigener Sachprüfung beruhende Entscheidung des Kreisausschusses getroffen oder auch nur behauptet sei, und durch die bloße Thatsache der Klagerhebung kann solche offenbar nicht ersetzt werden. Überdies aber würde der klagende Kreisausschuß, da die von ihm vertretene Kreiskorporation als Eigentümerin des Kreiskrankenhauses selbst dem beklagten Ortsarmenverbande als Partei gegenübersteht, jene Entscheidung überhaupt nicht haben treffen dürfen, sondern es würde hierzu ein anderer Kreisausschuß zu bestellen gewesen sein (§. 59 des preuß. Gesetzes über die allgemeine Landesverwaltung vom 30. Juli 1883, G.S. S. 195).

Aus vorstehenden Gründen war, unter Aufhebung des Berufungs- und Abänderung des ersten Urteiles, der Rechtsweg für unzulässig zu erachten."

43. Parteifähigkeit einer nach den Bestimmungen des Tit. 6 Tl. II. des Allgem. Landrechtes zu beurteilenden erlaubten Privatgesellschaft.

IV. Civilsenat. Urt. v. 25. September 1890 i. S. S. (Kl.) w. Verein Berliner Gastwirte (Bekl.). Rep. IV. 139/90.

I. Landgericht I Berlin.
II. Kammergericht daselbst.

Der Kläger ist Mitglied des Vereines Berliner Gastwirte gewesen und durch einen Beschluß des Ehrengerichtes dieses Vereines wegen böswilliger Schädigung eines Vereinsmitgliedes im Januar 1889 aus dem Vereine ausgeschlossen worden. Er hat diesen Beschluß mit der vorliegenden Klage angefochten und den Antrag gestellt, den Beschluß aufzuheben und den Verein zu verurteilen, die Aufhebung im Vereinsblatte bekannt zu machen. In der Klageschrift ist als Vertreter des Vereines der Restaurateur F. als Vorsitzender des Vereines bezeichnet. Diesem Vertreter ist auch die Klage mit der Ladung zum Verhandlungstermine zugestellt worden. Beantwortet ist die Klage nach dem Thatbestande des landgerichtlichen Urteiles mit der Behauptung, daß die Klage als richtig erhoben nicht angesehen werden könne, da sie, wenn auch nicht gegen sämtliche Mitglieder des Vereines, so doch gegen den Verein, vertreten durch seinen Vorstand, welch letzterer aus dem Vorstande und zehn Mitgliedern bestehe, hätte angestellt, und daß in dieser Weise die Zustellung der Klage mit der Ladung zum Verhandlungstermine hätte bewirkt werden müssen. Das Landgericht hat die Klage für richtig erhoben erachtet, den Restaurateur F., den Vorsitzenden des Vereinsvorstandes, auf Grund der Bestimmung der Vereinsstatuten, nach welcher dem Vorsitzenden des aus elf Mitgliedern einschließlich des Vorsitzenden bestehenden Vereinsvorstandes die Vertretung des Vereines nach außen obliegt, als den Vereinsvertreter, dem die Klage mit der Ladung zum Verhandlungstermine ordnungsmäßig zugestellt worden, und der statutenmäßig zur Vertretung des Vereines in dessen Rechtsstreitigkeiten berufen sei, angesehen, auch die Klage sachlich für begründet erachtet und die Aufhebung des angefochtenen Beschlusses sowie die Verurteilung des Beklagten zur Bekanntmachung der Aufhebung des Beschlusses im Vereinsblatte ausgesprochen. Dies Urteil ist auf die Berufung des

Beklagten aufgehoben worden. Das Berufungsgericht hat die Klage abgewiesen, indem es dem beklagten Vereine die Fähigkeit abspricht, als Partei in einem Rechtsstreite aufzutreten, übrigens auch der Ansicht ist, daß bei anzunehmender Parteifähigkeit des Vereines der Vorsitzende des Vereinsvorstandes als statutenmäßiger Vereinsvertreter nicht würde angesehen werden können, die Klage vielmehr gegen den Verein, vertreten durch den Vorstand, zu richten gewesen wäre.

Die gegen diese Entscheidung eingelegte Revision ist für begründet erachtet worden.

Aus den Gründen:

... „Dem Vereine, aus dem der Kläger ausgeschlossen worden ist, sind weder durch das Gesetz, noch durch einen Akt der Staatsgewalt Korporationsrechte beigelegt. Er kann also als eine juristische Person nicht angesehen werden. Seine Stellung im Rechte bestimmt sich vielmehr nach den Rechtssätzen der §§. 11 flg. A.L.R. II. 6, welche die Rechte der erlaubten Privatgesellschaften betreffen. Dergleichen Gesellschaften sollen nach §. 13 a. a. O. im Verhältnisse gegen Andere außer ihnen selbst nicht wie eine Körperschaft aufgefaßt werden. Sie können daher als solche weder Grundstücke, noch Kapitalien auf den Namen der Gesellschaft erwerben. Doch haben sie nach §. 14 a. a. O. unter sich die inneren Rechte von Körperschaften. In der Wissenschaft des gemeinen Rechtes und in der gemeinrechtlichen Rechtsprechung ist die Ansicht vertreten, daß eine Körperschaft mit der Rechtsstellung einer juristischen Person ohne einen Akt der Staatsgewalt schon dadurch ins Leben gerufen werden könne, daß mehrere Personen zu erlaubten Zwecken unter einer körperschaftlichen Verfassung sich vereinigen.

Vgl. Beseler, Deutsches Privatrecht §. 67; Windscheid, Pandekten §. 60; Dernburg, Pandekten Bd. 1 §. 63.

Aber selbst wenn davon ausgegangen wird, daß eine Körperschaft mit der Rechtsstellung einer juristischen Person nicht ohne einen Akt der Staatsgewalt ins Leben treten kann, ist vielfach angenommen worden, daß einer unter einer körperschaftlichen Verfassung erfolgten Vereinigung mehrerer Privatpersonen zu erlaubtem Zwecke, die ohne einen Akt der Staatsgewalt als juristische Person nicht würde angesehen werden können, doch die Gerichtsstandschaft auch dann nicht abgesprochen werden kann, wenn ein derartiger Akt der Staatsgewalt nicht vorliegt. Diese Auffassung ist insbesondere von Stobbe (Deutsches Privatrecht Bd. 1 §. 61 Nr. 4) vertreten worden. Danach wird der Vorstand eines Vereines zweifellos zur Prozeßführung für legitimiert angesehen, wenn in den Statuten eine derartige Bestimmung sich findet. Aber auch wo dies nicht der Fall ist, soll es zufolge der körperschaftlichen Organisation, die sich der Verein gegeben hat, als der Wille aller Einzelnen betrachtet werden, daß sie nicht sämtlich als Prozeßpartei auftreten, sondern sich durch den Vorstand vertreten lassen wollen.

Vgl. ferner das unter Anwendung gemeinen Rechtes ergangene Urteil des vorm. preuß. Obertribunales vom 19. März 1875, abgedruckt in Seuffert, Archiv Bd. 33 Nr. 1, und die dort angezogenen Urteile sowie das Urteil des Reichsgerichtes vom 30. April 1881, Entsch. des R.G.'s in Civils. Bd. 4 S. 155.

Für das preußische Recht ist die Auffassung, daß eine Körperschaft als juristische Person ohne einen Akt der Staatsgewalt ins Leben treten kann, ausgeschlossen. Dagegen steht der Annahme einer Gerichtsstandschaft der unter die Bestimmungen der §§. 11 flg. A.L.R. II. 6 fallenden erlaubten Privatgesellschaften die Bestimmungen des §. 11 a. a. O., nach welcher dergleichen Gesellschaften im Verhältnisse gegen Andere keine juristische Person darstellen und als solche weder Grundstücke, noch Kapitalien auf den Namen der Gesellschaft erwerben können, nicht entgegen. Allerdings ist daraus, daß in den §§. 13. 14 a. a. O. das Verhältnis gegen Andere in Gegensatz zu den inneren Rechten der Gesellschaften gebracht wird, der Schluß gezogen worden, daß der erlaubten Privatgesellschaft als solcher die Fähigkeit, in ihrem Namen Prozesse zu führen, nicht beiwohnt, Prozesse über Rechte und Pflichten der Gesellschaft vielmehr nur von sämtlichen Mitgliedern der Gesellschaft geführt werden können. Allein das Gesetz nötigt zu dieser Auffassung nicht. Die Gerichtsstandschaft setzt begrifflich die juristische Persönlichkeit des Personenvereines, der als solcher klagen will, oder gegen den als solchen eine Klage erhoben werden soll, nicht voraus. Das objektive Recht steht auch dem nicht entgegen, daß mit einer verfassungsmäßig vorgesehenen Vertretung einer erlaubten Privatgesellschaft nach außen die Vertretung der Gesellschaft in Rechtsstreitigkeiten durch das Gesellschaftsorgan, dem die Vertretung nach außen gebührt, ein für allemal verfassungsmäßig vorgesehen wird. Die Anerkennung einer solchen

Möglichkeit der Vertretung einer erlaubten Privatgesellschaft in der Art, daß weder die sämtlichen Gesellschaftsmitglieder als Kläger aufzutreten nötig haben, noch auch eine Klage gegen sämtliche Gesellschaftsmitglieder gerichtet zu werden braucht, daß vielmehr in dem einen wie in dem anderen Falle das zur Vertretung der Gesellschaft nach außen berufene Gesellschaftsorgan als Vertreter der Gesellschaft im Prozesse angesehen wird, ist auch durch das praktische Bedürfnis geboten. Denn die Prozeßführung würde, wenn alle Mitglieder einer erlaubten Privatgesellschaft als Kläger aufzutreten hätten, oder wenn Klagen gegen alle Mitglieder anzustellen wären, bei einer großen Mitgliederzahl der Gesellschaft und der dadurch bedingten häufigeren Unterbrechung des Verfahrens infolge des Todes des einen oder des anderen Mitgliedes, der Eröffnung des Konkurses über das Vermögen des einen oder des anderen Mitgliedes, des Verlustes der Prozeßfähigkeit eines Mitgliedes mit großen Schwierigkeiten und Weitläufigkeiten verbunden sein. Von diesem Gesichtspunkte aus hat auch in landrechtlichen Sachen das vormalige preußische Obertribunal der Annahme einer Gerichtsstandschaft der unter die Bestimmungen der §§. 11 flg. A.L.R. II. 6 fallenden Privatgesellschaften sich zugeneigt gezeigt. Es hat zwar die Folge der Gerichtsstandschaft der in Frage stehenden Gesellschaften nicht in derselben Weise bejaht, wie dies von der gemeinrechtlichen Rechtsprechung geschehen ist. Aber es hat doch in dem Urteile vom 21. September 1865,

vgl. Striethorst, Archiv Bd. 61 S. 44,

den Vorstand einer Gesellschaft, auf welche es die Bestimmungen des Tit. 6 Tl. II. des Allgem. Landrechtes in Anwendung brachte, als Vertreter der Gesellschaft zur Klaganstellung auf Erfüllung eines im Namen des Vereines geschlossenen Vertrages zugelassen. Dabei hat es (S. 47) auf das körperschaftliche Element derartiger Vereine wesentliches Gewicht gelegt und ausgeführt, daß bei der entgegengesetzten Auffassung, mit welcher die Klaganstellung als durch den Beitritt aller derjenigen, die zur Zeit des Vertragsschlusses Mitglieder der Gesellschaft gewesen waren, bedingt erachtet wurde, derartige, auf Dauer berechnete, gemeinnützige Zwecke verfolgende Privatgesellschaften füglich nicht würden fortbestehen können.

Vgl. auch Entsch. des Obertrib. Bd. 20 S. 328; ferner Striethorst, Archiv Bd. 2 S. 252, Bd. 42 S. 66.

Diese Erwägungen führen dahin, die Frage nach der Gerichtsstandschaft der fraglichen Gesellschaften in dem vorliegenden Rechtsstreite, der die Nötigung enthält, zu der Frage allgemein Stellung zu nehmen, bejahend zu beantworten. Es bleibt noch zu erörtern, ob der als Vertreter des Vereines in der Klage bezeichnete Vorsitzende des Vereines mit Recht vom Kläger als Vertreter des Vereines angesehen worden ist. Auch diese Frage, in deren Beantwortung das Reichsgericht nicht durch die Vorschrift des §. 524 C.P.O. an die in dem Berufungsurteile enthaltene, auf die Stellung des Vorsitzenden des Vorstandes bezügliche Auslegung der Statuten gebunden ist, die vielmehr als zu den Prozeßvoraussetzungen des §. 54 a. a. O. gehörig vom Reichsgerichte frei zu entscheiden ist, muß mit dem Landgerichte bejaht werden. Nach den Statuten des Vereines (§. 15) geschieht die Verwaltung der Vereinsangelegenheiten durch den Vorstand. Der Vorstand besteht aus dem Vorsitzenden und zehn Mitgliedern. Der Vorsitzende wird als der Vertreter des Vereines nach außen bezeichnet. Damit erscheint der Vorstandsvorsitzende statutenmäßig als diejenige Person, die in Rechtsstreitigkeiten den Verein zu vertreten hat, der also Klagen, mit denen der Verein belangt werden soll, und Ladungen zuzustellen sind. Daß es an der Stelle der Statuten, an welcher der Vorsitzende des Vorstandes als Vertreter des Vereines nach außen bezeichnet wird, heißt, der Vorsitzende habe als Vertreter des Vereines nach außen die Pflicht, die gefaßten Beschlüsse sofort auszuführen, ist nicht dahin zu verstehen, daß die Vertretungsmacht des Vorsitzenden nach außen darauf beschränkt sei, die gefaßten Beschlüsse auszuführen, sodaß also eine jede Vertretung nach außen eine neue Beschlußfassung des Vereines voraussetze. Die Pflicht der Ausführung der gefaßten Beschlüsse wird vielmehr als eine dem Vorsitzenden, der statutengemäß allgemein zur Vertretung des Vereines nach außen berufen ist, vermöge dieses allgemeinen Berufskreises obliegende Pflicht hingestellt.

Das Berufungsurteil muß aus diesen Gründen aufgehoben und die Sache zu anderweiter Verhandlung und Entscheidung . . . an das Berufungsgericht zurückverwiesen werden."

44. 1. Kann der Eigentümer in betreff des von ihm bezahlten Teiles der auf seinem Eigentume haftenden Hypothek ein paritätisches Recht auf den Hypothekenerlös auch alsdann beanspruchen, wenn er der persönliche Schuldner des Hypothekengläubigers geworden ist?

2. Kann der Einwand, welchen bei Verneinung der Frage zu 1. der Hypothekengläubiger gegen den Anspruch des Eigentümers hat, auch gegen dessen Konkursmasse geltend gemacht werden?

III. Civilsenat. Urt. v. 26. September 1890 i. S. B. (Kl.) w. Sch.'sche Konkursmasse (Bekl.). Rep. III. 111/90.

I. Landgericht Kassel.
II. Oberlandesgericht daselbst.

Auf dem dem Oskar Sch. gehörigen Hofgute war eine Hypothek von 60 000 *M* eingetragen, welche Sch. als persönlicher Schuldner übernommen, und von welcher er späterhin auf Klage der Hypothekargläubigerin 15 000 *M* abbezahlt hatte. In dem darauf ausgebrochenen Konkurse des Sch. wurde das Gut um 52 600 *M* verkauft. Die Hypothekargläubigerin nahm diesen ganzen Betrag für ihre Forderung samt rückständigen Zinsen in Anspruch, wogegen der Konkursverwalter für den vom Kridar bezahlten Betrag unter Berufung auf §§. 63. 64 des Gesetzes vom 5. Mai 1872 ein gleiches Recht am Kauferlöse geltend machte.

Der erste Richter hat zu Gunsten der klagend aufgetretenen Hypothekargläubigerin erkannt, der Berufungsrichter hat abgeändert und den streitigen Kaufgelderrest dem beklagten Konkursverwalter zugesprochen.

In dritter Instanz ist das Urteil des Oberlandesgerichtes aufgehoben und das landgerichtliche Urteil wiederhergestellt worden aus folgenden

Gründen:

„Der beklagte Konkursverwalter nimmt für die Gläubiger im Konkurse des Oskar Sch. das Recht in Anspruch, bezüglich des von dem Gemeinschuldner bezahlten Teiles der auf seinem Grundeigentume eingetragenen Hypothek mit gleicher Priorität wie die klagende Hypothekargläubigerin in betreff des Restes der Hypothek am Erlöse des Grundstückes teilzunehmen. Auch wenn man die Richtigkeit der vom Beklagten vertretenen Ansicht unterstellt, daß der Restforderung eines Hypothekargläubigers an sich kein Vorrang vor dem vom Eigentümer nach Maßgabe des §. 63 des Gesetzes über den Eigentumserwerb vom 5. Mai 1872 bezahlten Teilbetrage zukommt, und daß der Gemeinschuldner schon durch seine Zahlung, ohne daß es einer Cession oder Umschreibung bedurfte, in die durch §. 64 a. a. O. gewährten Rechte eingerückt und damit berechtigt worden ist, die bezahlte Post im Subhastationsverfahren zu liquidieren, kann dem Anspruche des beklagten Konkursverwalters gleichwohl nicht stattgegeben werden, weil der gemeinschuldnerische Eigentümer der persönliche Schuldner für die Hypothek geworden ist.

Der III. Civilsenat des Reichsgerichtes nimmt keinen Anstand, dem vom V. Civilsenate schon mehrfach,

vgl. Gruchot, Beiträge Bd. 29 S. 685,

ausgesprochenen Satze beizutreten, daß, wenn der Eigentümer für die auf seinem Grundstücke lastende, von ihm teilweise bezahlte Hypothek persönlich verhaftet, also verpflichtet ist, mit seinem Vermögen für den Ausfall des Hypothekargläubigers einzustehen, ersterer im Kollisionsfalle dem Gläubiger gegenüber von seinem Rechte auf verhältnismäßige Anteilnahme am Konkurserlöse keinen Gebrauch machen kann.

Die thatsächlichen Voraussetzungen für die Anwendbarkeit dieses Grundsatzes sind vorliegenden Falles dadurch gegeben, daß Oskar Sch. die auf seinem Grundstücke für die Klägerin eingetragene Hypothek im Gesamtbetrage von 60000 ℳ als persönlicher Schuldner übernommen, daß er 15000 ℳ davon abgetragen hat, und daß eine Kollision zwischen dem hierdurch für den zahlenden Eigentümer erworbenen Rechte und dem Rechte der Hypothekargläubigerin bezüglich ihrer Restforderung von 45000 ℳ insofern vorliegt, als der Grundstückserlös zur Befriedigung beider Ansprüche nicht hinreicht, und die Gläubigerin mit dem streitigen Betrage von 5918,94 ℳ ausfallen würde, wenn der Teilhypothek des Eigentümers der verhältnismäßige Anteil am Kaufgelde zukäme. Der Berufungsrichter, obwohl er diese thatsächlichen Verhältnisse zu Grunde legt und auch dem vorerwähnten Rechtsgrundsatze beistimmt, hält gleichwohl dessen Anwendbarkeit für ausgeschlossen, weil über das Vermögen des Oskar Sch. der Konkurs ausgebrochen sei, in dessen Verlaufe erst die Zwangsversteigerung des belasteten Grundstückes stattgefunden habe. Diese Entscheidung muß als rechtsirrtümlich bezeichnet werden.

Der gedachte Rechtssatz ist aus der Erwägung abgeleitet, daß es als eine rechtlich zu reprobierende Unbilligkeit erscheint, wenn dasjenige gefordert wird, was der Fordernde sofort wieder zurückzugeben die Pflicht hat; der Satz enthält somit die Anerkennung einer dem Hypothekargläubiger zur Seite stehenden generellen Doluseinrede, welche als solche auch dem Rechtsnachfolger des unbillig Fordernden entgegensteht. Der Schuldner Sch. kann, wie ausgeführt worden, das aus seiner Eigentümerhypothek entsprungene Recht auf den Subhastationserlös nicht ausüben, weil er denjenigen Betrag, welchen er an sich brächte und dadurch dem Hypothekargläubiger entzöge, kraft seiner persönlichen Schuldübernahme demselben alsbald wieder zu ersetzen hätte. Die gleiche Einrede, welche in solcher Weise dem Rechte des Schuldners anhaftete, muß aber auch in dessen Konkurse den Gläubigern gegenüber Platz greifen, weil letztere, wie man im übrigen ihre Stellung zur Konkursmasse auffassen mag, jedenfalls nur diejenigen Vermögensrechte für sich beanspruchen können, welche und wie sie vom Gemeinschuldner erworben waren. Das Berufungsgericht will diese Konsequenz nicht anerkennen, weil nach Ausbruch des Konkurses die Klägerin ihre persönliche Forderung an den Kridar nicht mehr durch die fragliche Einrede, sondern nur noch dadurch geltend machen könne, daß sie dieselbe im Konkurse liquidiere, um verhältnismäßige Befriedigung aus den Mitteln der Konkursmasse, wozu auch der auf die Eigentümerhypothek des Gemeinschuldners entfallende Betrag gehöre, zu erlangen. Eine derartige Veränderung der Sachlage zum Nachteile der Klägerin kann aber dem Eintritte des Konkursfalles nicht beigemessen werden. Schon vordem war das aus der persönlichen Verbindlichkeit des Sch. sich ergebende Rechtsverhältnis begründet, das durch Zahlung der fraglichen Post erworbene Recht also in der vorerwähnten Weise beschränkt worden. Nur mit dieser Beschränkung aber konnte das Recht in die Hände der Gläubigerschaft übergehen, weil Sachen und Rechte des Kridars nicht anders als mit den darauf haftenden Lasten und Beschränkungen Bestandteile der Konkursmasse werden.

Dementsprechend war das klagabweisende Urteil der vorigen Instanz aufzuheben und das dem Klaganspruche stattgebende Urteil der ersten Instanz wiederherzustellen."

45. Auslegung der §§. 94. 95 der preußischen Gesindeordnung vom 8. November 1810 in betreff des Schadensersatzes, der dem durch ein Versehen der Dienstherrschaft an seiner Gesundheit geschädigten Dienstboten zu leisten ist.

VI. Civilsenat. Urt. v. 2. Oktober 1890 i. S. H. (Kl.) w. Sch.-K. (Bekl.) Rep. VI. 124/90.

I. Landgericht Hagen.
II. Oberlandesgericht Hamm.

Aus den Gründen:

„Die Klägerin stand bei dem Beklagten im Dienste und wurde im Dienste von einem Unfalle betroffen. Das Berufungsgericht nimmt an, daß der Unfall durch die Vernachlässigung eines auf Schadensverhütung abzielenden Polizeigesetzes (§. 26 A.L.R. I. 6) herbeigeführt ist. Es hat aber den Beklagten nur verurteilt, der Klägerin den notdürftigen Unterhalt in Naturalverpflegung so lange zu gewähren, bis dieselbe sich ihr Brot selbst zu verdienen wieder in den Stand komme, indem es der Ansicht ist, daß das Gesinde, wenn es in dem Dienste oder bei Gelegenheit desselben durch Versehen der Herrschaft zu Schaden komme, nach §. 95 der Gesindeordnung vom 8. November 1810 außer Kurkosten, die hier nicht verlangt werden, und abgesehen von den Fällen der §§. 96. 97 der Gesindeordnung, einen weiteren Schadensersatz nicht beanspruchen könne.

Die Klägerin, welche eine Jahresrente in Gelde beansprucht, hat gegen das Urteil Revision eingelegt. Diese erscheint begründet.

Das Berufungsgericht hat sich für seine Ansicht auf ein Erkenntnis des früheren preuß. Obertribunales vom 13. Oktober 1871,

vgl. Striethorst, Archiv Bd. 84 S. 56,

berufen. Es ist richtig, daß hier die §§. 94. 95 der Gesindeordnung dahin aufgefaßt sind, daß die Herrschaft für einen Schaden, welchen das Gesinde durch ihr Versehen im Dienste oder bei Gelegenheit desselben erlitten hat, einen weiteren Ersatz nicht zu leisten habe als die Kurkosten und den notdürftigen Unterhalt in Naturalleistungen bis dahin, daß das Gesinde sich selbst sein Brot zu verdienen wieder in Stand komme. Die neuere Praxis ist der Ansicht nicht gefolgt; sie nimmt vielmehr an, daß durch die §§. 94. 95 a. a. O. die allgemeinen Bestimmungen über den Schadensersatz nicht haben beseitigt werden sollen, und diese Auslegung der Gesindeordnung muß als richtig angesehen werden.

Die §§. 86—94 der Gesindeordnung enthalten Vorschriften darüber, in welcher Weise die Herrschaft für das Gesinde zu sorgen habe, wenn es während der Dienstzeit erkrankt. Insbesondere bestimmt der §. 86: „Zieht ein Dienstbote sich durch den Dienst oder bei Gelegenheit desselben eine Krankheit zu, so ist die Herrschaft schuldig, für seine Verpflegung zu sorgen." Im Anschlusse hieran wird der Herrschaft in den §§. 94. 95 a. a. O. eine gleiche Verpflichtung auch über die Dienstzeit hinaus unter den Umständen auferlegt, „wo ein Machtgeber einen dem Bevollmächtigten bei Ausrichtung der Geschäfte durch Zufall zugestoßenen Schaden vergüten muß". Dem Wortlaute nach handelt es sich also nur um die Frage, unter welchen Voraussetzungen die Herrschaft bei einer zufälligen Erkrankung des Gesindes über die Dienstzeit hinaus für dasselbe zu sorgen hat. Damit stimmt allerdings nicht überein, daß in dem §. 94 a. a. O. am Schlusse in einer Parenthese auf §§. 80. 81 A.L.R. I. 13 verwiesen ist. Auch läßt sich nicht annehmen, daß die Citierung des §. 80 auf einem Versehen beruht, denn die Vorschrift dieses Paragraphen ist für die Frage, ob und inwieweit die Herrschaft für geringe Versehen hafte, von Erheblichkeit. Dem Wortlaute des §. 94 gegenüber ist es aber bedenklich, aus dem Citate in der Parenthese zu folgern, daß durch die §§. 94. 95 a. a. O. die allgemeinen Bestimmungen über den Schadensersatz in dem Verhältnisse zwischen Herrschaft und Gesinde in bezug auf den von diesem im Dienste oder bei Gelegenheit desselben erlittenen Schaden haben abgeändert werden sollen.

Nun scheint allerdings der §. 96 der Gesindeordnung überflüssig zu sein, wenn die allgemeinen Grundsätze über Schadensersatz unbeschränkt auch für das Verhältnis zwischen Herrschaft und Gesinde gelten. Allein man darf auf diesen Umstand kein entscheidendes Gewicht legen, da der Paragraph aus besonderen Gründen aufgenommen sein kann, obgleich er an sich entbehrlich sein würde. Die Frage, in welchem Umfange der Herrschaft ein Züchtigungsrecht gegen das Gesinde zustehe, bildete der Zeit einen Gegenstand vielfacher Erörterungen. Das Allgem. Landrecht (§§. 77. 79 II. 5) und die Gesindeordnung (§§. 77. 79) enthalten hierauf bezügliche gleichlautende Bestimmungen. Es ist sehr wohl denkbar, daß man im Anschlusse hieran es hat besonders hervorheben wollen, daß, wenn das Gesinde durch Mißhandlungen der Herrschaft an seiner Gesundheit beschädigt würde, die Herrschaft von den allgemeinen Regeln über Schadensersatz nicht eximiert sei. Jedenfalls entbehren die Vorschriften der Gesindeordnung einer solchen Bestimmtheit, wie sie erforderlich sein würde, wenn der Schluß berechtigt sein sollte, daß das Gesindeverhältnis in der fraglichen Beziehung von der Anwendung der allgemeinen Rechtsregeln ausgeschlossen worden sei.

Danach erscheint die Ansicht des Berufungsgerichtes, daß die Klägerin für die Gesundheitsbeschädigung, welche sie im Dienste erlitten, nicht nach den allgemeinen Grundsätzen von ihrer Herrschaft Schadensersatz fordern könnte, irrig."

---

6. Von welchem Zeitpunkte ab hat der in Dürftigkeit geratene Schenker, der aus §§. 1123 flg. A.L.R. I. 11 den Anspruch auf sechs vom Hundert des Wertes der geschenkten Sache gegen den Beschenkten geltend macht, auf Verzinsung des Betrages dieser Forderung Anspruch?

IV. Civilsenat. Urt. v. 9. Oktober 1890 i. S. Reichsmilitärfiskus (Bekl.) w. v. C. L. (Kl.) Rep. IV. 111/90.[1]

I. Landgericht I Berlin.
II. Kammergericht daselbst.

Der Kläger hat durch gerichtlichen Vertrag vom 23. Oktober 1871 dem Militärfiskus zwei in dem Vertrage näher bezeichnete, auf den Feldmarken L. und G. belegene Grundstücke zu dem Zwecke des Neubaues der Centralkadettenanstalt geschenkt, auch in dem Vertrage gewisse, auf die Entwässerung und Kanalisation des Landes, auf den Wasserbedarf der Anstalt, auf die Anlegung und Pflasterung von Wegen und ähnliche Bedürfnisse bezügliche Verpflichtungen übernommen. Der Schenker geriet später in Dürftigkeit. Er richtete deshalb am 23. Mai 1883 an das preußische Kriegsministerium als den Vertreter des Militärfiskus die Aufforderung zur Zahlung einer jährlichen Rente von Sechs vom Hundert des Wertes der geschenkten Sache

[1] Vgl. Entsch. des R.G.'s in Civils. Bd. 23 Nr. 45 D. E.

und erhob, da der Fiskus den Anspruch bestritt, im März 1887 auf Zahlung Klage. Es erging vorab eine Entscheidung über den Grund des Anspruches dahin, daß der Anspruch seinem Grunde nach für gerechtfertigt erachtet wurde. Diese Entscheidung beschritt die Rechtskraft. Bei der Verhandlung über den Betrag des Anspruches gab der Beklagte den Wert der Schenkung auf 54 000 ℳ an. Nach Maßgabe dieser Wertsangabe bestimmte das Landgericht den Betrag der dem Kläger auf Grund der §§. 1123 flg. A.L.R. I. 11 gebührenden jährlichen Rente durch Teilurteil vorläufig auf 3240 ℳ und verurteilte den Beklagten, die rückständigen Rentenbeträge vom 23. Mai 1883, dem Zeitpunkte der Aufforderung des Fiskus zur Zahlung an sofort, die zukünftigen in vierteljährlichen Vorauszahlungen von 810 ℳ zu zahlen, auch die Rückstände vom 23. Mai 1883 an in Höhe von 810 ℳ und in gleicher Höhe von jedem, diesem Anfangspunkte entsprechenden späteren Vierteljahrstage an mit Fünf vom Hundert zu verzinsen.

Die gegen diese Entscheidung vom Beklagten eingelegte Revision wurde in Ansehung des Anfangspunktes der Verzinsung für begründet erachtet und der Beklagte zur Zahlung von Zinsen erst vom Tage der Klagezustellung an verurteilt.

Aus den Gründen:

..."Begründet ist die Revision, soweit sie sich auf den Zeitpunkt des Beginnes der Verpflichtung des Beklagten zur Rentenzahlung bezieht. Die streitige Verpflichtung ist nach den Randbemerkungen zu §§. 1089. 1090. 1091. 1113. 1117. 1123. 1129. 1134. 1140. 1151 A.L.R. I. 11 von dem Gesichtspunkte eines Widerrufes der Schenkung zu beurteilen. Während das Gesetz im §. 1117 von dem gleichen Gesichtspunkte aus denjenigen, denen der Geschenkgeber nach den Gesetzen Unterhalt zu reichen verpflichtet ist, in dem Falle, wenn der Nachlaß diesen Unterhalt nicht gewähren kann, das Recht giebt, die Ergänzung des Fehlenden aus den Nutzungen der geschenkten Sache oder Summe, soweit dieselben hinreichen, zu fordern, wird in den §§. 1123 flg. der Geschenkgeber selbst, wenn er in Dürftigkeit geraten ist, von dem Gesichtspunkte des Widerrufes der Schenkung aus für berechtigt erklärt, von dem Beschenkten Sechs vom Hundert der geschenkten Summe oder des Wertes der geschenkten Sache zu fordern. Auf die Bestimmungen, welche die Fälle der Zulässigkeit des Widerrufes der Schenkung enthalten, folgen in den §§. 1162 flg. a. a. O. allgemeine Regeln vom Widerrufe, darunter im §. 1166 die Bestimmung, daß bis zur gerichtlichen Erklärung des Widerrufes der Beschenkte als ein redlicher Besitzer anzusehen ist. Hieraus ergiebt sich, daß die der Anstellung der Klage vorangegangene, am 23. Mai 1883 vom Kläger gegen den Beklagten ausgesprochene Aufforderung zur Zahlung der Rente von dem angeblichen Werte der Schenkung als Anfangszeit der dem Beklagten obliegenden Rentenzahlung nicht angesehen werden kann, der Anfangspunkt der Verpflichtung vielmehr auf den Tag der Klagezustellung zu bestimmen ist."...

---

47. Kann der im Ehescheidungsurteile für den schuldigen Teil erklärte Ehegatte das gegen die Entscheidung an sich zulässige Rechtsmittel mit Erfolg zu dem Zwecke einlegen, daß, während die erkannte Ehescheidung selbst unangefochten bleibt, der Ausspruch des Gerichtes über die Schuldfrage beseitigt werde, auch wenn mit dieser Beseitigung der einzige Grund der Ehescheidung wegfällt?

IV. Civilsenat. Urt. v. 30. Oktober 1890 i. S. B. (Bekl.) w. B. (Kl.) Rep. IV. 163/90.

I. Landgericht Görlitz.
II. Oberlandesgericht Breslau.

Der Kläger hat wegen böslicher Verlassung auf Ehescheidung geklagt. Zur Begründung der Klage hat er geltend gemacht, die Beklagte habe sich, als er im Jahre 1879 von L., seinem früheren Wohnsitze, nach St. verzogen sei, zu ihren in G. wohnhaften Eltern begeben und sei, obwohl er in der Zeit vom Jahre 1880 bis zum Monate Juli 1889 in B., wohin er von St. seinen Wohnsitz verlegt habe, von dem Postbaurate Sch. gegen jährliche Dienstbezüge von ungefähr 2000 ℳ beschäftigt worden sei und seitdem in G. als Gehilfe des Maurermeisters D. eine Stellung mit einem Gehalte von monatlich 180 ℳ bekleide, auch eine ausreichende Wohnung gemietet und der Beklagten ein Reisegeld von 10 ℳ übersandt habe, nicht zu ihm zurückgekehrt, habe auch eine am 23. Oktober 1889 mit Frist von acht Tagen an sie erlassene, ihr am 30. Oktober 1889 zugestellte gerichtliche Aufforderung, das eheliche Leben mit ihm — dem Kläger — fortzusetzen, unbeachtet gelassen. Das Landgericht hat den Ehescheidungsgrund der böslichen Verlassung für vorliegend erachtet, auf Ehescheidung erkannt und die Beklagte für den allein schuldigen Teil erklärt. Die Beklagte hat Berufung eingelegt mit dem Antrage, das landgerichtliche Urteil dahin abzuändern, daß sie nicht für den allein schuldigen Teil erklärt, vielmehr keinem Teile ein Übergewicht der Schuld beigemessen werde. Zur Begründung der Berufung hat sie eine Reihe von Behauptungen aufgestellt, aus denen sich ergeben soll, daß sie wohl befugt gewesen sei, dem gerichtlichen Rückkehrbefehle keine Folge zu leisten, und daß bösliche Verlassung auf ihrer Seite nicht vorliege. Der Kläger hat auf Zurückweisung der Berufung angetragen und den Angaben der Beklagten andere gegenübergestellt, mit denen er das Vorhandensein des Scheidungsgrundes der böslichen Verlassung darthun will. Das Berufungsgericht hat die Berufung zurückgewiesen. Die von der Beklagten eingelegte Revision hat keinen Erfolg gehabt.

Aus den Gründen:

„Das Berufungsgericht führt aus, es könne nicht gestattet werden, daß die in erster Instanz für den allein schuldigen Teil erklärte Berufungspartei vor dem Berufungsgerichte sich darauf beschränke, die Feststellung des Landgerichtes, daß überhaupt ein Ehescheidungsgrund vorliege, zu erschüttern, ohne gleichzeitig das Urteil, soweit es in Gemäßheit des für erwiesen erachteten Ehescheidungsgrundes die Ehe trenne, anzufechten. Denn dies würde im Widerspruche mit dem Wesen der Ehe, die ohne das Vorhandensein eines gesetzlichen Ehescheidungsgrundes nicht geschieden werden solle, dahin führen, daß die Trennung der Ehe stattfinde, während anerkannt werde, daß ein gesetzlicher Scheidungsgrund nicht vorliege. Der Beklagten, die das landgerichtliche Urteil, soweit es die Ehescheidung ausspreche, nicht anfechte, könne es daher nicht zustehen, die Feststellung des Landgerichtes, daß sie sich der böslichen Verlassung schuldig gemacht habe, in anderer Weise anzugreifen als in der Art, daß die von ihr gegen die Feststellung erhobenen Einwendungen sich zugleich als Ehescheidungsgründe darstellen. Das Berufungsgericht prüft von diesem Gesichtspunkte aus die Anführungen der Beklagten und hält dafür, daß lediglich die vor länger als zehn Jahren durch die Strafkammer des Landgerichtes zu G. erfolgte Verurteilung des Klägers wegen Unterschlagung zu drei Monaten Gefängnis, welche Strafe der Kläger auch verbüßt habe, als Ehescheidungsgrund im Sinne des §. 704 A.L.R. II. 1 in Frage kommen könne. Es nimmt aber an, daß die fragliche strafbare Handlung nicht als ein grobes Verbrechen nach §. 704 a. a. O. aufzufassen sei und nicht von einer solchen Ehrlosigkeit der Gesinnung zeuge, daß dadurch die Voraussetzungen des ehelichen Zusammenlebens gestört werden könnten. Aus diesen Gründen erachtet es eine Abänderung der landgerichtlichen Entscheidung hinsichtlich der Schuldfrage für ausgeschlossen und die Berufung mithin für unbegründet.

Die Auffassung des Berufungsgerichtes steht mit der Rechtsprechung des vormaligen preußischen Obertribunales nicht im Einklange. Nach der letzteren soll der im Urteile erster Instanz unterliegende Ehegatte nicht gehindert sein, sich bei dem Ausspruche des Gerichtes, soweit der Ausspruch auf die Scheidung selbst gerichtet ist, zu beruhigen und nur darüber Beschwerde zu führen, daß er für den allein schuldigen Teil erklärt sei. Das Gericht zweiter Instanz habe — so wird ausgeführt — in einem solchen Falle zu prüfen, ob der Beklagte mit rechtlichen Gründen für allein schuldig erklärt sei. Bei dieser Prüfung müsse das Gericht auf eine nochmalige Würdigung derjenigen Thatsachen eingehen, auf Grund deren das Gericht erster Instanz die Ehescheidung ausgesprochen habe. Und das Gericht zweiter Instanz dürfe, wenn es sich hierbei überzeuge, daß ein zur Ehetrennung geeigneter gesetzlicher Grund nicht vorliege, und daß vom Gerichte erster Instanz ohne einen solchen auf Scheidung erkannt worden sei, nicht auf Bestätigung des Urteiles erster Instanz erkennen, sondern müsse dasselbe in betreff der Schuldfrage abändern, also die durch das Urteil sich beschwert fühlende Partei von der ihr ohne gesetzlichen Grund aufgebürdeten Schuld befreien.

Vgl. Striethorst, Archiv Bd. 35 S. 272.

Die Rechtsauffassung des Obertribunales hat auch in der bisherigen Rechtsprechung des Reichsgerichtes Billigung gefunden. Und der gegenwärtig erkennende Senat hat in früheren Streitfällen es für zulässig erklärt, daß der geschiedene und für den schuldigen Teil erklärte Ehegatte, obwohl er sich bei der Ehescheidung selbst beruhigt, doch darüber, daß er für den schuldigen Teil erklärt worden, mit dem Erfolge

Beschwerde führe, daß von dem über das Rechtsmittel entscheidenden Gerichte die Schuldfrage und damit das Vorhandensein eines Ehescheidungsgrundes unbeschadet der erfolgten Ehescheidung selbst verneint werde. Bei der durch den vorliegenden Streitfall veranlaßten erneuten Prüfung der Rechtsfrage ist der erkennende Senat jedoch zu einer anderen Ansicht gelangt.

Der früheren Auffassung scheint die Erwägung erfolgreich zur Seite zu stehen, daß es einer Partei regelmäßig unbenommen ist, sich bei einem Teile des gegen sie ergangenen Urteiles zu beruhigen, gegen einen anderen Teil aber das an sich zulässige Rechtsmittel einzulegen, und daß hierin auch dann nichts geändert wird, wenn die Partei bei Einlegung und Begründung des Rechtsmittels mit den Grundlagen, auf denen der nicht von ihr angegriffene Teil der Entscheidung beruht, in Widerspruch tritt. Allein diese Erwägung hat im Ehescheidungsstreite eine durch das Wesen der Ehe und die rechtliche Natur des Eheprozesses eingeschränkte Bedeutung. Es läßt sich mit ihr nicht die prozessualische Möglichkeit rechtfertigen, daß in einem und demselben Ehescheidungsstreite der die Klagegrundlage bildende Ehescheidungsgrund für die Ehescheidung selbst als gegeben angesehen, für die Schuldfrage dagegen für nicht vorhanden erachtet wird, und damit als Ergebnis eines und desselben Rechtsstreites eine Ehescheidung ohne gesetzlichen Ehescheidungsgrund sich herausstellt. Muß aber diese Möglichkeit abgewiesen werden, so folgt, daß einem die Ehescheidung aussprechenden und den einen Ehegatten für den allein schuldigen Teil erklärenden Urteile gegenüber der für schuldig erklärte Ehegatte die Entscheidung über die Schuldfrage ohne gleichzeitige Anfechtung der Ehescheidung selbst nur unter der Voraussetzung mit Erfolg angreifen kann, daß Gründe vorliegen und dargethan werden, die sowohl die in dem angefochtenen Urteile enthaltene Ehescheidung selbst, als auch die mit dem Rechtsmittel begehrte Entscheidung über die Schuldfrage rechtfertigen. Diesen Standpunkt nimmt das Berufungsgericht ein. Seine Erwägungen sind zutreffend. Das Berufungsurteil muß daher gegen die Revision, die mit den früheren Beweisgründen gegen das Urteil vorgeht, aufrechterhalten werden."

48. 1. Ist ein mündlicher Kaufvertrag über Grundstücke im Sinne des §. 579 A.L.R. I. 9 ein an sich zur Erlangung des Eigentumes geschickter Titel?

2. Kann die Ersitzung eines Grundstückes gegen die Erben des eingetragenen Eigentümers nach dem Inkrafttreten des Eigentumserwerbsgesetzes vom 5. Mai 1872 (§. 6) vollendet werden?

V. Civilsenat. Urt. v. 1. November 1890 i. S. K.'sche Erben (Bekl.) w. J. (Kl.) Rep. V. 148/90.

I. Landgericht Halberstadt.
II. Oberlandesgericht Naumburg.

Das Reichsgericht hat bei Zurückweisung der Revision der Beklagten die erste Frage verneint, die zweite bejaht.

Aus den Gründen:

„Im Grundbuche von Rodersdorf Bd. 2 Bl. 313 ist Christoph K. sen. am 29. August 1856 als Eigentümer von drei Morgen Acker vor dem Westerholze eingetragen worden. Der Berufungsrichter hat festgestellt, daß Christoph K. im Sommer 1856 dieses Ackerstück durch mündlichen Vertrag an August J. für 272 Thlr. verkauft und daß letzterer mit Bewilligung des Verkäufers vor dem 1. Oktober 1856 Besitz von demselben ergriffen hat. Verkäufer wie Käufer sind verstorben, — jener von den jetzigen Beklagten und dem Schäfer Christoph K. jun., dieser von seiner Tochter, der Klägerin, beerbt. Der letzteren hat ihr Erblasser in seinem Testamente das obengedachte Grundstück auch vermacht. Eine Umschreibung des Eigentumes an demselben auf die K.'schen Erben oder auf den Käufer J. hat nicht stattgefunden. Der Antrag der Klägerin geht dahin, die Beklagten zu verurteilen, ihre (der Klägerin) Eintragung als Eigentümerin im Grundbuche zu bewilligen oder das streitige Grundstück ihr aufzulassen. Der Christoph K. jun. indes ist nicht mitverklagt, weil er den Anspruch der Klägerin anerkennt.

Die Klägerin stützt das geltend gemachte Recht auf zwei Gründe. Sie behauptet,

1. der Formmangel des mündlichen Kaufvertrages sei durch ein späteres Anerkenntnis der K.'schen Erben gehoben. . . .

2. Die Klägerin stützt weiter ihr Recht auf Ersitzung. Sie macht geltend, daß ihr Vater und nach dessen Tode sie selbst das streitige Grundstück von 1856 bis 1886 frei und ungestört als Eigentümer besessen haben.

Nach Ansicht der Beklagten steht dem Erwerbe durch Ersitzung entgegen, daß das Ackerstück im Grundbuche auf den Namen des Christoph K. sen. eingetragen ist, und daß nach §. 6 des Eigentumserwerbsgesetzes vom 5. Mai 1872 gegen den eingetragenen Eigentümer ein Eigentumserwerb durch Ersitzung nicht stattfindet. Der weitere Einwand der Beklagten, August J. habe den Besitz erst erlangt, als er Vormund der K.'schen Minorennen geworden und als solcher keine Ersitzung gegen seine Mündel anfangen konnte, erledigt sich durch die obengedachte Feststellung, wonach der Besitz schon vor dem 1. Oktober 1856, also noch zu Lebzeiten des Christoph K. sen., ergriffen ist.

Die Beklagten haben Widerklage mit dem Antrage erhoben, die Klägerin zu verurteilen, anzuerkennen, daß das streitige Ackerstück zum Nachlasse des Christoph K. sen. gehöre, und es zu diesem Nachlasse herauszugeben.

Der erste Richter hat sowohl die Klage als die Widerklage abgewiesen. Von der Klägerin ist Berufung, von den Beklagten Anschlußberufung eingelegt. Der ersteren hat der zweite Richter stattgegeben und auf Verurteilung der Beklagten dem gestellten Antrage gemäß erkannt. Die Anschlußberufung ist zurückgewiesen." . . .

(Es wird in dem Urteile des Reichsgerichtes zunächst ausgeführt, daß die Entscheidung des zweiten Richters, welche den ersten Klagegrund für zutreffend erachtet, auf Rechtsirrtum beruhe und das zweite Urteil nicht tragen könne. Dann wird fortgefahren:)

„Die Aufhebung des zweiten Urteiles war jedoch nicht auszusprechen, weil das vom Berufungsrichter nicht näher geprüfte zweite Klagefundament den Anspruch der Klägerin begründet, und weil das von den Vorderrichtern festgestellte Sachverhältnis die Endentscheidung ermöglicht (§. 528 Nr. 1 C.P.O.).

Nach der Feststellung des Berufungsrichters hat August J. auf Grund des mündlichen Kaufvertrages vor dem 1. Oktober 1856 den Besitz des streitigen Ackerstückes ergriffen und denselben bis zu seinem am 30. April 1885 erfolgten Tode fortgesetzt. Demnächst hat sich die Klägerin bis Ende 1886 im Besitze befunden. Der erste Richter prüft, ob hiernach die Erfordernisse der ordentlichen Ersitzung von zehn Jahren (§. 620 A.L.R. I. 9) vorliegen, verneint dies jedoch, weil es an einen Titel, der an sich zur Erlangung des Eigentumes geschickt ist, fehle (§. 579 A.L.R. I. 9). Das frühere preußische Obertribunal hat in dem Plenarbeschlusse vom 15. Februar 1844,

vgl. Entsch. des Obertrib. Bd. 6 S. 410,

unter Hinweis auf die Entstehungsgeschichte und die Materialien des Gesetzes ausgeführt, daß unter dem im §. 579 a. a. O. gedachten Titel ein solcher zu verstehen sei, welcher als formell und materiell rechtsgültiger Rechtsgrund den thatsächlichen Besitz von Anfang an zum Rechtserwerbe gemacht haben würde, wenn der Mangel im Rechte des Auktors nicht vorhanden gewesen wäre. Ein derartiger Titel ist, wie näher ausgeführt wird, der mündliche Vertrag in den Fällen, wo das Gesetz Schriftform verlangt, nicht. An dieser Entscheidung hat das Obertribunal in konstanter Praxis festgehalten.

Vgl. Rehbein, Entsch. des Obertrib. Bd. 1 S. 1046 flg.

Das Reichsgericht ist derselben, trotz mehrfacher in der Litteratur geltend gemachter Bedenken, beigetreten. Die Klägerin kann deshalb ihr Eigentum an dem streitigen Ackerstücke auf die ordentliche Ersitzung nicht stützen, und es kommt sonach nur in Frage, ob die Erfordernisse der außerordentlichen Ersitzung vorhanden sind. Der §. 625 A.L.R. I. 9 sagt, daß zur Vollendung der letzteren vollständiger redlicher Besitz während dreißig Jahren erforderlich ist. Diese Voraussetzungen zur Anwendung des Gesetzes treffen hier zu. Ein Bedenken gegen die Redlichkeit des Besitzes ist nicht angeregt. Der Umstand, daß August J. nach Beginn der Ersitzung zum Vormunde der Christoph K.'schen Minorennen bestellt worden ist, hat die Fortsetzung derselben nicht unterbrochen (§. 530 A.L.R. I. 9). Auch der §. 511 das. steht dem Anfange der Ersitzung nicht entgegen, weil das darin ausgesprochene Verbot sich nur auf dingliche Rechte an eingetragenen Grundstücken, nicht auf das Eigentum selbst bezieht. Sowohl das frühere preußische Obertribunal, als das Reichsgericht haben in einer Reihe von Urteilen diese Auslegung des §. 511 a. a. O. unter näherer Begründung angenommen.

Vgl. Entsch. des Obertrib. Bd. 34 S. 128; Entsch. des R.G.'s in Civils. Bd. 15 S. 228.

Der §. 6 des Eigentumserwerbsgesetzes vom 5. Mai 1872 bestimmt jedoch weiter:

„Gegen den eingetragenen Eigentümer findet ein Erwerb des Eigentumes an dem Grundstücke durch Ersitzung nicht statt."

Der Sinn dieser Vorschrift geht dahin, daß gegen denjenigen, welcher als Eigentümer eines Grundstückes eingetragen ist, die Ersitzung nicht stattfinden soll. Ob die Eintragung nach dem früheren Rechte oder nach dem Inkrafttreten des Eigentumserwerbsgesetzes erfolgt ist, macht keinen Unterschied, denn die Absicht des Gesetzgebers war Ausschluß der Ersitzung als Erwerbsart des Eigentumes gegen den eingetragenen Eigentümer. Das Reichsgericht hat aus dieser Auffassung des Gesetzes die Folgerung gezogen, daß auch die Vollendung einer nach früherem Rechte begonnenen Ersitzung seit dem 1. Oktober 1872 nicht mehr zulässig ist, weil nach dem Inkrafttreten des Eigentumserwerbsgesetzes die Möglichkeit der Rechtsbildung nur nach dessen Vorschriften zu beurteilen sei.

Vgl. Entsch. des R.G.'s in Civils. Bd. 15 S. 259—261.

Im gegebenen Falle hat jedoch eine Umschreibung des Eigentumes nach dem Tode von Christoph K. auf seine Erben nicht stattgefunden. Die Entscheidung der Sache hängt deshalb von der Frage ab, ob die gegen Christoph K. rechtsgültig begonnene Ersitzung gegen dessen nicht eingetragene Erben vollendet werden konnte. Das muß bejaht werden. Der §. 6 des Eigentumserwerbsgesetzes hat nicht (wie z. B. der Entwurf eines bürgerlichen Gesetzbuches für das Deutsche Reich §. 881, Motive Bd. 3 S. 358 flg.) den Grundsatz aufgestellt, daß die Ersitzung als Eigentumserwerbsart von Grundstücken oder im Grundbuche eingetragenen Grundstücken ausgeschlossen sein soll. Wäre eine derartige Einschränkung der allgemeinen Regeln über den Eigentumserwerb durch Ersitzung beabsichtigt worden, so hätte das Gesetz (analog dem §. 511 A.L.R. I. 9) dahin gefaßt werden müssen, daß das Eigentum an unbeweglichen Sachen, welche im Grundbuche eingetragen sind, durch Ersitzung nicht erworben werden könne. Eine solche Bestimmung ist jedoch nicht getroffen, sondern die Ersitzung nur gegen den eingetragenen Eigentümer ausgeschlossen. Es war, wie Förster (Grundbuchrecht S. 89) zutreffend sagt, beabsichtigt, die schwache Bedeutung der früheren Besitztitelberichtigung zu beseitigen und der Eintragung die Bedeutung des Erwerbsaktes beizulegen. Die

Motive bemerken zur Erläuterung des Gesetzes, daß der Eigentümer, solange er lebt, sein Recht nur durch Auflassung an einen Anderen verlieren könne. In denjenigen Fällen aber, wo das Eigentum ohne Auflassung erworben werden kann, hat das Gesetz den neuen, nicht eingetragenen Eigentümer gegen die Wirkungen der Ersitzung nicht schützen wollen. Die Motive heben ausdrücklich hervor, daß die Ersitzung sowohl alsdann, wenn überhaupt kein Grundbuch angelegt ist, als auch gegen den Erben, welcher sich nicht hat eintragen lassen, zulässig sei.

Vgl. Werner, Preuß. Hypothekenrecht Bd. 2 S. 18.

Das Reichsgericht hat deshalb angenommen, daß der §. 6 a. a. O. nach Wortlaut und Absicht des Gesetzes die Vollendung der rechtmäßig angefangenen Ersitzung gegen die nicht eingetragenen Erben des Christoph K. nicht hindern konnte. Diese Ansicht wird auch in der Litteratur des preußischen Rechtes überwiegend vertreten.

Vgl. Eccius, Preuß. Privatrecht §. 177 Note 15 5. Aufl. Bd. 3 S. 225; Turnau, Grundbuchordnung, §. 6 des Eigentumserwerbsgesetzes Note 1 4. Aufl. Bd. 1 S. 657—658; Weber, Deutsches Hypothekenrecht S. 172. 180; Achilles, Preuß. Hypothekengesetze §. 6 3. Aufl. S. 95; Bahlmann, Grundbuchrecht §. 6 Note 4 3. Aufl. S. 45.

Nur Dernburg und Hinrichs führen dagegen aus, daß der Erbe regelmäßig die Rechte seines Erblassers haben müsse, und schließen deshalb die Ersitzung gegen die Erben des eingetragenen Eigentümers aus.

Vgl. Preuß. Hypothekenrecht Bd. 1 S. 241 Note 14; ähnlich Dernburg, Preuß. Privatrecht §. 243 Note 6 4. Aufl. Bd. 1.

Diese Auslegung ist jedoch in der Litteratur (vgl. Eccius a. a. O.) zutreffend bekämpft, sie steht auch im Widerspruche mit der Ansicht beider Rechtslehrer, daß die Ersitzung gegen den verschollenen Eigentümer statthaft sei.

Da auch in betreff der nach §. 625 A.L.R. I. 9 für die Vollendung der Ersitzung vorgeschriebenen Zeitdauer von dreißig Jahren ein Zweifel nicht besteht, so hat das Reichsgericht angenommen, daß die Klägerin das von ihr behauptete Eigentum bewiesen habe."

49. 1. Unter welchen Bedingungen ist eine Klage auf Feststellung von Rechtsverhältnissen, die der Vergangenheit angehören, zulässig? 2. Was ist unter „gemeinschaftlichen Verwendungen" im §. 171 A.L.R. I. 17 zu verstehen?

V. Civilsenat. Urt. v. 5. November 1890 i. S. Sch. u. Gen. (Bekl.) w. H. (Kl.) Rep. V. 152/90.

I. Landgericht II Berlin.
II. Kammergericht daselbst.

Die Revision der Beklagten ist zurückgewiesen.

Aus den Gründen:

„Nach den Feststellungen der Instanzrichter hat der Kläger mit dem Erblasser der Beklagten im Jahre 1868 mündlich vereinbart, Grundstücke anzukaufen, wobei jeder Teil zu den Kosten des Erwerbes die Hälfte beitragen, die Verwaltung für gemeinschaftliche Rechnung erfolgen und der sich beim Verkaufe ergebende Gewinn gleichmäßig unter ihnen verteilt werden sollte. In Ausführung dieses Vertrages hat der Erblasser der Beklagten in den Jahren 1869 und 1870 drei Grundstücke (Nr. 13. 14. 55) zu B. erworben und sie auf seinen Namen im Grundbuche eintragen lassen. Die Grundstücke Nr. 13 und 14 sind im Laufe des jetzigen Prozesses im Wege der Zwangsversteigerung verkauft worden. Dem Antrage des Klägers gemäß hat der zweite Richter die Beklagten verurteilt, anzuerkennen:

1. daß dem Kläger das Miteigentum an den Grundstücken B. Nr. 13. 14. 55 zur ideellen Hälfte zustand, und zwar an den Grundstücken Nr. 13. 14 bis zu dem am 28. Februar 1889 erfolgten Zuschlage in der Zwangsversteigerung, an dem Grundstücke Nr. 55 aber bis zu dessen am 10. August 1887 erfolgten Auflassung an den Kaufmann R.;

2. daß bei der vorzunehmenden Auseinandersetzung der Parteien in Ansehung der zwischen dem Kläger und dem Erblasser der Beklagten im Jahre 1868 geschlossenen Sozietät die Beklagten den vollen, bei der Zwangsversteigerung der Grundstücke Nr. 13. 14 erzielten Erlös nach Abzug der Kosten in die Sozietätsrechnung behufs gleichmäßiger Teilung einzustellen haben.

Der weitere Antrag des Klägers auf Einstellung des Erlöses für das Grundstück Nr. 55 ist abgewiesen.

Die Beschwerden der Beklagten gegen dieses Urteil gehen dahin: ... Beide Beklagten machen geltend, der Berufungsrichter habe zu Unrecht die Feststellungsklage zugelassen. Sie führen aus, ... es sei unstatthaft, festzustellen, daß der Kläger in einer vergangenen Zeit Eigentümer der fraglichen Grundstücke gewesen sei. Diese Beschwerde erscheint unbegründet, selbst wenn man zu Gunsten der Beklagten annehmen könnte, daß von ihnen in zweiter Instanz nur eine Feststellungsklage erhoben sei. Es mag richtig sein, daß eine Klage auf Feststellung von Rechtsverhältnissen, welche der Vergangenheit angehören, in der Regel nicht zulässig ist. Eine Ausnahme tritt jedoch ein, wenn, wie hier, das frühere Bestehen von Rechtsverhältnissen die Grundlage für einen vom Kläger jetzt verfolgten Anspruch bildet.

Vgl. Gruchot, Beiträge Bd. 30 S. 1109; Gaupp, Kommentar zur C.P.O. 2. Aufl. §. 231 IId. S. 447; Seuffert, Kommentar zur C.P.O. 5. Aufl. §. 231 Note 3c S. 287.

Die weitere Beschwerde der Beklagten ist dahin begründet: Beim Mangel der schriftlichen Abfassung des Gesellschaftsvertrages bewirke der Erwerb von Grundstücken für die Gesellschaft durch einen Kontrahenten noch kein Miteigentum des anderen, sondern hierzu seien gemeinschaftliche Verwendungen erforderlich. Da es an solchen auf seiten des Klägers fehle, habe der Berufungsrichter die Vorschrift des §. 171 A.L.R. I. 17 nicht anwenden dürfen....

Der Berufungsrichter ist davon ausgegangen, daß die Beklagten jede Verwendung in die Sozietät seitens des Klägers in Abrede gestellt haben. Er befindet jedoch, es komme auf den Nachweis von Aufwendungen des Klägers nicht an, sondern es genüge zur Annahme von gemeinschaftlichem Eigentume an den für die Sozietät erworbenen Gegenständen jede Aufwendung auch eines einzelnen Gesellschafters, sofern sie in Ausführung des Gesellschaftsvertrages geschieht. Daß letzteres hier der Fall sei, stellt der Berufungsrichter fest. — Der Angriff der Beklagten gegen diese Entscheidung kann ebenfalls keinen Erfolg haben.

Das Allgem. Landrecht schreibt im §. 170 I. 17 vor, daß Gesellschaftsverträge bei Strafe der Nichtigkeit schriftlich abgefaßt werden müssen. Daraus folgt, daß aus mündlichen Sozietätsverträgen eine Klage auf

Erfüllung ausgeschlossen ist. Haben jedoch die Kontrahenten behufs Ausführung der mündlichen Abrede gemeinschaftliche Verwendungen gemacht, und ist mit diesen etwas für die Gesellschaft erworben, so soll ein solcher Erwerb als gemeinschaftliches Eigentum, welches aus einer zufälligen Begebenheit entstanden ist, angesehen und nach den Regeln des ersten Abschnittes des 17. Titels beurteilt werden (§. 171 das.). Eine nähere Bestimmung darüber, worin die gemeinschaftlichen Verwendungen bestehen müssen, enthält das Gesetz nicht. Man muß deshalb davon ausgehen, daß jedes Rechtsgeschäft, welches eine Verminderung des Vermögens der Kontrahenten für die Zwecke der mündlich verabredeten Gesellschaft bewirkt, eine gemeinschaftliche Verwendung enthalten kann. Die Beschränkung dieses Rechtsbegriffes auf die Hingabe von Geld oder Sachen ist nicht vorgeschrieben. Der §. 171 a. a. O. findet vielmehr auch dann Anwendung, wenn die Leistung des einen Kontrahenten in der Ausführung von Arbeiten für die Gesellschaft, die des anderen in der Zahlung von Geld besteht. Dasselbe gilt in dem Falle, wenn der eine Kontrahent den Erwerbspreis für die angeschafften Sachen allein entrichtet, jedoch unter Umständen, welche nach gesetzlicher Regel ihm persönlich, nicht der Sozietät, einen Anspruch auf Erstattung seiner Auslagen gewähren. Dieser letztere Fall tritt namentlich dann ein, wenn der Zahlende im Auftrage (z. B. auf Grund eines Kreditmandates) des anderen Kontrahenten oder unter Umständen handelte, welche die Annahme einer Geschäftsführung ohne Auftrag gestatten. Alsdann bewirkt die Zahlung auf der einen und die Übernahme der Ersatzpflicht auf der anderen Seite, daß die Verwendung als eine gemeinschaftliche der Gesellschafter anzusehen ist.

Diese Grundsätze sind in einer Reihe von Entscheidungen der höchsten Gerichtshöfe für preußisches Recht zum Ausdrucke gebracht.

Vgl. Striethorst, Archiv Bd. 37 S. 157; Entsch. des Obertrib. Bd. 79 S. 163; Entsch. des R.G.'s in Civils. Bd. 3 S. 333.

Es hat namentlich die preußische Praxis stets daran festgehalten, daß bei der mündlichen Verabredung eines gemeinschaftlichen Lotteriespieles die Bezahlung des Loses durch einen Kontrahenten dem gemeinschaftlichen Erwerbe des Gewinnes nicht entgegensteht, wenn, wie das Reichsgericht in einem Urteile sagt,

vgl. Gruchot, Beiträge Bd. 28 S. 949, vgl. auch Bd. 25 S. 740,

der den Geldbetrag auslegende Teil als Bevollmächtigter oder Geschäftsführer ohne Auftrag anzusehen, und nicht ausdrücklich vereinbart ist, daß der Mitspieler bei nicht rechtzeitiger Zahlung des Beitrages seinen Losanteil verlieren solle."

(Es wird ausgeführt, daß die thatsächlichen Grundlagen zur Anwendung dieses Rechtssatzes im zweiten Urteile zu finden sind.)

---

50. Unterliegen Streitigkeiten unter Beteiligten, welche die Erfüllung der öffentlich-rechtlichen Wegebauverpflichtung im Einzelfalle, insbesondere die Erstattung des zum Wegebau Geleisteten betreffen, der Entscheidung im Verwaltungsstreitverfahren allgemein auf Grund des §. 56 Abs. 5 des Zuständigkeitsgesetzes vom 1. August 1883 oder nur in den besonderen Fällen der Abss. 4. 6 dieser Vorschrift?

V. Civilsenat. Urt. v. 8. November 1890 i. S. Gemeinde M. (Bekl.) w. Fiskus (Kl.). Rep. V. 157/90.

I. Landgericht Königsberg.
II. Oberlandesgericht daselbst.

Die vorstehende Frage ist im Sinne der ersteren Alternative beantwortet worden.

Gründe:

„Der Kläger behauptet, diejenigen Hand- und Spanndienste zur Reparatur einer im Zuge einer öffentlichen Landstraße belegenen Brücke, zu welchen die beklagte Gemeinde gesetzlich (§§. 13—15. 54 A.L.R. II. 15, ostpreuß. Provinzialrecht Zus. 226) verpflichtet sei, zur Vermeidung einer Unterbrechung der dringlichen Reparatur anderweitig beschafft zu haben, nachdem die Beklagte der zuständigen Wegepolizeibehörde gegenüber die Leistung geweigert habe. Er hat beantragt, die Beklagte zur Zahlung der aus diesem Anlasse angeblich von ihm verauslagten 4068,44 ℳ nebst Zinsen . . . zu verurteilen. Nachdem die Beklagte den prozeßhindernden Einwand der Unzulässigkeit des Rechtsweges erhoben, hat der Kläger erklärt, er klage aus der nützlichen Verwendung, da er ohne polizeiliche Anordnung die ihm nicht obliegende Arbeit für die Beklagte beschafft habe. Die Vorinstanzen haben die Einrede der Unzulässigkeit des Rechtsweges durch Urteil verworfen. Die gegen das Berufungsurteil von der Beklagten eingelegte Revision ist begründet.

Der Berufungsrichter versteht die Vorschriften im §. 56 des Zuständigkeitsgesetzes vom 1. August 1883 dahin, daß der Abs. 5 des Paragraphen nur die Feststellungsklage über das Bestehen oder Nichtbestehen der öffentlich-rechtlichen Verpflichtung eines der streitenden „Beteiligten" zur Anlegung oder Unterhaltung eines öffentlichen Weges dem Verwaltungsstreitverfahren zuweise, daß aber für die Leistungsklage auf Erfüllung der dem Beklagten aus Gründen des öffentlichen Rechtes obliegenden Verpflichtung im Einzelfalle die Verwaltungsgerichte nur dann zuständig seien, wenn die Klage aus Veranlassung einer mittels Einspruches vergeblich angegriffenen Anordnung der Wegepolizeibehörde von demjenigen erhoben werde, der durch eine solche Anordnung zu jener Leistung angehalten worden ist, — sei es, daß in solchem Falle die Klage gegen den statt des Klägers für verpflichtet Erachteten mit der Klage gegen die Polizeibehörde auf Aufhebung ihres Beschlusses verbunden werde (Abs. 4), sei es, daß sie ohne diese Verbindung erhoben werde, wenn der Kläger die Klage gegen die Polizeibehörde unterlassen oder erfolglos angestellt habe (Abs. 6), und zwar in diesem Falle als Klage auf Erstattung des vom Kläger infolge der polizeilichen Anordnung zunächst Geleisteten. Der letzte, vorliegend allein in Betracht kommende Fall der Zuständigkeit der Verwaltungsgerichte liege nicht vor, weil eine wegepolizeiliche Anordnung, daß der Kläger die streitigen Baudienste leisten solle, nicht stattgefunden habe.

Ein innerer Grund für diese Unterscheidung, nach welcher für die Leistungsklage zwischen „Beteiligten", insbesondere für die Erstattungsklage (immer vorausgesetzt, daß sie auf eine öffentlich-rechtliche Bauverpflichtung des Beklagten gestützt wird) die Verwaltungsgerichte zuständig sein sollen, wenn die Leistung dem Kläger von der Polizeibehörde aufgegeben worden war, dagegen die ordentlichen Gerichte, wenn der Kläger ohne polizeiliche Aufforderung geleistet hat, ist nicht erkennbar; die Unterscheidung ist aber auch aus der Fassung des Gesetzes, welches zwar als Ausnahme von der Regel der Zuständigkeit der ordentlichen Gerichte für bürgerliche Rechtsstreitigkeiten strikt, darum aber doch seiner vollen, aus dem Gesetze erkennbaren Absicht gemäß ausgelegt werden muß, nicht zu rechtfertigen.

Während der §. 4 des Zuständigkeitsgesetzes vom 26. Juli 1876 den Grundsatz aufstellte, daß durch die Einführung der Verwaltungsgerichtsbarkeit die Zulässigkeit des ordentlichen Rechtsweges weder eingeschränkt noch erweitert werden solle, strebt die spätere Gesetzgebung auf gewissen Gebieten des öffentlichen Rechtes eine Ausdehnung der Verwaltungsgerichtsbarkeit dahin an, daß zum Zwecke der Herstellung eines einfachen und einheitlichen Verfahrens und zur Vermeidung widersprechender Entscheidungen der in letzter Instanz rechtsprechenden Gerichtshöfe den Verwaltungsgerichten innerhalb der ihnen überwiesenen Gebiete die Entscheidung voll und ausschließlich zufalle. Die Motive zu dem mit Königlicher Ermächtigung vom 27. Oktober 1880 dem Landtage vorgelegten Entwurfe eines Zuständigkeitsgesetzes erachten dies mit Rücksicht darauf für zulässig, daß durch §. 13 des deutschen Gerichtsverfassungsgesetzes die Verwaltungsgerichte den besonderen, neben den ordentlichen Gerichten bestehenden Gerichten gleichgestellt seien, und die gegenseitige Ausschließlichkeit der Zuständigkeit der Verwaltungsgerichte einerseits und der ordentlichen Gerichte andererseits anerkannt worden sei, daß ferner durch §. 1 des Gesetzes vom $\frac{\text{3. Juli 1875}}{\text{2. August 1880}}$ den Verwaltungsgerichten der Charakter von Gerichtshöfen des öffentlichen Rechtes beigelegt worden, und daß endlich durch die im §. 91 des Organisationsgesetzes (vom 26. Juli 1880) erfolgte Aufhebung des §. 4 des Zuständigkeitsgesetzes von 1876 der legislatorische Grundsatz, daß durch die Einführung der Verwaltungsgerichtsbarkeit die Zulässigkeit des ordentlichen Rechtsweges weder eingeschränkt noch erweitert werden solle, aufgegeben worden sei. Als eines der Gebiete, auf welchem eine solche Ausschließlichkeit der Verwaltungsgerichtsbarkeit anzustreben sei, heben diese Motive unter anderen die streitigen Wegebausachen hervor.

Vgl. Drucks. des Abgeordnetenhauses 1880/81 Nr. 8. S. 45. 49.

Der Entwurf enthielt demgemäß über die Zuständigkeit auf diesen Gebieten Vorschriften, welche mit denen des im Jahre 1883 zustande gekommenen Gesetzes übereinstimmen, und welche gerade in Bezug auf die Wegebausachen für so dringlich angesehen wurden, daß sie, als im Jahre 1881 über das Zuständigkeitsgesetz eine Vereinbarung nicht erzielt wurde, für diese Sachen als Art. IV in das Gesetz vom 19. März 1881, betreffend Änderungen der Kreisordnung, aufgenommen wurden. In der Begründung zu dem Entwurfe des am 1. August

1883 erlassenen Zuständigkeitsgesetzes wird zu derselben Frage weiter bemerkt:

„Wenn auf den fraglichen Gebieten ein einheitliches Verfahren erreicht und widersprechende gerichtliche Entscheidungen vermieden werden sollen, erscheint es erforderlich, nicht allein die Beschwerden der Verbandsgenossen gegen den Verband, bezw. der in Anspruch Genommenen gegen die in Anspruch nehmende Behörde der Verwaltungsgerichtsbarkeit zu überweisen und damit vom ordentlichen Rechtswege auszuschließen, sondern auch die Streitigkeiten der Beteiligten untereinander. Ob diese Streitigkeiten, da in denselben dem öffentlich-rechtlichen Elemente ein privatrechtliches hinzuzutreten pflegt (Geschäftsführung, nützliche Verwendung, notwendige Cession) als privatrechtliche, als „bürgerliche Rechtsstreitigkeiten“ zu bezeichnen sind, kann auf sich beruhen; ihre Überweisung an die Verwaltungsgerichtsbarkeit ist, abgesehen von den offen liegenden praktischen Erwägungen, dadurch gerechtfertigt, daß sie der Hauptsache nach das objektive öffentliche Recht berühren, und daß die Landesgesetzgebung nach §. 13 des deutschen Gerichtsverfassungsgesetzes jedenfalls volle Freiheit hat, sie der Verwaltungsgerichtsbarkeit zur Entscheidung zu übertragen. Zur Abwendung jedes Übergriffes in die Civilgerichtsbarkeit bleibt hierbei der Grundsatz aufrechterhalten, daß die verwaltungsgerichtlichen Entscheidungen unbeschadet aller privatrechtlichen Verhältnisse ergehen (Landesverfassungsgesetz §. 7).“

Mit dieser Motivierung ist bei einer Reihe von Materien, nachdem zunächst dem Verbandsgenossen, beziehungsweise dem in Anspruch Genommenen gegen die Anordnung (Entscheidung) des Verbandes oder der in Anspruch nehmenden Behörde die Klage im Verwaltungsstreitverfahren gegeben ist, die weitere Bestimmung getroffen worden, daß der Entscheidung im Verwaltungsstreitverfahren auch unterliegen Streitigkeiten zwischen Beteiligten über ihre in dem öffentlichen Rechte begründete „Berechtigung oder Verpflichtung“ zu den in der fraglichen Materie in Betracht kommenden Nutzungen oder Lasten oder, wie es an anderen Stellen des Gesetzes ausgedrückt wird, „darüber, wem von ihnen die öffentlich-rechtliche Verpflichtung ... obliegt.“ So in den §§. 18. 34 (Nutzungen am Gemeindevermögen, Beiträge zu den Gemeindelasten), §§. 46. 47 (Schulabgaben und Schulbauten), §. 56 (Wegebau), §. 66 (Grabenräumung), §§. 103

bis 105 (Rechte und Pflichten hinsichtlich der Ausübung der Jagd). Es besteht indessen in der Formulierung dieser Vorschriften, soweit sie über streitige Verpflichtungen handeln, eine Verschiedenheit, welche sich gerade auf die „Leistungsklage“ unter den Beteiligten bezieht.

A. Die §§. 18. 34. 46 und in ihrem Zusammenhange mit §. 127 des Landesverwaltungsgesetzes auch die §§. 103—105 unterscheiden nur die Klagen:

a) eines in Anspruch Genommenen gegen den Verband oder die Behörde,

b) der Beteiligten untereinander.

Sie regeln zugleich für die Klagen zu a die Parteistellung im Prozesse in der Art, daß der Klage eine Anordnung der Behörde und dann ein von dieser durch Beschluß verworfener Einspruch des in Anspruch Genommenen vorausgehen muß, daß erst dieser Beschluß Anlaß zur Klage giebt, und daß somit stets der in Anspruch Genommene die Rolle des Klägers zu übernehmen hat. Für die Klagen zu b war eine entsprechende Regelung weder erforderlich noch möglich.

B. Die §§. 47 (Schulbau), 56 (Wegebau) und 66 (Grabenräumung) enthalten zunächst die nämlichen Bestimmungen. In diesen letzteren Vorschriften aber handelt es sich um Verpflichtungen, welche, wenn nicht von dem behördlich in Anspruch Genommenen, der Regel nach dennoch, aber durch einen anderen Verpflichteten statt jenes zu erfüllen sind, was in den Fällen der Gruppe A wenigstens der Regel nach nicht zutrifft. Daher ist in diese Vorschriften noch die Bestimmung eingeschaltet worden (§. 56 Abss. 4. 6 und an entsprechender Stelle in den §§. 47. 66), daß der von der Behörde in Anspruch Genommene, soweit er zu der ihm angesonnenen Leistung aus Gründen des öffentlichen Rechtes statt seiner einen Anderen für verpflichtet erachtet, die Klage gegen diesen — nämlich dahin, daß dieser die angeordnete Leistung ausführen oder, wenn der in Anspruch Genommene sie schon ausgeführt hat, dem letzteren Ersatz leisten solle — mit der Klage gegen die Behörde zu verbinden habe, daß aber, wenn die Klagefrist gegen die Behörde versäumt worden — und damit deren Anordnung gegen den von der Behörde in Anspruch Genommenen rechtskräftig und vollstreckbar geworden ist — die Klage gegen den vermeintlichen anderen Verpflichteten — nunmehr, nachdem die behördlich angeordnete Leistung zur Ausführung gebracht, noch als Erstattungsklage — bestehen bleibe. Nur die Vorschriften der Gruppe B gedenken in dieser eingeschalteten Bestimmung ausdrücklich einer Klage der Beteiligten untereinander, welche auf eine konkrete Leistung im Einzelfalle sich bezieht.

Es kann nun bei der bloßen Gegenüberstellung der Klage gegen die Behörde und der Klage der Beteiligten untereinander, wie sie in den Vorschriften der Gruppe A allein zum Ausdrucke gekommen ist, kaum ein Zweifel darüber entstehen, und es würde auch bei den Vorschriften der Gruppe A, wenn sie die obenerwähnte Einschaltung nicht enthielten, kaum ein Zweifel darüber entstehen können, daß unter den vor die Verwaltungsgerichte verwiesenen Streitigkeiten unter den Beteiligten sowohl Streitigkeiten über das Bestehen der öffentlich-rechtlichen Verpflichtung im allgemeinen, als auch Streitigkeiten über die Erfüllung dieser Verpflichtung im Einzelfalle zu verstehen sind. Der Wortlaut der Vorschriften, welcher von Streitigkeiten über die im öffentlichen Rechte begründete Verpflichtung oder von Streitigkeiten darüber redet, wem von den Streitenden die öffentlich-rechtliche Verpflichtung obliege, umfaßt Streitigkeiten über die Verpflichtung in abstracto wie in concreto; und der Absicht des Gesetzes, auf den in Rede stehenden Gebieten eine abweichende Rechtsprechung verschiedener zur Entscheidung in letzter Instanz berufener Gerichte durch Begründung der ausschließlichen Zuständigkeit der Verwaltungsgerichte herzustellen, würde die Scheidung, nach welcher die Streitigkeiten unter den Beteiligten über ihre öffentlich-rechtliche Verpflichtung je nach der besonderen Gestaltung des Streites vor die Verwaltungsgerichte oder vor die ordentlichen Gerichte gehören sollten, geradezu widersprechen. Die Scheidung zwischen Feststellungs- und Leistungsklagen würde es sogar, wenn die Verpflichtung zu einer einzelnen Leistung in Frage steht, in das Belieben des klagenden Teiles stellen, ob er zunächst bei den Verwaltungsgerichten auf Feststellung des öffentlich-rechtlichen Grundes der Verpflichtung oder sogleich beim ordentlichen Gerichte auf Übernahme der einzelnen Leistung klagen und somit die Entscheidung der ordentlichen Gerichte auch über den öffentlich-rechtlichen Grund der Verpflichtung herbeiführen wolle. Nur wenn man unter den den Verwaltungsgerichten überwiesenen Streitigkeiten zwischen Beteiligten die Streitigkeiten über die Erfüllung der Verpflichtung im Einzelfalle mitversteht, hat schließlich auch die Bemerkung der Gesetzesbegründung einen Sinn, daß das derartigen Streitigkeiten meistens hinzutretende privatrechtliche Element (Geschäftsführung rc) kein Hindernis abgeben könne, die Streitigkeiten den Verwaltungsgerichten zu überweisen, sobald der Streit der Hauptsache nach das objektive öffentliche Recht berühre; denn bei bloßen Klagen auf Feststellung der öffentlich-rechtlichen Verpflichtung ist das Hinzutreten eines derartigen privatrechtlichen Elementes zu dem Prozeßstoffe wohl als ausgeschlossen anzusehen.

Aber auch der Zusammenhang, in welchem die Leistungs- (und Erstattungs-) Klage in den Vorschriften der Gruppe B besondere Erwähnung gefunden hat, berechtigt nicht zu der Auslegung, daß in den unter die Vorschriften dieser Gruppe fallenden Materien die verwaltungsgerichtliche Leistung im Gegensatze zu der Gruppe A, sei es auf die ausdrücklich erwähnten Fälle ihrer Anwendbarkeit habe beschränkt, sei es nur für diese Fälle gegeben werden sollen. Die Vorschrift des §. 56 Abs. 4 und die entsprechenden Vorschriften der §§. 47. 66, soweit sie die Verbindung der Klage gegen den für verpflichtet erachteten Dritten mit der Klage gegen die Behörde anordnen, sind nicht Vorschriften über die Zuständigkeit, sondern solche über das Verfahren; sie geben nicht das Klagerecht im Verwaltungsstreitverfahren gegen den Dritten, sondern sie setzen dasselbe als bestehend voraus und bestimmen nur, wann es beim Zusammentreffen mit einer Klage gegen die Behörde geltend zu machen sei, nämlich (zur Vermeidung mehrfacher und vielleicht widersprechender Entscheidungen über die nämliche Frage) zugleich und in einem Prozesse mit der Klage gegen die Behörde. Die in §. 56 Abs. 4 erwähnte Klage gegen den anderen Verpflichteten ist somit nur ein besonderer, dem folgenden Absatze vorgreifend behandelter — allerdings der in der Praxis am häufigsten vorkommende — Fall der erst im nachfolgenden Absatze allgemein und zum Zwecke der Regelung der Zuständigkeit behandelten Klage der Beteiligten untereinander; und daß es so gemeint sei, ist auch sprachlich zum Ausdrucke gekommen durch die, von den §§. 18. 34. 46 abweichenden Eingangsworte des §. 56 Abs. 5 (§§. 47. 66 Abs. 3):

> Auch im übrigen (d. h. sowohl im Falle des vorhergehenden Absatzes, als in allen sonstigen Fällen) unterliegen Streitigkeiten der Beteiligten . . . der Entscheidung im Verwaltungsstreitverfahren.

Und gerade daß durch jene Eingangsworte die Klage des Abs. 4, soweit sie gegen einen anderen Beteiligten geht, als ein prozessualisch besonders zu behandelnder Fall der in Abs. 5 generell gegebenen Klage erkennbar gemacht ist, beweist wiederum, daß der Abs. 5 nicht bloß Feststellungsklagen über die Verbindlichkeit im allgemeinen, sondern auch Klagen auf Erfüllung der einzelnen Verbindlichkeit umfaßt; denn die Klage gegen den anderen Verpflichteten im Falle des Abs. 4 kann, da sie denselben Gegenstand haben soll, wie die Klage gegen die Behörde, stets nur die Erfüllung der einzelnen, dieser gegenüber durch deren Beschluß streitig gewordenen Verpflichtung betreffen.

Vgl. Entsch. des Oberwaltungsgerichtes Bd. 15 S. 277. 285.

Wenn nun weiter der §. 56 Abs. 6 (§§. 47. 66 Abs. 4), indem er für die Klage gegen die Behörde eine Präklusivfrist setzt, hinzufügt, daß der Ablauf der Frist die Klage im Verwaltungsstreitverfahren auf Erstattung des Geleisteten gegen einen Dritten nicht ausschließe, so ist auch damit die Erstattungsklage nicht auf den Fall des Abs. 4 beschränkt oder ausschließlich für diesen Fall gegeben worden, sondern es ist damit nur der Mißdeutung vorgebeugt, als ob die an sich schon durch Abs. 5 gegebene Klage gegen den Dritten, wenn sie mit einer Klage gegen die Behörde hätte verbunden werden können und im Falle der wirklichen Anstellung der Klage gegen die Behörde hätte verbunden werden müssen, durch die Präklusion der letzteren Klage mitpräkludiert sei.

Mit der vorstehenden Auslegung der die Zuständigkeit der Verwaltungsgerichte in „Streitigkeiten unter Beteiligten" regelnden Vorschriften stimmt die Rechtsprechung des preußischen Oberverwaltungsgerichtes, welcher die Kommentatoren des Zuständigkeitsgesetzes folgen, überein. Der gedachte höchste Gerichtshof hat diese Vorschriften so wenig auf bloße Feststellungsklagen bezogen, daß er vielmehr umgekehrt die Zuständigkeit der Verwaltungsgerichte zur Entscheidung in Streitigkeiten über einzelne Leistungen für das Regelmäßige ansieht, außerdem aber auch Streitigkeiten vor den Verwaltungsgerichten über die öffentlich-rechtliche (Berechtigung oder) Verpflichtung im allgemeinen für zulässig erklärt.

Vgl. Brauchitsch, Die neuen Verwaltungsgesetze 10. Aufl. (von Studt und Braunbehrens) Bd. 1 Anmerk. zum Zuständigkeitsgesetze, und zwar: zu §. 18 A. 56, zu §. 46 A. 15, zu §. 47 A. 23, zu §. 56 A. 17 und dort angezogene Entscheidungen des Oberverwaltungsgerichtes.[1]

Einen Fall, in welchem einer von mehreren zu verschiedenen Leistungen bei demselben Wegebaue öffentlich-rechtlich Verpflichteten den Anderen auf seine — in jenem Falle nach Wahl des Beklagten in Natur oder in Gelde unter dem Namen einer Strafe beizusteuernde — Leistung in Anspruch nimmt, ohne daß der Kläger zu dem konkreten Wegebaue oder zu der streitigen Leistung für denselben polizeilich angehalten worden war, hat das Oberverwaltungsgericht als nach §. 56 Abs. 5 zu seiner Zuständigkeit gehörend unterm 5. Oktober 1887, entschieden,

vgl. Entsch. des Oberverwaltungsgerichtes Bd. 15 S. 294,

und mit der im Vorstehenden gegebenen Auslegung des §. 56 völlig übereinstimmend in Bezug auf die Erstattungsklage ist die einen Fall der Schulbaupflicht (§. 47) betreffende, nur die Zuständigkeitsfrage behandelnde Entscheidung desselben Gerichtshofes vom 14. September 1887 (das. S. 259).

Eine scheinbare Unterstützung könnte die im Vorstehenden als unrichtig nachgewiesene Auslegung des Berufungsrichters vielleicht finden in den alten Auflagen des Kommentars von Brauchitsch, dem Verfasser des Zuständigkeitsgesetzes. Dort werden (Anm. 171 zu §. 56 des Gesetzes in den Auflagen 7—9) als die der Entscheidung der Verwaltungsgerichte unterliegenden Streitigkeiten „zwischen Beteiligten" im Falle des §. 56 aufgeführt:

1. wenn der (von der Behörde) in Anspruch Genommene aus Gründen des öffentlichen Rechtes einen Anderen statt seiner für verpflichtet erachtet (Abs. 4),
2. wenn der in Anspruch Genommene die Erstattung des Geleisteten von einem aus Gründen des öffentlichen Rechtes verpflichteten Dritten fordert (Abs. 6), oder

[1] Die in der Anm. 3 zu §. 66 angeführte Entscheidung des Oberverwaltungsgerichtes vom 12. April 1888 gehört nicht hierher. Sie unterscheidet nicht zwischen Streitigkeiten um eine einzelne Leistung und um die Verpflichtung im allgemeinen, sondern sie besagt nur, daß, wenn ein Beteiligter gegen den Anderen eine grundsätzliche Entscheidung dahin erlangt habe, daß diesem Anderen die Räumung eines bestimmten Wasserlaufes obliege, nun der erstere nicht an Stelle der dazu berufenen Polizeibehörde die Befugnis erlange, den Anderen im Einzelfalle zur Räumung anzuhalten.

3. darüber, wem von ihnen die öffentlich-rechtliche Verpflichtung zur Anlegung oder Unterhaltung eines öffentlichen Weges obliegt (Abs. 5).

Indessen es leuchtet ein, daß die Fälle 1 und 2 einen erschöpfenden Gegensatz zu dem Falle 3 nicht bilden, und in seiner dem Kommentare angehängten Zuständigkeitstabelle scheidet denn auch v. Brauchitsch selbst zu den §§. 47. 56. 66 ebenso wie zu den Paragraphen der oben bezeichneten Gruppe A nur 1. die Klage gegen die Behörde (bei den §§. 47. 56. 66 unter der Bemerkung, daß sie eintretenden Falles zugleich gegen den anderen Verpflichteten zu richten sei) und 2. die Streitigkeiten der Beteiligten unter einander, ohne die Leistungs- und Erstattungsklage besonders hervorzuheben und auf die Fälle der Veranlassung durch Anordnung der Behörde zu beschränken. In der 10. Auflage des Werkes ist die dem Mißverständnisse Raum gebende Anmerkung fortgeblieben.

Ist, wie gezeigt, die Klage eines Beteiligten gegen den Anderen auf Erfüllung der Wegebaupflicht im Einzelfalle oder auf Erstattung des im Einzelfalle Geleisteten aus §. 56 Abs. 5 im Verwaltungsstreitverfahren immer zulässig und demgemäß (§. 160 des Zuständigkeitsgesetzes) vom ordentlichen Rechtswege ausgeschlossen, sofern die Streitigkeit eine öffentlich-rechtliche Bauverpflichtung betrifft, so fragt sich für den vorliegenden Teil nur noch, ob diese Voraussetzungen für die Zuständigkeit der Verwaltungsgerichte vorliegen. Die Vorinstanzen haben sich hierüber nicht ausgesprochen; die Frage ist aber, ohne daß es weiterer Verhandlung und deshalb der Zurückverweisung der Sache in die Vorinstanz bedarf, zu bejahen. Die Verpflichtung, welche der Beklagten gegenüber geltend gemacht wird, ist die öffentlich-rechtliche aus den §§. 13—15 II. 15 A.L.R.; fällt sie weg, so bleibt nach §. 11 daselbst der Kläger als der einzig Baupflichtige übrig.... Die Klage bezweckt somit, eine vom Kläger zunächst erfüllte Bauverpflichtung aus öffentlich-rechtlichem Grunde (für den konkreten Fall) auf die Beklagte abzuwälzen, und der Streit bewegt sich um die Frage, wem von beiden Teilen diese Bauverpflichtung öffentlich-rechtlich obliege. Daß, wenn dies der Gegenstand des Streites ist, die zur Entscheidung des Gerichtes verstellte Frage nicht notwendig in diese vom Gesetze gebrauchte Formel gebracht zu sein braucht, ist schon in dem Urteile des jetzt erkennenden Senates vom 20. Oktober 1888 (i. S. M. w. Fiskus Rep. V. 180/88) ausgesprochen worden.

Ob zur Begründung der Erstattungsklage aus diesem öffentlich-rechtlichen Titel außer der Thatsache, daß der Kläger die angeblich der Beklagten obliegende Arbeit geleistet hat, noch ein weiteres Moment hinzutreten muß, das dann möglicherweise auf dem Boden des Privatrechtes stehen kann, ist, wie der erste Richter, auf dessen Begründung das Berufungsurteil verweist, anerkennt, und wie auch in der oben mitgeteilten Gesetzesbegründung hervorgehoben wird, für die Zuständigkeitsfrage ohne Einfluß.

Die vom ersten Richter zur Vergleichung herangezogene Erstattungsklage eines sonst unbeteiligten Dritten, der etwa die Auslagen an Stelle der Beklagten gemacht hätte, unterscheidet sich von der vorliegenden Klage des Fiskus eben dadurch, daß ein solcher Dritter nur auf Grund eines Vertrages oder eines vertragsähnlichen, also eines lediglich privatrechtlichen Verhältnisses würde klagen können, und daß das Urteil eine Entscheidung über die öffentlich-rechtliche Verpflichtung nicht „zwischen Beteiligten" zu treffen haben würde, daß vielmehr die öffentlich-rechtliche Verpflichtung, wenn überhaupt (was im Falle des Vertrages sogar vollständig ausgeschlossen wäre) darüber zu entscheiden ist, nur incidenter zur Sprache kommen würde. Soweit aber hat das Zuständigkeitsgesetz nicht gehen wollen und ist es nicht gegangen, daß es den ordentlichen Gerichten die Entscheidung über derartige öffentlich-rechtliche Fragen auch dann hätte entziehen wollen, wenn sie zur Entscheidung einer bürgerlichen Rechtsstreitigkeit incidenter erforderlich wird, ebenso wie im gleichen Falle die Verwaltungsgerichte sich der Entscheidung privatrechtlicher Fragen nicht entziehen können. Ob schließlich, wie der erste Richter ferner hervorhebt, das öffentliche Interesse an der Verkehrspflege bei der vorliegenden Klage unbeteiligt ist, kommt für die Zuständigkeitsfrage gleichfalls nicht in Betracht. Dieses Interesse, welches gewahrt ist, wenn die notwendigen Arbeiten überhaupt geschehen sind, und wenn für künftig notwendige Arbeiten ein leistungsfähiger Verpflichteter vorhanden und leicht erreichbar ist, kann auf dem Rechtswege nicht vollständig gewahrt werden und ist bei der Erstattungsklage regelmäßig, auch in dem in Abs. 6 der Gesetzesvorschrift besonders erwähnten Falle, unbeteiligt. Nicht dieses Interesse ist es aber auch, welches durch die Vorschriften des Zuständigkeitsgesetzes hat gewahrt werden sollen, sondern das öffentliche Interesse an einheitlicher Rechtsprechung."

51. Ist die Generallandschaft zur Auskunftserteilung über die Höhe des Amortisationsfonds im Versteigerungstermine auch ohne Antrag der Realinteressenten verpflichtet?

Vgl. Entsch. des R.G.'s in Civils. Bd. 24 S. 317.

V. Civilsenat. Urt. v. 15. November 1890 i. S. v. R. (Kl.) w. die Pommersche Generallandschaft (Bekl.). Rep. V. 165/90.

I. Landgericht Stettin.
II. Oberlandesgericht daselbst.

Der Sachverhalt ist in dem Urteile vom 16. Oktober 1889,

vgl. Entsch. des R.G.'s in Civils. Bd. 24 S. 317,

mitgeteilt. Die bei der Aufhebung des Berufungsurteiles vom Reichsgerichte für nötig erachtete Beweisaufnahme hat stattgefunden. Auf Grund derselben stellt der Berufungsrichter fest, daß der Departements-Landschaftssyndikus C. die in der Klage behauptete unrichtige Auskunft über die Höhe des Amortisationsfonds nicht im Auftrage der Beklagten erteilt habe. Die Berufung des Klägers gegen das seine Klage abweisende erstinstanzliche Urteil ist deshalb zurückgewiesen. Gegen diese Entscheidung richtet sich die Revision des Klägers. Seine Beschwerden sind dahin begründet: Die Beklagte sei verpflichtet gewesen, im Versteigerungstermine auch ohne Aufforderung eines Realinteressenten Auskunft über die Höhe des Amortisationsfonds zu erteilen. Daß sie dies unterlassen habe, müsse ihr als vertretbares Versehen zugerechnet werden. Überdies habe der Umstand, daß die Beklagte sich thatsächlich bei der Versteigerung bepfandbriefter Grundstücke regelmäßig durch die Departements-Direktion vertreten lasse, ihn zu der Annahme berechtigt, daß auch im vorliegenden Falle bei der Versteigerung des Gutes Fritzow die Beklagte durch C., den Syndikus der Departements-Direktion, vertreten werde.

Die Revision des Klägers ist zurückgewiesen aus folgenden

Gründen:

„Es mag dahingestellt bleiben, ob in denjenigen Fällen, wo nach dem Landschafts-Reglement das Pfandbriefdarlehn gesetzlich durch die Amortisation um den zum Amortisationsfonds gelangenden Betrag getilgt wird (z. B. nach dem Reglement der ostpreußischen Landschaft,

vgl. v. Brünneck in Gruchot, Beiträge Bd. 29 S. 46),

eine Verpflichtung der Generallandschaft besteht, ihre Pfandbriefforderung nur in der noch validierenden Höhe anzumelden. Das Reichsgericht hat jedoch bereits mehrfach entschieden (z. B. in Sachen der National-Hypothekenkreditgesellschaft zu Stettin wider den landwirtschaftlichen Kreditverein der Provinz Posen,

vgl. Gruchot, Beiträge Bd. 32 S. 402),

daß in Ermangelung entgegenstehender Bestimmungen des Landschafts-Reglements die Pfandbriefschuld durch die Amortisation nicht ipso jure vermindert wird, daß vielmehr dem Pfandbriefschuldner nur eine Forderung gegen die Landschaft und das Recht, nach vollständiger Durchführung der Amortisation Aufrechnung mit der Pfandbriefschuld zu verlangen, erwächst. Dieser Rechtszustand gilt auch für die pommersche Landschaft. Der §. 292a des revidierten Reglements vom 26. Oktober 1857 (G.S. S. 1014) ändert an den allgemeinen Rechtsgrundsätzen nichts. Aus der Bestimmung, daß bei Zwangsversteigerungen der Amortisationsfonds zur Kaufgeldermasse ausgeschüttet, also zur Befriedigung der Realgläubiger verwendet werden soll, folgt zwar, daß die Beklagte als Verwalterin dieses Fonds denjenigen Realgläubigern, welche behufs ihrer Deckung den vollständigen Betrag des Kaufgeldes übersehen wollen, auf ihr Verlangen richtige Auskunft über den Betrag, um welchen das Kaufgeld durch den Amortisationsfonds erhöht wird, geben muß. Fehlt es aber an einem derartigen Interesse der Realgläubiger, und das ist anzunehmen, wenn von ihnen im Versteigerungstermine keine Auskunft begehrt wird, so besteht auch keine Verpflichtung der Verwalterin des Amortisationsfonds, zu den Versteigerungsakten Mitteilung über die Höhe desselben zu machen. Daß insbesondere der §. 56 des Gesetzes vom 13. Juli 1883 eine derartige Verpflichtung nicht begründet, ist bereits in dem Urteile des Reichsgerichtes vom 16. Oktober 1889,

vgl. Entsch. des R.G.'s in Civils. Bd. 24 S. 319,

bemerkt worden. Die Unterlassung der Anzeige allein ohne ein Verlangen der Realgläubiger giebt mithin dem Kläger keinen Ersatzanspruch gegen die Beklagte. Dasselbe muß gelten, wenn, wie hier festgestellt ist, zwar mehrere bei der Höhe des Kaufgeldes interessierte Gläubiger Auskunft über den Betrag des Amortisationsfonds verlangt haben, aber nicht von der Beklagten oder von einer Person, welche zu ihrer Vertretung kraft gesetzlicher oder ausdrücklicher oder stillschweigender Vollmacht befugt war. Die Behauptung des Klägers, daß sich die Beklagte bei Zwangsversteigerungen der Regel nach durch die Departements-Direktionen vertreten lasse, ist so, wie sie jetzt vorgetragen wird, in den Instanzen nicht aufgestellt. Wäre sie aber auch richtig, so würde der Umstand, daß sich die Beklagte in vielen anderen Fällen durch die Departements-Direktion hat vertreten lassen, den Kläger nicht zu der Annahme berechtigen, daß C. auch in dem hier fraglichen Versteigerungstermine Vertreter der Beklagten gewesen sei. Erklärungen, welche er ohne Vertretungsbefugnis abgegeben hat, verpflichten aber die Beklagte nicht."

---

52. Ist auch beim Fideikommisse auf den Überrest der Fiduziar verpflichtet, dem Nacherben ein Nachlaßinventar vorzulegen und es eidlich zu bestärken?

A.L.R. I. 12 §§. 468—471.

IV. Civilsenat. Urt. v. 17. November 1890 i. S. H. (Bekl.) w. N. (Kl.) Rep. IV. 158/90.

I. Landgericht Duisburg.
II. Oberlandesgericht Hamm.

Die oben aufgestellte Frage ist vom Reichsgerichte bejaht worden.

Aus den Gründen:

„Der Beklagte und dessen am 1. November 1887 verstorbene Ehefrau haben ein Testament errichtet, in welchem sie ihre Kinder, darunter die nach der Mutter verstorbene Ehefrau des Klägers, zu Erben einsetzten. Dem Überlebenden wurden bis zu einer etwaigen Wiederverheiratung Nießbrauchs- und ausgedehnte Verwaltungsbefugnisse eingeräumt. Der Kläger, welcher ... das einzige, gleichfalls verstorbene Kind aus seiner Ehe mit der Tochter des Beklagten und dessen am 1. November 1887 verstorbenen Ehefrau beerbt hat, verlangt im vorliegenden Rechtsstreite vom Beklagten, als dem Besitzer des Nachlasses der Mutter seiner Ehefrau, Legung eines eidlich zu bestärkenden Nachlaßinventares. Das Berufungsgericht hat den Beklagten dazu verurteilt, weil das testamentarische Erbrecht der Ehefrau des Klägers, welches in Ansehung des mütterlichen Nachlasses schon mit dem Tode der Mutter wirksam geworden, auf den Kläger übergegangen sei und der hierdurch begründete Anspruch des Klägers auf Legung einer Inventares durch die Bestimmungen des Testamentes über die Befugnisse des überlebenden Ehegatten nicht ausgeschlossen werde. In letzterer Beziehung wird ausgeführt, daß trotz der weitgehenden Verwaltungsbefugnis des überlebenden Ehegatten die Kinder nicht als bloß auf den Überrest eingesetzte fideikommissarische Erben angesehen werden könnten.

Hiergegen richtet sich die Revision, die indessen keinen Erfolg haben kann. Für die Entscheidung des vorliegenden Rechtsstreites kommt es nicht darauf an, ob die Kinder der Ehefrau H. nur fideikommissarisch auf den Überrest eingesetzt sind. Es ist zwar vom vormaligen preußischen Obertribunale im Urteile vom 20. Juni 1856,

vgl. Striethorst, Archiv Bd. 21 S. 288,

angenommen worden, daß bei dem Fideikommisse des Überrestes dem Fiduziar die Pflicht zur Legung eines Inventares nicht obliege, daß es also für die Verneinung der Inventarlegungspflicht nicht eines Erlasses der Verpflichtung von der Seite des Testators bedürfe. Dieser Ansicht, die in der Praxis keine allgemeine Anerkennung gefunden hat,

vgl. Johow, Jahrb. für Entscheidungen der preuß. Appellationsgerichte Bd. 4 S. 52,

kann jedoch nicht beigetreten werden. Der §. 471 A.L.R. I. 12, auf welchen die Ansicht gestützt wird, bestimmt nur, daß, wenn der Testator den Fiduziar von der Inventarlegungspflicht ausdrücklich befreit habe, angenommen werden soll, daß er den Substituten nur auf den Überrest habe einsetzen wollen. Daraus ist nicht das Umgekehrte zu folgern, daß, wenn es an einer Bestimmung des Testators über die Inventarlegungspflicht fehlt, aus der Beschränkung des Substituten auf den Überrest die Befreiung des Fiduziars von der Inventarlegungspflicht entnommen werden müsse. Die letztere ist dem Fiduziar im §. 470 a. a. O. allgemein, auch für den unmittelbar vorher in den §§. 468. 469 das. behandelten Fall des Fideikommisses auf den Überrest, auferlegt. Damit hat freilich dem Testator nicht die Befugnis entzogen werden sollen, eine andere Bestimmung zu treffen, und der §. 471 knüpft, indem er dies anerkennt, an eine solche Bestimmung zugleich eine Auslegungsregel, die sich auf den Fall bezieht, wenn der Testator dem Fiduziar die Legung eines Inventares ausdrücklich erlassen hat. Hat aber der Testator einen solchen Erlaß nicht ausdrücklich ausgesprochen, so bleibt es Sache der Auslegung, ob er eine Befreiung des Fiduziars von der Inventarlegungspflicht gewollt hat. In der Beschränkung des Substituten auf den Überrest sieht jedoch das Gesetz diese Befreiung noch nicht, und ebensowenig kann sie mit dem gedachten Urteile des Obertribunales aus der Natur der Sache, d. h. aus einer vermeintlichen Zwecklosigkeit des Inventares, hergeleitet werden. Denn auch das Fideikommiß des Überrestes macht bei eintretendem Substitutionsfalle eine Sonderung der dem Fideikommisse unterliegenden Vermögensstücke von dem eigenen Vermögen des Fiduziars nötig, welche durch das Inventar erleichtert wird. Dazu kommt, daß die Verwaltung des Fiduziars auch bei dem Fideikommisse des Überrestes keine uneingeschränkte ist (§§. 468. 469 a. a. O.), und daß an die Stelle veräußerter Gegenstände deren etwa noch vorhandener Erlös tritt.

Vgl. Entsch. des R.G.'s in Civils. Bd. 7 S. 209 flg.

Die hiernach dem Substituten hinsichtlich verschenkter oder veräußerter Gegenstände zustehenden Ansprüche würden ihm vereitelt werden können, wenn ihm das im Inventar liegende Mittel entzogen wird, sich über den Nachlaß sichere Auskunft zu verschaffen.

Vgl. Dernburg, Preuß. Privatrecht 3. Aufl. Bd. 3 S. 463; Gruchot, Erbrecht Bd. 2 S. 104; Scharnweber, Der letzte Wille und der Erbvertrag S. 9; Korn, Güterrecht und Erbrecht der Eheleute nach dem brandenburg. Provinzialrecht S. 236. 237, sowie in Behrend's Zeitschr. für Gesetzgebung und Rechtspflege in Preußen Bd. 5 S. 160.

Im vorliegenden Falle steht eine Anordnung der Erblasserin, durch welche dem Beklagten die Legung des Inventares erlassen ist, nicht in Frage. Daß in dem Erlasse der Rechnungslegung kein Erlaß des Inventares liegt, hat das Berufungsgericht mit Recht angenommen. Die Revision richtet sich auch nicht gegen diese Annahme, sondern leitet die Befreiung des Beklagten von der Legung des Inventares lediglich aus der Stellung der Kinder der Erblasserin als auf den Überrest beschränkter Fideikommissarien her, was nach den obigen Ausführungen als zutreffend nicht erachtet werden kann."

53. Steht das im §. 26 Abs. 2 des Immobiliarzwangsvollstreckungsgesetzes vom 13. Juli 1883 gedachte Vorrecht demjenigen zu, welcher durch Vertrag mit dem Eigentümer des Gutes es übernimmt, durch von ihm zu gestellende Arbeiter landwirtschaftliche Dienste zu leisten? Begriff eines dauernden Arbeitsverhältnisses.

V. Civilsenat. Urt. v. 6. Dezember 1890 i. S. L. (Kl.) w. K. (Bekl.) Rep. V. 191/90.

I. Landgericht Graudenz.
II. Oberlandesgericht Marienwerder.

Aus den Gründen:

„Am 21. Januar 1888 schloß der Kläger mit dem Rittergutsbesitzer Sch. einen Vertrag ab, inhalts dessen der Kläger sich verpflichtete, auf dem Gute Sch. die landwirtschaftlichen Arbeiten vom 1. April bis 15. November 1888 auszuführen und zu diesem Zwecke zwölf Männer und zwölf Mädchen zu gestellen. Der Vertrag enthält Bestimmungen über den Lohn und das Deputat der Leute. Die Lohnzahlung sollte am 1. Juli, am 1. September und bei der Schlußrechnung erfolgen, und zwar zu Händen des Klägers, sodaß Sch. den einzelnen Arbeitern gegenüber nicht haftete. Der Kläger selbst sollte mitarbeiten und darauf halten, daß die Leute ihre Arbeit gut und fleißig verrichteten. Im §. 9 wurde bestimmt, daß alle Arbeiter und Arbeiterinnen den Kontrakt unterschreiben müßten, welcher dann an den „Herrn Arbeitgeber" zurückzugeben sei. Als Kaution wurden vom Kläger dem Sch. 100 ℳ gezahlt, deren Rückzahlung nach beendigter Arbeit erfolgen sollte.

Kläger hat die 24 Leute angeworben und auf dem Gute Sch. vom 12. April bis Mitte November 1888 die landwirtschaftlichen Arbeiten verrichtet. Das Gut Sch. ist am 1. Oktober 1888 zur Zwangsverwaltung und am 28. Oktober 1888 zur Zwangsversteigerung gebracht. Beklagter hat das Gut erstanden. Im Kaufgelderbelegungstermine meldete Kläger 2716,90 ℳ mit dem Vorrechte des §. 26 des Gesetzes vom 13. Juli 1883 als den ihm für die geleisteten Arbeiten zustehenden Betrag an. Auf den Widerspruch des Beklagten wurde der streitige Betrag hinterlegt.

In der gegenwärtigen Klage hat der Kläger seine Forderung für Arbeitslohn thatsächlich näher begründet und beantragt, den Beklagten zur Bewilligung der Auszahlung von 2716,90 ℳ nebst Hinterlegungszinsen an ihn zu verurteilen. ... Der Beklagte beantragt widerklagend, den Kläger zur Bewilligung der Auszahlung der 2716,90 ℳ an ihn zu verurteilen.

Der erste Richter hat den Anspruch des Klägers in Höhe von 80,40 ℳ (50 ℳ Kautionsrückstand und 30,40 ℳ Gebühren für Vertretung im Subhastationsverfahren) abgewiesen, im übrigen nach den Klaganträgen unter Abweisung der Widerklage erkannt. Auf die Berufung des Beklagten ist die ganze Klage abgewiesen und eine anderweite Verteilung der Streitmasse angeordnet worden. Der Entscheidungsgrund des Berufungsrichters geht dahin, daß die Forderung des Klägers das im §. 26 des Gesetzes vom 13. Juli 1883 bestimmte Vorrecht nicht genieße. Die Einreden des Beklagten betreffs der Aktivlegitimation des Klägers und des Betrages sowie die Erörterung, ob durch den Vertrag ein dauerndes Arbeitsverhältnis begründet sei, werden deshalb unentschieden gelassen.

Diese Entscheidung beruht, wie die Revision des Klägers zutreffend ausführt, auf Rechtsirrtum. Nach dem §. 23 des Gesetzes, betreffend die Zwangsvollstreckung in das unbewegliche Vermögen, vom 13. Juli 1883 sollen die in den §§. 23—38 bezeichneten Forderungen bei der Zwangsversteigerung von Grundstücken in der Reihenfolge und dem Umfange, wie es das Gesetz bestimmt, aus dem Kaufgelde berichtigt werden. Im §. 26 Abs. 1 ist unter Nr. III das Vorrecht des Gesindes an Lohn, Kostgeld und anderen Dienstbezügen für den Fall, daß das Gesinde zur Bewirtschaftung des Grundstückes gehalten wird und das Grundstück ein zur Landwirtschaft bestimmtes Gut ist, geordnet. Sodann heißt es im Abs. 2:

> Mit denselben Einschränkungen gehören hierher auch die Forderungen der Wirtschafts- und Forstbeamten und aller übrigen zur Verwaltung des Grundstückes oder der damit verbundenen Rechte oder zum Betriebe der damit verbundenen ländlichen Nebengewerbe in dauerndem Dienste oder Arbeitsverhältnisse zum Besitzer stehenden Personen wegen ihrer Dienstleistungen.

Dem Berufungsrichter ist zwar darin beizustimmen, daß der Kläger weder zu dem Gesinde, noch zu den in dem Gesetze gedachten Wirtschafts- und Forstbeamten gehört. Wenn jedoch der Berufungsrichter hiermit den Kreis der Personen, welchen das Vorrecht des §. 26

a. a. O. gewährt ist, abschließt, weil nicht jedes Arbeitsverhältnis, sondern nur ein solches von bestimmter, im §. 26 Abs. 2 näher bezeichneter Qualität dasselbe begründe, so läßt sich dieser Entscheidung nicht beitreten. Das folgt schon aus dem Wortlaute des Gesetzes. Es werden zunächst die Wirtschafts- und Forstbeamten dem Gesinde gleichgestellt und hierauf alle übrigen zur Verwaltung, d. h. zum wirtschaftlichen Betriebe des Gutes in dauerndem Arbeitsverhältnisse stehenden Personen wegen ihrer Dienstleistungen den erstgedachten Beamten als gleichberechtigt angereiht. Die Erwägungen des Berufungsrichters scheinen auf dem Mißverständnisse zu beruhen, daß der Gesetzgeber mit den zur Verwaltung des Gutes in dauerndem Arbeitsverhältnisse stehenden Personen nur diejenigen Personen, welche als Beamte oder als Vertreter des Gutsherrn die Verwaltung führen, gemeint habe. Dieser Auslegung des Gesetzes widersprechen schon die Motive desselben. Sie rechtfertigen (S. 22) das Vorzugsrecht für die Liedlöhner und fahren dann fort:

> Die Fassung des §. 26 lehnt sich durchweg an den §. 50 der Konkursordnung vom 8. Mai 1855 an. Sie ist so weit, daß jede Art dauernden Dienstverhältnisses durch dieselbe betroffen wird.

Jeder Zweifel an der Intention des Gesetzgebers muß aber schwinden, wenn man die Entstehungsgeschichte des gedachten §. 50 der preuß. K.O. ins Auge faßt, mit welchem der §. 26 Abs. 2 des Gesetzes vom 13. Juli 1883 wörtlich übereinstimmt. Gegenüber der Regierungsvorlage bei der Konkursordnung, welche das Vorrecht des Gesindes und der Liedlöhner im wesentlichen so, wie in §. 393 Nr. 5 A.G.O. I. 50 geschehen, beschränken wollte, wurde bei der Kommissionsberatung eine Ausdehnung desselben nach zwei Richtungen beschlossen, nämlich 1. auf die landwirtschaftlichen Nebengewerbe und 2. auf alle Personen, welche in dauerndem Dienst- oder Arbeitsverhältnisse zu der Gutsherrschaft stehen. Hinsichtlich der letzteren Personen bezeichnet der Kommissionsbericht als den leitenden Gedanken, daß diejenigen Personen, welche ihre Thätigkeit für das Grundstück verwendet haben, eine vorzugsweise Befriedigung verdienen, weil durch ihre Thätigkeit das Grundstück den Wert erlangt hat, welchen die Veräußerung ergiebt. Es wird dabei hervorgehoben, daß im Gegensatze zur Zeit des Erlasses der Allgemeinen Gerichtsordnung das Gesinde zur Bewirtschaftung eines Gutes jetzt nicht mehr ausreiche, daß vielmehr meistens freie Arbeiter zu Hilfe genommen werden müßten. Bei diesen sei zwischen Tagelöhnern und solchen Arbeitern, welche zum Gutsbesitzer in ein dauerndes Arbeitsverhältnis treten und ihre Kräfte in das Gut verwenden, zu unterscheiden. Für letztere habe die Gesetzgebung zu sorgen, auch wenn sie nicht zum Gesinde gehören.

Vgl. Goltdammer, Kommentar und Materialien zur K.O. vom 8. Mai 1855 2. Aufl. S. 151—152.

Diesen Kommissionsbeschlüssen, welche eine Ausdehnung des Vorrechtes des Gesindes auf die in dauerndem Arbeitsverhältnisse stehenden Personen bezweckten, hat sodann die Regierung zugestimmt. Wenn dieselbe aber den §. 50 der preuß. K.O. wörtlich in den §. 26 Abs. 2 des Gesetzes vom 13. Juli 1883 übernahm, so läßt sich nicht annehmen, daß sie und die weiteren gesetzgeberischen Faktoren eine Änderung der 1855 sanktionierten Rechtsgrundsätze beabsichtigten. Für diese Ansicht läßt sich auch anführen, daß die Reichsgesetzgebung im §. 54 Nr. 1 R.K.O. ein Vorrecht allen denjenigen Personen beigelegt hat, welche sich dem Gemeinschuldner für dessen Haushalt 2c zu dauerndem Dienste verdungen haben. In den Motiven zu diesem Gesetze (S. 266) wird ausdrücklich gesagt, daß das Vorrecht nicht von einer Botmäßigkeit des Dienenden unter dem Gemeinschuldner abhängt, sondern daß es auch Gesellen, Meister, Fabrikarbeiter 2c genießen sollen.

Vgl. v. Wilmowski, Konkursordnung §. 54 Note 3 4. Aufl. S. 248; Petersen und Kleinfeller, Konkursordnung §. 54 II 2. Aufl. S. 273 flg.

Das Reichsgericht hat deshalb angenommen, daß die Zurückweisung der Forderung des Klägers durch den Entscheidungsgrund des Berufungsrichters nicht gerechtfertigt wird. Für die Frage, ob die Sache in die zweite Instanz zurückzuverweisen, ist die Erwägung geboten, ob anderweite Gründe vorliegen, welche schon jetzt die Anwendung des §. 26 Abs. 2 des Gesetzes vom 13. Juli 1883 ausschließen. In dieser Beziehung kommt zunächst in Betracht, ob nach den durch den Vertrag vom 21. Januar 1888 bestätigten Angaben des Klägers das Vorhandensein eines dauernden Arbeitsverhältnisses anzunehmen sei. Die Erfordernisse für diese Bedingungen des Vorrechtes hat das Gesetz selbst nicht näher bestimmt. Man wird davon ausgehen müssen, daß ein Arbeitsverhältnis als ein dauerndes zu bezeichnen ist, wenn es nicht durch tägliche oder wöchentliche oder sonst kurz gegriffene Lohnzahlungen gelöst werden kann.

Vgl. die Kommentare zum Gesetze vom 13. Juli 1883 von Krech und Fischer §. 26 Anm. 3 S. 292, von Jäckel §. 26 Anm. 2 2. Aufl. S. 160, von Knorr §. 26 Anm. a und b, Kommissionsbericht S. 29.

Das trifft hier zu. Der Vertrag vom 21. Januar 1888 ergiebt, daß die Arbeitszeit für die vom Kläger zu stellenden Arbeiter vom 1. April bis zum 15. November verabredet war. Während dieser $7^1/_2$ Monate sollten von den Arbeitern nach näherer Anweisung der Gutsherrschaft die vorkommenden landwirtschaftlichen Arbeiten auf dem Gute Sch., also die Frühjahrsbestellung und Aussaat sowie alle Erntearbeiten geleistet werden. Die Lohnzahlung war in drei Terminen, am 1. Juli, 1. September und beim Schlusse der Arbeit, zu bewirken. Das Reichsgericht hat angenommen, daß ein derartiges Arbeitsverhältnis im Sinne des §. 26 a. a. O. für ein dauerndes erachtet werden muß.

Ein weiteres Bedenken könnte dadurch entstehen, daß der Kläger, wenn er auch persönlich mitarbeiten sollte, im wesentlichen die Ausführung der landwirtschaftlichen Arbeiten durch die von ihm gedungenen 24 Arbeiter und Arbeiterinnen übernommen hatte, daß der Lohn derselben an ihn allein zu zahlen war, und daß Sch. den Arbeitern wegen ihrer Forderung an Lohn und Deputat nicht haftete. Aber auch dieser Umstand steht der Forderung des Klägers nicht entgegen. Das Reichsgericht hat bereits in einem früheren Falle bei ganz ähnlicher Sachlage die Anwendbarkeit des §. 54 Nr. 1 R.K.O. erkannt. In dem Urteile,

vgl. Entsch. des R.G.'s in Civils. Bd. 4 S. 423,

wird ausgeführt, der Umstand, daß der Kläger dem Gemeinschuldner nicht bloß sich selbst, sondern außerdem mehrere Gehilfen zur Arbeit zu stellen hatte, stehe weder der Annahme eines Dienstmietvertrages noch der Zuerkennung des Vorrechtes entgegen; es sei keineswegs ausgeschlossen, daß auch Dienste dritter Personen vermietet werden können; gleichgültig erscheine, daß die Gehilfen des Klägers für ihre Person einen Lohnanspruch an den Gemeinschuldner nicht haben.

Vgl. auch das Urteil des I. Hilfssenates in Gruchot, Beiträge Bd. 24 S. 526.

An diesen Grundsätzen ist festzuhalten und bei Anwendung derselben *auf den vorliegenden Fall anzunehmen, daß dem Kläger das Vorrecht* des §. 26 a. a. O. wegen seiner ganzen Lohnforderung sowohl für seine eigene Arbeit als für diejenige der von ihm gedungenen Arbeiter zusteht. Der Berufungsrichter führt in dieser Beziehung richtig aus, daß die Arbeiter lediglich Werkzeuge und Organe des Klägers waren, und daß der Kläger seine, durch die Arbeiter erweiterte Arbeitskraft verdungen hatte." ...

---

54. Gilt eine Ehe im Sinne des §. 41 A.L.R. II. 1 als nicht „fortgesetzt", wenn der eine Ehegatte nach entdecktem Irrtume rc. sich thatsächlich von dem anderen Ehegatten getrennt hat?

III. Civilsenat. Urt. v. 9. Dezember 1890 i. S. B. (Kl.) w. seine Ehefrau (Bekl.). Rep. III. 194/90.

I. Landgericht Stade.
II. Oberlandesgericht Celle.

Der Kläger hat sich mit der Beklagten am 8. September 1888 in Brandenburg verheiratet und dort sein erstes eheliches Domizil genommen. Im April 1889 verzog der Kläger nach Stade. Am 30. November 1888 hat die Beklagte ein Kind geboren und zugestanden, daß sie zur Zeit der Eingehung der Ehe infolge geschlechtlichen Verkehres mit einem Dritten schwanger gewesen sei. Am 1. Juni 1889 hat der Kläger Klage auf Ungültigkeitserklärung der Ehe bei dem Landgerichte zu Stade erhoben, weil ihm die Schwangerschaft seiner Frau zur Zeit der Eingehung der Ehe nicht bekannt gewesen sei. Die Beklagte berief sich u. a. auf die Vorschrift in §. 41 A.L.R. II. 1, da mehr als sechs Wochen zwischen der Entdeckung des Irrtumes und der Anstellung der Klage verflossen seien. Das Oberlandesgericht wies die Klage aus diesem Grunde ab.

Die von dem Kläger dagegen eingelegte Revision wurde zurückgewiesen aus folgenden

Gründen:

„Das Berufungsgericht ist zunächst mit Recht davon ausgegangen, daß für die Frage, ob und inwieweit der Kläger die Ehe wegen Irrtumes über die Eigenschaften seiner Ehefrau als ungültig anfechten könne, die Bestimmungen des Allgem. preußischen Landrechtes maßgebend seien, weil die Parteien im Gebiete desselben, in Brandenburg, ihr erstes Domizil gehabt haben. Der hiergegen vom Revisionskläger, unter Bezugnahme auf die Urteile des III. Civilsenates des Reichsgerichtes,

vgl. Entsch. des R.G.'s in Civils. Bd. 9 S. 191 und Bd. 16 S. 138,

erhobene Angriff erscheint nicht begründet. Diese Urteile sprechen aus, daß für die Ehescheidung nicht das Recht des Ortes, an welchem die Eheleute die Ehe abgeschlossen oder ihren ersten Wohnsitz genommen haben, sondern das Recht maßgebend sei, welches im Bezirke des für die Ehescheidungsklage zuständigen Gerichtes, also des Landgerichtes, bei welchem der Ehemann seinen allgemeinen Gerichtsstand hat, Geltung hat, und weil die für die Ehescheidung geltenden, auf der sittlichen Natur der Ehe beruhenden Rechtsnormen einen streng positiven Charakter haben. Im vorliegenden Falle handelt es sich aber nicht um eine Ehescheidungsklage, sondern um eine Klage auf Ungültigkeitserklärung der Ehe wegen Irrtumes. Für diese sind die Gesetze des ersten ehelichen Domizils der Ehegatten maßgebend, da sie über die Bedingungen einer gültigen Ehe entscheiden, und nach ihnen sich bestimmt, ob ein Ehehindernis vorhanden ist.

Das Berufungsgericht verletzt aber auch nicht den §. 41 A.L.R. II. 1. In Übereinstimmung mit der in der Rechtsprechung der preußischen Gerichte,

vgl. Entsch. des Obertrib. Bd. 20 S. 239, Bd. 25 S. 435,

und in der Doktrin geltenden Auffassung hat das Berufungsgericht mit Recht angenommen, daß die Ehe nicht schon dann als nicht fortgesetzt im Sinne des §. 41 a. a. O. zu betrachten sei, wenn der eine Ehegatte nach Entdeckung des Irrtumes oder Betruges sich eigenmächtig von dem anderen faktisch trennt, sondern daß er die Klage auf Ungültigkeitserklärung der Ehe anmelden muß. Es spricht für diese Auffassung der Bestimmung in §. 41 insbesondere die Vorschrift in §. 976 A.L.R. II. 2, wonach das Ehehindernis, wenn es von dem, welcher dazu berechtigt ist, innerhalb der im Gesetze bestimmten Frist nicht gerügt worden ist, für gehoben angesehen wird, indem sich aus dieser Vorschrift, in welcher auf §. 41 a. a. O. Bezug genommen wird, ergiebt, daß jedenfalls der betreffende Ehegatte seine Absicht, das fragliche Ehehindernis geltend zu machen, in bestimmter Weise zu erkennen geben muß und sich nicht darauf beschränken kann, sich von dem anderen Ehegatten zu trennen, also faktisch die Ehe nicht fortzusetzen. Ob, nachdem die im preußischen Rechte bestehende Klaganmeldung infolge der Vorschriften der Civilprozeßordnung hinweggefallen ist, die Erhebung der Klage auf Ungültigkeitserklärung der Ehe erforderlich ist, oder ob, wie z. B. Dernburg (Preußisches Privatrecht Bd. 3 §. 13 S. 40) annimmt, eine durch einen Gerichtsvollzieher zuzustellende Protestation genügt, kann dahingestellt bleiben, da im vorliegenden Falle eine solche nicht, sondern die Klage auf Ungültigkeitserklärung erst am 1. Juni 1889, nachdem die im §. 41 a. a. O. vorgeschriebene Frist längst abgelaufen war, erhoben worden ist."

---

55. Kann der frühere Eigentümer eines bäuerlichen Grundstückes, welcher sich im Gutsüberlassungsvertrage einen Altenteil vorbehalten hat, die Eintragung desselben von dem Gutsannehmer auch dann verlangen, wenn ein Pfandrecht zur Sicherung desselben in dem Vertrage nicht bestellt ist?

V. Civilsenat. Urt. v. 10. Januar 1891 i. S. O. (Bekl.) w. K. (Kl.) Rep. V. 216/90.

I. Landgericht Ratibor.
II. Oberlandesgericht Breslau.

Die aufgeworfene Frage ist vom Reichsgerichte bejaht.

Aus den Gründen:

„Nach der Feststellung des Berufungsrichters hat die Beklagte der Klägerin, ihrer Tochter, für den Fall, daß letztere die Ehe mit ihrem jetzigen Ehemanne abschließen würde, versprochen, ihr und ihrem Ehemanne das jetzt streitige Mühlengrundstück Nr. 1 zu Ober-Gogelau käuflich zu überlassen. Die Klägerin verlangt, nachdem sie die Ehe eingegangen ist, Erfüllung des Versprechens. Der Berufungsrichter hat angenommen, daß die Beklagte zum Abschlusse des zugesagten Vertrages verpflichtet ist, obwohl das Versprechen der Schriftform entbehrt. Diese Entscheidung stimmt mit der Rechtsprechung sowohl des früheren preußischen Obertribunales als des Reichsgerichtes überein, von welcher abzugehen kein Anlaß vorliegt.

Vgl. Entsch. des R.G.'s in Civils. Bd. 17 S. 252 und die dort angeführten Urteile, sowie Gruchot, Beiträge Bd. 31 S. 710.

Die Revision der Beklagten führt mit Recht aus, daß der Inhalt des zugesagten Überlassungsvertrages von der Klägerin bewiesen werden muß. Sie irrt aber bei der Beschwerde, daß dieser Grundsatz von den Vorderrichtern verkannt sei."

(Das wird näher ausgeführt und dann fortgefahren:)

„Dagegen ist die Beschwerde der Beklagten über die bedingte Versagung der Eintragung des Altenteiles und des damit verbundenen Wohnungsrechtes, sofern letzteres bewiesen wird, begründet. Die Beklagte hat behauptet, daß die Eintragung dieser Rechte bei bäuerlichen Gutsüberlassungsverträgen, zu denen der hier fragliche gehört, üblich und auch ausdrücklich verabredet sei.

Der Berufungsrichter stellt bei seiner Entscheidung den Satz an die Spitze: „Der Ansicht der Beklagten, daß die Eintragung des Auszuges auch in Ermangelung einer besonderen Abrede stattfinden müsse, kann jedoch nicht beigetreten werden." Er giebt als Grund an, daß Fälle, in denen die Eintragung unterbleibt, nicht ausgeschlossen seien. Sodann stellt er fest, daß durch den von der Beklagten angetretenen Zeugenbeweis die Abrede der Eintragung nicht bewiesen werde. Er macht deshalb die Verpflichtung der Klägerin, die Eintragung zu bewilligen, von der Ableistung des ihr über die Abrede zugeschobenen Eides abhängig.

Diese Entscheidung ist für rechtsirrtümlich zu erachten. Das frühere preußische Obertribunal hat in konstanter Judikatur angenommen, daß Altenteile, welche sich der Verkäufer bei Überlassung bäuerlicher Grundstücke vorbehält, den Charakter von Reallasten besitzen, und zwar nicht bloß in betreff derjenigen Rechte des Auszüglers, welche aus dem Grundstücke selbst gewährt werden, wie Wohnungsrechte, sondern in betreff aller dem Gutsannehmer auferlegten Leistungen.

Vgl. die bei Rehbein, Entsch. des Obertrib. Bd. 2 S. 178 flg. angeführten Erkenntnisse, namentlich Entsch. desselben Bd. 27 S. 283, Bd. 29 S. 301; Striethorst, Archiv Bd. 12 S. 329. 342.

Das Obertribunal hat in diesen Erkenntnissen weiter ausgesprochen, daß Reallasten zu den an sich dinglichen Rechten gehören, und daß ihre Eintragung in das Grundbuch erfolgt, nicht weil die Berechtigung dadurch dinglich werden soll, sondern weil und insofern sie dinglich ist. Dieser Rechtsansicht des Obertribunales hat sich das Reichsgericht angeschlossen.

Durch die neuere Gesetzgebung, insbesondere den §. 12 des Eigentumserwerbsgesetzes vom 5. Mai 1872 und den §. 22 Abs. 2 des Immobiliar-Zwangsvollstreckungsgesetzes vom 13. Juli 1883, wird die dingliche Wirkung der Reallasten insofern eingeschränkt, als sie gegen Dritte nur im Falle der Eintragung in das Grundbuch verfolgt werden können. Daraus läßt sich jedoch nicht die Folgerung ziehen, daß der Gesetzgeber dem Inhaber der Reallast diejenigen Befugnisse entziehen wollte, welche ihm aus der Natur seines Rechtes gegenüber dem Gutsannehmer zustehen. Der Auszügler muß vielmehr auch jetzt für berechtigt erachtet werden, von seinem Kontrahenten die Bewilligung der Eintragung seines an sich dinglichen Rechtes behufs Sicherung desselben bei Übertragung des verhafteten Grundstückes an Dritte zu verlangen.

Da der Berufungsrichter gegen diesen Rechtsgrundsatz verstößt, indem er die Eintragung von einer ausdrücklichen vertragsmäßigen Bewilligung derselben abhängig macht, so unterliegt das zweite Urteil der Aufhebung. Einer Zurückverweisung der Sache in die Vorinstanz bedarf es nicht. Nach dem Inhalte der Urkunde vom 1. November 1885, welche laut Feststellung des Berufungsrichters den Vertragswillen enthält, läßt sich nicht bezweifeln, daß die Kontrahenten, die jetzigen Prozeßparteien, bei ihrer Abrede über den Verkauf des Mühlengrundstückes beabsichtigt haben, den Altenteil der Beklagten als eine auf dem Grundstücke haftende Reallast zu konstituieren. Dieser Absicht ist auch dadurch Ausdruck gegeben, daß die Beklagte sich den im §. 5 der Urkunde näher bezeichneten Altenteil vorbehält. Damit ist erkennbar gemacht, daß die Beklagte ihr Eigentum an dem Mühlenwesen nur unter Zurückbehaltung dieses Rechtes aufgeben wollte und aufgegeben hat. Der Bewilligung der Eintragung eines in solcher Weise begründeten dinglichen Rechtes der Reallast kann die Klägerin nicht widersprechen. Einer weiteren ausdrücklichen Zusage der Eintragung bedurfte es nicht. Sie liegt bereits in der vereinbarten Festsetzung des Altenteiles. Noch weniger kann von dem Erfordernisse einer Hypothekenbestellung die Rede sein, da es sich um die Konstatierung der Dinglichkeit eines Rechtes, nicht um die Sicherung eines nur persönlichen Rechtes durch Hypothek handelt.

Es mußte hiernach der Anspruch der Beklagten auf Bewilligung der Eintragung des Altenteiles für begründet erachtet werden.

Vgl. §. 14 des Eigentumserwerbsgesetzes vom 5. Mai 1872."[1]

---

56. Ist nach dem Jagdpolizeigesetze vom 7. März 1850 der vom Pächter eines Gemeindejagdbezirkes mit mehr als zwei anderen Personen dahin abgeschlossene Vertrag, daß sämtliche Vertragschließende gemeinschaftlich die Jagd in dem Bezirke ausüben sollen, rechtsgültig?

II. Civilsenat. Urt. v. 13. Januar 1891 i. S. H. u. Gen. (Kl.) w. H. (Bekl.) Rep. II. 242/90.

I. Landgericht Düsseldorf.
II. Oberlandesgericht Köln.

Durch Pachtvertrag vom 1. April 1886 und 2. März 1887 pachteten der Beklagte H. den ersten Jagdbezirk der Gemeinde H. für 1500 *M* und der Kaufmann Sp. den zweiten Jagdbezirk derselben Gemeinde für jährlich 936 *M* auf sechs Jahre. Der §. 4 des Pachtvertrages bestimmt:

„Eine Afterverpachtung der Jagden wird dem Pächter nicht gestattet, auch darf derselbe nur einen bei ihm in Lohn stehenden Jäger für das angepachtete Jagdrevier anstellen (§. 13 des Jagdpolizeigesetzes), ferner kann der Pächter an zwei andere Personen unentgeltlich zwei Erlaubnisscheine für jeden Jagdbezirk ausstellen, ohne

[1] Vgl. aus der Rechtsprechung namentlich: Entsch. des Obertrib. Bd. 2 S. 178, Bd. 27 S. 283 (abweichend Bd. 68 S. 99); Striethorst, Archiv Bd. 12 S. 342, Bd. 92 S. 110. 116; Entsch. des R.G.'s in Civils. Bd. 13 S. 189. Aus der Litteratur: Bornemann, System §. 195 Nr. 3 (2. Aufl.) Bd. 3 S. 134; Koch, Recht d. Forder. 2. Aufl. Bd. 3 S. 863 N. 13, S. 866—867; Prinz, Einfluß der Hypothekenbuchverfassung S. 195 flg.; Dernburg, Preuß. Privatrecht Bd. 1 §. 310 N. 3 (4. Aufl.) S. 788; Eccius, Preuß. Privatrecht 5. Aufl. Bd. 2 §. 129 D. 2 S. 109, Bd. 3 §. 188 5. S. 406 flg.; Turnau, Grundbuchordnung 4. Aufl. Bd. 1 S. 295—296. 708; Achilles, Grundbuchgesetz 3. Aufl. zu Grundbuchordnung §. 76 N. 1 S. 419. D. E.

seine Begleitung die Jagd auszuüben. Der angestellte Jäger ist dem Bürgermeister namhaft zu machen, ebenso sind demselben die Erlaubnisscheine zur Visierung vorzulegen und können erst dann als Legitimation für die bezeichneten Personen benutzt werden."

Die drei Kläger behaupten nun, daß sie durch Übereinkunft mit den beiden genannten Jagdpächtern als Teilhaber zur Ausübung der Jagd in beiden Bezirken in der Weise eingetreten seien, daß jeder ein Fünfteil der im ganzen zu zahlenden Pachtgelder und den ratierlichen Anteil an dem Gehalte des Jagdhüters zahlen sollte. Auf diese Weise sei auch bisher die Jagd von den fünf Personen ausgeübt worden. Durch Schreiben vom 23. September 1889 teilte der Beklagte H. dem Mitkläger W. mit, daß er vom Bürgermeister zu H. in Konventionalstrafe genommen worden sei, weil er gegen den Jagdpachtvertrag gehandelt und mehr Jägern, als gesetzlich erlaubt sei, die Erlaubnis zum Bejagen der Jagd gegeben habe; er sei daher gezwungen, ihm fernerhin die Erlaubnis, in seiner Jagd zu jagen, zu entziehen und betrachte ihr Jagdverhältnis für gelöst. Die Kläger haben darauf gegen den Beklagten H. und den genannten Sp. Klage erhoben mit dem Antrage:

„zu erkennen, daß die Beklagten nicht berechtigt seien, den Vertrag, wodurch dieselben die Kläger als Teilhaber der von ihnen angepachteten beiden H.'er Gemeindejagdbezirke angenommen haben, einseitig zu lösen, die Beklagten zu verurteilen, und zwar den Beklagten H., zwei Erlaubnisscheine für den ersten, den Beklagten Sp., zwei Erlaubnisscheine für den zweiten H.'er Jagdbezirk auf die von den Klägern nach ihrer Wahl unter sich zu bestimmenden Namen auszustellen."

Nachdem das Landgericht diesem Antrage entsprechend erkannt hatte, hat das Oberlandesgericht auf die vom Beklagten H. eingelegte Berufung die Klage gegen diesen abgewiesen. Die Revision ist zurückgewiesen worden aus folgenden

Gründen:

... „Die Klage wird auf die Behauptung gestützt, daß die drei Kläger mit den Anpächtern des ersten und des zweiten H.'er Jagdbezirkes, H. und Sp., eine Vereinbarung dahin getroffen hätten, daß die bezeichneten fünf Personen gemeinschaftlich in den beiden Jagdbezirken die Jagd ausüben und gleichmäßig, also jeder zu einem Fünfteile, die Jagdpacht und das Gehalt des Jagdhüters zahlen sollten. Das Oberlandesgericht hat mit Recht angenommen, daß ein solcher Gesellschaftsvertrag gegen die Bestimmungen des Jagdpolizeigesetzes vom 7. März 1850 verstoße, daß er insbesondere den im §. 12 dieses Gesetzes niedergelegten Grundsatz, wonach in einem Jagdbezirke niemals mehr als drei jagdberechtigte Personen zur Ausübung der Jagd zugelassen werden sollen, verletze, und daß folgeweise der Vertrag, weil er einen unerlaubten Grund und Zweck habe, nichtig sei und kein Klagerecht auf Erfüllung erzeuge (Artt. 1883. 1131 des bürgerl. Gesetzbuches).

Der §. 12 des Jagdpolizeigesetzes spricht zwar wörtlich nur aus:

> „Die Verpachtung der Jagd, sowohl auf den im §. 2 erwähnten Grundstücken als auf gemeinschaftlichen Jagdbezirken, darf bei Strafe der Nichtigkeit des Vertrages niemals an mehr als höchstens drei Personen erfolgen",

und richtig ist es, daß es sich hier nicht um den zwischen der Gemeindebehörde und den Anpächtern abgeschlossenen Pachtvertrag, sondern um den zwischen den letzteren und den drei Klägern abgeschlossenen Vertrag über die Ausübung der Jagd handelt. Allein daß der §. 12, dessen Wortlaut sich durch den Zusammenhang mit den voraufgehenden Bestimmungen über die Bildung und Verpachtung der gemeinschaftlichen Jagdbezirke erklärt, zugleich die allgemeine Vorschrift, daß in einem Bezirke nie mehr als drei Personen zur gemeinschaftlichen Nutzung und Ausübung der Jagd zugelassen werden sollen, enthält, ergiebt sich zweifellos aus der Tendenz des Gesetzes, aus den Motiven zu demselben und aus anderen Bestimmungen des Gesetzes selbst. Die Tendenz des Gesetzes ging, nachdem die durch das Gesetz vom 31. Oktober 1848 gewährte Freiheit in der Ausübung der Jagd die Zahl der Jäger in einer die öffentliche Sicherheit gefährdenden und dem Wildstande Vernichtung drohenden Weise vermehrt hatte, vor allem dahin, die Zahl der Jäger zu vermindern und hierdurch sowie durch andere schützende Bestimmungen, ohne die Freiheit des Eigentumes mehr als notwendig zu beschränken, wieder geordnete Verhältnisse herbeizuführen.

Vgl. Wagner, Die Preußische Jagdgesetzgebung 2. Aufl. §. 6 S. 49.

Die Motive zu den §§. 12. 13 des Gesetzes (vgl. Verhandlungen der preußischen ersten Kammer 1849/50 Bd. 1 S. 386) sprechen demnach auch aus:

„Der Zweck des Gesetzes würde vereitelt werden können, wenn die Zahl der Pächter einer Jagd nicht beschränkt würde. Andererseits ist es notwendig, sowohl den Jagdpächtern als den Besitzern solcher Grundstücke, auf denen die Jagd vom Eigentümer ausgeübt werden darf, die Annahme von Jägern zu gestatten, da sich die Pächter und Eigentümer von anderen Personen bei der Jagd nicht vertreten lassen dürfen."

Aus dieser Begründung des Gesetzes ergiebt sich schon, daß der §. 12 eine größere Tragweite hat, als sein Wortlaut andeutet, daß es nämlich auch den Jagdpächtern untersagt sein soll, durch Verträge mit anderen Personen eine Ausübung und Nutzung der Jagd durch mehr als drei Berechtigte thatsächlich herbeizuführen. Hierzu kommt nun noch, daß der §. 3 des Gesetzes, welcher sich auf diejenigen Besitzungen bezieht, auf welchen der Grundbesitzer selbst die Jagd auszuüben befugt sein soll (§. 2 des Gesetzes), eine ausdrückliche Anwendung des obenerwähnten, im §. 12 enthaltenen Verbotes auf den Fall der Jagdausübung mehrerer Eigentümer auf eigenem Grunde und Boden enthält. Der §. 3 sagt nämlich:

„Wenn die im §. 2 bezeichneten Grundstücke mehr als drei Besitzern gemeinschaftlich gehören, so ist die eigene Ausübung des Jagdrechtes auf diesen Grundstücken nicht sämtlichen Mitbesitzern gestattet. Dieselben müssen vielmehr die Ausübung des Jagdrechtes einem bis höchstens dreien unter ihnen übertragen. Doch steht ihnen frei, das Jagdrecht ruhen oder durch einen angestellten Jäger ausüben zu lassen oder zu verpachten."

Nach Vorstehendem bewegt sich auch der vom Oberlandesgerichte angezogene Ministerialerlaß vom 1. Mai 1853 (Ministerialblatt für die innere Verwaltung 1853 S. 152) durchaus auf dem Boden des Gesetzes, wenn er ausspricht, daß Verträge, in denen dem Pächter die Pflicht auferlegt wird, Jagderlaubnisscheine zu erteilen, unzulässig seien, insofern damit die Vorschriften der §§. 10. 12 des Jagdpolizeigesetzes umgangen würden, und daß zu einer gleichen Umgehung auch die entgeltliche Abgabe von Jagderlaubnisscheinen führe, insofern die von den Empfängern zu zahlende Summe als ein Beitrag zum

Pachtgelde, die Empfänger mithin als Mitpächter angesehen werden müßten.

Die Revision war hiernach zurückzuweisen, ohne daß es des Eingehens auf den weiter vom Oberlandesgerichte angeführten Entscheidungsgrund, daß die Erfüllung des Klagebegehrens für den Beklagten unmöglich sei, bedarf."

---

57. Bewirkt die Eintragung einer Vormerkung auf dem Grundstücke des Schuldners behufs Sicherung eines vom Gläubiger eingeklagten persönlichen Anspruches, daß das Grundstück zu einer in Streit befangenen Sache im Sinne der §§. 665. 236 C.P.O. wird? Bindet die Vormerkung den Ersteher, wenn sie bei der Zwangsversteigerung in das geringste Gebot aufgenommen ist?

V. Civilsenat. Beschl. v. 17. Januar 1891 i. S. M. (Kl.) w. P. (Bekl.) Beschw.-Rep. V. 1/91.

I. Landgericht Konitz.
II. Oberlandesgericht Marienwerder.

Das Reichsgericht hat beide Fragen bejaht.

Gründe:

„In der Prozeßsache des Besitzers M. (Klägers) wider den Besitzer S. (Beklagten) ist der Beklagte durch demnächst rechtskräftig gewordenes Urteil des Oberlandesgerichtes zu Marienwerder vom 10. Oktober 1889 verurteilt worden, gegen Empfang von 98 *M* und Zinsen dem Kläger die diesem durch notariellen Vertrag vom 6. Juni 1888 von dem Grundstücke B. Nr. 4 verkauften Parzellen aufzulassen. Im Laufe des Prozesses ist auf dem Grundbuchblatte von dem Hauptgrundstücke Abt. II Nr. 13 am 5. März 1889 eingetragen:

Eine Vormerkung zur Erhaltung des Rechtes auf Auflassung der ihm durch den notariellen Vertrag vom 6. Juni 1888 verkauften Trennstücke für den Besitzer Joseph M.

Am 1. März 1890 hat die Einleitung der Zwangsversteigerung des Hauptgrundstückes stattgefunden. Im Bietungstermine ist das geringste Gebot dahin reguliert, daß der Ersteher außer mehreren anderen Realschulden auch die in Abt. II Nr. 13 eingetragene Verfügungsbeschränkung übernehmen müsse. Unter dieser Bedingung hat Joseph P. durch rechtskräftig gewordenes Urteil vom 7. Mai 1890 den Zuschlag erhalten. Am 17. Mai 1890 beantragte sodann der Kläger M. bei dem Prozeßgerichte, dem Landgerichte zu Konitz, das Urteil vom 10. Oktober 1889 mit dem Atteste der Rechtskraft und mit der Vollstreckungsklausel gegen Joseph P. zu versehen. Durch Verfügung des Vorsitzenden wurde jedoch der Gerichtsschreiber angewiesen, die Erteilung der Vollstreckungsklausel zu versagen. Auf erhobene Beschwerde trat das Landgericht zu Konitz durch Beschluß vom 27. September 1890 der Verfügung des Vorsitzenden bei. In den Gründen des Beschlusses wird ausgeführt, es finde §. 665 C.P.O. hier keine Anwendung, weil durch die angestellte Klage das Grundstück B. Nr. 4 nicht zu einer in Streit befangenen Sache geworden sei. Gegen diese Entscheidung erhob der Kläger Beschwerde an das Oberlandesgericht zu Marienwerder. Durch Beschluß desselben ist der Beschluß des Landgerichtes zu Konitz aufgehoben und die Erteilung einer vollstreckbaren Ausfertigung des Urteiles vom 10. Oktober 1889 gegen Joseph P. an den Kläger angeordnet worden. Gegen diesen Beschluß richtet sich die vorliegende weitere Beschwerde des Joseph P. mit dem Antrage auf Aufhebung desselben und Wiederherstellung des Beschlusses des Landgerichtes zu Konitz. Sie kann jedoch keinen Erfolg haben.

Das Oberlandesgericht bezeichnet mit Recht als die Wirkung der eingetragenen Vormerkung, daß der Eigentümer — hier der Beklagte S. — durch dieselbe in seiner Verfügung über das Grundstück B. Nr. 4 so weit beschränkt worden ist, daß er nichts vornehmen durfte, wodurch der Erwerb des Grundstückes oder der in der Vormerkung bezeichneten Teile desselben für den Kläger M. gefährdet wird. Der Eigentümer ist zwar durch eine Vormerkung gemäß §. 8 des Eigentumserwerbsgesetzes vom 5. Mai 1872 nicht an der Belastung oder Veräußerung seines Grundstückes gehindert, aber das für den Vorgemerkten eingetragene, zunächst nur bedingte Recht hat zur Folge, daß beim Eintritte der Bedingung alle später begründeten Rechte an dem Grundstücke, soweit sie dem Rechte des Vorgemerkten entgegenstehen, keine Rechtswirkungen erzeugen.

Vgl. Entsch. des R.G.'s in Civils. Bd. 7 S. 177, Bd. 15 S. 269.

An diesen Grundsätzen ändert auch nichts der Umstand, daß das Grundstück nach dem Erlasse des Urteiles vom 10. Oktober 1889 im Wege der Zwangsversteigerung verkauft worden ist. Wie sich die Rechtslage des Erstehers gestalten würde, wenn in dem Zuschlagsurteile nichts gesagt wäre, bedarf hier keiner Erörterung. Hat jedoch das Zuschlagsurteil in betreff des Fortfalles oder des Überganges der Vormerkung Bestimmung getroffen, so ist diese für das Recht des Erstehers maßgebend.

Vgl. Turnau, Grundbuchordnung, §. 8 des Eigentumserwerbsgesetzes, 4. Aufl. Bd. 1 S. 274.

Danach unterliegt es keinem Bedenken, daß Joseph P., weil ihm durch das Zuschlagsurteil vom 7. Mai 1890 die Übernahme der in das geringste Gebot aufgenommenen Vormerkung zur Pflicht gemacht ist, sich nicht weigern kann, die seinem Vorbesitzer S. durch das Urteil vom 10. Oktober 1889 auferlegte Verpflichtung zur Übereignung der fraglichen Parzellen an den Kläger M. zu erfüllen.

Dem Oberlandesgerichte ist aber auch weiter darin beizutreten, daß der Kläger M. die Durchführung seines hiernach materiell begründeten Anspruches gegen Joseph P. im Wege der Zwangsvollstreckung bewirken kann. Der §. 665 C.P.O. bestimmt, daß eine vollstreckbare Ausfertigung unter Berücksichtigung der §§. 236. 238 C.P.O. gegen denjenigen Rechtsnachfolger des im Urteile bezeichneten Schuldners, an welchen die in Streit befangene Sache während der Rechtshängigkeit oder nach Beendigung des Rechtsstreites veräußert ist, sofern die Rechtsnachfolge bei dem Gerichte offenkundig ist oder durch öffentliche Urkunden nachgewiesen wird, erteilt werden soll. Der Fall des §. 238 a. a. O. liegt hier nicht vor. Im §. 236 a. a. O. wird verordnet, daß die Rechtshängigkeit die Befugnis einer Partei zur Veräußerung der in Streit befangenen Sache nicht ausschließt, daß jedoch die Veräußerung auf den Prozeß keinen Einfluß hat. Der Abs. 3 lautet:

Die Entscheidung ist in Ansehung der Sache selbst auch gegen den Rechtsnachfolger wirksam und vollstreckbar.

Dem Beschwerdeführer kann zwar zugegeben werden, daß in dem Prozesse M. wider Sp. der Kläger zunächst einen persönlichen Anspruch, nämlich Erfüllung eines Kaufvertrages, verfolgt hat, und daß durch diese Klage allein das Grundstück B. Nr. 4 nicht zu einer in Streit befangenen Sache geworden ist. Mit Recht nimmt jedoch das

Oberlandesgericht an, daß infolge der Eintragung der gedachten Vormerkung eine Änderung der Sachlage eintrat, weil nunmehr der vom Kläger geltend gemachte Anspruch durch ein dingliches Recht an dem Grundstücke geschützt war. Ein auf diese veränderte Sachlage hin erlassenes Urteil verpflichtete den Beklagten nicht bloß zur Erfüllung des Vertrages, sondern auch zur Gewährung des dem Kläger durch die Vormerkung gesicherten Rechtes auf Auflassung der fraglichen Parzellen. Wenn unter diesen Umständen das Oberlandesgericht angenommen hat, das Grundstück, auf welchem die Vormerkung zum Schutze des Rechtes des Klägers eingetragen ist, sei eine in Streit befangene Sache geworden, so läßt sich ein Rechtsirrtum bei dieser Entscheidung nicht erkennen. Die in der Litteratur vertretene entgegenstehende Ansicht ist nicht zu billigen.

Vgl. v. Wilmowski-Levy, Kommentar zur Civilprozeßordnung 5. Aufl. §. 665 Anm. 5 a. E. S. 864."

---

58. Haften unbewegliche Zubehörstücke, welche zur Zeit der Eintragung der Hypothek oder Grundschuld dem Hauptgute im Grundbuche nicht zugeschrieben, aber bei demselben vorhanden waren, auch für eine nach dem Inkrafttreten des Eigentumserwerbsgesetzes vom 5. Mai 1872 eingetragene Hypothek oder Grundschuld, falls in jenem Zeitpunkte das Grundbuch noch nicht auf die Steuerbücher zurückgeführt war?

A.L.R. I. 20 §§. 443 flg.
Eigentumserwerbsgesetz vom 5. Mai 1872 §. 30.

V. Civilsenat. Urt. v. 21. Januar 1891 i. S. P. (Kl.) w. P. (Bekl.) Rep. V. 227/90.

I. Landgericht Stettin.
II. Oberlandesgericht daselbst.

Vor langer Zeit ist an die Besitzer der Stettiner Bürgerhäuser ein Teil der städtischen Oderwiesen dergestalt verteilt worden, daß jedem Hause eine Wiese als unveräußerliches Pertinenzstück (als sog. Hauswiese) zugelegt ist. So ist auch dem Hause Louisenstraße Nr. 26 eine Hauswiese zugeteilt worden. Dieselbe ist stets mit dem Hausgrundstücke zusammen veräußert. Im Grundbuche ist sie weder auf dem Titel des Hausgrundstückes jemals vermerkt, noch auf einem besonderen Grundbuchblatte eingetragen worden. In der Grundsteuermutterrolle steht sie von jeher gesondert von dem Hause ohne Angabe eines Grundbuchblattes eingetragen. Am 12. Juni 1877 ist für die Ritterschaftliche Privatbank, welche damals als Eigentümerin des Hausgrundstückes Nr. 26 im Grundbuche eingetragen war, eine Grundschuld von 180 000 ℳ eingeschrieben. Dieselbe ist am 7. September 1877 dem Beklagten abgetreten worden. In dem Grundschuldbriefe ist unter der Rubrik „Bestandteile des Grundstückes", entsprechend dem Inhalte des Grundbuchtitels, vermerkt: „Das Haus Nr. 26 der Louisenstraße zu Stettin — alte Nummer 745 —. Das Grundbuch ist nach dem Steuerbuche noch nicht berichtigt." Nachdem am 12. Oktober 1877 der Konkurs über das Vermögen der Ritterschaftlichen Privatbank eröffnet war, ist auf Antrag des Konkursverwalters das gedachte Hausgrundstück subhastiert worden; im Versteigerungstermine ist besonders bekannt gemacht, daß die dem Grundstücke nicht zugeschriebene Wiese nicht mitverkauft werde. Dem Beklagten ist als Meistbietendem der Zuschlag erteilt. Bei der Kaufgelderverteilung hat derselbe an seiner Grundschuld einen Ausfall von 34 761,98 ℳ und Zinsen erlitten. Beklagter ist als Eigentümer des erstandenen Grundstückes eingetragen, dessen Grundschuld ist gelöscht. Als der Konkursverwalter im Jahre 1888 die Anlegung eines neuen Grundbuchblattes über die von der Subhastation ausgeschlossene Wiese unter Eintragung der Klägerin als Eigentümerin beantragte, verlangte der Beklagte, daß bei Anlegung des Grundbuchblattes gleichzeitig seine Grundschuld zu dem ausgefallenen Betrage nebst Zinsen auf der Wiese zur ersten Stelle eingetragen werde. Da die Parteien sich hierüber nicht einigten, wurde der Klägerin vom Amtsgerichte eröffnet, daß die Abschreibung der Wiese vorläufig ausgesetzt werden müsse. Infolgedessen hat die Klägerin Klage erhoben und beantragt: das Verlangen des Beklagten, daß bei Anlegung eines neuen Grundbuchblattes für die der Klägerin gehörige Wiese in der III. Abteilung des Grundbuches die Grundschuldteilforderung des Beklagten von 34 761,98 ℳ nebst 5 Prozent Zinsen seit dem 18. Juli 1879 eingetragen werde, für nicht gerechtfertigt zu erklären. Der erste Richter hat den Beklagten nach diesem Antrage verurteilt; auf die Berufung des Beklagten ist dagegen die Klage abgewiesen. Die Revision der Klägerin ist zurückgewiesen.

Aus den Gründen:

... „Das Berufungsgericht nimmt an, durch die Eintragung der Grundschuld auf das Hausgrundstück sei auch die streitige Wiese, obwohl auf dem auf das Steuerbuch noch nicht zurückgeführten Grundbuchblatte neben dem Hausgrundstücke nicht besonders erwähnt, in die Pfandhaftung einbezogen, weil dieselbe von alters her mit dem letzteren verbunden und bei Eintragung der Grundschuld von dem Grundbuchblatte desselben nicht abgeschrieben gewesen sei. Das Gericht faßt den ersten Satz im §. 30 des Eigentumserwerbsgesetzes vom 5. März 1872, wonach „das ganze Grundstück mit allen seinen zur Zeit der Eintragung nicht abgeschriebenen Teilen (Parzellen, Trennstücken) haftet", dahin auf, daß derselbe auch alle nicht durch Natur verbundenen, aber rechtlich zu einem eingetragenen Grundstücke vereinigten Teile der Erdoberfläche umfaßt, sofern sie nur nicht auf einem anderen Grundbuchblatte oder Artikel eingetragen sind, und bezieht die im §. 30 Abs. 6 als haftend bezeichneten „zugeschriebenen unbeweglichen Zubehörstücke (Pertinenzien) nur auf die nach der Eintragung als Zubehör zugeschriebenen Stücke.

Die Klägerin rügt Verletzung des §. 30 des Eigentumserwerbsgesetzes. Sie ist mit dem ersten Richter der Ansicht, unbewegliche Zubehörstücke haften für die eingetragene Hypothek oder Grundschuld nur dann, wenn sie dem Grundstücke im Grundbuche zugeschrieben seien.

Den Ausführungen des Berufungsgerichtes ist im wesentlichen beizutreten. Die Beantwortung der Frage, ob die Wiese für die Grundschuld des Beklagten verhaftet sei, ist dem §. 30 des Eigentumserwerbsgesetzes vom 5. Mai 1872 zu entnehmen. Zum richtigen Verständnisse dieser Vorschrift ist ein Zurückgehen auf das frühere Recht erforderlich. Das Allgem. Landrecht bestimmt im §. 443 I. 20: „Das dingliche Recht des Hypothekengläubigers erstreckt sich auf das ganze Grundstück und alle zur Zeit der Eintragung dabei befindlichen Pertinenzstücke." Die Praxis unterschied bei Anwendung dieser Bestimmung zwischen Substanzteilen und Pertinenzstücken. Bezüglich der ersteren hielt das Obertribunal durch Plenarbeschluß vom 19. März 1855,

vgl. Entsch. des Obertrib. Bd. 30 S. 1, J.M.Bl. 1855 S. 119,

den bereits mehrfach von ihm ausgesprochenen Satz,

vgl. Striethorst, Archiv Bd. 9 S. 51, Bd. 11 S. 352; Präj.=Samml. Bd. 1 S. 117 Nr. 416,

aufrecht: „Das dingliche Recht des Hypothekengläubigers erstreckt sich auch auf einen im Hypothekenbuche nicht speziell aufgeführten Teil der Substanz des verpfändeten Grundstückes, welcher schon vor der Eintragung der Hypothek in das Eigentum eines Dritten übergegangen, aber in diesem Zeitpunkte vom Hauptgute im Hypothekenbuche noch nicht abgeschrieben war." Unter dem ganzen Grundstücke im §. 443 wurden demnach alle Teile desselben verstanden, aus welchen das Grundstück bei der ersten Anlegung des Hypothekenfoliums bestanden hatte, und welche von demselben bei der Eintragung der Hypothek noch nicht im Hypothekenbuche durch Abschreibung abgetrennt waren. In betreff der im Hypothekenbuche des Hauptgutes nicht ausdrücklich vermerkten Pertinenzstücke wurde dagegen angenommen, daß sie dem Gläubiger nicht haften, wenn sie vor der Eintragung der Hypothek von dem Grundstücke thatsächlich wie rechtlich getrennt waren.

Vgl. Entsch. des Obertrib. Bd. 2 S. 267; Rechtsfälle Bd. 3 S. 426; Striethorst, Archiv Bd. 11 S. 352; Präj.=Samml. Bd. 1 S. 117 Nr. 416.

War das Pertinenzstück jedoch auf dem Hypothekenfolium des Hauptgutes ausdrücklich vermerkt, oder war für dasselbe ein besonderes Hypothekenfolium angelegt, so trat selbstverständlich auch hier der Glaube des Hypothekenbuches in Wirkung: im ersten Falle konnte das Pertinenzstück nur durch Abschreibung vom Hauptgute der Haftung für später einzutragende Hypotheken entzogen werden, im anderen war es rechtlich zu einem selbständigen, von dem Hauptgute unabhängigen Grundstücke geworden und wurde von den Eintragungen auf dem Blatte des Hauptgutes nicht mehr erfaßt.

Vgl. §§. 448 flg. A.L.R. I. 20; Entsch. des Obertrib. Bd. 2 S. 267, Bd. 45 S. 164; Striethorst, Archiv Bd. 9 S. 51, Bd. 11 S. 352; Präj.=Samml. Bd. 1 S. 117 Nr. 416.

Nach der Eintragung der Hypothek erworbene Pertinenzstücke waren dem Hypothekenrechte ohne weiteres nicht unterworfen, sie traten in die Mithaftung nur infolge einer neuen Eintragung und nur von dieser Zeit an ein.

Vgl. §§. 454. 455. 470 A.L.R. I. 20; Entsch. des Obertrib. Bd. 45 S. 164.

Nach §. 30 des Eigentumserwerbsgesetzes vom 5. Mai 1872 haften für das eingetragene Kapital und die Nebenansprüche „das ganze Grundstück mit allen seinen, zur Zeit der Eintragung nicht abgeschriebenen Teilen (Parzellen, Trennstücken)", ferner „die zugeschriebenen unbeweglichen Zubehörstücke (Pertinenzien) und Gerechtigkeiten". Dazu bemerken die Motive (Werner, Bd. 2 S. 31): „daß den Hypothekengläubigern das ganze Grundstück mit allen seinen zur Zeit der Eintragung nicht abgeschriebenen Substanzteilen hafte, entspreche der preußischen Praxis,

vgl. Entsch. des Obertrib. Bd. 30 S. 1 Plenarbeschluß,

und werde sich künftig, wenn das Titelblatt die Angaben aus dem Grund- und Gebäudesteuerbuche enthalten werde, auch mit Sicherheit kontrollieren lassen." In betreff der zugeschriebenen unbeweglichen Pertinenzstücke wird zunächst mitgeteilt, daß die Praxis zwischen Substanzteilen und Pertinenzstücken, wie oben angegeben, unterschieden habe, und dann fortgefahren: „Eine solche Unterscheidung zwischen Substanzteil und Pertinenzstück läßt sich beim Vorhandensein eines Grundbuches, welches in gleicher Weise sowohl die Parzellen als Pertinenzien nachweisen soll, nicht aufrechterhalten. Das allein entscheidende Moment darf nur sein, daß alles haftet, was im Buche zur Zeit der Eintragung der Hypothek als Zubehör des Grundstückes vermerkt ist, und daß nur durch die Abschreibung das Zubehörstück oder der Teil ausscheiden kann."

Hier wird lediglich der Zeitpunkt ins Auge gefaßt, in welchem die Grundbücher auf die Steuerbücher zurückgeführt sein werden. In diesem Falle stellt sich freilich die Sache einfach. Ist das Grundstück im Grundbuche gemäß §. 4 der Grundbuchordnung nach seiner in den Steuerbüchern angegebenen Lage und Größe bezeichnet, so haftet nur dieses Grundstück, aber das ganze Grundstück in seinem aus den Steuerbüchern sich ergebenden Umfange ohne Unterschied, ob darin nur Substanzteile oder auch Pertinenzstücke enthalten sind. Soll ein Stück nicht haften, so muß dasselbe entweder vor der Eintragung der Hypothek oder Grundschuld abgeschrieben oder im Eintragungsvermerke ausdrücklich von der Mithaftung ausgeschlossen werden. Soll ein Stück, welches nach Inhalt der Steuerbücher nicht zu dem Grundstücke gehört, mithaften, so muß es dem letzteren zugeschrieben werden, oder es muß, falls für dasselbe ein besonderes Blatt im Grundbuche besteht, die Eintragung zur Mithaftung auf diesem erfolgen. Ohnedies tritt das Stück, mag es auch von jeher thatsächlich als Zubehör des Grundstückes bewirtschaftet sein, nicht in die Pfandhaftung für die Eintragung auf dem Grundstücke ein. „Werden nach der Eintragung der Hypothek oder Grundschuld dem verpfändeten Grundstücke andere Grundstücke als Zubehör zugeschrieben, so treten diese in die Pfandverbindlichkeit desselben“ (§. 32 des Eigentumserwerbsgesetzes). Wie der Gesetzgeber sich den rechtlichen Zustand für die Zeit bis zur Zurückführung des Grundbuches auf die Steuerbücher vorgestellt hat, darüber geben die Motive keine Auskunft. Man ist deshalb im wesentlichen darauf angewiesen, aus dem Wortlaute der Bestimmungen des §. 30, welche nicht unterscheiden, ob ein Grundbuchblatt auf die Steuerbücher zurückgeführt ist oder nicht, zu ermitteln, welcher Sinn den Bestimmungen im letzteren Falle beizulegen ist. Darf daran festgehalten werden, daß die Unterscheidung zwischen Substanzteilen und Pertinenzstücken grundsätzlich aufgegeben ist, so ergiebt sich mit Notwendigkeit als Sinn des Satzes: es haftet „das ganze Grundstück mit allen seinen, zur Zeit der Eintragung nicht abgeschriebenen Teilen“ dahin, daß alle einzelnen Theile des Grundstückes ohne Rücksicht darauf, ob sie zu den Substanzteilen oder zu den Pertinenzstücken zu rechnen, haften, sofern sie nur nicht durch Abschreibung im Grundbuche von dem Grundstücke getrennt sind. Ist das Grundstück noch nicht nach den Steuerbüchern im Grundbuche festgestellt, sondern, wie es nach Anleitung des §. 33 Tit. I der Hypothekenordnung von 1783 zu geschehen pflegte, nur allgemein nach Namen, Lage und etwaigen besonderen Kennzeichen bezeichnet, so haftet dasselbe in seinem ganzen thatsächlich vorhandenen Umfange, also mit den zur Zeit der Eintragung der Post thatsächlich und rechtlich dazu gehörigen Pertinenzstücken, soweit die letzteren in diesem Zeitpunkte nicht abgeschrieben waren. Ist so jene Bestimmung aufzufassen, dann kann nicht im Widerspruche damit der ferneren Bestimmung, nach welcher die zugeschriebenen Zubehörstücke (Pertinenzien) haften, die Bedeutung beigelegt werden, daß ein Teil des Grundstückes, wenn er Zubehörstück ist, auch in dem Falle, daß das

Grundbuch noch nicht auf die Steuerbücher zurückgeführt ist, nur dann hafte, wenn er zugeschrieben worden. Vielmehr muß angenommen werden, daß damit nur für den anderen Fall, wo das Grundstück bereits im Grundbuche durch Angabe der Größe seinem Umfange nach und durch die Verweisung auf die Steuerbücher in seinen Teilen festgestellt worden, die erfolgte Zuschreibung zur Voraussetzung des Eintrittes des Zubehörstückes in die Pfandhaftung gemacht ist. Demnach beschränkt sich die Anwendung jener weiteren Bestimmung hinsichtlich der noch nicht auf die Steuerbücher zurückgeführten Grundbuchblätter auf den im §. 32 des Eigentumserwerbsgesetzes besonders und abweichend vom früheren Rechte geordneten Fall, daß dem Grundstücke erst nach Eintragung der Post unbewegliche Zubehörstücke aus fremdem Eigentume hinzugefügt werden.

Hiernach ist die streitige Wiese, weil sie im Zeitpunkte der Eintragung der Grundschuld des Beklagten als Pertinenz zu dem Hausrundstücke Nr. 26 gehörte, in die Mithaftung eingetreten.

Möchte es aber bedenklich erscheinen, den Wegfall der Unterscheidung zwischen Substanzteilen und Pertinenzstücken, welcher in den Motiven allerdings nur unter der Voraussetzung in Aussicht genommen zu sein scheint, daß das Grundbuch in gleicher Weise sowohl die Parzellen als die Pertinenzien nachweist, auch für die Fälle im §. 30 des Eigentumserwerbsgesetzes ausgesprochen zu finden, in welchen das Grundbuch noch nicht auf die Steuerbücher zurückgeführt ist, so führt doch auch folgende Erwägung zu dem gewonnenen Ergebnisse.

Die Wiese war zu der Zeit, als das Hausgrundstück im Hypothekenbuche eingetragen wurde, mit dem Hause als Pertinenz, sei es unveräußerlich oder trennbar, verbunden. Nach §. 394 A.L.R. I. 20 und §§. 12. 34 Tit. I der Hypothekenordnung von 1783 erhielt dieselbe deshalb weder eine besondere Nummer (Folium) im Hypothekenbuche, noch wurde sie darin beim Hausgrundstücke besonders bemerkt. Mit der Eintragung des Hausgrundstückes im Hypothekenbuche war somit auch die Wiese als dessen Pertinenz darin eingetragen, wenn auch auf dem Titelblatte deren Zugehörigkeit zum Hause nicht ersichtlich gemacht war, und sie blieb so lange eingetragen, als sie rechtlich und thatsächlich Pertinenz des Hausgrundstückes war. Hierin trat mit dem Inkrafttreten der Grundbuchgesetze vom 5. Mai 1872 ohne weiteres eine Änderung nicht ein. Nach wie vor umfaßt das Grundbuchblatt eines Grundstückes dessen Bestandteile, unbewegliche Zubehörstücke und Gerechtigkeiten (§. 5 der Grundbuchordnung). Eine Änderung konnte, abgesehen von der nicht erfolgten Abschreibung, erst dann eintreten, wenn das Grundbuchblatt gemäß §. 4 der Grundbuchordnung und der Ausführungsverfügung vom 2. September 1872 auf die Steuerbücher zurückgeführt und dadurch das Hausgrundstück seinem Umfange nach individualisiert und spezialisiert wurde. Dies ist jedoch bis zur Eintragung der fraglichen Grundschuld nicht geschehen; in dem ausgefertigten Grundschuldbriefe ist unter der Rubrik „Bestandteile des Grundstückes" in Befolgung des Art. 7 Abs. 2 der Ausführungsverfügung vom 2. September 1872 ausdrücklich vermerkt: „Das Grundbuch ist nach dem Steuerbuche noch nicht berichtigt." Zur Zeit der Eintragung der Grundschuld umfaßte hiernach das Grundbuchblatt über das Hausgrundstück auch die als Pertinenz dazu gehörige Wiese; letztere wurde daher auch von der Eintragung auf dem Blatte des Hausgrundstückes mit ergriffen.

Die vom ersten Richter für seine gegenteilige Ansicht angezogenen Urteile des Reichsgerichtes stehen den vorstehenden Ausführungen nicht entgegen. Durch das eine derselben,

vgl. Rassow und Küntzel, Beiträge Bd. 26 S. 686,

ist entschieden, daß ein Grundstück, welches als ein selbständiges auf einem besonderen Blatte im Grundbuche geführt wird, und bezüglich dessen aus dem Grundbuche nicht erhellt, daß es Zubehör eines anderen Grundstückes ist, nicht dadurch für die auf einem anderen Grundstücke eingetragenen Schulden verhaftet wird, daß es zur Zeit der Belastung bloß thatsächlich als Zubehör eines anderen Grundstückes behandelt wurde. Wenn mit Rücksicht auf die sich hieraus ergebende Sachlage gesagt ist, daß neben der Bestimmung in §. 30 des Eigentumserwerbsgesetzes, nach welcher dem Pfandgläubiger neben dem verpfändeten Hauptgrundstücke auch die zugeschriebenen unbeweglichen Pertinenzien haften, nicht mehr die allgemeine Regel bestehe, nach welcher das Pertinenzstück das rechtliche Verhältnis der Hauptsache in der Ausdehnung teile, daß auch nicht zugeschriebene Pertinenzien von der Verpfändung der Hauptsache ergriffen werden: so wird damit der Fall nicht getroffen, in welchem die Pertinenz im Grundbuche nicht vermerkt ist, sondern von dem auf die Steuerbücher noch nicht zurückgeführten Grundbuchblatte des Hauptgrundstückes mitumfaßt wird. Das andere Urteil (Jurist. Wochenschr. 1886 S. 454 Nr. 39) hatte sich mit der Frage, ob auch unbewegliche Zubehörstücke zu den Teilen eines Grundstückes im Sinne des §. 30 Satz 1 des Eigentumserwerbsgesetzes gehören, nicht zu befassen, da es sich in dem zu entscheidenden Streite lediglich um Bestand- oder Substanzteile des Grundstückes handelte.

In der Litteratur ist die erörterte Frage ebenso beantwortet wie hier.

Vgl. Bahlmann, 3. Aufl. S. 127 Anm. 1d; Dernburg, Bd. 1 §. 328 Nr. 1.

Förster (Grundbuchrecht S. 29. 163 flg.) und Förster-Eccius (Theorie und Praxis 5. Aufl. Bd. 3 S. 537), auf welche die Klägerin sich für ihre Ansicht beruft, berühren die Frage mit Rücksicht darauf, daß das Grundbuch auf die Steuerbücher nicht zurückgeführt ist, überhaupt nicht." ...

---

59. 1. Fortdauernde Gültigkeit des §. 197 A.L.R. I. 13 neben der Konkursordnung.
2. Bezieht sich diese Gesetzesstelle nur auf Vollmachtsaufträge?
3. Genügt jede Art von Mitteilung an die Gläubiger für die „öffentliche" Erklärung des §. 197 a. a. O.?

VI. Civilsenat. Urt. v. 22. Januar 1891 i. S. N. (Kl.) w. L. (Bekl.) Rep. VI. 272/90.

I. Landgericht I Berlin.
II. Kammergericht daselbst.

Der Beklagte und Revisionsbeklagte H. L. beauftragte unter dem 30. August 1887 den Kläger, Kaufmann J. N. zu K., mit der Parzellierung seines Rittergutes W. innerhalb des Zeitraumes von zwei Jahren. L. behielt sich jedoch den selbständigen Verkauf des ganzen, eventuell des Restgutes vor, für welchen Fall er dem Kläger ein Prozent der Verkaufssumme als Entschädigung versprach. Ein vom Kläger zur Einleitung der Parzellierung auf den 15. September 1887 anberaumter Termin wurde vom Landrate des Kreises inhibiert, weil die gesetzlich erforderliche Genehmigung des Kreisausschusses fehlte. Bevor diese erholt war, verkaufte Beklagter das Gut im ganzen für 267000 ℳ, weshalb Kläger die für diesen Fall als Entschädigung in Aussicht gestellte Provision von 2670 ℳ nebst 6 Prozent Zinsen seit dem 5. Januar 1888 beansprucht.

In erster Instanz erfolgte Verurteilung des Beklagten nach dem Klagantrage. Auf Berufung des Beklagten wies das Berufungsgericht den Kläger mit der erhobenen Klage ab, indem es auf Grund der in der Berufungsinstanz als bewiesen erachteten Behauptung, daß Kläger **vor** dem Abschlusse des am 18. Januar stattgehabten Gutsverkaufes seine Zahlungsunfähigkeit öffentlich erklärt habe, den auf §. 197 A.L.R. I. 13 gestützten Einwand der früheren Erlöschung des Auftrages für genügend begründet erachtete.

Das Reichsgericht hat das Berufungsurteil aufgehoben aus folgenden

Gründen:

„Der vom zweiten Richter seiner Entscheidung zu Grunde gelegte §. 197 A.L.R. I. 13 lautet:

„Sobald ein Kaufmann in Konkurs verfällt oder nicht mehr zahlen zu können öffentlich erklärt, sind die ihm gegebenen Aufträge für widerrufen zu achten."

1. Daß diese Bestimmung durch die Reichskonkursordnung nicht berührt und als jetzt noch in Kraft stehend anzusehen ist, ergiebt sich schon aus §. 20 K.O. selbst und ist nicht bestritten.

Vgl. **Förster-Eccius**, Bd. 2 S. 336 (5. Aufl.); **Dernburg**, Preuß. Privatrecht (4. Aufl.) Bd. 2 S. 530 Nr. 6 und Anm. 23; **Koch**, Kommentar zu §. 197 a. a. O. Anm. 67.

Daß der Revisionskläger **Kaufmann** sei, hat er in der Klage selbst angegeben....

2. Ob der Auftrag vom 30. August 1887 als Vollmachtsauftrag im Sinne des §. 5 A.L.R. I. 13 oder nur als Auftrag zu einer Dienstleistung aufzufassen sei, konnte der zweite Richter immerhin dahingestellt sein lassen, weil der von ihm angezogenen Auffassung des vormaligen Reichsoberhandelsgerichtes, daß die Bestimmung des §. 197 a. a. O. einen Rechtsgrundsatz ausdrücke, welcher alle Aufträge umfasse, die zur Abschließung oder Ausführung von vermögens-

rechtlichen Geschäften in Beziehung stehen, unbedenklich beigetreten werden kann. Daß aber der hier fragliche Auftrag, nach welchem Kläger berechtigt sein sollte, Kaufverträge — lediglich unter dem Vorbehalte der Genehmigung des Beklagten — vollständig abzuschließen, obiger Voraussetzung entspricht, bedurfte keiner näheren Darlegung.

3. Nicht genügend begründet erscheint dagegen, daß in der vom zweiten Richter festgestellten Kundgabe des Klägers an seine Gläubiger eine öffentliche Erklärung im Sinne des §. 197 A.L.R. I. 13 gefunden wurde. Der zweite Richter meint, der Begriff „öffentlich erklärt" müsse nicht in dem Sinne einer öffentlichen Bekanntmachung durch Aushang oder Zeitungsinsertion, sondern dahin verstanden werden, daß die „an die Öffentlichkeit tretenden" Verhaltungsmaßregeln des Schuldners gegenüber seinen Gläubigern es als gewiß erscheinen lassen, daß eine Insolvenz bezw. die Unmöglichkeit eingetreten sei, sämtliche Gläubiger zu befriedigen. Dies sei der Fall, wenn jemand „öffentlich" seinen Gläubigern Akkordvorschläge unterbreitet, sei es auch nur mündlich oder durch Anschreiben, sei es persönlich oder durch Andere. Es erscheint als eine offenbare petitio principii, wenn der zweite Richter, nachdem er die gewöhnlichen Mittel zur Betretung des Weges der Öffentlichkeit als unnötig zurückgewiesen, doch von „an die Öffentlichkeit tretenden Verhaltungsmaßregeln" des Schuldners gegenüber den Gläubigern und von „öffentlich" seinen Gläubigern unterbreiteten Akkordvorschlägen spricht, ohne sich irgendwie darüber zu äußern, *worin* hierbei die Öffentlichkeit gefunden wurde, und *worin* ihr Unterschied von einer lediglich privaten Mitteilung an die Gläubiger bestehen soll. Wenn der zweite Richter der Meinung war, daß *jede* Mitteilung des Schuldners an seine Gläubiger oder zum mindesten jeder denselben unterbreitete Akkordvorschlag ohne weiteres als „öffentliche Erklärung" im Sinne des §. 197 a. a. O. anzusehen sei, wie es den Anschein hat, weil er jede schriftliche oder mündliche, unmittelbare oder mittelbare Mitteilung der bezeichneten Art als genügend ansieht und zum Schlusse nur konstatiert, er habe die Überzeugung gewonnen, daß der Kläger sich im Zustande der Zahlungsunfähigkeit befunden und dies „seinen Gläubigern kundgegeben, *also* öffentlich angezeigt" habe, so ist dies rechtsirrig und steht jedenfalls im Widerspruche mit dem Sinne, der regelmäßig mit der Bezeichnung „öffentliche Erklärung" verknüpft wird.

Im allgemeinen wird für die Öffentlichkeit einer Kundgebung vorausgesetzt, daß dieselbe dem Publikum oder doch einer nach Zahl und Individualität unbestimmten Mehrheit von Personen bekannt wird oder nach der Beschaffenheit der Kundgebung bekannt werden muß, nicht aber auf einen zum voraus begrenzten Kreis bestimmter Personen eingeschränkt sein soll. Eine „teils mündliche, teils schriftliche Erklärung der Insolvenz an eine Mehrzahl von Gläubigern, verbunden mit der in gleicher Weise bewerkstelligten Unterbreitung von Akkordvorschlägen", genügt daher nicht, um den Begriff einer öffentlichen Erklärung im Sinne des §. 197 A.L.R. I. 13 zu erschöpfen. Ob vielleicht die im Handelsverkehre übliche Bekanntmachung durch Cirkular an die Gläubiger, welche beispielsweise bezüglich der Haftpflicht eines neu eintretenden Gesellschafters für die älteren Schulden der Firma als ein rechtlich bedeutsames Moment anerkannt ist,

vgl. Urteil des II. Civilsenates vom 9. Januar 1883, Entsch. des R.G.'s in Civils. Bd. 8 S. 64 flg.; Urteil des I. Civilsenates vom 18. April 1883, Entsch. a. a. O. Bd. 10 S. 42 flg., insbes. S. 47; Urteil des III. Civilsenates vom 12. Januar 1886, Entsch. a. a. O. Bd. 15 S. 51 flg., insbes. S. 53; Urteil des I. Civilsenates vom 20. April 1887, Entsch. a. a. O. Bd. 17 S. 96 flg., insbes. S. 98,

nach ähnlichem Handelsgebrauche die „öffentliche Erklärung" des §. 197 a. a. O. zu ersetzen vermöchte, bedarf hier keiner Untersuchung, da die bezügliche Behauptung des Klägers in der Hauptverhandlung zweiter Instanz nicht aufrechterhalten zu sein scheint, jedenfalls vom Berufungsrichter als nicht erwiesen erachtet wurde."

---

60. Voraussetzungen der Ehescheidung auf Grund gegenseitiger Einwilligung.

Kann über die Schuldfrage im Ehescheidungsprozesse zwischen den Parteien ein bindendes Abkommen geschlossen werden?

IV. Civilsenat. Urt. v. 1. Dezember 1890 i. S. E. (Bekl. u. Widerkl.) w. E. (Kl. u. Widerbekl.) Rep. VI. 177/90.

I. Landgericht Naumburg a./S.
II. Oberlandesgericht daselbst.

Die Entscheidung ist unter „Prozeßrecht" Nr. 96 S. 371 abgedruckt.

---

61. 1. Bildet die den Erben des Schuldners nach preußischem Rechte zustehende Überlegungsfrist ein Hindernis für den Beginn der Wechselverjährung?

2. Kann die Verjährung in diesem Falle beginnen, wenn der Tod des Schuldners im Laufe des ersten Tages der Frist eingetreten ist?

I. Civilsenat. Urt. v. 24. Januar 1891 i. S. J. L. & Co. (Kl.) w. L.'sche Erben (Bekl.). Rep. I. 291/90.

I. Landgericht Glogau.
II. Oberlandesgericht Breslau.

Die Entscheidung ist oben unter „Reichsrecht" Nr. 18 S. 78 abgedruckt.

---

62. Welche Behörde hat den preußischen Eisenbahnfiskus gegenüber Klagen der Beamten wegen vermögensrechtlicher Ansprüche aus dem Dienstverhältnisse zu vertreten?

VI. Civilsenat. Urt. v. 23. Februar 1891 i. S. B. (Kl.) w. Eisenbahndirektion Frankfurt a./M. (Bekl.) Rep. VI. 281/90.

I. Landgericht Frankfurt a./M.
II. Oberlandesgericht daselbst.

Gründe:

„Der Kläger ist früher als Bahnmeister in Geismar, Betriebsamt Nordhausen, angestellt gewesen und am 17. September 1887 durch Verfügung dieses Betriebsamtes seines Dienstes entlassen. Später ist ihm eine andere Bahnmeisterstelle übertragen worden; er hat dieselbe aber abgelehnt, und es ist hierauf durch Verfügung vom 28. Februar 1888 von seiner Wiederanstellung im Staatsdienste Abstand genommen.

Der Kläger hält die Entlassung vom 17. September 1887 für ungerechtfertigt. Er verlangt daher von dem Beklagten das Gehalt bis zum 28. Januar 1889 und außerdem Ersatz des ihm anderweit durch die Entlassung entstandenen Schadens. Er hat seine Klage gegen die Eisenbahndirektion in Frankfurt gerichtet, in deren Ressort er angestellt gewesen ist. Die beklagte Direktion hat die Einrede der mangelnden gesetzlichen Vertretung des Beklagten erhoben und diese Einrede folgendermaßen begründet: Die Anstellung, Gehaltszahlung, Beaufsichtigung, sowie auch die Entlassung des Klägers sei von dem Betriebsamte Nordhausen erfolgt, welches dabei innerhalb des ihm durch die Organisation vom 24. November 1879 zugewiesenen Geschäftskreises gehandelt habe; in seinem Geschäftskreise vertrete es nach §§. 12. 16 des Erlasses den Fiskus selbständig; es sei daher das erwähnte Betriebsamt, und nicht die Eisenbahndirektion, zur Vertretung des Fiskus in dem gegenwärtigen Rechtsstreite berufen.

Beide Vorinstanzen haben die Einrede für begründet erklärt und die Klage abgewiesen. Die hiergegen vom Kläger eingelegte Revision erscheint begründet.

Die Bahnmeister gehören allerdings zu denjenigen Beamten, bezüglich deren die Bearbeitung der Personalien den Betriebsämtern obliegt. Den Eisenbahndirektionen ist nur die Genehmigung zur definitiven Anstellung solcher Beamten vorbehalten. Auch vertreten die Betriebsämter in den zu ihrer Zuständigkeit gehörenden Angelegenheiten die Verwaltung, der sie angehören, selbständig, sodaß sie auch ohne besonderen Auftrag durch ihre Rechtshandlungen, Verträge, Prozesse, Vergleiche für die Verwaltung Rechte erwerben und Verpflichtungen übernehmen (§§. 12. 16 des Königl. Erlasses vom 24. November 1879, Ministerialbl. für die innere Verwaltung von 1880 S. 84). Auf Grund dieser letzten Bestimmung, und da die Erledigung aller laufenden Geschäfte der Bau- und Betriebsverwaltung, soweit dieselben nicht den Direktionen und dem Minister vorbehalten sind, den Betriebsämtern obliegt, ist angenommen, daß die Klagen auf Entschädigung aus dem Haftpflichtgesetze gegen die Betriebsämter zu richten sind.

Vgl. Entsch. des R.G.'s in Civils. Bd. 5 S. 423, Bd. 8 S. 403.

Über die Vertretung des Fiskus bei Klagen der Eisenbahnbeamten über vermögensrechtliche Ansprüche aus ihrem Dienstverhältnisse, insbesondere über Ansprüche auf Besoldung, Pension oder Wartegeld, sind in dem Erlasse vom 24. November 1879 Bestimmungen nicht enthalten; es sind vielmehr für diese Frage die Vorschriften des Gesetzes vom 24. Mai 1861 (G.S. S. 241) maßgebend. Nach dem §. 3 dieses Gesetzes ist bei solchen Ansprüchen die Klage gegen „diejenige Provinzialbehörde des betreffenden Verwaltungsressorts" und in Ermangelung einer solchen gegen diejenige Bezirksregierung zu richten, in deren Amtsbezirke der Beamte zu der Zeit, wo der Anspruch entstanden ist, vermöge seines dienstlichen Wohnsitzes seinen persönlichen Gerichtsstand gehabt hat.

Es fragt sich daher, ob die Eisenbahndirektionen oder die Betriebsämter nach der gegenwärtigen Organisation des preußischen Eisenbahnwesens als die „Provinzialbehörde" im Sinne des Gesetzes vom 24. Mai 1861 anzusehen sind. Unter „Provinzialbehörde" wird aber im allgemeinen eine unmittelbar unter dem Minister stehende Behörde verstanden (vgl. Verordnung wegen verbesserter Einrichtung der Provinzialbehörden vom 30. April 1815, G.S. S. 85; Instruktion für die Oberpräsidenten vom 31. Dezember 1825 §. 2, G.S. für 1826 S. 1; Kabinetsorder vom 31. Dezember 1825, betreffend eine Abänderung in der bisherigen Organisation der Provinzialverwaltungsbehörden, G.S. für 1826 S. 5; Gesetz, betreffend die Dienstvergehen der nichtrichterlichen Beamten ꝛc, vom 21. Juli 1852 §. 24, G.S. S. 465). Dementsprechend ist auch für den Fall, daß eine Provinzialbehörde des betreffenden Ressorts nicht vorhanden ist, in dem Gesetze vom 24. Mai 1861 angeordnet, daß die Klage gegen die unmittelbar unter dem Minister stehende Bezirksregierung zu richten ist. Danach müssen die Eisenbahndirektionen als die Provinzialbehörden angesehen werden, welche den Eisenbahnfiskus in den Fällen des §. 1 des Gesetzes von 1861 zu vertreten haben. In Übereinstimmung mit dieser Auffassung steht auch, daß durch das Gesetz vom 17. Juni 1886 (G.S. S. 271) die Befugnisse, welche in der Verordnung über die Festsetzung und den Ersatz der bei Kassen und anderen Verwaltungen vorkommenden Defekte vom 24. Januar 1844 und in dem Gesetze, betreffend die Dienstvergehen der nichtrichterlichen Beamten ꝛc, vom 21. Juli 1852 den Provinzialbehörden und den Vorstehern derselben vorbehalten sind, den Eisenbahndirektionen — nicht den Betriebsämtern — und deren Vorstehern übertragen sind. Dieselbe Ansicht wird vertreten von Witte (Die Ordnung der Rechts- und Dienstverhältnisse der Beamten und Arbeiter im Bereiche der preußischen Staatseisenbahnverwaltung Bd. 1 S. 294) und von Endemann (Eisenbahnrecht S. 181).

Darauf, daß nach dem Erlasse vom 24. November 1879 den Betriebsämtern die Bearbeitung der Personalien der Bahnmeister obliegt, und daß sie den Fiskus in den zu ihrer Zuständigkeit gehörenden Angelegenheiten selbständig im Prozesse vertreten, sowie darauf, daß die

Anstellung, Gehaltszahlung, Beaufsichtigung und Entlassung des Klägers durch das Betriebsamt Nordhausen erfolgt ist, kann für die zu entscheidende Frage kein Gewicht gelegt werden, denn es ist durch §. 3 des Gesetzes vom 24. Mai 1861 die Vertretung des Fiskus bei den hier in Betracht kommenden Klagen bezüglich aller zu dem betreffenden Verwaltungsressort gehörenden Beamten „den Provinzialbehörden dieses Ressorts" übertragen, ohne Rücksicht darauf, ob der betreffende Beamte von dieser Behörde angestellt worden ist, und ob dieselbe bezüglich seiner dienstlichen Angelegenheiten im übrigen die zuständige Behörde ist.

Danach ist die von der beklagten Direktion vorgeschützte Einrede der mangelnden gesetzlichen Vertretung unbegründet. Das angefochtene Urteil muß aufgehoben und unter Verwerfung der Einrede die Sache in die erste Instanz zurückverwiesen werden."...

---

63. Kann nach preußischem Rechte das Eigentum an Kirchhöfen durch Ersitzung erworben werden?

III. Civilsenat. Urt. v. 24. Februar 1891 i. S. Kirchengemeinde Fr. (Kl.) w. die Samtgemeinde Fr. (Bekl.) Rep. III. 227/90.

I. Landgericht Osnabrück.
II. Oberlandesgericht Celle.

Die evangelische Kirche in Fr. ist von einem Kirchhofe umgeben, welcher bis zum Jahre 1873 von den verschiedenen Konfessionen in Fr. als gemeinschaftlicher Begräbnisplatz benutzt wurde, seitdem aber als solcher geschlossen ist. Da die Beklagte seit 1873 mehrfach das auf dem Kirchhofe wachsende Gras sich aneignete, auch dort Bäume fällen und verkaufen ließ, erhob Klägerin gegen dieselbe die actio negatoria, welche vom Berufungsgerichte abgewiesen ist mit der Begründung, daß zwar das Eigentum der klagenden Kirchengemeinde am Kirchhofe nach §. 183 A.L.R. II. 11 zu vermuten sei, Beklagte aber durch ungewöhnliche, im Jahre 1828 begonnene, Verjährung das Eigentum erworben habe.

Dies Urteil des Berufungsgerichtes ist auf die von der Klägerin erhobene Revision aufgehoben aus folgenden

Gründen:

„Das Berufungsgericht geht zutreffend davon aus, daß die für ihr Eigentum an sich beweispflichtige Klägerin mit Rücksicht auf die Lage des die Kirche unmittelbar umgebenden Kirchhofes durch die in §. 183 A.R.L. II. 11 zu findende Rechtsvermutung von diesem Nachweise befreit sei.

Vgl. Urt. des Reichsgerichtes (Rep. V. 133/85) vom 7. November 1885.

Aus dem Gesichtspunkte einer Widerlegung dieser Präsumtion wird jedoch das thatsächliche Vorbringen der Beklagten nicht geprüft; vielmehr beruht die Klagabweisung auf der Feststellung, daß Beklagte durch ungewöhnliche Verjährung von 44 Jahren das Eigentum des Kirchhofes erworben habe. Die Zulässigkeit der Ersitzung, wenn auch nicht für Privatpersonen, so doch für Stadt- und Dorfgemeinden, wird gestützt auf §. 190 A.L.R. II. 11, wo die Möglichkeit des Eigentumes solcher Gemeinden an Kirchhöfen zugelassen sei; hieraus folge die Möglichkeit der Übertragung des Eigentumes von der Kirchengemeinde auf die politische Gemeinde und daraus wieder die Ersitzungsfähigkeit für diese. Diese Ausführung unterliegt erheblichen Bedenken.

Nach preußischem Rechte gehören die Kirchhöfe zu den dem Verkehre entzogenen Sachen. An solchen ist jedoch ein Privateigentum, und zwar nicht bloß von Gemeinden, sondern auch von Privatpersonen, möglich.

Vgl. Entsch. des R.G.'s in Civils. Bd. 12 S. 283; Dernburg, Preuß. Privatrecht 4. Aufl. Bd. 1 S. 147; Förster-Eccius, 5. Aufl. Bd. 1. S. 110; Fischer, Preuß. Privatrecht S. 74.

In §. 190 a. a. O. wird nicht ausnahmsweise das Eigentum einer Stadt- oder Dorfgemeinde zugelassen, sondern, wie die Fassung deutlich zeigt, diese Möglichkeit als selbstverständlich vorausgesetzt. Die Gründe des Berufungsgerichtes würden daher auch zu einer von ihm selbst anscheinend nicht gebilligten Ersitzung durch Privatpersonen führen.

Nach §. 581 A.L.R. I. 9 kann eine Sache, welche durch Gesetz dem bürgerlichen Verkehre ganz entzogen ist, durch keine Verjährung erworben werden. Diese auch auf Kirchhöfe anzuwendende Bestimmung hindert zwar nach richtiger Ansicht nicht die Ersitzung aller Privatrechte, jedenfalls aber solcher, welche die Verwendung als Kirchhof beeinträchtigen können. Ob man danach mit Dernburg (a. a. O.)

an öffentlichen Sachen jeden „Erwerb des Eigentumes durch Dritte ohne den Willen des jetzigen Eigentümers, z. B. durch Ersitzung," für unzulässig halten muß oder die Eigentumsersitzung dann zulassen kann, wenn der Kirchhof im Eigentume nicht der Kirchengemeinde, sondern eines Dritten stand, und erstere nur ein dingliches Recht auf Benutzung des Kirchhofes zum Begräbnisplatze hatte, sodaß die Ersitzung mit dieser fortdauernden dinglichen Belastung erfolgt, kann hier dahingestellt bleiben; der Kirchengemeinde als Eigentümerin gegenüber muß jedenfalls die Eigentumsersitzung für unzulässig gehalten werden. Denn die Kirchengemeinde gebraucht den Kirchhof kraft ihres Eigentumes, mit dessen Ersitzung durch einen Dritten sie jedes Privatrecht auf fernere Benutzung verlieren würde, da weder außer dem Eigentume ein beschränktes Nutzungsrecht an derselben Sache ihr zugestanden werden kann, noch eine teilweise Ersitzung des Eigentumsrechtes in der Weise möglich ist, daß dem bisherigen Eigentümer ein solches Nutzungsrecht verbleibt. Die trotz der Ersitzung etwa fortdauernde Verkehrsbeschränkung würde den neuen Eigentümer nur an einer der Bestimmung des Kirchhofes widersprechenden Veräußerung, nicht aber an anderer thatsächlicher Verwendung hindern, sofern nur den Vorschriften des öffentlichen Rechtes bezüglich der bereits vorhandenen Gräber entsprochen würde.

Auch wenn man mit dem Berufungsrichter eine freiwillige Übertragung des Eigentumes seitens der Kirchengemeinde für zulässig hält, würde sie, falls nicht zugleich die fernere Benutzung als Kirchhof aufhören soll, doch nur in Verbindung mit solchen Vereinbarungen erfolgen können, welche diese fernere Benutzung für die Kirchengemeinde sicherstellen, sodaß für die Ersitzungsfähigkeit daraus nichts zu folgern sein würde.

Das Berufungsgericht geht ferner davon aus, die preußische Praxis habe die Ersitzung des Eigentumes an Kirchhöfen durch eine politische Gemeinde stets für zulässig gehalten, und beruft sich dafür auf die in Vering's Archiv für kathol. Kirchenrecht 1887 S. 326 flg. mitgeteilten Entscheidungen. Dabei ist aber übersehen, daß die hier allein mitgeteilten Urteile i. S. S. w. S., namentlich auch die Urteile des Reichsgerichtes vom 7. November 1885 und 2. Oktober 1886 die Zulässigkeit der Ersitzung mit keinem Worte berühren, sondern sich nur mit der zweifellos zulässigen Widerlegung der die Kirchengemeinde vom

Beweise befreienden Rechtsvermutung des §. 183 A.L.R. II. 11 beschäftigen.

Die bisherige Praxis spricht eher gegen die Zulässigkeit der Ersitzung. Das frühere preußische Obertribunal hat nur — und auch dies erst nach Schwanken — die Ersitzung von Erbbegräbnissen, also völlig entsprechend der Bestimmung des Kirchhofes, zugelassen,

vgl. Entsch. des Obertrib. Bd. 49 S. 165, Bd. 61 S. 219,

die von Grundgerechtigkeiten aber verneint,

vgl. Entsch. des Obertrib. Bd. 66 S. 200,

und das Reichsgericht hat i. S. Stadtgemeinde D. w. St. B. Kirchengemeinde durch Urteil vom 18. Februar 1888,

vgl. Gruchot, Beiträge Bd. 33 S. 107,

die Ersitzung einer Fußwegsgerechtigkeit mit der Begründung für unzulässig erklärt, daß nach den Bestimmungen des Allgemeinen Landrechtes Kirchhöfe, solange und soweit sie dem Zwecke, welchem sie gewidmet worden, dienen, dem gemeinen Verkehre entzogen und folgeweise der Ersitzung unzugänglich seien, sowie daß diese Verkehrsbeschränkung des Kirchhofes sich nicht bloß auf diejenigen Flächen erstrecke, welche zur Anlegung von Gräbern bestimmt seien, sondern auf alle Teile des Kirchhofes, auch diejenigen, welche als Zugänge zu den Gräbern dienen.

Hiernach mußte das Berufungsurteil aufgehoben, auch die Sache in die Berufungsinstanz zurückverwiesen werden. Denn ein bestimmter Ausspruch des Berufungsgerichtes, daß Klägerin das Eigentum erworben habe, liegt nicht vor, und aus dem Gesichtspunkte einer Widerlegung der Rechtsvermutung ist das Vorbringen der Beklagten bislang nicht geprüft. Letztere wird nur verurteilt werden können, wenn entweder der von der Klägerin behauptete Eigentumserwerb durch Überweisung im 17. Jahrhundert klargestellt wird, oder wenn die für die Klägerin sprechende Präsumtion nicht widerlegt wird. Bei letzterer Prüfung werden aber auch die vor 1828 liegende Zeit und die früheren, anscheinend vom Berufungsgerichte als vorliegend angenommenen Besitzhandlungen der Klägerin zu berücksichtigen sein."

64. Setzt die Ausnahmebestimmung des §. 1 Ziff. 1 Abs. 2 des Gesetzes wegen Einführung kürzerer Verjährungsfristen vom 31. März 1838 einen selbständigen Gewerbebetrieb des Empfängers der Ware oder Arbeit voraus?

VI. Civilsenat. Urt. v. 9. März 1891 i. S. A. Sch. (Bekl.) w. Handlung F. St. (Kl.) Rep. VI. 1/91.

I. Landgericht I Berlin.
II. Kammergericht daselbst.

Die Klägerin hat im Jahre 1884 der Beklagten, welche damals als Sängerin auf dem Walhallatheater zu Berlin auftrat, verschiedene Arbeiten und Kleidungsstücke geliefert, die Klage auf Bezahlung derselben aber erst im Jahre 1889 erhoben. Die Beklagte wendete Verjährung ein. Das Landgericht legte mit Bezug hierauf der Klägerin einen richterlichen Eid dahin auf, daß die Beklagte bei ihr vier speziell bezeichnete Kleidungsstücke als Theaterkostüme bestellt habe, und verurteilte für den Fall der Eidesleistung die Beklagte zur Bezahlung dieser vier Kleidungsstücke. Die Berufung der Beklagten wurde zurückgewiesen. Dagegen hat das Reichsgericht der Revision derselben stattgegeben.

Aus den Gründen:

„Von der Revision wird in erster Reihe eine unrichtige Beurteilung des Verjährungseinwandes gerügt, und diese Rüge ist für begründet zu erachten.

Der Vorderrichter führt in betreff der Verjährung Folgendes aus: Da die Beklagte zur Zeit des Empfanges der hier in Rede stehenden Kostüme ihren Erwerb in dem Auftreten als Sängerin im Walhallatheater gefunden habe, so sei die von ihr ausgeübte Thätigkeit als ein Gewerbebetrieb im Sinne des §. 1 Ziff. 1 Abs. 2 des Gesetzes vom 31. März 1838 wegen Einführung kürzerer Verjährungsfristen aufzufassen. Denn ein Gewerbebetrieb des Empfängers der Ware liege schon dann vor, wenn dieser fortdauernd eine in die Öffentlichkeit hervortretende bestimmte Thätigkeit ausübe, durch deren Entgelt er sich ganz oder teilweise seinen Lebensunterhalt erwerbe, ohne daß es hierbei darauf ankomme, ob die gegen Entgelt mit einer gewissen Gleichmäßigkeit ausgeübte Erwerbsthätigkeit künstlerischer Art sei, und ob die Erwerbsthätigkeit selbständig ausgeübt werde oder ein Zusammenwirken mehrerer Personen erforderlich mache. Die Art der in der Eidesnorm des ersten Urteiles näher bezeichneten Toiletten deute nun aber mit der größten Wahrscheinlichkeit darauf hin, daß dieselben der Beklagten „mit Bezug auf ihren Gewerbebetrieb" als Schauspielerin und zur Benutzung in Ausübung dieser künstlerischen Thätigkeit geliefert worden seien, und danach sei die Verstattung der Klägerin zum Eide über die Bestellung jener Toiletten als Theaterkostüme gerechtfertigt.

Inwiefern diese Ausführung deshalb zu beanstanden sein möchte, weil sie in der Ausübung einer künstlerischen Thätigkeit einen Gewerbebetrieb erblickt, und weil sie andererseits eine Bestellung von Kleidern zum Zwecke der Benutzung in Ausübung des Gewerbebetriebes als eine mit Bezug auf den Gewerbebetrieb erfolgte Bestellung ansieht, kann unerörtert bleiben. Dann rechtsirrtümlich muß es jedenfalls erscheinen, daß das Berufungsgericht bei der Anwendung des §. 1 Ziff. 1 Abs. 2 des angeführten Gesetzes die Frage für unerheblich erklärt, ob die Beklagte ihre Erwerbsthätigkeit selbständig ausgeübt hat oder nicht.

Allerdings gebraucht das Allgem. Landrecht an vereinzelten Stellen die Worte „Gewerbe", „ein Gewerbe betreiben", „ein Gewerbe treiben" in dem Sinne, daß damit jede auf die Dauer berechnete Erwerbsthätigkeit, mag sie dem Publikum gegenüber selbständig oder auf Grund eines kontraktlichen Verhältnisses zu einem Arbeitgeber ausgeübt werden, bezeichnet wird. So ist es nach der Rechtsprechung zu verstehen, wenn in den §§. 115. 120. 122 A.L.R. I. 6 von dem „Betreiben" oder „Betriebe des Gewerbes" die Rede ist,

vgl. Entsch. des R.G.'s in Civils. Bd. 8 S. 373,

und wenn in dem §. 212a A.L.R. II. 2 eine Entlassung aus der väterlichen Gewalt darin gefunden wird, daß der großjährige Sohn „ein eigenes Gewerbe treibt".

Vgl. Entsch. des preuß. Obertrib. Bd. 22 S. 378, Bd. 29 S. 148, Bd. 57 S. 186, wo der Gegensatz zu §. 218 A.L.R. II. 2 betont ist; Entsch. des R.O.H.G.'s Bd. 3 S. 355, Bd. 4 S. 388, Bd. 7 S. 29, Bd. 11 S. 58, wo auf die abweichende Bedeutung des Gewerbebetriebes in Art. 4 H.G.B. und in den §§. 11 flg. Gew.O. hingewiesen wird, Bd. 12 S. 270.

Eine engere Bedeutung wird dagegen jenen Worten in denjenigen Gesetzesvorschriften beigelegt, welche sich mit den Verhältnissen der Gewerbetreibenden speziell beschäftigen und die Bedingungen des Gewerbebetriebes regeln. Wo diese Vorschriften den Gewerbetreibenden oder den Betrieb eines Gewerbes erwähnen, setzen sie einen nach außen hin selbständigen Gewerbebetrieb, also einen Betrieb auf eigenen Namen und unter eigener Verantwortlichkeit voraus. Dies gilt ebensowohl von den §§. 179—181 A.L.R. II. 8 wie von den späteren preußischen Gewerbegesetzen bis zur Allgemeinen Gewerbeordnung vom 17. Januar 1845 (G.S. S. 41), welche unter einem Gewerbetreibenden nur denjenigen versteht, der ein Gewerbe für eigene Rechnung und unter eigener Verantwortlichkeit betreibt (§. 16). Ebenso wird auch von der Reichsgewerbeordnung der Begriff eines „Gewerbetreibenden“ im Sinne eines selbständigen Gewerbetreibenden aufgefaßt.

Vgl. Entsch. des R.G.'s in Strafs. Bd. 3 S. 418, Bd. 6 S. 126, Bd. 9 S. 351.

Im Gegensatze zu der Ansicht des Berufungsgerichtes muß nun angenommen werden, daß der §. 1 Ziff. 1 Abs. 2 des Verjährungsgesetzes, wenn er von der kurzen Verjährung solche Forderungen ausnimmt, welche in bezug auf den Gewerbebetrieb des Empfängers der Ware oder Arbeit entstanden sind, dem Worte „Gewerbebetrieb“ nur die ebenbezeichnete engere Bedeutung beigelegt haben kann. Es folgt dies nicht bloß daraus, daß der Abs. 2 sich als eine Ausnahmebestimmung darstellt, und nicht bloß aus dem Sprachgebrauche des gewöhnlichen Lebens, indem dieser die Thätigkeit von Personen, welche ohne eigene Selbständigkeit dem Publikum gegenüber ihren Erwerb im Dienste eines Arbeitgebers suchen, nicht als Gewerbebetrieb zu bezeichnen pflegt, sondern namentlich auch aus dem erkennbaren Zwecke und Grunde des Abs. 2 a. a. O. Das Gesetz vom 31. März 1838 will nach seinen Einleitungsworten bei Forderungen, welche entweder sogleich oder in kurzer Zeit berichtigt zu werden pflegen, die aus der langen Dauer der ordentlichen Verjährungsfristen entstehende Unsicherheit beseitigen und bestimmt deshalb zunächst in §. 1 für Forderungen, die regelmäßig sofort nach dem Abschlusse des betreffenden Geschäftes oder am Ende des Jahres, in welchem sie entstanden sind, berichtigt werden, eine zweijährige Verjährungsfrist. Als solche Forderungen sieht es aber die in Ziff. 1 Abs. 2 ausgenommenen nicht an, weil die dort aufgeführten Gewerbetreibenden untereinander eines längeren Kredites bedürfen und daher eine kürzere Verjährungsfrist auf den Verkehr nachteilig einwirken würde.

Vgl. Löwenberg, Beiträge zur Kenntnis der Motive der preuß. Gesetzgebung Bd. 1 S. 97.

Daß dieses Motiv der Ausnahmebestimmung nur bei einem selbständigen Gewerbebetriebe des Empfängers der Ware oder Arbeit zutrifft, liegt auf der Hand. Warum eine Person, welche für ihre Thätigkeit von einem Arbeitgeber bezahlt wird, ohne mit dem Publikum in direkten geschäftlichen Verkehr zu treten, eines längeren Kredites bedürfen und von der zweijährigen Verjährung ausgeschlossen sein sollte, falls die Forderung auf ihre Erwerbsthätigkeit Bezug hat, ist nicht ersichtlich. In der preußischen Rechtsprechung ist denn auch, soweit bekannt, die Ausnahmebestimmung des Abs. 2 a. a. O. immer nur in solchen Fällen zur Anwendung gebracht worden, wo der Empfänger der Ware oder Arbeit die Eigenschaft eines selbständigen Gewerbetreibenden gehabt hatte und die Lieferung mit Bezug auf den selbständigen Gewerbebetrieb erfolgt war.

Vgl. auch Rehbein, Entsch. Bd. 1 S. 1017; Dernburg, Preuß. Privatrecht Bd. 1 §. 170 Ziff. 1 und Anm. 7; Förster-Eccius, Bd. 1 S. 317, sowie Motive zu dem Entwurfe des bürgerlichen Gesetzbuches für das Deutsche Reich Bd. 1 S. 301.

Ist hiernach davon auszugehen, daß der Abs. 2 a. a. O. bei dem Empfänger der Ware oder Arbeit einen selbständigen Gewerbebetrieb voraussetzt, so läßt sich das angefochtene Urteil nicht aufrechterhalten. Denn nach den Feststellungen desselben war die Beklagte zur Zeit der fraglichen Lieferungen nicht etwa Schauspielunternehmerin und ebensowenig selbständige Veranstalterin von Musikaufführungen, Schaustellungen oder dgl. (vgl. §§. 32 flg. Gew.O.); sie trat vielmehr als Sängerin im Walhallatheater gegen Entgelt auf und soll, wie von der Klägerin behauptet und vom Vorderrichter bis zur Auferlegung eines richterlichen Eides für erwiesen angesehen ist, die in der Eidesnorm aufgeführten Kostüme bestellt haben, um sie bei dem Mitwirken als Sängerin in einzelnen auf dem Walhallatheater aufzuführenden Opern zu benutzen. Durch diese Mitwirkung in den von dem Unternehmer des Walhallatheaters veranstalteten Aufführungen und die hierfür seitens des Unternehmers gewährte Vergütung mag die Beklagte ihren Lebensunterhalt erworben haben; dies genügt aber nach dem eben Gesagten nicht, um ihre Thätigkeit als einen „Gewerbebetrieb" im Sinne des Gesetzes vom 31. März 1838 zu charakterisieren, da diese Thätigkeit lediglich im Dienste des Theaterunternehmers ausgeübt worden, zu dem Publikum aber in direkte rechtliche Beziehungen nicht getreten ist und deshalb als der selbständige Betrieb eines Gewerbes nicht gelten kann.

Mit Unrecht beruft sich der erste Richter für seine entgegengesetzte Ansicht auf das in den Entsch. des R.G.'s in Civils. Bd. 17 S. 86 abgedruckte Urteil des Reichsgerichtes. Wenn dort ausgesprochen ist, daß das vom Unternehmer eines ständigen Theaters beschäftigte Bühnenpersonal nicht unter die gewerblichen Arbeiter oder Gewerbsgehilfen des Unternehmers, mithin nicht zu den Personen zu rechnen sei, welche im Sinne des §. 1 des Krankenversicherungsgesetzes im Gewerbe des Unternehmers beschäftigt sind, so hat doch jenem Urteile, wie seine Begründung deutlich ergiebt, die Annahme fern gelegen, daß die Beschäftigung des Theaterpersonales als ein selbständiger Gewerbebetrieb anzusehen sei. Vielmehr beruht die damalige Entscheidung auf der Anschauung, es könne die von dem Bühnenpersonale entwickelte Thätigkeit überhaupt nicht für eine gewerbliche, wie solche das Krankenversicherungsgesetz voraussetzt, sondern nur für eine künstlerische erachtet werden. Wäre von dieser Anschauung auch bei der Auslegung des Gesetzes vom 31. März 1838 auszugehen, so würde schon daraus ohne weiteres folgen, daß die Ausnahmebestimmung des §. 1 Ziff. 1 Abs. 2 auf Forderungen, welche in bezug auf die Bühnenthätigkeit eines Schauspielers oder Sängers entstanden sind, keine Anwendung finden kann." . . .

---

65. Welcher Zeitpunkt des Enteignungsverfahrens ist nach Maßgabe der Vorschriften des Gesetzes vom 11. Juni 1874 als für die Wertfeststellung maßgebend anzusehen?

II. Civilsenat. Urt. v. 17. März 1891 i. S. des Preuß. Eisenbahnfiskus (Bekl.) w. M. u. Gen. (Kl.) Rep. II. 36/91.

I. Landgericht Köln.
II. Oberlandesgericht daselbst.

Aus den Gründen:

„Die Revision sowohl als die Anschließung erscheinen nicht begründet.

1. Das Enteignungsverfahren, wie es durch das Gesetz vom 11. Juni 1874 geregelt ist, verläuft in mehreren Abschnitten und erfordert zu seiner Durchführung — auch im günstigsten Falle, wenn es nicht zu einem Beschreiten des Rechtsweges kommt — immerhin einen längeren Zeitraum, innerhalb dessen erfahrungsmäßig in vielen Fällen Veränderungen in den Wertverhältnissen des Grundeigentumes eintreten. Es ist daher die Frage von erheblicher praktischer Bedeutung, welcher Zeitpunkt des Verfahrens als für die Wertfeststellung maßgebend anzusehen ist.

Diese Frage, bezüglich deren das Gesetz keine ausdrückliche Bestimmung enthält, ist nun aus dem Zusammenhange der Vorschriften und dem Systeme desselben zu lösen, ohne daß es hierbei — wovon auch die Revision ausgeht — auf die juristischen Theorien, welche über den rechtlichen Charakter der Enteignung aufgestellt sind, entscheidend ankommt. Eines näheren Eingehens auf diese Theorien bedarf es daher nicht, und es mag nur bemerkt werden, daß, was die Rechtsprechung des Reichsgerichtes betrifft, zwei in ihrer Auffassung nicht übereinstimmende Urteile vorliegen.

Vgl. Entsch. des R.G.'s in Civils. Bd. 12 S. 405 flg. und Bd. 18 S. 346 am Schlusse der Gründe.

In dem gegenwärtigen Falle, bei dem es sich bezüglich der vorliegenden Frage um drei verschiedene Zeitpunkte handelt, ist das Oberlandesgericht in einer eingehenden, die maßgebenden Gesetzesbestimmungen näher erörternden Ausführung zu dem Ergebnisse gelangt, daß der Zeitpunkt des die Entschädigung feststellenden Beschlusses der Regierung (§. 29 des angeführten Gesetzes), welcher mit der Zustellung desselben in Wirksamkeit trete, als für die Wertfeststellung in Betracht kommend anzuerkennen sei. Dieser auf einer richtigen Auffassung des Gesetzes beruhenden Annahme ist grundsätzlich beizupflichten und zu deren Begründung folgendes hervorzuheben: Nach dem Systeme des Gesetzes vom 11. Juni 1874 bildet der genannte Beschluß, der nach erfolgter Planfeststellung und Schätzung die Entschädigung bemißt, einen wesentlichen Abschnitt des Enteignungsverfahrens. Mit demselben stehen nicht nur die Objekte der

Enteignung, sondern auch die Beträge der dafür zu leistenden Entschädigung, soweit es bezüglich der letzteren im Administrativverfahren überhaupt möglich ist, fest. Der Unternehmer, dem bis dahin gemäß §. 42 Abs. 1 a. a. O. der Rücktritt freistand, ist nunmehr gebunden, und es hat der Eigentümer das Recht, von jenem die Zahlung der festgestellten, event. nach §. 30 a. a. O. im Rechtswege festzustellenden Entschädigung gegen Abtretung des Grundstückes zu fordern (§. 42 Abs. 2 a. a. O.). Somit besteht nun zwischen dem Unternehmer und den Eigentümern ein festes obligatorisches Verhältnis, welches, wie in dem Kommissionsberichte des Abgeordnetenhauses 1871/72,

vgl. Drucks. desselben Nr. 223 S. 1220,

hervorgehoben wird, gegenseitige Rechte und Pflichten derselben begründet. Wie nun hiernach mit dem in Rede stehenden Beschlusse die Perfektion der Enteignung eintritt,

vgl. Löbell, Preuß. Enteignungsgesetz S. 188. 189 N. 2,

so muß auch der Zeitpunkt desselben für die Wertsermittelung maßgebend sein. In dieser Beziehung ist ferner auch auf den Inhalt der bei Eger (S. 163) angeführten Motive zu §. 11 der Gesetzesentwürfe (§. 13 des angeführten Gesetzes) Gewicht zu legen, wonach bei der Feststellung der Entschädigung der Zustand der in Anspruch genommenen Sache zur Zeit der Abschätzung in Betracht kommen soll und der Schluß gerechtfertigt erscheint, daß auch bei der Wertsermittelung dieser Zeitpunkt zu Grunde zu legen sei. An die Schätzung knüpft sich nun unmittelbar der fragliche Beschluß, welcher auf der Grundlage der letzteren die Entschädigung feststellt. Daß es aber bei der Wertsermittelung im Enteignungsverfahren der Natur der Sache nach nicht auf einen einzelnen bestimmten Moment, sondern nur auf einen entsprechenden Zeitraum ankommen kann, bedarf keiner weiteren Ausführung.

Vgl. Eger, S. 165; Löbell, a. a. O. S. 60.

Bezüglich der im vorstehenden vertretenen Annahme möchte schließlich noch zu bemerken sein, daß dieselbe mit der Auffassung der beiden erwähnten reichsgerichtlichen Urteile, mag man mit dem einen die Ausübung des Enteignungsrechtes vom Gesichtspunkte des Zwangskaufes betrachten oder mit dem anderen das Rechtsverhältnis zwischen Unternehmer und Eigentümer als ein quasi-kontraktliches ansehen, grundsätzlich wohl vereinbar erscheint.

Vgl. im Sinne der vorstehenden Ausführung: Eger, Enteignung S. 159. 163 flg.; Bohlmann, Praxis in Expropriationssachen Heft 3 S. 7 flg.; Eccius, Preuß. Privatrecht Bd. 2 S. 141 Anm. 37; Rocholl, Rechtsfälle Bd. 1 S. 18; Meyer, Zeitschrift für deutsche Gesetzgebung Bd. 8 S. 580; Seydel, Enteignung 2. Ausg. S. 58. 59; Gleim im Archiv für Eisenbahnwesen 1885 S. 58. 59. 64.

Demgegenüber stellt nun die Revision im Anschlusse an die Urteile des vormaligen preußischen Obertribunales vom 13. Juli 1877,

vgl. Striethorst, Archiv Bd. 99 S. 227 flg.,

und des früheren II. Hilfssenates des Reichsgerichtes,

vgl. Entsch. des R.G.'s in Civils. Bd. 7 S. 258 flg.,

denen Löbell (S. 60) beitritt, den Satz auf, daß für die Wertsbestimmung im Enteignungsverfahren der Zeitpunkt des Planfeststellungsbeschlusses (§. 21 des angef. Gesetzes) maßgebend sein müsse, da durch letzteren der Eintritt, Gegenstand und Umfang der Enteignung soweit rechtsverbindlich festgestellt werde, daß nur noch eine Ermittelung des Wertes im damaligen Zustande erforderlich sei. Diese Annahme beruht aber auf einer unrichtigen Auffassung der Bedeutung des genannten Beschlusses. Wie zunächst hervorzuheben, hat das Planfeststellungsverfahren, bei welchem die Entschädigungsfrage von den Verhandlungen gesetzlich ausgeschlossen ist, auch nicht die Eigentümer überhaupt, sondern nur diejenigen, welche Widerspruch erhoben haben oder durch einen solchen betroffen sind, vorgeladen werden (§. 20 des angef. Gesetzes), lediglich einen vorbereitenden Charakter. Der Beschluß (§. 21 des angef. Gesetzes), welcher den Plan definitiv feststellt, spricht nur die Anwendbarkeit des dem Unternehmer verliehenen Enteignungsrechtes auf die darin bezeichneten Grundstücke aus, schafft aber rechtliche Beziehungen zwischen ihm und den einzelnen Eigentümern nicht. Auf Grund dieses Beschlusses, der dem Rekurse an die vorgesetzte Ministerialinstanz unterliegt (§. 22 des angef. Gesetzes) und die Bestimmung einer Frist enthält, innerhalb welcher der Unternehmer von seinem Enteignungsrechte Gebrauch zu machen hat, ist letzterer nunmehr befugt, durch Stellung der erforderlichen Anträge (§§. 24. 32) die Fortsetzung und Durchführung des Verfahrens zu bewirken. Derselbe ist aber keineswegs gebunden, vielmehr steht es ihm frei (§. 42 Abs. 1 des angef. Gesetzes) die gegebene Frist unbenutzt verstreichen zu lassen oder von dem Unternehmen zurückzutreten, bevor die Festsetzung der Entschädigung durch Beschluß der Regierung erfolgt ist, in welchem Falle er lediglich den Eigentümern für die ihnen durch das Verfahren entstandenen Nachteile haftet. Kommt es aber nicht zur Ausführung des Planes, so hat der frühere Feststellungsbeschluß keinerlei Bedeutung.

Vgl. Gleim, a. a. O. S. 64.

Was nun andererseits die Lage der Eigentümer betrifft, so erwächst denselben aus einem solchen Beschlusse keinerlei Recht, und es steht ihnen namentlich auch nicht irgend ein Einfluß auf den Fortgang des Verfahrens zu, ihre Rolle ist vielmehr eine rein passive. Hiernach hat das Oberlandesgericht dem Planfeststellungsbeschlusse einen bindenden Charakter mit Recht abgesprochen, und es entbehren demgegenüber auch die Angriffe des Beklagten der Begründung. Wenn zunächst geltend gemacht wird, daß es hier nicht darauf ankomme, daß gegen den fraglichen Beschluß der Rekurs gesetzlich zulässig sei, und die Möglichkeit der Abänderung eines festgestellten Planes bestehe, daß vielmehr die Beurteilung an den einzelnen Fall sich halten müsse, und im vorliegenden Falle auf der Grundlage des rechtskräftig gewordenen Regierungsbeschlusses vom 12. Oktober 1885 das Enteignungsverfahren im regelmäßigen Verlaufe durchgeführt sei, so ist dabei übersehen, daß es sich hier nicht um eine nach den konkreten Umständen zu entscheidende Frage handelt, vielmehr die rechtliche Bedeutung, welche das Gesetz dem Beschlusse des §. 21 des angeführten Gesetzes beilegt, an der Hand der Bestimmungen des letzteren zu prüfen ist. Die weitere Behauptung, daß der Planfeststellungsbeschluß um deswillen als bindend anzusehen sei, weil dem zurücktretenden Unternehmer die Entschädigungspflicht aus §. 42 Abs. 1 des angeführten Gesetzes obliege, bedarf nach vorstehendem keiner weiteren Erörterung; und wenn die Revision ferner Gewicht darauf legt, daß jedenfalls der Eigentümer durch den Beschluß gebunden sei, so ist das zwar richtig, aber für die vorliegende Frage unerheblich. Nach alledem kann das Rechtsmittel des Beklagten keinen Erfolg haben.

2. Was sodann die Anschließung betrifft, so wird klägerischerseits gerügt, daß von dem Oberlandesgerichte nicht, wie es dem Gesetze entspreche, der Zeitpunkt des Enteignungsbeschlusses (§. 32 des angef. Gesetzes) als für die Wertsfeststellung maßgebend anerkannt

worden sei. Diese Rüge entbehrt aber ebenfalls der Begründung. Zutreffend hat bereits das Oberlandesgericht hervorgehoben, daß die gesetzliche Konstruktion des Verfahrens, nach welcher die Abschätzung dem Enteignungsbeschlusse um einen längeren Zeitraum vorhergehe, sodaß, wenn der letztere bestimmend sei, die Gutachter mit unbekannten Faktoren zu rechnen haben würden, und jedenfalls wiederholte Schätzungen eintreten müßten, für die klägerische Annahme nicht spreche, und das Gewicht dieser Erwägung läßt sich auch mit der von der Revision versuchten, offenbar unschlüssigen Motivierung, „daß die Abschätzung und Feststellung bei dem Widerspruche des Enteigneten nur eine vorläufige sei, in der Regel auch zwischen Abschätzung und Enteignung keine (?) Wertsveränderung stattfinden werde, für besondere Fälle aber der §. 31 des angeführten Gesetzes gegeben sei", — welch letzterer ersichtlich hier außer Betracht steht, — nicht beseitigen. Der klägerischen Annahme steht ferner entgegen, daß, wenn es für die Wertsfeststellung auf den Zeitpunkt des Enteignungsbeschlusses ankäme, nach den Voraussetzungen des §. 32 der Eintritt desselben ganz wesentlich von dem Belieben des Expropriierten, dem der Rechtsweg offensteht, abhängig sein würde. Wenn ferner die Revision geltend macht, daß erst mit dem mehrgenannten Beschlusse, der die Vollziehung der Enteignung bilde, das Eigentum des expropriierten Grundstückes auf den Unternehmer übergehe, während bis dahin dem Eigentümer das Verfügungsrecht zugestanden habe, mit diesem Beschlusse also erst das Verhältnis endgültig geregelt werde, so ist das nach §. 44 des angeführten Gesetzes zwar richtig, aber außer acht gelassen, daß es für die vorliegende Frage nicht auf die Vollziehung der Enteignung, sondern auf die Perfektion derselben ankommt. Vgl. Löbell (S. 194 N. 1), welcher hervorhebt, daß, wenn das Urteil des vormaligen preußischen Obertribunales,

vgl. Striethorst, Archiv Bd. 47 S. 296,

annehme, daß die Streitfrage über die Perfektion der Zwangsenteignung im §. 44 dahin entschieden sei, daß die Enteignung sich mit Zustellung des Resolutes vollziehe, das Urteil den an die bezogene Gesetzesbestimmung sich knüpfenden Eigentumsübergang und dessen dingliche Wirkungen mit der Perfektion des obligatorischen Verhältnisses zwischen dem Unternehmer und dem Eigentümer verwechsele. Das Argument, daß der gesetzliche Grundsatz der zu leistenden vollen

Wertsentschädigung mit Notwendigkeit zu der klägerischen Annahme führe, beruht auf einer petitio principii, da in erster Linie zu entscheiden steht, nach welchem Zeitpunkte die volle Entschädigung zu bemessen ist. Wenn endlich noch die Revision, von der landrechtlichen Theorie des Zwangskaufes ausgehend, unter Bezugnahme auf Eccius (Bd. 2 S. 135 [?]) den Satz aufstellt, daß die Perfektion erst nach Feststellung des Preises eintrete, so fragt sich nur, ob nicht, wie vorstehend angenommen ist, die Feststellung durch die Verwaltungsbehörde hier maßgebend sei, und dafür spricht sich auch Eccius (Bd. 2 S. 141 Anm. 137) aus. Nach dem Ausgeführten kann somit der grundsätzliche Angriff der Kläger nicht als begründet erachtet werden."

---

66. Erfordert die dem Willen der Kontrahenten entsprechende Änderung eines schriftlichen Vertrages zu ihrer Rechtsgültigkeit, daß die Kontrahenten ihre Unterschrift unter der Vertragsurkunde erneuern?

A.L.R. I. 5 §. 116.

V. Civilsenat. Urt. v. 1. April 1891 i. S. des Kreises C. (Kl.) w. R. u. Gen. (Bekl.) Rep. V. 324/90.

I. Landgericht Stargard i./P.
II. Oberlandesgericht Stettin.

Das Reichsgericht hat die aufgeworfene Frage verneint.

Aus den Gründen:

„Nach dem Thatbestande des zweiten Urteiles liegt folgender Sachverhalt vor.

Am 25. Oktober 1888 schloß der Gutsbesitzer St. als Bevollmächtigter des Kreises C. mit dem Erstbeklagten, dem Kolonisten August R., einen schriftlichen Kaufvertrag ab, inhalts dessen der letztere an den Kreis C. von dem auf der Feldmark Gollnowshagen belegenen, Bd. 1 Bl. 157 Nr. 17 des Grundbuches verzeichneten Grundstücke den zur Anlage einer Eisenbahn von Gollnow nach Wollin-Cammin erforderlichen Grund und Boden zum Preise von 500 ℳ für den Morgen veräußerte. Der Vertrag wurde von dem St. und dem Erstbeklagten August R. unterschrieben. Der Kreisausschuß des Kreises

C. versagte jedoch am 7. November 1888 die vorbehaltene Genehmigung. Im Auftrage des Kreises setzte dann der Landrat v. K. die Verhandlungen mit dem Erstbeklagten und dessen Ehefrau fort und einigte sich mit ihnen am 19. Dezember 1888 nach der Klagebehauptung dahin, daß der Kaufpreis für den Morgen auf 700 ℳ mit Einschluß der Entschädigung für die Saatenzerstörung bestimmt wurde. Die Aufnahme eines neuen Vertrages erfolgte nicht, sondern der Landrat von K. änderte die Urkunde vom 25. Oktober 1888 dahin, daß er das Datum und den Namen des Vertreters des Kreises im Eingange, ferner den Preis des Morgens im §. 3 berichtigte, die Unterschrift des St. ausstrich und an deren Stelle die seinige setzte, und daß er endlich die damals noch lebende Ehefrau des Erstbeklagten den Vertrag mit unterschreiben ließ. Der Erstbeklagte selbst unterzeichnete dagegen die Vertragsurkunde nicht von neuem. In einem notariellen Vermerke ohne Datum werden die Unterschriften des Landrates v. K. und der August R.'schen Eheleute beglaubigt. Der Kläger hat unter Beweisangabe behauptet, es sei zwischen dem Landrate v. K. und dem Erstbeklagten ausdrücklich verabredet worden, daß die Unterschrift des letzteren vom 25. Oktober 1888 auch für den neuen Vertrag gelten solle. Der Vertrag von 19. Dezember 1888 ist sodann von dem Kreisausschusse genehmigt worden. Im Jahre 1889 verstarb die Ehefrau R. Ihre Erben sind ihr Ehemann und die im Klagerubrum genannten drei Kinder geworden. Das Eigentum derselben an dem obengedachten Grundstücke ist jetzt im Grundbuche eingetragen.

Der Kläger verlangt die in der Vertragsurkunde ausdrücklich zugesagte gerichtliche Vollziehung des Vertrages. Die Beklagten verweigern dieselbe. Sie machen geltend, der Kläger beanspruche mehr Land, als er fordern könne, und wolle einen näher bezeichneten Weg nicht liegen lassen. Außerdem bestreiten sie die rechtsverbindliche Kraft des Vertrages aus zwei Gründen, 1. weil die Ehefrau R., welche mit ihrem Ehemanne in Gütergemeinschaft lebte, dem Vertrage nicht zugestimmt habe, und 2. weil es an der gesetzlich vorgeschriebenen Schriftform des Vertrages fehle, da der Ehemann R. zwar den vom Kläger nicht genehmigten, dagegen den abgeänderten neuen Vertrag vom 19. Dezember 1888 nicht unterschrieben habe. Der Kläger klagt deshalb mit dem Antrage, die Beklagten zu verurteilen, einen mit dem Vertrage vom $\frac{\text{25. Oktober}}{\text{19. Dezember}}$ 1888 übereinstimmenden Vertragsentwurf gerichtlich oder notariell zu vollziehen.

Die Klage ist in beiden Vorinstanzen abgewiesen, vom ersten Richter auf Grund des ersten, vom Berufungsrichter auf Grund des zweiten Einwandes der Beklagten.

Der Ausführung des zweiten Richters, daß die Mitunterschrift des Vertrages durch die Ehefrau deren Einwilligung enthält, ist beizustimmen. Dagegen muß die Revisionsbeschwerde des Klägers, daß die Entscheidung des Berufungsrichters den §. 116 A.L.R. I. 5 verletze, für begründet erachtet werden. Dieses Gesetz bestimmt, daß Verträge, welche vermöge des Gesetzes oder einer Abrede der Parteien schriftlich geschlossen werden sollen, ihre Gültigkeit erst durch die Unterschrift erhalten. Das frühere preußische Obertribunal hat in einer Reihe von Erkenntnissen diese Vorschrift dahin ausgelegt, daß dem Erfordernisse der Schriften nur genügt werde, wenn der Text der Willenserklärung vorher niedergeschrieben und darunter die Unterschrift der Vertragschließenden gesetzt sei. Eine Unterschrift in blanco kann deshalb, wie das Obertribunal ausführt, den Beweis des Inhaltes einer schriftlichen Willenserklärung nicht liefern und dieser Beweis sowie die bindende Kraft einer solchen Erklärung auf andere Weise nicht beschafft werden. Deshalb sollen Änderungen eines Pachtvertrages auf Grund mündlicher Abreden, auch wenn die Urkunde über den Pachtvertrag der Abrede entsprechend mit Zustimmung beider Teile geändert ist, ohne Erneuerung der Unterschriften keine Rechtswirkung haben.

Vgl. Striethorst, Archiv Bd. 51 S. 317, Bd. 53 S. 217; Entsch. des Obertrib. Bd. 68 S. 128, Bd. 69 S. 198, Bd. 50 S. 29, Bd. 74 S. 168 ꝛc.

Nur für den Fall der Cession oder der Verpfändung will das Obertribunal eine Ausnahme zulassen. Es nimmt an, daß dem Cessionar die Ausfüllung eines Blankettes überlassen werden könne, weil die Unterschrift desselben das ganze Maß der Schriftlichkeit, welches §. 394 A.L.R. I. 11 erfordert, erfülle.

Vgl. Simon und v. Strampff, Rechtspr. Bd. 1 S. 159; Entsch. des Obertrib. Bd. 16 S. 142; Striethorst, Archiv Bd. 37 S. 288.

Der Ansicht des früheren preuß. Gerichtshofes läßt sich nicht beitreten. Der §. 116 A.L.R. I. 5 bestimmt zwar, daß die Perfektion eines schriftlich redigierten Vertrages erst mit der Unterschrift als erfolgt angesehen werden soll. Er enthält jedoch nicht die Vorschrift, daß die schriftliche Redaktion des Vertragswillens notwendig der Unterschrift vorangehen soll. Wenn das Obertribunal für seine Ansicht auf das im §. 116 a. a. O. gebrauchte Wort: Unterschrift Gewicht legt, so ist darauf zu erwidern, daß mit „Unterschrift" Namensschrift gemeint ist. Noch geringere Bedeutung hat die vom Obertribunale ebenfalls herangezogene Bestimmung des §. 45 A.G.O. II. 2 über Abfassung von gerichtlichen Protokollen. Der Gesetzgeber ist beim §. 116 a. a. O. von dem regelmäßigen Falle ausgegangen, daß der Vertrag vor der Unterschrift fixiert wird. Er hat jedoch dem Verkehre nicht die Schranke auferlegt, daß dieses Verfahren unbedingt beobachtet werden muß. Das Reichsgericht versteht vielmehr den §. 116 a. a. O. dahin, daß dem Erfordernisse der Schriftform genügt ist, auch wenn die Unterschrift, das gesetzliche Kennzeichen der Perfektion des Vertrages, vorangeht. Es nimmt an, daß den Vertragschließenden überlassen werden kann, gemeinschaftlich oder durch einen von ihnen oder durch einen Dritten den verabredeten Inhalt des Vertrages über die Namensschrift zu setzen und damit den Vertrag zu einem schriftlichen zu machen. Derselbe Grundsatz, welcher für Blankette gilt, muß auch auf nachträgliche Änderungen eines schriftlichen Vertrages Anwendung finden. Sind die Kontrahenten darüber einig, daß ihre frühere Unterschrift als Zeichen der Perfektion des abändernden Vertrages gelten soll, so ist auch in diesem Falle dem Erfordernisse der Schriftform mit der Änderung der Vertragsurkunde genügt. Das muß hier umsomehr gelten, als der Vertrag vom 25. Oktober 1888 wegen der vorbehaltenen Genehmigung des Klägers noch nicht rechtsgültig, also die Möglichkeit einer Änderung oder Berichtigung in einzelnen Beziehungen nicht ausgeschlossen war.

Diese Ansicht des Reichsgerichtes über die Bedeutung des §. 116 a. a. O. wird von den hervorragendsten preußischen Rechtslehrern geteilt. So führt Eccius aus, die Unterschrift mache den Vertrag formgültig, auch wenn die Erklärung erst später darüber gesetzt werde oder Abänderungen oder Zusätze vorgenommen werden; es lasse sich dann aber die Wirklichkeit der Erklärung in Frage stellen.

Vgl. Eccius, Preuß. Privatrecht Bd. 1 §. 40 Anm. 19, 5. Aufl. Bd. 1 S. 190, und §. 79 Anm. 18, Bd. 1 S. 460.

In demselben Sinne äußert sich Dernburg (Preuß. Privatrecht Bd. 1 §. 97 Anm. 2, 4. Aufl. Bd. 1 S. 216). Übereinstimmend haben auch sowohl das frühere Reichsoberhandelsgericht als das Reichsgericht den Grundsatz ausgesprochen, daß derjenige, welcher ein Blankett unterschreibt, damit das Risiko übernimmt, daß die richtige Ausfüllung erfolgt, und daß, wenn die Ausfüllung der Vereinbarung gemäß geschieht, der Mangel der Schriftform beseitigt ist.

Vgl. Entsch. des R.G.'s in Civils. Bd. 14 S. 297 flg., Bd. 15 S. 55. 61, Bd. 17 S. 117 und die dort Angeführten.

Daß die anderenfalls notwendig eintretende Störung oder Erschwerung des Geschäftsverkehres zu dieser Auffassung des Gesetzes hindrängt, beweist auch der Umstand, daß der Entwurf eines deutschen bürgerlichen Gesetzbuches in betreff der Unterschrift von Blanketten ebenfalls die vom Reichsgerichte gebilligte Ansicht zur Ausführung bringen will. Die Motive (Bd. 1 S. 185 zu §. 92) bemerken ausdrücklich: „Ob die Unterschrift zeitlich der Sonderschrift des Textes nachfolgt oder vorausgeht (Blankett), ist für die Frage der Formrichtigkeit ohne Belang."

Hiernach muß es für rechtsirrtümlich erachtet werden, daß der Berufungsrichter unter Ablehnung des klägerischen Beweisantrages über die Abrede, wonach die frühere Unterschrift des Ehemannes R. auch für den neuen Vertrag gelten sollte, den Vertrag vom 19. Dezember 1888 wegen Mangels der Schriftform für ungültig erachtet hat."

---

67. Unterliegt auch die Kontraktsklage des Bauherrn gegen den Baumeister auf Entschädigung wegen grobfahrlässiger Fehler „aus der Bauart" der dreijährigen Verjährung des §. 968 A.L.R. I. 11?

VI. Civilsenat. Urt. v. 9. April 1891 i. S. D. u. J. (Bekl.) w. Stadtgemeinde J. (Kl.) Rep. VI. 11/91.

I. Landgericht Magdeburg.
II. Oberlandesgericht Naumburg a./S.

Die Beklagten haben durch einen am 23. Januar 1875 mit der Klägerin, der Stadtgemeinde M., abgeschlossenen Vertrag die Herstellung der Maurerarbeiten zur Erbauung eines neuen Kesselhauses und Maschinenhauses der dortigen Stadtwasserkunst übernommen und durch ihre Arbeiter ausführen lassen. Am 10. Dezember 1875 wurden die Arbeiten von der Stadt übernommen. In den ersten Monaten des Jahres 1887 zeigten sich an den Fundamenten der südlichen Wasserhebemaschine erhebliche Risse im Mauerklotze, auf welchem das nördliche Lager der Schwungradwelle jener Maschine ruhte, sodaß der Betrieb der Maschinen als gefahrdrohend eingestellt werden mußte. Die alsbald vorgenommene Untersuchung jenes Mauerklotzes ergab, daß derselbe überhaupt als kein einheitliches Mauerwerk sich darstellte, daß vielmehr unter einer oberen Mauersteinabdeckungsschicht an beiden Seiten nur Mauersteinwangen von einem bis anderthalb Stein Stärke sich befanden, während das Innere (der Zwischenraum) durch hineingeschüttete Bruchsteine, untermischt mit Mauersteinstücken, unregelmäßig ohne jeden Verband und meist ohne Mörtel ausgefüllt war, und daß sich nur in Zwischenräumen von etwa je 75 cm Abgleichungsschichten von Cementmörtel zeigten. Ein gleicher Zustand, nur ohne Abgleichungsschichten, stellte sich heraus in den Fundamenten der Gebäudeumfassungsmauer unter dem südlichen Lager der Schwungradwelle.

Bei diesem gefahrdrohenden Zustande des Werkes ergab sich die Notwendigkeit einer Erneuerung der Fundamente. Zugleich stellte sich heraus, daß die Maschinen, welche auf jenem Mauerklotze ruhten, einseitig abgenutzt waren, daher demontiert, repariert und wiederum montiert werden mußten.

Der Stadtmagistrat ließ diese sämtlichen Reparaturen ungesäumt vornehmen; es ergab sich hierbei ein Kostenaufwand: a) für den Abbruch und die Erneuerung der Fundamente von 3530,18 ℳ, b) für Demontierung, Reparatur und Wiedermontierung der Maschinen von 6116,60 ℳ.

Diesen Gesamtbetrag von 9646,78 ℳ hat die Stadtgemeinde wider die beiden Beklagten im September 1887 zu M. eingeklagt.

In dem Bauakkordvertrage vom 23. Januar 1875 hatten sich unter §. 2 die Unternehmer verpflichtet, die Arbeiten und Leistungen nach Vorschrift des Anschlages, der Zeichnung und der angehefteten und von ihnen unterschriebenen Bedingungen gut und untadelhaft auszuführen, und §. 8 der allgemeinen Bedingungen lautete dahin:

„Unternehmer haftet nach geschehener Vollendung und Revision des Baues noch drei Jahre für die Tüchtigkeit der von ihm ausgeführten Arbeiten und zehn Jahre für die Dauer der verwendeten Materialien und deren anschlagsmäßige Beschaffenheit und verpflichtet sich, jeden Schaden zu ersetzen, der als Folge einer schlechten Ausführung oder der Verwendung schlechter oder gar anderer Materialien als der veranschlagten erweislich „gemacht" wird, und der entweder bei der Abnahme nicht eingesehen werden konnte oder verheimlicht ist."

Und §. 3 der speziellen Bedingungen lautet:

„Unternehmer ist für die Ausführung eines guten Verbandes für das Mauern mit vollen Fugen und für die tüchtige Mischung des Mörtels nach den Vorschriften des bauleitenden Beamten verantwortlich."

Im Anschlagsextrakte endlich heißt es unter Pos. 4:

„3000,5 cbm Fundamentmauerwerk, teils aus Bruchsteinen, teils aus Mauersteinen in Cementmörtel aufzuführen, sorgfältig zu vermauern und zum Preise von 24 Silbergroschen pro Kubikmeter, = 2400 Thaler 12 Silbergroschen."

Das Material hatte die Stadt gestellt.

Die Klage wird darauf gestützt, daß die Beklagten durch die Aufführung so schlechter Fundamente eines groben Versehens sich schuldig gemacht hätten, und daß sie nicht nur nach den Bestimmungen des Vertrages, sondern schon nach den gesetzlichen Bestimmungen für jeden Schaden hafteten und der Klägerin volle Genugthuung leisten müßten.

Beklagte beriefen sich hauptsächlich darauf, daß beim Vorliegen eines Werkverdingungsvertrages nach §. 968 A.L.R. I. 11 der klägerische Anspruch verjährt sei. Der Bau sei vor länger als zehn Jahren abgenommen, und da die Mängel des Mauerwerkes die Bauart beträfen, so sei sogar die dreijährige Verjährungsfrist hier anwendbar; aus den §§. 2 und 8 der allgemeinen Vertragsbedingungen sei etwas Anderes nicht abzuleiten.

Das Landgericht hat die Beklagten solidarisch nach der Klagebitte verurteilt.

Mit Zwischenurteil des Oberlandesgerichtes wurde die Einrede der Verjährung verworfen; zugleich wurde weiterer Beweis angeordnet und schließlich mit Endurteil vom 2. Dezember 1890 die Berufung der Beklagten zurückgewiesen.

Gegen dieses Urteil haben Beklagte Revision eingelegt. Derselben ist stattgegeben und die Klage zurückgewiesen worden.

Aus den Gründen:

„Zutreffend beurteilt das Berufungsgericht das der Klage zu Grunde liegende Rechtsgeschäft als einen Werk- und speziell Bauverdingungsvertrag. . .

Die Feststellung eines groben Versehens der Beklagten ist rechtlich einwandsfrei; insbesondere kann in den Ausführungen des Zwischenurteiles, welche den Versuch der Beklagten, die Verantwortung für das Geschehene der Klägerin und bezw. deren Angestellten zur Last zu legen, als verfehlt und jedenfalls als zur Entlastung der Beklagten nicht geeignet hinstellen, ein Verstoß wider Rechtsnormen nicht gefunden werden.

Als begründet dagegen erweist sich der Angriff der Revision, welcher gegen die Verwerfung der Verjährungseinrede gerichtet ist.

Der Berufungsrichter erachtet diese Einrede für hinfällig, indem er ausführt: Nach den §§. 925. 869 A.L.R. I. 11 in Verbindung mit §. 318 I. 5 finde grundsätzlich die Pflicht zur Gewährleistung auch auf die Werkverdingungsverträge Anwendung, wenn der Besteller das verdungene Werk übernommen habe. Diese Pflicht sei durch ein Verschulden des Pflichtigen nicht bedingt, und die Klage verjähre innerhalb der Frist des §. 343 A.L.R. I. 5. Daneben aber bestehe bei vorhandenem Verschulden die Kontraktsklage auf Schadensersatz aus §§. 285 flg. I. 5, und diese unterliege nur der 30jährigen Verjährung. Für den Bauverdingungsvertrag enthielten die §§. 968. 969 A.L.R. I. 11 abweichende Vorschriften über die Verjährung. Diese Vorschriften gälten, wie aus §. 970 hervorgehe, auch für den Fall, daß dem Baumeister ein Verschulden zur Last falle. §. 969 finde vorliegenden Falles überhaupt nicht Anwendung; immerhin aber beziehe sich §. 968 lediglich auf sog. Kunstfehler und sei dann nicht anwendbar, wenn der Baumeister, wie hier, in . . . grob fahrlässiger Weise gegen die Vertragspflichten verstoßen habe und deshalb auf Schadensersatz belangt werde.

Diese Ausführung ist rechtsirrthümlich . . . Die Frage, ob die Anwendung des §. 968 a. a. O. dadurch ausgeschlossen sei, daß die Beklagten ihre Vertragspflichten in grob fahrlässiger Weise verletzt haben, ist zu verneinen. Darüber, daß die Fristen des §. 343 A.L.R. I. 5 bei verdungenen Bauten nicht zur Anwendung kommen, sind, wie der Berufungsrichter zutreffend hervorhebt, Wissenschaft und Rechtsprechung einig. Für den Bauverdingungsvertrag sind, was die Verjährungsfristen anlangt, in den §§. 968. 969 besondere Vorschriften gegeben. Nach §. 968 a. a. O. kann, wenn der Bau von dem Bauherrn einmal übernommen worden, der Baumeister wegen solcher Fehler, die aus der Bauart, und weil dabei die Regeln der Kunst angeblich nicht beachtet worden, entstanden sein sollen, nur innerhalb dreier Jahre nach der Übergabe in Anspruch genommen werden. Dagegen kann nach §. 969 wegen solcher Fehler, die in der schlechten Beschaffenheit der Materialien ihren Grund haben sollen, der Baumeister zu allen Zeiten, innerhalb der gewöhnlichen Verjährungsfristen, zur Verantwortung gezogen werden. Die Ausdrucksweise des §. 968, dessen Verbindung mit den vorhergehenden §§. 966. 967, sowie das Verhältniß, in welches derselbe mit dem §. 969 gebracht ist, lassen es als zweifellos erscheinen, daß der §. 968 auch die Verjährung des Schadensersatzanspruches umfaßt. Ferner kann es keinem Zweifel unterliegen, daß, wie der Berufungsrichter selbst anerkennt, die Vorschrift des §. 968 auch für den Fall gilt, daß dem Baumeister ein Verschulden zur Last fällt. Es folgt dies nicht nur aus §. 970 a. a. O., sondern auch aus der Erwägung, daß, wie beim Werkverdingungsvertrage überhaupt, so auch besonders bei übernommenen Bauten der Gesetzgeber voraussetzt, daß der Werkmeister oder Baumeister ein Sach- oder Kunstverständiger ist, und daß Fehler in der Bauart und Verstöße gegen die Regeln der Baukunst im Zweifel (vgl. hierzu §. 967 a. a. O.) auf ein Versehen des Werk- oder Baumeisters zurückzuführen sind. Setzt hiernach der §. 968 ein Versehen des Baumeisters regelmäßig voraus, so handelt es sich offenbar nicht und jedenfalls nicht nur um sog. ädilitische Fehler; und von diesem Standpunkte aus rechtfertigt sich der Schluß, einerseits, daß für die Anwendung des §. 968 der Grad des Verschuldens ohne Einfluß ist, andererseits, daß auch schuldhaftes Zuwiderhandeln gegen die Bestimmungen des Vertrages vom §. 968 umfaßt wird, vorausgesetzt, daß es sich hierbei um Fehler in der Bauart oder um Verstöße gegen die Regeln der Kunst handelt. Es steht demnach ein innerer Grund nicht im Wege, der kurzen Frist des §. 968 auch die Kontraktsklage zu unterwerfen. Und daß dies vom Gesetzgeber gewollt ist[1], dafür spricht nicht nur die allgemeine Ausdrucksweise des §. 968, sondern auch der bewußte Gegensatz zwischen diesem und dem §. 969, woselbst die Haftung für Fehler aus schlechtem Materiale durchaus, also auch im Falle kontraktwidrigen Verhaltens des Baumeisters, der gewöhnlichen 30jährigen Verjährung unterworfen wird. Nach den allgemeinen Regeln der Gesetzesauslegung muß angenommen werden, daß jene beiden Paragraphen bloß hinsichtlich der Art der Fehler und der Dauer der Fristen einen Gegensatz schaffen, im übrigen aber zwischen den Voraussetzungen der Verjährung in einem wie im anderen Falle nicht unterscheiden wollen. Umfaßt der §. 969 auch die kontraktmäßigen Ansprüche, so ist die Annahme ausgeschlossen, daß für den §. 968 ein begrenzteres Gebiet der Anwendung gegeben sei. Es ist das umsoweniger anzunehmen, als gerade eine zweckentsprechende Bauart und die Einhaltung der Regeln der Baukunst, wofern sie im Vertrage nicht besonders vorgesehen sind, bei verdungenen Bauten stillschweigend vorausgesetzt werden, daher einen selbstverständlichen Bestandteil des Vertrages bilden. Ein Fehler in der Bauart, ein Verstoß wider die Regeln der Kunst wird daher regelmäßig auch eine Verfehlung wider die Normen des Vertrages enthalten. Hieraus folgt, daß einerseits die Ansicht des Berufungsrichters, es beziehe sich der §. 968 **bloß** auf sog. **Kunstfehler**, eine unzutreffende, andererseits die daraus gezogene Folgerung irrig ist, es finde §. 968 nicht Anwendung, wenn der Baumeister in grob fahrlässiger Weise gegen seine Vertragspflichten verstoßen habe.

Es kann sich daher nur noch darum fragen, ob die den Beklagten zur Last liegenden Vertragswidrigkeiten Fehler betreffen, welche aus der Bauart und der Nichtbeobachtung der Regeln der Kunst entstanden sind. Aber auch diese vom zweiten Richter jedenfalls nicht verneinte Frage muß bejaht werden.

Daß es sich nicht um schlechtes Material und aus solchem entstandene Fehler im Sinne des §. 969 daselbst handelt, bedarf keiner näheren Ausführung. Die Art und Weise, wie das Mauerwerk eines

[1] Vgl. hierzu **Rocholl**, Rechtsfälle ꝛc Bd. 2 S. 55; dann Entsch. des R.O.H.G.'s Bd. 6 S. 36; auch **Eccius**, Theorie und Praxis §. 138 Anm. 93.
D. E.

Steinbaues aufzuführen, betrifft die Bauart. Ist das Mauerwerk, wie gegebenen Falles feststeht, schlecht aufgeführt, entspricht es insbesondere nicht dem Zwecke des Gebäudes, so liegt ein Fehler vor, welcher zunächst aus der Bauart hervorgeht, zugleich aber auch einen Verstoß gegen die Regeln der Baukunst enthält. Derselbe wird nicht dadurch zu einem anderen Fehler, daß die Bauart und die Regeln, nach welchen das Mauerwerk aufgeführt werden soll, und gegen welche gefehlt ist, im Vertrage besonders vorgesehen sind. So kann auch nicht bezweifelt werden, daß es sich um eine schlechte Ausführung des Baues im Sinne des §. 8 der allgemeinen Baubedingungen handelt, für welche eine dreijährige Garantiefrist festgesetzt ist.

Es bedarf aber keines Eingehens auf die Bedeutung dieser Garantiefrist. Denn nachdem Klägerin schon im Dezember 1875 den Bau übernommen, aber erst im Jahre 1887 die Klage angestellt hat und eine vertragsmäßige Garantiefrist von mehr als drei Jahren nicht in Betracht kommt, so mußte die Einrede der Verjährnng des Klaganspruches aus §. 968 A.L.R. I. 11 als durchschlagend erachtet, mithin unter Aufhebung der beiden Urteile des Oberlandesgerichtes auf die Berufung der Beklagten das landgerichtliche Urteil abgeändert und die Klage abgewiesen werden."

---

68. Ist ein Vertrag, der die Überlassung der auf einem Gute befindlichen Thonlager zur Ziegelfabrikation gegen Entgelt zum Gegenstande hat, ein Pachtvertrag?

IV. Civilsenat. Urt. v. 22. September 1890 i. S. Ph. H. & Co. (Kl.) w. Fiskus (Bekl.). Rep. IV. 153/90.

I. Landgericht I Berlin.
II. Kammergericht daselbst.

Aus den Gründen:

„Der Vertrag, dessen Stempelpflichtigkeit in Frage steht, hat die Überlassung der auf dem Gute des Barons L. v. R. befindlichen Thonlager an die Klägerin zur Ziegelfabrikation zum Gegenstande. Es sollen jährlich mindestens 10 Millionen Ziegel hergestellt, die Menge der herzustellenden Ziegel soll aber auf 50 Millionen vergrößert werden dürfen. Der Baron v. R. verpflichtet sich, der Klägerin Land zum Baue und zum Betriebe der Ziegelei zur Verfügung zu stellen. Die Klägerin soll nicht mehr als 25 Ar als Baustelle und Thonlagerplatz für je eine Million Ziegel jährlich zu beanspruchen berechtigt sein. Beim Beginne der Fabrikation sollen der Klägerin 3 Hektar überlassen werden. Am 1. Oktober jedes Jahres hat die Klägerin dem Baron v. R. anzuzeigen, welche Flächen sie in dem beginnenden Jahre ausbeuten wolle. Es sollen gleichzeitig nicht mehr als 15 Hektar der Klägerin überwiesen bleiben. Sind 15 Hektar überwiesen, so hat die Klägerin ein Recht auf die Überweisung neuer 3 Hektar nur bei Rückgabe anderer 3 Hektar, die nach erfolgter Ausgrabung geebnet zurückzugeben sind. Alle Obernutzungen verbleiben dem Gutsbesitzer. Die dem letzteren zu zahlende Vergütung beträgt 1 *M* für das Tausend Ziegel bis zu einer Menge von 6 Millionen Ziegel, 50 Pf. für das Tausend des Überschusses, in jedem Falle jährlich wenigstens 8000 *M*. Der Vertrag wird auf 50 Jahre geschlossen.

Das Stempelfiskalat wollte den Vertrag, soweit er auf Überlassung der Thonerde gerichtet ist, als einen Kaufvertrag über bewegliche Sachen angesehen und mit einem Drittel vom Hundert des nach Maßgabe der Zeitdauer und der größten für das Jahr in Aussicht genommenen Ziegelmenge berechneten Preises versteuert wissen. Die Klägerin hat die solcher Rechtsauffassung entsprechend von ihr gezahlte Steuer mit der Behauptung zurückgefordert, daß der Vertrag als Kaufvertrag über Mengen von Sachen der Beurteilung nach der Anmerkung zum Tarife Nr. 4 B des Reichsstempelgesetzes vom 29. Mai 1885 unterliege und daher stempelfrei sei. Im gegenwärtigen Rechtsstreite hat der Beklagte der auf Rückzahlung der fraglichen Steuer gerichteten Klage jedoch die Behauptung entgegengesetzt, daß der Vertrag als Pachtvertrag anzusehen sei. Das Berufungsgericht hat angenommen, die auf die Förderung der Ziegelerde bezügliche Vertragsabrede sei zwar nicht als Pacht anzusehen, da nach preußischem Rechte Teile der Substanz eines Grundstückes Gegenstand eines Pachtvertrages nicht sein können. Zu einem Pachtvertrage werde aber der Vertrag auf Grund der Abrede, nach welcher der Baron v. R. der Klägerin das für den Bau und den Betrieb der Ziegelei nötige Land im Umfange bis zu 25 Ar für jede Million jährlich herzustellender

Ziegel auf die Dauer des Vertrages zur Verfügung zu stellen habe. Auf Grund dieser Erwägung hat das Berufungsgericht den auf Rückzahlung von 4667 ℳ gerichteten Klaganspruch für unbegründet erachtet.

Der gegen diese Entscheidung von der Klägerin eingelegten Revision muß der Erfolg versagt werden. Die Frage, ob ein Vertrag, in welchem ein Grundeigentümer dem anderen Vertragsteile gegen Entgelt das Recht einräumt, Substanzteile des Grundes und Bodens selbst zu gewinnen und zu verwenden, unter den Begriff eines Pachtvertrages gebracht werden kann, ist von der preußischen Rechtsprechung bisher verschieden beantwortet worden. Das vormalige preußische Obertribunal hat einen Vertrag über Austorfung einer Wiese nicht für einen Pachtvertrag erachtet.

Vgl. Striethorst, Archiv Bd. 13 S. 36; ferner Bd. 61 S. 63.

Ebenso hat es einen Vertrag über Einräumung des Rechtes zum Brechen von Steinen in einem Steinbruche nicht als einen Pachtvertrag, sondern als einen Kaufvertrag angesehen.

Vgl. Striethorst, Archiv Bd. 59 S. 79.

Desgleichen einen Vertrag über Ausbeutung eines Bergwerkes.

Vgl. Striethorst, Archiv Bd. 29 S. 149.

Dagegen hat es einen auf die Ausbeutung von Thonlagern zur Ziegelfabrikation gerichteten Vertrag mit einem dem Inhalte des vorliegenden Vertrages ähnlichen Inhalte in dem Urteile vom 25. Juni 1869 (besprochen in Gruchot, Beitr. Bd. 14 S. 277) für einen Pachtvertrag erachtet. Das Reichsgericht hat in dem unter Anwendung gemeinen Rechtes abgegebenen (Bd. 6 S. 4 der Entsch. des R.G.'s in Civils. abgedruckten) Urteile vom 19. November 1881 das Recht, in einem Steinbruche Steine zu brechen, als Gegenstand eines Pachtvertrages angesehen. Die Auffassung, nach welcher Nutzungen, wie die in Rede stehenden, Gegenstand eines Pachtvertrages sein können, hat in der Vorschrift des §. 114 des Allgemeinen Berggesetzes für die preußischen Staaten vom 24. Juni 1865, in welcher die Überlassung der Ausbeutung eines Bergwerkes als Verpachtung bezeichnet wird, gesetzliche Anerkennung gefunden. Auch ist zu bemerken, daß der gegenwärtig erkennende Senat des Reichsgerichtes in dem in Sachen Fiskus wider Riebecksche Montanwerke (Rep. IV. 52/90) am 12. Juni 1890 ergangenen Urteile ausgesprochen hat, es bestehe an sich kein Hindernis, ein bergbauliches Nutzungsrecht, welches auf Überlassung von Grund und Boden zum Betriebe eines Bergwerkes gerichtet sei, durch einen Pachtvertrag zu begründen.

Die in den zuletzt angegebenen Urteilen dargelegte, der Vorschrift in §. 114 des Berggesetzes zum Grunde liegende Auffassung ist im Streitfalle festzuhalten. Wird der damit gegebene Maßstab an den vorliegenden Vertrag angelegt, so stellt sich der Vertrag als Pachtvertrag dar, und zwar nicht bloß insoweit, als er für die Klägerin das Recht auf die Überlassung des für den Bau und den Betrieb der Ziegelei nötigen Landes im Umfange bis zu 25 Ar für jede Million jährlich herzustellender Ziegel begründet, sondern auch insoweit, als er auf die Überlassung der Thonlager zur Ziegelfabrikation gerichtet ist. Daß es sich hierbei nicht um einen ein für allemal bestimmten Gegenstand des Pachtvertrages handelt, die der Klägerin zu überlassenden Grundstücksflächen vielmehr dem Wechsel unterliegen, ändert hierin nichts. Der Gegenstand der Pachtnutzung ist im Vertrage relativ ausreichend bezeichnet und bestimmt. Ebensowenig steht der Umstand, daß der Grundeigentümer alle Obernutzungen sich vorbehalten hat, der Annahme eines Pachtvertrages entgegen. Die rechtliche Natur des Pachtvertrages verträgt sich damit, daß das Recht des Pächters auf eine gewisse Art der Nutzung des Grundes und Bodens beschränkt wird." ...

---

69. 1. Unterliegt die Beurkundung einer Vorrechtseinräumung der Versteuerung als Cessionsinstrument?

2. Hängt die Stempelpflichtigkeit eines Cessionsinstrumentes von dem Betrage der verabredeten Cessionsvaluta ab?

Preuß. Gesetz wegen der Stempelsteuer vom 7. März 1822, Tarifposition „Cessionsinstrumente", §. 3a.

IV. Civilsenat. Urt. v. 16. März 1891 i. S. Schlesische Landschaft (Kl.) w. Preuß. Fiskus (Bekl.). Rep. IV. 29/91.

I. Landgericht Breslau.
II. Oberlandesgericht daselbst.

Aus den Gründen:

„Die verehelichte H., für welche auf dem Grundstücke Nr. 6 Görtelsdorf eine Hypothek von 4500 M eingetragen steht, hat in der Urkunde vom 8. Oktober 1888 der klagenden Landschaft zu Gunsten eines für dieselbe einzutragenden landschaftlichen Darlehns von 12500 M das Vorrecht vor ihrer Hypothek, und zwar unentgeltlich, eingeräumt. Die Urkunde ist von der Steuerbehörde als „Cessionsinstrument" im Sinne des Tarifes zum Stempelgesetze vom 7. März 1822 mit einem Stempel von 1,50 M belegt, der von der Klägerin entrichtet ist und als zu Unrecht erhoben zurückgefordert wird. Der erste Richter hat verurteilend, der zweite abweisend erkannt.

Der Anspruch ist darauf gegründet, daß eine Vorrechtseinräumung keine Cession sei, weil dabei kein Recht aus dem Vermögen des einen Teiles in das des anderen übergehe, der Inhalt der Vorrechtseinräumung vielmehr in der Übernahme der obligatorischen Verpflichtnng, das Vorrecht der zurücktretenden Post im Kollisionsfalle gegenüber der zu bevorrechtenden Post nicht zu verfolgen, also in einem Verzichte bestehe. Dieser Auffassung ist das Berufungsgericht mit Recht und unter zutreffender Begründung entgegengetreten.

Die gegenwärtige Entscheidung erfordert nicht die Erörterung, welche rechtliche Natur dem der Vorrechtseinräumung zu Grunde liegenden Rechtsgeschäfte und dem Rechte selbst, welches den Gegenstand der Vorrechtseinräumung bildet, beizulegen ist. Unbedenklich stellt sich die Vorrechtseinräumung als die Abtretung eines Rechtes dar, und hierauf kommt es bei der Frage, ob die Beurkundung einer Vorrechtseinräumung der Besteuerung als Cessionsinstrument unterliegt, allein an.

Das Vorrecht einer Hypothek besteht in dem Rechte auf vorzugsweise Befriedigung aus dem Pfande wegen der durch die Hypothek gesicherten Forderung gemäß der gesetzlichen Rangordnung, also vor den durch die später eingetragenen Hypotheken gesicherten Forderungen. Dieses Recht wird bei der Vorrechtseinräumung von dem besser berechtigten Gläubiger dem minder berechtigten derart übertragen, daß der letztere aus dem Pfande für seine später eingetragene Forderung vor dem das Vorrecht Einräumenden und an der diesem gebührenden Stelle Befriedigung erlangt. Es geht also ein Recht aus dem Vermögen des einen Teiles in das des anderen, der dasselbe nunmehr als das seinige auszuüben befugt ist, über, und darin besteht das Wesen der Cession (§. 393 A.L.R. I. 11).

Daß die Vorrechtseinräumung, wie die Revisionsklägerin meint, sich lediglich als ein Verzicht auf ein Vorrecht darstellt, kann als richtig nicht anerkannt werden. Träfe solches zu, so würde die Vorrechtseinräumung nicht die von den Interessenten beabsichtigte Rechtswirkung äußern, daß der Gläubiger, zu dessen Gunsten die Erklärung abgegeben wird, als solcher in Ansehung des Vorrechtes an die Stelle des Erklärenden tritt; das Vorrecht würde vielmehr erlöschen, und die nacheingetragenen Gläubiger würden nach Maßgabe der bestehenden Rangordnung in die durch die Aufgabe des Vorrechtes frei gewordene Stelle aufrücken. Die gewollte Rechtswirkung wird gerade dadurch herbeigeführt, daß der Zurücktretende das ihm zustehende Vorrecht auf den Vortretenden überträgt. Diese Auffassung steht mit den Ausführungen in dem von der Revisionsklägerin in bezug genommenen Urteile des V. Civilsenates des Reichsgerichtes vom 2. Oktober 1886,

vgl. Entsch. des R.G.'s in Civils. Bd. 16 S. 244,

nicht im Widerspruche. Dort handelte es sich nicht um die Entscheidung der vorliegenden Frage, sondern darum, welche rechtlichen Folgen sich aus der Vorrechtseinräumung für den Zurücktretenden dritten Personen gegenüber ergeben, und von diesem Gesichtspunkte aus ist angenommen, daß als Rechtswirkung der Vorrechtseinräumung nur in Betracht kommen könne, daß eine Aufgabe des Vorrechtes seitens des Zurücktretenden zu Gunsten des anderen Gläubigers stattgefunden habe, und daher bei einer Kollision beider Pfandrechte der Zurücktretende den Vorrang seiner Hypothek nicht geltend machen dürfe. Jener Klagegrund ist sonach hinfällig.

Der Anspruch ist ferner darauf gestützt, daß ein stempelpflichtiger Gegenstand nicht vorliege, da bei der Abtretung des Vorrechtes dessen vermögensrechtlicher Wert sich nicht mit dem Betrage der zurücktretenden Forderung decke, vielmehr, wie bei der gewöhnlichen Cession, für die Wertsbestimmung der Betrag der im Cessionsinstrumente festgesetzten Valuta maßgebend und im gegenwärtigen Falle nach dem Inhalte der Urkunde die Abtretung unentgeltlich geschehen sei. Auch diesen Klagegrund hat das Berufungsgericht mit Recht verworfen. Der Betrag der verabredeten Valuta ist für die Beurteilung der Stempelpflichtigkeit des Cessionsinstrumentes, nämlich derjenigen Urkunde, in welcher die Abtretung des Rechtes erklärt wird, ohne Bedeutung. Derselbe könnte nur, was jedoch hier nicht zu erörtern ist, in Frage treten, wenn es sich um die Versteuerung des Cessionsvertrages (pactum de cedendo) handelte. Die Stempelpflichtigkeit des Cessionsinstrumentes hängt von dem Werte des abgetretenen Rechtes ab, und in betreff des Wertes des hier streitigen Rechtes hat der Berufungsrichter unanfechtbar festgestellt, daß derselbe nicht nur den Betrag von 150 *M* erreicht, sondern ihn erheblich übersteigt. Dieser Feststellung gegenüber ist die Ausführung der Revision, daß sich aus der Abrede der unentgeltlichen Abtretung des Rechtes ergebe, es sei für die Interessenten ein Geschäft über ein Objekt mit einem Vermögenswerte überhaupt nicht vorhanden, gegenstandslos. Gemäß §. 3a des Stempelgesetzes vom 7. März 1822 ist die Erhebung des tarifmäßigen Stempels von 1,50 *M* gerechtfertigt."

---

70. 1. Wird die Frist von sechs Monaten zur Niederlegung des Nachlaßinventares behufs Erhaltung der Benefizialerbenqualität nach Kalendermonaten oder nach Monaten zu dreißig Tagen berechnet?
2. Vollständigkeit des Nachlaßinventares.

A.L.R. I. 9 §§. 424. 434 flg.

IV. Civilsenat. Urt. v. 9. April 1891 i. S. A. (Kl.) w. F. u. Gen. (Bekl.) Rep. IV. 36/91.

I. Landgericht Paderborn.
II. Oberlandesgericht Hamm.

Die Beklagten sind als Erben des am 10. Juni 1889 verstorbenen M. F. von dem Kläger wegen einer Forderung von 2003 *M* und Zinsen in Anspruch genommen. Sie haben die Forderung anerkannt, aber eingewendet, daß sie Vorbehaltserben und daher nur nach den Kräften des Nachlasses dem Kläger verhaftet seien. Unbestritten ist das Inventar über den Nachlaß des M. F. von den Beklagten am 21. Januar 1890 gerichtlich niedergelegt worden. Der Kläger hat verneint, daß durch diesen Akt den Beklagten die Benefizialerbenqualität gewahrt sei, weil die Niederlegung des Inventares nicht innerhalb der im §. 424 A.L.R. I. 9 festgesetzten Frist von sechs Monaten seit dem Ablaufe der Überlegungsfrist stattgefunden habe, das Inventar auch unvollständig sei, da es über die Schuldenmasse nichts enthalte. Der Berufungsrichter hat beide Bemängelungen für nicht zutreffend erachtet und in Übereinstimmung mit dem ersten Richter die Beklagten zur Zahlung der eingeklagten Forderung nur, soweit der Nachlaß reicht, verurteilt. Die vom Kläger eingelegte Revision ist zurückgewiesen worden aus folgenden

Gründen:

„1. Die Beurteilung, ob das Inventar rechtzeitig eingereicht ist, hängt davon ab, wie die im §. 424 A.L.R. I. 9 gestellte Frist von sechs Monaten bestimmt wird, ob sie, wie die Beklagten wollen, nach Kalendermonaten, also von Monatstag zu Monatstag, oder, wie der Kläger verlangt, gemäß §. 550 ebenda, welcher für Verjährungsfristen, die auf Monate gestellt sind, verordnet, daß für jeden Monat dreißig Tage in Ansatz kommen, ohne Rücksicht auf den Kalender nach Perioden von dreißig Tagen berechnet wird. Denn bei der letzteren Berechnungsart würde, da M. F. am 10. Juni 1889 gestorben ist, für diejenigen Erben, welche an seinem Todestage Kenntnis von dem Erbanfalle erlangt hatten, die Frist schon am 18. Januar 1890 abgelaufen sein, während bei der ersten Art der Berechnung der Ablauf der Frist erst am 22. Januar 1890 eingetreten wäre, sodaß die Einreichung des Inventares in jenem Falle verspätet, in diesem dagegen rechtzeitig erfolgt sein würde.

Vorweg ist entscheidend, ob die Frist eine Verjährungsfrist oder eine Ausschließungsfrist ist. Trifft ersteres zu, so findet unbedingt die Vorschrift des §. 550 a. a. O. Anwendung, und die Frist ist nach Monaten zu dreißig Tagen zu berechnen. Es ist jedoch dem Berufungsrichter darin beizutreten, daß die Frist eine Ausschließungsfrist ist.

In dem Allgemeinen Landrechte ist der Gegensatz zwischen eigentlichen Verjährungsfristen einerseits und Ausschließungsfristen, Fristen zur Ausübung und Erhaltung von Befugnissen, andererseits nicht zum besonderen Ausdrucke gelangt. Daß aber nach landrechtlicher Auffassung ein solcher Gegensatz besteht und nicht jede gesetzliche Frist, von deren Ablaufe das Dasein oder der Verlust eines Rechtes abhängig ist, sich als Verjährungsfrist darstellt, ist unbestritten. Der Begriff der Verjährungsfrist bestimmt sich nach dem Begriffe, den das Gesetz mit der Verjährung selbst verbindet, und die Verjährung durch Nichtgebrauch setzt voraus, daß auf der einen Seite ein existentes materielles Recht steht, welchem auf der anderen Seite eine demselben entsprechende materielle Verpflichtung gegenübersteht, die durch den Zeitablauf infolge unterlassener Ausübung des Rechtes aufgehoben wird (A.L.R. I. 9 §§. 501. 502, I. 16 §§. 7. 8). Die Aufhebung einer Verbindlichkeit als Wirkung des Zeitablaufes ist demnach das entscheidende Merkmal der Verjährung und damit auch der Verjährungsfrist im Gegensatze zur Ausschließungsfrist, deren Nichteinhalten die Aufhebung von Befugnissen wirkt, welchen entsprechende Verpflichtungen nicht gegenüberstehen.

Vgl. Entsch. des preuß. Obertrib. Bd. 6 S. 386, Bd. 40 S. 1, Bd. 83 S. 278; Entsch. des R.G.'s in Civils. Bd. 3 S. 307.

So haben das Reichsgericht,

vgl. Entsch. des R.G.'s in Civils. Bd. 17 S. 206,

und das preußische Obertribunal,

vgl. Striethorst, Archiv Bd. 100 S. 47,

die im §. 12 des Gesetzes, betreffend die Erweiterung des Rechtsweges, vom 24. Mai 1861 gegebene Zeitbestimmung für die Klage auf Rückzahlung entrichteter Stempelabgaben für eine Verjährungsfrist im landrechtlichen Sinne erklärt, auf welche deshalb der §. 550 a. a. O. Anwendung finde; denn hier steht dem Anspruche des zur Stempelsteuer Herangezogenen auf Rückgewähr der Steuer die Verpflichtung des Fiskus zur Rückzahlung gegenüber. Auf die Frist des §. 424 a. a. O. trifft jedoch jene Voraussetzung nicht zu. Von einer Verpflichtung der Erbschaftsgläubiger oder der Legatare dem Erben gegenüber ist nicht die Rede; vielmehr handelt es sich um die einseitige gesetzliche Befugnis des Erben, die Erbschaftsgläubiger und Legatare nach den Kräften des Nachlasses zu befriedigen, deren Erhaltung durch die Niederlegung des Inventares innerhalb der festgesetzten Frist bedingt ist.

Ist aber die Frist des §. 424 A.L.R. I. 9 keine Verjährungsfrist, so ist dem Berufungsrichter auch darin beizutreten, daß für die Anwendung des §. 550 ebenda auf dieselbe ein zwingender Grund nicht vorliegt. Die Ansichten sind in dieser Hinsicht allerdings geteilt. Koch (Komm. zum Allgem. Landrechte Anm. 39 zu §. 45 I. 3) und Dernburg (Preußisches Privatrecht Bd. 1 Anm. 1 zu §. 70) nehmen an, daß durch den §. 550 A.L.R. I. 9 die Rechtsregel des römischen Rechtes, nach welcher der Monat zu dreißig Tagen zu berechnen ist, als ein für Fristbestimmungen allgemein geltendes Prinzip in das preußische Recht übernommen worden sei. Auch das Reichsoberhandelsgericht ist anscheinend hiervon in dem im Bd. 24 S. 50 seiner Entscheidungen mitgeteilten Urteile ausgegangen. Dieser Auffassung kann jedoch nicht gefolgt werden. Das Allgemeine Landrecht enthält eine generelle Bestimmung über die Berechnung der Monatsfrist nicht und hat eine solche offenbar nicht treffen wollen; denn anderenfalls würde sie in Tit. 3 Tl. I. unter dem Schlußmarginale: „Zeitbestimmungen bei Handlungen" neben den anderen Zeitbestimmungen Aufnahme gefunden haben. Nur zwei Spezialvorschriften sind getroffen, die aber einander entgegenstehen. Die eine ist die streitige des §. 550 I. 9, welche sich dem Wortlaute nach allein auf die Verjährungsfrist bezieht und die Berechnung des Monates zu dreißig Tagen anordnet; die andere in den §§. 855. 856 II. 8 enthaltene betrifft den Wechsel und bestimmt, daß, wenn ein Wechsel auf Monate lautet, die Berechnung des Monates nach Kalendermonaten geschehen solle. Eine der letzteren entsprechende Bestimmung ist in den Anhang zur Allgem. Gerichtsordnung (§. 60) übernommen, dahingehend, daß bei Ediktalcitationen unter einem Monate der gewöhnliche Kalendermonat verstanden werde. Diese Vorschrift ist auf den Immediatbericht der Cleve-Märkischen Landes-Regierungsdeputation vom 3. Juli 1798 (Neue Ediktensammlung Bd. 10 S. 1659) zurückzuführen. Dort war um Belehrung darüber gebeten:

> was für ein Zeitumfang nach den Gesetzen überhaupt, und insbesondere bei den Ediktalcitationen und Subhastationen, unter einem Monate zu verstehen sei,

indem darauf hingewiesen war:

> im Allgem. Landrechte (§§. 45—49 I. 3) sei die gesetzliche Zeitbestimmung eines Tages und von „Jahr und Tag" festgesetzt, allein der Begriff eines Monates nicht erklärt; in der Lehre von der Verjährung (§. 550 I. 9) werde ein Monat zu dreißig Tagen gerechnet, wie solches auch dem bisherigen juristischen Begriffe eines Monates gemäß sei; da indes diese Bestimmung nur in einer besonderen Materie vorkomme, bleibe es immer zweifelhaft, ob man solche für eine allgemeine annehmen dürfe.

Die Belehrung erging in dem Reskripte vom 16. Juli 1798 dahin: „Daß Ihr Euch von selbst hättet bescheiden können und sollen, daß, da bei Ediktalcitationen keine Ausnahme von der allgemeinen Rechnungsart gemacht werde, die bisherige Observanz, nach Monaten, wie sie der Kalender bestimmt, zu rechnen, beizubehalten sei."

Es muß nun mit Rücksicht darauf, daß das Allgem. Landrecht nur in zwei einzelnen Fällen wegen der Berechnung der Monatsfrist Bestimmung getroffen und in beiden Fällen verschiedene Berechnungsarten vorgeschrieben hat, die Annahme ausgeschlossen erscheinen, daß mit der Anordnung einer dieser Berechnungsarten ein allgemeines Prinzip hat ausgesprochen werden sollen, und die eine Art der Berechnung der anderen gegenüber in das Verhältnis der Regel zur Ausnahme gestellt worden ist. Für diese Annahme ist ein Anhalt nicht gegeben, und es besteht solcher insbesondere auch nicht zu Gunsten der Vorschrift des §. 550 I. 9. Wenn auch der Gegensatz zwischen Verjährungs- und Ausschließungsfrist in dem Allgem. Landrechte nicht zum klaren Ausdrucke gelangt ist, so besteht doch, wie hervorgehoben, dieser Unterschied nach der landrechtlichen Auffassung, sodaß nicht angenommen werden kann, daß die Bezeichnung „Verjährungsfrist" auch auf alle anderen, nicht unter diesen Begriff fallenden Fristen zu beziehen ist. Daß die Verfasser des Landrechtes dem Vorgange des römischen Rechtes allgemein gefolgt sind und dessen Satzung als Regel aufgestellt haben, ist nicht erkennbar. In dieser Hinsicht ist auf den Königl. Bescheid vom 16. Juli 1798 Gewicht zu legen, welcher wenige Jahre nach dem Inkrafttreten des Allgem. Landrechtes ergangen ist, und in dem konstatiert wird, daß die Rechnung nach Kalendermonaten die hergebrachte allgemeine Rechnungsart sei. Letztere Thatsache muß dafür sprechen, daß auch die Verfasser des Landrechtes sich von dieser Rechnungsart nicht grundsätzlich haben entfernen wollen. Und von entscheidender Bedeutung kommt ferner der Umstand in Betracht, daß in dem Anhange zur Allgem. Gerichtsordnung bei Ediktalcitationen die Rechnung nach Kalendermonaten besonders gesetzlich anerkannt ist. Wenn die Revision darauf hinweist, daß diese Vorschrift nur eine Spezialvorschrift sei, und daraus, daß eine entsprechende Vorschrift für die landrechtlichen Fristen nicht in dem Anhange zum Allgem. Landrechte Aufnahme gefunden hat, sich gerade ergebe, daß jene Berechnungsart auf die landrechtlichen Fristen keine

Anwendung finden solle, so ist dem nicht beizutreten. In dem Falle, welcher zu der Anfrage der Cleve-Märkischen Landes-Regierungsdeputation Anlaß gegeben hat, handelte es sich um die Berechnung der Frist bei Ediktalcitationen; in dieser Beschränkung ist der Königl. Bescheid ergangen und dementsprechend nur diese, in der Praxis zweifelhaft gewordene Frage gesetzlich entschieden worden.

Nach alledem erscheint die Anwendung des §. 550 a. a. O. auf die streitige Frist nicht unbedingt geboten. Bei dieser Sachlage muß aber, da das Landrecht zwei Berechnungsarten der Monatsfrist nebeneinander aufstellt, hier diejenige für maßgebend erachtet werden, welche dem, dessen Recht durch die Nichteinhaltung der Frist bedroht wird, die günstigere ist, und dies ist die Berechnungsart nach Kalendermonaten.

Dieselbe Auffassung, welche auch von der Mehrzahl der Schriftsteller geteilt wird,

vgl. Bornemann, Systematische Darstellung des preuß. Landrechtes, 2. Ausg. Bd. 1 S. 198; Förster-Eccius, Theorie und Praxis, 5. Aufl. Bd. 1 S. 208; Fischer, Preußisches Privatrecht S. 132,

liegt dem Urteile des IV. Civilsenates des Reichsgerichtes vom 17. Februar 1887 i. S. des preuß. Steuerfiskus w. V. Rep. IV. 286/86 zu Grunde, in welchem davon ausgegangen ist, daß die Vorschrift des §. 550 A.L.R. I. 9 in ihrer Anwendung auf Verjährungsfristen zu beschränken sei. In der Begründung des Urteiles des I. Hilfssenates des Reichsgerichtes vom 8. März 1881,

vgl. Entsch. des R.G.'s in Civils. Bd. 4 S. 305,

ist zwar das Gegenteil ausgeführt. In jenem Falle stand die Berechnung der im §. 610 A.L.R. I. 20 für die Erklärung des Vorkaufsberechtigten festgesetzten Frist von zwei Monaten in Frage. Es ist angenommen worden, daß diese Frist keine Verjährungsfrist sei, und dessenungeachtet die Berechnung gemäß §. 550 A.L.R. I. 9 in Anwendung gebracht. Dabei ist jedoch ausdrücklich darauf hingewiesen, daß die Frist dem römischen Rechte entnommen sei, und mit Rücksicht auf diesen Hinweis ist die Tragweite der Entscheidung begrenzt. Eine gleiche Beziehung zu dem römischen Rechte besteht, was die jetzt streitige Frist anbetrifft, nicht. Nach dem römischen Rechte hat der Erbe, damit er den Gläubigern nicht über den Bestand der Erbschaft hinaus verhaftet werde, mit der Errichtung des Inventares binnen dreißig Tagen nach erlangter Kenntnis von der Berufung zu beginnen und das Inventar binnen weiterer sechzig Tage zum Abschlusse zu bringen (l. 22 §. 2 Cod. de jure del. 6, 30). Die Fristbestimmungen des römischen Rechtes sind sonach in das Landrecht nicht übergegangen, wie überhaupt die Vorschriften des letzteren über die Wahrung der Rechtswohlthat des Inventares nicht dem römischen Rechte entlehnt worden sind. In dieser Hinsicht wird auf die von den Gesetzesrevisoren (Pens. XIV, Motive zu dem Abschn. 8 Tit. 9 Tl. I. des Allgem. Landrechtes S. 16 flg.) mitgeteilte Entstehungsgeschichte der §§. 413 flg. A.L.R. I. 9 verwiesen.

Es ist sonach die Annahme des Berufungsrichters, daß die gerichtliche Niederlegung des Inventares rechtzeitig erfolgt sei, gerechtfertigt.

2. Dasselbe gilt von der Annahme bezüglich der Vollständigkeit des Inventares.

Das überreichte Inventar ist dem Formulare des Tit. 5 Tl. II. A.G.O. entsprechend aufgestellt. Nach demselben schließt die Aktivmasse auf 24,80 ℳ ab. Bei den Titeln 1—20 sind die einzelnen Nachlaßgegenstände unter Angabe des Wertes angegeben, und bei denjenigen Titeln, unter deren Bezeichnung Nachlaßgegenstände nicht vorhanden sind, ist der Vermerk: „Vacat“ hinzugefügt. Der Tit. 21: „An Passivis und Schulden“ ist gleichfalls aufgeführt, jedoch unausgefüllt geblieben, und hierin erblickt der Kläger die Unvollständigkeit des Inventares. Der Berufungsrichter erachtet es für unerheblich, daß das Inventar über die Schuldenmasse keine Auskunft giebt, da die Angabe der Nachlaßschulden mit Rücksicht auf den Zweck der Inventarhinterlegung überhaupt bedeutungslos sei. Inwieweit diese — durch Dernburg (Preuß. Privatrecht Bd. 3 Anm. 4 zu §. 222) und Gruchot (Erbrecht Bd. 1 S. 166) unterstützte — Annahme der Vorschrift des §. 434 A.L.R. I. 9 gegenüber, nach welcher das zum Zwecke der Wahrung der Benefizialerbenqualität zu hinterlegende Inventar ein vollständiges Verzeichnis aller zum Nachlasse gehörigen Vermögensstücke und aller daran gemachten Ansprüche enthalten muß, zutreffend ist, kann unerörtert bleiben. Die Verpflichtung des Erben zur vollständigen Angabe der zum Nachlasse gehörigen Aktiva und Passiva reicht nicht weiter als seine Kenntnis von dem Bestehen der einzelnen Aktiva und Passiva, wie in demselben §. 434 ausgesprochen ist. Es ist deshalb Sache des Erbschaftsgläubigers, dem Erben gegenüber, welcher ein Inventar niedergelegt hat, nicht bloß den Nachweis der Unvollständigkeit des letzteren, sondern auch eines schuldbaren Verhaltens bei der Aufstellung desselben zu führen.

Vgl. Entsch. des preuß. Obertrib. Bd. 10 S. 273 flg., Bd. 58 S. 57.

Diesen Nachweis hat der Kläger jedoch nicht angetreten und nicht einmal behauptet, daß, abgesehen von der ihm selbst gegen den Nachlaß zustehenden Forderung, noch andere Nachlaßpassiva vorhanden sind. Daraus aber, daß seine eigene Forderung in dem Inventare keine Erwähnung gefunden hat, obgleich die Beklagten von derselben bei der Aufstellung des Inventares Kenntnis gehabt haben müssen, da ihnen die gegenwärtige Klage schon vorher zugestellt war, kann der Kläger einen Einwand nicht entnehmen, weil diese Unterlassung ihn nicht hindern konnte, eine Übersicht über die Beschaffenheit des Nachlasses zu gewinnen (§. 439 A.L.R. I. 9). Auf den formellen Umstand, daß der Tit. 21 des Inventares unausgefüllt geblieben ist, während bezüglich der Titel, betreffend die Aktivmasse, unter deren Bezeichnung Nachlaßgegenstände nicht vorhanden sind, eine Vakatanzeige beigefügt worden, ist ein Gewicht nicht zu legen. Mit diesen Annahmen steht die von der Revision in Bezug genommene, in Gruchot's Beiträgen Bd. 28 S. 922 veröffentlichte Entscheidung des Reichsgerichtes nicht im Widerspruche."

---

71. Giebt dem Gläubiger einer Ehefrau die Pfändung und Überweisung der Forderung der Ehefrau auf Herausgabe des Eingebrachten und die daneben erfolgte Pfändung des Rechtes der Ehefrau, nach §. 255 A.L.R. II. 1 von dem in Vermögensverfall geratenen Ehemanne die Sicherstellung des Eingebrachten zu verlangen, in stehender Ehe ein Klagerecht auf Sicherstellung der gepfändeten Illatenforderung?

IV. Civilsenat. Urt. v. 27. April 1891 i. S. C. (Bekl.) w. K. (Kl.) Rep. IV. 20/91.

I. Landgericht Beuthen O./S.
II. Oberlandesgericht Breslau.

Das Reichsgericht hat die obige Frage bejaht.

Aus den Gründen:

„Der Kläger hat gegen die Ehefrau des Beklagten einen Zahlungsbefehl auf Höhe von 1800 *M* mit 5 Prozent Zinsen seit dem 3. Februar 1889 erwirkt. Der Zahlungsbefehl ist rechtskräftig geworden. Wegen der 1800 *M* mit Zinsen, 9,50 *M* an Kosten des Zahlungsbefehles und 23 *M* und 9,40 *M* weiterer Kosten wurde auf den Antrag des Klägers durch Beschluß des Amtsgerichtes Kattowitz vom 28. Juni 1889 die der Schuldnerin gegen ihren Ehemann nach Angabe des Klägers zustehende Illatenforderung von 2400 *M* und das Recht der Schuldnerin, die Sicherstellung dieser Forderung zu verlangen, gepfändet. Auch wurde dem Kläger durch denselben Beschluß die bezeichnete Forderung auf Höhe des erwähnten Betrages zur Einziehung überwiesen. Von der Forderung des Klägers sind 146,15 *M* anderweit beigetrieben. In Ansehung der übrigen 1695,75 *M* nebst 5 Prozent Zinsen seit dem 3. Februar 1889 hat der Kläger gegen den Ehemann seiner Schuldnerin, indem er geltend macht, daß der Ehemann in Vermögensverfall geraten sei, auf Sicherheitsbestellung geklagt und den Antrag gestellt, den Beklagten zu verurteilen, wegen der bezeichneten Forderung mit einem in einer Arrestprozeßsache des Klägers bei der Regierung zu Oppeln hinterlegten Betrage von 1755,75 *M* oder in anderer Weise Sicherheit zu bestellen. Das Landgericht hat ... nach dem Klagantrage erkannt. Das Berufungsgericht hat die Berufung des Beklagten zurückgewiesen. Es sieht die Illatenforderung für bewiesen an, erachtet die Vermögenslage des Beklagten für eine solche, daß dadurch der Anspruch auf Sicherstellung der Illatenforderung an sich begründet werde, und nimmt an, daß auf Grund der an den Kläger erfolgten Überweisung der Illatenforderung dem Kläger auch das für ihn gepfändete Recht der Ehefrau auf Sicherstellung gegeben sei. Zur Rechtfertigung dieser Auffassung wird darauf hingewiesen, daß nach der Civilprozeßordnung (§. 796 Abs. 2) zur Sicherheit betagter Forderungen allgemein der Arrest zugelassen sei, und daß mit dieser Zulassung der Anspruch auf Sicherstellung aufgehört habe, ein besonderes Vorrecht der Ehefrau zu sein.

Mit der Revision wird gerügt, daß aus den die Zulässigkeit des Arrestes betreffenden Bestimmungen der Civilprozeßordnung mit Unrecht Folgerungen gezogen seien. Es wird darauf hingewiesen, daß eine Überweisung des Anspruches auf Sicherstellung an den Kläger nicht stattgefunden habe. Auch wird bemerkt, daß eine solche Überweisung unzulässig sein würde, da die persönlichen Beziehungen der Eheleute zu einander in Frage ständen, und dieselben Erwägungen Platz greifen müßten, die einer Überweisung des Pflichtteilsanspruches durch Zwangsvollstreckung hinderlich wären. Die Revision erscheint jedoch nicht begründet. . . .

Die im §. 736 C.P.O. vorgesehene Überweisung einer Geldforderung zur Einziehung hat nicht die Wirkung, daß das Gläubigerrecht selbst auf den übergeht, dem die Forderung zur Einziehung überwiesen wird. Der letztere erlangt nur das Recht zur Einziehung. Er hat also ein Klagerecht auf Zahlung mit dem Eintritte der Fälligkeit der Forderung. Und seine Rechtsstellung ist die eines procurator in rem suam.

Vgl. Entsch. des R.G.'s in Civils. Bd. 18 S. 399 flg., Bd. 20 S. 422.

Gläubiger aber bleibt derjenige, gegen den die Zwangsvollstreckung stattgefunden hat. Nur darf er sein Gläubigerrecht nicht zum Nachteile dessen ausüben, dem die Forderung zur Einziehung überwiesen ist.

Vgl. Entsch. a. a. O. Bd. 20 S. 422.

Es handelt sich also darum, die Grenzen dieses Gläubigerrechtes und des Einziehungsrechtes zu bestimmen.

Daß dem Einziehungsberechtigten die Befugnis zur Anbringung von Arrestanträgen, die eine künftige Zwangsvollstreckung zu sichern geeignet sind (§§. 796 flg. C.P.O.), gegeben werden muß, erscheint nicht zweifelhaft. Diese Befugnis muß in dem Rechte der Einziehung begriffen sein. Denn der Arrest soll nur die Einziehung vorbereiten, erleichtern, sichern. Ob, wie das Berufungsgericht meint, die Befugnis, wegen betagter Forderungen Arrestanträge zu stellen, erst durch die Civilprozeßordnung eingeführt ist, oder ob nicht schon nach der Allgem. Gerichtsordnung (§§. 47 flg. I. 29) dem Gläubiger auch einer betagten Forderung Arrestanträge zustanden, braucht nicht erörtert zu werden. Es fragt sich aber weiter, wie der gegenwärtig streitige Anspruch auf Sicherstellung sich der Befugnis zu Arrestanträgen gegenüber verhält.

Der §. 255 A.L.R. II. 1 giebt der Ehefrau das Recht, besondere Sicherstellung wegen ihres Eingebrachten von dem Manne zu fordern, wenn sich Umstände ereignen, welche die wahrscheinliche Besorgnis eines bevorstehenden Verlustes begründen. Die Vorschrift enthält also eine Normierung der Voraussetzungen, unter denen einer Ehefrau in Ansehung ihres Eingebrachten das Recht auf Sicherstellung gegeben sein soll, also dasselbe Recht, welches anderen Gläubigern als der Ehefrau und in Ansehung anderer Forderungen als des Eingebrachten unter den Voraussetzungen des Arrestschlages gegeben wird. Das in §. 255 a. a. O. normierte Recht auf Sicherstellung ist mithin von dem Rechte, Sicherstellung unter den Voraussetzungen eines Arrestschlages zu fordern, begrifflich nicht verschieden. Der innere Grund und der Zweck beider Rechte sind die gleichen. Das erstere Recht ist eine für die Illatenforderung berechnete besondere Ausgestaltung des letzteren. Ist aber das Recht aus §. 255 a. a. O. auf denselben Grund zurückzuführen wie die Befugnis zu Arrestanträgen, so ist damit schon die Verneinung der Frage nach dem Gebundensein des Anspruches aus §. 255 a. a. O. an die Person der Ehefrau gegeben. Aber auch abgesehen von diesen Erwägungen ist die Frage zu verneinen. Es mag sein, daß die Stellung des Ehemannes, gegen den die Voraussetzungen des §. 255 a. a. O. gegeben sind, der Ehefrau gegenüber in den meisten Fällen eine günstigere sein wird als einem Gläubiger der Ehefrau gegenüber. Allein ein ausreichender Grund dafür, dem Gläubiger der Ehefrau den Anspruch aus §. 255 zu versagen, ist nicht zu finden. Hat die Frau Schulden und gerät der Mann in Vermögensverfall, so müssen die Eheleute sich gefallen lassen, daß die persönliche Rücksicht, welche die Frau selbst dem Manne als dem Schuldner des Eingebrachten gegenüber in Ansehung des Anspruches aus §. 255 walten lassen würde, nicht genommen wird. Würde dem Gläubiger der Frau das Recht aus §. 255 versagt, so wäre die Folge, daß die Eheleute in die Lage kämen, die Substanz des eingebrachten Vermögens der Ehefrau zum Nachteile der Gläubiger der Ehefrau ungehindert zu verbrauchen, sofern nämlich den Gläubigern in Konsequenz der Auffassung, daß der Anspruch auf Sicherheitsbestellung ein höchst persönliches Recht der Frau sei, auch der Arrestanspruch versagt würde. Wird ihnen aber der Arrestanspruch gegeben, so muß ihnen auch der Anspruch aus §. 255 zustehen. Auf die Rechtsauffassung, nach der das Recht auf den Pflichtteil der Zwangsvollstreckung von seiten der Gläubiger des Pflichtteilsberechtigten nicht unterliegen soll, vgl. Striethorst, Archiv Bd. 46 S. 335, Bd. 95 S. 318; Entsch. des vorm. preuß. Obertrib. Bd. 44 S. 212,

kann sich der Beklagte nicht mit Erfolg berufen. Das Hauptargument, mit dem den Gläubigern der Zugriff dem Pflichtteilsanspruche gegenüber versagt wird, besteht in der Erwägung, daß das Recht auf den Pflichtteil erst in Wirksamkeit trete, wenn der Pflichtteilsberechtigte erkläre, daß er von dem Rechte Gebrauch machen wolle, ist also für den Anspruch auf Sicherstellung der Illatenforderung nicht anwendbar."

---

72. Steht dem Schuldner einer abgetretenen Forderung, der gegenüber der Klage des Cessionars mit einer von ihm zur Aufrechnung gestellten Gegenforderung an den Cedenten auf Grund des §. 136 Abs. 2 C.P.O. zum besonderen Prozesse verwiesen worden ist, ein Klagerecht gegen den Cessionar zum Zwecke der Geltendmachung seiner Gegenforderung zu?

A.L.R. I. 11 §§. 407. 408, I. 16 §§. 226. 301. 313. 360. 361.

IV. Civilsenat. Urt. v. 11. Mai 1891 i. S. K. R. (Kl.) w. P. (Bekl.) Rep. IV. 78/91.

I. Landgericht Ratibor.
II. Oberlandesgericht Breslau.

Das Reichsgericht hat die obige Frage bejaht.

Aus den Gründen:

„Der gegenwärtige Rechtsstreit schließt sich an einen zwischen denselben Parteien verhandelten, durch das rechtskräftig gewordene Urteil des Oberlandesgerichtes Breslau vom 29. Mai 1888 entschiedenen Rechtsstreit an. In diesem letzteren klagte der jetzige Beklagte als Cessionar des Bauunternehmers H. einen Anspruch von 6897,89 ℳ gegen den gegenwärtigen Kläger ein. Das rechtskräftig gewordene Urteil erging dahin, daß der jetzige Kläger als Beklagter zur Zahlung von 5674,80 ℳ mit Zinsen und zur Hinterlegung von 48,31 ℳ mit Zinsen verurteilt, der Kläger mit der Mehrforderung abgewiesen und dem Beklagten ein von ihm geltend gemachter Kompensationsanspruch vorbehalten und zum besonderen Verfahren verwiesen wurde. Im gegenwärtigen Rechtsstreite sucht der damalige Beklagte als Kläger den vorbehaltenen Anspruch zur Geltung zu bringen. Das Landgericht hat jedoch die Klage abgewiesen, weil der erhobene Anspruch nicht gegen den Beklagten, der nicht Schuldner des Klägers sei, geltend gemacht werden könne, sondern gegen den Cedenten des Beklagten, den Bauunternehmer H., verfolgt werden müsse. Die Berufung des Klägers gegen das landgerichtliche Urteil ist zurückgewiesen worden. Die vom Kläger gegen das Berufungsurteil eingelegte Revision erscheint begründet.

Die im rechtskräftigen Urteile des Vorprozesses enthaltene, den Kompensationsanspruch betreffende Anordnung beruht auf Anwendung des §. 136 Abs. 2 C.P.O. Nach dieser Vorschrift kann das Gericht anordnen, daß eine Gegenforderung, die mit der in der Klage geltend gemachten Forderung nicht in rechtlichem Zusammenhange steht, in getrenntem Prozesse verhandelt werde. Die materiellrechtlichen Normen für die Entscheidung des vorliegenden Rechtsstreites aber sind in den §§. 407. 408 A.L.R. I. 11, §§. 301. 313. 361 I. 16 enthalten. Nach den §§. 407. 408 I. 11 behält der Schuldner einer abgetretenen Forderung dem Cessionar seines Gläubigers gegenüber alle Einwendungen und Gegenforderungen, die er gegen den Cedenten hatte. Und seine Verpflichtung soll durch die Abtretung des Rechtes in keiner Hinsicht erschwert werden. Daß dem Schuldner gegen den Cessionar die Einrede der Kompensation mit Forderungen an den Cedenten, die vor bekannt gemachter Cession entstanden sind, zusteht, ist auch in §. 313 I. 16 ausdrücklich vorgeschrieben. Daraus folgt, daß der klagende Cessionar mit dem Schuldner, der seine Gegenforderung an den Cedenten gegen die abgetretene Klageforderung zur Aufrechnung bringen will, den Streit über die Gegenforderung in derselben Weise zum Austrage zu bringen hat, wie wenn der Cedent selbst die abgetretene Forderung einklagte und ihm mit der Aufrechnungseinrede die Gegenforderung entgegengesetzt würde.

Das Allgemeine Landrecht knüpft im §. 359 I. 16 die Zulässigkeit der Kompensation an die Liquidät der Gegenforderung. Der Mangel der Liquidität hat zur Folge, daß der Schuldner der liquiden Klageforderung zur Zahlung verurteilt wird und bei vollstreckbar gewordener Verurteilung von der Zahlung der Klageforderung an den Kläger sich nur frei machen kann, wenn ihm die Voraussetzungen eines Arrestschlages zur Sicherung der Gegenforderung zur Seite stehen (§§. 360. 226 I. 16). Wird demnächst die bestrittene Gegenforderung liquid gemacht, so hat dies nach ausdrücklicher Vorschrift des Landrechtes die Wirkung, daß die Forderung, gegen welche hat aufgerechnet werden sollen, als in dem Zeitpunkte erloschen angesehen wird, in welchem die Gegenforderung entstanden oder doch fällig geworden ist (§§. 361. 301 a. a. O.). Die Wirkung der Kompensation erstreckt sich danach auch beim Mangel der Liquidität der Gegenforderung auf den Zeitpunkt der Entstehung oder, wenn die Gegenforderung mit ihrer Entstehung noch nicht fällig war, auf den der Fälligkeit der Gegenforderung zurück. Diese materiellrechtlichen Normen haben durch die prozessualische Bestimmung des §. 136 Abs. 2 C.P.O. keine Änderung in dem Sinne erlitten, daß mit der Verweisung der Gegenforderung zum besonderen Prozesse die Tilgungswirkung der zur Kompensation gestellten, aber zum besonderen Prozesse verwiesenen und in diesem Prozesse liquide gemachten Gegenforderung beseitigt sein könnte. Die Bestimmung des §. 136 Abs. 2 a. a. O. ist wesentlich nichts Anderes als eine den neuen Prozeßformen angepaßte anderweite Gestaltung und Verallgemeinerung des von der gemeinrechtlichen Rechtsprechung nicht mehr festgehaltenen Erfordernisses der Liquidität, das ebenfalls von vorwiegend prozessualischer Bedeutung ist. Dabei soll jedoch die Frage nicht entschieden werden, ob das Erfordernis der Liquidität als solches durch die fakultative Bestimmung des §. 136 Abs. 2 a. a. O. beseitigt und ersetzt worden ist. Aus jener der nachmaligen Liquidstellung der Gegenforderung beigelegten zurückzubeziehenden Tilgungswirkung ergiebt sich, daß mit der Liquidstellung der zur Kompensation gestellten Gegenforderung ein kondiktionsähnlicher Anspruch auf Rückzahlung der Klageforderung entsteht, wenn der zur Zahlung der Klageforderung verurteilte Schuldner bei Liquidstellung der Gegenforderung die Klageforderung bereits gezahlt hatte. Dieser Anspruch braucht mit dem Anspruche auf Zahlung der Gegenforderung inhaltlich nicht zusammenzufallen. Er wird der Natur der Sache nach schon in dem Falle von ihm verschieden sein, in dem die Zinsenverpflichtung für den Klaganspruch anders gestaltet ist als für die Gegenforderung.

Die hervorgehobenen landrechtlichen Wirkungen der Kompensation müssen nach dem Grundsatze, daß die Verpflichtung des Schuldners durch die Cession sich nicht erschweren soll, auch zu Gunsten des Schuldners einer abgetretenen Forderung dem Cessionar gegenüber eintreten, gegen den der Schuldner eine ihm an den Cedenten zustehende Forderung zur Geltung bringen will. Daraus folgt, daß der Schuldner der abgetretenen Forderung, dessen Gegenforderung zum besonderen Prozesse verwiesen ist, die nach den Bestimmungen der §§. 361. 301 A.L.R. I. 16 durch das Nebeneinanderbestehen von Forderung und Gegenforderung vermittelte Tilgungswirkung der Gegenforderung auch dem Cessionar gegenüber geltend machen kann. Allerdings ist die Gegenforderung dadurch, daß auf ihr Bestehen der Schuldner der abgetretenen Forderung die Einrede der Kompensation gegründet hat, nicht rechtshängig geworden.

Vgl. Entsch. des R.G.'s in Civils. Bd. 6 S. 420 flg., Bd. 18 S. 408.

Es würde vielmehr dem Schuldner unbenommen sein, den Anspruch gegen den Cedenten einzuklagen und den Kompensationsanspruch als solchen nicht zu verfolgen. Allein wenn das dem Schuldner nach den angeführten landrechtlichen Bestimmungen zustehende Kompensationsrecht wirksam werden soll, so bleibt nur übrig, dem Schuldner auch nach der Verweisung der Gegenforderung zum besonderen Prozesse die rechtliche Möglichkeit der Geltendmachung der Gegenforderung in derselben Weise zu geben, wie er die Gegenforderung gegen den Cedenten, wenn die Abtretung der Forderung nicht geschehen wäre, hätte geltend machen können. Der Thatbestand des angefochtenen Urteiles ergiebt nichts darüber, ob der jetzige Kläger den Betrag, zu dessen Zahlung er in dem früheren Rechtsstreite bei Verweisung seiner Gegenforderung zum besonderen Prozesse verurteilt worden ist, an den Beklagten gezahlt hat. Der Thatbestand des landgerichtlichen Urteiles, der die Behauptung des jetzigen Klägers erwähnt, daß wegen der Klageforderungen Arrestbeschlüsse erlassen worden seien, weist darauf hin, daß eine Zahlung der Klageforderung des Vorprozesses, zu deren Zahlung der jetzige Kläger verurteilt worden, über den Betrag der von ihm geltend gemachten Gegenforderungen hinaus noch nicht erfolgt ist, daß der jetzige Kläger vielmehr zur Sicherheit seiner Gegenforderungen auf jene Klageforderungen Arrest ausgebracht hat. Träfe diese Annahme zu, so würde der mit der gegenwärtigen Klage gestellte Antrag auf Verurteilung des Beklagten zur Zahlung des Betrages der streitigen Gegenforderungen nicht aufrechterhalten werden können. Es würde vielmehr an seine Stelle ein der zurückzubeziehenden Tilgungswirkung der Gegenforderung und der Lage des ausgebrachten Arrestes entsprechender Antrag zu treten haben, während, wenn die Zahlung der Klageforderung des Vorprozesses erfolgt wäre, der mit der jetzigen Klage gestellte Antrag der Konditionsnatur der Klage entsprechen würde." . . .

IV. Rheinisches Recht.

73. Voraussetzungen der Kündigung eines Gesellschaftsvertrages.

II. Civilsenat. Urt. v. 26. September 1890 i. S. G. u. Gen. (Kl.) w. P. (Bekl.) Rep. II. 140/90.

I. Landgericht Konstanz.
II. Oberlandesgericht Karlsruhe.

Die Streitteile haben zu Ende des Jahres 1887 oder Anfang des Jahres 1888 mündlich einen Gesellschaftsvertrag zu dem Zwecke geschlossen, das liegenschaftliche Anwesen der Altammann G. Eheleute in Sch. auf gemeinschaftliche Rechnung zu kaufen und wieder zu verkaufen. Der Beklagte hat am 26. November 1888 die Gesellschaft den Klägern gekündigt, am 6. Oktober 1889 das bezeichnete Anwesen gekauft und es bald darauf mit beträchtlichem Gewinne wieder verkauft. Die Kläger klagten auf Anerkennung ihrer Beteiligung am Gewinne, indem sie jene Kündigung sowohl an sich, als weil sie nicht redlicherweise geschehen sei, für unstatthaft erachteten. Das die Klage abweisende Urteil des Oberlandesgerichtes wurde aufgehoben.

Aus den Gründen:

„1. Soweit es sich darum handelt, ob, abgesehen von der klägerischerseits behaupteten Unredlichkeit der vom Beklagten vorgenommenen Kündigung, der zwischen den Streitteilen abgeschlossene Gesellschaftsvertrag gekündigt werden konnte, ist das Gesetz nicht verletzt.

Nach L.R.S. 1869 ist eine einseitige Kündigung der Gesellschaft nur bei Gesellschaften „von unbestimmter Dauer" bezw. nach Art. 1869 Code civil nur bei sociétés dont la durée est illimitée zulässig; es ist daher zu prüfen, ob die vorliegende Gesellschaft, welche von den Parteien zu dem Zwecke geschlossen wurde, das liegenschaftliche Anwesen der Altammann G. Eheleute in Sch. auf gemeinschaftliche Rechnung zu kaufen und wieder zu verkaufen, von dem Gerichte ohne Gesetzesverletzung als eine Gesellschaft von unbestimmter Dauer im Sinne des L.R.S. 1869 betrachtet werden konnte. Dies ist aber zu bejahen.

Zwar ist eine Gesellschaft von bestimmter Dauer — und daher nicht unter L.R.S. 1869 fallend — nicht etwa bloß dann anzunehmen, wenn ein bestimmtes Endziel ausdrücklich vereinbart ist, sondern auch dann, wenn der bezügliche Wille der Parteien sonst zu entnehmen ist. Allein andererseits führt ein Zusammenhalt der Bestimmungen des Art. 1869 Code civil (in Verbindung mit Art. 1871) zu jenen des Art. 1844 Code civil nicht zu der notwendigen Auslegung, es begreife Art. 1869 nur die im ersten Satze des Art. 1844 bezeichneten Gesellschaften, dagegen nie die im zweiten Satze des Art. 1844 bezeichneten; vielmehr erscheinen beide in Art. 1844 bezeichneten Kategorieen von Gesellschaften, wie der Beginn des Art. 1844 und dann das Wort „ou" in Art. 1844 zeigt, als fallend unter die sociétés, über deren Dauer eine „convention" (Art. 1844) nicht besteht, welche daher keinen „terme convenu" nach dem Wortlaute des Art. 1871 haben; Art. 1871 bildet aber den Gegensatz zu Art. 1869; jene Gesellschaften, welche nicht unter Art. 1871 fallen, gehören daher — sonach auch in der zweiten Kategorie des Art. 1844 — unter die sociétés dont la durée est illimitée im Sinne des Art. 1869.

Es ist deshalb auch bei einer Gesellschaft, bei welcher es sich um eine auf die Erwerbung eines bestimmten Gegenstandes gerichtete Unternehmung handelt, die rechtliche Möglichkeit einer Anwendbarkeit des Art. 1869 an sich nicht zu verneinen, in erster Reihe aber immer in thatsächlicher Hinsicht der Wille der Parteien bei Eingehung der Gesellschaft über eine bestimmte Dauer nach allen Umständen zu ermitteln. Im vorliegenden Falle ist nun aber thatsächlich angenommen worden, eine Bestimmung über die Dauer des Vertrages sei weder ausdrücklich vereinbart worden, noch folge sie aus der erkennbaren Absicht der Parteien, welche vielmehr nach der Sachlage vorbehaltlich eines der Auflösungsgründe des L.R.S. 1865 Ziff. 2—5 in unbestimmter Dauer hätten in der Gesellschaft bleiben wollen.

Hiernach war auch im vorliegenden Falle die rechtliche Möglichkeit einer Kündigung an sich nicht ausgeschlossen.

2. Dagegen lassen die Erwägungen, aus welchen das Oberlandesgericht den von den Klägern vorgeschlagenen Beweis nicht erhoben hat, eine richtige Anwendung der L.R.S. 1869. 1870 darüber, daß die Kündigung der Gesellschaft nicht unredlicherweise geschehen dürfe, vermissen.

Inhaltlich des Thatbestandes des oberlandesgerichtlichen Urteiles berufen sich die Kläger auf G. B. als Zeugen dafür, daß diesem der Beklagte vor seiner Kündigung vom 26. November 1888 erklärt habe, er kündige den Klägern die Gesellschaft deshalb, weil er jetzt die Möglichkeit sehe, das fragliche Anwesen nicht nur zu kaufen, sondern auch zu verkaufen. Das Oberlandesgericht hat nun diese von G. B. zu bezeugende Äußerung deshalb für rechtlich unerheblich erachtet, „weil hierin nur eine etwaige Hoffnung des Beklagten, das Anwesen erwerben und veräußern zu können, zu erblicken wäre, welche Hoffnung aber an der von dem Willen eines Dritten abhängigen Thatsache als gescheitert zu betrachten sei, daß es ihm in der That nicht gelungen sei, im Zeitraume vom November 1888 bis zum Oktober 1889 sie zu verwirklichen", und hat weiter beigefügt: „Am 26. November 1888 hatte Beklagter einen Gewinn noch nicht gemacht und noch nicht in sicherer Aussicht, und kann daher die Kündigung von ihm nicht geschehen sein, um sich einen für gemeinsame Rechnung zu machenden Gewinn allein zuzueignen." Diese Erwägungen des Oberlandesgerichtes scheinen auf der Annahme zu beruhen, daß der Begriff einer unredlichen Kündigung im Sinne der L.R.S. 1869. 1870 sich nicht schon dadurch erfülle, daß der Kündigende zur Zeit der Kündigung seinerseits die Absicht habe, einen Gewinn, zu dessen Erlangung die Gesellschaft geschlossen worden, für sich allein zu machen, sondern es sei dazu weiter erforderlich, daß bereits im Augenblicke der Kündigung eine Aussicht auf die Erreichung des beabsichtigten Erfolges bestanden habe, daß also dem unredlichen subjektiven Willen auch die Aussicht auf einen objektiven Erfolg zur Seite gestanden habe. Eine derartige Auslegung würde aber mit dem Zwecke und Wortlaute des Gesetzes nicht vereinbar sein, in welch letzterer Hinsicht noch zu bemerken ist, daß auch der badische Gesetzestext mit den Worten des L.R.S. 1870 „Gewinn, der für gemeinsame Rechnung zu machen gewesen wäre" keinen anderen Sinn verbindet als Art. 1870 Code civil mit den Worten „le profit, que les associés s'étaient proposé de retirer en commun".

Nach dem vorstehend unter Ziff. 2 Gesagten war das Urteil des Oberlandesgerichtes aufzuheben." ...

---

74. Darf in dem in der Civilprozeßordnung (§§. 762—768) vorgesehenen Verteilungsverfahren einem Gläubiger Anweisung erteilt werden, wenn feststeht, daß derselbe seine Forderung auf einen Dritten übertragen hat?

Ist, wenn eine solche Anweisung erfolgt ist, im Gebiete des rheinischen Rechtes der dem Angewiesenen nachstehende Gläubiger befugt, die Streichung der Anweisung zu verlangen?

II. Civilsenat. Urt. v. 30. September 1890 i. S. F. & Co. (Kl.) w. W. u. Gen. (Bekl.) Rep. II. 136/90.

I. Landgericht Köln.
II. Oberlandesgericht daselbst.

Gegen eine Aktiengesellschaft mit dem Sitze in London und mit einer Zweigniederlassung im Bezirke des Amtsgerichtes zu Mülheim a./Rh. wurden zahlreiche Pfändungen vorgenommen, an welche sich, da der Erlös aus den gepfändeten und versteigerten Gegenständen nicht zur Befriedigung aller Gläubiger ausreichte, ein Verteilungsverfahren anschloß. Gegen den vom Amtsgerichte aufgestellten Teilungsplan, in welchem die Gläubiger nach der Reihenfolge der Pfändung Anweisung erhalten hatten, erhob die klägerische Firma Widerspruch, soweit es sich um die Anweisung der ihr vorgehenden Gläubiger handelte, und machte zur Begründung desselben u. a. in der Klage geltend, die Forderungen der Beklagten seien getilgt, stünden jedenfalls nicht mehr den Beklagten zu, sondern seien auf den Nebenintervenienten H. übergegangen, der die Aktiven und Passiven der Schuldnerin übernommen habe. Kläger beantragte Streichung der den Beklagten erteilten Anweisungen. Diese gaben zu, daß sie ihre Forderungen cediert hätten, bestritten aber, daß dieselben getilgt eien. Die Klage wurde vom Landgerichte abgewiesen. Ebenso wies das Oberlandesgericht die Berufung des Klägers zurück, weil nicht feststehe, daß die Forderungen der Beklagten getilgt seien und der Kläger nicht befugt erscheine, die Legitimation der Beklagten zu bestreiten und geltend zu machen, daß nicht diesen, sondern nur dem Cessionar die Anweisung hätte erteilt werden dürfen. Auf Revision des Klägers wurde das angefochtene Urteil aufgehoben und der Teilungsplan dahin abgeändert, daß die den Beklagten erteilten Anweisungen gestrichen wurden.

Aus den Gründen:

„Von der Revisionsklägerin ist ein Angriff nur insoweit erhoben worden, als es sich um die Frage handelt, ob sie die Streichung der den Revisionsbeklagten unter den Nummern 1—4 erteilten Anweisungen aus dem Grunde bestreiten könne, weil diesen Beklagten eine Forderung nicht mehr zustehe. Auch hängt die Entscheidung lediglich von der Beurteilung dieser Frage ab, da die übrigen von der Klägerin erhobenen Einwendungen in den Vorinstanzen ohne Rechtsirrtum für unbegründet erklärt worden sind. Der von der Revisionsklägerin erhobene Angriff war jedoch als begründet anzusehen.

Welche Gründe als geeignet erscheinen, einen Widerspruch gegen den im Verteilungsverfahren aufzustellenden Teilungsplan zu rechtfertigen, ergiebt sich nicht aus den §§. 762—768 C.P.O., welche lediglich das Verfahren regeln, muß vielmehr nach denjenigen Rechtsgrundsätzen beurteilt werden, welche aus dem materiellen Rechte zu entnehmen sind. Hiernach kann es keinem Zweifel unterliegen, daß der widersprechende Gläubiger nicht bloß befugt ist, den Vorrang eines vor ihm angewiesenen Gläubigers zu bestreiten, sondern auch die Richtigkeit der Forderungen bekämpfen darf, für welche eine der seinigen vorgehende Anweisung erteilt worden ist, und durch die seine Befriedigung ausgeschlossen oder doch beeinträchtigt wird.[1] Wenn eine Forderung nicht mehr besteht, so kann auch Berücksichtigung derselben im Verteilungsverfahren nicht beansprucht werden, und wenn eine solche dennoch gefordert und gewährt worden ist, so haben alle Gläubiger, welche durch die mit Unrecht erteilte Anweisung beeinträchtigt werden, ein Interesse an deren Beseitigung und das Recht,

[1] Vgl. hierzu Seuffert, Kommentar zur C.P.O. §. 764 S. 870; Wilmowski-Levy, Kommentar S. 990 nebst der dort angegebenen weiteren Literatur. A. M.: Puchelt, Bd. 2 S. 627; v. Sarwey, Bd. 2 S. 256. D. E.

diese zu verlangen. Nicht anders liegt die Sache, wenn feststeht, daß eine bei dem Teilungsplane berücksichtigte Forderung jedenfalls demjenigen angeblichen Gläubiger, welcher auf Grund derselben Anweisung erhalten hat, nicht zusteht, sondern, wenn sie überhaupt noch existiert, auf einen Anderen übergegangen ist. In einem solchen Falle fehlt dem Angewiesenen die Eigenschaft eines Gläubigers, welche eine notwendige Voraussetzung der Teilnahme an dem in den §§. 758 flg. C.P.O. vorgesehenen Verteilungsverfahren ist. Derselbe kann nicht verlangen, daß er bei Verteilung des hinterlegten, zur Befriedigung der beteiligten Gläubiger bestimmten Geldbetrages berücksichtigt werde, weil er überhaupt nicht mehr Gläubiger ist und deshalb auch in dem Verteilungsverfahren nichts zu beanspruchen hat. Wie der Beklagte nach den im Gebiete des rheinischen Rechtes geltenden Grundsätzen berechtigt ist, gegenüber dem Kläger, der eine von ihm cedierte Forderung einklagt, dessen Legitimation zur Sache zu bestreiten,

vgl. Entsch. des R.G. in Civils. Bd. 11 S. 339 flg.,

so muß auch dem nachstehenden Gläubiger das Recht zugesprochen werden, die Beseitigung einer im Verteilungsverfahren geltend gemachten und berücksichtigten Forderung mit Rücksicht darauf zu beantragen, daß diese Forderung in keinem Falle der angewiesenen Person zustehe. Zu diesem Begehren ist er deshalb berechtigt, weil die in Frage stehende Anweisung seine Befriedigung beeinträchtigt und ihm unter allen Umständen ein „besseres Recht" als dem Angewiesenen zusteht, der auf den zu verteilenden Geldbetrag gar keinen Anspruch erheben kann. Daß der widersprechende Gläubiger, wenn er so verfährt, die Rechte eines Dritten geltend mache, kann nicht mit Grund behauptet werden, weil er nicht verlangt, daß an Stelle des angewiesenen Cedenten der Cessionar Anweisung erhalte, sondern dem angewiesenen Gläubiger, dem er vorerst allein gegenübersteht, lediglich entgegenhält, daß dieser unter keinen Umständen zur Teilnahme am Verteilungsverfahren berechtigt sei und Anweisung erhalten dürfe, und weil er sehr wohl in der Lage sein kann, wenn der Cessionar in das Verfahren eintritt, auch dessen Anweisung mit Erfolg zu bekämpfen. Mit Rücksicht darauf kann auch nicht geltend gemacht werden, daß der widersprechende Gläubiger kein Interesse daran habe, die Streichung der dem Cedenten erteilten Anweisung zu verlangen; denn derselbe kann, wenn er, wie im vorliegenden Falle, behauptet, daß die angewiesene Forderung gar nicht mehr bestehe, sondern in der Person des Cessionars untergegangen sei, ein großes Interesse daran haben, daß ihm der Cessionar als Partei gegenübersteht und er demselben den Entscheidungseid zuschieben kann. Das Oberlandesgericht hat allerdings auf zwei Urteile des V. Civilsenates des Reichsgerichtes vom 5. Dezember 1885 und 7. Januar 1886,

vgl. Gruchot, Bd. 30 S. 1014; Entsch. des R.G. in Civils. Bd. 15 S. 221 flg.

Bezug genommen, in welchem dem widersprechenden Gläubiger das Recht, die Legitimation des vorgehenden Gläubigers zu bestreiten, abgesprochen worden ist. Die abweichende Auffassung, welche diesen Urteilen zu Grunde liegt, giebt jedoch keine Veranlassung, gemäß §. 137 G.V.G. eine Entscheidung der vereinigten Civilsenate einzuholen; denn in den von dem V. Civilsenate entschiedenen Fällen handelte es sich — abgesehen von der Verschiedenheit des Rechtsgebietes — nicht um dasjenige Verteilungsverfahren, das in den §§. 758 flg. C.P.O. geregelt ist, sondern um ein solches auf Grund der preußischen Subhastationsordnungen von den Jahren 1869 und 1883. In einem derartigen Verfahren können, insbesondere wegen der Vorschrift, nach welcher alle eingetragenen Forderungen, gleichviel von welcher Person dieselben geltend gemacht werden, in den Verteilungsplan aufzunehmen sind, andere Gesichtspunkte maßgebend sein.[1] Im vorliegenden Falle mußte zwar das Amtsgericht nach §. 760 Abs. 3 C.P.O. die Forderungen derjenigen Gläubiger in den Teilungsplan aufnehmen, von welchen die Pfändungen ausgegangen waren. Diejenigen Gläubiger, welche sich ihrer Forderungen entäußert hatten, mußten aber, jedenfalls nachdem gegen ihre Anweisungen Widerspruch erhoben war, auf diese verzichten und es dem Cessionar, der auch jetzt noch in der Lage ist, im Verteilungsverfahren aufzutreten, überlassen, seine Forderung geltend zu machen und den Streit über deren Existenz selbst durchzuführen."

[1] Vgl. in diesem Sinne noch: Förster, Kommentar zur C.P.O. §. 764 Bd. 2 S. 563 und Falkmann, Zwangsvollstreckung S. 291. D. E.

75. Kann nach französischem Rechte eine gültige Schenkung unter Lebenden unter Umgehung der gesetzlichen Formvorschriften mittels Einkleidung in einen nicht gewollten belasteten Vertrag errichtet werden?

Bürgerl. Gesetzbuch Artt. 931. 932.

II. Civilsenat. Urt. v. 7. Oktober 1890 i. S. Sch. (Bekl.) w. Sch. (Kl.) Rep. II. 164/90.

I. Landgericht Trier.
II. Oberlandesgericht Köln.

Aus den Gründen:

... „In materieller Beziehung versagt das Berufungsgericht den Erwerbsakten rechtliche Wirksamkeit, weil es dieselben für verschleierte Schenkungen erachtet und die gesetzlichen Formvorschriften für Schenkungen nicht gewahrt findet. In dieser Hinsicht hat nun der Senat in einem Urteile vom 19. Januar 1883,

vgl. Entsch. des R.G.'s in Civils. Bd. 8 S. 307,

unter näherer Begründung ausgesprochen, daß eine in Wahrheit gewollte reine Schenkung nicht dadurch von den für Schenkungsakte gegebenen Formvorschriften befreit und rechtsgültig werden könne, daß sie in ein anderes, in Wirklichkeit nicht gewolltes, lediglich zur Verdeckung der Schenkung bestimmtes, belastetes Rechtsgeschäft eingekleidet wird. Von dieser Ansicht abzugehen, liegt kein Anlaß vor.

Allerdings ist zuzugeben, daß in einem ernstlich gewollten belasteten Vertrage gleichzeitig auch eine verdeckte freigebige Verfügung getroffen werden könne. Ob und inwiefern in einem solchen Falle zugleich die Formvorschriften für Schenkungen eingehalten werden müssen, bedarf hier keiner Erörterung. Ist aber das belastete Geschäft überhaupt nicht gewollt, so hat es als solches keine rechtliche Existenz. Die wirklich gewollte Schenkung aber setzt zu ihrer Gültigkeit die Beobachtung der in Artt. 931. 932 des bürgerl. Gesetzbuches vorgeschriebenen Formen voraus; sowohl die Absicht, schenken zu wollen, als auch die Annahme der Schenkung — nicht bloß die letztere, wie das Berufungsgericht anzunehmen scheint — muß in einer öffentlichen Urkunde ausdrücklich erklärt werden." ...

76. 1. Steht der Ehefrau, welche nach erkannter Scheidung die Gütergemeinschaft angenommen hat, für eine aus der Teilung der Gemeinschaft herrührende Gleichstellungsforderung an den Ehemann die gesetzliche Hypothek (Artt. 2121. 2135 des bürgerl. Gesetzbuches) zu?

2. Hat das Teilungsprivileg, welches die genannte Forderung nach Artt. 2103 Ziff. 3. 1476 des bürgerl. Gesetzbuches genießt, nach der Regel des Art. 2095 das. den Vorrang vor der Hypothek eines Dritten, welche der Ehemann an einer Gemeinschaftsliegenschaft vor der Aufhebung der Gemeinschaft bestellt hatte?

II. Civilsenat. Urt. v. 17. Oktober 1890 i. S. der geschiedenen Ehefrau F. (Kl.) w. Witwe Fr. u. Gen. (Bekl.) Rep. II. 159/90.

I. Landgericht Köln.
II. Oberlandesgericht daselbst.

Nachdem die im Jahre 1860 geschlossene Ehe der Klägerin auf deren Antrag geschieden und damit auch die Gütergemeinschaft aufgehoben war, wurde laut Auseinandersetzungsaktes vom 3. Dezember 1884 jedem Eheteile eine Hälfte des gemeinschaftlichen Vermögens zugeschieden, und hatte der Ehemann, welcher die Gemeinschaftsliegenschaften übernahm, seiner geschiedenen Ehefrau zur Gleichstellung eine Summe Geldes herauszuzahlen. Eine dieser Liegenschaften wurde auf Antrag der Klägerin im Wege der Zwangsvollstreckung mit einem Erlöse von 21000 *M* versteigert, und nach dem amtsgerichtlichen Verteilungsplane haben hierauf an erster Stelle Anweisung erhalten die Beklagten für ihre Forderung von 31807,08 *M* auf Grund eines Unterpfandsrechtes an der versteigerten Liegenschaft, eingetragen am 29. September 1877, welches der Ehemann der Klägerin dem Rechtsvorgänger der Beklagten vertragsmäßig eingeräumt hat. Die Klägerin hatte ihre Gleichstellungsforderung aus der Gemeinschaftsteilung mit restlichen 14 500 *M* angemeldet. Es standen ihr zwei Eintragungen zur Seite: 1. vom 27. September 1884 auf Grund der Artt. 2121. 2135 des bürgerl. Gesetzbuches und 2. vom 29. Dezember 1884 für die Gleichstellungsforderung von 38107,85 *M*. In dem Verteilungsplane wurden die Beklagten mit ihrer Hypothek an erster Stelle angewiesen, die Klägerin auf Grund einer Verzichtserklärung auf ihren Vorrang vom 24. Oktober 1877 mit ihrer Gleichstellungsforderung an zweiter Stelle. Letztere erhob gegen den Verteilungsplan Widerspruch und beantragte mit der vorliegenden Klage, vor der Hypothek der Beklagten loziert zu werden. In der ersten Instanz bewegte sich die Verhandlung nur um die Frage der Echtheit der erwähnten Verzichtsurkunde. In der Berufungsinstanz machten dagegen die Beklagten in erster Linie geltend, daß der Klägerin, welche die Gütergemeinschaft angenommen habe, für ihre Gleichstellungsforderung die gesetzliche Hypothek überhaupt nicht zustehe. Die Klage wurde in der zweiten Instanz abgewiesen und die von der Klägerin eingelegte Revision vom Reichsgerichte verworfen.

Aus den Gründen:

... „Mit Recht hat ... das Oberlandesgericht verneint, daß der Herausgabeforderung das gesetzliche Pfandrecht des Art. 2121 des bürgerl. Gesetzbuches zustehe.

Es handelt sich nicht um eine Rückforderung wegen eines zum Sondervermögen der Ehefrau gehörenden Beibringens, sondern lediglich um ihren Anteil an der von ihr angenommenen Gemeinschaft, mögen sich auch von der Klägerin beigebrachte Werte in dieser befinden. Für solchen Fall sind aber die Rechte der Ehefrau durch die speziellen Vorschriften der Artt. 1467. 1476 des bürgerl. Gesetzbuches geregelt, nach welchen sie hinsichtlich der Erhaltung und Durchführung ihres Anspruches an die Gemeinschaft den Miterben gleichgestellt wird. Sie besitzt daher zur Sicherung ihres Anteiles nicht eine gesetzliche Hypothek gemäß Art. 2121 des bürgerl. Gesetzbuches, sondern das Privileg der Teilungsgenossen gemäß Artt. 2103 Ziff. 3. 2109 das., welches nach der Feststellung des Berufungsurteiles durch die Inskription vom 29. Dezember 1884 vorschriftsmäßig gewahrt worden ist.

Auch dieses Privileg steht indessen der Hypothek der Beklagten nach, wie von dem Oberlandesgerichte mit Recht angenommen wurde.

Von der Regel des Art. 2095 des bürgerl. Gesetzbuches, wonach Privilegien als von der Beschaffenheit einer Forderung abhängigen Vorzugsrechten der Vorrang vor Hypotheken zuerkannt ist, muß jedenfalls die Ausnahme anerkannt werden, daß diejenigen Hypotheken den Privilegien vorgehen, welche die Inhaber der letzteren oder deren Rechtsvorgänger vor dem das Privileg begründenden Akte an der betroffenen Liegenschaft bestellt haben. Dem Vorzugsrechte des Verkäufers geht daher das Pfandrecht vor, mit welchem er selbst oder ein früherer

Besitzer die Liegenschaft vor dem Verkaufe belastet hat, und dem Vorzugsrechte des Miterben die Hypothek, welche der Erblasser an einer Nachlaßliegenschaft bewilligt hat. Dasselbe muß aber auch von der Hypothek der Beklagten gelten, welche vor Auflösung der Gemeinschaft von dem Ehemanne kraft seiner Verfügungsgewalt über das Gemeinschaftsgut (Art. 1421 des bürgerl. Gesetzbuches) an einer Gemeinschaftsliegenschaft bestellt worden ist. Hiermit war diese Liegenschaft endgültig mit einem von beiden Teilungsinteressenten anzuerkennenden Pfandrechte belastet und bildete *in diesem Zustande* einen Bestandteil der Teilungsmasse nach Auflösung der Gemeinschaft, weshalb die Teilungsgenossen selbst durch den Teilungsvertrag keine diesem Pfandrechte vorgehenden privilegierten Forderungen begründen konnten. Das zur Aufrechterhaltung der Gleichheit bei Teilungen gewährte und damit zur Erleichterung jeder dem praktischen Bedürfnisse entsprechenden Verteilungsart dienende Vorzugsrecht, welches zu Gunsten der in den Artt. 2103 Ziff. 3. 2109 des bürgerl. Gesetzbuches bezeichneten Forderungen die den Teilungsgenossen zugefallenen Liegenschaften ergreift, kann einen höheren Nutzen nicht gewähren, als das Eigentum der belasteten Liegenschaften selbst böte, und dieses kann von dem darauf ruhenden Pfandrechte, welches allen Beteiligten gegenüber zu Recht besteht, nicht getrennt werden. Die Sicherheit für die klägerische Gleichstellungsforderung kann daher nur an dem etwaigen Mehrwerte der zunächst zur Deckung der Forderung des Hypothekars dienenden Liegenschaft gesucht werden, und muß deshalb das Privileg der Klägerin aus Art. 2103 Ziff. 3 des bürgerl. Gesetzbuches dem bedungenen Pfandrechte der Beklagten aus dem Jahre 1877 nachstehen."

---

77. 1. Ist in dem Falle, wo der Eigentümer einer mit Hypothek beschwerten Fabrik lediglich das mitverpfändete, nach Art. 524 des bürgerl. Gesetzbuches immobilisierte Zubehör der Fabrik an einen Dritten verkauft hat, ohne daß jedoch das Zubehör von der Fabrik getrennt worden ist, der Ankäufer des Zubehöres als Drittbesitzer im Sinne des Art. 2175 das. anzusehen?

2. Muß der Eigentümer eines Grundstückes, um eine bewegliche Sache gemäß Art. 524 des bürgerl. Gesetzbuches „par destination"

mit dem Grundstücke verbinden zu können, auch Eigentümer der beweglichen Sache sein?

II. Civilsenat. Urt. v. 28. Oktober 1890 i. S. Eheleute Rb. (Bekl.) w. Bankhaus J. R. & Co. (Kl.) Rep. II. 171/90.

I. Landgericht Metz.
II. Oberlandesgericht Kolmar.

Mittels Notariatsaktes vom 5. September 1887 eröffnete Klägerin dem Gipsfabrikanten A. Rb. und dessen Ehefrau zu Puttigny einen Kredit bis zu 6400 *M*, wofür letztere als Sicherheit der Klägerin an ihrer zu Puttigny belegenen Gipsfabrik, bestehend aus Wohnhaus, Stallungen, Remisen, Gipsöfen, unterirdischen Galerieen, sowie an den zum Betriebe dieser Fabrik erforderlichen, als immeubles par destination (Art. 524 des bürgerl. Gesetzbuches) anzusehenden Gegenständen, als: Dampfmaschine, Transmissionen, Zerkleinerungsmaschine, Schienenweg, Waggons rc, eine Hypothek bestellten. Durch Notariatsakt vom 14. Oktober 1887 schloß die beklagte, in Gütern getrennt lebende Ehefrau Rb. mit dem genannten Rd. einen Gesellschaftsvertrag, bezweckend die Ausbeutung von Gipsgruben, die Fabrikation von Gips und den Gipshandel. Nach Art. 6 dieses Vertrages brachte Frau Rb. eine Barsumme von 5600 *M*, dagegen Rd. das unentgeltliche Benutzungsrecht seiner zu Puttigny belegenen Gipsgruben sowie das auf 4000 *M* abgeschätzte Betriebs- und Industriematerial in die Gesellschaft ein. Dagegen vermietete nach Art. 11 das. Rd. der neugegründeten Gesellschaft Gebäude und Terrain seiner zu Puttigny belegenen Gipsfabrik für einen bestimmten Mietzins. Nachdem im Jahre 1888 über das persönliche Vermögen des Rd. der Konkurs eröffnet worden war, fand die in §. 14 K.O. vorgesehene Auseinandersetzung zwischen den Gesellschaftern Rd. und Frau Rb. statt. Hierbei wurde zwischen dem Konkursverwalter und der Frau Rb. ein am 3. Mai 1888 von der Gläubigerversammlung genehmigtes Übereinkommen geschlossen, wonach der Frau Rb. das ganze dem Rd. gehörige Material, wie es in Art. 6 des Gesellschaftsvertrages näher bezeichnet ist, sowie die vorhandenen Waren und Forderungen eigentümlich übertragen wurden, wogegen Frau Rb. sich verpflichtete, die Schulden der aufgelösten Gesellschaft zu bezahlen. Außerdem wurde der Frau Rb. das Recht, die Fabrik während weiterer sechs Monate noch zu betreiben, eingeräumt. Die Beklagten haben auch den Betrieb der Fabrik noch einige Monate für eigene Rechnung fortgesetzt, ihn dann aber aufgegeben. Nach Aufgabe des Betriebes haben die Beklagten den größten Teil der zur Fabrik gehörigen und zum Betriebe derselben nötigen Gegenstände, als: Maschinen, Transmissionen, Füllgeräte, Schienen, Wagen zc, an verschiedene Personen verkauft und thatsächlich aus der Fabrik entfernt. Die Klägerin hat darauf als Hypothekargläubigerin des Eigentümers Rd. gegen denselben die Subhastation der verpfändeten Fabrik betrieben, und es ist für diese bei der am 20. Januar 1889 stattgehabten Lizitation nur ein Erlös von 1150 ℳ erzielt worden. Klägerin hat nun unter der Behauptung, daß die weggebrachten Gegenstände gemäß Art. 524 des bürgerl. Gesetzbuches Zubehör der Fabrik und ihr mit verhypotheziert gewesen, daß durch die Entfernung derselben die Fabrik entwertet worden sei und Klägerin aus diesem Grunde bei dem Verkaufe der Fabrik einen Ausfall von wenigstens 5000 ℳ erlitten habe, gegen die Beklagten Klage auf Entschädigung erhoben. Das Landgericht hat die Klage abgewiesen. Auf Berufung hat das Oberlandesgericht die Beklagten zur Zahlung einer Entschädigung von 5000 ℳ an die Klägerin verurteilt. Dieses Urteil ist vom Reichsgerichte aufgehoben worden aus folgenden

Gründen:

„Das Berufungsurteil beruht auf der Annahme, daß die Ehefrau Rd. bezüglich des von ihr eigentümlich erworbenen Betriebsmateriales der Fabrik als Drittbesitzerin im Sinne des Art. 2175 des bürgerl. Gesetzbuches anzusehen gewesen sei und auf Grund der Bestimmungen dieses Artikels die klagende Hypothekargläubigerin wegen Verschlimmerung und Wertsverminderung der verpfändeten Fabrik zu entschädigen habe. Wäre die Annahme, daß die Ehefrau Rd. Drittbesitzerin geworden sei, richtig, so müßte die weitere Ausführung des Oberlandesgerichtes für zutreffend erachtet werden, daß es auf den guten oder bösen Glauben der Ehefrau Rd. bei Wegnahme des Fabrikzubehöres nicht ankommen könne. Der Drittbesitzer haftet dem Hypothekargläubiger für jede Verschlimmerung, welche durch seine Handlung dem Grundstücke zugefügt worden ist, ohne daß ihm bezüglich dieser Handlung ein Versehen nachgewiesen werden müßte. Der

Rechtsgrund dieser Haftung beruht auf der Minderung seiner Eigentumsrechte, auf der Beschränkung seiner Dispositionsbefugnis bezüglich des erworbenen Eigentumes infolge der Hypothekarbestellung durch den Vorbesitzer. Wäre aber die Ehefrau Rb. nicht als Drittbesitzerin anzusehen, so würde das Urteil nicht haltbar sein, weil dann eine Schadensersatzpflicht der beiden Beklagten sich nur auf der Grundlage der Artt. 1382 flg. a. a. O. konstruieren lassen würde und in erster Linie die Frage erörtert werden müßte, ob den Beklagten ein Versehen zur Last falle, eine Frage, welche das Oberlandesgericht als von seinem Standpunkte aus überflüssig nicht geprüft hat.

Nun muß aber der Revision darin beigepflichtet werden, daß die Ehefrau Rb. nicht als Drittbesitzerin im Sinne des Art. 2175 angesehen werden kann. Drittbesitzer ist derjenige, welcher das Eigentum der verpfändeten Liegenschaft oder eines Teiles derselben erworben hat.

Vgl. Zachariä-Dreyer, Bd. 2 §. 287.

Die Ehefrau Rb. hat aber nicht einen Teil der Liegenschaft, nämlich der Fabrik als solcher, sondern nur die mit dieser gemäß Art. 524 des bürgerl. Gesetzbuches verbundenen Mobiliargegenstände als Mobilien erworben. Das Oberlandesgericht führt selbst zutreffend an, daß die Ehefrau Rb. durch den zwischen ihr und dem Konkursverwalter unter Zustimmung der Gläubigerversammlung abgeschlossenen Vertrag das fragliche ihr zum Abbruch übertragene Material der Konkursmasse gegenüber als bewegliches Gut erworben habe. Es ist nun allerdings richtig, daß die Hypothekargläubigerin, welche ihre Hypothek zu einer Zeit erlangt hatte, als der Schuldner Rb. noch Eigentümer sowohl des Fabrikgebäudes als des Zubehöres war, sich auch an das letztere halten durfte, solange es noch nicht von der Fabrik getrennt war, daß sie also den durch den Vertrag erfolgten Eigentumsübergang der Gegenstände auf die Ehefrau Rb. nicht zu berücksichtigen brauchte, sondern die Fabrik einschließlich des Zubehöres, solange dasselbe thatsächlich mit der Fabrik verbunden blieb, zu ihrer Befriedigung angreifen konnte. Das hypothekarische Recht der Gläubigerin wurde durch den bloßen, durch Vertrag erfolgten Eigentumswechsel des Zubehöres der Fabrik nicht beeinträchtigt.

Vgl. Laurent, Bd. 5 Nr. 429, Bd. 30 Nr. 233. 234; Aubry und Rau, Bd. 3 §. 286 Anm. 11 S. 428.

Man kann also mit Recht sagen, daß der Hypothekargläubigerin gegenüber das übertragene Material trotz dieser Übertragung unbewegliches Gut geblieben ist, da eine Hypothek überhaupt nur an unbeweglichem Gute bestehen kann. Allein daraus folgt noch keineswegs, daß die Ehefrau Rb., welche doch nur bewegliches Gut erwerben wollte und erworben hat, nunmehr als Drittbesitzerin eines Teiles des Grundstückes im Sinne des Gesetzes anzusehen sei. Vielmehr kann als richtige Konsequenz aus der vorgedachten Unterscheidung nur die gezogen werden, daß der Vertrag, wodurch das Eigentum des Materiales auf die Ehefrau Rb. übergegangen ist, für die Hypothekargläubigerin überhaupt nicht existierte, daß ihr gegenüber allein der ursprüngliche Schuldner Rd. noch immer als der Eigentümer der Fabrik einschließlich des Materiales anzusehen war, und daß er allein als der Repräsentant des verpfändeten Grundstückes nebst Zubehör mit der hypothekarischen Klage verfolgt werden konnte. Wenn einmal der Satz als richtig anzuerkennen ist, daß der Eigentumsübergang des Fabrikzubehöres auf die Ehefrau Rb. das vorher erworbene Recht der Hypothekargläubigerin nicht berühren konnte, so erscheint es inkonsequent, von dieser zu verlangen, daß sie die Ehefrau Rb. auf Grund des Vertrages als die Eigentümerin eines Teiles des Grundstückes ansehen und als Drittbesitzerin behandeln solle. Darin würde zugleich eine Anerkennung des Vertrages und des Eigentumsüberganges auch vom Standpunkte der Hypothekargläubigerin liegen. Diese würde nämlich, wenn sie nach Thätigung des Vertrages, aber zu einer Zeit, wo die Utensilien noch mit der Fabrik verbunden waren, die Beschlagnahme der Fabrik zum Zwecke der Zwangsvollstreckung hätte erwirken wollen, das Subhastationsverfahren nicht bloß gegen den ursprünglichen Schuldner als den Eigentümer der Fabrik, sondern gleichzeitig auch gegen die Ehefrau Rb. als Drittbesitzerin eines Teiles der Fabrik haben richten müssen. Die Gläubigerin wäre demnach auch der Vorschrift des Art. 2169 des bürgerl. Gesetzbuches unterworfen gewesen, sodaß sie gegen den Drittbesitzer bezüglich des von diesem erworbenen Teiles nur nach Vorgang einer Aufforderung „de payer ou de délaisser“ und nur nach Ablauf von 30 Tagen nach dieser Aufforderung zur Beschlagnahme hätte schreiten dürfen. Darin aber würde zweifellos eine materielle Einwirkung des Vertrages auf das hypothekarische Recht der Gläubigerin oder doch auf die Geltendmachung dieses Rechtes liegen.

Daß der Art. 2175 im vorliegenden Falle nicht angewendet werden könne, ergiebt sich ferner aus folgendem:

Der Artikel setzt voraus, daß der Erwerber des Grundstückes oder eines Teiles desselben gerade dieses Grundstück oder den erworbenen Teil verschlimmert und im Werte verringert habe. Nun hat aber die Ehefrau Rb. die ihr übertragenen Fabrikutensilien selbst nicht im Werte verringert, wenigstens ist das von der Klägerin nicht behauptet worden. Es wird von dieser nur aufgestellt, daß die Ehefrau Rb. durch die Trennung und Fortschaffung der Utensilien aus der Fabrik die letztere im Werte vermindert habe. Aber bezüglich der Fabrik selbst war sie jedenfalls nicht Drittbesitzerin, und eine Deterioration derselben, gleichviel, auf welche Weise sie verursacht sein möchte, würde gegen die Ehefrau Rb. offenbar nicht auf der Grundlage des Art. 2175 verfolgt werden können. Ebensowenig erscheint für unsere Frage der Gesichtspunkt berechtigt, daß die Ehefrau Rb. durch die Trennung der Utensilien von der Fabrik, indem sie dadurch den Zugriff der Hypothekargläubigerin auf die ersteren unmöglich machte, das ganze verpfändete Grundstück, bestehend aus Fabrik nebst Zubehör, und damit indirekt auch das letztere selbst geschädigt habe. Denn bei Anwendung des Art. 2175 ist scharf zu unterscheiden, welcher Teil des verpfändeten Grundstückes in das Eigentum des Rechtsnachfolgers übergegangen ist. Nur für eine Verschlimmerung dieses von ihm besessenen und insoweit für sich allein in Betracht kommenden Teiles könnte er auf Grund des genannten Artikels nach dessen Wortlaut und Sinn in Anspruch genommen werden.

Demnach unterliegt das Berufungsurteil schon aus dem vorerörterten Gruude der Aufhebung.

Es ist aber auch weiter hervorzuheben, daß bei Festsetzung der Höhe des Schadens lediglich der Wert der von den Beklagten entfernten Utensilien in Betracht gezogen worden ist, während der Schade der Hypothekargläubigerin doch nur in dem Mindererlöse bestehen konnte, der wegen Beseitigung der Gegenstände bei der Subhastation erzielt worden ist. Dieser Mindererlös fällt keineswegs zusammen mit dem wirklichen Werte der entfernten Gegenstände. Von diesem richtigen Gesichtspunkte aus fehlt jede Begründung des zuerkannten Schadens.

Weiter rügt die Revision mit Recht, daß es auf Rechtsirrtum

beruhe, wenn das Oberlandesgericht annehme, auch eine geliehene Dampfmaschine werde durch die vom Fabrikbesitzer erfolgte Einverleibung in die Fabrik in Gemäßheit des Art. 524 des bürgerl. Gesetzbuches zur unbeweglichen Sache gemacht und dem Rechte des Hypothekargläubigers unterworfen. Die Immobilisierung „par destination“ setzt notwendig voraus, daß derjenige, welcher die bewegliche Sache mit seinem Grundstücke verbindet, auch Eigentümer der beweglichen Sache sei. Nur der Eigentümer einer beweglichen Sache kann dieselbe mit dem Grundstücke, wie der Art. 524 am Schlusse sagt, „à perpétuelle demeure“ verbinden.

Vgl. Demolombe, Bd. 9 N. 216; Marcadé, Bd. 2 N. 354 S. 349.“

---

78. 1. Erfordernisse der Signifikation der Cession einer Forderung. 2. Wirkung einer sonstigen Kenntnis des Schuldners von der Cession.

II. Civilsenat. Urt. v. 18. November 1890 i. S. H. (Bekl. u. Widerkl.) w. W. (Kl. u. Widerbekl.) Rep. II. 185/90.

I. Landgericht Düsseldorf.
II. Oberlandesgericht Köln.

Am 11. Juli 1879 stellten die Eheleute W. zu Düsseldorf vor Notar E. zu Düsseldorf eine Urkunde aus, worin sie erklärten:

Herr Hg., Kaufmann zu Karlsruhe ... hat uns ein Kapital von 19 000 ℳ dargeliehen....

Zugleich versprechen wir, dasselbe mit 5 Prozent fürs Jahr vom 1. Juli 1879 an in vierteljährlich erfallenden Beträgen zu verzinsen und auf dasselbe jährlich am 1. Juli, also zuerst am 1. Juli 1880, den Betrag von 1500 ℳ abzutragen....

Von dieser Geldsumme cedierte Hg. durch Akt vor Notar St. zu Karlsruhe vom 1. Dezember 1879 dem Privatmanne Hn. zu Karlsruhe (dem Beklagten und Widerkläger) 10 000 ℳ. Der Cessionsakt wurde durch Vermittelung des Notars E. zu Düsseldorf den Eheleuten W. am 7. Januar 1880 ohne jede Förmlichkeit mitgeteilt.

Am 26. Januar 1880 sodann erklärten die Eheleute W. vor Notar E. zu Düsseldorf zu notariellem Protokolle:

„Am 7. des laufenden Monats wurde uns durch den fungierenden Notar die zum gegenwärtigen Akte hinterlegte Abschrift von vier Urkunden (darunter jene Cession) zugestellt.

Wir Komparenten haben das hinterlegte Schriftstück genau durchgelesen und ist uns durch den fungierenden Notar feierlich eröffnet worden, daß wir unsere Schuld bei Vermeiden doppelter Zahlung nur an ... Hn. ... zahlen dürfen.

Wir erklären hierauf, daß wir die in Rede stehende Forderung in Abrede stellen, und daß wir dieserhalb Klage wegen Betruges und Fälschung erhoben haben."

Die Cession ist dann noch nachträglich am 8. November 1882 den Eheleuten W. durch Gerichtsvollzieher zugestellt worden.

Am 18. Juni 1880 cedierte die Wittwe v. K. in Karlsruhe Ersatzansprüche an Hg. für (näher bezeichnete) veräußerte Wertpapiere an W.; diese Cession wurde dem Hg. in Karlsruhe am 23. Juni 1880 ordnungsgemäß bekannt gemacht.

Aus den Gründen:

„Unbegründet sind jene Angriffe der Revision, womit geltend gemacht werden soll, es sei unter Verletzung von Gesetzesvorschriften der Akt vom 26. Januar 1880 nicht als eine Signifikation im Sinne des Art. 1690 Code civil betrachtet worden, sowie daß, wenn man auch in demselben eine solche Signifikation nicht finde, auch ohne das Vorhandensein einer Signifikation im Sinne des Art. 1690 Code civil schon die Kenntnis der Schuldner (der Eheleute W.) als solcher von der am 1. Dezember 1879 durch Hg. an Hn. erfolgten Cession eines Teiles der dem Hg. inhaltlich der Urkunde vom 11. Juli 1879 an die Eheleute W. zustehenden Forderung ein Hindernis dagegen bilde, die Forderung der Witwe v. K. an den Cedenten Hg., welche am 18. Juni 1880 an W. cediert und welche Cession am 23. Juni 1880 dem Hg. (ordnungsmäßig) bekannt gemacht wurde, zur Kompensation gegenüber der von Hg. dem Hn. cedierten Forderung zu benützen.

1. Zunächst kann der Akt vom 26. Januar 1880 nicht als eine „Signifikation" im Sinne des Art. 1690 Code civil gelten.

Unter der in Art. 1690 Abs. 1 Code civil geforderten „signification du transport“ versteht das Gesetz, daß dem Schuldner von der Thatsache, daß die Forderung von seinem bisherigen Gläubiger an eine andere Person übertragen wurde, Mitteilung gemacht werde, und zwar in einer bestimmten Form. Die Vorschrift bezweckt eine Sicherung dritter Beteiligter darüber, daß und von welchem Zeitpunkte an eine Veränderung in der Person des Forderungsberechtigten eingetreten sei. Die Form im einzelnen, in welcher diese an den Schuldner zu machende Mitteilung geschehen soll, und den Träger dieser Mitteilung hat der Code civil nicht näher bezeichnet. Dies muß sich daher innerhalb der verschiedenen Gebiete, in welchen der Code civil Geltung hat, nach dem betreffenden Landesgesetze richten. Das Oberlandesgericht hat nun in Auslegung der „Verordnung und Taxordnung für die Notarien in den Rheinprovinzen vom 25. April 1822" angenommen, daß in der preußischen Rheinprovinz die Notare zur Signifikation der Cession, sei es mittels mündlicher Eröffnung der Cession, sei es mittels Zustellung eines Schriftstückes über dieselbe, nicht zuständig seien. Die Auslegung dieser Verordnung, deren Geltungsbereich sich nicht über den Bezirk des Berufungsgerichtes hinaus erstreckt, ist an sich der Nachprüfung im Wege der Revision entzogen (§. 511 C.P.O.); auch sind hierbei nicht etwa sonstige der Revision zugängliche Gesetze verletzt, namentlich nicht etwa ein Mangel an genügender Begründung vorhanden. Danach war Notar E. in Düsseldorf zu einer Signifikation der Cession nicht zuständig, und es wirkt daher weder der Umstand, daß durch denselben am 7. Januar 1880 den Eheleuten W. eine Abschrift der Cessionsurkunde zuging (nicht mittels Zustellung durch den Gerichtsvollzieher), als eine Signifikation mittels Zustellung, noch könnte der Akt vom 26. Januar 1880 auch unter der Voraussetzung, daß am 26. Januar 1880 den Eheleuten W. durch Notar E. die Cession mündlich eröffnet worden wäre, und der bezeichnete Akt eine Beurkundung des Notars E. dahin enthielte, es sei am 26. Januar 1880 von ihm den Eheleuten W. die Cession mündlich eröffnet worden, als eine Signifikation mittels mündlicher Eröffnung gelten.

Der Akt vom 26. Januar 1880 kann aber auch nicht etwa, wie der Vertreter des Revisionsklägers aufstellte, in der Richtung als eine Signifikation im Sinne des Art. 1690 Code civil gelten, weil er in authentischer Form die Kenntnis der Schuldner von der Cession feststelle. Wie oben bemerkt, versteht das Gesetz unter der „signification du transport“, daß dem Schuldner von der Thatsache, daß die Forderung von seinen bisherigen Gläubigern an eine andere Person übertragen wurde, in einer bestimmten Form Mitteilung gemacht werde; der Gesetzesbegriff der Signifikation ist daher nicht dadurch erfüllt, daß die ohne Einhaltung jener Form erlangte Kenntnis des Schuldners von der Cession nachher in einer gewissen äußeren Weise festgestellt wird.

2. Die Bestimmung des Art. 1690 Code civil, wonach — abgesehen von der, im vorliegenden Falle nicht vorhandenen Acceptation der Cession durch den Schuldner — der Cessionar den Besitz der ihm übertragenen Forderung gegen dritte Personen nur durch die „signification du transport“ erlangt, ist noch vervollständigt durch die ausdrückliche Bestimmung des Art. 1691 Code civil, wonach, wenn der Schuldner an den Cedenten gezahlt hat, ehe ihm die Cession signifiziert wurde, er rechtswirksam befreit ist. Aus dieser ausdrücklichen Bestimmung ergiebt sich der Grundsatz des Gesetzes, daß der Cessionar Tilgungsgründe, welche dem Cedenten gegenüber vor der Signifikation entstanden sind, auch sich entgegenhalten lassen muß. Es ist daher nicht gestattet, auch eine sonstige, sich nicht als Signifikation im Sinne des Gesetzes charakterisierende Kenntnis des Schuldners von der Cession der Signifikation mit der Wirkung gleichzustellen, daß schon von jener sonstigen Kenntnis an die Berufung des Schuldners auf Tilgungsgründe die nämliche Beschränkung erleidet wie durch die Signifikation, wobei dahingestellt bleiben kann, welche Wirkungen eine irgendwie erlangte Kenntnis des Schuldners von der Cession bei einer förmlichen fraus oder Kollusion habe, da eine solche bezüglich der Eheleute W. nicht behauptet wird. Insbesondere enthält Art. 1295 Code civil gerade eine Bestätigung des aus Artt. 1690. 1691 Code civil sich ergebenden Satzes, daß (abgesehen von der Annahme der Cession durch den Schuldner) die Signifikation, und erst die Signifikation nur die Kompensation jener Forderungen hindert, welche erst nach der Signifikation entstanden sind.

Auch das in den Entsch. des R.G.'s in Civils. Bd. 11 S. 339/41 veröffentlichte Urteil des Reichsgerichtes, wonach der Cessionar auch ohne Signifikation der Cession die Forderung in eigenem Namen einklagen könnte, kann nicht dazu benutzt werden, im Widerspruche mit Artt. 1690. 1691 dem Schuldner das Recht zu entziehen, bis zur Signifikation der Cession an den Cedenten zu bezahlen oder gegen die cedierte Forderung die Kompensation mit einer ihm (dem Schuldner) schon vor der Signifikation gegen den Cedenten zugestandenen Forderung geltend zu machen."

---

79. Kann nach badischem Rechte derjenige, welcher sich ein Vorkaufsrecht auf eine Liegenschaft versprechen ließ, dann, wenn der das Vorkaufsrecht Zusagende über die Liegenschaft unter Nichtachtung des Vorkaufsrechtes einen Kaufvertrag abgeschlossen hat, der Käufer aber noch nicht im Grundbuche als Eigentümer eingetragen ist, die Erfüllung des Vorkaufsrechtes mittels Übertragung der Liegenschaft an ihn (den Vorkaufsberechtigten) verlangen oder nur Entschädigung wegen Nichterfüllung begehren?

II. Civilsenat. Urt. v. 25. November 1890 i. S. F. (Kl.) w. B. u. M. (Bekl.) Rep. II. 187/90.

I. Landgericht Mannheim.
II. Oberlandesgericht Karlsruhe.

Aus den Gründen:

„Das angefochtene Urteil des Oberlandesgerichtes konnte nicht aufrechterhalten werden.

Dasselbe verkennt die Folgen, welche für die Wirksamkeit des von F. behaupteten Vorkaufsrechtes der Umstand hat, daß der am 23. März 1889 von B. mit M. über das Haus B.'s abgeschlossene Kaufvertrag noch nicht zum Grundbuche eingetragen ist.

Zufolge L.R.S. 1583a und §. 25 des II. Einführungsediktes zum badischen Landrechte gilt, wenngleich im Verhältnisse zwischen dem Verkäufer und dem Käufer schon der Abschluß des Kaufvertrages seine rechtlichen Folgen äußert, trotz Abschlusses eines Kaufvertrages, Dritten gegenüber der Verkäufer einer Liegenschaft noch so lange als Eigentümer, als er — der Verkäufer — noch im Grundbuche als Eigentümer eingetragen ist. Er kann daher, solange derjenige, an welchen er die Liegenschaft verkauft hat, noch nicht im Grundbuche als Eigentümer eingetragen ist, trotz jenes Abschlusses eines Kaufvertrages über die Liegenschaft noch mit einer anderen Person einen Kaufvertrag abschließen, und kann diese andere Person zum Grundbuche als Eigentümer eingetragen werden, und kann aus dem Umstande, daß er über dieselbe, wie erwähnt, bereits vorher einen Kaufvertrag abgeschlossen hat, nicht die Folgerung abgeleitet werden, es sei ein nach L.R.S. 1599 ungültiger Verkauf über eine fremde Sache abgeschlossen worden.

Es bildet deshalb für einen auf Erfüllung eines Vorkaufsrechtes gerichteten Anspruch nicht schon die Thatsache, daß trotz des zugesagten Vorkaufsrechtes der dasselbe Zusagende einen definitiven Kaufvertrag über die den Gegenstand des Vorkaufsrechtes bildende Liegenschaft abgeschlossen hat, eine rechtliche Unmöglichkeit und damit ein rechtliches Hindernis für jenen Anspruch auf Erfüllung. Der Inhalt des Vorkaufsrechtes besteht nämlich nicht etwa bloß in einer obligatio des dasselbe Zusagenden dahin, dem Vorkaufsberechtigten vor definitivem Abschlusse eines Kaufvertrages mit einer anderen Person die Sache unter den gleichen Bedingungen, unter welchen ein Anderer sie kaufen, und unter welchen der das Vorkaufsrecht Zusagende sie diesem käuflich überlassen will zum Kaufe anzubieten, sondern auch dahin, solange der das Vorkaufsrecht Zusagende hierzu noch in der rechtlichen Lage ist, die, falls der Vorkaufsberechtigte von seinem Rechte, mit Vorrecht vor jenem Kauflustigen unter gleichen Bedingungen einen Kauf abzuschließen, Gebrauch macht, aus dem Versprechen käuflicher Überlassung sich ergebenden Verpflichtungen zu erfüllen. Da nun aber nach dem vorhin Gesagten die rechtliche Möglichkeit zur käuflichen Überlassung der Liegenschaft an den Vorkaufsberechtigten und zur Erfüllung der aus einer solchen käuflichen Überlassung erwachsenden Verbindlichkeiten, worunter auch jene der Gewährung des Eintrages zum Grundbuche an den das Vorkaufsrecht ausübenden Vorkaufsberechtigten, noch vorhanden ist, solange der mit einem Anderen abgeschlossene Kauf noch nicht zum Grundbuche eingetragen ist, so besteht auch so lange noch die rechtliche Möglichkeit der Erfüllung der dem Vorkaufsberechtigten gegenüber übernommenen Verpflichtungen, und ist daher der Vorkaufsberechtigte noch nicht lediglich darauf angewiesen, den das Vorkaufsrecht Zusagenden auf Entschädigung wegen Nichterfüllung in Anspruch zu nehmen.

Die in dem Urteile des II. Senates des Reichsgerichtes vom 8. Oktober 1889 i. S. W. w. L. Rep. II. 176/89,

vgl. Puchelt, Zeitschr. für franz. Civilrecht Bd. 21 S. 31 flg.,

aufgestellten Erwägungen können nicht für ein anderes Ergebnis angerufen werden. Dieses Urteil hatte einen Fall zum Gegenstande, wo zur Zeit der Erfüllungsklage des Vorkaufsberechtigten der von dem das Vorkaufsrecht Zusagenden mit einem Anderen abgeschlossene Verkauf bereits zum Grundbuche eingetragen war, und das Urteil des Reichsgerichtes beruht darauf, daß das Vorkaufsrecht nicht auch die Verpflichtung für den dasselbe Zusagenden enthalte, die Liegenschaft, deren Verkauf bereits zum Grundbuche eingetragen worden, wieder zu erwerben und alsdann dem Vorkaufsberechtigten käuflich zu überlassen."

80.* 1. Rechtliche Bedeutung der Anfechtungsklage, welche der Art. 882 Code civil dem Gläubiger eines Miterben gegen die Vermögensteilung gewährt, die von dem letzteren ungeachtet des Einspruches des Gläubigers ohne dessen Zuziehung mit den Beteiligten vorgenommen worden ist?

2. Ist die Fiktion des Art. 883 Code civil, welche das Prinzip der deklaratorischen Natur der Teilung zum Ausdrucke bringt, über das unmittelbare Gebiet derselben, das Verhältnis unter Miterben, hinaus auf die vermögensrechtlichen Beziehungen zwischen Ehegatten auszudehnen?

3. Hat nach den für die gesetzliche Gütergemeinschaft bestehenden Vorschriften der Ehegatte, welcher bei der Teilung einer ihm anerfallenen Erbschaft unter Aufrechnung seines Anteiles an der Mobiliarmasse der letzteren lediglich Immobiliar zugewiesen erhält, der Gütergemeinschaft eine entsprechende Vergütung zu leisten?

II. Civilsenat. Urt. v. 23. September 1890 i. S. Witwe u. Kinder B. (Bekl.) w. Rhein. Volksbank zu K. (Kl.) Rep. II. 135/90.

I. Landgericht Bonn.
II. Oberlandesgericht Köln.

Durch notariellen Akt vom 26. Oktober 1885 haben die Witwe und die Kinder des B. dessen Nachlaß unter sich geteilt, und zwar ohne Zuziehung der Klägerin, welche in ihrer Eigenschaft als Gläubigerin der Erstgenannten und einer zweiten Beteiligten gegen die Vornahme der Teilung ohne ihre Gegenwart Einspruch eingelegt hatte. Die Gläubigerin erhob deshalb die Anfechtungsklage aus Art. 882 Code civil, wobei sie die behauptete Verletzung ihrer Rechte namentlich darauf stützte, daß zu Lasten ihrer Schuldnerin, der Witwe B., aus Veranlassung der Teilung des elterlichen Nachlasses der letzteren gegen den Inhalt der darauf bezüglichen notariellen Urkunde vom 8. Februar 1874 eine Herausgabe von 6159,22 ℳ an ihre Kinder festgestellt und anerkannt sei.

Das Reichsgericht hat sich über die Bedeutung der angestellten Klage und den hervorgehobenen Streitpunkt, wie folgt, ausgesprochen.

Aus den Gründen:

„Was den hier allein in Betracht kommenden Streitpunkt betrifft, so geht das Oberlandesgericht von der Annahme aus, daß der streitige auf Art. 882 Code civil gestützte Anfechtungsanspruch lediglich den Nachweis eines rechtlichen Interesses der Revisionsbeklagten voraussetze, d. h. den Nachweis, daß bei der Teilung vom 26. Oktober 1885 die Rechte der Witwe B., der Schuldnerin derselben, durch Irrtümer verletzt seien, und das auf dieser unrichtigen Unterlage beruhende Schuldanerkenntnis der ersteren ihren Kindern gegenüber des Rechtsgrundes entbehre. Diese Annahme beruht auf einer richtigen Gesetzesauffassung.

Nach dem bezogenen Art. 882 Code civil, welcher die Stellung des Gläubigers gegenüber einer Erbteilung seines Schuldners regelt, ist derselbe befugt, zur Sicherung seiner Rechte gegen die Vornahme einer solchen ohne seine Zuziehung Einspruch zu erheben, und es steht dann dem Gläubiger gegen eine unter Nichtbeachtung des Einspruches „au préjudice de l'opposition“ vollzogene Teilung das Recht der Anfechtung zu. Wie mit der in Rechtslehre und Judikatur herrschenden Meinung anzunehmen, hat dieses Anfechtungsrecht aber nicht die Bedeutung, daß die Teilung als formell nichtig anzusehen sei und der Gläubiger regelmäßig eine neue Teilung verlangen könne, andererseits ist dasselbe aber auch gesetzlich nicht an die Voraussetzung des Art. 1167 Code civil geknüpft und daher in dem Sinne aufzufassen, daß der Gläubiger berechtigt erscheint, eine Teilung, wie sie hier in Frage steht, soweit dieselbe eine Verletzung seiner Rechte enthält, auch ohne den Nachweis einer fraus als ihm gegenüber unwirksam anzufechten.

Vgl. bezüglich der Schlußbestimmung des Art. 882 Code civil, die auf der gesetzlichen Vermutung einer fraus beruht, Laurent, Bd. 10 N. 534; Aubry und Rau, Bd. 6 S. 592 Anm. 45; Demolombe, Bd. 17 N. 237; Sirey, Code annoté zu Art. 882 N. 21. 23. 24.

Hiernach ist nun zu prüfen, ob das Oberlandesgericht rechtlich zutreffend angenommen hat, daß in dem genannten Teilungsakte, soweit darin zu Lasten der Witwe B. aus Anlaß der Auseinandersetzung der elterlichen Erbschaft eine Herausgabe von 6159,22 ℳ festgestellt und anerkannt ist, eine Verletzung der Rechte derselben zu finden sei. Bezüglich dieser Frage ist aber den Ausführungen des Oberlandesgerichtes nicht beizupflichten.

Der Art. 883 Code civil, welcher das dem rheinisch-französischen Rechte eigentümliche Prinzip der deklaratorischen Natur der Teilung zum Ausdrucke bringt, hat den legislatorischen Zweck, den Übelständen zu begegnen, welche entstehen würden, wenn der einzelne Miterbe bezüglich der ihm zugeteilten Gegenstände die übrigen Miterben als seine Rechtsvorgänger anerkennen und daher die von denselben während der Zeit der Ungeteiltheit getroffenen Verfügungen und sonstigen Rechtsakte, z. B. Hypothekenbestellungen, gegen sich gelten lassen müßte. Das Gesetz stellt deshalb den Grundsatz auf, daß jeder Miterbe, was das Ergebnis der Teilung angeht, so anzusehen sei, als wenn er der unmittelbare und alleinige Rechtsnachfolger des Erblassers geworden wäre und an den seinen Miterben zugefallenen Nachlaßobjekten niemals ein Miteigentum gehabt hätte. Anlangend nun die Anwendung dieser Fiktion des Art. 883 Code civil, so ist sie nach der richtigen Auffassung, wofür auch der Wortlaut desselben und seine Stellung in dem Titel von der Erbteilung spricht, auf ihr unmittelbares Gebiet, das Verhältnis unter Miterben, zu beschränken und nicht darüber hinaus auf die vermögensrechtlichen Beziehungen zwischen Ehegatten auszudehnen, sodaß für die Frage, inwieweit die dem einen Ehegatten eröffnete Erbschaft in die Gütergemeinschaft fällt oder Sondergut des letzteren bildet, nicht das Resultat der Teilung entscheidet, sondern den Bestimmungen der Artt. 1401 flg.

Code civil gemäß der Bestand des Nachlasses zur Zeit des Anfalles der Erbschaft maßgebend ist. In Übereinstimmung mit vorstehendem wird die beschränkende Auslegung des Art. 883 Code civil von angesehenen Autoritäten des französischen Rechtes anerkannt und ist auch bereits durch eine frühere Entscheidung des Reichsgerichtes, der nur beizupflichten war, gebilligt worden.

Vgl. Laurent, Bd. 21 N. 233. 323 flg.; Aubry und Rau, Bd. 5 S. 310 Anm. 90, Bd. 6 S. 566. 567; Sirey-Gilbert, Art. 883 N. 66; Sirey, Bd. 81 Abt. 2 S. 113 die Bemerkungen in der Note; Colmet de Santerre, Bd. 6 N. 36 flg.; Entsch. des R.G.'s in Civils. Bd. 15 S. 324.

Ist nun aber von der vorstehend entwickelten Rechtsansicht auszugehen, so beruht es auf einer richtigen Anwendung der bezüglichen Gesetzesbestimmungen (Artt. 1401. 1404. 1437 Code civil), daß in dem Auseinandersetzungsakte vom 26. Oktober 1885 zu Lasten der Witwe B., welche unbestritten bei der Teilung des elterlichen, fast zu gleichen Hälften aus Mobiliar und Immobiliar bestehenden Nachlasses lediglich Immobiliar erhalten hat, während ihr in die Gütergemeinschaft fallender Anteil an der Mobiliarmasse dagegen aufgerechnet worden, eine entsprechende Herausgabe festgestellt und anerkannt worden ist. Ein Bedenken gegen diese Annahme läßt sich auch nicht, wie es von der Revisionsbeklagten versucht wird, aus der Bestimmung des Art. 1408 Abs. 1 Code civil herleiten. Die genannte Gesetzesvorschrift, deren jetzige, den bezüglichen Art. 15 des Entwurfes,

vgl. Locré, a. a. O. Bd. 13 S. 128,

in doppelter Richtung erweiternde Fassung dem Vorschlage der Tribunatssektion,

vgl. Locré, a. a. O. S. 246. 247,

ihre Entstehung verdankt, ist nicht als ein Ausfluß des Art. 883 Code civil anzusehen, hat vielmehr ihre selbständige grundsätzliche Bedeutung. Wenn nun der Art. 1408 Abs. 1 Code civil in Ausnahme von der Regel des Art. 1401 Abs. 3 Code civil,

vgl. über den Grund dieser Ausnahme die Äußerung des Tribuns Siméon im gesetzgebenden Körper, Locré, a. a. O. S. 456,

den erworbenen Anteil dem Sondergute des époux copropriétaire par indivis zuweist unter der Verpflichtung, die Gütergemeinschaft für das aus derselben zu dem Erwerbe Aufgewendete zu entschädigen, so beruht diese letztere Bestimmung auf dem Prinzipe der Ersatzverbindlichkeit, welches in dem Verhältnisse zwischen der Gütergemeinschaft und dem persönlichen Vermögen der Ehegatten gesetzlich besteht (Artt. 1437. 1433 Code civil) und in gleicher Weise der Feststellung und dem Anerkenntnisse der Teilungsherausgabe, von der es sich hier handelt, zu Grunde liegt.

Wenn demgegenüber das Oberlandesgericht auf den Inhalt des früheren Teilungsaktes vom 8. Februar 1874 sich stützt, nach welchem zu Gunsten der Ehefrau B. aus den Mitteln der Gütergemeinschaft nur eine Barherausgabe von 901,77 M geleistet sei, und auszuführen sucht, daß es sich nur darum handle, in welcher Weise thatsächlich dieselbe unter Zustimmung ihres Mannes für ihren Erbteil befriedigt sei, diese thatsächliche Handlung aber, welche für die Beklagten als Erben ihres Vaters verbindlich sei, allein entscheide, so erscheint das verfehlt. Zunächst ist dabei übersehen, daß, wenn der der Ehefrau B. zustehende Anteil an der Mobiliarmasse der elterlichen Erbschaft, welcher gesetzlich in die Gütergemeinschaft fiel, gegen das derselben zugefallene Immobiliar aufgerechnet worden, in Wirklichkeit gütergemeinschaftliches Vermögen zum Erwerbe dieses Sondergutes der Ehefrau B. verwendet, und dadurch eine Ersatzpflicht derselben begründet worden ist. Sodann ist auch nach dem Erörterten nicht maßgebend, wie thatsächlich bei der früheren Auseinandersetzung im Jahre 1874 die Sache behandelt, sondern es kommt wesentlich darauf an, ob dabei den gesetzlichen Vorschriften gemäß verfahren worden ist, und es steht ersichtlich auch der Umstand, daß der Vater und Erblasser der Revisionskläger bei jener Teilung mitgewirkt hat, dem nicht entgegen, daß letztere im Einverständnisse mit ihrer Mutter bei der späteren Teilung auf den streitigen Punkt zurückkommen und denselben anderweit, wie geschehen, dem Gesetze gemäß regeln konnten. Wenn daher die Witwe B. in dem Akte vom 26. Oktober 1885 die darin festgestellte Herausgabe als von ihr verschuldet anerkannt hat, so ist dieses Anerkenntnis im Rechte wohl begründet.

Mit dieser Annahme ist aber der Anfechtung der Revisionsbeklagten der Boden entzogen. Allerdings ergiebt sich, daß nach dem Schuldanerkenntnisse der Witwe B. in dem Akte vom 26. Oktober 1885 die Revisionsbeklagte dem Inhalte der früheren Teilung gegenüber thatsächlich nachteiliger gestellt ist, aber es fehlt an einer Rechtsverletzung, da durch ersteres lediglich eine gesetzlich begründete Verpflichtung der Witwe B. — die überdies, wie anzunehmen, der Forderung der Revisionsbeklagten dem Alter nach vorgeht — anerkannt worden ist. Damit fällt zugleich jede Vermutung einer fraus, wie denn auch seitens der Revisionsbeklagten gar nicht näher geltend gemacht ist, daß das Anerkenntnis in der Absicht, die Gläubger zu benachteiligen, erfolgt sei. Wäre die Revisionsbeklagte selbst zu den Teilungsverhandlungen zugezogen worden, so hätte sie doch dem Anerkenntnisse einen wirksamen Widerspruch nicht entgegensetzen können, und daraus folgt, daß durch die Nichtzuziehung den Rechten derselben nicht präjudiziert ist. Die Voraussetzungen des Art. 882 Code civil, auf welchen die Anfechtung sich stützt, liegen daher hier nicht vor."

---

81. 1. Ist die Quelle, deren Wasser sofort in geregeltem, über die Eigentumsgrenze des Quellgrundstückes sich fortsetzendem Laufe ständig abfließt, als ein Teil des so entstehenden Privatflusses anzusehen?

Code civil Art. 644.

Preuß. Gesetz vom 28. Februar 1843 §. 1.

2. Unter welchen Voraussetzungen steht dem angrenzenden Ufereigentümer zum Schutze seines gesetzlichen Rechtes auf Benutzung des Wassers eines solchen Privatflusses die Besitzklage zu?

3. Wird der Rechtsbesitz des Ufereigentümers dadurch gestört, daß ein benachbarter Eigentümer die innerhalb seines Grundstückes liegenden Wasseradern, durch welche die Quelle gespeist wird, unterirdisch ableitet?

II. Civilsenat. Urt. v. 11. November 1890 i. S. der Gemeinde H. (Bekl.) w. O. (Kl.) Rep. II. 208/90.

I. Landgericht Aachen.
II. Oberlandesgericht Köln.

Zwischen der Köln-Aachener Bezirksstraße und einem den Erben F. gehörigen Acker im sog. Kaminsberge befindet sich eine Böschung, in welcher früher eine nach H. zu in den gleichnamigen Bach abfließende Quelle entsprang. Das Wasser derselben lief über das Eigentum des Klägers Q., von welchem es zu landwirtschaftlichen und gewerblichen Zwecken benutzt wurde. Infolge der Anlage eines Stollens, welcher von der Beklagten mit Zustimmung der Provinzialverwaltung auf deren Grundstücke in unmittelbarer Nähe der Quelle angelegt wurde, ist letztere im November 1886 versiegt. Die von Q. deshalb erhobene possessorische Klage, welche auf Schutz im Besitze seines Wasserbenutzungsrechtes, Untersagung jeder Störung und Wiederherstellung des früheren Zustandes gerichtet war, ist vom Landgerichte als unbegründet abgewiesen und die klägerische Berufung durch die Entscheidung des Reichsgerichtes unter Aufhebung des Berufungsurteiles zurückgewiesen worden.

Aus den Gründen:

„Das Oberlandesgericht stellt zunächst fest, daß es sich hier um eine Quelle, deren Wasser sofort in geregeltem, über die Eigentumsgrenzen des Quellgrundstückes sich fortsetzendem Laufe ständig abfloß, also um einen Privatfluß im Sinne des Art. 644 Code civil und des auch im Bezirke des Oberlandesgerichtes zu Köln geltenden preußischen Gesetzes vom 28. Februar 1843 handelt, und geht dann, gestützt auf §. 1 des letzteren, weiter davon aus, daß unter der angegebenen Voraussetzung die Quelle als ein Teil des Privatflusses anzusehen ist und denselben Rechtsnormen, wie letzterer, unterliegt. Dieser Annahme, welche bereits in dem früheren reichsgerichtlichen Urteile,

vgl. Entsch. des R.G.'s in Civils. Bd. 16 S. 229 flg.,

ausgesprochen und näher begründet ist, muß in Übereinstimmung mit der Entscheidung des erkennenden Senates vom 4. Februar 1890 i. S. M. w. S. auch hier beigepflichtet werden.

War hiernach der Kläger berechtigt, das Wasser des in Rede stehenden Privatflusses einschließlich der Quelle zu seinen Zwecken zu benutzen (§§. 1. 13. 14 des angeführten Gesetzes), so ist auch diesem Rechte, da hier das Gesetz den Titel bildet, der possessorische Schutz nicht zu versagen, und es muß zur Begründung der Klage, was den geltend gemachten Rechtsbesitz betrifft, der Beklagten gegenüber die unbestrittene Thatsache genügen, daß der Kläger die Wasserbenutzung, von der es sich handelt, in dem kritischen Jahre ruhig und ungestört ausgeübt hat. Wenn nun hier von der Beklagten Verletzung der

Artt. 641. 642. 644 Code civil gerügt und dabei hervorgehoben wird, daß auch im Falle des Art. 644 eine Besitzklage nur unter den Voraussetzungen des Art. 642 Code civil zulässig sei, so erledigt sich dieser Angriff, ohne daß es eines näheren Eingehens bedarf, mit dem Hinweise darauf, daß bei demselben die durch das preußische Gesetz eingetretene Rechtsänderung mit ihren Folgen außer acht gelassen ist.

Gleichwohl kann aber das angegriffene Urteil nicht aufrechterhalten werden. Die Beklagte hat, wie thatsächlich feststeht, auf dem Grundstücke der rheinischen Provinzialverwaltung in der Nähe der fraglichen Quelle einen Stollen angelegt, dabei die unterirdischen Wasseradern — und nur von solchen, nicht von einem unterirdischen Flusse, wie der Kläger erst in gegenwärtiger Instanz behauptet, handelt es sich — abgegraben und so das Versiegen der Quelle herbeigeführt. Es fragt sich nun, ob durch dieses Handeln der Rechtsbesitz des Klägers gestört ist. Das würde unbedenklich zu bejahen sein, wenn anzunehmen wäre, daß dieser Besitz sich auch auf jene Wasseradern erstreckt hätte. Letzteres wird aber vom Oberlandesgerichte selbst verneint, und nimmt dasselbe an, es genüge, daß durch die Abschneidung der Adern der klägerische Besitz am Privatflusse thatsächlich gestört sei. Das erscheint aber nicht zutreffend. Der Annahme des Oberlandesgerichtes wäre dann beizupflichten, wenn die unterirdischen Wasseradern einer Quelle rechtsbegrifflich als ein Teil des von derselben ausgehenden Privatflusses angesehen werden könnten. Dafür findet sich aber zunächst im Gesetze keinerlei Anhalt, da nach den Grundsätzen desselben (Art. 552 Code civil) jene ein der freien Verfügung des Eigentümers vom Grunde und Boden unterworfenes Zubehör des letzteren bilden, und andererseits steht es auch mit der natürlichen Beschaffenheit der Dinge nicht im Einklange, wenn man solche unterirdische Wasseradern unter den Begriff des Privatflusses, der doch eine aqua profluens voraussetzt, bringen will.

Unbestritten ist nun zwar, daß die von der Beklagten auf dem Eigentume der Provinzialverwaltung vorgenommenen Arbeiten die Folge gehabt haben, daß die fragliche Quelle und der von derselben ausgehende Privatfluß versiegt sind, aber daraus folgt doch nicht, daß hier ein Eingriff in den Rechtsbesitz des Klägers an dem letzteren vorliege. Wie das bezogene reichsgerichtliche Urteil,

vgl. Entsch. des R.G.'s in Civils. Bd. 16 S. 229,

zutreffend hervorhebt, darf der Umstand, daß thatsächlich die Verfügung des Grundeigentümers über das unterirdische Wasser für die Besitzer des Flußufers den gleichen Erfolg haben kann als die Ableitung des in den Fluß bereits eingetretenen Wassers, auf die rechtliche Beurteilung keinen Einfluß üben. Dieser Satz muß auch im vorliegenden Falle Anwendung finden.

Vgl. noch Entsch. des R.G.'s in Civils. Bd. 2 S. 368; Rheinisches Archiv Bd. 69 S. 104; Zachariä-Dreyer, Bd. 1 §. 194 Anm. 3; Aubry und Rau, Bd. 3 S. 198 und Note 18; Laurent, Bd. 7 S. 219 und die Angeführten."

---

82. 1. Steht nach den Grundsätzen des rheinisch-französischen Rechtes demjenigen, welcher gegen den ausgesprochenen Willen des Geschäftsherrn in dessen Angelegenheiten gehandelt hat, eine Klage auf Erstattung des Aufgewendeten zu?

2. Ist in einem solchen Falle nicht wenigstens ein Anspruch auf Ersatz der Bereicherung gegen den Geschäftsherrn zulässig?

II. Civilsenat. Urt. v. 18. November 1890 i. S. der Gemeinde O. (Bekl.) w. den Kreis St. W. (Kl.) und die katholische Kirchengemeinde M. (Nebeninterv.) Rep. II. 191/90.

I. Landgericht Saarbrücken.
II. Oberlandesgericht Köln.

In Übereinstimmung mit der Vorinstanz ist die erste Frage vom Reichsgerichte verneint, die zweite aber bejaht worden.

Aus den Gründen:

„Verfehlt ist die Rüge, daß der Beitragsweigerung der Beklagten gegenüber jeder Ersatzanspruch des Klägers grundsätzlich ausgeschlossen erscheine. Hierbei handelt es sich um die Streitfrage, ob demjenigen, welcher gegen den ausgesprochenen Willen des Geschäftsherrn in dessen Angelegenheiten gehandelt hat, eine Klage aus der Geschäftsführung — die actio negotiorum gestorum contraria — auf Ersatz des Aufgewendeten zusteht. Diese Frage, welche unter den römischen Juristen streitig war, ist von Justinian in l. ult. C. 2, 19 grundsätzlich verneint worden. In der gemeinrechtlichen Jurisprudenz wird aber, gestützt auf l. 14 §. 13 Dig. de religiosis 11, 7 und l. unica §. 3 Dig. de via publica 43, 10, eine Ausnahme von diesem Grundsatze für die Fälle gemacht, in welchen es sich um die Erfüllung gesetzlicher oder sittlicher Pflichten des Geschäftsherrn handelt.

Vgl. Seuffert, Archiv Bd. 3 Nr. 51, Bd. 11 Nr. 37, Bd. 14 Nr. 94, Bd. 21 Nr. 52, Bd. 36 Nr. 33; Windscheid, Pandekten Bd. 2 S. 430 Anm. 20; Dernburg, Pandekten Bd. 2 S. 325; Holzschuher, Bd. 3 S. 685 Anm. 8.

Was nun das französische Recht angeht, so findet sich in dem Code civil, der von dem Quasikontrakte der Geschäftsführung in den Artt. 1372—75 handelt, keine für die vorliegende Frage entscheidende Bestimmung, und ist daher auf das ältere Recht und die Lehre Pothier's zurückzugehen. Letzterer führt nun (Ausgabe Suffrein, Bd. 6 N. 181 flg.), nachdem er zunächst die Meinungsverschiedenheiten der römischen Juristen und die erwähnte Entscheidung Justinian's hervorgehoben hat, aus, daß bei einem Handeln gegen das Verbot des Geschäftsherrn der Quasikontrakt der negotiorum gestio sich nicht bilden und deshalb auch in einem solchen Falle die actio negotiorum gestorum contraria nicht gegeben sein könne, daß es aber der französischen Rechtsanschauung entspreche, in solchen Fällen, wo durch das Handeln des Dritten dem Geschäftsherrn ein Vorteil verschafft, letzterer z. B. durch dessen Zahlung von einer Schuld befreit sei, nach den Grundsätzen der natürlichen Billigkeit, welche nicht gestatte, daß sich jemand zum Schaden eines Anderen bereichere, wenn auch die genannte Klage nicht Platz greife, doch eine actio in factum auf Ersatz der Bereicherung gegen den Geschäftsherrn zuzulassen. Am Schlusse der Ausführung heißt es: „La question doit souffrir moins de difficulté dans notre jurisprudence française, où l'on ne s'attache pas aux noms des actions et où l'équité naturelle est seule suffisante pour produire une obligation civile et une action. Or, lorsque vous profitez d'une affaire que j'ai faite, quoique contre votre défense, pour vous faire du bien malgré vous, l'équité naturelle qui ne permet pas de s'enrichir aux dépens d'autrui, vous oblige à m'indemniser de ce qu'il m'en a coûté, jusqu'à concurrence du profit que vous en retirerez. C'est l'avis d'Automne sour la loi fin. Cod. de negot. gest. qui dit, que la décision de cette loi n'a pas lieu dans nos moeurs.“ Diese

Rechtsauffassung Pothier's ist denn auch unter der Herrschaft des Code civil in der französischen Jurisprudenz die weitaus überwiegende.

Vgl. Zachariä-Dreyer, Bd. 2 S. 441 Anm. 2; Larombière, Oblig. Bd. 7 zu Art. 1375 N. 24. 25; Marcadé, Bd. 5 zu Art. 1375 N. IV; Colmet de Santerre, Bd. 5 N. 349 bis; Domenget, Neg. gest. N. 1269; Sirey-Gilbert, Zu Art. 1375 N. 22; Demolombe, Bd. 31 N. 89.

Abweichender Meinung sind Aubry und Rau (Bd. 4 S. 726 Anm. 9), welche sich auf den Satz stützen, daß in einem Falle der vorliegenden Art bei dem Handelnden die Absicht einer Liberalität oder wenigstens des Verzichtes auf Ersatz vorausgesetzt werden müsse. Dem ist aber nicht beizupflichten. Zunächst kennt nämlich das französische Recht eine gesetzliche Vermutung der angegebenen Art nicht,

vgl. Pothier, a. a. O. N. 191; Marcadé, a. a. O.,

und sodann ist thatsächlich hier die Annahme einer solchen Absicht nach den Umständen des Falles ausgeschlossen. Wie aber zu bemerken, lassen Aubry und Rau einen Ersatzanspruch dann zu, wenn der Dritte für seine Einmischung ein begründetes Interesse, sei es auch nur der Affektion oder der Familienehre, hatte und von ihm nicht in liberaler Absicht gehandelt worden ist. Damit findet dann eine ziemlich weitreichende Ausnahme ihre Anerkennung. Wenn ferner Laurent (Bd. 20 N. 336. 338) den Ersatzanspruch verneint, indem er grundsätzlich davon ausgeht, daß die Bereicherungsklage nur als eine action analogue de celle de gestion d'affaires aufzufassen sei, und, da dem Verbietendem gegenüber von einer Geschäftsführung für denselben begrifflich keine Rede sein könne, damit auch jene Klage ausgeschlossen erscheine, so vermag diese Motivierung nach dem Ausgeführten eine entgegengesetzte Auffassung nicht zu begründen. Schließlich ist noch hervorzuheben, daß das badische Landrecht in seinem Zusatzartikel 1375a den Ersatzanspruch, von dem es sich handelt, in dem vorstehend entwickelten Sinne gesetzlich sanktioniert hat." ...

83. Findet die Formvorschrift des L.R.S. 784 über die Entsagung auf Erbschaften auch auf den von seiten eines Pflichtteilsberechtigten mittels Anerkennung des Testamentes zum Vollzuge erfolgenden Verzicht auf das Recht, die Minderung zu verlangen, Anwendung?

II. Civilsenat. Urt. v. 9. Januar 1891 i. S. K. u. Gen. (Kl.) w. W. u. Gen. (Bekl.) Rep. II. 236/90.

I. Landgericht Karlsruhe.
II. Oberlandesgericht daselbst.

Die Entscheidung ist oben unter „Reichsrecht" Nr. 22 S. 94 abgedruckt.

---

84. Steht nach den Bestimmungen des bürgerl. Gesetzbuches der Mutter kraft Gesetzes die Vormundschaft über ein von ihr anerkanntes uneheliches Kind zu?

II. Civilsenat. Urt. v. 17. Februar 1891 i. S. G. (Kl.) w. C. u. Gen. (Bekl.) Rep. II. 287/90.

I. Landgericht Metz.
II. Oberlandesgericht Kolmar.

Die Klägerin hat mit einem gewissen M., einem wohlhabenden Manne, im Konkubinate gelebt. Ein uneheliches Kind, welches dieser mit ihr erzeugte, ist sowohl von der Klägerin als von M. anerkannt worden. Nach dem Tode des letzteren hat der Familienrat den Beklagten C. als Vormund gewählt und beschlossen, der minderjährige Knabe solle in einer Pfarrersfamilie oder in einem Waisenhause erzogen werden. Die Klägerin hat hierauf gegen den Vormund und die Mitglieder des Familienrates Klage erhoben und beantragt: Das Gericht wolle den Familienratsbeschluß aufheben und feststellen, daß die Klägerin *gesetzliche* Vormünderin ihres minderjährigen Kindes sei. Das Landgericht hat die Klage und das Oberlandesgericht die Berufung der Klägerin zurückgewiesen. Dasselbe Schicksal der Zurückweisung hatte die von der Klägerin eingelegte Revision. Soweit es sich um die Frage handelt, ob eine gesetzliche Vormundschaft bestehe, beruht das Urteil des Reichsgerichtes auf folgenden

Gründen:

„Der Auffassung des Oberlandesgerichtes, daß nach den Vorschriften des in Elsaß-Lothringen geltenden Rechtes der Mutter eines unehelichen Kindes, auch wenn sie dieses anerkannt habe, die Vormundschaft über dasselbe nicht kraft Gesetzes zustehe, mußte beigestimmt werden.[1] Die Artt. 389. 390 des bürgerl. Gesetzbuches beziehen sich bloß auf die Rechtsverhältnisse von ehelichen Kindern und bestimmen, daß der Vater während der Ehe Verwalter des seinen minderjährigen Kindern gehörenden Vermögens sei, nach Auflösung der Ehe durch den Tod eines der Ehegatten aber die Vormundschaft über die minderjährigen, nicht emanzipierten Kinder dem überlebenden Ehegatten kraft Gesetzes zustehe. Aus diesen Vorschriften ergiebt sich hiernach nicht, daß eine Vormundschaft über das von Vater und Mutter anerkannte uneheliche Kind erst dann einzutreten habe, wenn der Vater oder die Mutter gestorben sei. Ebensowenig kann dies aus den Artt. 158. 383 des bürgerl. Gesetzbuches geschlossen werden, welche in einzelnen Richtungen den Eltern eines unehelichen Kindes diejenigen Rechte einräumen, die das Gesetz den ehelichen Eltern zugewiesen hat. Auch eine entsprechende Anwendung der Artt. 389. 390 auf die Rechtsverhältnisse der unehelichen Kinder erscheint als ungerechtfertigt, da die Stellung des Vaters, der sein außereheliches Kind anerkannt hat, durchaus verschieden von derjenigen des Ehemannes ist, der das Haupt der Familie bildet und auch der Ehefrau gegenüber Rechte hat, welche dem Vater eines unehelichen Kindes in Ansehung der Mutter desselben nicht zustehen. Hiernach kann nicht angenommen werden, daß eine Vormundschaft über das von beiden Eltern anerkannte uneheliche Kind erst dann eintritt, wenn der Vater oder die Mutter gestorben ist. Vielmehr muß dieselbe hier sofort eintreten, weil eine gesetzliche Vermögensverwaltung, wie sie Art. 389 dem Ehemanne in Ansehung der ehelichen Kinder eingeräumt hat, bezüglich der unehelichen nicht besteht. Bei dieser Sachlage fehlt es aber an jeder gesetzlichen Grundlage dafür, daß diese Vormundschaft ohne weiteres dem außerehelichen Vater oder der Mutter oder beiden gemeinschaftlich zustehen soll. Es muß vielmehr dem unehelichen Kinde ein Vormund in derselben Weise durch den

[1] In Rheinpreußen ist die preuß. Vormundschaftsordnung maßgebend; in Baden ist die Frage in L.R.S. 393a besonders geregelt. D. E.

Familienrat bestellt werden, wie es in Ansehung derjenigen ehelichen Kinder der Fall ist, bezüglich deren eine gesetzliche Vormundschaft nicht besteht. Für diese Auffassung, welche in Deutschland unter der Herrschaft des Code civil schon früher die Herrschaft erlangt hat,[1] haben sich denn in neuerer Zeit auch in Frankrech sehr viele angesehene Schriftsteller entschieden,[2] und sie hat auch in der Rechtsprechung, die allerdings eine sehr widersprechende ist,[3] fortwährend Anerkennung gefunden."

---

85. Ist die Klagbarkeit der Zusage einer besonderen Belohnung an einen Angestellten für den Fall, daß das von ihm geleitete Geschäft in Schwung gebracht werde, von Beobachtung der Form der Schenkung bedingt?

II. Civilsenat. Urt. v. 26. Februar 1891 i. S. K. (Kl.) w. L. D. (Bekl.) Rep. II. 295/90.

I. Landgericht Freiburg.
II. Oberlandesgericht Karlsruhe.

Die Söhne des Beklagten haben im Jahre 1877 eine Bürstenfabrik in N. gekauft. Der Kläger wurde Ende 1877 als Werkführer angestellt. Er behauptet, daß der Beklagte, welcher das Geld zum Betriebe des Geschäftes hergegeben, ihm im Jahre 1878 mit dem Sohne David D. den Betrag von 1000 Gulden versprochen habe, wenn er das Geschäft gut einrichte und in Schwung bringe. Die Klage ist auf Zahlung von 1714,28 ℳ nebst 5 Prozent Zinsen vom Klagezustellungstage an gerichtet. Der Beklagte hat die behauptete

---

[1] Vgl. Oberlandesgericht Köln vom 5. März 1885, Rhein. Archiv Bd. 75 I. S. 112, und Oberlandesgericht Karlsruhe vom 16. Februar 1884, Bad. Ann. Bd. 50 S. 193. D. E.

[2] Vgl. insbes. Marcadé, Bd. 2 S. 195 flg.; Demolombe, Bd. 8 N. 381 flg.; Massé und Vergé, Bd. 1 §. 207 Anm. 20; Richefort, État de fam. Bd. 2 S. 214 flg.; Revue crit. Bd. 11 S. 363; Revue prat. Bd. 5 S. 179. A. M.: besonders Loiseau, Enfants nat. S. 537 flg.; Zachariä, §. 571; Aubry und Rau, ebendas. und Laurent, Bd. 3 N. 413 flg. D. E.

[3] Vgl. hierüber die angeführten Schriftsteller und Sirey-Gilbert, Art. 390 N. 5. 6. D. E.

Zusage bestritten. Nach erhobenen Beweisen machte das Landgericht die Entscheidung von einem dem Beklagten zugeschobenen Eide abhängig. Dabei wurde als bewiesen angenommen, daß der Kläger wegen seiner ganz besonderen, erfolgreichen Bemühungen eine besondere Belohnung verdient habe. Auf Berufung des Beklagten hat das Oberlandesgericht die Klage abgewiesen aus folgenden Gründen: Der Kläger sei als Werkführer in der Fabrik des David D. verpflichtet gewesen, zur guten Einrichtung und zum Gange des Geschäftes nach Maß seiner Kräfte beizutragen. Es sei nicht behauptet, daß derselbe Lohnerhöhung gefordert habe. Deshalb sei die von ihm behauptete Zusage des Beklagten eine rein freiwillige, welche weder auf einer Rechtspflicht beruhe, noch gegen Zusage einer Gegenleistung erfolgte, und sie habe diese Natur umsomehr, als L. D. nicht sein Arbeitgeber gewesen sei. Derartige besondere Vergütungen pflegten Kaufleute ihren Gehilfen und Fabrikanten ihren Werkführern zeitweise nach deren Eifer und nach den Geschäftsergebnissen zu gewähren. Es könne mit Rücksicht auf den Mitbewerb um tüchtige Kräfte ein gewisser Zwang zur Einhaltung dieser Sitte bestehen, aber klagbar seien solche Gratifikationen nicht. Sitte sei es nicht, sie im voraus und in gewissem Betrage in Aussicht zu stellen und, wenn dies geschehe, so liege kein Grund vor, sich auf die Erfüllung zu verlassen. Übrigens werde vom Kläger selbst behauptet, die Zusage sei an die Bedingung der guten Einrichtung und des Schwunges des Geschäftes geknüpft gewesen, oder daß es laufe oder gehe. Umsomehr erscheine sie als eine in Aussicht gestellte Gratifikation; denn das Urteil über die Einrichtung und den Gang des Geschäftes, ob beides seinen Erwartungen genüge, hätte der Zusagende sich ohne Zweifel selbst vorbehalten (L.R.S. 1170. 1174).

Wenn das Landgericht Wert darauf lege, daß es sich um versprochene besondere Vergütung besonders guter Dienstleistungen handle, so ändere dieser Umstand daran nichts, daß weder ein anderer Rechtsgrund für die Zusage bestehe als die Absicht der Freigebigkeit, noch ein Anspruch des Klägers auf den versprochenen Betrag. Die Zusage sei nicht eine Lohnzusage, sondern eine solche einer freiwilligen Leistung über den bedungenen Lohn. Es hätten daher die Formen der Schenkung beobachtet werden müssen.

Auf die Revision des Klägers wurde das Berufungsurteil aufgehoben aus folgenden

Gründen:

„Die Bedingung, unter welcher der Beklagte die eingeklagte Summe versprochen haben soll, ist in der Eidesnorm des landgerichtlichen Urteiles dahin ausgedrückt: „wenn der Kläger das Bürstengeschäft des David D. gut einrichte und in Schwung bringe." Danach hängt das Eintreten des Falles, für welchen die Zusage gegeben worden ist, überhaupt nicht vom Willen des Beklagten, des Promittenten, noch weniger also allein von dessen Willen, sondern von der besonderen Thätigkeit, Erfahrung und Geschicklichkeit des Klägers ab, und darüber, ob die Voraussetzung für Erfüllung des Versprechens vorhanden sei, hätte, da es sich lediglich um Beurteilung einer Thatsache handelt, nicht das subjektive Belieben des Versprechenden, sondern im Streitfalle das Gericht zu entscheiden. Deshalb beruht die Annahme des Berufungsgerichtes, daß der Zusagende das Urteil über die Einrichtung und den Gang des Geschäftes, ob beides seinen Erwartungen genüge, im Zweifel sich selbst vorbehalten habe, auf Verletzung der L.R.S. 1170. 1174. 1175.

Infolge dieser irrtümlichen Auffassung der besonderen Leistung des Klägers, für welche besondere Belohnung versprochen wurde, ist auch die Zusage mit Unrecht für eine Schenkung erklärt worden. Der Erfolg, für welchen diese Vergütung zugesagt worden, und über dessen Vorhandensein nicht das Belieben des Beklagten zu entscheiden hat, ist nämlich thatsächlich und rechtlich einer weiteren Gegenleistung gleichzustellen. Der feste, regelmäßige Lohn des Klägers ist das Entgelt für die gewöhnlichen Dienste (operae), zu deren Leistung er sich verpflichtet hat, durch die besondere für einen bestimmten Erfolg (opus) gemachte Zusage wurde er zu besonderer Anstrengung aufgefordert, und es sollte dadurch eine von ihm bewiesene besondere Tüchtigkeit vergütet werden. Es fehlt daher das wesentliche Merkmal der Schenkung, nämlich die Unentgeltlichkeit der Hingabe oder des Versprechens, denn dieses ist für eine vom Kläger geforderte Gegenleistung gemacht worden. Wenn aber keine Unentgeltlichkeit anzunehmen, so ist es rechtlich unerheblich, ob die Zusage freiwillig und ohne Rechtspflicht gegeben worden sei; denn der Regel nach werden auch die belasteten Verträge freiwillig und ohne Rechtspflicht hierzu abgeschlossen.

Auch darauf kann es nicht ankommen, ob das streitige Versprechen gleich zu Anfang bei Abschluß des Dienstvertrages, ob es auf Anforderung des Klägers oder ohne solche gegeben worden sei; denn immerhin ist es für eine Gegenleistung gemacht und enthält die Aufforderung an den Kläger zu besonderer Anstrengung behufs Herbeiführung des gewünschten Erfolges. Es könnte daher die Klagbarkeit der Zusage einem Zweifel nicht unterliegen, wenn sie vom Eigentümer der Fabrik, vom Dienstherrn des Klägers, gemacht worden wäre. Aber auch, daß ein Dritter sich in gleicher Weise für eine jenem zu machende Leistung verpflichte, ist gesetzlich nicht ausgeschlossen, und es kann der Klagbarkeit des Versprechens jedenfalls dann ein Bedenken nicht entgegenstehen, wenn, wie im gegebenen Falle, der Dritte als Vater des Dienstherrn und, weil, wie behauptet, mit Kapital an der Fabrik beteiligt, an deren Gedeihen mindestens ein mittelbares Interesse hatte, sodaß deren Aufschwung auch für ihn die Bedeutung einer Gegenleistung annimmt."

---

86. 1. Kann nach französischem Rechte die Übertragbarkeit einer Forderung mit Wirkung gegen Dritte durch Rechtsgeschäft ausgeschlossen werden?

2. Sind die Gläubiger eines Brandbeschädigten gehindert, gemäß Art. 1166 des bürgerl. Gesetzbuches den Entschädigungsanspruch ihres Schuldners durch Klage geltend zu machen, wenn der Versicherungsvertrag bestimmt, daß der Versicherer nicht verbunden sei, sich mit Anderen als dem Versicherten in Verhandlungen über den Schaden einzulassen?

Bürgerl. Gesetzbuch Artt. 529. 544. 1166. 1598. 1689.

II. Civilsenat. Urt. v. 10. März 1891 i. S. D. u. Gen. (Kl.) w. A.=L.= Versicherungsgesellschaft (Bekl.). Rep. II. 297/90.

I. Landgericht Mainz.
II. Oberlandesgericht Darmstadt.

Der bei der beklagten Gesellschaft versicherte Bäcker A. cedierte, nachdem er einen Brandschaden erlitten hatte, seinen Entschädigungsanspruch an seine Gläubiger bis zum Betrage der Forderungen der=

selben. Als diese auf Zahlung des cedierten Betrages klagten, bestritt die Gesellschaft die Zulässigkeit der Klage, weil der Versicherungsvertrag bestimme: „Vor Feststellung der Existenz und des Betrages einer Schadensforderung ist eine Cession der Entschädigungsansprüche der Gesellschaft gegenüber wirkungslos. Letztere ist nicht verbunden, sich auf Verhandlungen über den Schaden und dessen Betrag mit anderen Personen als dem Versicherten oder beziehentlich dessen Erben einzulassen." Beide Instanzen wiesen die Klage als zur Zeit unstatthaft ab; das Berufungsurteil wurde aufgehoben.

Gründe:

„Zur Begründung der Klage war geltend gemacht worden, der Bäckermeister A., welcher bei der beklagten Gesellschaft versichert gewesen sei und einen Brandschaden erlitten habe, sei Schuldner der Kläger und habe denselben zur Deckung seinen Schadensanspruch aus dem Versicherungsvertrage bis zur Höhe der Forderungen cediert, der Beklagten sei die Cesssion zugestellt worden, der Antrag auf Verurteilung zur Zahlung daher gerechtfertigt. Nachdem das Landgericht die dem §. 15 Abs. 2 der Versicherungsbedingungen entnommene Einrede gegen die Aktivlegitimation der Kläger für begründet erklärt und die Klage als „zur Zeit unstatthaft" abgewiesen hatte, führten die Kläger zur Begründung der Berufung aus, die Klage sei jedenfalls nach Art. 1166 des bürgerl. Gesetzbuches gerechtfertigt. In diesem Vorbingen kann eine nach §. 489 C.P.O. unstatthafte Klagänderung nicht gefunden werden; denn auf Grund desselben Sachverhältnisses machen die Kläger kraft eigenen Rechtes den ihrem Schuldner zustehenden Anspruch geltend. Das Urteil kann daher nur aufrechterhalten werden, wenn die Versicherungsbedingung sowohl die Gültigkeit der Cession als die Geltendmachung des den Gläubigern durch das Gesetz gewährten Rechtes ausschließt.

Das Berufungsgericht geht davon aus, daß die Vertragsbestimmung, welche vor Feststellung der Existenz und des Betrages einer Schadensersatzforderung jede Cession der Entschädigungsansprüche der Gesellschaft gegenüber für wirkungslos erklärt, nach französischem Rechte nicht zu beanstanden sei. Ob nach gemeinem Rechte die Übertragbarkeit einer Forderung mit Wirkung gegen Dritte durch Rechtsgeschäft ausgeschlossen werden könne, ist eine unter den Gerichten und den Rechtslehrern sehr bestrittene Frage.

Vgl. Seuffert, Archiv Bd. 5 Nr. 11, Bd. 39 Nr. 96, Bd. 40 Nr. 192; Mühlenbruch, Cession §. 27; Schmid, Cession Bd. 2 S. 394; Windscheid, Pandekten Bd. 2 §. 335 N. 5.

Für das Gebiet des französischen Rechtes aber muß angenommen werden, daß der §. 295 des Entwurfes zum bürgerl. Gesetzbuche, welcher einem solchen Rechtsgeschäfte die Wirkung gegen Dritte versagt, kein neues Recht schaffen wird. Im Interesse der öffentlichen Ordnung und der allgemeinen Wohlfahrt stellt das bürgerl. Gesetzbuch in den Artt. 537. 544 den Grundsatz der freien Verfügungsgewalt des Eigentümers auf und zieht daraus in Art. 1598 die Folgerung, daß jede dem Verkehre unterworfene Sache verkauft werden könne, sofern nicht besondere Gesetze die Veräußerung untersagen. Was hier für das Eigentum an körperlichen Sachen bestimmt ist, findet auch Anwendung auf Klagen und Forderungen; denn das Gesetz stellt dieselben in Art. 529 den beweglichen Sachen gleich und behandelt die Übertragung von Forderungen in Artt. 1689 flg. lediglich als eine Unterart des Kaufvertrages, für welche die Regeln dieses Geschäftes zur Anwendung kommen. Der vertragsmäßigen Ausschließung der Übertragbarkeit wird daher von der Rechtsprechung und Rechtslehre übereinstimmend die Wirkung gegen Dritte versagt.

Vgl. die Urteile des französischen Kassationshofes, Sirey, Bd. 43 1. S. 345 und Bd. 53 1. S. 619; Laurent, Bd. 24 Nr. 467; Aubry, Bd. 4 §. 359.

Der Beklagte macht nun aber geltend, daß §. 15 Abs. 2 der Versicherungsbedingungen nicht die Cession der Schadensersatzforderung überhaupt untersage, sondern nur ausspreche, daß die Versicherungsgesellschaft nicht verbunden sei, sich auf Verhandlungen über Feststellung des Schadens und seines Betrages mit anderen Personen als dem Versicherten selbst einzulassen, daß eine solche Beschränkung ihrer Verpflichtungen aus dem Versicherungsvertrage in bezug auf die Ermittelung der Existenz und Höhe der erst festzustellenden Vergütungsforderung nicht als unzulässig betrachtet werden könne und auch in der Rechtsprechung der französischen Gerichte mehrfach als gültig anerkannt worden sei. Ob dieser Ansicht beizutreten, oder ob, von dem Grundsatze der Unwirksamkeit eines Veräußerungsverbotes bei Forderungen ausgehend, auch der Anspruch auf Feststellung der Vergütung als ein solcher anzusehen sei, dessen Übertragbarkeit mit Wirkung gegen Dritte nicht ausgeschlossen zu werden vermöge, kann aber dahingestellt bleiben; denn jedenfalls ist die erwähnte Klausel nicht geeignet, das in Art. 1166 den Klägern als Gläubigern gewährte Recht zu beseitigen, alle Rechte und Klagen ihres Schuldners, die nicht ausschließlich seiner Person anhaften, geltend zu machen.

Die Bestimmung des Art. 1166 ist eine Anwendung des in Art. 2093 aufgestellten allgemeinen Grundsatzes, nach welchem das Vermögen des Schuldners das gemeinschaftliche Unterpfand der Gläubiger bildet. Das Recht der Gläubiger findet nur bezüglich derjenigen Rechte seine Grenze, welche vermöge ihrer Beschaffenheit an die Person des Schuldners gebunden sind. Wie es aber unzulässig ist, durch Vertrag einen Vermögensgegenstand, insbesondere auch eine Forderung dem Verkehre zu entziehen, so kann auch ein Rechtsgeschäft zwischen dem Schuldner und einem Dritten den Anspruch des Schuldners nicht zu einem mit dessen Person unzertrennlich verbundenen machen. Alle dem freien Verkehre unterworfenen Rechte und Klagen des Schuldners, welche Geld oder Geldeswert zum Gegenstande haben, unterliegen, von den gesetzlichen Ausnahmebestimmungen abgesehen, ebenso dem durch Art. 1166 geschaffenen Rechte wie der gerichtlichen Zwangsvollstreckung. In Beziehung auf dieses Recht sind die Gläubiger kraft Gesetzes Bevollmächtigte ihres Schuldners.

Vgl. Zachariä, Bd. 2 Bd. 312.

Wenn sie in dieser Eigenschaft eine ihrem Schuldner zustehende Klage anstellen, kann ihnen daher nicht die Einrede entgegengehalten werden, daß sich der Beklagte vertragsmäßig das Recht ausbedungen habe, über den Gegenstand des Rechtsstreites nur mit dem Schuldner selbst oder dessen Erben zu verhandeln.

Hiernach war die angefochtene Entscheidung aufzuheben, und da eine prozeßhindernde Einrede im Sinne der §§. 247. 500 Ziff. 2 C.P.O. nicht in Frage steht, die Sache unter Vorbehalt der Entscheidung über die Kosten zur weiteren Verhandlung an das Berufungsgericht zurückzuverweisen."

87. Welchen Inhalt muß ein dem L.R.S. 2111 entsprechender Eintrag im Pfandbuche haben?

II. Civilsenat. Urt. v. 26. Mai 1891 i. S. S. (Kl.) w. v. S. (Bekl.) Rep. II. 84/91.

I. Landgericht Konstanz.
II. Oberlandesgericht Karlsruhe.

Aus den Gründen:

„Die Revision mußte für gerechtfertigt erachtet werden. Das Oberlandesgericht verneint (und dies mit Recht) zunächst, daß L.R.S. 1017 Abs. 2 ein gesetzliches Pfandrecht für Vermächtnisse begründe, sowie daß die Voraussetzung des L.R.S. 2103 Ziff. 3 zutreffe, nimmt aber an, es könne der vorliegende Eintrag eines „gesetzlichen Vorzugsrechtes der (der Beklagten von der Wittwe des A. W. v. S. vermachten) Leibrente" oder eines „gesetzlichen Pfandrechtes" für dieselbe an den der Klägerin als Erbin der A. W. v. S. zugefallenen Erbschaftsgrundstücken im Pfandbuche deshalb aufrechterhalten werden, weil „die vorgebrachten Thatsachen das Vorzugsrecht des L.R.S. 2111 begründen", und geht dann weiter davon aus, daß, wenn der Eintrag im Pfandbuche bestehen bleibe, der Klägerin jedes Interesse am Striche der zwar an sich überflüssigen, aber von der Klägerin selbst veranlaßten Erwähnung der Leibrente im Grundbuche fehle. Allein es handelt sich nicht darum, ob möglicherweise von der Beklagten auf Grund des dem Vermächtnisnehmer nach L.R.S. 878 zustehenden Rechtes der Absonderung des Vermögens des Erblassers von jenem des Erben ein Eintrag im Pfandbuche nach L.R.S. 2111 mit den Wirkungen eines Vorzugsrechtes auf die Liegenschaften der Erbschaft hätte bewirkt werden können, sondern, ob der konkrete Eintrag im Pfandbuche (und bezw. Grundbuche), wie er vorliegt, einen Eintrag im Sinne des L.R.S. 2111 rechtlich darstellt. Dies muß jedoch nach den von dem Oberlandesgerichte getroffenen Feststellungen über den Inhalt des Eintrages verneint werden. Eine Liegenschaft kann nicht mit einem Eintrage im Pfandbuche oder im Grundbuche belastet werden, dessen Bedeutung hieraus nicht erkennbar ist, vielmehr muß der Eintrag erkennen lassen, welches spezielle Recht damit gewahrt, von welcher speziellen Belastung die Liegenschaft sonach getroffen werden soll. Nach den über den Inhalt des Eintrages im Pfandbuche (wie über jenen im Grundbuche) erfolgten Feststellungen des Oberlandesgerichtes ist aber im vorliegenden Falle aus dem Eintrage, welcher nichts darüber enthält, daß das Recht des Vermächtnisnehmers auf Absonderung des Vermögens des Erblassers geltend gemacht werden und auf Grund dieses Rechtes eine Wahrung des Vorzugsrechtes eintreten soll, in keiner Weise erkennbar, daß mit dem Eintrage das dem Vermächtnisnehmer aus dem Rechte der Absonderung des Erbschaftsvermögens zustehende Vorzugsrecht auf die Liegenschaften der Erbschaft gewahrt werden soll. Hiernach hat das Oberlandesgericht durch Abweisung des Anspruches der Klägerin auf die Löschung der zu Gunsten der Beklagten im Grundbuche und im Unterpfandbuche vollzogenen Eintragungen das Gesetz verletzt.

Es war daher (und zwar ohne daß es bezüglich des Eintrages eines Vorzugsrechtes für die vermachte Leibrente im Grundbuche weiter darauf ankommt, ob überhaupt ein Vorzugsrecht des Vermächtnisnehmers nach L.R.S. 2111 im Grundbuche einzutragen ist) das Urteil des Oberlandesgerichtes aufzuheben, die Berufung der Beklagten gegen das der Klage auf Löschung der Eintragungen stattgebende Urteil des Landgerichtes zurückzuweisen." ...

V. Prozeßrecht.

88. Ist der Gläubiger, welcher eine Forderung seines Schuldners gepfändet hat, auf Grund dieser Pfändung ohne gerichtliche Überweisung der Forderung aktiv legitimiert, gegen den Drittschuldner eine Feststellungsklage dahin anzustellen, daß die gepfändete Forderung zu Recht besteht?

II. Civilsenat. Urt. v. 24. Juni 1890 i. S. G. (Kl.) w. G. (Bekl.) Rep. II. 107/90.

I. Landgericht Aachen.
II. Oberlandesgericht Köln.

Gründe:

„Das Berufungsurteil geht von der Annahme aus, daß der Klägerin die Aktivlegitimation zur Anstellung der ursprünglich erhobenen Feststellungsklage gefehlt habe, weil die bloße Pfändung der Forderung ihres Schuldners ihr kein Klagerecht gegen den beklagten Drittschuldner gewähre, ein solches Klagerecht ihr vielmehr erst durch die Überweisung der gepfändeten Forderung zur Einziehung gemäß §. 736 C.P.O. erteilt werde. Dieser Mangel der Aktivlegitimation bei Anstellung der Klage habe dadurch nicht geheilt werden können, daß erst nachträglich im Laufe der Berufungsinstanz der Klägerin die gepfändete Forderung zur Einziehung überwiesen worden sei.

Wenn es nun auch als richtig anzuerkennen ist, daß bezüglich der gepfändeten Forderung die Klägerin eine Leistungsklage gegen den Drittschuldner nur auf Grund der erfolgten Überweisung der Forderung anstellen konnte, so ist doch darin dem Oberlandesgerichte nicht beizupflichten, daß der Klägerin auch zur Erhebung der gegenwärtigen Feststellungsklage die Aktivlegitimation gefehlt habe.

Der §. 231 C.P.O. stellt zwei Erfordernisse für die Anstellung einer Feststellungsklage auf, das Bestehen eines Rechtsverhältnisses unter den Parteien, dessen Feststellung begehrt wird, und das Vorhandensein eines rechtlichen Interesses des Klägers an der alsbaldigen Feststellung dieses Rechtsverhältnisses. In dem Bestehen des Rechtsverhältnisses, welches Gegenstand der Klage ist, liegt zugleich die Sachlegitimation der Parteien. Die Klägerin ist daher für aktiv legitimiert zu erachten, sobald das Vorhandensein eines solchen Rechtsverhältnisses feststeht. Das ist aber auf Grund des von der Klägerin nach §. 709 C.P.O. erworbenen Pfändungspfandrechtes an der fraglichen Forderung anzunehmen. Durch dieses Pfandrecht hat die Klägerin dem Beklagten gegenüber das Recht erworben, daß der letztere das seinem Gläubiger Geschuldete nicht zum Nachteile der Klägerin an den Gläubiger ausbezahlen darf, sondern es zur demnächstigen Befriedigung der Klägerin aufbewahren muß. Die stattgefundene Pfändung legt ferner dem Beklagten die Pflicht auf, der Klägerin auf ihr Verlangen über die Existenz und den Betrag der gepfändeten Forderung Rede zu stehen (§. 739 C.P.O.). Dieser Pflicht des Beklagten muß auf der anderen Seite als entsprechend das Recht der Klägerin angesehen werden, gegen den Beklagten, welcher nach dem Inhalte der Klage das Bestehen der Forderung in Abrede gestellt hat, die Feststellung derselben durch Richterspruch zu verlangen.

Was das zweite Erfordernis der Feststellungsklage, das Vorhandensein des rechtlichen Interesses der Klägerin an der alsbaldigen Feststellung des Rechtsverhältnisses, betrifft, so kann, sofern es an demselben bei Anstellung der Klage gefehlt haben sollte, dieser Mangel, wie auch das Oberlandesgericht zutreffend annimmt, nicht ferner in Betracht kommen, nachdem auf Grund der stattgefundenen Überweisung der Forderung die Feststellungsklage in zulässiger Weise (§. 240 Nr. 3 C.P.O.) in die Leistungsklage umgewandelt worden ist.

Nach Obigem beruht die Abweisung der Klage wegen mangelnder Aktivlegitimation der Klägerin auf Rechtsirrtum, weshalb das Urteil aufgehoben und die Sache, da es noch auf thatsächliche Erörterungen ankommt, in die Berufungsinstanz zurückverwiesen werden mußte."

89. Hat das Berufungsgericht die Sache an das Gericht erster Instanz zurückzuverweisen, wenn die Klage vom Landgerichte von Amts wegen wegen Unzulässigkeit des Rechtsweges abgewiesen ist, das Berufungsgericht dagegen den Rechtsweg für zulässig erachtet hat?

C.P.O. §. 500.

III. Civilsenat. Urt. v. 3. Oktober 1890 i. S. der Stadt Celle (Kl.) w. den Landkreis Celle (Bekl.). Rep. III. 144/90.

I. Landgericht Lüneburg.
II. Oberlandesgericht Celle.

Die Frage ist verneint aus folgenden

Gründen:

„Das Berufungsgericht hat aus zutreffenden Gründen die Zulässigkeit des Rechtsweges angenommen.

Der Angriff der Revisionsklägerin, das Berufungsgericht habe die Vorschrift in §. 500 Ziff. 2 C.P.O. dadurch verletzt, daß es, statt die Sache an das Gericht erster Instanz zurückzuverweisen, selbst in der Sache erkannt und die Berufung verworfen habe, ist nicht begründet. Der Beklagte hat ausweislich des Thatbestandes des Urteiles des Landgerichtes zwar gegen den ersten Klagegrund ausgeführt, daß durch den dem Gesetze vom 15. März 1869, betreffend die Vereinigung der Vorstädte von Celle und der Stadtgemeinde Celle, angehängten Plan für die Vereinigung die öffentlich-rechtlichen Verpflichtungen zur Unterhaltung der in den betreffenden Bezirken belegenen Wegestrecken geregelt werden, nicht, wie die Klägerin vermeine, ein Privatrechtsverhältnis geschaffen worden sei, aber er hat nicht die prozeßhindernde Einrede der Unzulässigkeit des Rechtsweges (§. 247 Abs. 2 C.P.O.) erhoben und vollständig zur Sache verhandelt. Das Landgericht hat die Klage abgewiesen, weil es davon ausgeht, daß das Gesetz vom 15. März 1869 und der die Ausführungsbestimmungen des Gesetzes enthaltende Plan öffentlich-rechtliche Verhältnisse zum Gegenstande haben, und daß der über die Verteilung der Wegebaulast unter den Parteien bestehende Streit in Gemäßheit der über die Zuständigkeit der Gerichte und Verwaltungsbehörden geltenden gesetzlichen Vorschriften von den Verwaltungsgerichten zu entscheiden sei, daß auch die den zweiten Klagegrund bildende, dem Erlasse des Gesetzes vom 15. März 1869 voraufgegangene, angebliche Vereinbarung zwischen dem Amte und der Stadt Celle über die Verteilung der Wegebaulast einen öffentlichrechtlichen Charakter habe. Bei dieser Lage der Sache war das Berufungsgericht, nachdem es die von dem Landgerichte gegen die Zulässigkeit des Rechtsweges erhobenen Bedenken als unbegründet verworfen hatte, nicht genötigt, die Sache an das Landgericht zurückzuverweisen, sondern es konnte die Berufung aus anderen, in der Sache selbst liegenden Gründen verwerfen. Denn die Vorschrift in §. 500 Ziff. 2 C.P.O. setzt voraus, daß in erster Instanz von dem Beklagten eine verzögerliche Einrede erhoben ist, und daß das Gericht erster Instanz nur über eine solche Einrede entschieden hat, findet aber keine Anwendung, wenn das Gericht erster Instanz nach Verhandlung der Sache ohne eine solche Einrede des Beklagten die Klage abgewiesen hat, weil es angenommen hat, daß eine derjenigen wesentlichen Voraussetzungen des Prozesses nicht vorhanden sei, deren Mangel der Beklagte nach §. 247 C.P.O. im Wege der verzögerlichen Einrede mit der in §. 248 das. geregelten Wirkung geltend zu machen berechtigt ist, welche aber teilweise, namentlich die Unzulässigkeit des Rechtsweges, das Gericht auch von Amts wegen zu berücksichtigen hat. Von dem in §. 499 C.P.O. in sehr weitem Umfange angeordneten Devolutiveffekte der Berufung, wonach das Berufungsgericht auch über diejenigen Streitpunkte zu entscheiden hat, über welche in erster Instanz nicht verhandelt oder nicht entschieden ist, werden in §. 500 C.P.O. Ausnahmen aufgestellt, indem in den hier hervorgehobenen fünf Fällen eine vollständige Devolution des Rechtsstreites an das Berufungsgericht nicht eintritt, dasselbe vielmehr, insofern eine weitere Verhandlung erforderlich ist, d. h. insofern nicht schon die Entscheidung des Berufungsgerichtes die Sache beendigt,

vgl. Entsch. des R.G.'s in Civils. Bd. 12 S. 378,

die Sache an das Gericht erster Instanz zurückverweisen muß. Diese Ausnahmen von der Regel des §. 499 dürfen nicht über den aus ihrer Fassung sich ergebenden Kreis ausgedehnt werden. Nach dem klaren Wortlaute des §. 500 Ziff. 2 findet aber eine Beschränkung des Devolutiveffektes nur statt, wenn durch das angefochtene Urteil nur über eine prozeßhindernde Einrede entschieden ist. Dieses setzt notwendig voraus, daß von dem Beklagten eine solche Einrede vorgeschützt worden ist. Eine verschiedene Behandlung dieses Falles und des Falles, wenn ohne Vorschützung einer verzögerlichen Einrede das Gericht erster Instanz die Klage abgewiesen hat, weil es angenommen hat, daß eine der in §. 247 C.P.O. hervorgehobenen wesentlichen Voraussetzungen des Rechtsstreites fehle, ist auch prozessualisch wohl begründet, wie bereits in dem Urteile des IV. Civilsenates vom 1. Oktober 1885 (abgedruckt in Gruchot, Beiträge Bd. 30 S. 161) ausgeführt ist. Denn das auf Grund eines solchen Umstandes nach vollständiger Verhandlung der Sache ergangene Urteil ist eine Entscheidung in der Sache selbst, nicht bloß eine Entscheidung über die in Frage stehende Prozeßvoraussetzung, weil der Richter zu einer formellen Abtrennung der letzteren von dem eigentlichen Prozeßstoffe im Sinne des §. 248 C.P.O. beim Mangel einer entsprechenden Einrede des Beklagten nicht befugt ist. Mit Recht wird ferner in dem angezogenen Urteile des IV. Civilsenates gegenüber dem Einwande, daß der Unterschied zwischen den erwähnten beiden Fällen lediglich ein formeller sei, und daß der Zweck der Vorschrift in §. 500 C.P.O. sei, zu verhindern, daß der Berufungsrichter über die Hauptsache ein Urteil fälle, ohne daß in erster Instanz darüber entschieden sei, also gleichsam in erster Instanz entscheide, geltend gemacht, daß eine derartige Erwägung, auch wenn sie begründet wäre, nicht berechtigen würde, die Ausnahmebestimmung des §. 500 a. a. O. über den klaren Wortlaut und Sinn hinaus auf ähnlich liegende Fälle anzuwenden, und daß dieses umsoweniger statthaft erscheine, als das Berufungsgericht, abgesehen von den Fällen des §. 500, sehr häufig in die Lage komme, über den eigentlichen Rechtsstreit zuerst zu entscheiden — nämlich in allen den Fällen, in welchen es in der Entscheidung über einen präjudiziellen Punkt oder über eine prozessuale Vorfrage, auf welcher das erstinstanzliche Urteil beruht, von diesem abweicht, oder infolge neuen Vorbringens der Parteien —, ohne gleichwohl verpflichtet oder auch nur berechtigt zu sein, die Entscheidung in der Sache abzulehnen und auf die erste Instanz zu übertragen." ...

90. 1. Hat der Berufungskläger, der das erste Urteil dem Gegner am Tage der Eröffnung des Konkurses über dessen Vermögen und demnächst noch einmal dem Prozeßbevollmächtigten des Verwalters zugestellt hat, zu beweisen, daß die erste Zustellung nach der Konkurseröffnung und deshalb unwirksam erfolgt ist?

2. Unterbrechung und Aufnahme des Verfahrens im Konkurse. Wie ist, im Falle der Rechtsstreit für den Gemeinschuldner anhängig war, zu verfahren, wenn die Unterbrechung nach Verkündung a) vor Zustellung, b) nach Zustellung des ersten Urteiles eingetreten ist und der Verwalter die Aufnahme verzögert? Ist das Urteil, welches ausspricht, daß das Verfahren durch den Verwalter aufgenommen sei, ein Endurteil oder ein Zwischenurteil?

C.P.O. §§. 217. 218. 226. 227. 275. 473. 477. 497.
K.O. §§. 8. 10. 134.

I. Civilsenat. Urt. v. 11. Oktober / 5. November 1890 i. S. M. (Kl.) w. R. (Bekl.) Rep. I. 166. 167/90.

I. Landgericht Halle a./S.
II. Oberlandesgericht Naumburg a./S.

Durch Urteil des Landgerichtes H. vom 29. Januar 1889 war die Klage auf Zahlung von 1124 *M* abgewiesen, auf die Widerklage der Kläger zur Zahlung von 217 *M* verurteilt. Am 5. Februar 1889 starb der Beklagte, am 11. Februar 1889 vormittags 11 Uhr wurde der Konkurs über sein Vermögen eröffnet. An demselben Tage ließ der Kläger das Urteil zustellen, der Verwalter des Konkurses aber am 20. März die Widerklageforderung durch Zwangsvollstreckung beitreiben. Durch Schriftsatz vom 9. März legte der Kläger gegen das ganze Urteil Berufung ein, meldete am 20. März die Klageforderung zum Konkurse an, welche der Verwalter im Prüfungstermine am 1. Mai bestritt. Durch Urteil des Oberlandesgerichtes vom 8. Mai wurde diese Berufung als wirkungslos zurückgewiesen, nachdem der Kläger in der Verhandlung vom 8. Mai dem Prozeßbevollmächtigten des Verwalters die Aufnahmeerklärung und am 7. Mai nochmals das erste Urteil zugestellt hatte. Durch Schriftsatz vom 6. Juni 1889 legte der Kläger darauf von neuem in der Klage Berufung ein unter gleichzeitiger Zustellung des Urteiles und der

Aufnahmeerklärung an den Prozeßbevollmächtigten des Verwalters in erster Instanz und an den Prozeßbevollmächtigten des Verwalters in der früheren Berufungsinstanz. Gleichzeitig lud der Kläger durch Schriftsatz vom 25. Mai 1889 den Verwalter zur Aufnahme des Verfahrens in der Widerklage vor das Landgericht H.

Durch Urteil vom 27. August 1889 erkannte das Landgericht nach kontradiktorischer Verhandlung, daß das Verfahren in der Widerklage durch den Verwalter aufgenommen sei, und legte dem Verwalter die Kosten des Verfahrens und der Entscheidung auf.

Der Kläger legte nunmehr die Berufung gegen das Urteil vom 29. Januar 1889 auch auf die Widerklage ein. Der Verwalter legte Berufung gegen das Urteil vom 27. August 1889 ein.

Durch zwei getrennte Urteile vom 2. April 1890 wies der Berufungsrichter 1. die Berufung des Klägers in der Klage als unzulässig, die in der Widerklage als wirkungslos zurück, 2. unter Aufhebung des Urteiles vom 27. August 1889 den Antrag des Klägers, das Verfahren in der Widerklage seitens des Verwalters als aufgenommen zu erklären, kostenpflichtig ab.

Auf die Revisionen des Klägers sind beide Urteile aufgehoben aus folgenden

Gründen:

„1. Der Berufungsrichter verwirft die Berufung des Klägers, soweit sie sich gegen die Entscheidung auf die Klage richtet, als unzulässig, weil der Kläger den Beweis nicht erbracht habe, daß das am 11. Februar zugestellte Urteil nach 11 Uhr an diesem Tage, d. h. nach der Konkurseröffnung, und deshalb unwirksam zugestellt sei. Deshalb sei davon auszugehen, daß es vor der Konkurseröffnung wirksam zugestellt sei. Der Berufungsrichter nimmt ferner an, daß das durch die Konkurseröffnung am 11. Februar nach §. 218 C.P.O. unterbrochene Verfahren durch die Zustellung des Schriftsatzes mit der Aufnahmeerklärung in der mündlichen Verhandluug über die erste Berufung am 8. Mai wirksam aufgenommen, die Berufung aber nicht innerhalb der infolgedessen am 8. Juni abgelaufenen Berufungsfrist, sondern verspätet am 11. Juni zugestellt sei, da die Zustellung an den Rechtsanwalt P. am 8. Juni wirkungslos gewesen sei.

Dieser Ausführung kann nicht beigetreten werden, weil ihr Ausgangspunkt irrig ist.

Unbedenklich ist nach §§. 218. 226. 227 C.P.O. und nach §§. 10. 134 Abss. 2, 3 K.O., daß das Verfahren durch die Eröffnung des Konkurses über den Nachlaß des am 5. Februar 1889 nach Verkündung des Urteiles vom 29. Januar 1889 verstorbenen Beklagten am 11. Februar 1889 unterbrochen wurde, daß der Kläger die durch das Urteil abgewiesene Forderung gegen die Konkursmasse nur dadurch verfolgen konnte, daß er sie zum Konkurse anmeldete, und nachdem sie in dem Prüfungstermine am 1. Mai 1889 vom Verwalter bestritten war, durch Aufnahme des Rechtsstreites gegen den Verwalter der Konkursmasse zur Feststellung brachte (§. 134 Abss. 3, 4 K.O.). Was der Kläger vor dem 1. Mai 1889 zur Aufnahme des Rechtsstreites auf die Klage gethan hat, insbesondere die Einlegung der Berufung durch den Schriftsatz vom 9. März 1881, war daher wirkungslos, und diese Berufung ist durch das frühere Urteil des Berufungsrichters vom 8. Mai 1889 deshalb mit Recht für wirkungslos erklärt worden.

Der Kläger hat dann von neuem unter gleichzeitiger Erklärung der Aufnahme des Verfahrens und unter nochmaliger Zustellung des ersten Urteiles mittels Schriftsatzes vom 6. Juni 1889 die Berufung gegen die Entscheidung über die Klage eingelegt, um die es sich jetzt handelt.

Diese Berufungsschrift ist nebst dem Urteile nach der Feststellung des Berufungsrichters am 11. Juni dem Prozeßbevollmächtigten des beklagten Verwalters in erster Instanz, am 8. Juni dem Rechtsanwalte P. zugestellt. Dem Berufungsrichter ist darin beizutreten, daß die Zustellung der Aufnahmeerklärung, des Urteiles und der Berufungsschrift an den Rechtsanwalt P. keine prozeßrechtliche Bedeutung hat. Der Rechtsanwalt P. war von dem beklagten Verwalter für die durch die Berufungsschrift vom 9. März in Gang gesetzte Berufungsinstanz zum Prozeßbevollmächtigten bestellt, diese Berufungsinstanz durch das Urteil des Oberlandesgerichtes vom 8. Mai 1889, durch welches die Berufung für wirkungslos erklärt wurde, erledigt und damit die Vertretungsthätigkeit des P. beendet. Es liegen keinerlei Umstände vor, aus denen sich entnehmen ließe, daß die Bestellung des P. zum Prozeßbevollmächtigten sich auf die durch die Einlegung der Berufung mittels des Schriftsatzes vom 6. Juni in Gang gesetzte neue Berufungsinstanz hat erstrecken sollen. . . . Gemäß §. 164 C.P.O. war daher die Zustellung an den Prozeßbevollmächtigten erster Instanz zu bewirken.

Vgl. Entsch. des R.G.'s in Civils. Bd. 14 S. 371.

Für die Frage, ob die Berufung wirksam eingelegt ist, kommt deshalb nur die Zustellung vom 11. Juni in Betracht. Die Entscheidung darüber, ob sie rechtzeitig erfolgt ist, hängt davon ab, ob das angefochtene Urteil erster Instanz am 11. Februar vor oder nach der Konkurseröffnung zugestellt ist. Ist die Zustellung des Urteiles am 11. Februar vor der Konkurseröffnung erfolgt, d. h. vor 11 Uhr vormittags, so wirkte diese Zustellung so, daß vom Momente der Aufnahmeerklärung gemäß §§. 226. 227 C.P.O. die Berufungsfrist des §. 477 C.P.O. lief.

Ist sie nach der Konkurseröffnung erfolgt, so war sie unwirksam nach §. 226 C.P.O. Die Zustellung des Urteiles konnte dann wirksam erst nach Beendigung der Unterbrechung vorgenommen werden.

Vgl. Entsch. des R.G.'s in Civils. Bd. 13 S. 315. 317; Urteil vom 23. März 1889 i. S. S.'er Kohlenwerke w. C. Rep. I. 34/89.

Die Ausführung des Beklagten, daß der Kläger die Zustellung des Urteiles, wenn sie am 11. Februar nach der Konkurseröffnung erfolgt war, als seinen eigenen Akt nicht als unwirksam behandeln könne, ist unhaltbar (§. 226 Abs. 2 C.P.O.). Selbst wenn man annehmen will, daß der Beklagte sich die am 11. Februar unwirksam erfolgte Zustellung gefallen lassen und sie durch seine Genehmigung wirksam machen konnte, so erscheint es doch unzulässig, daß der Beklagte eine nach unwirksamer Zustellung erfolgte wirksame Zustellung nachträglich dadurch beseitigt, daß er erklärt, er wolle sich die unwirksame Zustellung gefallen lassen. Die unwirksame Zustellung des Urteiles mußte wiederholt werden, und zwar nach der Aufnahme des Verfahrens oder gleichzeitig mit derselben und der dadurch herbeigeführten Beendigung der Unterbrechung des Verfahrens. In diesem Falle, d. h. wenn die Zustellung am 11. Februar nach der Konkurseröffnung erfolgt war, ist es gleichgültig, ob die Aufnahme des Verfahrens durch die Zustellung der Erklärung bei der mündlichen Verhandlung am 8. Mai 1889 oder erst durch die Zustellung des

Schriftsatzes vom 6. Juni am 11. Juni erfolgt ist. Die Zustellung des Urteiles am 7. Mai war wirkungslos, weil sie vor der Beendigung der Unterbrechung erfolgt ist. Durch die Aufnahmeerklärung am 8. Mai wurde die Rechtsmittelfrist des §. 477 C.P.O. nicht in Lauf gesetzt, weil eine wirksame Zustellung des Urteiles noch nicht erfolgt war. Dagegen war die Zustellung des Urteiles in Verbindung mit der Einlegung der Berufung am 11. Juni nach §. 477 C.P.O. wirksam, mochte die Unterbrechung des Verfahrens am 8. Mai oder erst durch die Zustellung der Aufnahmeerklärung am 11. Juni beendet sein.

Es kommt daher alles darauf an, ob die Zustellung des Urteiles am 11. Februar wirksam oder unwirksam, vor oder nach 11 Uhr vormittags erfolgt ist.

Der Kläger beruft sich für die Zulassung seiner Berufung auf die am 8. und 11. Juni erfolgte Zustellung des Urteiles, der Berufungsschrift und der Aufnahmeerklärung.

Nach §. 497 C.P.O. hatte der Berufungsrichter von Amts wegen zu prüfen, ob die Berufung in der gesetzlichen Form und Frist eingelegt sei.

Der beklagte Verwalter hatte dagegen geltend gemacht, daß die Berufung verspätet sei, weil das angegriffene Urteil bereits am 11. Februar zugestellt und die Berufungsfrist deshalb am 11. Juni abgelaufen gewesen sei. Der Berufungsrichter war dadurch allerdings zu der Prüfung genötigt, ob am 11. Februar eine wirksame Urteilszustellung vorgenommen war. Aber er geht bei dieser Prüfung unrichtig davon aus, daß der Kläger den Beweis zu führen habe, die Zustellung des Urteiles sei nicht vor 11 Uhr, sondern nach 11 Uhr erfolgt. Einen solchen Beweis hatte der Kläger nicht zu führen, sondern der beklagte Verwalter. Der Kläger stützt seine Berufung auf die Urteilszustellung am 8. und 11. Juni, und der Berufungsrichter hatte zu prüfen und festzustellen, ob diese Zustellung in der gesetzlichen Frist erfolgt war. Dies war zu verneinen, wenn die Zustellung des Urteiles am 11. Februar wirksam erfolgt war, d. h. vor der Konkurseröffnung, vor 11 Uhr vormittags. Nur wenn der Berufungsrichter feststellte, daß die Zustellung des Urteiles vor 11 Uhr vormittags am 11. Februar vorgenommen war, konnte er zu dem Ergebnisse gelangen, daß die Zustellung der Berufungsschrift am 11. Juni verspätet war.

Diese positive Feststellung war umsomehr geboten, als der beklagte Verwalter nicht einmal behauptet hat, daß die Zustellung vor 11 Uhr vormittags erfolgt sei, und als er sich nur darauf berufen hat, daß sie, möge sie vor oder nach 11 Uhr erfolgt sein, jedenfalls wirksam sei, was unrichtig ist.

Diesem Verhalten des beklagten Verwalters gegenüber hätte sogar in Frage kommen können, ob der Berufungsrichter nicht ohne weiteres von der Beweisaufnahme über den Zeitpunkt der Zustellung des Urteiles hätte absehen können. Aber noch weniger wird sein Urteil durch das gehalten, was er als Ergebnis der Beweisaufnahme feststellt. Denn er stellt nicht fest, daß die Zustellung des Urteiles am 11. Februar vor 11 Uhr vormittags erfolgt ist, auch nicht, daß sie nach 11 Uhr erfolgt ist, obgleich er letzteres für höchst wahrscheinlich erachtet, sondern er stellt nur fest, daß der Kläger nicht bewiesen habe, daß die Zustellung nach 11 Uhr erfolgt sei. Solchen Beweis hatte der Kläger aber, wie dargelegt, nicht zu führen.

Dies führt zur Aufhebung des Urteiles, soweit es die Berufung des Klägers als unzulässig zurückweist, und zur Zurückverweisung der Sache an das Berufungsgericht, um über die Berufung selbst zu verhandeln und zu entscheiden. Denn, wenn kein Beweis dafür vorliegt, wie er in der That auch nicht vorliegt, daß die Zustellung des Urteiles am 11. Februar wirksam vor Unterbrechung des Verfahrens vorgenommen ist, so ist die Berufung am 11. Juni in der gesetzlichen Frist eingelegt, mag man die Aufnahmeerklärung in der Verhandlung vom 8. Mai oder in dem am 11. Juni zugestellten Schriftsatze finden.

2. In der Widerklage hat der Berufungsrichter durch sein erstes Urteil vom 2. April 1890 die Berufung des Klägers und Widerbeklagten als wirkungslos zurückgewiesen, weil der Rechtsstreit über die Widerklage zur Zeit der Konkurseröffnung für den Gemeinschuldner anhängig gewesen sei, nur durch den Verwalter habe aufgenommen werden können, bei Einlegung der Berufung durch den Schriftsatz vom 14. September 1889, — wann derselbe zugestellt worden, ist nicht festgestellt, — aber das Urteil des Landgerichtes zu H. vom

27. August 1889 noch nicht rechtskräftig, die Unterbrechung des Verfahrens deshalb noch nicht beendet gewesen sei.

Durch sein zweites Urteil von demselben Tage hat der Berufungsrichter, gleichzeitig unter Abänderung jenes Urteiles des Landgerichtes zu H. vom 27. August 1889, den Antrag des Klägers, das Verfahren in der Widerklage als seitens des Verwalters aufgenommen zu erachten, abgewiesen, weil das Landgericht nicht das zur Entscheidung über diesen Antrag zuständige Prozeßgericht gewesen sei, der Antrag vielmehr bei dem Berufungsgerichte habe gestellt werden müssen.

Ob die Revision gegen das erste Urteil nach §. 509 Nr. 1 C.P.O. zulässig ist, obwohl die Berufung nicht als unzulässig, sondern als wirkungslos zurückgewiesen ist, kann im vorliegenden Falle auf sich beruhen. Die Revision gegen das zweite Urteil ist nach §. 509 Nr. 1 C.P.O. zulässig, da sie die Zulassung der Berufung des Verwalters und eventuell die Verneinung der (funktionellen) Zuständigkeit des Landgerichtes rügt. Beide Urteile vom 2. April 1890 betreffen aber das Verfahren in der Widerklage und stehen in einem inneren Zusammenhange derart, daß sie nicht getrennt werden können. Ergiebt sich bei Prüfung der Revision gegen das zweite Urteil, daß die Berufung des Verwalters gegen das Urteil vom 27. August 1889 unzulässig war, so fällt damit die einzige Voraussetzung, auf der die vom Berufungsrichter in seinem ersten Urteile vom 2. April 1890 angenommene Wirkungslosigkeit der Berufung des Klägers beruht. Es hieße ein widersinniges Ergebnis statuieren, wenn gleichwohl die Erklärung der Wirkungslosigkeit dieser Berufung bestehen bleiben müßte.

In der Sache selbst kann dem Berufungsrichter nicht beigetreten werden. Das Urteil des Landgerichtes zu H. vom 27. August 1889 ist ein Zwischenurteil, gegen welches dem Verwalter ein Rechtsmittel nicht zustand. Ob die Aufnahme des Verfahrens mit Recht oder Unrecht ausgesprochen ist, unterliegt der Nachprüfung bei der Entscheidung über die vom Kläger eingelegte Berufung. Die Wirkungslosigkeit der Berufung des Klägers ist durch das, was der Berufungsrichter ausführt, nicht begründet.

Zur Zeit der Konkurseröffnung am 11. Februar 1889 war der Rechtsstreit in der Widerklage für den Gemeinschuldner anhängig. Der Rechtsstreit betraf das zur Konkursmasse gehörige Vermögen.

Daß die Forderung später zur Konkursmasse beigetrieben, der Berufungsantrag infolgedessen nicht nur auf Abweisung der Widerklage, sondern zugleich auf Erstattung des beigetriebenen Betrages aus der Konkursmasse (§. 52 Nr. 2 K.O.) gerichtet ist, ändert daran nach §. 8 K.O. nichts. Nach §. 8 Abs. 1 K.O. konnte der Verwalter den Rechtsstreit aufnehmen, war dazu aber nicht verpflichtet. Nach §. 8 Abs. 2 konnte er die Aufnahme ablehnen. Lehnte er die Aufnahme ab, so hatte das die Bedeutung, daß er die Widerklageforderung nicht zur Masse ziehen, nicht als Teil der Konkursmasse beanspruchen zu wollen erklärte, d. h. sie der Verfügung des Gemeinschuldners überließ (vgl. §. 121 Nr. 2 K.O.). Darum läßt §. 8 Abs. 2 K.O. nach Ablehnung der Aufnahme durch den Verwalter die Aufnahme durch den Gemeinschuldner und durch den Gegner, durch letzteren natürlich nur gegen den Gemeinschuldner, zu.

Wenn der Verwalter die Aufnahme verzögert, d. h. nicht gemäß §. 227 C.P.O. aufnimmt, findet nach §. 8 Abs. 1 K.O. der §. 217 C.P.O. entsprechende Anwendung. Danach konnte der Kläger den Verwalter zur Aufnahme und zugleich zur Verhandlung der Hauptsache laden. Die Verhandlung der Hauptsache war, da das Urteil vom 29. Januar 1889 bereits verkündet war, in erster Instanz beendet. Wäre dies Urteil wirksam zugestellt und damit die Instanz und die Thätigkeit des Prozeßgerichtes in derselben beendet gewesen,

vgl. Entsch. des R.G.'s in Civils. Bd. 9 S. 367, Bd. 10 S. 347, Bd. 19 S. 397,

so hätte der Kläger den Verwalter unter gleichzeitiger Einlegung der Berufung zur Aufnahme und zur Verhandlung über die Berufung vor das Berufungsgericht laden müssen. Der §. 226 Abs. 2 C.P.O. hätte dem nicht entgegengestanden. Der §. 217 Abs. 2 gestattet die Ladung zur Hauptverhandlung und damit die nach Zustellung des Urteiles an sich statthafte Einlegung der Berufung, ohne welche die Ladung zur Verhandlung der Hauptsache unmöglich ist, ausdrücklich. Der §. 226 Abs. 1 C.P.O. aber bezweckt nur den Schutz desjenigen, der ohne diese Vorschrift das Rechtsmittel verlieren würde, und steht dem nicht entgegen, der die Rechtsmittelfrist für sich in Gang setzen will.

Wie unter 1. dargelegt, war das Urteil vom 29. Januar 1889 aber noch nicht wirksam zugestellt. Der Kläger konnte die Berufung vor der Zustellung nicht einlegen (§. 477 Abs. 2 C.P.O.), die Zustellung aber vor der Feststellung, daß die Aufnahme durch den Verwalter erfolgt sei, nicht bewirken (§. 226 Abs. 2 C.P.O.). Er hat den Verwalter deshalb richtig vor das Landgericht zu H. als das Prozeßgericht der Instanz geladen, in welcher die Zustellung des Urteiles zu bewirken war. In gleicher Weise hätte der Kläger, wenn das Urteil auf die Widerklage für ihn günstig ausgefallen wäre, den Verwalter laden müssen, um die Zustellung des Urteiles bewirken und seine Rechtskraft herbeiführen zu können. Es leuchtet ein, daß in diesem Falle die Ladung des Verwalters vor das Berufungsgericht, das der Kläger nicht anrufen konnte und der Verwalter vielleicht gar nicht anrufen wollte, keinen Sinn gehabt hätte. Es liegt kein Grund vor, den vorliegenden umgekehrten Fall anders zu behandeln.

Das darauf ergangene Urteil des Landgerichtes zu H. vom 27. August 1889 kann als Endurteil nicht aufgefaßt werden. Es entscheidet nicht über den Anspruch oder einen Teil desselben. Es stellt nur das Ergebnis des Aufnahmeverfahrens fest. Im Falle des §. 8 K.O. handelt es sich im Aufnahmeverfahren, wenn, wie hier, die Anhängigkeit des Rechtsstreites für den Gemeinschuldner, und daß er das zur Konkursmasse gehörige Vermögen betrifft, nicht in Frage steht, lediglich darum, ob der Verwalter die Aufnahme des Rechtsstreites ablehnt oder nicht, das in Streit befangene Recht als Teil der Konkursmasse beansprucht oder nicht, als Partei in den Rechtsstreit eintreten will oder nicht. Das ist wahrer Zwischenstreit zwischen den Parteien.

Vgl. Entsch. des R.G.'s in Civils. Bd. 11 S. 313. 317. 318.

Die Entscheidung, welche die Aufnahme des Verfahrens ausspricht, besagt nichts, als daß das in der Hauptsache ergangene Urteil als Urteil in Sachen der Person gilt, welche als aufnehmend erachtet ist, daß diese Person Partei geworden, im vorliegenden Falle zugleich, daß der Verwalter für die Verfolgung der Berufung passiv legitimiert ist. Die Entscheidung ergänzt das in der Hauptsache ergangene Urteil in notwendiger Folge der nach der Verkündung des Urteiles in der Instanz eingetretenen Veränderung der Sachlage. Sie wird dadurch Teil und Element der Entscheidung in der Hauptsache, ohne selbständigen Charakter, wie das Zwischenurteil des §. 275 C.P.O. Sie entbehrt auch nicht einmal des dem Zwischenurteile innewohnenden Charakters der Vorentscheidung, insofern als durch sie erst diejenige Gestalt des Urteiles in der Hauptsache bestimmt wird, in welcher dasselbe demnächst durch die Zustellung unter den Parteien wirksam wird.

Aus §. 217 C.P.O. folgt nichts gegen diese Auffassung. Er bestimmt nicht, daß die Rechtskraft der Entscheidung über die Aufnahme abgewartet werden muß, bevor in der Hauptsache verhandelt werden kann. Aus Abss. 2. 4 ist vielmehr das Gegenteil und namentlich zu entnehmen, daß ohne weiteres zur Hauptsache verhandelt werden kann, wenn über die Verpflichtung zur Aufnahme kein Streit ist, im Falle des §. 8 K.O. der Verwalter die Aufnahme nicht ablehnt und damit in den Rechtsstreit eintritt. Die Unterbrechung des Verfahrens in solchem Falle fortdauern zu lassen, hat keinen inneren Grund.

Die Konsequenz ist, daß die Entscheidung über die Aufnahme unanfechtbar ist, wenn das Urteil in der Hauptsache nicht angegriffen wird (§. 275 C.P.O.), daß sie aber der Nachprüfung durch den Berufungsrichter gemäß §. 473 C.P.O. als Teil des Urteiles in der Hauptsache und als Vorentscheidung unterliegt, wenn die Berufung in der Hauptsache eingelegt wird. Das kann dahin führen, daß, wenn das Urteil in der Hauptsache für den, gegen den die Aufnahme ausgesprochen, vorteilhaft und deshalb für ihn Anlaß zur Einlegung eines Rechtsmittels in der Sache selbst nicht gegeben ist, die Entscheidung über die Kosten des Aufnahmeverfahrens zu seinem Nachteile bestehen bleibt. Aber diese Folge des Grundsatzes des §. 94 C.P.O., der jede in der Hauptsache obsiegende und gleichwohl in die Kosten verurteilte Partei ausgesetzt ist, kann an der Natur der Entscheidung über die Aufnahme nichts ändern. Im vorliegenden Falle, wo der Kläger die Berufung in der Hauptsache verfolgt, kann der Verwalter im Wege der Anschlußberufung die Entscheidung über die Kosten des Aufnahmeverfahrens angreifen.

Hieraus ergiebt sich, daß das Urteil des Berufungsrichters, durch welches er auf die Berufung des Verwalters das Urteil des Landgerichtes zu H. vom 27. August 1889 abgeändert und den Antrag auf Aufnahme des Verfahrens abgewiesen hat, aufgehoben und in der Sache selbst die Berufung des Verwalters gegen jenes Urteil auf Kosten des beklagten Verwalters als unzulässig zurückgewiesen werden muß. Daraus folgt aber zugleich die Hinfälligkeit des Urteiles, durch welches die Berufung des Klägers gegen die Entscheidung auf die Widerklage lediglich deshalb als wirkungslos zurückgewiesen ist, weil das Urteil vom 27. August 1889 noch nicht rechtskräftig geworden sei.

Das Urteil wird nach der festgestellten Sachlage auch durch andere Gründe nicht getragen. In der Verhandlung über die Aufnahme vor dem Landgerichte H. ist der Verwalter erschienen. Er hat weder bestritten, daß er Verwalter, noch daß die Widerklage das zur Konkursmasse gehörige Vermögen betreffe, noch hat er die Aufnahme abgelehnt. Nach dem Thatbestande des Urteiles des Landgerichtes H. vom 27. August 1889 hat er nichts erklärt, als daß es der Aufnahme nicht bedürfe, weil in der Hauptsache bereits erkannt sei. Diese Erklärung hat keine rechtliche Bedeutung; sie enthält keine Ablehnung der Aufnahme im Sinne des §. 8 Abs. 2 K.O. Von Ablehnung in diesem Sinne konnte auch keine Rede sein, da der Verwalter unstreitig die Widerklageforderung zur Konkursmasse beigetrieben und damit so unzweideutig als möglich erklärt hat, daß er sie für die Masse beanspruche. Auch in der Berufung gegen das Urteil vom 29. August 1889 hat der Verwalter nicht etwa die Aufnahme abgelehnt, sondern hervorgehoben, daß er den Betrag der Widerklageforderung beigetrieben und kein Interesse an der Aufnahme habe. Auf sein Interesse kommt aber nichts an.

Deshalb muß die Sache zu anderweiter Verhandlung und Entscheidung auch in der Widerklage an das Berufungsgericht zurückverwiesen werden."

---

91. Ist in Ehesachen das Versäumnisurteil gegen den Beklagten als Berufungs- oder Revisionskläger ausgeschlossen?

C.P.O. §. 578 Abs. 4.

IV. Civilsenat. Urt. v. 3. November 1890 i. S. E. (Bekl.) w. E. (Kl.) Rep. IV. 141/90.

I. Landgericht Nordhausen.
II. Oberlandesgericht Naumburg a./S.

Die Ehe der Parteien war auf die Klage der Ehefrau durch landgerichtliches Urteil geschieden. Der Beklagte legte die Berufung ein, erschien aber im Verhandlungstermine nicht. Die Berufung wurde daher vom Oberlandesgerichte auf Antrag der Klägerin durch Versäumnisurteil unter Belastung des Beklagten mit den Kosten der Berufungsinstanz verworfen. Auf den von dem Beklagten erhobenen Einspruch wurde das Versäumnisurteil aufrechterhalten und Beklagter zur Tragung der weiteren Kosten der Berufungsinstanz verurteilt. Die von dem Beklagten eingelegte Revision ist zurückgewiesen worden.

Aus den Gründen:

„Die Revision macht dem Berufungsrichter die Verletzung des §. 578 Abs. 4 C.P.O. zum Vorwurfe, weil dieser Vorschrift zuwider gegen den Beklagten das Versäumnisurteil erlassen worden ist. Der Angriff kann, soweit die Entscheidung der Hauptsache in Frage steht, nicht in Betracht kommen, da dieser Teil des angefochtenen Urteiles jedenfalls nicht auf dem gerügten Verstoße beruht. Dagegen ist die Rüge von Erheblichkeit hinsichtlich der Entscheidung über den Kostenpunkt. Denn durfte dem Antrage der Klägerin auf Erlaß des Versäumnisurteiles nicht stattgegeben werden, so würde für den Beklagten eine Verpflichtung zur Tragung der durch das Versäumnisverfahren verursachten Mehrkosten nicht bestehen, sodaß dem Beklagten nicht alle Kosten der Berufungsinstanz, sondern solche nur nach Abzug dieser Mehrkosten, letztere aber der Klägerin aufzuerlegen gewesen wären. Mit Rücksicht hierauf ist dem Angriffe näher zu treten, der jedoch als begründet nicht zu erachten ist, da die Anwendung der als verletzt bezeichneten Gesetzesvorschrift auf den Beklagten als Berufungskläger ausgeschlossen war.

Nach §. 578 Abs. 4 a. a. O. ist in Ehesachen ein Versäumnisurteil gegen den Beklagten nur in dem Falle zu erlassen, wenn der Beklagte in dem zur Leistung eines richterlichen Eides bestimmten Termine nicht erscheint. Diese Abweichung von dem ordentlichen Prozeßverfahren sowie andere vom Gesetze für das Verfahren in Ehesachen vorgesehene Ausnahmevorschriften verfolgen im öffentlichen Interesse den Zweck, die Trennung der Ehe zu erschweren, solche der Parteiwillkür zu entziehen und der Partei, welche der Scheidung widerspricht, dem angreifenden Teile gegenüber Schutz zu gewähren.

In der Begründuug des Entwurfes der Civilprozeßordnung (Motive S. 359) heißt es:

In Ehesachen steht dem freien Willen der Parteien das öffentliche Interesse entgegen. Es mußte daher Vorkehr getroffen werden, um das öffentliche Interesse von dem individuellen Willen einer oder beider Parteien unabhängig zu machen. Demgemäß ist die Dispositionsbefugnis der Parteien beschränkt — durch Verbot der prorogatio fori, durch Ausschluß der in §. 554 (§. 577 des Gesetzes) zusammengestellten Vorschriften, durch Beseitigung des Versäumnisverfahrens gegen den Beklagten. . . .

Es ist davon auszugehen, daß die fraglichen Vorschriften — mit Ausnahme derjenigen, aus deren Natur sich das Gegenteil von selbst ergiebt — im allgemeinen in ihrer Anwendung nicht auf die erste Instanz beschränkt, sondern auch für das Verfahren in den höheren Instanzen maßgebend sind (vgl. §§. 485. 520 C.P.O.). Dies kann aber nur insoweit als zutreffend anerkannt werden, als die einzelnen Vorschriften auch in der höheren Instanz bei veränderter Prozeßlage geeignet sind, ihrem Zwecke entsprechend dem Vorgehen der Partei, der Aufrechterhaltung der Ehe entgegenzuwirken, eine Schranke zu setzen. Soweit solches nicht zutrifft, entbehrt die betreffende Vorschrift für die höhere Instanz des inneren Grundes und des praktischen Wertes; folglich muß sie als unter solchen Umständen vom Gesetze nicht gewollt außer acht bleiben.

Von diesem Gesichtspunkte aus ist der hier streitigen Vorschrift des §. 578 Abs. 4 unbedenklich in der höheren Instanz Anwendung zu geben, wenn in der Vorinstanz auf Abweisung der Klage erkannt ist, der klagende Teil das Rechtsmittel einlegt, und alsdann der Beklagte die seiner Stellung in der Vorinstanz entsprechende Parteistellung als Berufungs- oder Revisions*beklagter* einnimmt.

Vgl. das Urteil des Reichsgerichtes vom 23. Oktober 1883 in *Seuffert*, Archiv Bd. 39 Nr. 169.

Denn in solchem Falle tritt eine wesentliche Änderung in dem Prozeßgange gegen die Vorinstanz nicht ein. Anders liegt dagegen die Sache, wenn, wie gegenwärtig, vorderrichterlich die Trennung der Ehe ausgesprochen ist, und der Beklagte mit Einlegung des Rechtsmittels die Stellung des Berufungs- oder Revisions*klägers* übernimmt. Alsdann tritt ein Wechsel der Parteirollen ein. Der Beklagte ist in der höheren Instanz der angreifende Teil. Als solchem steht ihm die unbeschränkte Dispositionsbefugnis über das von ihm eingelegte Rechtsmittel zu. Er kann dasselbe jederzeit zurücknehmen und dadurch gleichzeitig die Rechtskraft des die Trennung der Ehe aussprechenden Urteiles herbeiführen. Ist aber die Erzielung dieses Erfolges in den Willen des Beklagten allein gestellt, so ist nicht ersichtlich, welcher innere Grund obwalten könnte, den Eintritt derselben Rechtsfolge im Wege des Versäumnisurteiles gegen den im Verhandlungstermine ausbleibenden oder nicht verhandelnden Beklagten auszuschließen. Der Beklagte nimmt als Berufungs- oder Revisionskläger in Ansehung des eingelegten Rechtsmittels keine andere Stellung ein wie als Widerkläger hinsichtlich der Widerklage, und gegen den Widerkläger ist, soweit die letztere in Frage steht, der Erlaß des Versäumnisurteiles zulässig (vgl. §. 578 Abs. 5 a. a. O.).

Als unterstützendes Moment kommt hinzu, daß die Auslegung des Gesetzes in dem vorbezeichneten Sinne gerade das Interesse der Aufrechterhaltung der Ehe zu fördern geeignet ist. Denn bei der Zulassung des Versäumnisverfahrens wird gegen den Beklagten, der wider das die Scheidung aussprechende Urteil ankämpft, der Eintritt der endgültigen Folgen der kontradiktorischen Verhandlung hinausgeschoben.

Dieselbe Auffassung hat in der Praxis,

vgl. Urt. des bayerischen obersten Landesgerichtes vom 20. September 1889, Blätter für Rechtsanwendung Bd. 54 S. 383,

wie in der Theorie,

vgl. Seuffert, Civilprozeßordnung 5. Aufl. Anm. 7 zu §. 578; Fitting, Reichscivilprozeß 7. Aufl. S. 651,

Vertretung gefunden.[1] Auch Wilmowski und Levy (Civilprozeßordnung 5. Aufl. Anm. 5 zu §. 578), welche mit Rücksicht auf den Wortlaut des Gesetzes die gegenteilige Ansicht für die richtige halten, erkennen an, daß es der Versagung des Versäumnisurteiles in der höheren Instanz gegen den Beklagten als Berufungs- oder Revisionskläger an einem inneren Grunde fehle."

[1] Vgl. auch Busch, Zeitschrift für deutschen Civilprozeß Bd. 14 S. 154; Seuffert, Archiv Bd. 42 S. 78. D. E.

92. Unter welchen Bedingungen ist eine Klage auf Feststellung von Rechtsverhältnissen, die der Vergangenheit angehören, zulässig?

V. Civilsenat. Urt. v. 5. November 1890 i. S. Sch. u. Gen. (Bekl.) w. H. (Kl.) Rep. V. 152/90.

I. Landgericht II Berlin.
II. Kammergericht daselbst.

Die Entscheidung ist oben unter „Preußisches Recht" Nr. 49 S. 204 abgedruckt.

---

93. Ist es in dem Falle des §. 657 C.P.O. auch gestattet, die Zulässigkeit der Zwangsvollstreckung von einer höheren Sicherheitsleistung, als in dem angefochtenen Urteile geschehen, abhängig zu machen?

VI. Civilsenat. Beschl. v. 20. November 1890 i. S. Th. (Kl.) w. Br. (Bekl.) Beschw.-Rep. VI. 127/90.

I. Kammergericht Berlin.

Aus den Gründen:

„Die erste Instanz hat den Beklagten zur Zahlung von 7500 ℳ nebst Zinsen und Kosten verurteilt. Das Urteil ist gegen Hinterlegung in Höhe des jedesmal beizutreibenden Betrages für vorläufig vollstreckbar erklärt. Beklagter hat Berufung eingelegt. Er hat dann bei dem Berufungsgerichte eine Abänderung der Bestimmung des Urteiles erster Instanz über die vorläufige Vollstreckbarkeit beantragt. Darauf hat das Berufungsgericht beschlossen, daß die Zwangsvollstreckung aus dem angefochtenen Urteile nur gegen eine von dem Kläger zu leistende Sicherheit durch Hinterlegung des ganzen zugesprochenen Betrages von 7500 ℳ stattfinden dürfe. Gegen diesen Beschluß hat Kläger Beschwerde erhoben. Er meint, daß diese Beschwerde, ungeachtet der Bestimmung im letzten Satze des §. 647 C.P.O., statthaft sei, da die Entscheidung des Berufungsgerichtes sich nicht in dem durch die §§. 657. 647 C.P.O. vorgezeichneten Rahmen bewege. Allein man muß diese Paragraphen dahin auslegen, daß es der Rechtsmittelinstanz nicht hat verwehrt werden sollen, die Zulässigkeit der vorläufigen Zwangsvollstreckung auch von einer anderen und höheren Sicherheitsleistung, als in der Vorinstanz geschehen, abhängig zu machen. Danach ist die Beschwerde unstatthaft."

---

94. Kann der in §. 655 Abs. 2 C.P.O. vorgesehene Antrag auch in der Revisionsinstanz gestellt werden, und was hat daraufhin zu geschehen?

II. Civilsenat. Urt. v. 28. November 1890 i. S. W. (Bekl.) w. Sch., Sch. & Co. (Kl.) Rep. II. 198/90.

I. Landgericht Straßburg.
II. Oberlandesgericht Kolmar.

Die Entscheidung ist oben unter „Reichsrecht" Nr. 10 S. 41 abgedruckt.

---

95. Darf der Berufungsrichter über den Einwand des Berufungsbeklagten, daß er vor Einlegung des Rechtsmittels den Berufungskläger in der Hauptsache befriedigt habe, beim Bestreiten des Einwandes seitens des Berufungsklägers Beweis erheben und, wenn der Beweis erbracht wird, die Berufung in der Hauptsache und wegen der Entscheidung über die Kosten als unzulässig verwerfen?

V. Civilsenat. Urt. v. 25. Oktober 1890 i. S. S. u. Gen. (Kl.) w. Eheleute R. (Bekl.) Rep. V. 138/90.

I. Landgericht Konitz.
II. Oberlandesgericht Marienwerder.

Aus den Gründen:

„In erster Instanz blieben, nachdem der Streit im übrigen seine Erledigung gefunden hatte, nur noch eine Zinsenforderung der Kläger von 5,11 *M* und die Prozeßkostenpflicht streitig. Der erste Richter wies die Zinsenforderung ab und legte den Klägern die Kosten des ganzen Rechtsstreites zur Last. Die Kläger legten die Berufung ein und beantragten Verurteilung der Beklagten zur Zahlung der 5,11 ℳ Zinsen und zur Tragung der Prozeßkosten. Die Beklagten behaupteten Unzulässigkeit der Berufung nach §. 94 C.P.O., weil zur Zeit der Einlegung der Berufung ein Anspruch der Kläger in der Hauptsache, wegen dessen das Rechtsmittel hätte eingelegt werden können, nicht mehr bestanden habe. Die 5,11 ℳ Zinsen seien nämlich vor Einlegung der Berufung von ihnen bezahlt worden. In der auf die Einrede der Unzulässigkeit der Berufung beschränkten Verhandlung bestritten die Kläger die erfolgte Tilgung der Zinsenforderung. Der Berufungsrichter erhob Beweis darüber, ob die Kläger vor Einlegung der Berufung wegen der 5,11 ℳ Zinsen befriedigt worden seien, erachtete dies durch die Beweisaufnahme für dargethan und verwarf auf Grund dessen die Berufung als unzulässig.

Die hiergegen von den Klägern eingelegte Revision ist nach §. 509 C.P.O. zulässig und mußte für begründet erachtet werden.

Gegenstand des Berufungsantrages war neben der Zinsenforderung von 5,11 ℳ zugleich die in erster Instanz erfolgte Verurteilung der Kläger in die Prozeßkosten. Die Anfechtung der Entscheidung über den Kostenpunkt ist nach §. 94 C.P.O. unzulässig, wenn nicht gegen die Entscheidung in der Hauptsache ein Rechtsmittel eingelegt wird. In Übereinstimmung mit der seitherigen, in diesem Punkte konstanten Praxis des Reichsgerichtes,

vgl. Entsch. des R.G.'s in Civils. Bd. 6 S. 339, Bd. 10 S. 309, Bd. 13 S. 390,

ist in dieser Vorschrift unter der Einlegung eines Rechtsmittels in der Hauptsache die Einlegung eines in der Hauptsache *zulässigen* Rechtsmittels zu verstehen. Durch Einlegung eines unzulässigen Rechtsmittels wegen der Entscheidung in der Hauptsache kann die Entscheidung über den Kostenpunkt nicht anfechtbar gemacht werden. Weiter hat sich, nach anfänglichem Schwanken,

vgl. Urteile des I. und V. Senates des Reichsgerichtes vom 9. Juli 1884, Jurist. Wochenschrift 1884 S. 266 Ziff. 5. 6, Entsch. des R.G.'s in Civils. Bd. 15 S. 424,

die Rechtsprechung des Reichsgerichtes dahin festgestellt, daß die Frage, ob gegen die Entscheidung in der Hauptsache ein Rechtsmittel zulässig sei, sich nach dem Zeitpunkte der Einlegung des Rechtsmittels bestimme, dergestalt, daß, wenn nach Einlegung des Rechtsmittels der Streit in der Hauptsache erledigt und insoweit das Rechtsmittel gegenstandslos wird, dies der weiteren Verfolgung des Rechtsmittels wegen der Kostenentscheidung nicht entgegensteht.

Vgl. Entsch. des R.G.'s in Civils. Bd. 18 S. 418, Bd. 20 S. 430; Gruchot, Beiträge Bd. 33 S. 1139.

Auch im vorliegenden Falle mußte, dieser Rechtsprechung zufolge, die Berufung dann vollständig als unzulässig verworfen werden, wenn sie in der Hauptsache, also wegen der in der Hauptsache allein streitig gebliebenen 5,11 ℳ Zinsen, zur Zeit der Einlegung unzulässig war. Daß dies der Fall gewesen sei, darf aber nicht deshalb mit dem Berufungsrichter behauptet werden, weil, wie dieser auf Grund der Beweisaufnahme gegen das Bestreiten der Kläger entscheidet, in jenem Zeitpunkte die Forderung der 5,11 ℳ Zinsen schon getilgt war. Der Anspruch auf diese 5,11 ℳ wurde von den Klägern damals noch verfolgt und in dem Berufungsantrage bei der mündlichen Verhandlung aufrechterhalten. Der Streit über diesen Anspruch bestand somit bei Einlegung des Rechtsmittels noch fort, und nur das Vorhandensein eines streitigen Rechtsverhältnisses, nicht aber das wirkliche Bestehen des verfolgten Anspruches, gehört zu den prozeßrechtlichen Voraussetzungen, von welchen die Zulässigkeit eines Rechtsmittels abhängt; ob der mit demselben verfolgte Anspruch besteht, darüber ist eben nach Zulassung des Rechtsmittels zu entscheiden; besteht der Anspruch nicht, so wird das Rechtsmittel als unbegründet zurückgewiesen. Ob dies letztere zu geschehen hat, weil der klagend verfolgte Anspruch nie bestanden hat, oder weil er durch einen wirksamen Einwand beseitigt ist, und letzteren Falles, ob der Einwand auf eine vor der Entstehung des Rechtsstreites liegende oder auf eine später, insbesondere auf eine erst nach Erlaß des ersten Urteiles eingetretene Thatsache gestützt wird, macht keinen Unterschied. In allen diesen Fällen haben die in der ersten Instanz abgewiesenen Kläger prozeßrechtlich die Befugnis, ihren Anspruch aufrechtzuerhalten, die Einrede in rechtlicher wie thatsächlicher Richtung zu bestreiten und darüber gehört zu werden. Daß dies geschehe, ist der Zweck der Zulassung des Rechtsmittels. Nicht aber kann umgekehrt zunächst das Bestehen oder Fortbestehen des mit dem Rechtsmittel verfolgten Anspruches geprüft werden, um danach zu entscheiden, ob das Rechtsmittel —

dessen sonstige prozessuale Voraussetzungen als bestehend angenommen — zugelassen werden solle. Demnach konnte auch im vorliegenden Falle der Berufungsrichter über die Frage, ob gegen den (übrigens auch nach anderer Richtung bestrittenen) Anspruch auf die 5,11 ℳ schon der Einwand der Zahlung durchgreife, erst nach Zulassung des Rechtsmittels befinden, und das sonach in der Hauptsache zulässige Rechtsmittel machte auch die Beschwerde über die Kostenentscheidung des ersten Urteiles zulässig.

Anders wäre es gewesen, wenn die Kläger anerkannt hätten, daß die Zahlung der 5,11 ℳ Zinsen vor Einlegung der Berufung erfolgt sei. Dann hätte ein streitiger Anspruch in der Hauptsache nicht mehr bestanden, und ein gleichwohl etwa aufrechterhaltener Antrag, die Beklagten (also trotz der erfolgten Zahlung) zur Zahlung jener Zinsen zu verurteilen, hätte als widerspruchsvoll keinen Anspruch auf Berücksichtigung gehabt, mithin die Zulässigkeit des Rechtsmittels in der Hauptsache nicht begründen und die Anwendung des §. 94 C.P.O. auf das wegen der Kosten eingelegte Rechtsmittel nicht ausschließen können.

Der Annahme, daß nur das formell unzulässige, nicht aber das aus sachlichen Gründen zurückzuweisende Rechtsmittel in der Hauptsache die Unzulässigkeit des damit in Ansehung des Kostenpunktes verbundenen Rechtsmittels zur Folge habe, steht die seitherige Rechtsprechung des Reichsgerichtes nicht entgegen.

Der Ausdruck in dem Urteile des I. Civilsenates vom 20. Oktober 1888,

vgl. Gruchot, Beiträge Bd. 33 S. 1141:

Die Vorschrift des §. 94 ist nur dann anwendbar, wenn in dem Zeitpunkte der Einlegung das Rechtsmittel als Angriff gegen eine Entscheidung in der Hauptsache rechtswirksam nicht (eingelegt ist oder nicht) eingelegt werden konnte,

ist gleich dem Satze in dem Erkenntnisse desselben Senates vom 25. Februar 1888,

vgl. Entsch. des R.G.'s in Civils. Bd. 20 S. 432:

Die Norm des §. 94 ist nur dann anwendbar, wenn in dem gekennzeichneten kritischen Zeitpunkte das eingelegte Rechtsmittel als Angriff gegen eine Urteilsentscheidung in der Hauptsache nicht eingelegt werden konnte, nur auf die formelle Zulässigkeit der Einlegung des Rechtsmittels zu beziehen. Unter der „rechtswirksamen" Einlegung ist nur die Einlegung mit der prozeßrechtlichen Wirkung der Eröffnung der höheren Instanz verstanden, nicht die mit der materiell-rechtlichen Wirkung einer Abänderung des angegriffenen Urteiles.

In dem Urteile des III. Civilsenates vom 2. Februar 1886,

vgl. Entsch. des R.G.'s in Civils. Bd. 15 S. 405,

ist allerdings die Zulässigkeit der Revision verneint worden, nachdem die Beklagten und Revisionsbeklagten die Zulässigkeit des Rechtsmittels aus dem die materielle Berechtigung des damit verfolgten Anspruches auf Freigebung der von ihnen mit Arrest belegten Gegenstände betreffenden Grunde bestritten hatten, weil dieser Anspruch durch die Tilgung der Forderung, zu deren Sicherung der Arrest angelegt war, und die demnächstige Zurücknahme des Arrestgesuches schon vor Einlegung der Revision erledigt sei. Allein die Revisionskläger hatten nicht, wie im jetzt vorliegenden Falle die geschehene Zahlung, so in jenem Falle die erfolgte Aufhebung des Arrestes und die dadurch eingetretene Erledigung ihres Klaganspruches bestritten. Die sachliche Gegenstandslosigkeit des Rechtsmittels stand somit ebenso wie im Falle der anerkannten Befriedigung fest, und die Revisionskläger hielten sich trotz der erfolgten Klaglosstellung nur deshalb zur Verfolgung des Rechtsmittels in der Hauptsache und folgeweise auch im Kostenpunkte für berechtigt, weil ihnen zur Zeit der Einlegung der Revision die Erledigung ihres Hauptanspruches noch nicht bekannt gewesen, insonderheit nicht, wie sie glaubten beanspruchen zu dürfen, vor Einlegung des Rechtsmittels durch Zustellung eines Schriftsatzes bekannt gemacht worden sei. Es war somit nur zu entscheiden, ob durch diese mangelnde Kenntnis der Kläger von der Erledigung ihres Anspruches oder durch die angeblich ungenügende Bekanntmachung an der aus der unbestrittenen Erledigung des Anspruches an sich folgenden Unzulässigkeit des Rechtsmittels etwas geändert würde, und nur als Verneinung dieser einzigen Streitfrage dürfen, ihrer anscheinend weitergehenden Fassung ungeachtet, die Entscheidungsgründe des III. Senates verstanden werden.

Es läßt sich nicht verkennen, daß, wenn die Zulässigkeit eines Rechtsmittels wegen der Kostenentscheidung nur von der formellen Zulässigkeit eines gegen die Entscheidung der Hauptsache erhobenen

Angriffes, nicht von der materiellen Berechtigung dieses Angriffes, abhängig gemacht wird, und wenn ferner, da das Gesetz in dieser Richtung nicht unterscheidet, auch kein Unterschied gemacht werden darf, ob der Angriff in der Hauptsache den ganzen seitherigen Streitgegenstand oder nur einen Teil desselben betrifft, eine Partei, welche sich nur durch die Entscheidung über den Kostenpunkt wirklich verletzt fühlt, für den Angriff gegen diese Entscheidung die höhere Instanz dadurch sich eröffnen kann, daß sie die Hauptentscheidung in einem verhältnismäßig geringen Teile (der für die Revision freilich regelmäßig über 1500 ℳ wert sein müßte) angreift, obwohl sie selbst sich von diesem Angriffe keinen Erfolg verspricht, und es wird mindestens bedenklich sein, unter welchen Umständen etwa ein in dieser Art eingelegtes Rechtsmittel, als in fraudem legis eingelegt, würde verworfen werden können. Allein derartige Unzuträglichkeiten sind bei einer lediglich aus Zweckmäßigkeitsgründen bestehenden Ausnahmevorschrift, wie sie der §. 94 C.P.O. darstellt, kaum jemals zu vermeiden, und zudem giebt es in unserer Gesetzgebung gegen die Einlegung unbegründeter Rechtsmittel überhaupt keinen anderen Schutz als die vom Rechtsmittelkläger zu nehmende Rücksicht auf die dadurch entstehenden neuen Kosten.

Aus den dargelegten Gründen mußte das Berufungsurteil aufgehoben und die Sache, da sie zur Endentscheidung noch nicht reif ist, zur anderweitigen Verhandlung und Entscheidung in die Berufungsinstanz zurückverwiesen werden, und zwar letzteres nicht nur in bezug auf den Streit über die Prozeßkostenpflicht, sondern auch in bezug auf den Antrag zur Hauptsache, die Beklagten zur Zahlung der 5,11 ℳ Zinsen zu verurteilen, da eine Abweisung dieses Antrages durch die Entscheidung des Berufungsrichters, daß wegen desselben die Berufung unzulässig sei, nicht ausgesprochen ist."

---

96. Kann im Ehescheidungsprozesse Berufung mit Erfolg erhoben werden, wenn bei der Verhandlung vor dem Landgerichte die Vertreter der Streitteile sich zu dem Antrage vereinigt haben, die Ehe zu trennen, keinen Teil für den überwiegend schuldigen zu erklären und die Kosten jeder Partei zur Hälfte aufzulegen, und das Landgericht diesem Antrage gemäß erkannt hat?

Voraussetzungen der Ehescheidung auf Grund gegenseitiger Einwilligung. Grenzen des Gebundenseins der Partei an die Erklärungen und Anträge ihres Vertreters im Ehescheidungsprozesse. Kann über die Schuldfrage im Ehescheidungsprozesse zwischen den Parteien ein bindendes Abkommen geschlossen werden?

IV. Civilsenat. Urt. v. 1. Dezember 1890 i. S. E. (Bekl. u. Widerkl.) w. E. (Kl. u. Widerbekl.) Rep. IV. 177/90.

I. Landgericht Naumburg a./S.
II. Oberlandesgericht daselbst.

Aus den Gründen:

„Die Parteien hatten in erster Instanz ursprünglich auf Grund verschiedener, mittels Klage und Widerklage geltend gemachter Ehescheidungsgründe verlangt, die zwischen ihnen bestehende Ehe zu trennen und den anderen Teil für den schuldigen Teil zu erklären. Nachdem über die beiderseits vorgebrachten Ehescheidungsgründe Beweis erhoben worden war, änderten die Parteien in der Schlußverhandlung ihre Anträge. Im Protokolle wird in dieser Beziehung auf die Anlage zu demselben verwiesen, und es wird bemerkt, daß die Parteien ihre darin angekündigten Anträge verlesen haben. In der Anlage findet sich der Antrag des Klägers, welcher dahin ging: Die Ehe zu trennen, keinen Teil für den überwiegend schuldigen zu erklären und die Kosten jeder Partei zur Hälfte aufzuerlegen. Darunter befindet sich die Erklärung des Anwaltes der Beklagten: „Ich trete obigem Antrage bei." In erster Instanz wurde darauf dem Antrage gemäß erkannt. Das Landgericht begründete diese Entscheidung damit, daß beide Parteien die Trennung der Ehe wollten, die Ehe kinderlos und dafür zu erachten sei, daß auf keiner Seite Zwang, Leichtsinn oder Übereilung vorliege. Die Beklagte legte dagegen die Berufung ein und beantragte, das erste Urteil dahin abzuändern, daß die Klage abgewiesen und nach dem Antrage der Widerklage die Ehe getrennt, Kläger für den allein schuldigen Teil erklärt und in die Kosten des Rechtsstreites verurteilt, eventuell zwar die Ehe auf die Klage getrennt, Kläger aber für den allein schuldigen Teil erklärt und in die Kosten verurteilt werde.

Das Berufungsgericht beschränkte die Verhandlung darauf, „ob die Voraussetzungen der Berufung gegeben seien", und wies sodann die Berufung zurück, nachdem die Beklagte geltend gemacht hatte, die Erklärung ihres Vertreters, daß er dem Antrage des Klägers beitrete, habe ihrer Willensmeinung und der dem Vertreter erteilten Instruktion nicht entsprochen und werde von ihr widerrufen. Das Urteil ist folgendermaßen begründet: Aus den §§. 77. 81 C.P.O. wird zunächst gefolgert, daß die vom Vertreter der Beklagten in erster Instanz abgegebene Erklärung von der Beklagten in der Berufungsinstanz nicht widerrufen oder berichtigt werden könne. Es wird bemerkt, der Antrag vom 1. März 1890 müsse als der zum Ausdrucke gebrachte Wille der Beklagten erachtet werden. Unter Hinweis auf das Urteil des Reichsgerichtes vom 30. April 1884,

vgl. Entsch. des R.G.'s in Civils. Bd. 13 S. 390,

wird sodann ausgeführt, daß die Berufung unstatthaft sei, da in erster Instanz lediglich nach jenem Antrage der Beklagten erkannt sei. „Hierin", — heißt es weiter —, „kann auch der Umstand nichts ändern, daß ein Ehescheidungsprozeß vorliegt, da sich auch der Berufungsantrag der Beklagten nicht gegen die in erster Instanz ausgesprochene Trennung der Ehe richtet, insoweit also Rechtskraft des Vorderurteiles eingetreten ist, es sich mithin nicht mehr um Aufrechthaltung der Ehe handelt. Ebensowenig kann ins Gewicht fallen, daß bezüglich der Schuldfrage ein auf Übereinstimmung beruhender Parteiantrag vorliegt, da es sich hierbei lediglich um eine Vermögensfrage handelt, welche der Disposition der Parteien unterliegt und nach ihrem Willen zu entscheiden ist, wenn ein hierauf gerichteter übereinstimmender Antrag vorliegt. Aus diesen Gründen war die Berufung, wenn sie auch formell für zulässig zu erachten war, doch als unbegründet zurückzuweisen."

Die Revision gegen diese Entscheidung erscheint begründet.

Der Ansicht des Berufungsgerichtes, daß die Voraussetzungen der Berufung nicht gegeben seien, läßt sich nicht beitreten. Die Berufung ist vielmehr für zulässig zu erachten. Die von dem Vertreter der Beklagten bei der landgerichtlichen Verhandlung vom 1. März 1890 abgegebene Erklärung, er trete dem von dem Anwalte des Klägers gestellten Antrage bei, die Ehe der Parteien zu trennen, keinen Teil für überwiegend schuldig zu erklären und die Kosten jeder Partei zur

Hälfte aufzulegen, hinderte die Beklagte bei der besonderen Natur des Ehescheidungsprozesses nicht, das jenem Antrage gemäß ergangene landgerichtliche Urteil mit der Berufung anzufechten und den im Thatbestande angegebenen Berufungsantrag zu stellen. Im Ehescheidungsprozesse ist der Gegenstand des Prozesses der Verfügung der Parteien insoweit entzogen, daß die Scheidung nur beim Vorliegen eines gesetzlichen Ehescheidungsgrundes, dessen Vorhandensein in einem besonders strengen, die im §. 577 C.P.O. erwähnten Hilfsmittel der Beweisführung ausschließenden oder doch beschränkenden Beweisverfahren zur Überzeugung des Ehegerichtes zu bringen ist, ausgesprochen werden kann. Im Streitfalle beruht das landgerichtliche Scheidungsurteil auf der Annahme, daß die im §. 716 A.L.R. II. 1 angegebenen Voraussetzungen des Scheidungsgrundes der gegenseitigen Einwilligung gegeben seien. Wenn aber die vom Vertreter der Partei erklärte Einwilligung in die vom Gegner verlangte Trennung der Ehe dem wahren Willen der Partei nicht entspricht, so ist in Wirklichkeit die gegenseitige Einwilligung nicht vorhanden, und der Richter würde seiner Aufgabe im Ehescheidungsprozesse nicht gerecht werden, wenn er trotzdem auf Grund gegenseitiger Einwilligung die Ehe trennen wollte. Der §. 81 C.P.O. nötigt ihn dazu nicht. Denn wenn danach auch die Partei die Prozeßhandlungen ihres Vertreters in gleicher Art gegen sich gelten lassen muß, als wenn sie von ihr selbst vorgenommen wären, so wird doch dadurch die Handlung des Vertreters, soweit es sich dabei um die Feststellung eines Ehescheidungsgrundes handelt, noch nicht zu einer eigenen Handlung der Partei. Die Möglichkeit einer thatsächlichen Abweichung des Vertreters von der ihm erteilten Anweisung und von dem Willen der Partei kann in einem solchen Falle nicht als ausgeschlossen angesehen werden. Und es liegt daher dem Ehegerichte ob, die Frage des Einverständnisses der Partei mit den Erklärungen des Vertreters selbst von Amts wegen zur Erörterung zu ziehen, da das Ehegericht die materielle Wahrheit zu ermitteln hat und hierbei an die Zugeständnisse, Anerkenntnisse und Verzichtleistungen der Parteien nicht gebunden ist (§§. 577. 581 C.P.O.).

Es kommt weiter in Betracht, daß die Beklagte die Einwilligung in die Trennung der Ehe ausdrücklich widerrufen hat. Dieser Widerruf würde selbst in dem Falle von Bedeutung sein, wenn die Zustimmungserklärung des Vertreters der Beklagten zu dem in erster Instanz gestellten Antrage des Klägers im Einverständnisse mit der Beklagten abgegeben wäre. Denn von den Ehegatten kann über die Trennung der Ehe ein bindender Vertrag nicht geschlossen werden. Der gegenseitigen Einwilligung in die Ehescheidung wohnt daher nicht der Charakter eines Vertrages, sondern lediglich der einer Thatsache bei, auf Grund deren der Richter die kinderlose Ehe zu scheiden hat, wenn er sich davon überzeugt, daß weder Leichtsinn, noch Übereilung, noch heimlicher Zwang von der einen oder der anderen Seite zu besorgen ist (§. 716 A.L.R. II. 1). Für die Frage aber, ob einer dieser Hinderungsgründe der Scheidung vorliegt, ist die Stellung, die von der Beklagten gegenüber der von ihrem Vertreter in erster Instanz abgegebenen Erklärung vor dem Berufungsgerichte eingenommen ist, von der erheblichsten Bedeutung.

Nun ist das Berufungsgericht freilich der Meinung, daß das erste Urteil bezüglich der Scheidung in Rechtskraft übergegangen sei, weil die Beklagte mit ihrem Berufungsantrage selbst die Scheidung verlange, dieser also nicht widerspreche, und es sich nur noch um die Schuldfrage handle, bezüglich deren sodann ausgeführt wird, daß, da dieselbe wesentlich Vermögensfrage sei, in den übereinstimmenden Anträgen die Parteien in erster Instanz ein bindendes Abkommen gefunden werden müsse. Wäre diese Ausführung richtig, so würde allerdings der Beklagten die Möglichkeit abgeschnitten sein, ihren Widerspruch gegen die auf Grund gegenseitiger Einwilligung erfolgte Scheidung in der Berufungsinstanz zur Geltung zu bringen. Die Sätze des Berufungsurteiles sind jedoch in mehrfacher Hinsicht rechtsirrtümlich.

Zuvörderst wird die Rechtskraft des ersten Urteiles durch die Einlegung der Berufung in ganzem Umfange gehemmt (§§. 472. 479. 645 C.P.O.). Die an die Berufungsfrist nicht gebundenen und im Laufe der Instanz der Abänderung unterliegenden Berufungsanträge haben, wenngleich die Verhandlung sich innerhalb der durch die Anträge bestimmten Grenzen zu halten hat (§. 487 C.P.O.), doch nicht die Bedeutung, daß das erste Urteil, insoweit es mit den Anträgen nicht angefochten ist, sofort in Rechtskraft übergeht.

Es beruht ferner auf thatsächlicher und rechtlicher Verkennung der Sachlage, wenn angenommen ist, daß die Beklagte laut ihres Berufungsantrages mit der im ersten Urteile ausgesprochenen Scheidung einverstanden sei. Die Beklagte hat in der Berufungsinstanz beantragt, die Klage abzuweisen und auf ihre Widerklage die Ehe zu trennen. Sie will also die Ehe fortsetzen, wenn diese nicht ihrem Antrage gemäß (unter Erklärung des Klägers für den schuldigen Teil) getrennt wird. Sonach handelt es sich immer noch um die Scheidung und nicht bloß um die Schuldfrage. Es ist also zu prüfen, ob die Scheidung auf Grund gegenseitiger Einwilligung, wie solche im ersten Urteile ausgesprochen ist, des Widerspruches der Beklagten ungeachtet aufrechterhalten werden muß. Und wenn dies nicht der Fall ist, so ist auf die ferneren, von der einen und der anderen Seite geltend gemachten Ehescheidungsgründe einzugehen, deren etwaiges Nichtvorhandensein notwendig zu einer Abweisung der Klage und der Widerklage, also zur Aufrechthaltung der Ehe führen muß.

Endlich ist auch nicht richtig, daß über die Schuldfrage ein bindendes Abkommen zwischen den Parteien vorliege. Die Schuldfrage ist an und für sich nicht, wie das Berufungsgericht meint, eine Vermögensfrage. Es läßt sich nur zugeben, daß neben anderen Folgen (§§. 739—742 A.L.R. II. 1, §§. 92 flg. II. 2) auch gewisse vermögensrechtliche Wirkungen von der Entscheidung über die Schuldfrage abhängen. Über die letzteren sind Verträge in gewissen Grenzen zulässig (§§. 824—826 A.L.R. II. 1). Dagegen ist die Regelung der Schuldfrage selbst, d. h. der Frage, wem die Schuld an dem ehelichen Zerwürfnisse zur Last falle, durch ein Abkommen der Parteien nicht statthaft. Die Entscheidung hierüber kann nur, wie die §§. 745 flg. A.L.R. II. 1 vorschreiben, nach Maßgabe der Ehevergehungen, deren die Parteien sich schuldig gemacht haben, getroffen werden. Über die Wirkungen der Entscheidung in vermögensrechtlicher und anderer Hinsicht sowie über den Einfluß eines etwaigen Abkommens darauf hat sich das Ehescheidungsurteil nicht auszusprechen.

Hiernach war das Berufungsurteil aufzuheben und die Sache behufs anderweiter Verhandlung und Entscheidung nach Maßgabe der vorstehend entwickelten Rechtssätze und unter Berücksichtigung der in der Berufungsinstanz neu aufgestellten Klagegründe sowie der Widerklage,

vgl. §. 574 C.P.O.; Entsch. des R.G.'s in Civils. Bd. 9 S. 393, Bd. 11 S. 354, Bd. 15 S. 289. 290, Bd. 25 S. 339,

zurückzuverweisen."

97. Wird der Urkundenprozeß dadurch unstatthaft, daß der durch Wechsel und Protest legitimierte Wechselkläger, welcher die Forderung aus dem Wechsel durch Cession abgetreten und ebenso wie der Cessionar dem Wechselschuldner hiervon Anzeige gemacht hat, auf den von dem beklagten Wechselschuldner hieraus erhobenen Einwand die Rückcession erst nach der Klagerhebung beibringt?

I. Civilsenat. Urt. v. 3. Dezember 1890 i. S. M. (Kl.) w. G. (Bekl.) Rep. I. 233/90.

I. Landgericht Halle.
II. Oberlandesgericht Naumburg a./S.

In dem der Entscheidung des Reichsgerichtes vom 26. April 1890, abgedruckt in Entsch. des R.G.'s in Civils. Bd. 26 S. 99, zu Grunde liegenden Rechtsfalle hatte der Acceptant der im Wechselprozesse erhobenen Klage des durch Wechsel und Protest legitimierten Wechselinhabers den Einwand entgegengestellt, daß Kläger nach der Protesterhebung mittels schriftlicher Cessionsurkunde die Forderung aus dem Wechsel anderweit abgetreten und ebenso wie der Cessionar ihm hiervon Anzeige gemacht habe. Diesen Einwand erachtete das Reichsgericht im Gegensatze zum Berufungsgerichte für erheblich und wies deshalb unter Aufhebung des verurteilenden Erkenntnisses die Sache in die Berufungsinstanz zurück. Kläger gab hierauf diese Cession und ihre Anzeige an den Beklagten zu, überreichte aber eine nunmehr extrahierte schriftliche Erklärung des Cessionars, inhalts deren dieser die Forderung wieder an den Kläger cedierte. Der Beklagte erkannte diese Cession an. Das Berufungsgericht wies aber nunmehr die Klage als in der gewählten Prozeßart unstatthaft ab, indem es annahm, daß, wenn einmal die erfolgte Cession des Wechselklägers seine Aktivlegitimation beeinträchtigt habe, die Rückcession zu den klagebegründenden Thatsachen gehört habe, und daher ihre nachträgliche Vorbringung jedenfalls im Urkundenprozesse nicht zu berücksichtigen sei. Das Reichsgericht hob dieses Urteil auf und verurteilte nunmehr den Beklagten nach dem Klagantrage, indem es nur wegen der erst durch die Vorbringung der Rückcession in der Berufungsinstanz bewirkten Beseitigung des Einwandes des Beklagten dem Kläger die Kosten der Berufungsinstanz und der früheren Revisionsinstanz auferlegte.

Aus den Gründen:

„Der Auffassung des Berufungsgerichtes, daß die Rückcession der Forderung aus dem Wechsel an den Kläger zu den klagebegründenden Thatsachen gehöre, konnte nicht beigetreten werden. Die Klage ist aus dem Wechsel erhoben. Die Aktivlegitimation wird daher lediglich durch wechselrechtliche Hergänge vermittelt, und diese sind sämtlich urkundlich belegt. Gegenüber der wechselmäßigen Legitimation des Klägers zur Zeit der Geltendmachung des Wechsels waren civilrechtliche Abtretungsakte, die er mit seiner Forderung aus dem Wechsel irgend einmal vorgenommen hatte, an sich ohne Erheblichkeit. Kläger hatte aber durch Anzeige einer solchen Abtretung den Beklagten kraft gesetzlicher Vorschriften in rechtliche Beziehungen zu dem genannten Cessionar in der Weise gesetzt, daß der Beklagte einem Anspruche des letzteren ausgesetzt sein konnte, auch wenn er auf des Klägers wechselrechtliche Legitimation hin demselben zahlte und den Wechsel ausgehändigt erhielt. Unter diesem Gesichtspunkte ist in dem früheren Revisionsurteile der Hinweis des Beklagten auf die angezeigte Cession für erheblich erachtet worden. Rechtlich aufgefaßt, bedeutet dies keine Beeinträchtigung der wechselrechtlichen Legitimation des Klägers, sodaß dieser entweder die Wiederherstellung derselben durch den Nachweis der Wiederaufhebung des angezeigten Cessionsgeschäftes zu begründen hätte oder überhaupt nur noch als Rechtsnachfolger seines Cessionars Ansprüche aus dem Wechsel gegen den Beklagten geltend zu machen vermöchte. Dies ergiebt sich schon daraus, daß, wie auch in dem früheren Revisionsurteile bereits ausgeführt ist, die angezeigte Cession wegen des §. 25 A.L.R. I. 10 auch dann erheblich bleibt, wenn dem Cessionar bei der Cession die Wechselurkunde nicht ausgehändigt wurde, während, wie angenommen werden muß, zur wirksamen Cession der Forderung aus dem Wechsel im Gegensatze zum bloßen pactum de cedendo die Aushändigung der Wechselurkunde gehört. Die rechtserhebliche Beanstandung des Rechtsanspruches durch den Hinweis auf eine angezeigte Cession erfolgt vielmehr im Wege eines wahren Einwandes, der unter den Begriff der allgemeinen Arglisteinrede fällt. Der Beklagte wirft dem Kläger Rechtswidrigkeit vor, indem derselbe den Anspruch aus dem Wechsel gegen ihn geltend mache, während Beklagter doch ungeachtet der Zahlung infolge von Hergängen, die Kläger veranlaßt habe, den Ansprüchen eines Dritten ausgesetzt sei. Die Sache liegt nicht anders, als wenn der Wechselinhaber mit dem Schuldner unter Zuziehung eines Dritten das Abkommen getroffen hat, daß die Wechselsumme diesem Dritten gezahlt werden soll, und alsdann den Wechsel einklagt.

Nach dieser Auffassung ist daher ein lediglich auf dem Wechsel beruhender, aber mit einer Einrede behafteter Anspruch erhoben, und die klägerische Geltendmachung der sogenannten Rückcession ist das replikarische Vorbringen, daß der Dritte die Ansprüche, welche aus der angezeigten Cession für ihn entstanden, dem Kläger übertragen habe, sodaß Beklagter vor anderen Ansprüchen geschützt sei. Die Beweismittel für ein nicht klagebegründendes, sondern einen Einwand entkräftendes Vorbringen sind zwar entsprechend den §§. 558. 561 C.P.O. im Urkundenprozesse auf Urkunden und Eid beschränkt, können aber noch in der Berufungsinstanz nachgebracht werden.

Der hier in der Berufungsinstanz nachgebrachte Akt ist nun freilich erst in der Berufungsinstanz zur Existenz gelangt, während er nicht bloß für die Erfüllung der Erfordernisse des Urkundenprozesses, sondern zur materiellen Beseitigung des Einwandes notwendig war, da der Beklagte im Hinblick auf die §§. 394. 395 A.L.R. I. 5 zu seiner Sicherstellung eine schriftliche Cession verlangen durfte. Da er aber immerhin vorhanden war, ehe das Urteil in der neue Verteidigungsmittel zulassenden Instanz erging, so mußte auch in der Sache entsprechend der dadurch begründeten Rechtslage erkannt werden."

---

98. Kann die Anfechtung der Gültigkeit des Schiedsvertrages mit der Behauptung, daß das Geschäft, welches die Schiedsvertragsklausel enthält, als ein reines Differenzgeschäft ungültig sei, noch einwandsweise gegen den Anspruch auf Vollstreckung des Schiedsspruches geltend gemacht werden, nachdem der Beklagte sich bei dem Schiedsgerichte eingelassen hat, ohne sie dort geltend zu machen?

I. Civilsenat. Urt. v. 17. Januar 1891 i. S. S. (Bekl.) w. R. & B. (Kl.) Rep. I. 311/90.

I. Landgericht I Berlin.
II. Kammergericht daselbst.

Beklagter hat der Klägerin vier Schlußscheine ausgehändigt, inhalts deren er dieser Hafer „nach allen in den Schlußscheinen der hiesigen (Berliner) Makler enthaltenen Bedingungen" verkaufte. Auf Grund dieses Herganges hat auf Betreiben der Klägerin behufs Entscheidung über ihren Anspruch aus diesen Geschäften die Bildung eines Schiedsgerichtes aus Mitgliedern der Berliner Produktenbörse stattgefunden, und dieses hat nach Anhörung des Beklagten unter Verwerfung der von diesem erhobenen Einwendungen einen Schiedsspruch erlassen, durch welchen Beklagter dem klägerischen Anspruche gemäß verurteilt wurde. Gegen die alsdann erhobene Klage auf Erlaß des Vollstreckungsurteiles wendete der Beklagte erst jetzt ein, daß das Verfahren vor dem Schiedsgerichte unzulässig gewesen, weil ein rechtsgültiger Schiedsvertrag gar nicht bestehe. Es sei nämlich vor und bei Abschluß der eingeklagten Geschäfte sowie vor Eingehung der Geschäftsverbindung überhaupt zwischen den Parteien ausdrücklich vereinbart worden, daß effektive Lieferung und Abnahme ausgeschlossen sei, und daß es sich nur um die Differenzen an den Stichtagen handele. Danach liege ein reines Differenzgeschäft vor, das unwirksam sei, und dessen Unwirksamkeit auch die den integrierenden Bestandteil des Geschäftes bildende Geschäftsbedingung, welche die Schiedsgerichtsklausel enthalte, ergreife. Beklagter verlangte selbständige Prüfung seiner Behauptung durch das Gericht. Beide Instanzgerichte versagten sich dieser Prüfung, und es wurde das Vollstreckungsurteil nach dem klägerischen Antrage erlassen. Das Berufungsgericht verwarf die Behauptung, daß, falls die Geschäfte Differenzgeschäfte seien, keine gültige Schiedsvertragsklausel vorliege, indem vielmehr auch die Entscheidung, ob Differenzgeschäfte vorliegen, dem Schiedsgerichte habe zufallen sollen. Das Reichsgericht wies die Revision des Beklagten zurück.

Aus den Gründen:

„Den Gründen des Berufungsurteiles beizutreten, mußte allerdings Bedenken getragen werden. Gewiß kann ein Schiedsvertrag mit rechtlicher Wirksamkeit auch in Bezug auf einen eventuellen Streit darüber geschlossen werden, ob das Geschäft, das Ansprüche erzeugend gewirkt haben soll, in der That rechtswirksam zustande gekommen ist. Allein für eine solche selbständige Natur der Schiedsvertragsklausel spricht im vorliegenden Falle nichts. Daß die Parteien in einer dauernden Geschäftsverbindung gestanden hätten, ist nicht ersichtlich. In solchem Falle ließe sich aus der fortgesetzten Bezugnahme auf die üblichen Schlußscheinbedingungen die Willenseinigung herleiten, daß schon über die rechtliche Wirkung der Verhandlungen über neue Geschäfte gleicher Art lediglich das schlußscheingemäß zu bildende Schiedsgericht entscheiden solle. Auf solcher Grundlage beruhen Ausführungen, welche in dem Urteile des I. Civilsenates des Reichsgerichtes vom 30. April 1890 i. S. B. w. Gebr. S. Rep. I. 54/90 gemacht sind. Im vorliegenden Falle handelt es sich lediglich um die rechtliche Wirkung der Aushändigung von vier Schlußscheinen über den Verkauf von Hafer, in denen es heißt: „nach allen in den Schlußscheinen der Berliner Makler enthaltenen Bedingungen". Der Beklagte behauptet nun, dieser ganze, sich nach seiner äußeren Erscheinung als Vertragsschluß darstellende Hergang sei wegen des Inhaltes des dabei Besprochenen und Bedungenen rechtlich bedeutungslos und enthalte in Wahrheit kein rechtlich wirksames Geschäft. Ist dies richtig, so kann man das Geschäft selbst nicht von der Schiedsvertragsklausel trennen. Letztere bildet hier nur einen integrierenden und accessorischen Bestandteil des Grundgeschäftes. Hat Beklagter überhaupt nicht verkauft, so hat er auch nicht unter den in den Schlußscheinen der Berliner Makler enthaltenen Bedingungen verkauft.

Gleichwohl stellt sich die getroffene Entscheidung als begründet dar, und zwar aus den Gründen des Gerichtes erster Instanz.

Es kann unerörtert bleiben, ob nicht ungeachtet der vorstehenden Ausführungen doch der Umstand, daß Beklagter mit Willen zu dem als Vertragsschluß sich darstellenden Hergange mitgewirkt hat, und daß danach das Schiedsgericht kein Bedenken haben konnte, einen wirksamen Schiedsvertrag als vorliegend anzusehen, den Beklagten verpflichtete, sich vor dem Schiedsgerichte einzulassen, um vor demselben die zu einer anderen Auffassung des Herganges geeigneten Thatsachen geltend zu machen, wenn er sich deren selbständige Beurteilung in Bezug auf das Zustandekommen des Schiedsvertrages durch das Staatsgericht wahren wollte. Die Civilprozeßordnung ordnet das schiedsrichterliche Verfahren unter ausdrücklicher Berücksichtigung von Einwendungen, welche sich gegen die Begründung eines rechtsgültigen Schiedsvertrages oder gegen dessen Fortbestand oder seine Beziehung auf den zu entscheidenden Streit oder gegen die Befugnis einer Person zur Ausübung der schiedsrichterlichen Funktionen richten (§§. 863. 871). Durch den §. 863 ist ausdrücklich bestimmt, daß die Schiedsrichter ungeachtet der Geltendmachung von Einwendungen nach dieser Richtung das Verfahren fortsetzen und den Schiedsspruch erlassen können, was nur den Sinn haben kann, daß sie auch über diese Behelfe, wenn auch ohne das Staatsgericht bindende Entscheidungskraft, entscheiden dürfen. Nach §. 866 hat der Schiedsspruch unter den Parteien die Wirkung eines rechtskräftigen Urteiles. Wenn daher auch nach §§. 867 Ziff. 1. 868 Abs. 2 die Unzulässigkeit des Verfahrens vor dem Schiedsgerichte einen Grund der Aufhebung des Schiedsspruches und der Beseitigung des Anspruches auf Vollstreckung desselben enthält, und gemäß §. 863 der Nichtbestand eines rechtsgültigen Schiedsvertrages einen Fall der Unzulässigkeit des Verfahrens bildet, so liegt doch die Auffassung nahe, daß die Prüfung der Zulässigkeit des Verfahrens seitens des Staatsgerichtes nur auf Grund der Unterlagen des Schiedsspruches erfolgen kann, und daß dabei nicht Thatsachen berücksichtigt werden können, welche der Beklagte zur Entkräftung der durch sein eigenes Verhalten begründeten Annahme, daß ein Schiedsvertrag zustande gekommen, vor dem Schiedsgerichte vorzubringen unterlassen hat. Über die Richtigkeit dieser Auffassung wäre aber nur zu entscheiden gewesen, wenn der Beklagte sich vor dem Schiedsgerichte gar nicht eingelassen, vielmehr von seinem Gesichtspunkte aus, daß es dem als Vertrag angesprochenen Hergange an jeder Rechtserheblichkeit fehle, die Bethätigung des Schiedsgerichtes gänzlich ignoriert hätte. Der Beklagte hat sich aber auf das schiedsrichterliche Verfahren eingelassen, die ihm vom Schiedsgerichte gegebene Gelegenheit zum rechtlichen Gehör benutzt. Alsdann mußte er auch vor demselben den Nichtbestand eines rechtsgültigen Schiedsvertrages unter Vorbringung der Thatsachen, welche den Schluß auf solchen Bestand aus den Unterlagen der dort vorgebrachten Klage entkräften sollten, geltend machen. Hat er dies nicht gethan, so muß diese Unterlassung als Verzicht auf dieses Verteidigungsmittel gelten. Er kann sich nicht zugleich einlassen und doch wiederum auch nicht einlassen wollen und kann seine Verteidigung nicht nach Belieben teils in der Verhandlung vor dem Schiedsgerichte führen und zum anderen Teile in die Verhandlung vor dem Staatsgerichte verlegen." ...

99. Bewirkt die Eintragung einer Vormerkung auf dem Grundstücke des Schuldners behufs Sicherung eines vom Gläubiger eingeklagten persönlichen Anspruches, daß das Grundstück zu einer in Streit befangenen Sache im Sinne der §§. 665. 236 C.P.O. wird?

V. Civilsenat. Beschl. v. 17. Januar 1891 i. S. M. (Kl.) w. P. (Bekl.) Beschw.-Rep. V. 1/91.

I. Landgericht Konitz.
II. Oberlandesgericht Marienwerder.

Die Entscheidung ist oben unter „Preußisches Recht" Nr. 57 S. 237 abgedruckt.

---

100. Kann der Kläger auf Grund eines Urteiles, welches den Beklagten zu einer Leistung nach seiner Wahl schuldig erklärt, jede der im Urteile gedachten Alternativen zur Zwangsvollstreckung bringen? Muß der Beklagte die Einrede, er habe eine andere als die vom Kläger geforderte Leistung gewählt und erfüllt, im Wege der Klage (§. 686 C.P.O.) geltend machen?

V. Civilsenat. Beschl. v. 4. Februar 1891 i. S. Lz. (Kl.) w. O. u. Gen. (Bekl.) Beschw.-Rep. V. 143/90.

I. Landgericht Ratibor.
II. Oberlandesgericht Breslau.

Das Reichsgericht hat beide aufgeworfene Fragen bejaht.

Gründe:

„Durch Urteil des Landgerichtes zu Ratibor vom 3. Juni 1889 sind die Beklagten verurteilt, dem Kläger eine Häuslerstelle aufzulassen oder nach ihrer Wahl ihm 801,71 ℳ und Zinsen zu zahlen. Die Berufung der Beklagten ist vom Oberlandesgerichte zu Breslau am 21. Februar 1890 zurückgewiesen und somit das erste Urteil rechtskräftig geworden.

Am 1. (eingegangen am 2.) Oktober 1890 hat der Kläger in einem Gesuche dem Prozeßgerichte erster Instanz angezeigt, die Beklagten hätten die 801,71 ℳ und Zinsen nicht gezahlt, er verlange deshalb Auflassung der Häuslerstelle. Er beantragte, ihn zu ermächtigen, die Auflassung an ihn auf Kosten der Beklagten vornehmen zu lassen und den Beklagten die Zahlung eines Vorschusses von 200 ℳ aufzugeben. Die Beklagten wendeten in ihrer Gegenerklärung ein, sie hätten bereits am 29. September 1890 von dem ihnen nach dem Urteile zustehenden Wahlrechte Gebrauch gemacht und dem Kläger die 801,70 ℳ nebst Zinsen mit zusammen 891,13 ℳ angeboten, auch, da Kläger die Annahme verweigert habe, das Geld bei der Regierungshauptkasse zu Oppeln hinterlegt. Der Kläger bestritt in seiner weiteren Erklärung, daß ihm das Geld angeboten sei, und daß er die Annahme verweigert habe. Er machte geltend, das Urteil sei schon mit der Vollstreckungsklausel versehen, und die Beklagten hätten, weil sie nicht vor der Exekution gezahlt, ihr Wahlrecht verloren.

Das Landgericht Ratibor hat dem Antrage des Klägers stattgegeben, weil die Einwendung der Beklagten den durch das Urteil festgestellten Anspruch selbst betreffe und also gemäß §. 686 C.P.O. durch Klage geltend gemacht werden müsse.

Von den Beklagten ist Beschwerde erhoben und dabei angeführt und unter Beweis gestellt worden, daß sie dem Kläger brieflich am 27. September 1890 mitgeteilt haben, die Zahlung der 801,70 ℳ nebst Zinsen solle am 28. September zu Schonowitz (dem Wohnorte des Klägers) erfolgen, der Kläger sei auch erschienen, habe jedoch die Annahme des Geldes verweigert und die Auflassung des Grundstückes verlangt.

Das Oberlandesgericht zu Breslau hat am 13. November 1890 den Beschluß des Landgerichtes zu Ratibor aufgehoben, den Antrag des Klägers zurückgewiesen und dem Kläger die Kosten auferlegt, jedoch die gerichtlichen Kosten zweiter Instanz außer Ansatz gelassen. Die Gründe führen aus, der Kläger verlange eine nicht urteilsgemäße Handlung; denn den Beklagten stehe das Wahlrecht zu, und dieses sei weder durch die Rechtskraft des Urteiles, noch durch die Zustellung des Vollstreckungsantrages verloren gegangen.

Diesen Beschluß greift die vorliegende Beschwerde des Klägers sowohl in der Hauptsache als wegen des Kostenpunktes an. Das Reichsgericht hat die Beschwerde für begründet erachtet.

Die Beklagten sind durch rechtskräftiges Erkenntnis verurteilt, nach ihrer Wahl die oben angegebene Summe zu zahlen oder das fragliche Grundstück dem Kläger aufzulassen. Gegen den vom Kläger gemäß §. 773 C.P.O. gestellten Antrag läßt sich zunächst nicht einwenden, daß es der Vornahme einer Handlung durch einen Dritten nicht bedürfe, sondern daß die Auflassungserklärung der Beklagten durch das Urteil ersetzt werde, und daß mithin §. 779 C.P.O. Anwendung finde. Denn letzteres Gesetz trifft nur zu, wenn der Verpflichtung des Verurteilten durch die Abgabe der Willenserklärung allein genügt werden kann, und das findet hier nicht statt, da den Schuldnern die Wahl zwischen mehreren Leistungen zusteht, und es also von ihrem Willen abhängt, durch welche der beiden Leistungen sie dem Urteile genügen wollen.

Das Reichsgericht hat ferner angenommen, daß der durch das rechtskräftige Urteil geschaffene vollstreckbare Titel dem Kläger die Befugnis gewährt, eine jede der in der Urteilsformel enthaltenen Alternativen zur Zwangsvollstreckung zu bringen.

Vgl. Eccius, Preuß. Privatrecht §. 65 Anm. 31 (5. Aufl.) Bd. 1 S. 387.

Aus diesem Grundsatze folgt jedoch nicht, daß das Wahlrecht des Schuldners durch seinen Verzug oder durch die Vollstreckbarkeit des Urteiles auf den Gläubiger übergeht. Der Schuldner kann vielmehr auch nach der Rechtskraft des Urteiles und jedenfalls — was hier allein in Frage steht — vor dem Antrage des Gläubigers auf Zwangsvollstreckung von seinem Wahlrechte Gebrauch machen. Seine Lage hat sich nach dem Erlasse des Urteiles nur insofern geändert, als er durch die Erklärung allein, welche der mehreren Alternativen er wählen wolle, seiner judikatmäßigen Pflicht, zu wählen **und** zu leisten, noch nicht genügt. Er kann vielmehr durch die Wahl der einen Alternative die auf die andere gerichtete Zwangsvollstreckung des Gläubigers nur abwenden, wenn er der getroffenen Wahl gemäß leistet.

Im vorliegenden Falle behaupten die Beklagten, daß sie vor dem Antrage des Klägers an das Prozeßgericht auf Erteilung der Vollstreckungsklausel behufs Auflassung des Grundstückes die Zahlung der judikatmäßigen Schuld gewählt und erfüllt haben. Es unterliegt keinem Zweifel, daß dieser Einwand an sich zulässig und erheblich ist, und daß der Anspruch des Klägers auf Auflassung wegfällt, wenn die Behauptung der Beklagten richtig ist. Es fragt sich nur, in welcher Weise die Beklagten ihre Einrede prozessualisch geltend machen müssen. Eine ausdrückliche Bestimmung der Civilprozeßordnung für diesen Fall fehlt. Geht man davon aus, daß der Gläubiger bei alternativer Verurteilung des Schuldners jede Leistung unter Vollstreckungszwang stellen kann, so braucht er vor dem Antrage auf Vollstreckung der einen Alternative nicht erst die im §. 667 C.P.O. gegebene Klage auf Erteilung der Vollstreckungsklausel anzustellen. Ebensowenig läßt sich §. 664 C.P.O. anwenden, weil die Vollstreckbarkeit des Urteiles nach seinem Inhalte nicht von dem Beweise weiterer Thatsachen abhängt. Auch der §. 665 C.P.O., welcher von der Vollstreckbarkeit des Urteiles gegen Rechtsnachfolger handelt, trifft hier nicht zu. Es bleibt deshalb nur übrig, bei der Vollstreckung von Urteilen auf eine vom Schuldner zu wählende Alternative dieselben Vorschriften zur Anwendung zu bringen, welche §. 686 C.P.O. für Einwendungen bestimmt, die den durch das Urteil festgestellten Anspruch selbst betreffen, d. h. den Schuldner mit seiner Einrede, er habe gewählt und der Wahl gemäß geleistet, zur Klage zu verweisen.

Da die Ausführungen des Oberlandesgerichtes mit diesen Rechtsgrundsätzen in Widerspruch stehen, so war der angefochtene Beschluß aufzuheben und die Beschwerde der Beklagten gegen den Beschluß des Landgerichtes zu Ratibor, durch welchen sie zur Klage verwiesen werden, als unbegründet zurückzuweisen."

---

101. Wird, wenn eine Klage aus einer unerlaubten Handlung in dem Gerichtsstande des §. 32 C.P.O. erhoben wird, das angerufene Gericht dadurch zuständig, auch über einen eventuell beigefügten anderen Klagegrund (Vertrag oder Quasikontrakt) zu entscheiden?

Vereinigte Civilsenate. Beschl. v. 9. Februar 1891 i. S. Konkursmasse D. (Kl.) w. K. (Bekl.) Rep. II. 196/90.

I. Landgericht Mannheim.
II. Oberlandesgericht Karlsruhe.

Die vereinigten Civilsenate haben die zwischen dem II. und IV. Civilsenate streitig gewordene Rechtsfrage dahin entschieden:

Wenn eine Klage aus einer unerlaubten Handlung in dem Gerichtsstande des §. 32 C.P.O. erhoben wird, so wird das angerufene

Gericht dadurch nicht zuständig, auch über einen eventuell beigefügten anderen Klagegrund (Vertrag oder Quasikontrakt) zu entscheiden.

Gründe:

„Im Gegensatze zu dem allgemeinen Gerichtsstande, bei welchem die Zuständigkeit für alle gegen eine Person zu erhebenden Klagen begründet ist, sofern nicht für eine solche ein ausschließlicher Gerichtsstand besteht, giebt es Gerichtsstände, welche nur für bestimmte Klagen zuständig sind. Das Gesetz gebraucht die Ausdrücke: „für alle Klagen, welche" (C.P.O. §§. 21. 22), „für Klagen welche, durch welche" (§§. 23. 24. 25. 31), „Klagen aus" — „Klagen auf" (§§. 29. 30. 32). Mit diesen Bezeichnungen werden, worüber Doktrin und Praxis einig sind, die bestimmten, genau abgegrenzten Voraussetzungen angegeben, unter welchen allein dieser besondere Gerichtsstand angegangen werden kann, bezw. im Falle des §. 25 angegangen werden muß. Nur unter einer dieser Voraussetzungen gewährt das Gesetz die Möglichkeit, den Beklagten seinem allgemeinen Gerichtsstande zu entziehen und ihn mitunter, entgegen dem Grundsatze: „actor sequitur forum rei", sogar dem Gerichte des Klägers zu unterwerfen. Der Gerichtsstand des §. 32 C.P.O. ist also nur eingeführt „für Klagen aus unerlaubten Handlungen", und es stehen daher schon der bestimmte Wortlaut des Gesetzes und die Eigenschaft des besonderen Gerichtsstandes als einer Ausnahme von der Regel der Auslegung entgegen, daß das Gericht nicht nur für die Klage aus einer unerlaubten Handlung zuständig sei, sondern zugleich auch zuständig werde für eine andere eventuell mit derselben verbundene Klage, mit welcher aus anderen thatsächlichen und rechtlichen Gründen derselbe Klagantrag hergeleitet wird. Auch die für Einführung dieses besonderen Gerichtsstandes maßgebend gewesenen Gründe, nämlich die leichtere und bequemere Beweisführung am Orte der Begehung, sprechen nicht für die Ausdehnung des Gerichtsstandes auf eine andere Klage.

Die Einheitlichkeit des Klagebegehrens vermag nicht die Zuständigkeit zu begründen; denn ungeachtet derselben liegt eine Verbindung verschiedener Klagen (eventuelle Klagenhäufung genannt) vor, wenn das gleiche Klagebegehren auf verschiedene thatsächliche und rechtliche Gründe gestützt wird, welche je für sich allein zu dessen Rechtfertigung ausreichen. Dies tritt klar hervor bei der Häufung von wesentlich voneinander unabhängigen, selbständigen thatsächlichen und rechtlichen

Begründungen, wenn beispielsweise dieselbe Summe aus einer unerlaubten Handlung und aus einem Vertrage gefordert wird. Nicht minder ist es aber auch dann der Fall, wenn die Klagebegründung aus unerlaubter Handlung zugleich die wesentlichen Thatsachen in sich faßt, aus welchen die Forderung auch mit anderer rechtlicher Begründung erhoben werden kann, wie es meistens bei der Häufung der Deliktsklage mit derjenigen aus ungerechtfertigter Bereicherung der Fall sein wird. Wäre der Antrag auf Verurteilung nur gestützt auf die Thatsache, daß der Beklagte das Geforderte ohne rechtlichen Grund bezw. auf einen nichtigen Titel besitze, bei dem Gerichtsstande der unerlaubten Handlung gestellt, so wäre die Zuständigkeit nach §. 32 C.P.O. unzweifelhaft nicht begründet. Diese ist nur vorhanden, wenn zu jener Thatsache noch eine weitere (Diebstahl, Betrug oder dergleichen) hinzutritt. Durch diese Hinzufügung der das Delikt oder Quasidelikt begründenden Thatsache verlieren aber die anderen Thatsachen ihre selbständige Bedeutung nicht, sofern es sich darum handelt, ob für sie als Klagegründe für sich betrachtet die Zuständigkeit auf Grund des §. 32 C.P.O. vorhanden sei. Hier kommt der unten zu besprechende Gesichtspunkt in Betracht, daß in Bezug auf Rechtskraft, Rechtshängigkeit und Klagänderung die Klage aus Delikt und diejenige aus ungerechtfertigter Bereicherung als verschiedene Klagen zu gelten haben. Ein Schluß auf die Gleichheit beider Klagen kann nicht etwa daraus gezogen werden, daß von einer Klagänderung dann keine Rede sein könnte, wenn in einer beim allgemeinen Gerichtsstande erhobenen Klage sämtliche das Delikt und die Bereicherung begründenden Thatsachen vorgetragen, ursprünglich nur die Deliktsmomente hervorgehoben und erst im Laufe des Verfahrens der Rechtsgrund der Bereicherung geltend gemacht worden wären. In diesem Falle war die Zuständigkeit von Anfang an vorhanden, und die Klagänderung müßte nicht wegen der Gleichheit der Klagen, sondern deshalb verneint werden, weil die Thatsachen vorgetragen waren, deren Unterordnung unter die Gesetze aber nicht Sache des Klägers, sondern Aufgabe des Richters ist.

Auch auf die Rechtshängigkeit kann man sich für die Zuständigkeit nicht berufen, insbesondere liegt der Fall des §. 235 Ziff. 2 C.P.O. nicht vor. Diese Bestimmung spricht lediglich den Grundsatz aus, daß die einmal begründete Zuständigkeit durch Veränderung der sie begründenden Umstände nicht berührt werde. Der Veränderung steht es aber nicht gleich, wenn die Umstände, welche die Zuständigkeit begründen sollten, gar nie vorhanden waren. Der durch den Wohnsitz oder durch das Vorhandensein von Vermögen im Gerichtsbezirke einmal begründete Gerichtsstand dauert fort, wenn auch der Wohnsitz verändert, das Vermögen entfernt wird. War aber von vornherein kein Wohnsitz oder kein Vermögen vorhanden, so wird mit der erfolgreichen Einrede der Unzuständigkeit des Gerichtes auch die Rechtshängigkeit beseitigt. Diese wird durch Erhebung der Klage begründet, und nun erst kommt es darauf an, ob in den Fällen, in welchen das Gericht seine Zuständigkeit nicht von Amts wegen zu prüfen hat, der Beklagte die Einrede der Unzuständigkeit vorschütze oder nicht. Geschieht dies, und wird die Einrede für begründet erklärt, so hört auch die Rechtshängigkeit auf. Diese schafft also nicht die Zuständigkeit, sondern setzt sie voraus. Deshalb kann aus der Rechtshängigkeit nicht hergeleitet werden, daß, wenn für einen Klagegrund und das auf solchen gestützte Klagebegehren die Voraussetzungen für einen besonderen Gerichtsstand behauptet werden, dem Beklagten die Einrede der Unzuständigkeit in Bezug auf einen anderen Klagegrund abgeschnitten sein soll.

Der Satz, daß das einmal für die erhobene Klage kompetente Gericht für die Entscheidung des Anspruches in seiner Totalität kompetent sei, hat bei der Klagenhäufung die Bedeutung, daß das für alle Klagen zuständige Gericht (wenn sie etwa bei einem allgemeinen Gerichtsstande erhoben sind) auch über alle, und zwar ohne Beschränkung auf die vom Kläger aufgestellte rechtliche Qualifikation der Thatsachen, zu entscheiden habe; außerdem ist derselbe insofern richtig, daß — die Zuständigkeit für den geltend gemachten Anspruch vorausgesetzt — deren Umfang soweit reicht, daß der Richter auch alle Streitfragen zu entscheiden und festzustellen hat, von deren vorgängiger Feststellung die Entscheidung über den Klaganspruch abhängt, daß also der für einen Prozeß zuständige Richter auch alle für den anhängigen Rechtsstreit präjudiziellen Fragen zu entscheiden habe, und zwar ohne Rücksicht darauf, ob er zuständig wäre, wenn über dieselben in einem besonderen Prozesse entschieden werden sollte. Danach hätte das für eine Klage aus unerlaubter Handlung zuständige Gericht, um zu entscheiden, ob eine solche begangen sei, auch als Vorfrage zu prüfen, ob etwa dem Beklagten die geforderte Summe in rechtmäßiger Weise geschenkt worden sei. Die aus den Gründen zu entnehmende Bejahung könnte Abweisung, die Verneinung Verurteilung auf die Deliktsklage zur Folge haben. Würde aber aus dieser Vorfrage eine selbständige Klagebegründung etwa dahin gemacht worden sein, daß auf Grund des Deliktes und eventuell wegen Nichtigkeit des Erwerbsgrundes Verurteilung beantragt wird, so würde die Zuständigkeit für diese eventuelle andere Klage nicht daraus folgen, daß der nur für die Klage aus unerlaubter Handlung zuständige Richter, um über diese zu entscheiden, möglicherweise die Rechtmäßigkeit eines vom Beklagten behaupteten, vom Kläger angefochtenen Erwerbsgrundes hätte prüfen müssen.

Die Zuständigkeit des Gerichtsstandes für die unerlaubte Handlung für beide Klagen müßte aber dann anerkannt werden, wenn in dem Falle, daß die Deliktsklage allein bei dem gemäß §. 32 C.P.O. zuständigen Gerichte erhoben und nachher die andere Klage (aus Vertrag oder Quasikontrakt) bei dem für sie zuständigen Gerichte angestellt würde, dieser Klage die Einrede der Rechtshängigkeit mit Erfolg entgegengesetzt werden könnte. Unter dieser Voraussetzung hätte nämlich die Abweisung der mit der Klage aus unerlaubter Handlung eventuell verbundenen Klage wegen Unzuständigkeit des Gerichtes die Wirkung, daß diese Klage auch nicht bei dem für sie zuständigen Gerichte angestellt werden könnte, wenigstens nicht vor Erledigung des über die Deliktsklage anhängigen Rechtsstreites. Die Einrede der Rechtshängigkeit wäre jedoch nicht begründet, denn bei der Verschiedenheit der thatsächlichen und rechtlichen Klagegründe liegen der Gleichheit des Klagebegehrens ungeachtet verschiedene Ansprüche und verschiedene Klagen vor, wenn derselbe Gegenstand aus unrechter Handlung und aus Vertrag oder Quasikontrakt begehrt wird.

Vgl. Entsch. des R.G.'s in Civils. Bd. 2 Nr. 118 S. 411, Bd. 10 Nr. 142 S. 434, Bd. 11 Nr. 50 S. 242, Bd. 22 Nr. 78 S. 391, Bd. 23 Nr. 102 S. 432; auch Seuffert, Archiv N. F. Bd. 11 Nr. 306.

Demnach würde aus der Abweisung der einen Klage gegen die andere keine Einrede der Rechtskraft erwachsen, und es kann daher wegen der Anhängigkeit der einen keine Einrede der Rechtshängigkeit vorgeschützt werden, wenn gleichzeitig die andere bei einem anderen Gerichte angestellt wird, und, wenn nur die eine erhoben wäre, und erst im Laufe des Verfahrens die zur Begründung der anderen erforderlichen Thatsachen vorgetragen würden, so müßte hierin eine unzulässige Klagänderung erkannt werden. Es könnte nur noch der Nachteil für den Beklagten in Betracht kommen, daß derselbe wegen des gleichen Begehrens gleichzeitig in zwei Prozesse verwickelt würde. Abgesehen jedoch davon, ob nicht nach den besonderen Umständen des Falles das Verhalten des Klägers sich als ein doloses darstelle,

vgl. Entsch. des R.G.'s Bd. 16 Nr. 106 S. 435,

wird bei nicht zu wörtlicher Auslegung des §. 139 C.P.O. die Verhandlung des später anhängig gemachten Prozesses bis zur Erledigung des bereits anhängigen ausgesetzt werden können, weil je nach dem Ausgange dieses der zweite seine Grundlage verlieren kann.

Endlich lassen sich auch keine anderen gesetzlichen Bestimmungen für die Zuständigkeit des Gerichtsstandes der unerlaubten Handlung für die andere Klage anführen.

Aus §. 26 C.P.O. kann eher die grundsätzliche Verneinung der Zuständigkeit als deren Anerkennung hergeleitet werden. Derselbe betrifft überhaupt nicht den Fall, wenn derselbe Klagantrag aus verschiedenen Klagegründen hergeleitet wird, sondern den, wenn auf den wesentlich einheitlichen Klagegrund verschiedene Anträge gestützt werden.

Der §. 232 C.P.O. regelt die objektive Klagenhäufung, bei welcher sowohl die Klagebegründungen als auch die Klagegesuche verschieden sind. Nach dem Vorgange der gemeinrechtlichen Theorie und älterer Prozeßrechte hatte der Gesetzgeber genügenden Anlaß, einerseits diese Art der Klagenhäufung ausdrücklich für zulässig zu erklären, andererseits aber auch die Statthaftigkeit an bestimmte Voraussetzungen zu knüpfen und in den §§. 136. 138. 273 Vorschriften betreffs des Verfahrens zu geben. Von allen diesen Bestimmungen wird die hier in Betracht kommende eventuelle Klagenhäufung nicht berührt.

Auf sie bezieht sich der §. 137 C.P.O.; er führt sie jedoch nicht erst ein, sondern setzt deren Zulässigkeit in ähnlicher Weise voraus wie der §. 232 die Statthaftigkeit der Verbindung mehrerer auf denselben Klagegrund gestützter Begehren. Vermöge seiner Stellung im Gesetze unter denjenigen Vorschriften, welche die mündliche Verhandlung regeln, hat der §. 137 nur die Bedeutung, dem Gerichte die Befugnis zur Trennung der Verhandlung über die mehreren selbständigen Angriffsmittel — Klagegründe — einzuräumen. Demnach kann daraus, daß die Zuständigkeit des Gerichtes für sämtliche eventuell gehäufte Klagen nicht besonders gefordert wird, nicht auf den Willen des Gesetzgebers geschlossen werden, daß dieselbe unbedingt für alle als vorhanden angenommen werden müsse, wenn sie auch nur für eine Klage gegeben sei. Die Zuständigkeit ist vielmehr bereits in den §. 12 flg. geregelt, und der Gesetzgeber setzt voraus, daß dieselbe nach Maßgabe dieser Vorschriften bezüglich jeder der verbundenen Klagen vorhanden sei.

Daß nicht wie bei der Klagenhäufung im Sinne des §. 232 die Prozesse getrennt und Teilurteile erlassen werden dürfen, vielmehr nur die Trennung der Verhandlung und die Erlassung von Zwischenurteilen (§. 275 C.P.O.) zugelassen wird, berechtigt zu keinem Rückschlusse auf die Zuständigkeit. Diese auf Gründen prozessualer Zweckmäßigkeit beruhenden Vorschriften stehen keineswegs einem Endurteile entgegen, welches die eine Klage wegen Unzuständigkeit des Gerichtes abweist. Dieselben betreffen das Verfahren zur Sache und können daher erst dann in Anwendung kommen, wenn die Prozeßvoraussetzungen vorhanden sind. Wie es demnach nicht unstatthaft ist, sondern vielmehr geboten sein muß, die eine Klage sofort abzuweisen, wenn bezüglich ihrer der Rechtsweg unzulässig ist, beispielsweise dieselbe Forderung auf eine unerlaubte Handlung und eventuell auf einen Klagegrund gestützt würde, über welchen nach Reichs- oder Landesrecht nur ein Verwaltungsgericht oder eine Verwaltungsbehörde zu entscheiden befugt ist, ebenso muß auch auf die begründete Einrede der Unzuständigkeit auf Abweisung der mit der Klage aus unerlaubter Handlung verbundenen anderen Klage erkannt werden.

Etwaige Unzuträglichkeiten für den Kläger können allen diesen gesetzlichen Gründen und dem Rechte des Beklagten gegenüber, daß nur das zuständige Gericht entscheide, nicht in Betracht kommen. Der Kläger wird auch nicht dazu genötigt, denselben Anspruch vor verschiedenen Gerichten zu verfolgen, sondern nur zu der Prüfung, ob der Deliktsanspruch hinlänglich begründet sei, und ob die demselben zu Grunde liegenden Thatsachen bewiesen werden können. Unter diesen Voraussetzungen wird er sich auf die Klagerhebung aus der unerlaubten Handlung vor dem hierfür zuständigen Gerichte beschränken. Anderen Falles muß er, wenn diesem Gerichte die Zuständigkeit für eine noch andere zu Gebote stehende Klagebegründung fehlt, die Deliktsklage und die andere Klage bei dem für beide zuständigen allgemeinen Gerichtsstande anstellen."

---

102. Ist für das Endurteil, welches nach vorausgegangenem Versäumnisurteile erlassen wird, die Erhebung einer zweiten Entscheidungsgebühr zulässig?

III. Civilsenat. Beschl. v. 13. Februar 1891 i. S. H. (Bekl.) w. S. (Kl.) Beschw.-Rep. III. 4/91.

I. Landgericht Kassel.
II. Oberlandesgericht daselbst.

Gründe:

„Wie das Oberlandesgericht mit Recht hervorhebt, bildet der §. 32 Abs. 2 des Gerichtskostengesetzes eine Ausnahme von dem in §. 28 das. aufgestellten Grundsatze, daß jede der in §. 18 a. a. O. bezeichneten Gebühren in jeder Instanz nur einmal erhoben werden solle. Diese Ausnahmebestimmung besteht darin, daß, wenn ein Versäumnisurteil mit Gebührenansatz ergangen ist, infolge Einspruches aber das Verfahren in der Instanz fortgesetzt und späterhin ein materielles Urteil erlassen wird, auch für letzteres die durch §. 18 vorgeschriebene Entscheidungsgebühr berechnet werden dürfe. Das Gesetz will die für das Versäumnisurteil angesetzte Gebühr als eine besondere nachteilige Folge betrachtet wissen, welche, unabhängig von dem Ergebnisse der Hauptentscheidung, denjenigen treffen soll, welcher das Versäumnisverfahren veranlaßt hat (§. 309 C.P.O.). Zu diesem Zwecke wird das Versäumnisurteil in betreff des Gebührensatzes aus dem Zusammenhange der Instanz herausgenommen und in §. 32 Abs. 2 a. a. O. angeordnet, daß durch die Gebühr für das Versäumnisurteil eine andere Entscheidungsgebühr derselben Instanz nicht ausgeschlossen sei. Nun mag zwar dem Beschwerdeführer zugegeben werden, daß die Absicht des Gesetzes noch deutlicher zum Ausdrucke käme, wenn in

§. 32 Abs. 2 eine positive Fassung gewählt, nämlich der Ansatz einer zweiten Entscheidungsgebühr in dem unterstellten Falle ausdrücklich vorgeschrieben oder für zulässig erklärt worden wäre. Aber auch die gewählte Fassung des Paragraphen giebt keinem Bedenken gegen obige Auffassung Raum, wenn erwogen wird, daß, nachdem in §. 28 die Regel einer einmaligen Entscheidungsgebühr aufgestellt ist, in dem nachfolgenden Paragraphen nur darauf zu sehen war, diese Regel teilweise aufzuheben oder auszuschließen, womit die Befugnis einer mehrmaligen Erhebung der Entscheidungsgebühr für den gedachten Fall von selbst gegeben wurde."

---

103. 1. Gerichtsstand des §. 24 C.P.O. Dessen Begründung bei der redhibitorischen Klage durch Berufung auf das Eigentum des beklagten Verkäufers an der vom Käufer wegen später entdeckter Mängel zur Verfügung gestellten Ware oder auf den Anspruch des Verkäufers auf Herausgabe der Dispositionsware.

2. „Streitige Verpflichtung" im Sinne des §. 29 C.P.O. bei Klagen auf Rückerstattung des bezahlten Kaufpreises wegen nachträglich hervorgetretener Mängel der übersendeten Ware.

II. Civilsenat. Urt. v. 16. Dezember 1890 i. S. L. & St. (Bekl.) w. H. (Kl.) Rep. II. 273/90.

I. Landgericht Düsseldorf.
II. Oberlandesgericht Köln.

Im Herbste 1888 hatte der Kläger von der Beklagten 200 Kisten Pflaumen, 80/85 stückig, à 25 kg netto zum Preise von 39 ℳ für 100 kg gekauft. Die Ware war am 21. November 1888 bei dem Kläger eingetroffen, der Preis am 12. Januar 1889 bezahlt worden. In der erhobenen Klage behauptete Kläger, daß bei der sofort nach der Ablieferung vorgenommenen Untersuchung die Pflaumen gut und verwendbar befunden worden, daß aber im März 1889 Beschwerden von Abnehmern eingegangen seien, sodaß Kläger sich veranlaßt gesehen, die noch auf Lager befindlichen Kisten wieder zu untersuchen. Hierbei habe sich herausgestellt, daß die Pflaumen schimmelig geworden seien. Dieser Fehler beruhe auf nicht sachgemäßer Trocknung und sei daher schon bei der Ablieferung vorhanden, aber nicht erkennbar gewesen. Am 5. März 1889 habe er — Kläger — diesen Befund der Beklagten mitgeteilt und ihr die noch vorhandenen Kisten zur Verfügung gestellt, auch Ersatz in vertragsmäßiger Ware verlangt, allein die Beklagte habe jede Erörterung und die Nachlieferung abgelehnt. Der Klagantrag wurde auf Rückzahlung des Kaufpreises für die noch vorhandenen 100 Kisten mit 875 *M* nebst Ersatz von Zoll und anderen Kosten gerichtet. Nachdem Kläger im Laufe des Rechtsstreites die Pflaumen hatte verkaufen lassen, ermäßigte er die Klagesumme unter Abzug des Erlöses auf 846,47 *M*.

Die Zuständigkeit des Landgerichtes Düsseldorf wurde damit begründet, daß die in Prag domizilierte Beklagte im Bezirke des Landgerichtes Düsseldorf Vermögen besitze (§. 24 C.P.O.), indem sie Eigentümerin der dort zur Verfügung gestellten Ware sei.

Die Beklagte erhob die Einrede der Unzuständigkeit des Gerichtes, über welche abgesonderte Verhandlung stattfand. Nach Erhebung von Beweis über die bestrittenen Klagethatsachen hat das Landgericht genannte Einrede verworfen, und die gegen dieses Urteil von der Beklagten eingelegte Berufung ist vom Oberlandesgerichte zurückgewiesen worden. Auf die Revision der Beklagten hat das Reichsgericht die Urteile der Vorinstanzen aufgehoben und die Klage wegen Unzuständigkeit des Gerichtes abgewiesen.

Aus den Gründen:

... „Die zu Gunsten des Klägers ergangenen Entscheidungen der beiden Vorinstanzen beruhen auf der Annahme, daß die Beklagte Eigentümerin der ihr vom Kläger zur Verfügung gestellten Ware gewesen sei, welche sich zur Zeit der Anstellung der Klage noch im Gewahrsam des zu Düsseldorf wohnhaften Klägers befunden hat. Wäre diese Voraussetzung als richtig anzuerkennen, so würde der im Laufe des Rechtsstreites vom Kläger gemäß Art. 348 Abs. 5 H.G.B. veranlaßte Verkauf der Ware auf die Fortdauer des einmal begründeten Gerichtsstandes des §. 24 C.P.O. gemäß §. 235 Ziff. 2 C.P.O. ohne Einfluß geblieben sein.

Das Berufungsgericht führt aus, die erhobene Klage auf Rückerstattung des bezahlten Kaufpreises unterstelle, daß Kläger die in Düsseldorf befindliche Ware wegen Mangelhaftigkeit der Beklagten rechtzeitig wieder zur Disposition gestellt, daß sonach ein Eigentumsübergang auf den Kläger nicht stattgefunden habe, die Ware vielmehr im Eigentume des Verkäufers, hier der Beklagten, geblieben sei. Diese Unterstellung erklärt das Oberlandesgericht nach Lage der Sache für begründet; denn es handle sich um ein Distanzgeschäft, für welches in Prag gleiche Bestimmungen wie die des deutschen Handelsgesetzbuches in Geltung seien: der Kläger habe die ihm von der Beklagten auf Bestellung zugesendeten Pflaumen alsbald nach deren Ankunft (21. November 1888) untersucht, damals sei ein Mangel nicht zu entdecken gewesen, später (im Frühjahre 1889) habe sich aber herausgestellt, daß die Ware infolge mangelhafter Dörrung der Frucht schimmelig geworden sei, hievon habe Kläger die Beklagte ohne Verzug nach Erkennung des Mangels mit Brief vom 5. März 1889 benachrichtigt und derselben durch Gerichtsvollzieherakt vom 9. Mai 1889 die noch in seinem Besitze befindlichen 100 Kisten Pflaumen zur Verfügung gestellt, auch innerhalb der sechsmonatlichen Frist des Art. 349 Abs. 2 H.G.B. die gegenwärtige Klage erhoben.

Diese Ausführung ist für rechtsirrtümlich zu erachten.

Das Handelsgesetzbuch kennt nur die Mängelrüge, nicht die Dispositionsstellung, noch weniger enthält es Bestimmungen über die dinglichen oder obligatorischen Wirkungen der letzteren. Wird bei dem Distanzgeschäfte die rechtzeitige Anzeige der nach Ablieferung gefundenen Mängel versäumt, so gilt die Ware nach Art. 347 Abs. 2 H.G.B. als genehmigt. Ergeben sich später solche Mängel, so muß die Anzeige ohne Verzug nach der Entdeckung gemacht werden, widrigenfalls die Ware auch rücksichtlich dieser Mängel als genehmigt gilt (Art. 347 Abs. 3 H.G.B.). Durch die rechtzeitige Mängelrüge werden daher die aus der nicht vertragsmäßigen Beschaffenheit der Ware abzuleitenden Ansprüche gewahrt. Die Geltendmachung dieser Ansprüche ist nach Art. 349 H.G.B. an Fristen gebunden. Welcher Art diese Rechtsmittel seien, und daß der Käufer über die getroffene Wahl, insbesondere wenn er die Aufhebung des Kaufes erstrebe, dem Verkäufer gegenüber sich sofort erklären und dementsprechend die fehlerhaft befundene Ware ihm zur Disposition stellen müsse, darüber hat sich das Handelsgesetzbuch jeder Vorschrift enthalten.

Die Frage, ob wegen des erwähnten, nachträglich entdeckten Mangels infolge der rechtzeitigen und begründeten Anzeige und Dispositionsstellung das Eigentum an der Dispositionsware als noch oder wieder der Beklagten zustehend zu betrachten sei, kann daher nur nach den Grundsätzen des Civilrechtes, welche für den Eigenthumsübergang beim Kaufe überhaupt maßgebend sind, entschieden werden. Hiernach erscheint es aber nicht zweifelhaft, daß der Kläger Eigentümer der ihm käuflich gelieferten und von ihm abgenommenen und geprüften Ware, über welche er zum Teil durch Weiterverkauf disponiert, und deren Preis er bezahlt hat, geworden ist, mag man die als lex rei sitae maßgebenden Grundsätze des rheinisch-französischen Rechtes oder die des österreichischen Rechtes in Anwendung bringen.

Beruht hiernach das angefochtene Urteil, indem es davon ausgeht, daß infolge der rechtzeitigen und begründeten Dispositionsstellung das Eigentum an der Ware bei dem Verkäufer verblieben sei, auf der Verletzung von Rechtsnormen, so blieb doch gemäß §. 526 C.P.O. noch zu erwägen, ob nicht infolge der Dispositionsstellung ein Rückgang des Eigentumes an der Ware auf die Beklagte stattgefunden habe, und deshalb die Entscheidung sich als gerechtfertigt darstelle. Auch dies war jedoch zu verneinen. Die Annahme, daß mit der berechtigten Dispositionsstellung wegen nachträglich entdeckter Mängel an der in das Eigentum des Käufers übergegangenen Ware eine dem Distanzkaufe innewohnende Resolutivbedingung sich erfülle, und infolgedavon das Eigentum ipso jure wieder auf den Verkäufer zurückgehe, findet im Gesetze keinen Anhalt. Die vom Verkäufer abgelehnte Dispositionsstellung selbst ist aber als eine einseitige Handlung des Käufers nicht imstande, einen Eigentumsübergang zu begründen. Sie enthält nur die Erklärung, daß der Käufer wegen der gerügten, nachträglich entdeckten Mängel die Ware nicht behalten wolle und deshalb den Verkäufer auffordere, über dieselbe zu verfügen. Die im Vorverfahren über die Einrede der Unzuständigkeit richterlich festgestellte Berechtigung des Klägers zur Einnahme dieses Standpunktes gegenüber der Beklagten kann die fehlende Zustimmung der letzteren oder die wirkliche Aneignung nicht ersetzen und ist für den Eigentumsübergang ohne Wirkung.

Der klägerische Vertreter hat denn auch in seiner Verteidigung gegen die Revision die Frage des Eigentumes für gleichgültig erklärt, dagegen hervorgehoben, daß der Beklagten jedenfalls ein Anspruch auf Ausantwortung der Dispositionsware zugestanden habe, und daß in dieser Forderung ein dem §. 24 C.P.O. entsprechender Vermögensbesitz zu finden sei. Auch dies kann nicht anerkannt werden. Ein solcher Anspruch ist der Beklagten, welche die Mangelhaftigkeit der Ware zur Zeit der Einlieferung bestreitet und deren Rücknahme verweigert, durch das einseitige Vorgehen des Klägers nicht erwachsen, solange nicht richterlich die Aufhebung des Vertrages ausgesprochen oder mindestens der Beklagten die Rückerstattung des Kaufgeldes auferlegt ist. Der erfolgreichen Durchführung des Hauptverfahrens seitens des Klägers ist die im Vorverfahren erfolgte Feststellung der wesentlichen Voraussetzungen für ein ihm günstiges Urteil in der Hauptsache nicht gleichzuachten, da solche keine für die Beklagte bindende Entscheidung in der Sache selbst enthält.

Erscheint hiernach der in Anspruch genommene Gerichtsstand des §. 24 C.P.O. als hinfällig, so kommt noch in Frage, ob nicht die Beklagte dem angerufenen Gerichte als dem Gerichtsstande des Erfüllungsortes (§. 29 C.P.O.) unterworfen sei, obgleich Kläger selbst diesen Zuständigkeitsgrund nicht geltend gemacht und nicht behauptet hat, daß die eingeklagte Forderung in Düsseldorf zu erfüllen sei.

Die Klage ist auf Rückerstattung des bezahlten Kaufpreises für den zur Disposition gestellten Teil der von der Beklagten käuflich bezogenen Ware wegen nachträglich entdeckter verborgener Mängel sowie auf den Ersatz einiger durch den Kauf veranlaßter Kosten gerichtet. Sie ist daher als eine Aufhebungsklage (actio redhibitoria) anzusehen, wenn sie gleich die Aufhebung des Vertrages und die Rücknahme der Ware nicht in den Antrag aufgenommen hat. Nach §. 29 C.P.O. ist aber für Klagen auf Aufhebung eines Vertrages das Gericht des Ortes zuständig, wo die „streitige Verpflichtung" zu erfüllen ist. In einem ähnlichen Falle,

vgl. Entsch. des R.G.'s in Civils. Bd. 3 S. 413 flg.,

hat der erkennende Senat als die streitige Verpflichtung diejenige erklärt, von welcher der Kläger frei werden und deren bereits geschehene Erfüllung er darum zurückrufen wolle, und ist dieser Anschauung auch in anderen Entscheidungen (Rep. II. 441/84, 447/84, 148/85) gefolgt. Hiernach würde sich in vorliegender Streitsache die Verbindlichkeit des Klägers zur Zahlung des Kaufpreises als die „streitige Verpflichtung" im Sinne des §. 29 C.P.O. darstellen, und demnach in Ermangelung einer entgegenstehenden Behauptung nach

Artt. 342. 324 H.G.B. der Wohnsitz des Klägers als Erfüllungsort sich annehmen lassen. Allein bei der wiederholten Prüfung der Frage hat der Senat beschlossen, von seiner bisherigen Ansicht abzugehen. Während bei Klagen auf Aufhebung noch nicht erfüllter Verträge die Vertragspflicht des Klägers, von welcher er sich durch die begehrte Aufhebung des Vertrages befreien will, ohne Zweifel als die streitige Verpflichtung im Sinne des §. 29 C.P.O. erscheint, verhält sich dies anders bei bereits erfüllten Verträgen. Hier ist die Verpflichtung des Klägers zur Erfüllung nicht im Streite und kann in dem Zeitpunkte, in welchem sie erfolgte, vollständig begründet gewesen sein, sodaß sie hätte erzwungen werden können, wie in dem vorliegenden Falle, wo Kläger eine im November 1888 ihm auf Bestellung zugesendete Kaufware nach erfolgter Prüfung angenommen und im Januar 1889 bezahlt hatte. Streitig ist nur die auf dem geltend gemachten Aufhebungsgrunde beruhende Rückerstattungspflicht der Beklagten, hier die auf der Gewährleistungspflicht des beklagten Verkäufers für verborgene Mängel der Ware beruhende Verbindlichkeit zur Rückgabe des empfangenen Kaufgeldes. Nur diese ist eine noch zu erfüllende Verbindlichkeit und erscheint als die unmittelbar streitige, während die Verweisung des §. 29 C.P.O. auf den Ort, wo die streitige Verpflichtung zu erfüllen ist, bei der Kaufpreisschuld nicht zutrifft, da diese weder unerfüllt ist, noch den Streitgegenstand bildet. Es liegt daher kein genügender Grund vor, hier eine andere Verpflichtung für die streitige anzusehen als die, deren Erfüllung allein vom Beklagten gefordert wird. Die Streichung der Worte „von dem Beklagten" aus der Fassung des Entwurfes des §. 29, dessen Schlußsatz „wo der Vertrag von dem Beklagten zu erfüllen ist" lautete, wurde bei den Beratungen der Kommission des Reichstages beantragt, „weil es auch vorkomme, daß derjenige, der einen Vertrag zu erfüllen habe, um dessen Erfüllung es sich handle, Kläger sei, namentlich wenn auf Aufhebung oder Nichtbestehen des Vertrages geklagt werde." Dieser Grund trifft bei Rückforderungsklagen wegen Auflösung eines erfüllten Vertrages nicht zu; denn hier hat der Kläger nicht mehr zu erfüllen, und das, was infolge der Aufhebung von ihm herauszugeben ist, befindet sich nicht im Streite.

Ist hiernach die Verpflichtung der Beklagten die streitige, welche den Erfüllungsort bestimmt, so könnte doch aufgestellt werden, daß gerade für diese Rückerstattung des Kaufpreises der Wohnsitz des Klägers als die Stelle, an welcher die Dispositionsware zur Zeit der Erhebung der Klage sich befand, als Erfüllungsort zu betrachten sei. Letzteres wurde in mehreren Entscheidungen des I. Civilsenates des Reichsgerichtes angenommen und danach die Zuständigkeit des am Wohnsitze des Klägers befindlichen Gerichtes anerkannt, so in einem Urteile i. S. L. w. J. vom 5. Oktober 1887,

vgl. Entsch. des R.G.'s in Civils. Bd. 20 S. 358 flg.,

und in einem weiteren Urteile i. S. S. & Co. w. W. vom 18. September 1881 (Rep. I. 170/89). Diese Entscheidungen beruhen indessen auf speziellen Vorschriften des preußischen Allgem. Landrechtes, auch waren die betreffenden Klagen ausdrücklich auf Abnahme der zur Verfügung gestellten Ware gegen Rückzahlung des Kaufpreises gerichtet, während in der vorliegenden Sache die Ware unter Anforderung eines Ersatzes in guter Ware zur Disposition gestellt war, und dann der Klagantrag lediglich auf Zahlung gerichtet wurde, wobei zugleich in der Klage die demnächstige Veräußerung der schimmelig gewordenen Ware für Rechnung der Beklagten in Aussicht gestellt war. Nach rheinisch-französischem Rechte besteht für die actio redhibitoria in betreff der Wiederherstellung des früheren Zustandes keine dem Art. 1247 des bürgerl. Gesetzbuches derogierende Vorschrift, aus welcher für die Rückerstattung des Kaufpreises ein anderer Erfüllungsort als der Wohnsitz des Schuldners zu folgern wäre. Der Käufer, welcher von der Wandelklage Gebrauch macht, hat nach Art. 1644 des bürgerl. Gesetzbuches das Recht, die Sache zurückzugeben und den Kaufpreis sich erstatten zu lassen. Man kann daher sagen, daß er nur unter der Bedingung der Rückgabe des noch vorhandenen Kaufgegenstandes, wenn diese verlangt wird, den Kaufpreis zurückzufordern berechtigt ist; allein dies berechtigt nicht zu dem Schlusse, daß die Rückzahlung des Kaufpreises bei Auflösung eines Distanzkaufes an dem Wohnsitze des Käufers, wo sich die Ware befindet, zu geschehen habe. Auch aus den Bestimmungen des eventuell in Betracht kommenden österreichischen Rechtes ergiebt sich nicht, daß der Wohnort des Klägers oder der Ort, wo die Ware sich befindet, als Erfüllungsort für die Rückerstattung des Preises zu gelten habe.

Vgl. §§. 922. 932. 905. 1420 des österr. Allgem. bürgerl. Gesetzbuches.

Ohne im Sinne des §. 137 G.V.G. (Reichsgesetz vom 17. März 1886) von der in den angeführten Entscheidungen des I. Civilsenates ausgesprochenen Rechtsansicht abzuweichen, konnte daher auch der von der Lagerungsstelle des Dispositionsgutes bei dem Kläger entnommene Erfüllungsort für die eingeklagte Forderung verneint werden.

Hiernach war, dem Antrage der Revisionsklägerin entsprechend, unter Aufhebung der Urteile der beiden Vorinstanzen, die Klage wegen Unzuständigkeit des Gerichtes abzuweisen."

---

104. Nähere Bestimmung des Begriffes des letzten Wohnsitzes im Sinne des §. 18 C.P.O.

VI. Civilsenat. Urt. v. 15. Januar 1891 i. S. St. Ehefrau (Kl.) w. St. (Bekl.) Rep. VI. 224/90.

I. Landgericht Chemnitz.
II. Oberlandesgericht Dresden.

Die Ehefrau St. erhob gegen ihren Ehemann, einen österreichischen Staatsangehörigen, dessen jetziger Wohnsitz und Aufenthaltsort unbekannt, dessen letzter bekannter Wohnsitz aber im Bezirke des Landgerichtes Chemnitz gelegen war, Ehescheidungsklage bei dem genannten Landgerichte. Die Ladung des Beklagten wurde durch öffentliche Zustellung bewirkt. Der Beklagte erschien aber nicht. Die Klage wurde in erster Instanz aus materiellen Gründen abgewiesen und diese Abweisung vom Berufungsgerichte wegen Unzuständigkeit des Landgerichtes Chemnitz aufrechterhalten. Auf Revision der Klägerin wurde jedoch das Berufungsurteil aufgehoben und die Sache in die Berufungsinstanz zurückverwiesen.

Aus den Gründen:

... „Es konnte ... dahingestellt bleiben, ob es vom Standpunkte des Oberlandesgerichtes aus richtig gewesen ist, bei Annahme fehlenden Gerichtsstandes die Berufung gegen die vom Gerichte erster Instanz auf materielles Recht begründete Klagabweisung zurückzuweisen, und ob nicht nach Lage der Sache vielmehr eine Abänderung des ersten Urteiles dahin, daß die Klage nur wegen Unzuständigkeit des Gerichtes abgewiesen werde, angezeigt gewesen wäre. Denn denjenigen Gründen, aus welchen das Berufungsgericht die Zuständigkeit verneint hat, konnte in prozeßrechtlicher Beziehung nicht beigetreten werden, und es wurde schon dadurch die Aufhebung des angefochtenen Urteiles erforderlich.

Zwar die Ausführung, daß die Zuständigkeit des Landgerichtes Chemnitz für die vorliegende Ehescheidungsklage auf §. 568 Abs. 2 C.P.O. nicht gestützt werden könne, gab zu Bedenken keinen Anlaß. Dagegen erschien bei der Erörterung, daß auch der Abs. 1 des §. 568 hier nicht zutreffe, der Sinn des §. 18 C.P.O. als verkannt. Nach dieser Gesetzesvorschrift wird der allgemeine Gerichtsstand einer Person, welche keinen Wohnsitz hat, und von welcher auch kein innerhalb des Deutschen Reiches gelegener gegenwärtiger Aufenthaltsort bekannt ist, durch den letzten Wohnsitz derselben bestimmt. Das Oberlandesgericht hat nun zwar als feststehend angenommen, daß das im Bezirke des Landgerichtes Chemnitz gelegene Dorf B. der letzte bekannte Wohnsitz des beklagten Ehemannes gewesen, und daß sein gegenwärtiger Aufenthaltsort überhaupt nicht zu ermitteln sei. Es hat aber trotzdem den fraglichen allgemeinen Gerichtsstand nicht als gegeben betrachtet, weil nicht positiv bewiesen sei, daß der Beklagte gegenwärtig überhaupt keinen Wohnsitz habe, und daß also B. nicht bloß der letzte bekannte, sondern überhaupt der letzte Wohnort desselben gewesen sei. Diese Anforderungen an die dem Kläger zur Begründung des Gerichtsstandes des letzten Wohnsitzes obliegenden Nachweise mögen wohl dem Wortlaute des §. 18 C.P.O. entsprechen, treffen aber nicht den Sinn desselben. Wären sie berechtigt, so würde die fragliche Bestimmung des §. 18 ihre praktische Anwendbarkeit so gut wie ganz verlieren. Man muß daher dieselbe dahin verstehen, daß der allgemeine Gerichtsstand einer Person, in Beziehung auf welche auf den nach Lage der Sache vernünftigerweise einzuschlagenden Wegen kein gegenwärtiger Wohnsitz und auch kein im Deutschen Reiche gelegener Aufenthaltsort zu ermitteln ist, durch den letzten bekannten Wohnsitz bestimmt wird. In dieser Weise ist die Bestimmung mit Recht auch schon z. B. in einem bei Seuffert (Archiv Bd. 38 Nr. 283) abgedruckten Urteile des Oberlandesgerichtes zu Jena ausgelegt worden."...

105. Darf eine mehrmalige Festsetzung der zu erstattenden Prozeßkosten stattfinden?

Vereinigte Civilsenate. Beschl. v. 9. Februar 1891 i. S. Sch. (Kl.) w. Sch. (Bekl.) Beschw.-Rep. III. 126/90.

I. Landgericht Neustrelitz.
II. Oberlandesgericht Rostock.

Der III. Civilsenat war, entgegen der Entscheidung des II. Civilsenates vom 21. März 1891,

vgl. Entsch. des R.G.'s in Civils. Bd. 25 S. 408,

der Ansicht, daß eine mehrmalige Festsetzung der zu erstattenden Prozeßkosten unbeschränkt zulässig sei. Die vereinigten Civilsenate haben die streitig gewordene Rechtsfrage dahin entschieden:

„Die mehrmalige Festsetzung zu erstattender Prozeßkosten ist in demselben Verfahren auch dann zulässig, wenn eine Nachliquidation vermieden werden konnte."

Aus den Gründen:

... „Die Zulässigkeit wiederholter Kostenfestsetzungen in demselben Verfahren wird in der Theorie allgemein angenommen,

vgl. die Kommentare zur C.P.O. §§. 98—100 von Reincke, Struckmann und Koch, Wilmowski und Levy, Willenbücher, Das Kostenfestsetzungsverfahren 2. Aufl. S. 9 unter 4; Meyer, Wie liquidiert man die Prozeßkosten? §. 8 S. 10; Francke in Busch's Zeitschrift Bd. 6 S. 89 unter III,

und es können dawider entscheidende Bedenken weder aus der Rechtskraft eines früheren Kostenfestsetzungsbeschlusses entnommen werden, noch aus dem gesetzlichen Zwecke der Kostenfestsetzung, den einer Partei von der anderen Partei zu erstattenden Kostenbetrag in erschöpfender und abschließender Weise festzustellen.

Für die Beurteilung des Umfanges der Rechtskraft des Kostenfestsetzungsbeschlusses ist der Grundsatz des §. 293 C.P.O. maßgebend. Wäre nun davon auszugehen, daß es sich bei der Kostenfestsetzung nicht um eine Entscheidung über die Ersatzmäßigkeit der einzelnen im Festsetzungsgesuche enthaltenen Posten handele, sondern um die Festsetzung des einer Partei von der anderen Partei zu erstattenden Betrages, daß also Gegenstand der richterlichen Entscheidung der Gesamtanspruch einer Partei auf die gesamte Kostenmenge sei, für welche die einzelnen Posten nur die rechnerische Grundlage bilden, so würde die Rechtskraft des Festsetzungsbeschlusses nicht auf die liquidierten und festgestellten Ansätze beschränkt sein. Es müßte von diesem Standpunkte angenommen werden, daß die richterliche Kostenfestsetzung einen umfänglicheren Charakter habe und wenigstens alle Kosten umfasse, welche der die Kostenfestsetzung Nachsuchende bei seinem Kostenfestsetzungsgesuche geltend zu machen in der Lage war. Indessen dieser Auffassung steht entgegen, daß der Anspruch auf Erstattung der Prozeßkosten nach seinem rechtlichen Inhalte, ähnlich wie der Anspruch des Mandatars auf Ersatz seiner Auslagen, aus selbständigen Einzelansprüchen besteht, sodaß die Entscheidung über einzelne liquidierte Ansätze nur auf diese bezogen werden kann, und dem nicht entgegensteht, daß nachträglich ein weiterer richterlicher Ausspruch über die Ersatzmäßigkeit der im Festsetzungsgesuche nicht enthaltenen Forderungen nachgesucht wird. Dafür, daß die Civilprozeßordnung den Anspruch auf Ersatz der Prozeßkosten nicht im Sinne von Einzelansprüchen, die nur auf der einheitlichen Rechtsgrundlage der die Kostenerstattungspflicht regelnden Entscheidung beruhen, beurteilt habe, sondern als einen Gesamtanspruch auf die zu ersetzende Kostenmenge, bietet auch der §. 98 C.P.O. nach seinem Wortlaute keinen genügenden Anhalt.

Im übrigen ist nach dem Inhalte und der Entstehung der §§. 98 bis 100 C.P.O. nicht zweifelhaft, daß das Gesetz eine möglichst umfassende und erschöpfende Regelung der Kostenerstattung durch den Kostenfestsetzungsbeschluß gewollt hat. Der Entwurf der Civilprozeßordnung hat sich aus diesem Grunde im Gegensatze zur Mehrzahl der früheren deutschen Prozeßgesetze der preußischen Praxis darin angeschlossen, daß die gesamte Kostenfestsetzung in die Hand des Richters erster Instanz gelegt wurde, und es ist in der Begründung ausdrücklich hervorgehoben, daß die Kostenfestsetzung in jedem Verfahren nur einmal stattfinden solle. Es erhellt aber schon aus diesem Inhalte der Begründung der Civilprozeßordnung, daß eine zwingende Vorschrift des Inhaltes, die Kostenfestsetzung dürfe in jedem Verfahren nur einmal erfolgen, nicht beabsichtigt war, und jedenfalls enthält die Civilprozeßordnung selbst kein Verbot von Nachliquidationen, dessen es bedurft hätte, um deren Zulässigkeit auszuschließen. Wenn daher in Anbringung vermeidlicher Nachliquidationen freilich eine Verfehlung gegen den vom Gesetze gewollten Zweck der Kostenfestsetzung liegt, so kann doch dies Moment des Verschuldens nicht die rechtliche Unzulässigkeit solcher Nachliquidationen bewirken, sondern lediglich für die Entscheidung über die veranlaßten Mehrkosten von Einfluß sein." ...

---

106. Kann für den Zahlungsbefehl im Mahnverfahren gegen mehrere Personen, welche bei verschiedenen Gerichten ihren allgemeinen Gerichtsstand haben, das zuständige Gericht durch das zunächst höhere Gericht gemäß §. 36 Nr. 3 C.P.O. bestimmt werden?

IV. Civilsenat. Beschl. v. 13. April 1891 i. S. B. w. M. u. Gen. Beschw.-Rep. IV. 84/91.

Der Antrag auf Bestimmung des zuständigen Gerichtes für den im Mahnverfahren zu erlassenden Zahlungsbefehl wegen 50 ℳ ist vom Reichsgerichte abgelehnt worden.

Gründe:

„Der §. 36 Nr. 3 C.P.O., auf welchen der Antrag gestützt ist, betrifft den Fall, daß eine Mehrheit von Personen als Streitgenossen beklagt, daß gegen dieselben also ein Rechtsstreit erhoben werden soll. Das Mahnverfahren hat wesentlich den Zweck, für unstreitige Ansprüche einen Titel zur Zwangsvollstreckung zu schaffen, bringt nicht einen Rechtsstreit hervor, macht nicht den Schuldner, an welchen der Zahlungsbefehl erlassen wird, zu einem Beklagten und begründet unter mehreren Schuldnern nicht eine Streitgenossenschaft. Das Mahnverfahren bietet daher nicht die Voraussetzungen, für welche der §. 36 Nr. 3 C.P.O. gegeben ist, und ist der Anwendung desselben entzogen. Wenn auch nach §. 636 C.P.O. bei rechtzeitiger Erhebung des Widerspruches in Amtsgerichtssachen die Klage als mit Zustellung des Zahlungsbefehles erhoben angesehen wird, so giebt diese erst durch den Widerspruch hervorgehobene Wirkung nicht dem Mahnverfahren selbst den Charakter eines Rechtsstreites, und zwar umsoweniger, als nach §. 637 C.P.O. in dem Falle, wenn die wegen des Anspruches zu erhebende Klage vor die Landgerichte gehört, infolge des im Mahnverfahren eingelegten Widerspruches eine neue Klage bei dem zuständigen und nicht etwa stets bei demjenigen Landgerichte, zu dessen Bezirke das den Zahlungsbefehl erlassende Amtsgericht gehört, erhoben werden muß."

---

107. Kann der Mangel der Unterschrift des Anwaltes unter der dem Gegner zugestellten Abschrift der Berufungsschrift durch die Unterschrift des Anwaltes unter dem Beglaubigungsvermerke ersetzt werden?

C.P.O. §§. 479. 480. 121 Ziff. 6. 74. 156 Abs. 2.

IV. Civilsenat. Urt. v. 12. Januar 1891 i. S. S. (Bekl.) w. G. (Kl.) Rep. IV. 264/90.

I. Landgericht Beuthen.
II. Oberlandesgericht Breslau.

Aus den Gründen:

„Es handelt sich in der jetzigen Instanz nur darum, ob die Berufung der Beklagten vom Oberlandesgerichte mit Recht als unzulässig verworfen ist.

Das Berufungsurteil beruht auf der Annahme, daß die dem Gegner zugestellte Abschrift der Berufungsschrift der Beklagten entgegen den Vorschriften der §§. 479. 480. 121 Ziff. 6. 74 C.P.O. nicht die Unterschrift des die Berufungsklägerin vertretenden Justizrates H. enthalten habe, welcher Mangel nicht durch den die Unterschrift des Justizrates H. tragenden Beglaubigungsvermerk behoben werde, weil letzterer nur die formale Übereinstimmung der Abschrift mit der Urschrift ergebe.

Diese Annahme ist der Revision entsprechend zu beanstanden.

Nach §. 479 C.P.O. erfolgt die Einlegung der Berufung durch Zustellung eines Schriftsatzes, welcher den in Absatz 2 dort bezeichneten besonderen Inhalt haben muß, außerdem aber gemäß §. 480 den allgemeinen Bestimmungen über vorbereitende Schriftsätze unterliegt und demzufolge auch nach §. 121 Ziff. 6 die Unterschrift des Anwaltes zu enthalten hat. Es fragt sich, welche Bedeutung diesem letzten Erforderniſſe beizumeſſen iſt. Während der in §. 479 bezeichnete beſondere Inhalt der Berufungsſchrift unter das ſyſtemgemäß,

vgl. Begründung zum Entwurfe der Civilprozeßordnung S. 22, Entſch. des R.G.'s in Civilſ. Bd. 5 S. 366,

als zwingend gemeinte „muß" geſtellt iſt, wird der in §. 121 für Schriftſätze im allgemeinen vorgeſehene Inhalt mit dem regelmäßig nur inſtruktionell gebrauchten (vgl. Begründung a. a. O.) Ausdrucke „ſollen" eingeführt. Anlangend ſpeziell die Unterſchrift des Anwaltes, iſt dieſelbe freilich im Hinblicke auf den Grundſatz des §. 74 C.P.O. in dem Sinne für weſentlich zu erachten, daß ſie das äußere Zeichen dafür abgeben ſoll, daß der Schriftſatz von einem zugelaſſenen Anwalte ausgegangen iſt.

Vgl. Entſch. des R.G.'s in Civilſ. Bd. 1 S. 431, Bd. 3 S. 374 und bei Gruchot, Beitr. Bd. 26 S. 1146; Wach, Handbuch Bd. 1 S. 610. 612; Planck, Lehrbuch Bd. 1 S. 423; Hellmann, Lehrbuch S. 410; die Kommentare von Struckmann-Koch, Anm. 5 zu §. 121; v. Wilmowski-Levy, Anm. 6; Gaupp, Anm. 1; Seuffert, Anm. 2 zu §. 74; Förſter, Anm. 2 zu §. 121.

Immerhin jedoch iſt anzunehmen, daß etwaige Mängel der Unterſchrift dem die Civilprozeßordnung beherrſchenden Grundſatze der freien richterlichen Würdigung (§. 259) unterfallen.

Vgl. Peterſen, Kommentar Anm. 2 Abſ. 5 zu §. 121.

Von dieſem Geſichtspunkte aus erſcheint bei dem hier zur Beurteilung ſtehenden Schriftſatze das Unterſchriftserfordernis des §. 121 Ziff. 6 C.P.O. ausreichend gewahrt. Zwar enthält die dem Gegner zugeſtellte Abſchrift der Berufungsſchrift an ihrem Fuße zunächſt nur die Titulatur „Juſtizrat, Oberlandesgerichts-Anwalt", während der für den Namen beſtimmte Raum davor mit einem Striche ausgefüllt iſt. Allein es ſchließt ſich daran unmittelbar der Beglaubigungsvermerk, und dieſer trägt die vollſtändige Unterſchrift „H., Juſtizrat, Oberlandesgerichts-Anwalt". Angeſichts deſſen unterliegt es keinem Bedenken, durch letztere Unterſchrift zugleich die Unterſchrift des Schriftſatzes ſelbſt für gedeckt zu erachten. Es kommt hinzu, daß bereits im Rubrum des Schriftſatzes der Juſtizrat H. als Vertreter der Berufungsklägerin angegeben war. Bei dieſer Sachlage, und zumal im Hinblicke auf die Regel des §. 156 Abſ. 2 C.P.O., konnte es auch dem Gegner nicht zweifelhaft sein, daß der ihm zugestellte Schriftsatz von dem beim Oberlandesgerichte zugelassenen Justizrate H. ausgegangen sei.

Demzufolge ist das Berufungsurteil aufzuheben und die Sache selbst zur weiteren Verhandlung und Entscheidung in die Vorinstanz zurückzuverweisen."

---

108. Ist die Berufung des verurteilten Beklagten in der Hauptsache und deshalb auch in Ansehung des Kostenpunktes zulässig, wenn der Kläger vor Einlegung des Rechtsmittels außergerichtlich auf den Klaganspruch verzichtet hat?

C.P.O. §§. 94. 277.

V. Civilsenat. Urt. v. 11. März 1891 i. S. W. Konkursmasse (Bekl.) w. S. (Kl.) Rep. V. 301/90.

I. Landgericht Görlitz.
II. Oberlandesgericht Breslau.

Durch das Urteil erster Instanz ist die Beklagte verurteilt worden, das Recht des Klägers anzuerkennen, wegen seiner Geldforderung abgesonderte Befriedigung aus gewissen, vor der Konkurseröffnung für ihn gepfändeten Sachen des Gemeinschuldners zu nehmen. Mit ihrer Widerklage, das Pfandrecht des Klägers an den gedachten Sachen der Konkursmasse gegenüber für rechtsunwirksam zu erklären, ist die Beklagte abgewiesen worden. Die Beklagte hat die Berufung eingelegt, nachdem ihr eine Erklärung des Klägers des Inhaltes zugestellt worden war, daß er auf das beanspruchte Recht der abgesonderten Befriedigung verzichte und das Pfändungs-Pfandrecht aufgebe. Gestützt auf diese Erklärung, durch welche sie den Prozeß in der Hauptsache nicht für erledigt erachtet, hat die Beklagte den Berufungsantrag gestellt, den Kläger abzuweisen, ihn nach dem Antrage der Widerklage zu verurteilen und ihm die Kosten beider Instanzen zur Last zu legen. Dem Antrage des Klägers gemäß hat das Berufungsgericht die Berufung als unzulässig verworfen. Die hiergegen von der Beklagten eingelegte Revision ist für begründet erachtet worden.

Gründe:

„... Der Entscheidungsgrund des Berufungsrichters geht dahin, daß der Streit in der Hauptsache, der die Frage betrifft, ob der Erlös für die vom Kläger gepfändeten Sachen zur allgemeinen Masse zu ziehen oder zur abgesonderten Befriedigung des Klägers zu verwenden, durch die Erklärung des Klägers erledigt sei, daß also zur Zeit der Einlegung des Rechtsmittels ein Streit in der Hauptsache nicht mehr bestanden habe, und daß der verbliebene Streit um die Kostenlast für sich allein die Berufung nach §. 94 C.P.O. nicht gestatte. Diesem Entscheidungsgrunde, soweit er die Hauptsache betrifft, ist zwar zuzugeben, daß materiell der Streit durch den Verzicht des Klägers vor Einlegung der Berufung erledigt war. Formell bestand aber noch das die Beklagte verurteilende Erkenntnis erster Instanz. Durch Verwerfung der Berufung würde dieses Erkenntnis, obwohl es der materiellen Rechtslage nicht mehr entspricht, aufrechterhalten, rechtskräftig und vollstreckbar werden. Daß es zur Ausschließung dieser Folge der Verwerfung der Berufung nicht ausreicht, den Verzicht des Klägers in den Gründen des Berufungsurteiles zu konstatieren, ergiebt sich aus dem Grundsatze, daß die Entscheidungsgründe der Rechtskraft nicht fähig sind. Aber selbst mit einer solchen bloßen Konstatierung in der Urteilsformel, etwa dahin, daß die Hauptsache durch den Verzicht für erledigt erklärt und im übrigen die Berufung verworfen würde, braucht die Beklagte sich nicht zu begnügen. Selbst ein in der mündlichen Verhandlung vor dem erkennenden Gerichte erklärter Verzicht auf den Klaganspruch braucht für sich allein gemäß der nach §. 485 C.P.O. auch in der Berufungsinstanz zur Anwendung kommenden Vorschrift des §. 277 daselbst dem Beklagten nicht zu genügen; dieser kann verlangen, daß auf Grund eines solchen Verzichtes die Abweisung des Klaganspruches (durch Endurteil) ausgesprochen werde. Umsomehr muß dieses Verlangen berechtigt erscheinen, wenn der Verzicht nur außergerichtlich erklärt worden ist. Deshalb kann auch die Berechtigung der Beklagten, nach erklärtem Verzichte des Klägers die Berufung einzulegen, wenn es auch nur zu dem Zwecke geschah, um eben auf Grund des Verzichtes die Abänderung des ersten Urteiles und die Abweisung der Klage herbeizuführen, nicht bestritten werden, und daraus folgt dann zugleich die Zulässigkeit der Berufung in Bezug auf die Kostenentscheidung, welche nur dann durch §. 94 C.P.O. ausgeschlossen ist, wenn in der Hauptsache ein Rechtsmittel nicht eingelegt ist oder zulässigerweise nicht eingelegt werden konnte.

Daß die Beklagte an dem Verzichte des Klägers sich genügen lassen konnte, zumal ihr immer noch der Weg der besonderen Klage zum Zwecke der Beseitigung des ersten Urteiles, auch nach dessen Rechtskraft, verblieb (§. 686 C.P.O.), steht ihrer Befugnis, die Aufhebung des Urteiles im Wege der Berufung herbeizuführen, nicht entgegen; diese Erwägung würde nur dazu führen können, die Vorschrift des §. 277 C.P.O. für überflüssig zu halten.

Die von den Parteien in Bezug genommenen Entscheidungen des Reichsgerichtes,

vgl. Entsch. des R.G.'s in Civils. Bd. 16 S. 323 und andererseits Bd. 15 S. 407; Jur. Wochenschr. 1886 S. 345, 1888 S. 69, 1889 S. 65,

behandeln sämtlich Fälle, in welchen die Zulässigkeit des von dem abgewiesenen Kläger eingelegten Rechtsmittels deshalb bestritten wurde, weil derselbe, der Abweisung ungeachtet, vor Einlegung der Berufung klaglos gestellt sei; die Verschiedenheit der Entscheidungen hat in der Beurteilung der Frage ihren Grund, ob zu jenem Zeitpunkte der Streitstoff (in der Hauptsache) vollständig erledigt gewesen sei oder nicht. Soweit diese Frage zu bejahen war, blieb ein mit der materiellen Rechtslage im Widerspruche stehendes Urteil nicht übrig, und der für den vorliegenden Fall entscheidende Gesichtspunkt, daß der Berufungskläger einen Anspruch auf Beseitigung des der materiellen Rechtslage widersprechenden Urteiles habe, konnte somit in jenen Entscheidungen nicht zur Erörterung kommen.

Die vorstehenden Erwägungen führen zur Anerkennung der Zulässigkeit der Berufung zunächst zwar nur, soweit die Berufung gegen die Verurteilung auf die Klage gerichtet ist. Die Widerklage deckt sich aber im vorliegenden Falle inhaltlich mit der Klage, und es hat daher kein Bedenken, auch bezüglich ihrer die Berufung zuzulassen."

---

109. Hat der über die Vollstreckbarkeit eines ausländischen Urteiles erkennende deutsche Richter nach §. 661 Ziff. 3 C.P.O. nur zu prüfen, ob zur Entscheidung des Rechtsstreites irgend ein Gericht des ausländischen Staates nach deutschem Rechte zuständig sein würde, oder hat er die Zuständigkeit des Gerichtes, welches erkannt hat, zu untersuchen?

I. Civilsenat. Urt. v. 25. März 1891 i. S. H. (Bekl.) w. K. (Kl.) Rep. I. 11/91.

I. Landgericht Hamburg
II. Oberlandesgericht daselbst.

Die Parteien sind österreichische Staatsangehörige, der Beklagte wohnt jetzt in Hamburg. Der Kläger hat gegen den Beklagten einen Zahlbefehl über 1160 fl. mit Zinsen und Kosten vom Landesgerichte in Wien erwirkt, welcher rechtskräftig geworden ist, und klagt beim Landgerichte Hamburg auf Erlaß eines Vollstreckungsurteiles. Der Beklagte erhob u. a. die Einrede der Unzuständigkeit des Landesgerichtes Wien.

Das Landgericht verwarf die Einrede, weil es die Zuständigkeit des Landesgerichtes Wien als Gerichtes des Wohnortes des Beklagten für dargethan erachtete, und erkannte daher nach dem Klagantrage. Das Oberlandesgericht wies die Berufung des Beklagten zurück. Es ließ die Richtigkeit des Entscheidungsgrundes des ersten Richters dahingestellt, leitete aber die Zuständigkeit des Wiener Gerichtes aus §. 661 Ziff. 3 C.P.O. her.

Auf Revision des Beklagten wurde das Berufungsurteil aufgehoben und die Sache an das Berufungsgericht zurückverwiesen aus folgenden

Gründen:

„Die Bestimmung der Ziff. 3 des §. 661 C.P.O. hat zu Kontroversen Veranlassung gegeben.

a) In dem dem Reichstage vorgelegten Entwurfe einer Civilprozeßordnung entsprach §. 611 Ziff. 3 genau dem §. 661 Ziff. 3 C.P.O. Bei der Beratung der Reichstagskommission rügte der Abgeordnete Bähr, „der Entwurf stelle nicht klar, ob der deutsche Richter nur die Kompetenz des ausländischen Richters in abstracto prüfen oder auch untersuchen solle, ob der ausländische Richter in concreto kompetent gewesen sei." Er stellte darum den Antrag, an Stelle der Ziff. 3 zu setzen: „wenn die thatsächlichen oder rechtlichen Voraussetzungen der Zuständigkeit, die letzteren nach den Grundsätzen des deutschen Rechtes bemessen, nicht vorhanden waren."

Dieser Antrag wurde,

„da der Direktor v. Amsberg zwar mit der Tendenz Bähr's einverstanden sei, aber glaube, derselben sei durch die Fassung des Entwurfes genügt,"

der Redaktionskommission zugewiesen. Diese hat zwar geglaubt, im Entwurfe sei der als richtig befundene Gedanke nicht klar ausgedrückt, sie hat jedoch auch das vorgeschlagene Amendement für mißverständlich gehalten und sich mit den Regierungsvertretern dahin geeinigt, die Ziffer 3 des §. 611 in der Fassung des Entwurfes beizubehalten und folgende Erklärung über deren Sinn zu Protokoll zu geben:

„daß der deutsche Richter die Zuständigkeit des auswärtigen Gerichtes nicht allein aus dem Gesichtspunkte zu prüfen habe, ob der auswärtige Richter die richtigen, dem deutschen Rechte entsprechenden Grundsätze über Zuständigkeit angewendet habe, sondern ob auch die Thatsachen, auf welche diese Grundsätze angewendet werden, die Zuständigkeit des auswärtigen Gerichtes zu begründen geeignet und erwiesen seien."

Mit dieser Auslegung erklärten der Direktor v. Amsberg und die Kommission sich einverstanden.

Vgl. Hahn, Materialien S. 804 flg. 887. 907.

Nun bindet aber, wie auch der Berufungsrichter ausführt, nach den richtigen, auch vom Reichsgerichte angenommenen Grundsätzen eine solche Protokollerklärung den Richter nicht. Der Gesetzgeber kann nur in einer Sprache sprechen, durch Publikation des Gesetzes. Was nicht aus dem Gesetze entnommen werden kann, ist nicht gesetzliches Recht. Die betreffende Kontroverse ist also durch die Protokollerklärung nicht beseitigt.

b) Das Gesetz spricht an der betreffenden Stelle nicht von der Zuständigkeit des ausländischen Gerichtes, welches das für vollstreckbar zu erklärende Urteil erlassen hat, sondern von der Zuständigkeit der Gerichte des fremden Staates. Dies wird von vielen Auslegern dahin angefaßt, die Vollstreckbarkeitserklärung sei nicht nur dann zu erteilen, wenn das konkrete erkennende Gericht des fremden Staates sich nach den Grundsätzen des deutschen Rechtes als zuständig ergebe, sondern auch dann, wenn nur überhaupt irgend ein Gericht des fremden Staates zur Entscheidung der betreffenden Sache als nach den Grundsätzen des deutschen Rechtes zuständig erscheine.

Die erste Streitfrage berührt den vorliegenden Rechtsstreit im jetzigen Stadium nicht. Sie mußte hier nur angeführt werden, um ihre Verschiedenheit von der zweiten Streitfrage darzulegen, was zum Schaden der Erörterung vielfach verkannt wird.

Was die allein in Frage kommende zweite Streitfrage betrifft, so wird die mitgeteilte, äußerlich auf die Fassung „die Gerichte" gestützte zweite Ansicht für innerlich dadurch gerechtfertigt erklärt, daß der Staat, in welchem die Vollstreckbarkeitserklärung eines ausländischen Urteiles nachgesucht wird, wenn er sich einmal bereit erklärt, das im anderen Staate erlassene Urteil zu vollstrecken, nur das Interesse habe, daß in dem anderen Staate die richterliche Zuständigkeit nicht nach weiteren oder überhaupt nach anderen Grundsätzen geregelt werde, als die er selbst für richtig anerkennt, daß es ihm aber gleichgültig sein könne, welches bestimmte einzelne der nach diesen Zuständigkeitsbestimmungen zuständigen Gerichte das für vollstreckbar zu erklärende Urteil gesprochen habe. Es wird damit der Begriff der abstrakten Zuständigkeit der Gerichte eines Staates aufgestellt. Nun soll die Möglichkeit nicht bestritten werden, daß dieser Begriff in einer oder anderer Beziehung verwendet werden könne, und daß nach manchen Richtungen der inländische Gesetzgeber kein Interesse daran haben mag, welches der verschiedenen ausländischen Gerichte in einem Falle zur Entscheidung berufen ist. Eine Vermutung für das Vorhandensein einer solchen Auffassung besteht aber nicht, und was insbesondere den deutschen Gesetzgeber betrifft, so ist nicht einzusehen, wie derselbe, welcher betreffs der im Inlande erlassenen Urteile das größte Gewicht auf die Regelung der Gerichtszuständigkeit legt, zu der Auffassung hätte kommen sollen, daß, wenn es sich um ein ausländisches, im Inlande für vollstreckbar zu erklärendes Urteil handelt, jedes Interesse daran fehle. Allenfalls könnte dies dann noch für möglich angenommen werden, wenn die Bestimmungen des ausländischen Rechtes ohne weiteres als für den angegangenen inländischen Richter maßgebend anerkannt worden wären. Allein dies ist ja in der Civilprozeßordnung gerade nicht anerkannt, da nach dieser die erste Prüfung dahin vorzunehmen ist, ob die Grundsätze des deutschen Rechtes mit dem des ausländischen Rechtes übereinstimmen.

Die nächste und einfachste Auffassung des fraglichen Satzes ist jedenfalls die, daß das Urteil des ausländischen (durch den Spruch sich selbst als zuständig bezeichnenden) Richters dann für vollstreckbar zu erklären ist, wenn der erkennende Richter auch nach den Grundsätzen des deutschen Rechtes zuständig gewesen sein würde.

Was nun aber die Wortfassung der gesetzlichen Bestimmung betrifft, so ist zunächst zu bemerken, daß eine streng wörtliche Auffassung von vornherein ausgeschlossen ist; denn die Gerichte, also alle Gerichte können im einzelnen Falle nicht zuständig sein. Es liegt aber keine Notwendigkeit vor, daß unter den Gerichten irgend ein Gericht verstanden werden müsse, vielmehr läßt sich die Fassung sehr wohl auch so verstehen, daß sie der entwickelten Auffassung nicht entgegensteht. Wenn nämlich über die Zuständigkeit eines ausländischen Gerichtes nach deutschem Rechte entschieden werden soll, so kann dies doch nur so verstanden werden, daß das deutsche Recht soweit anzuwenden ist, als es überhaupt angewendet werden kann. Wäre die Gerichtsverfassung des fremden Staates in allen Punkten der des Deutschen Reiches gleich, so würde die Prüfung der Zuständigkeit des erkennenden ausländischen Gerichtes nach allen Richtungen nach deutschem Rechte möglich sein, und es hätte dann in §. 661 Ziff. 3 C.P.O. von der Zuständigkeit des erkennenden ausländischen Gerichtes gesprochen werden können und sollen. Nun braucht aber nicht ausgeführt zu werden, daß jene Voraussetzung der Gleichheit der Gerichtsverfassung thatsächlich nirgends vorliegt, und daß der Gesetzgeber darum von der Verschiedenheit der Gerichtsverfassungen der verschiedenen Staaten ausgehen mußte. Er konnte daher auch nicht die Prüfung der Zuständigkeit des konkreten erkennenden Gerichtes nach deutschem Rechte schlechthin anordnen, sondern er mußte die Zugrundelegung des deutschen Rechtes bei dieser Prüfung auf die Untersuchung beschränken, ob die allgemeinen Grundsätze über Begründung des betreffenden Gerichtsstandes, von welchen das erkennende ausländische Gericht ausgegangen ist, dem deutschen Rechte entsprechen. Da nun aber dies die Grundsätze sind, welche nicht nur bei Entscheidung eines konkreten Falles zur Anwendung kommen, sondern bei allen Entscheidungen, in welchen es sich um die Feststellung der Zuständigkeit handelt, so konnte der Gesetzgeber den entwickelten Gedanken sehr wohl dadurch auszudrücken meinen, daß er von den Gerichten des betreffenden Staates sprach. Es mag bezweifelt werden, ob die Wahl des Ausdruckes eine ganz glückliche war. Jedenfalls kann aber der entwickelte Gedanke in ihr erkannt werden, während, wenn von dem in concreto erkennenden Gerichte gesprochen worden wäre, jene Beschränkung ausgeschlossen, folglich etwas völlig Inkorrektes, weil Unmögliches ausgesprochen worden sein würde.

Der um Erteilung der Vollstreckbarkeitserklärung angegangene deutsche Richter hat also zu prüfen, ob, wenn ein ausländisches Gericht als Gericht des Wohnortes oder des Vertrages oder vermöge eines anderen Grundes der Zuständigkeit erkannt hat, an dem Sitze dieses Gerichtes auch nach deutschem Rechte dieser Gerichtsstand begründet sein würde; für die Feststellung der Zuständigkeit des erkennenden Gerichtes aber ist die Gerichtsverfassung des fremden Staates maßgebend; denn hierüber kann begriffsmäßig das deutsche Recht keine Bestimmung enthalten.

Aus den Vorarbeiten zur Civilprozeßordnung ist für die vom Berufungsrichter vertretene Auslegung der behandelten Stelle nichts zu entnehmen. Belehrend sind aber die „Verhandlungen der Kommission zur Beratung eines Allgemeinen deutschen Handelsgesetzbuches, die in den deutschen Bundesstaaten in bürgerlichen Rechtsstreitigkeiten gegenseitig zu gewährende Rechtshülfe betreffend. Nürnberg 1861." Die vorliegende Frage wurde bei diesen Beratungen eingehend behandelt.

Vgl. Separatprotokolle der Kommission S. 15 flg. 81 flg. 104 flg. 108 flg. 119 flg. 130. 171; vgl. auch W. Francke in der Zeitschrift für Civilprozeß Bd. 8 S. 1 flg.; Rintelen, ebendas. Bd. 9 S. 457 flg.; Kohler, ebendas. Bd. 10 S. 471 flg.; Wach, Vorträge S. 228 flg.; Derselbe, Handbuch §. 19 S. 231 flg.; die verschiedenen Kommentare der Civilprozeßordnung zu §. 661.

Die angeführten Schriftsteller kommen zu sehr verschiedenen Resultaten.

Aus den vorstehend entwickelten Gründen ergiebt sich die Notwendigkeit der Aufhebung des angegriffenen Urteiles, weil dasselbe auf der Annahme beruht, der (einem Urteile gleich zu behandelnde) Zahlbefehl des Landesgerichtes Wien sei darum als von einem zuständigen Gerichte ausgegangen zu erachten, weil für Entscheidung des zwischen den Parteien schwebenden Rechtsstreites in Prag der Gerichtsstand des Vertrages begründet sei. Die Sache selbst aber war zum Zwecke der auf Grund der gegebenen Auslegung des §. 661 Ziff. 3 C.P.O. vorzunehmenden Untersuchung und Entscheidung der

Frage, ob auch nach deutschem Rechte das Landesgericht Wien züm Erlassen des Zahlbefehles zuständig gewesen sei, an das Berufungsgericht zurückzuverweisen."

---

110. Giebt dem Gläubiger einer Ehefrau die Pfändung und Überweisung der Forderung der Ehefrau auf Herausgabe des Eingebrachten und die daneben erfolgte Pfändung des Rechtes der Ehefrau, nach §. 255 A.L.R. II. 1 von dem in Vermögensverfall geratenen Ehemanne die Sicherstellung des Eingebrachten zu verlangen, in stehender Ehe ein Klagerecht auf Sicherstellung der gepfändeten Illatenforderung?

IV. Civilsenat. Urt. v. 27. April 1891 i. S. C. (Bekl.) w. K. (Kl.) Rep. IV. 20/91.

I. Landgericht Beuthen O./S.
II. Oberlandesgericht Breslau.

Die Entscheidung ist oben unter „Preußisches Recht" Nr. 71 S. 292 abgedruckt.

---

111. Darf nach §. 801 C.P.O. auch dann gegen Sicherheitsleistung ein Arrest angeordnet, bezw. eine einstweilige Verfügung erlassen werden, wenn weder der zu sichernde Anspruch, noch der Arrestgrund glaubhaft gemacht ist?

VI. Civilsenat. Urt. v. 4. Mai 1891 i. S. Dr. (Bekl.) w. Eheleute D. (Kl.) Rep. VI. 45/91.

I. Landgericht Öls.
II. Oberlandesgericht Breslau.

Aus den Gründen:

„Wie die Kläger behaupten, hat, als der Mitkläger Eduard D. sich im Jahre 1875 um die Hand der Mitklägerin, seiner gegenwärtigen Ehefrau, bewarb, der Vater des ersteren, der Einwohner Karl D., ihnen versprochen, für den Fall und dafür, daß die Heirat zustande komme, den Eheleuten 2400 ℳ und einen Ochsen im Werte von 240 ℳ zu geben. Der Anspruch hierauf sei von den Klägern, welche im Jahre 1875 sich miteinander verheiratet hätten, gegen den Schuldner eingeklagt worden; der letztere sei im Jahre 1875 Eigentümer der Grundstücke Nr. 7 und 8 Guhre gewesen, habe dieselben aber am 22. Juni 1881 an seine zweite Ehefrau aufgelassen; letztere habe die Grundstücke durch Vertrag vom 4. Mai 1889 an den Beklagten verkauft und aufgelassen. Kläger wollen diese Auflassung wegen Fraudulosität anfechten und haben zunächst beantragt, durch einstweilige Verfügung dem Beklagten zu untersagen, über die erwähnten Grundstücke zum Nachteile der klägerischen Forderung nebst Zinsen und Kosten zu verfügen, und einen entsprechenden Eintrag im Grundbuche anzuordnen.

Nachdem von den Klägern die von ihnen zuvor verlangte Sicherheit von 1000 ℳ bestellt worden, ist durch Beschluß vom 28. April 1890 eine entsprechende einstweilige Verfügung erlassen.

Der Beklagte hat Widerspruch erhoben. Durch Urteil des Landgerichtes vom 8. Juli 1890 wurde hierauf die einstweilige Verfügung aufgehoben. Das Berufungsgericht änderte aber das Urteil ab und erklärte die einstweilige Verfügung für rechtmäßig. Diese Entscheidung beruht auf folgenden Erwägungen:

Nach den §§. 801 Abs. 2. 815 C.P.O. könne eine einstweilige Verfügung auch dann erlassen werden, wenn weder der Anspruch, noch der Grund, weshalb zu besorgen sei, daß durch eine Veränderung des bestehenden Zustandes die Verwirklichung des Rechtes des Antragstellers vereitelt oder wesentlich erschwert werden könne, glaubhaft gemacht sei, falls wegen der dem Gegner drohenden Nachteile eine nach richterlichem Ermessen zu bestimmende Sicherheit geleistet werde....

Was nun die Frage anlangt, ob das Gericht nach §. 801 C.P.O. einen Arrest verhängen oder eine einstweilige Verfügung erlassen darf, obgleich der Antragsteller weder den Anspruch noch den Grund für den Arrest oder die einstweilige Verfügung glaubhaft gemacht hat, falls nur Sicherheit wegen der dem Gegner drohenden Nachteile gestellt wird, so kann der gegen die bezüglichen Ausführungen des angefochtenen Urteiles gerichtete Angriff der Revision nicht als begründet angesehen werden. Es ist allerdings nicht zu verkennen, daß der Wortlaut des §. 801 den Zweifel nicht ausschließt, ob ohne irgend welche Glaubhaftmachung eine Sicherungsmaßregel der fraglichen Art getroffen werden könne, und ob nicht wenigstens entweder der Anspruch oder der Grund für die Sicherungmaßregel glaubhaft gemacht sein müsse. Indessen kann dieser Zweifel bei näherer Prüfung nicht als berechtigt angesehen werden. Die fragliche Bestimmung beruht augenscheinlich auf der Erwägung, daß, wenn der Antragsteller genügende Sicherheit wegen der dem Gegner drohenden Nachteile stelle, es nicht bedenklich erscheine, eine Sicherungsmaßregel der fraglichen Art ohne weiteres zu gestatten. Es ist erklärlich, daß man in einem solchen Falle es hat zulassen wollen, von den allgemeinen Erfordernissen des Arrestes oder einer einstweiligen Verfügung Abstand zu nehmen; dagegen würde ein Grund nicht erfindlich sein, warum man zwar nicht an dem Vorhandensein der beiden Voraussetzungen, der Glaubhaftmachung des Anspruches und des Arrestgrundes, sollte haben festhalten, aber doch noch immer wenigstens eine von diesen Voraussetzungen, ohne zwischen denselben zu unterscheiden, habe verlangen wollen.

Hiermit steht auch die Entstehungsgeschichte der fraglichen Bestimmung in Übereinstimmung. Der norddeutsche Entwurf (§. 700) bestimmte in Übereinstimmung mit dem preußischen Entwurfe (§. 811): „Der Arrestkläger hat den zu sichernden Anspruch und den Arrestgrund glaubhaft zu machen. Auch wenn diesem Erfordernisse nicht genügt ist, kann der Arrest angeordnet werden, sofern der Arrestkläger wegen der dem Arrestbeklagten drohenden Nachteile nach den Bestimmungen des §. 697 Sicherheit leistet." Danach ist es klar, daß der Arrest sollte verhängt werden dürfen, auch wenn weder der Anspruch noch der Arrestgrund glaubhaft gemacht würde. Nach den Motiven zu dem Entwurfe der Civilprozeßordnung zu §§. 745. 746 ist es nicht beabsichtigt gewesen, hierin eine materielle Änderung vorzunehmen, vielmehr hat man sich an die Bestimmung des norddeutschen Entwurfes anschließen wollen.

Danach erscheint die Ansicht des Berufungsgerichtes über die Auslegung des §. 801 Abs. 2 C.P.O. richtig.

Vgl. Entsch. des R.G.'s in Civils. Bd. 20 S. 362.

Die Revision macht noch geltend: selbst wenn man die Auslegung, welche das Berufungsgericht dem §. 801 C.P.O. gegeben habe, als richtig ansehen wolle, so könne doch eine einstweilige Verfügung gegen Sicherheitsleistung jedenfalls dann nicht erlassen werden, wenn bereits feststehe, daß entweder ein sicherzustellender Anspruch oder ein

Arrestgrund nicht vorhanden sei. Die hierin von der Revision angeregte Frage kann dahingestellt bleiben, denn, auch wenn die eventuelle Feststellung des Berufungsgerichtes, daß sowohl der Anspruch der Kläger wie die Gefährdung der Realisierung desselben glaubhaft gemacht seien, irrtümlich sein sollte, so ist doch ohne weiteres ersichtlich, daß noch nicht feststeht, daß den Klägern der fragliche Anspruch nicht zustehe, oder daß jedenfalls die Zwangsvollstreckung wegen desselben auch ohne Erlaß der einstweiligen Verfügung gesichert sein werde." . . .

---

112. Kann der Schuldner einer abgetretenen Forderung, der gegenüber der Klage des Cessionars mit einer von ihm zur Aufrechnung gestellten Gegenforderung an den Cedenten auf Grund des §. 136 Abs. 2 C.P.O. zum besonderen Prozesse verwiesen worden ist, die Klage zum Zwecke der Geltendmachung der Gegenforderung mit Erfolg gegen den Cessionar richten?

IV. Civilsenat. Urt. v. 11. Mai 1891 i. S. K. R. (Kl.) w. P. (Bekl.) Rep. IV. 78/91.

I. Landgericht Ratibor.
II. Oberlandesgericht Breslau.

Die Entscheidung ist oben unter „Preußisches Recht" Nr. 72 S. 296 abgedruckt.

---

113. Ist für die Klage auf Schadensersatz wegen einer mittels Veröffentlichung in einer Zeitung verübten Täuschung auch dasjenige Gericht gemäß §. 32 C.P.O. zuständig, in dessen Bezirke der Kläger die Zeitung gelesen hat, in Irrtum versetzt und zu der sein Vermögen benachteiligenden Handlung verleitet worden ist?

II. Civilsenat. Urt. v. 15. Mai 1891 i. S. H. (Kl.) w. K. u. Gen. (Bekl.) Rep. II. 70/91.

I. Landgericht Mainz.
II. Oberlandesgericht Darmstadt.

Die beim Landgerichte zu Mainz erhobene Klage auf Schadensersatz ist darauf gestützt, daß von den Beklagten in der Kölner Zeitung eine Aufforderung zur Zeichnung von Aktien veröffentlicht, darin die Vermögenslage der betreffenden Gesellschaft als eine günstige dargestellt worden, daß aber bald darauf der Wert der Aktien gesunken sei, weil die Angaben im Prospekte sich als unwahr herausgestellt hätten. Diese unwahre Darstellung beruhe auf einer Arglist, mindestens auf einem groben Verschulden der Beklagten. Die Zuständigkeit des Landgerichtes zu Mainz wird darauf gestützt, daß der Kläger die Zeitung daselbst gelesen und im Vertrauen auf die Wahrheit der Mitteilung durch die Volksbank in Mainz die nachher bedeutend entwerteten Aktien bestellt und geliefert erhalten habe. Die Beklagten haben die Einrede der Unzuständigkeit des Gerichtes vorgeschützt, und das Oberlandesgericht hat dieselbe für begründet erachtet. Das Reichsgericht hat das Berufungsurteil aufgehoben und die Sache an das Berufungsgericht zurückverwiesen aus folgenden

Gründen:

„Mit dem Berufungsgerichte ist daran festzuhalten, daß nicht etwa eine Klage auf Nichtigerklärung eines Vertrages (Artt. 1116. 1117 des bürgerl. Gesetzbuches), sondern eine Klage auf Schadensersatz wegen eines den Beklagten vorgeworfenen Betruges, eventuell wegen groben Verschuldens derselben (Artt. 1382. 1383 des bürgerl. Gesetzbuches) erhoben ist. Es handelt sich auch nicht um ein Preßvergehen im eigentlichen Sinne, sondern um einen Betrug, zu dessen Ausführung die Beklagten sich der Presse als Mittels bedient haben sollen. Sieht man nun vorerst von diesem Mittel ab und unterstellt, daß die eine Täuschung bezweckende Mitteilung (hier wahrheitswidrige Anpreisung) etwa durch Brief, Cirkular oder Telegramm gemacht worden wäre, so sind für die Entscheidung, in welchem Gerichtsbezirke die unerlaubte Handlung begangen, bei welchem Gerichte also die Zuständigkeit gemäß §. 32 C.P.O. begründet sei, folgende Grundsätze maßgebend: Zum Thatbestande des Betruges gehören nicht bloß die Äußerungen und Kundgebungen an sich, durch welche falsche Thatsachen vorgespiegelt werden, sondern deren Mitteilung an eine Person oder an Personen, die Erregung eines Irrtums bei denselben, durch welchen sie zu einer das Vermögen beschädigenden Handlung verleitet werden. Wenn aber mehrere Thatsachen, fortgesetzte Handlungen, die Voraussetzung einer unerlaubten Handlung, die Merkmale und Bestandteile ihres Thatbestandes bilden, so gilt dieselbe an jedem Orte als begangen, an welchem eine der Handlungen verübt, ein wesentliches Merkmal des Thatbestandes hervorgetreten ist. In diesem Sinne sind sowohl der §. 7 St.P.O. als auch der §. 32 C.P.O. in konstanter Rechtsprechung ausgelegt worden.

Vgl. u. a. Entsch. des R.G.'s in Straff. Bd. 3 Nr. 120 S. 317, Bd. 11 Nr. 6 S. 20, Bd. 15 Nr. 72 S. 232; und Rechtspr. des R.G.'s Bd. 1 S. 460, Bd. 6 S. 183; Entsch. des R.G.'s in Civils. Bd. 4 Nr. 105 S. 381, Bd. 19 Nr. 73 S. 382 und die Urteile vom 18. Januar 1887 Rep. II. 433/86 und 20. November 1888 Rep. II. 225/88.

Hiernach müßte das Gericht in Mainz für zuständig erachtet werden, wenn die Mitteilung der angeblich unwahren Thatsachen zum Zwecke der Täuschung dem Kläger von Köln aus durch Brief, Cirkular oder Depesche gemacht, ihm dieselbe in Mainz zugegangen, er daselbst in Irrtum versetzt und zu der sein Vermögen benachteiligenden Handlung (Bestellung der Aktien beim Komissionär) bestimmt worden wäre.

Im gegebenen Falle ist aber als Mittel nicht ein Brief, sondern die Kölner Zeitung gewählt worden, und es behauptet Kläger unter Erbieten zum Eide, daß er solche als Abonnent in Mainz gelesen habe, sowie daß er durch die Angaben über den günstigen Vermögensstand der Gesellschaft zum Ankaufe von Aktien bestimmt worden sei. Demnach kommt es weiter auf die Frage an, ob wegen des Gebrauches dieses anderen Mittels, nämlich der Zeitung, zur Mitteilung der angeblich unwahren Thatsachen eine andere rechtliche Beurteilung der Zuständigkeit einzutreten habe. Dies kann aber nicht angenommen werden. Der Unterschied zwischen den beiden Arten der Mitteilung besteht nur darin, daß die erstere durch Brief, Cirkular rc dem Kläger besonders zugesendet worden wäre, während die Mitteilung durch die Zeitung in der allgemeinen unbestimmten Weise, wie sie an alle Leser derselben gerichtet ist, auch an ihn gelangen sollte und gelangt ist. Im einen und im anderen Falle liegt aber vor, daß die Anpreisung auch für die Kenntnisnahme durch den Kläger bestimmt und, wenn unwahr, auch auf dessen Täuschung und auf dessen Verleitung zu einer ihn benachteiligenden Erwerbung von Aktien berechnet war. Die Verschiedenheit, daß durch die Veröffentlichung in der Zeitung alle Leser derselben in Irrtum versetzt werden konnten und sollten, durch Briefe und Cirkulare aber diejenigen besonders herausgesucht werden, deren Täuschung beabsichtigt wird, kann einen Unterschied in der rechtlichen Beurteilung nicht begründen (vgl. auch John zu §. 7 St.P.O. S. 227). Die Kölner Zeitung ist ebenso nach Mainz geschickt worden, wie dies mit einem Briefe geschehen wäre, sie war, wenn auch nicht besonders an den Kläger adressiert, deshalb doch nichtsdestoweniger auch für ihn bestimmt. Es kann davon abgesehen werden, ob diese Annahme, daß auch bei der mittels der Zeitung verübten Täuschung das Gericht zu Mainz für zuständig erachtet werden müsse, zu der vom Berufungsgerichte hervorgehobenen Folgerung führe, daß ebenso der Gerichtsstand an jedem anderen Orte gegeben wäre, wo der Kläger sich gerade zufällig befand und das Zeitungsblatt zu Gesicht bekam; denn auch, wenn dies anzuerkennen wäre, könnte dadurch an den Rechtsgrundsätzen, von welchen nach dem Vorstehenden auszugehen ist, nichts geändert werden.

Das Urteil war hiernach wegen Verletzung des §. 32 C.P.O. aufzuheben und die Sache, da noch Beweiserhebung, insbesondere über die Behauptung nötig ist, daß der Kläger die Zeitung in Mainz gelesen habe, zu anderweiter Verhandlung und Entscheidung an das Berufungsgericht zurückzuverweisen."

---

114. Erscheint der Gerichtsstand des Vermögens (§. 24 C.P.O.) auch dann ausgeschlossen, wenn der Beklagte zwar keinen Wohnsitz, aber eine Niederlassung im Deutschen Reiche hat?

VI. Civilsenat. Urt. v. 21. Mai 1891 i. S. W. (Kl.) w. die Lebensversicherungsgesellschaft E. (Bekl.) Rep. VI. 50/91.

I. Landgericht I Berlin.
II. Kammergericht daselbst.

Durch Vertrag vom 11./15. August 1879 wurde Kläger als Hauptagent der beklagten Gesellschaft für Berlin angestellt. Im Jahre 1882 wurde ihm die Unkündbarkeit dieses Vertrages unter gewissen Bedingungen zugestanden, gleichwohl aber im Oktober 1889 sein Vertragsverhältnis zur beklagten Gesellschaft durch ihren Generalbevollmächtigten P. in H. aufgelöst; weshalb Kläger, der behauptet, daß die Auflösung zu Unrecht erfolgt sei, auf Schadloshaltung klagt. Dieser bei dem Landgerichte I zu Berlin anhängig gemachten Klage setzte Beklagte die prozeßhindernde Einrede der Unzuständigkeit des Gerichtes entgegen, welche in beiden Vorinstanzen für begründet erachtet wurde. Der Kläger hatte die Zuständigkeit des Landgerichtes auf Grund des §. 24 C.P.O. behauptet, weil Beklagte dort Vermögen (Immobilien) besitzt, während sie einen Wohnsitz im Deutschen Reiche nicht habe. Beklagte behauptete, dieser Gerichtsstand sei ausgeschlossen, weil sie zwei Niederlassungen in H. und A. und damit einen doppelten Wohnsitz im Gebiete des Deutschen Reiches habe, während sich in Berlin nur eine Generalagentur befinde, welche zum selbständigen Abschlusse von Geschäften nicht befugt sei.

Der erste und der zweite Richter haben als feststehend angenommen, daß für die beklagte Gesellschaft, welche in New York ihren Sitz habe, in H. und A. Niederlassungen, dagegen in Berlin nur eine Generalagentur bestehe, durch welche nur Geschäfte vermittelt würden. Der Berufungsrichter stellt insbesondere fest, daß auch in A. thatsächlich eine Zweigniederlassung der Beklagten bestehe. Es sei daher anzunehmen, „daß der Wohnsitz der Beklagten in H. und A. genüge, die Anwendbarkeit des §. 24 C.P.O. auszuschließen."

Das Reichsgericht hat das Berufungsurteil sowie das Urteil der ersten Instanz aufgehoben, die Einrede der Unzuständigkeit des Gerichtes verworfen und die Sache zur weiteren Verhandlung und Entscheidung an das Landgericht zurückverwiesen aus folgenden

Gründen:

„Der §. 24 C.P.O. setzt voraus, daß der Beklagte — sei er Ausländer oder Inländer — einen Wohnsitz im Deutschen Reiche nicht hat, und daß im Bezirke des angerufenen Gerichtes sich Vermögen desselben befindet. Die letztere Voraussetzung trifft, wie nicht bestritten ist, zu, die erstere ist mit Unrecht verneint.

Zuzugeben ist, daß unter dem „Wohnsitze" im Sinne des §. 24 C.P.O. nicht nur der Wohnsitz einer physischen Person zu verstehen ist, sondern auch der „Sitz" von juristischen Personen, Gesellschaften, Genossenschaften und anderen Vereinen, wie solche in §. 19 C.P.O.

aufgeführt sind, daß also der Sitz einer Gesellschaft oder einer juristischen Person im Deutschen Reiche ebenso wie der Wohnsitz einer physischen Person den Gerichtsstand des §. 24 C.P.O. ausschließt. Allein auch einen solchen „Sitz" hat die Beklagte nach den Feststellungen des zweiten Richters im Deutschen Reiche nicht. Die Beklagte hat unbestritten ihren Sitz in New York; dort ist der Mittelpunkt ihrer geschäftlichen Thätigkeit, der Sitz ihrer eigentlichen Verwaltung und deren Oberleitung. Es mag dahingestellt bleiben, ob aus dem Eintrage in das Gesellschaftsregister des Amtsgerichtes zu A. mit genügender Sicherheit hervorgeht, daß dort thatsächlich eine Niederlassung besteht, von welcher aus unmittelbar Geschäfte abgeschlossen werden; nach Angabe des Klägers ist dies nicht der Fall, und die Beklagte scheint dem selbst nicht entgegenzutreten, sofern sie von einer H.-A.er Niederlassung, einer thatsächlichen Niederlassung in H. bezw. A., spricht; allein keinesfalls hätte die Niederlassung in A., falls sie bestehen sollte, weitergehende Rechte als die in H., und was hinsichtlich der Grenze der Befugnisse für die Niederlassung in H. gilt, muß jedenfalls auch für jene in A. gelten. — Nun kann aber selbst der Vertreter der Beklagten in H. Lebensversicherungsverträge nur bis zu einem gewissen Betrage selbständig abschließen, und auch insoweit handelt er nicht völlig selbständig, wie aus der Angabe der Beklagten, daß er in zweifelhaften Fällen die Entscheidung der Gesellschaft selbst erhole, hervorgeht. Es kann daher keinesfalls davon die Rede sein, daß etwa in H. der Mittelpunkt der geschäftlichen Thätigkeit der Beklagten, ihr „Sitz" im Sinne des §. 19 C.P.O., begründet wäre, sondern es handelt sich lediglich um eine Niederlassung, wie dies schon aus der bereits erwähnten Domizilierung in New York hervorgeht und überdies vom zweiten Richter, welcher selbst von einer „Zweigniederlassung" in H. oder A. spricht, ausdrücklich festgestellt ist. Eine solche Niederlassung kann aber wohl geeignet sein, den besonderen Gerichtsstand des §. 22 C.P.O., nicht aber den allgemeinen Gerichtsstand des Wohnsitzes im Sinne der §§. 13 oder 19 C.P.O. zu begründen. Nur der allgemeine Gerichtsstand des Wohnsitzes oder der des „Sitzes" im Sinne des §. 19, der eben auch ein allgemeiner ist, schließen aber den besonderen Gerichtsstand des §. 24 C.P.O. aus. Der Gerichtsstand des §. 22 C.P.O. kann, weil er gleichfalls nur ein besonderer ist, mit dem des §. 24 konkurrieren, aber denselben nicht ausschließen. Gerade seine rechtliche Verschiedenheit von dem allgemeinen Gerichtsstande des Wohnsitzes macht es unmöglich, ihn unter dem in §. 24 benannten „Wohnsitze" mit zu begreifen. Hätte man auch durch eine bloße Niederlassung, nicht nur durch einen förmlichen Wohnsitz im Deutschen Reiche den Gerichtsstand des Vermögens ausschließen wollen, so hätte bei der Verschiedenheit beider Begriffe der Niederlassung neben dem Wohnsitze im Gesetze gedacht werden müssen. Beide zu identifizieren und beiden gleiche rechtliche Folgen beizumessen, ist rechtsirrig.

Dafür, daß die Civilprozeßordnung den Gerichtsstand des §. 24 nur durch das allgemeine Forum des Wohnsitzes und nicht auch durch besondere Gerichtsstände, wie den des §. 22, ausgeschlossen wissen will, spricht auch, daß sie dies in anderen Fällen ausdrücklich hervorhebt. So kann z. B. auf die §§. 660 Abs. 2. 705 Abs. 5. 729 C.P.O. verwiesen werden, welche sämtlich im Vollstreckungsverfahren für die dort angeführten Klagen und Vollstreckungshandlungen den Gerichtsstand des §. 24 dann normieren, wenn es an einem Gerichte mangelt, bei welchem der Schuldner seinen allgemeinen Gerichtsstand hat, womit jedem besonderen Gerichtsstande, also auch dem der Niederlassung (§. 22), die gleiche Wirkung versagt ist.

Wenn endlich noch betont wird, Beklagte habe in Gemäßheit der Nrn. 3 und 4 Abs. 2 der Konzessionsurkunde nach §. 19 Abs. 3 C.P.O. einen durch Statut geregelten „Wohnsitz" und damit dort einen besonderen Gerichtsstand, so beruht diese Ausführung auf derselben, das ganze Urteil des Berufungsgerichtes beherrschenden Gleichstellung von Wohnsitz und Ort der Niederlassung, da auch die Konzessionsurkunde nur von der Verpflichtung zur Errichtung einer Niederlassung mit einem dort domizilierten Generalbevollmächtigten spricht und bestimmt, daß die Gesellschaft dort Recht nehmen müsse. Auch hiermit ist also kein Wohnsitz im Inlande, somit auch kein allgemeiner Gerichtsstand, welcher dem des §. 24 C.P.O. entgegenstände, festgestellt, ganz abgesehen davon, daß nicht ersichtlich ist, daß dieser statutarische Gerichtsstand als ein ausschließlicher gedacht war, und daß nicht näher geprüft ist, ob er eine Abweichung von §. 15 des Statutes enthalten sollte, welchen der Berufungsrichter selbst dahin auslegt, daß er nur für das Verhältnis zwischen der Gesellschaft und den Versicherten maßgebend sei.

Da nach alledem ein Wohnsitz der Beklagten im Deutschen Reiche nicht nachgewiesen erscheint, so war die Zuständigkeit des Landgerichtes I zu Berlin, woselbst Beklagte Vermögen besitzt, als begründet zu erachten." ...

---

115. 1. Können in dem Verfahren über die Rechtmäßigkeit eines Arrestes oder einer einstweiligen Verfügung Einreden gegen den Anspruch, zu dessen Sicherung der Arrest oder die einstweilige Verfügung angeordnet worden ist, geltend gemacht werden, wenn sie erst nach Anordnung des Arrestes oder der einstweiligen Verfügung entstanden sind?

2. Ist zum Nachweise von Einreden, welche in diesem Verfahren dem vorläufig gesicherten Anspruche entgegengesetzt werden, bloße Glaubhaftmachung genügend?

III. Civilsenat. Urt. v. 22. Mai 1891 i. S. M. (Bekl.) w. G. (Kl.) Rep. III. 46/91.

I. Landgericht Marburg.
II. Oberlandesgericht Kassel.

Die Beklagte, welche Eigentümerin eines Grundstückes ist, auf dem eine dem Kläger zustehende Altenteilsberechtigung eingetragen war, hatte unter Berufung auf eine vom Kläger erteilte Vollmacht diesen Eintrag löschen lassen. Der Kläger erhob Widerspruch und erwirkte eine einstweilige Verfügung des Amtsgerichtes R., durch welche eine Vormerkung zur Erhaltung des klägerischen Rechtes auf Wiedereintragung der gelöschten Berechtigung angeordnet wurde.

In dem hierauf folgenden Rechtsstreite über die Rechtmäßigkeit dieser einstweiligen Verfügung ist vom ersten Richter auf deren Aufhebung erkannt worden, weil der Anspruch des Klägers nicht glaubhaft gemacht sei, wogegen das Berufungsgericht annahm, daß die Verfügung zur Zeit ihres Erlasses nach §. 70 des Gesetzes über den Eigentumserwerb vom 5. Mai 1872 gerechtfertigt gewesen sei, da der Kläger glaubhaft gemacht habe, daß die von ihm ausgestellte Vollmacht die Beklagte zu der fraglichen Löschung nicht habe legitimieren können. Die Entscheidung selbst hat der Berufungsrichter von einem dem Kläger auferlegten richterlichen Eide abhängig gemacht, daß nicht während des Prozesses ein von der Beklagten behaupteter, den Rechtsstreit erledigender Vergleich abgeschlossen worden sei. Bei dieser Entscheidung ging das Gericht von der Ansicht aus, daß für die Behauptung der Beklagten, durch welche die Aufhebung des klägerischen Anspruches dargethan werden solle, voller Beweis gefordert werden müsse, welcher jedoch hinsichtlich der Beweismittel nicht beschränkt sei, da die Vorschrift der §§. 266. 800. 815 C.P.O. auf die Verteidigung der Beklagten nicht angewendet werden dürfe.

Das Reichsgericht hat das Berufungsurteil aufgehoben aus folgenden

Gründen:

„Daß der Anspruch des Klägers, dessen Sicherung nach §. 70 des Eigentumserwerbsgesetzes vom 5. Mai 1872 verlangt ist, glaubhaft gemacht erscheint, und daß deshalb die einstweilige Verfügung des Amtsgerichtes zu R. vom 5. Mai 1890 zur Zeit ihres Erlasses begründet war, hat das Berufungsgericht ohne Rechtsirrtum angenommen. Dagegen kann ihm darin nicht beigetreten werden, daß es über das Schutzvorbringen der Beklagten, der klägerische Anspruch sei während des Prozesses durch Vergleich beseitigt worden, einen Eid auferlegt und von diesem Eide durch bedingtes Endurteil die Entscheidung abhängig gemacht hat.

Daß dieses Vorbringen im gegenwärtigen Prozesse berücksichtigt werden mußte, ist nicht zweifelhaft. Auch im Arrestprozesse ist das Nachbringen von Einreden im allgemeinen gestattet, und die Besonderheit dieses Prozesses schließt nicht etwa solche Einreden aus, welche nicht schon vor Beginn, sondern während desselben entstanden sind. Dies leuchtet von selbst ein bei Einreden, welche sich auf eine Veränderung hinsichtlich des Arrestgrundes beziehen: der Arrestbeklagte kann unmöglich mit dem Einwande ausgeschlossen sein, daß im Laufe des Rechtsstreites jede Besorgnis für den Arrestkläger weggefallen sei. Wie mit dem Arrestgrunde verhält es sich aber auch mit dem Arrestanspruche. In beiderlei Beziehung hat der erkennende Richter zu prüfen, ob die gesetzlichen Voraussetzungen für die Bestätigung eines im Prozeßwege angefochtenen Arrestes oder einer provisorischen Verfügung vorliegen. Ist dies in der einen oder anderen Richtung zur Zeit, da das Urteil gesprochen wird, nicht der Fall, so muß die angefochtene Verfügung aufgehoben werden. Anderenfalles würde der Arrestbeklagte der während des Prozesses entstandenen und zu seiner Kenntnis gelangten Einreden völlig verlustig gehen, da er nach rechtskräftiger Bestätigung des Arrestes im Wege besonderer Klage nur solche veränderte Umstände laut §. 807 C.P.O. geltend machen kann, welche erst nach der Bestätigung eingetreten oder dem Beklagten nach dieser Zeit bekannt geworden sind.

Zweifelhafter erscheint die Frage, wie es sich mit der Beweisführung des Beklagten in betreff von Einreden verhält, die er dem Arrestanspruche entgegenzusetzen hat, insbesondere, wie im vorliegenden Falle, mit dem Beweise von Thatsachen, welche nach der Behauptung des Beklagten eine nachträgliche Aufhebung des klägerischen Anspruches herbeigeführt haben sollen. Der Berufungsrichter nimmt an, daß vom Beklagten voller Beweis zu fordern und daß er in seiner Beweisführung an die Schranken des §. 266 C.P.O. nicht gebunden sei; es hat deshalb der vorige Richter sich für berechtigt gehalten, dem Kläger einen richterlichen Eid darüber, daß die behauptete Vereinbarung nicht getroffen worden, aufzuerlegen und sonach ein durch Eid bedingtes Urteil auszusprechen. Dieser Annahme des Berufungsgerichtes und den daraus abgeleiteten Konsequenzen kann nicht beigetreten werden.

Betreffend den Beweis des Einredevorbringens im Arrestverfahren kann zunächst darüber kein Zweifel bestehen, daß, soweit es sich um ein Bestreiten des Arrestgrundes oder um eine verneinende Einlassung gegenüber der Arrestforderung handelt, voller Beweis nicht zu verlangen ist. Was der Beklagte zum Nachweise dafür vorbringt, daß kein Anlaß zur Einleitung von Sicherungsmaßregeln vorliege, oder daß die vorläufig gesicherte Forderung nicht zur Entstehung gelangt, bezw. daß die Thatsachen unrichtig seien, aus welchen sie abgeleitet wird, braucht nur glaubhaft gemacht zu werden, weil jede Bescheinigung in dieser Hinsicht direkt die dem Arrestkläger obliegende Glaubhaftmachung mindert. Nicht wesentlich anders verhält es sich mit den eigentlichen selbständigen Einreden, welche der Forderung des Arrestklägers entgegengestellt werden. Denn wird glaubhaft gemacht, daß die Forderung durch eine Einrede solcher Art, beispielsweise durch einen nachträglich abgeschlossenen Vergleich, beseitigt worden, so kann der Richter konsequenterweise nicht mehr für glaubhaft erachten, daß die fragliche Forderung zu der Zeit noch bestehe, da über die

Bestätigung des Arrestes zu erkennen ist. Von einer anderen Auffassung ausgehend, ist der Berufungsrichter zu einem Resultate gelangt, das in doppelter Richtung nicht gutgeheißen werden kann. Seine Annahme, daß bezüglich der Einreden des Arrestbeklagten voller Beweis zu verlangen sei, wäre zwar nach gemeinem Prozeßrechte begründet, die Civilprozeßordnung aber bietet keinen genügenden Anhalt dafür, die Parteienrechte im Arrestverfahren ungleich zu normieren und dem Kläger bloße Glaubhaftmachung, dem Beklagten aber die Liquidstellung seines Vorbringens aufzuerlegen. Selbst wenn aber auch das Verlangen vollständiger Beweisführung hinsichtlich des Einredevorbringens gerechtfertigt wäre, könnte doch nicht, wie der Berufungsrichter will, von den Bestimmungen des §. 266 C.P.O. abstrahiert werden, weil es dem Wesen und Zwecke des Arrestprozesses völlig widerspräche, wenn aus Anlaß jenes Vorbringens das gewöhnliche, unter Umständen langwierige Beweisverfahren eingeleitet und damit Erörterungen im Arrestprozesse herbeigeführt würden, die nur für den Hauptprozeß sich eignen.

Nach den im vorstehenden erörterten Grundsätzen, welche ebensowohl für das auf eine Arrestanlage, wie für das auf den Erlaß einer einstweiligen Verfügung folgende Justifikationsverfahren maßgebend sind, durfte der Berufungsrichter über die mehrerwähnte Einrede, daß der klägerische Anspruch durch Vergleich erloschen sei, nicht einen richterlichen Eid auferlegen, vielmehr hatte er nur zu prüfen, ob die Einrede nach Maßgabe der Vorschriften des §. 266 C.P.O. für glaubhaft gemacht zu erachten sei. Hierüber hat der Vorderrichter sich noch nicht ausgesprochen, da er glaubte prüfen zu müssen, ob der volle Nachweis der thatsächlichen Grundlagen der Einrede geliefert sei. Indem er also diese letztere Frage verneinte und deshalb dem Kläger einen richterlichen Eid auferlegte, hat er nicht auch schon die weitere Frage entschieden, ob nicht das Schutzvorbringen wenigstens als glaubhaft gemacht angesehen werden könne.

Aus diesen Gründen mußte das angefochtene Urteil aufgehoben und die Sache in die vorige Instanz zur anderweiten Verhandlung und Entscheidung zurückverwiesen werden."

116. Unter welchen Voraussetzungen ist eine einstweilige Verfügung zum Zwecke der Regelung eines einstweiligen Zustandes in bezug auf ein streitiges Obligationsverhältnis nach §. 819 C.P.O. zulässig?

VI. Civilsenat. Beschl. v. 8. Juni 1891 i. S. K. (Bekl.) w. Graf W. v. R. (Kl.) Beschw.-Rep. VI. 58/91.

I. Kammergericht Berlin.

Der Beklagte ist, nachdem er mehrere Jahre hindurch auf den Besitzungen des Klägers die ihm auf Lebenszeit verliehene Stellung eines Oberförsters bekleidet hatte, dieser Stellung wegen angeblicher Pflichtwidrigkeiten vom Kläger enthoben worden. In der Klage wurde beantragt, den Beklagten zur Anerkennung der erfolgten Aufhebung seines Dienstverhältnisses und zur Räumung der Dienstwohnung sowie der Dienstländereien zu verurteilen, wogegen der Beklagte Widerklaganträge stellte, welche auf weitere Erfüllung des Anstellungsvertrages, eventuell auf Fortgewährung der vertragsmäßigen Emolumente nach ihrem Geldwerte — mit jährlich 7162 ℳ — gerichtet waren. In erster Instanz wurde, unter Abweisung der Widerklage, nach dem Klagantrage erkannt und auf Grund dieses gegen Sicherheitsleistung für vorläufig vollstreckbar erklärten Urteiles der Beklagte aus dem Besitze der Dienstwohnung und der Ländereien entsetzt. Die von dem Beklagten eingelegte Berufung, mit welcher u. a. auch die Wiedereinräumung der Wohnung und der Ländereien verlangt wurde, wies das Kammergericht zurück. Auf die Revision des Beklagten ist jedoch das Berufungsurteil aufgehoben und die Sache an das Kammergericht zurückverwiesen worden. Im weiteren Verlaufe des Berufungsverfahrens beantragte sodann der Beklagte den Erlaß einer einstweiligen Verfügung dahin, daß ihm bis zur rechtskräftigen Entscheidung des Prozesses vom Kläger monatlich 300 ℳ, und zwar vom 1. Juni 1889 ab, gezahlt würden. Von dem Kammergerichte wurde dieser Antrag zurückgewiesen, weil die Voraussetzungen des §. 819 C.P.O. nicht vorhanden seien. Dagegen hat das Reichsgericht die vom Beklagten erhobene Beschwerde begründet befunden und eine einstweilige Verfügung angeordnet. Der Inhalt derselben sowie das sonstige Sachverhältnis ergiebt sich aus den

Gründen:

„Zur Realisierung eines Obligationsverhältnisses kann allerdings auf Grund des §. 819 C.P.O., wie das Reichsgericht in dem in Entsch. des R.G.'s in Civils. Bd. 15 S. 377 mitgeteilten Urteile dargelegt hat, eine einstweilige Verfügung nur dann erlassen werden, wenn es sich um ein Obligationsverhältnis handelt, welches wegen seines dauernden Charakters selbst als ein „Zustand" aufgefaßt werden muß. Diese Voraussetzung trifft aber im vorliegenden Falle zu. Unstreitig ist dem Beschwerdeführer in dem Testamente des Gr. W. v. R. das Recht verliehen, die Oberförsterstellung, welche er zur Zeit des Todes des Testators innehatte, lebenslänglich zu bekleiden, für den — bisher nicht eingetretenen — Fall der Dienstunfähigkeit aber gleich einem königlichen Beamten pensioniert zu werden. Damit hatte das Obligationsverhältnis, in welchem der Beschwerdeführer bereits stand, einen dauernden Charakter erhalten, und zwar dergestalt, daß der Beschwerdeführer, solange er dienstfähig war, gegen bestimmte Leistungen neben einem Bargehalte von 2600 *M* freie Wohnung, verschiedene Dienstländereien und andere Emolumente von den Erben des Gr. W. v. R. zu beanspruchen hatte. In den hierdurch geschaffenen Zustand, der dem K. für sich und seine Familie den Lebensunterhalt in reichlichem Maße sicherte und schon mehrere Jahre nach dem Tode des Testators bestanden hatte, ist vom Kläger eingegriffen worden, indem derselbe dem Beschwerdeführer die Stellung als Oberförster entzogen, die Gehaltszahlungen seit dem 1. Juli 1889 verweigert und ihn schließlich auf Grund des gegen Sicherheitsleistung für vorläufig vollstreckbar erklärten landgerichtlichen Urteiles am 11. September 1889 aus dem Besitze der Dienstwohnung und der Ländereien hat entsetzen lassen. Wenn nunmehr der Beklagte verlangt, daß ihm bis zur Entscheidung des Prozesses ein Teil des auf Lebenszeit zugesicherten Unterhaltes fortgewährt werde, so handelt es sich hier nicht um die Erlangung einer Abschlagszahlung, vielmehr ist der Zweck der beantragten einstweiligen Verfügung recht eigentlich die Regelung eines einstweiligen Zustandes in Bezug auf das durch die Klage und die Widerklage streitig gewordene Rechtsverhältnis.

Eine solche Regelung erscheint auch, wie es der §. 819 C.P.O. außerdem erfordert, zur Abwendung wesentlicher Nachteile nötig. Daß der Beklagte, dem für die Berufungs- und die frühere Revisionsinstanz das Armenrecht bewilligt worden, durch seine Entlassung und Entsetzung aus der Dienstwohnung in eine schwere Notlage versetzt ist, geht aus den beigebrachten Attesten des Königlichen Landrates des niederbarnimschen Kreises sowie der Amtsvorsteher zu La. und Li. deutlich hervor. Allerdings ist ihm gegen vierteljährliche Kündigung die Stellung des Rendanten einer Ortskrankenkasse mit einem Monatseinkommmen von 200 ℳ verliehen, aber diese Einnahme reicht, wie genügend bescheinigt ist, zur Erhaltung des Beklagten und seiner Familie bei weitem nicht hin, zumal der Beklagte schon bis jetzt erhebliche Schulden hat kontrahieren müssen.

Ob und welche Aussichten der Beklagte hat, in der Hauptsache ein obsiegliches Urteil zu erzielen, läßt sich zur Zeit nicht bestimmen. Bei der Beurteilung des gegenwärtigen Antrages ist indessen besonderes Gewicht darauf zu legen, daß der Anspruch des Beklagten auf Fortdauer des bisherigen Zustandes geht und in dem Testamente des Gr. W. v. R. eine ausreichende Stütze findet, wogegen vom Kläger ein Grund zur Veränderung des Zustandes, also zur Entlassung des Beklagten bisher weder nachgewiesen, noch auch nur glaubhaft gemacht ist. Das landgerichtliche Urteil kommt nach dieser Richtung nicht in Betracht, da es sich lediglich auf den §. 408 A.L.R. I. 5 stützt, die Unanwendbarkeit dieses Paragraphen aber bereits von dem Berufungsgerichte in dem Zwischenurteile vom 19. Februar 1890 dargethan ist, womit zugleich der vorläufigen Zwangsvollstreckung die materielle Grundlage entzogen worden. Sodann hat freilich das Kammergericht in seinem Endurteile die Dienstentlassung mit Rücksicht auf das Gesamtverhalten des Beklagten bei neun speziell hervorgehobenen Fällen nach §. 118 der Gesindeordnung für gerechtfertigt erklärt; es ist jedoch dieses Urteil durch die diesseitige Entscheidung vom 3. November 1890 aufgehoben und die Sache in die Instanz zurückverwiesen worden, weil die Voraussetzungen für den Entlassungsgrund des §. 118 a. a. O. in genügend motivierter und rechtlich bedenkenfreier Weise nicht festgestellt waren. Wenn endlich der Kläger in späteren Schriftsätzen andere Vorfälle angeführt hat, welche im Hinblick auf §§. 118. 121. 122 der Gesindeordnung die Entlassung des Beklagten rechtfertigen sollen, so kann darauf schon deshalb keine Rücksicht genommen werden, weil die betreffenden Anführungen in keiner Weise glaubhaft gemacht sind.

Dem hiernach zur Verhütung größerer Gefahren für den Beklagten gebotenen Erlasse einer einstweiligen Verfügung steht bei dem Vorhandensein der Voraussetzungen der §§. 819. 815. 800 C.P.O. der Umstand nicht entgegen, daß der Kläger im Falle seines Obsiegens in der Hauptsache das einmal Gezahlte möglicherweise von dem Beklagten nicht wird zurückerlangen können, wie das ja auch im Falle der einstweiligen Alimentierung leicht der Fall sein kann, und ebensowenig entgegen, daß der Beklagte gemäß §§. 657. 647 C.P.O. berechtigt gewesen wäre, auf Aufhebung der erfolgten Vollstreckungsmaßregeln, welche sich nur auf die Dienstwohnung und die Ländereien bezogen, gegen Sicherheitsleistung anzutragen.

Vgl. auch die Ausführungen in den Entsch. des R.G.'s in Civils. Bd. 9 S. 334 flg.

Welche Anordnungen zur Erreichung des Zweckes erforderlich sind, hat das Gericht nach freiem Ermessen zu bestimmen (§. 817 C.P.O). Danach ist der Kläger während der Dauer des gegenwärtigen Prozesses zur Weitergewährung des dem Beklagten entzogenen Unterhaltes insoweit anzuhalten, als dies erforderlich erscheint, um wesentliche Nachteile von dem Beklagten abzuwenden. Zu diesem Behufe hat der Kläger dem Beklagten Barzahlungen zu leisten, deren Betrag unter Berücksichtigung der früheren Stellung und der Familienverhältnisse des Beklagten, seiner derzeitigen Einnahmen aus einer anderen Beschäftigung und der sonstigen glaubhaft gemachten Umstände zwar nicht, wie der Beklagte verlangt, auf 300 *M*, aber auf 200 *M* für jeden Monat zu bemessen ist. Da die Notlage des Beklagten nicht schon durch die Einstellung der Gehaltszahlung, sondern erst durch die Entsetzung aus dem Besitze der Dienstwohnung und der Ländereien herbeigeführt worden, so ist der Anfangspunkt der zu leistenden Zahlungen auf den 11. September 1889 festzusetzen. Die Rückstände sind dem Beklagten sofort, die laufenden Beträge allmonatlich im voraus zu gewähren."

Register.

Die beigesetzten Zahlen beziehen sich auf die Seiten.

A. Sachregister.

F

G

H

L

M

T

U

B. Gesetzesregister.

1. Reichsgesetze.

a. Allgemeines deutsches Handelsgesetzbuch.

b. Allgemeine deutsche Wechselordnung.

c. Deutsche Civilprozeßordnung.

d. Deutsches Gerichtsverfassungsgesetz.

e. Deutsche Konkursordnung.

f. Einführungsgesetz zur deutschen Konkursordnung.

g. Gerichtskostengesetz.

h. Deutsche Strafprozeßordnung.

i. Einzelne Reichsgesetze.

2. Gemeines Recht.

a. Pandekten.

b. Allgemeine Gerichtsordnung.

B. Rheinisches Recht.

C. Einzelne Gesetze und Verordnungen.

Zusammenstellung
der
im siebenundzwanzigsten Band
mitgeteilten Entscheidungen
nach
Oberlandesgerichtsbezirken.

Berlin . . . . . . 9. 17. 28. 29. 31. 41. 43. 46. 49. (92.) 59. 64. 68. 93. 98. 114. 116.

Braunschweig . 35.

Breslau . . . . . 6. 18. (61.) 42. 47. 55. 69. 71. (110.) 72. (112.) 100. 107. 108. 111.

Celle . . . . 16. 30. 33. 37. 54. 63. 89.

Darmstadt . . . 4. 38. 86. 113.

Dresden . . . . . 104.

Frankfurt a./M. 8. 13. 62.

Hamburg . . . . 7. 11. 25.

Hamm . . . . . . 14. 45. 52. 70.

Jena . . . . 15.

Karlsruhe . . . 1. 19. 22. (83.) 73. 79. 85. 87. 101.

Kassel . . . . . . 36. 44. 102. 115.

Kiel . . . . 34.

Kolmar . . . . . 3. 5. 10. (94.) 20. 77. 84.

Köln . . . . 2. 21. 26. 27. 32. 56. 65. 74. 75. 76. 78. 80. 81. 82. 88. 103.

Königsberg . . 50.

Marienwerder 53. 57. (99.) 95.

Naumburg . . . 23. 48. 67. 90. 91. 96. (60.) 97.

Rostock . . . . . 12. 39. 105.

Stettin . . . . . 51. 58. 66.

Konsulargericht Alexandrien 24.

Berichtigungen.

Elfter Band.

S. 412 Z. 2 v. o. lies „§§. 288. 662 C.P.O." statt „§§. 283. 262".

Sechsundzwanzigster Band.

S. 81 Z. 13. 12 v. u. lies „welche der Gemeinschuldner erst nach seinen Käufen vom Beklagten an diesen verkauft hatte" statt „welche der Gemeinschuldner erst nach seinen Verkäufen an den Beklagten von diesem gekauft hatte".

Siebenundzwanzigster Band.

S. 254 Z. 15 v. u. lies „Gesetz vom 17. Juni 1880" statt „Gesetz vom 17. Juni 1886".

MIX
Papier | Fördert gute Waldnutzung
FSC® C083411

Kolibri 360 GmbH
Ferdinand-Jühlke-Straße 7
99095 Erfurt, Deutschland
produktsicherheit@kolibri360.de